最高人民法院民事审判第三庭 编

最高人民法院
知识产权审判案例指导

最 高 人 民 法 院 知 识 产 权 案 件 年 度 报 告 及 案 例 全 文

第 14 辑

中国法制出版社
CHINA LEGAL PUBLISHING HOUSE

出版说明

为进一步充分发挥最高人民法院审判案例的示范和指引作用，从2008年起，最高人民法院每年对自身审理的知识产权典型案件进行分析、梳理和归纳，形成《最高人民法院知识产权案件年度报告》，并在“4·26”世界知识产权日期间向社会公布报告的摘要内容，既总结了审判经验和统一了法律适用标准，又推进了司法公开，赢得了社会的广泛关注和普遍好评。

但是限于篇幅，案件年度报告只是整理和归纳相关的典型法律适用问题，不可能反映案件的全貌。应读者的要求，我们将案件年度报告及其所涉及的裁判文书整理和汇编成书，忠实记录我国知识产权司法保护进程中每一个前进的脚印，以每年一册的形式奉献给读者。

目　录

最高人民法院知识产权案件年度报告（2021）

审判案例指导（最高人民法院2021年典型知识产权案件裁判文书选登）①

一、专利案件审判

（一）专利民事案件审判

① 本书中个别案例未收录与年度报告对应的裁判文书。

（二）专利行政案件审判

二、商标案件审判

（一）商标民事案件审判

最高人民法院

知识产权案件年度报告

（2021）

序 言

2021年，最高人民法院坚持以习近平新时代中国特色社会主义思想为指导，深入贯彻习近平法治思想，深入领会“两个确立”的决定性意义，增强“四个意识”、坚定“四个自信”、做到“两个维护”，牢固树立保护知识产权就是保护创新理念，全面深化知识产权审判领域改革，着力提升审判质量、效率和司法公信力，着力优化创新创造创业法治环境。最高人民法院全年共新收各类知识产权案件8009件。按照案件审理程序划分，共受理二审案件5222件，提审案件245件，申请再审案件2511件，其他案件31件。按照案件所涉客体类型划分，共受理专利案件4503件，商标案件1438件，著作权案件204件，垄断案件49件，不正当竞争案件202件，植物新品种案件89件，知识产权合同案件924件，集成电路布图设计案件4件，计算机软件案件25件，商业秘密案件11件，其他案件560件。按照案件性质划分，共受理行政案件3127件，其中专利行政案件1710件，商标行政案件1058件，其他行政案件359件；民事案件4872件；刑事请示案件6件；司法制裁案件4件。本年度报告从最高人民法院2021年审结的知识产权案件中梳理出下列法律适用问题。

一、专利案件审判

（一）专利民事案件审判

1. 专利说明书等内部证据对权利要求解释的作用

【裁判要旨】

在解释权利要求时，说明书及附图、专利审查档案等内部证据相对于工具书、教科书等外部证据具有优先地位。在依据内部证据能够明确地解释权利要求的内容时，不再依据外部证据进行解释。

【关键词】

发明专利　侵权　权利要求解释　内部证据

【案号】

（2021）最高法民申 3110 号

【基本案情】

在再审申请人庞子敬与被申请人江苏超能电气有限公司（以下简称超能公司）、四川华能东西关水电股份有限公司（以下简称东西关公司）侵害发明专利权纠纷案[①]中，涉案专利系名称为“弹性力偶盘车装置”的发明专利，庞子敬为专利权人。权利要求 1 记载了“截面呈 U 形的壳体”的技术特征。涉案专利说明书有“壳体 4 断面呈 U 形”“壳体 4 为油箱，其内腔装有润滑油，保证滑动轴承正常工作”“齿轮啮合传动在封闭的壳体内，提高了安全性，便于保养，也避免了电线缠绕”“壳体 4 是圆环形状，截面呈 U 形”等记载。涉案专利说明书附图 1 和 2 均显示壳体的剖面为 U 形结构。庞子敬以超能公司擅自生产、销售和许诺销售被诉侵权产品，东西关公司擅自使用被诉侵权产品为由，提起诉讼。一审诉讼过程中，庞子敬认为，被诉侵权产品在壳体的内环间隔分布有六个定位块，定位块定位了大齿轮，其实现的功能与涉案专利的壳体实现的功能效果完全相同，故被诉侵权产品的壳体结构与涉案专利要求保护的壳体结构构成相同。江苏省南京市中级人民法院一审认为，本领域普通技术人员在阅读涉案专利后应将壳体理解为截面为 U 形的连续环状壳体。而被诉侵权产品中，由于不存在连续的壳体内环，因此，壳体截面并未呈 U 形，而呈 L 形结构。被诉侵权产品壳体由于没有连续的内环，仅在内侧间隔分布有 6 个定位块，不能形成封闭的空间，也不能储存润滑油。被诉侵权产品无论是结构、功能与涉案专利中截面为 U 形的壳体这一个技术特征并不相同。据此判决驳回庞子敬的诉讼请求。庞子敬不服，提起上诉。最高人民法院二审判决驳回上诉，维持原判。庞子敬不服，向最高人民法院申请再审。在再审过程中，庞子敬提交了《中华人民共和国国家标准 技术制图 图样画法 视图》（GB/T 17451-1998）及《机械设计基础》等证据，主张涉案专利权利要求 1 中“截面呈 U 形的壳体”应解释为“有截面为 U 形”。最高人民法院于 2021 年 6 月 28 日裁定驳回了庞子敬的再审申请。

【裁判意见】

最高人民法院审查认为，权利要求的内容需要结合说明书及附图等进行解释。在解释过程中，需要考虑说明书记载的专利要解决的技术问题及达到的技术效果等内容。在解释权利要求时，说明书及附图、专利审查档案等内部证据相对于工具书、教科书等外部证据具有优先地位。在依据内部证据能

---

① 本案裁判文书参见第 83 页。

够明确地解释权利要求的内容时，不应当依据外部证据进行解释。关于“截面呈U形的壳体”的技术特征。最高人民法院认为，首先，涉案专利说明书有“壳体4断面呈U形”“壳体4为油箱，其内腔装有润滑油，保证滑动轴承正常工作”“齿轮啮合传动在封闭的壳体内，提高了安全性，便于保养，也避免了电线缠绕”“壳体4是圆环形状，截面呈U形”等记载。其次，涉案专利说明书附图1和2均显示壳体的剖面为U形结构。本领域技术人员根据说明书及附图记载或者显示的壳体形状及其达到的技术效果等信息，能够得出涉案专利壳体截面应为连续不间断U形的结论。庞子敬抛开涉案专利说明书及附图，以《中华人民共和国国家标准 技术制图 图样画法 视图》等材料为由主张涉案专利权利要求中“截面呈U形的壳体”应解释为“有截面为U形”缺乏法律依据，不能成立。

2. 使用环境特征的认定

【裁判要旨】

使用环境特征系权利要求中用来描述发明创造的使用背景或者条件的技术特征，其并不限于与被保护对象的安装位置或者连接结构等相关的技术特征，在特定情况下还包括与被保护对象的用途、适用对象、使用方式等相关的技术特征。

【关键词】

发明专利　侵权　使用环境特征

【案号】

（2020）最高法知民终313号

【基本案情】

在上诉人ALC粘合剂技术责任有限公司（以下简称ALC粘合剂公司）与上诉人温州市星耕鞋材有限公司（以下简称星耕鞋材公司）侵害发明专利权纠纷案①中，涉及专利号为200780032234.2、名称为“在例如鞋的内鞋底的物体的表面上施加粘合剂层的机器和相关方法”的发明专利（以下简称涉案专利）。ALC粘合剂公司认为，星耕鞋材公司销售的“烫底机”及“烫底胶”涉嫌侵害ALC粘合剂公司涉案专利权，故向浙江省宁波市中级人民法院（以下简称一审法院）提起诉讼。一审法院认为，被诉侵权技术方案落入涉案专利权的保护范围，酌定星耕鞋材公司赔偿经济损失6万元（包含维权合

---

① 本案裁判文书参见第90页。

理开支）。ALC 粘合剂公司、星耕鞋材公司均不服，向最高人民法院提起上诉。ALC 粘合剂公司主张，一审判决判赔金额过低，不足以弥补其经济损失。星耕鞋材公司主张，被诉侵权产品不具备涉案专利权利要求 1 中的多个技术特征，不构成专利侵权。最高人民法院于 2021 年 4 月 8 日判决维持原判关于停止侵害的判项，改判星耕鞋材公司赔偿经济损失 20 万元和维权合理开支 5 万元。

【裁判意见】

最高人民法院二审认为，关于被诉侵权产品是否具有“第一带”“第二带”“所述物体”等技术特征。“第一带”“第二带”“所述物体”构成涉案专利被保护主题对象“机器”的使用环境特征。所谓使用环境特征，是指权利要求中用来描述发明所使用的背景或条件的技术特征。按照技术特征所限定的具体对象的不同，技术特征可分为直接限定专利保护主题对象本身的技术特征以及通过限定保护主题对象之外的技术内容来限定保护主题对象的技术特征。前者一般表现为直接限定专利保护主题对象的结构、组分、材料等，后者则表现为限定专利保护主题对象的使用背景、条件、适用对象等，进而间接限定专利保护主题对象，因而被称为“使用环境特征”。常见的使用环境特征多表现为限定被保护主题对象的安装、连接、使用等条件和环境。但鉴于专利要求保护的技术方案的复杂性，使用环境特征并不仅限于那些与被保护主题对象安装位置或连接结构直接有关的结构特征。对于产品权利要求而言，用于说明有关被保护主题对象的用途、适用对象、使用方式等的技术特征，虽对产品的结构并不具有直接限定作用，也属于使用环境特征。本案涉案专利权利要求 1 的被保护主题对象是“一种能够施加粘合剂层到一物体表面的机器”，根据说明书第［0007］段、第［0008］段记载，本发明的目的是提供一种用于给物体表面施加粘合剂层的机器，该机器高效、自动、快速，并仅执行少量的操作，其设计确保操作者的高度安全。通过阅读说明书和附图，本领域技术人员可以理解，本发明中，机器是涉案发明的保护主题对象，通过机器的第一进料装置输送“第一带”、第二进料装置输送“第二带”，并利用机器剥离装置的共同作用，可实现在“所述物体”一表面上施加粘合剂并剥离多余粘合剂的功能。当事人双方均认可，涉案专利技术方案中所述“第一带”相当于胶带、“第二带”相当于薄膜。“所述物体”实际只要具备两个相反表面即可。在此，“第一带”“第二带”及“所述物体”均不是机器本身的组成部件，“第一带”“第二带”是机器运转过程中必备的物料，“所述物体”是机器的加工对象，系用于说明被保护主题对象的用途、适用对象、使用方式等的技术特征，属于使用环境特征。被诉侵权机器可以适用于“第一带”“第二带”“所述物体”等使用环境，具有与之相应的涉案专利技术特征。

3. 实用新型专利中功能性特征内容的认定

【裁判要旨】

实用新型专利中，说明书及附图所载、为实现功能性特征所限定的功能、效果不可缺少的形状构造类特征和非形状构造类特征，均对该功能性特征具有实质限定作用，均构成功能性特征的内容，在侵权判定时均应予以考虑。

【关键词】

实用新型专利　侵权　功能性特征　非形状构造类特征　实质限定作用

【案号】

（2021）最高法知民终 411 号

【基本案情】

在上诉人胡雪辉与被上诉人岳霞侵害实用新型专利权纠纷案[①]中，涉及专利号为 201020293455.4、名称为“一种多功能塑料书写纸板及书写工具”的实用新型专利（以下简称涉案专利）。胡雪辉认为，岳霞在其阿里巴巴店铺内销售侵害涉案专利权的商品，给其造成重大损失，故向浙江省杭州市中级人民法院（以下简称一审法院）提起诉讼，请求判令岳霞停止侵害并赔偿经济损失及维权合理开支 3 万元。一审法院认为，涉案专利要求保护的“显影层”系功能性技术特征，被诉侵权产品的显影面层是否通过一层或两层石粉混合层粘结后再与基料连接，以及被诉侵权产品的显影面层是否采用涉案专利显影层的组成方式，仅凭被诉侵权产品现状无法确定。故判决驳回胡雪辉的诉讼请求。胡雪辉不服，向最高人民法院提起上诉。最高人民法院于 2021 年 10 月 25 日判决驳回上诉，维持原判。

【裁判意见】

最高人民法院二审认为，关于显影层的组成方式，其争议实质是实用新型是否只保护产品的形状、构造或者其结合，说明书第［0054］段、第［0057］—［0061］段关于显影层的物质组分、配方等非形状、结构或其组合的技术特征，是否应当解释为“显影层”技术特征所确定的内容。根据专利法第二条第三款的规定，实用新型只保护产品的形状、构造或者其结合，产品的形状是指产品所具有的、可以从外部观察到的确定的空间形状，产品

---

① 本案裁判文书参见第 101 页。

的构造是指产品的各个组成部分的安排、组织和相互关系。物质的组分、配方等不属于产品的构造，在专利授权确权中，针对实用新型新颖性、创造性评价时，对权利要求中物质的组分、配方等不属于产品的构造的内容不予考虑。但是，在侵权纠纷中，已经记载在权利要求中的有关物质的组分、配方等内容对该权利要求保护范围具有限定作用。对于权利要求中以功能或者效果表述的技术特征，人民法院应当结合说明书和附图描述的该功能或者效果的具体实施方式及其等同的实施方式，确定该技术特征的内容。是否为实现所称功能、效果不可缺少的技术特征，是判断说明书及附图记载的内容中有关技术特征具有限定作用的标准。实用新型专利中，功能性特征有关实施例中非形状、构造或其结合的技术特征，如系实现所称功能、效果所不可缺少，仍构成对该功能性特征保护范围的限定。实用新型专利保护形状、构造或者其结合的专利类型定位，并不足以成为排除实现所称功能、效果不可缺少的实施例中非形状、构造或其结合技术特征限定作用的充分理由。否则，反而会形成含有功能性特征的实用新型专利权利要求保护范围大于具有相同权利要求的发明专利保护范围的窘况。本案中，“显影层”属于功能性特征。涉案专利说明书给出四个具体实施例，并记载了涉案专利书写纸板的制作方法，其中第［0054］段、第［0057］—［0061］段详细说明了显影层的原料、配比等，权利人也主张以上述说明书的记载确定“显影层”技术特征的内容。据此，上述说明书的内容是实现显影功能不可缺少的技术特征，对权利要求保护范围具有限定作用。与之相比，被诉侵权产品的浅三色网格表面构成的显影层由粘结剂和石粉组成，但是该粘结剂和石粉是否具有上述说明书所述“显影层”的具体实施方式及其等同的实施方式相同的技术特征，胡雪辉并未予以证明，应当承担相应的不利后果。

4. 被诉侵权产品难以进行实物取证时的技术特征比对方式

【裁判要旨】

侵害专利权纠纷案件中，难以获取被诉侵权产品实物，但存在与实物具有高度一致性的图纸的，可以根据该图纸确定被诉侵权技术方案；该图纸明确记载的内容，以及本领域技术人员阅读图纸后，结合本领域公知常识可以直接、毫无疑义确定的内容，可以认定为被诉侵权技术方案的内容。

【关键词】

发明专利　侵权　特征比对　取证困难

【案号】

（2021）最高法民申 3831 号

【基本案情】

在再审申请人江苏远通波纹管有限公司（以下简称远通公司）与被申请人江苏宏鑫旋转补偿器科技有限公司（以下简称宏鑫公司）、一审被告国家电投集团广西北部湾（钦州）热电有限公司（以下简称钦州热电公司）侵害发明专利权纠纷案[①]中，宏鑫公司系名称为“管道用耐高压旋转补偿器”的发明专利（以下简称涉案专利）的专利权人。宏鑫公司诉称，由远通公司生产、销售的，钦州热电公司在石油供热蒸汽管线项目中使用的旋转补偿器（以下简称被诉侵权产品）侵犯了涉案专利权，请求法院判令两被告停止侵权，远通公司赔偿经济损失 500 万元。江苏省南京市中级人民法院一审查明，案外人中电投北部湾（广西）热电有限公司与远通公司签订了在上述管线项目中使用的旋转补偿器购买合同及技术协议。一审法院认为，基于被诉侵权产品与该技术协议中的旋转补偿器附图（以下简称合同图纸）的比对，被控侵权产品落入涉案专利权的保护范围，远通公司的行为构成侵权，应当承担侵权责任。钦州热电公司系通过竞争性谈判招标从远通公司处采购被诉侵权产品，且已就该产品支付了合理对价，对宏鑫公司要求钦州热电公司停止使用被诉侵权产品的诉讼请求不予支持。遂判决远通公司停止生产、销售侵害涉案专利权的产品，赔偿宏鑫公司经济损失 400 万元，并驳回宏鑫公司其他诉讼请求。远通公司不服，提起上诉。江苏省高级人民法院二审判决驳回上诉，维持原判。远通公司不服，向最高人民法院申请再审，并主张旋转补偿器的密封腔空间大小基本不变是涉案专利权利要求的重要技术特征，被诉侵权产品的密封腔在非工作状态和工作状态下大小会发生变化，仅凭合同图纸不能确认被诉侵权产品的密封腔大小是否基本不变，以合同图纸作为比对对象无法查明事实真相。最高人民法院于 2021 年 12 月 17 日裁定驳回远通公司的再审申请。

【裁判意见】

最高人民法院审查认为，在侵权判定中，如果获取被诉侵权产品的实物存在困难，例如获取行为存在技术障碍，将导致社会公共利益或第三方利益的重大损失，此时如有充分证据证明被诉侵权产品应具备的技术特征，则可以将经证据证明的技术特征与涉案专利权利要求中的技术特征进行比对。本案中，被诉侵权产品用于流体介质传输管道，从正在运营的传输管道中拆解

---

① 本案裁判文书参见第 108 页。

该产品存在技术困难，并将导致社会公共利益或第三方利益的重大损失。在此情况下，由于现有证据可以证明远通公司与案外人中电投北部湾（广西）热电有限公司签订的技术协议附图图纸与被诉侵权产品实物具有高度的一致性，本领域技术人员基于该图纸并结合本领域的公知常识可以分析出其密封腔在正常工作状态下空间大小的变化趋势。考虑到旋转补偿器的端面密封件承受的机械挤压作用和密封腔组件的热膨胀效应对腔空间大小的影响，就机械挤压作用而言，合同图纸显示被诉侵权产品选用了固体密封件紫铜耐高压石墨复合垫片，其在临界压力之下的正常工作状态中，将保持相对稳定的体积和形状，从而使得密封件在挤压下仅产生非常微小的形变，使密封腔空间大小基本不变；就密封腔组件的热膨胀效应而言，即使考虑到材料的热膨胀特性，无论金属还是石墨，其热膨胀系数都在 10-6/℃量级，由于密封腔各构成材料的热膨胀及不同材料的热膨胀差异而导致的密封腔空间大小变化都是非常微小的。综上，即使在机械挤压和热膨胀的复合作用下，被诉侵权产品的密封腔在正常工作状态下也都应保持大小基本不变。因此，将被诉侵权产品的合同图纸与涉案专利进行比对以查明事实并无不当。

5. “保藏号”限定的微生物发明专利的侵权认定

【裁判要旨】

关于被诉侵权菌株是否落入以“保藏号”限定的微生物发明专利权利要求的保护范围，一般可以借助一种或者多种基因特异性片段检测方法，并结合形态学分析等予以认定。检测微生物菌株的基因特异性时，并非必须采用全基因序列检测方法，如果以“保藏号”限定的菌株具有特有特定序列扩增标记（SCAR）的分子标记片段，则可以该分子标记为检测指标，结合基因序列以及形态学分析，对被诉侵权菌株作出认定。

【关键词】

发明专利　侵权　微生物　保藏号　保护范围　SCAR 分子标记

【案号】

（2020）最高法知民终 1602 号

【基本案情】

在上诉人天津绿圣蓬源农业科技开发有限公司（以下简称绿圣蓬源公司）、天津鸿滨禾盛农业技术开发有限公司（以下简称鸿滨禾盛公司）与被上诉人上海丰科生物科技股份有限公司（以下简称丰科公司）侵害发明专利权纠纷案[①]中，丰科公司系专利号为201310030601.2、名称为“纯白色真姬菇菌株”的发明专利（以下简称涉案专利）的专利权人。涉案专利的权利要求为：“一种纯白色真姬菇菌株 Finc-W-247，其保藏编号是 CCTCC NO：M2012378。”丰科公司认为绿圣蓬源公司、鸿滨禾盛公司在北京新发地农产品批发市场销售的菌类产品侵害涉案专利权，故向北京知识产权法院（以下简称一审法院）提起侵权诉讼。一审法院经审理认为，由于涉案专利要求保护的是一种微生物，判断被诉侵权产品是否落入涉案专利权的保护范围，形态学特征判断和分子生物学特征判断缺一不可，而分子生物学特征判断必须借助相关的方法、试剂、仪器在实验室中才能完成。经委托鉴定，鉴定机构出具的鉴定意见显示，基于纯白色真姬菇的性状、基因间隔序列（ITS）和所述特异 975bpDNA 片段的特点，根据比对结果可以判断出鸿滨牌白玉菇与涉案专利所要求保护的纯白色真姬菇属于同一种菌株。一审法院据此认定被诉侵权产品落入了涉案专利权的保护范围，判决绿圣蓬源公司、鸿滨禾盛公司停止侵害并各自赔偿经济损失 100 万元。绿圣蓬源公司、鸿滨禾盛公司不服，向最高人民法院提起上诉，认为本案鉴定中对于分子生物学特征的检测，应当采用全基因序列检测方法而非采用涉案专利说明书中记载的基因特异性片段检测方法，采用后者将会扩大涉案专利权的保护范围。最高人民法院于 2021 年 8 月 19 日判决驳回上诉，维持原判。

【裁判意见】

最高人民法院二审认为，由于本领域公知：SCAR 分子标记技术是在 RAPD 基础上发展起来的，其结果不受外界环境因素和生长发育阶段的影响，直接反映被鉴定菌株的遗传本质。SCAR 分子标记可以通过获得某个菌株的“株特异性”标记来实现菌株的鉴定。本案中，涉案专利说明书明确记载了与市场上主要栽培品种并且是亲本之一的白玉菇 H-W，市场购买的真姬菇 G-W 以及日本葛城新育成的白玉菇 GC-W 菌株相比，所述保藏菌株具有特有的 SCAR 分子标记 975bp 片段。因此，利用该菌株特异性 975bp 片段，并结合形态学以及 ITS 序列分析对被诉侵权菌株进行鉴定的方法是合理且可信的。关于绿圣蓬源公司、鸿滨禾盛公司提到的仅采用 975bp 片段对菌株进行鉴定，扩大了涉案专利权保护范围的问题。由于已经证明 SCAR 分子标记 975bp 片段是涉案专利保藏菌株的特异性标记，其他同种不同株的菌株并不含有该特异性片段，因此，以该 SCAR 分子标记作为检测指标，并结合形态学以及 ITS 序列分析可以反映待测菌株与专利保藏菌株是否相同，该判断方法并没有扩

---

① 本案裁判文书参见第 113 页。

大涉案专利权的保护范围。关于绿圣蓬源公司、鸿滨禾盛公司主张涉案专利没有充分论证 975bp 片段是该菌株的特异性片段，一审中提交的证据表明全国各地多家企业的白玉菇以及韩国某白色真姬菇均含有 975bp 片段的问题。由于涉案专利说明书中已经针对保藏菌株与其他同种不同株的真姬菇进行了 RAPD 和 SCAR 分子标记分析，并提供实验数据（参见附图 7）证明 975bp 片段是保藏菌株所特有的，绿圣蓬源公司、鸿滨禾盛公司并没有提供证据证明涉案专利说明书的实验结果有误，或提供证据证明在涉案专利申请日前，其他不同于保藏菌株的真姬菇也包含所述 975bp 片段，或者经过检索发现了其他真姬菇的基因序列中含有所述 975bp 片段，根据现有证据无法证明涉案专利说明书的数据不真实有效。且全国存在多家企业以及韩国某白玉菇包含所述 975bp 片段的情况，亦不能证明其在涉案专利申请日前就存在于市场，同样不能证明涉案专利说明书不真实有效。绿圣蓬源公司、鸿滨禾盛公司的该项上诉主张不能成立，不予支持。

6. 销售侵害外观设计专利权产品的认定

【裁判要旨】

承包人采购侵犯外观设计专利权的产品作为零部件用于工程建设，并在交付工程后取得了相应的工程价款，应当视为“销售”了被诉侵权产品。

【关键词】

外观设计专利　侵权　零部件　销售

【案号】

（2021）最高法民再 205 号

【基本案情】

在再审申请人刘国兴、长春雷特科技有限公司（以下简称雷特公司）与被申请人吉林省尔辰路桥工程有限公司（以下简称尔辰公司）侵害外观设计专利权纠纷案[①]中，刘国兴、雷特公司为 ZL201430059342.1 号型材（外/双膜梁）外观设计专利权的权利人，刘国兴、雷特公司主张尔辰公司在建设温室大棚时使用了侵害其外观设计专利权的型材，提起诉讼，请求判令尔辰公司立即停止侵权行为，赔偿经济损失及律师代理费共 16.5 万元。吉林省长春市中级人民法院一审认为，被控侵权型材产品的外观设计落入了涉案外观设计专利权的保护范围。根据现有证据不能认定尔辰公司实施了生产、销售侵权产

---

① 本案裁判文书参见第 131 页。

品的侵权行为，只能认定尔辰公司在建设大棚项目过程中使用了侵害涉案外观设计专利权的产品，但尔辰公司为生产经营目的使用侵害外观设计专利产品的行为并不属于侵害外观设计专利权的行为。故判决驳回刘国兴、雷特公司的全部诉讼请求。刘国兴、雷特公司不服，提起上诉。吉林省高级人民法院二审判决驳回上诉、维持原判。刘国兴、雷特公司不服，向最高人民法院申请再审。最高人民法院裁定提审本案，并于 2021 年 9 月 30 日判决撤销一、二审判决，判令尔辰公司立即停止侵权，赔偿刘国兴、雷特公司经济损失 10 万元。

【裁判意见】

最高人民法院再审认为，涉案被诉侵权产品为尔辰公司承包建造农安县开安镇万宝村日光温室大棚所使用的骨架型材。尔辰公司在原审诉讼中对涉案型材落入涉案外观设计专利权保护范围并无异议。争议问题在于，尔辰公司的行为是否构成侵权。尔辰公司与案外人发包人农安县土地整理中心之间系建设工程施工合同关系，根据双方签订的工程施工合同的约定，材料设备由承包人采购，并非发包人提供。尔辰公司在实际施工中使用的大棚骨架型材系由其负责采购的。尔辰公司将采购的型材用于建造温室大棚，并将施工完成的温室大棚交付给发包人。发包人支付给尔辰公司的工程总价款中包括了温室大棚工程。因此，被诉侵权产品作为整个温室大棚工程的组成部分，尔辰公司已取得了相应的价款。据此，应当视为尔辰公司实际“销售”了被诉侵权产品，其行为符合专利法及司法解释规定的情形，构成侵权，应当承担相应的侵权责任。

7. 现有技术抗辩中一项现有技术方案的认定

【裁判要旨】

现有技术抗辩应适用单独对比原则，记载在同一对比文献不同部分的内容，如果其在文意上互为解释，在技术上彼此关联，相互支持，共同解决一个技术问题，则这些内容应当作为一个整体，共同构成一项现有技术方案。

【关键词】

实用新型专利　侵权　现有技术抗辩　单独对比原则

【案号】

（2021）最高法民申 5727 号

【基本案情】

在再审申请人南通建马建材科技有限公司（以下简称建马公司）与被申请人南通中顺节能建筑材料有限公司（以下简称中顺公司）及一审被告、二审上诉人南通八建集团有限公司（以下简称八建公司）、一审被告南通锦隆置业有限公司（以下简称锦隆公司）侵害实用新型专利权纠纷案[①]中，中顺公司系名称为“一种浮筑楼板法分户楼板保温隔声系统结构”的实用新型专利（以下简称涉案专利）的专利权人。中顺公司诉称，锦隆公司、八建公司在其建筑物和施工工程中实施了涉案专利，侵犯了涉案专利权，建马公司向锦隆公司、八建公司销售了实施与涉案专利的原材料，并通过其自行制定的企业标准唆使锦隆公司、八建公司实施侵权行为，构成间接侵权。请求法院判令三被告停止侵权，销毁侵权产品，并赔偿经济损失 50 万元。江苏省苏州市中级人民法院一审认为，被诉侵权产品具备涉案专利权利要求中竖向隔声片的技术特征，落入涉案专利权的保护范围。三被告主张现有技术抗辩，但其依据的《国家建筑标准设计图集 08J931〈建筑隔声与吸声构造〉》（以下简称现有技术 1）第 33 页的内容没有公开“竖向隔声片”的技术特征，故现有技术抗辩不能成立。锦隆公司、八建公司的行为构成侵权，建马公司的行为构成帮助他人实施侵权，八建公司、建马公司应当承担侵权责任，锦隆公司依法不承担赔偿责任。遂判决八建公司、建马公司立即停止侵权行为，八建公司赔偿中顺公司经济损失 30 万元，建马公司在上述款项 15 万元范围内承担连带责任，并驳回中顺公司其他诉讼请求。八建公司、建马公司不服，提起上诉。最高人民法院知识产权法庭二审判决驳回上诉，维持原判。建马公司不服，向最高人民法院申请再审，并主张结合现有技术 1 第 30 页和第 33 页的内容可知该现有技术公开了“竖向隔声片”，现有技术抗辩成立。最高人民法院于 2021 年 12 月 17 日裁定驳回了建马公司再审申请。

【裁判意见】

最高人民法院审查认为，判定现有技术抗辩能否成立，需以涉案专利权的保护范围作为参照，确定被诉侵权技术方案中落入涉案专利权保护范围的技术特征，并判断一项现有技术是否公开了与之相同或者等同的技术特征。记载在同一对比文献不同部分的内容，如果其在文意上互为解释，在技术上彼此关联，相互支持，共同解决一个技术问题，则这些内容应当作为一个整体，共同构成一项现有技术。本案中，《建筑隔声与吸声构造》08J931 图集公开了楼面的隔声构造，其中第 30—34 页公开了“三、设计及施工说明”部分，第 30 页第 1、2、3 点的文字说明及图示对楼面的设计及施工方式进行了总体说明，然后第 31—34 页通过图表的方式展示了在该总体说明下的各种具体隔声楼面的做法，包括楼 1—12 共 12 种不同的楼面设计。其中第 33 页

---

① 本案裁判文书参见第 137 页。

楼7的楼面简图（以下称楼7图）所示的“水泥砂浆浮筑楼面”，其设计施工的总体要求应遵从第30页的总体文字说明及图示，这些文字说明及图示可以用于解释第33页图示中的相关内容。上述两部分内容在技术上是密切关联的，本领域技术人员基于其共同指引才能解决有隔声功能的水泥砂浆浮筑楼面的设计和施工问题。因此，第33页楼7图和第30页的内容应作为一个整体，共同构成一项现有技术，在现有技术抗辩中与被诉侵权产品进行比对。在此基础上，现有技术1第33页楼7图显示楼面左侧紧贴墙面且位于踢脚下方竖向设置有一部件，该部件设置的形式、位置和第30页右侧“隔声玻璃棉板隔声楼板”附图中“10厚专用隔声玻璃棉板”所示部件一致。进一步结合第30页的文字内容“四周与墙交界处用10mm厚同密度的专用隔声玻璃棉板和聚乙烯膜将上层混凝土面层与墙体隔开，以保持良好的隔声效果”，楼7图所示的竖向设置的部件应为隔声玻璃棉板。因此，现有技术1公开了被诉侵权产品中的“竖向隔声片”这一技术特征。但现有技术1未公开被诉侵权产品落入的涉案专利权保护范围的全部技术特征或与之无实质性差异，因此建马公司的现有技术抗辩主张不能成立。

8. 先用权抗辩中原有范围的证明标准

【裁判要旨】

先用权抗辩中“原有范围”的证明标准不宜过高。被诉侵权人已经尽力举证，所举证据能够初步证明其所主张的原有范围具有合理性，专利权利人没有提供充分反证予以推翻的，一般可以认定被诉侵权人系在原有范围内实施。

【关键词】

实用新型专利　侵权　先用权抗辩　原有范围　举证责任

【案号】

（2021）最高法知民终508号

【基本案情】

在上诉人东莞市乐放实业有限公司（以下简称乐放公司）与被上诉人深圳市赛源电子有限公司（以下简称赛源公司）、原审被告广州晶东贸易有限公司侵害实用新型专利权纠纷案[①]中，涉及专利号为201920113995.0、名称为“一种条形音箱”的实用新型专利（以下简称涉案专利）。赛源公司认为乐放公司制造、销售的被诉侵权产品落入涉案专利权的保护范围，故向广州

---

① 本案裁判文书参见第141页。

知识产权法院（以下简称一审法院）提起诉讼。乐放公司提出先用权抗辩并提交了相关证据。一审法院认为，即便乐放公司的证据可予采信，其证据限于证明其在专利申请日前已做好制造被诉侵权产品的准备及进行制造，未对其制造范围以及仅在原有范围内继续制造进行举证。因此，乐放公司提交的证据不足以证明先用权抗辩成立。一审法院判决乐放公司停止制造、销售被诉侵权产品，赔偿经济损失及维权合理开支。乐放公司不服，向最高人民法院提起上诉，主张其未变更厂房地址、未扩大厂房面积，仅持有一套生产模具，无法扩大原有生产范围，先用权抗辩成立。最高人民法院认定乐放公司先用权抗辩成立，于 2021 年 8 月 19 日判决撤销原判，驳回赛源公司的诉讼请求。

【裁判意见】

最高人民法院二审认为，由于原有范围的认定往往涉及过去某一时点之前存在的生产模具、生产数量、厂房面积等客观情况，故对“仅在原有范围内继续制造、使用”相关事实查明，应结合双方当事人的诉辩主张以及案件的具体情况，灵活适用举证责任转移。在先用权人已经尽力举证、所举证据能够初步证明“原有范围”存在合理性且专利权人没有提供相反证据予以推翻的情况下，可以认定先用权人并未超出原有范围制造、使用。若后续专利权人有证据证明先用权人超出原有范围制造、使用的，专利权人有权另行主张其合法权益。本案中，乐放公司提交的订单评审表、预测订单等证据，可以证明乐放公司在涉案专利申请日以前已经具备制造涉案产品的一定生产规模和生产能力。而模具厂报价单、模具验收单、二审中的证人证言等证据互相结合，可以初步证明乐放公司仅持有 1 套生产模具。《厂房租赁合同书》则可以初步证明其厂房面积从 2013 年起至今未曾改变。因此，乐放公司提交的证据相互印证，能够形成证据链，初步证明乐放公司在涉案专利申请日前的生产规模和生产范围，并且其未扩大生产规模。乐放公司在本案中提交的关于原有范围的证据具有一定合理性，并初步达到了高度盖然性的证明标准。在赛源公司没有提交相反证据证明乐放公司超出了涉案专利申请日前的生产规模的情况下，应认定乐放公司并未超出原有范围制造涉案产品。乐放公司的先用权抗辩成立。

9. 不同的外观设计专利权应当给予分别的保护

【裁判要旨】

若权利人同时拥有两项以上的外观设计专利权，应当给予分别的保护，在侵权判断时，不应将权利人请求保护的外观设计专利之外的其他外观设计专利作为权利基础纳入考量范围。

【关键词】

外观设计专利　侵权　独立保护　公有领域

【案号】

（2021）最高法民再123号

【基本案情】

在再审申请人四川华体照明科技股份有限公司（以下简称华体公司）与被申请人贵州力士达照明科技有限公司（以下简称力士达公司）侵害外观设计专利权纠纷案①中，华体公司主张力士达公司侵害了其享有的ZL200930109818.7号专利权（以下简称818.7号专利），要求力士达公司承担相应的民事责任。一审庭审中，力士达公司不认可被控侵权产品由其生产销售，认为有部分是其他公司生产销售，但并未提出包括现有设计在内的抗辩意见。贵州省贵阳市中级人民法院一审认定侵权成立，判决力士达公司停止侵权、销毁模具并赔偿华体公司经济损失52万元。力士达公司不服，提起上诉，并在二审期间提交了华体公司的CN201430030895.4号外观设计专利（以下简称895.4号专利）的相关材料，用以证明被诉侵权产品使用的是该专利设计方案，该专利与涉案818.7号专利设计方案不同，且已被华体公司于2015年8月6日放弃。贵州省高级人民法院二审采纳了力士达公司补充提交的895.4号专利的材料，认为华体公司曾同时享有818.7号和895.4号两项专利权，此时应推定两外观设计在整体视觉效果上存在实质性差异，进而在被诉侵权设计与895.4号外观设计相同的情况下，无需再将其与818.7号外观设计进行比对；华体公司主动放弃895.4号外观设计专利权的行为已由国家知识产权局向全社会公告，如认为他人在原样实施该外观设计的情况下仍会侵犯同一权利人的其他外观设计专利权，则明显损害了社会公众的合理信赖，也有违专利法的立法目的。据此判决撤销一审判决，驳回华体公司的全部诉讼请求。华体公司不服，向最高人民法院申请再审。最高人民法院裁定提审本案，并于2021年9月29日改判撤销二审判决，维持一审判决。

【裁判意见】

最高人民法院再审认为，对于取得合法授权的专利，应当给予分别的、独立的保护，不应因权利人同时拥有两项以上的专利权，而在侵权判断时将权利人在个案中请求保护的专利之外的其他专利作为权利基础纳入考量范围。也不应因被控侵权人实施的是他人已经放弃专利权的技术方案或外观设计，

① 本案裁判文书参见第153页。

就当然得出该行为不会侵犯该权利人享有的其他专利权的结论。权利人拥有多项外观设计专利权，判断被控侵权产品是否侵害其某一特定的外观设计专利权时，必须以请求保护的外观设计专利为基础，将被控侵权产品与该请求保护的外观设计进行“整体观察、综合判断”，而不能以权利人拥有两项以上的外观设计专利权为由，直接推定该两项专利权存在实质性差异，进而以被控侵权产品与权利人在个案中请求保护的外观设计之外的另一项享有权利的外观设计相同或近似为由，得出被控侵权产品不会侵害该请求保护的外观设计专利权的结论。在很多情形下，在同一客体之上可能叠加地存在着多项知识产权或其他合法权益，不能以某一外观设计专利权因期限届满或权利人主动放弃而当然得出该外观设计进入公有领域不会侵害他人合法权利的结论。二审法院法律适用错误，依法应予纠正。经审查，一审判决有关被控侵权产品侵害了华体公司涉案外观设计专利权的认定及相关民事责任的确定并无明显不当，因此，最高人民法院在撤销二审判决的同时，维持了一审判决。

10. 电子商务平台通知-删除规则的适用

【裁判要旨】

有效通知一般包括知识产权权利证明及有效的权利人信息、能够实现准确定位的被诉侵权商品或服务信息、构成侵权的初步证据、要求采取的具体措施、通知真实性的书面保证等。认定有效通知应考虑权利类型、作为网络服务提供者的电子商务平台经营者的监管能力以及平台性质等因素。转通知是电子商务平台经营者承担的最低义务，转通知后是否还需要进一步采取必要措施，仍需要结合通知内容作出判断。

【关键词】

发明专利　侵权　电子商务平台　通知　必要措施

【案号】

（2019）最高法民申 5954 号

【基本案情】

在再审申请人杭州阿里巴巴广告有限公司（以下简称阿里巴巴公司）与被申请人深圳市朗科科技股份有限公司（以下简称朗科公司），一审被告、二审上诉人广州友拓数码科技有限公司（以下简称友拓公司）侵害发明专利权纠纷案[①]中，朗科公司系名称为“用于数据处理系统的快闪电子式外存储

---

① 本案裁判文书参见第 163 页。

方法及其装置”发明专利的专利权人。朗科公司在1688网站上友拓公司的店铺购买了被诉侵权的优盘。2016年7月1日，朗科公司将友拓公司及阿里巴巴公司诉至法院。2016年7月7日，朗科公司就友拓公司的被诉侵权行为向阿里巴巴公司发出《律师函》，请阿里巴巴公司撤销被诉侵权产品并删除涉嫌侵权的网页内容。阿里巴巴公司签收了前述《律师函》。并回函称投诉收悉，由于投诉所涉情况已在诉讼中，平台会在收到法院判决后第一时间按照法院判决维护贵方权益。2016年8月8日，朗科公司向阿里巴巴公司提交了侵权对比分析表。2016年8月9日，阿里巴巴公司通知友拓公司、朗科公司进行投诉。友拓公司收到转通知后回复“我司正在准备材料中，准备好后第一时间发过去”。阿里巴巴公司于2016年8月10日对朗科公司发送的通知的链接进行了核实，均显示商品已下架。2017年4月6日，友拓公司的网店上仍有被诉侵权产品在展示，朗科公司进行公证。一审法院认为，阿里巴巴公司作为网络服务提供者，未采取必要措施，造成损失扩大，判令阿里巴巴公司对友拓公司应承担的赔偿额中的20000元承担连带赔偿责任。阿里巴巴公司及友拓公司不服，提起上诉。广东省高级人民法院二审判决：驳回上诉、维持原判。阿里巴巴公司不服，向最高人民法院申请再审。最高人民法院于2021年11月11日裁定驳回了阿里巴巴公司的再审申请。

【裁判意见】

最高人民法院审查认为，有效通知一般包括知识产权权利证明及有效的权利人信息、能够实现准确定位的被诉侵权商品或服务信息、构成侵权的初步证据、要求采取的具体措施、通知真实性的书面保证等。认定有效通知应考虑权利类型、作为网络服务提供者的电子商务平台经营者的监管能力以及平台性质。不同权利类型的侵权判断难易程度不同，电子商务平台经营者的监管能力不同，不同平台形式的监管难度也存有差异。因此，针对不同的权利类型与不同性质的平台和电子商务平台经营者，发出有效通知的标准也会有差别。对于涉及专利权的通知，在平台治理规则的框架下，有效通知可以包括技术特征或设计特征比对表、实用新型或外观设计专利权评价报告等材料。电子商务平台经营者应积极履行转通知的义务，当通知达到能够转送的最低限度时就应当完成转送。朗科公司提交的侵权对比表符合阿里巴巴公司制定的知识产权平台治理规则，也符合此前投诉的惯例。在朗科公司发出的律师函，记载投诉产品及位置信息，并附有朗科公司的专利证书、说明书以及登记簿的情况下。即使作为平台经营者的阿里巴巴公司认为该侵权初步证据的证明力尚未达到有效通知的标准，亦应给出回复，以实现信息交流的顺畅。因此，二审判决认定朗科公司的涉案通知构成有效通知并无不当。转通知是电子商务平台经营者承担的最低义务，转通知后是否还需要进一步采取必要措施，仍需要进一步结合通知内容作出判断。阿里巴巴公司虽然履行了转通知义务，但并不能因此证明其采取了必要措施。友拓公司未提出不侵权的反通知。阿里巴巴公司并不能据此证明其无须采取任何措施即有较大可能防止侵权行为发生。对于友拓公司自动下架后又上架的行为，相对于朗科公司，由阿里巴巴公司承担监管责任的社会成本更低。如果权利人需持续关注平台内经营者是否就同一产品重复上架，则可能使权利人陷入循环往复的投诉，通知-删除规则也将形同虚设。而阿里巴巴公司作为电子商务平台经营者可以通过平台治理规则有效避免此种情形。同时，阿里巴巴公司作为电子商务平台经营者的重复侵权行为应负有更高的注意义务，避免平台内经营者利用此类手段规避法律。而且，阿里巴巴公司未提供证据证明朗科公司提交公证书证明被诉侵权商品再次上架后，其进一步采取了必要措施避免损失进一步扩大。

11. 公司董事、高管违反忠实义务无偿受让公司专利权的后果

【裁判要旨】

公司董事、高级管理人员将公司专利权无偿转让至其个人名下，且未能提交充分证据证明该转让行为符合公司章程的规定或者经股东会、股东大会同意的，构成对公司忠实义务的违反，有关专利权转让行为无效，专利权仍然应归公司所有。

【关键词】

专利权权属　董事　高管　忠实义务　转让

【案号】

（2021）最高法知民终194号

【基本案情】

在上诉人李敏与被上诉人滕州市绿原机械制造有限责任公司（以下简称绿原公司）专利权权属纠纷案①中，涉及专利号为200710015109.2、名称为“高分子复合波纹膨胀节”的发明专利（以下简称涉案专利）。绿原公司认为，李敏在担任绿原公司法定代表人期间，利用职务之便，在公司不知情的情况下，擅自将涉案专利权过户至其个人名下，故向山东省济南市中级人民法院（以下简称一审法院）提起诉讼，请求判令确认涉案专利权归绿原公司

① 本案裁判文书参见第171页。

所有。一审法院认为，涉案专利权转让行为违反了《中华人民共和国公司法》（以下简称公司法）的强制性规定，应属无效，判决涉案专利权归绿原公司所有。李敏不服，向最高人民法院提起上诉。最高人民法院于2021年6月17日判决驳回上诉，维持原判。

【裁判意见】

最高人民法院二审认为，2013年修正的公司法第一百四十七条规定，董事、监事、高级管理人员应当遵守法律、行政法规和公司章程，对公司负有忠实义务和勤勉义务。董事、监事、高级管理人员不得利用职权收受贿赂或者其他非法收入，不得侵占公司的财产。本案中，李敏在其担任绿原公司执行董事兼经理期间，于2018年8月29日签署涉案专利权转让声明，将涉案专利权的一切权利无偿转让给自己，并到国家知识产权局办理了相应变更手续。虽然李敏在一审庭审中陈述，其代表公司将涉案专利权转至自己名下时，曾口头通知另一股东，但李敏未提供相应证据加以证明，且该股东在一审中表示其对此转让并不知情，亦不同意。因此，虽然在涉案专利权转让时李敏系占绿原公司三分之二以上股权的股东，但涉案专利权的转让系李敏利用职务之便将绿原公司的专利权无偿转让到个人名下，且李敏未提供充分证据证明其代表绿原公司转让涉案专利权时按照公司章程的规定履行了合法手续，也未提供充分证据证明该转让行为系为绿原公司利益所为，故这一转让行为违反了李敏对公司的忠实义务，应属无效。涉案专利权转让声明及所办理的变更手续并不能产生转让专利权的法律效力，涉案专利权仍应归绿原公司所有。

12. 擅自转移、处分保全证据的法律后果

【裁判要旨】

侵害专利权纠纷案件中，被诉侵权人擅自转移、处分人民法院已经依法采取证据保全措施的被诉侵权产品，致使有关侵权事实无法查明的，构成对诚信诉讼原则的违反，可以推定被诉侵权产品落入涉案专利权保护范围，并可以对被诉侵权人采取罚款等民事强制措施。

【关键词】

发明专利　侵权　擅自转移处分证物　不利事实推定　民事强制措施

【案号】

（2021）最高法知民终334号

【基本案情】

在上诉人无锡瑞之顺机械设备制造有限公司（以下简称瑞之顺公司）与

被上诉人周勤侵害发明专利权纠纷案①中，涉及专利号为201110375874.1、名称为“排水板成型机”的发明专利（以下简称涉案专利）。周勤认为，瑞之顺公司未经许可，制造、销售、许诺销售落入涉案专利权保护范围的产品，侵害其涉案专利权，故向江苏省苏州市中级人民法院（以下简称一审法院）提起诉讼，请求判令瑞之顺公司停止侵害并赔偿经济损失。一审法院认为，瑞之顺公司擅自转移、处分被一审法院诉前保全的证物的行为，已经构成妨害民事诉讼并直接影响侵权判断的有效进行，决定对其罚款20万元，并依法认定瑞之顺公司制造、销售、许诺销售的被诉侵权产品落入涉案专利权的保护范围，构成专利侵权，判决瑞之顺公司停止侵害并赔偿经济损失及维权合理开支共计100万元。瑞之顺公司不服，向最高人民法院提起上诉。最高人民法院于2021年6月23日判决驳回上诉，维持原判。

【裁判意见】

最高人民法院二审认为，根据民事诉讼法②第十三条第一款、《最高人民法院关于知识产权民事诉讼证据的若干规定》第一条、第十四条、第二十五条第一款的规定，对于被人民法院采取保全措施的被诉侵权产品或者其他证据，被诉侵权人擅自实施毁损、转移证据等行为，致使是否侵权无法查明的，人民法院可以依法推定权利人就该证据所涉证明事项的主张成立。本案中，涉案专利权利要求1限定了诸多技术特征，且部分技术特征涉及产品内部结构及位置连接关系，故如果无法接触、观察被诉侵权产品实物，显然不易查明被诉侵权产品实施的技术方案是否全面覆盖涉案专利权利要求1所限定的全部技术特征。一审法院在对被诉侵权产品采取证据保全时已明确告知瑞之顺公司不得擅自改变被保全证物的现状，瑞之顺公司的法定代表人在保全笔录上亦签字确认。但瑞之顺公司此后不但实施了擅自转移、处分被诉侵权产品的行为，而且在一审法院组织双方委托代理人进行现场勘验时仍拒不告知被诉侵权产品的准确去向，导致一审法院的勘验目的落空，无法组织双方当事人围绕被诉侵权产品实物展开技术特征比对。瑞之顺公司实施的上述妨害民事诉讼行为，严重背离诚信原则，且人为加大了人民法院查明技术事实的难度，理应为此承担相应不利的法律后果。一审法院基于瑞之顺公司实施的妨害民事诉讼行为，依法推定被诉侵权产品实施的技术方案落入涉案专利权利要求1的保护范围，并无不当。瑞之顺公司擅自实施转移、处分证据保全证物的行为构成妨害民事诉讼，一审法院对其采取罚款的强制措施，属于公法层面的

---

① 本案裁判文书参见第179页。

② 此处指2017年《中华人民共和国民事诉讼法》，其已于2021年修改，本案下同。

制裁，体现的是法律对于瑞之顺公司妨害民事诉讼、破坏诉讼秩序的否定性评价。人民法院对于被诉侵权人实施的妨害民事诉讼行为，分别对其科以公法层面的制裁和私法层面的不利事实推定，两项举措各司其职，并行不悖。

（二）专利行政案件审判

13. 权利要求用语解释的合理性

【裁判要旨】

在专利授权确权案件中，应当以本领域技术人员在阅读权利要求书、说明书及附图后所理解的通常含义，界定权利要求的用语。在此过程中，应当以合理解释为出发点和落脚点，确定权利要求用语的最大含义范围。

【关键词】

发明专利　无效宣告程序　权利要求的解释　最大合理解释

【案号】

（2019）最高法知行终 61 号

【基本案情】

在上诉人西门子（深圳）磁共振有限公司（以下简称西门子公司）与上诉人国家知识产权局、上诉人上海联影医疗科技有限公司（以下简称联影公司）专利权无效行政纠纷案①中，联影公司是专利号为 201310072198.X、名称为“平面回波成像序列图像的重建方法”的发明专利（以下简称本专利）的专利权人。西门子公司以本专利不具备实用性、新颖性、创造性以及权利要求得不到说明书支持为由，向国家知识产权局提出无效宣告请求。国家知识产权局作出第 33719 号无效宣告请求审查决定（以下简称被诉决定），维持本专利权有效。西门子公司不服，向北京知识产权法院（以下简称一审法院）提起诉讼。一审法院认为本专利权利要求 1 不具备新颖性，判决撤销被诉决定，国家知识产权局重新作出决定。西门子公司、国家知识产权局、联影公司均不服，向最高人民法院提起上诉。最高人民法院于 2021 年 5 月 21 日判决撤销原判，驳回西门子公司的诉讼请求。

【裁判意见】

最高人民法院二审认为，人民法院应当以本领域技术人员在阅读权利要求书、说明书及附图后所理解的通常含义，界定权利要求的用语。权利要求

---

① 本案裁判文书参见第 191 页。

的用语在说明书及附图中有明确定义或者说明的，按照其界定。即便在适用所谓的最大合理原则解释权利要求时，亦应当在权利要求用语最大含义范围内，以“合理”解释为出发点和落脚点。本案中本专利权利要求1中“计算”一词的解释，不应当简单以其字面含义为准，而应当以本领域技术人员阅读权利要求书和说明书及附图后的理解为准。结合本专利发明目的、说明书及附图对“计算”的解释与说明可知，本专利中的“计算”并不包括所有可能的计算方式，而是有其特定含义。首先，本专利在背景技术及发明内容部分指出，现有技术通过第一个和第二个回波信号计算出相位差异，把这些相位差作为校正量来校正采集到的图像数据，并不能有效消除N/2伪影；二维相位校正法消除N/2伪影的效果虽比较好，但序列采集时间延长，平面回波成像序列失去了快速成像的优点。本专利为了克服上述缺陷，意在提供一种更为精准的平面回波成像序列的图像重建方法。可见，本专利的发明目的已经明确排除了两个回波信号计算相位差异因而损失相位信息的计算方法。其次，本领域技术人员通过阅读说明书及附图能够理解，本专利权利要求1中的“计算”是不损失相位以及其他信息情况下的直接计算，不应当将“计算”一词根据字面含义进行解释。对比文件1的计算方式将损失第一参考回波S1+和第三参考回波S3+中的部分信息，导致校正的精准度有所欠缺，而这正是本专利所要避免的。可见，对比文件1中的“计算”与本专利权利要求1中的“计算”并不相同。对比文件1并没有公开本专利权利要求1中不损失相位信息及其他信息情况下的直接计算方式。因此，本专利权利要求1具备新颖性。

14. 限定机械部件数量的数值范围技术特征的新颖性评价

【裁判要旨】

限定机械部件数量的数值范围是自然数区间，其区别于长度等具有连续性物理量的数值范围；限定机械部件数量的数值范围技术特征原则上应当视为并列技术手段的集合而非一个技术手段，当对比文件仅公开其中一个或者部分数量时，不足以认定该对比文件已经直接公开了该技术特征所限定的其余并列技术手段。

【关键词】

发明专利　驳回复审程序　新颖性　数值范围技术特征　并列技术手段

【案号】

（2021）最高法知行终349号

【基本案情】

在上诉人苏社芳与被上诉人国家知识产权局发明专利申请驳回复审行政纠纷案[①]中，涉及申请号为201410141800.5、名称为“三轮摩托车、电动三轮车及柴油三轮车辆的人力制动构造”的发明专利申请（以下简称本申请），申请人为苏社芳。经实质审查，国家知识产权局原审查部门作出驳回本申请的决定。针对苏社芳提出的复审请求，国家知识产权局作出第183664号复审请求审查决定（以下简称被诉决定），维持原驳回决定。被诉决定认为，权利要求1、3、4、5、7、9的全部技术特征均被对比文件1公开，不具备新颖性；权利要求2、6、8、10不具备创造性。苏社芳认为，本申请明确限定“至少包含二个杠杆”，对比文件1限定的技术方案杠杆数量为四个，其不包括二个杠杆也不包括三个或四个以上的杠杆的技术方案，两者的技术方案不相同，在此基础上本申请各项权利要求应具备新颖性和创造性，故向北京知识产权法院（以下简称一审法院）提起诉讼，请求撤销被诉决定。一审法院判决驳回苏社芳的诉讼请求。苏社芳不服，向最高人民法院提起上诉，主张本申请与对比文件1在包含的杠杆数量等技术特征方面存在不同，不能依照数值和数值范围的审查原则来判断本申请的新颖性。最高人民法院于2021年6月27日在纠正一审法院的新颖性判断思路的基础上，判决驳回上诉，维持原判。

【裁判意见】

最高人民法院二审认为，机械部件的数量是自然数，这与长度、温度、压力、含量、时间等具有连续性的物理量存在区别，故对于限定机械部件数量的数值范围技术特征的理解，应当区别于限定具有连续性的物理量的数值范围技术特征。对于后者，其应视为一个技术特征，当对比文件公开的数值或者数值范围落在上述限定的技术特征的数值范围内，即可认定对比文件已经公开了该技术特征。但是对于限定机械部件数量的数值范围技术特征，应当视为并列技术手段的集合，当对比文件仅公开其中一个或者部分数量时，不足以认定该对比文件已经公开了该技术特征所限定的其余并列技术手段。本申请权利要求中“至少包含二个杠杆”数值范围技术特征限定的对象是杠杆数量，故该技术特征应当视为并列技术手段的集合。就本申请权利要求1、3、4、5、7、9中采用四个杠杆的技术方案而言，对比文件1公开的杠杆数量为四个，关于杠杆数量技术特征已经被对比文件1直接公开，不具备新颖性。但在无证据证明本申请权利要求1、3、4、5、7、9中非四个杠杆的技术

① 本案裁判文书参见第219页。

手段与四个杠杆的技术手段之间存在惯用手段直接置换关系的情况下，本申请权利要求的非四个杠杆技术方案与最接近的现有技术公开的四个杠杆技术方案之间存在明显区别。被诉决定和一审判决忽略了杠杆数量技术特征的区别，认为对比文件1已经公开本申请权利要求1、3、4、5、7、9的所有技术特征，从而认定不具备新颖性，本质上属于遗漏区别技术特征，或者是将本申请的“至少包含二个杠杆”的技术特征，等同于限定具有连续性物理量的数值范围技术特征，从而认定现有技术的“四个杠杆”公开了本申请“至少包含二个杠杆”的技术特征，并最终作出非四个杠杆的技术方案不具备新颖性的不当认定，应予纠正。鉴于该不当认定并未影响到本申请不应予以授权的最终结论，故被诉决定以及一审判决可予以维持。

15. 同一现有技术文献中存在矛盾记载时公开内容的认定

【裁判要旨】

同一现有技术文献所记载的特定技术方案内容与其所记载的其他关联内容存在矛盾，本领域技术人员完整阅读文献后，结合公知常识亦不能作出合理解释或者不能判断其正误的，可以认定该现有技术文献未公开上述特定技术方案。

【关键词】

发明专利申请　驳回复审程序　新颖性　现有技术　矛盾记载

【案号】

（2021）最高法知行终83号

【基本案情】

在上诉人巴斯夫涂料有限公司（以下简称巴斯夫公司）与被上诉人国家知识产权局发明专利申请驳回复审行政纠纷案[①]中，涉及申请号为201510452769.1、名称为“次硝酸铋在电泳漆中的应用”的发明专利申请（以下简称本申请）。巴斯夫公司认为，虽然对比文件1公开了水不溶性的碱式硝酸铋在阴极电泳漆中的应用，但根据对比文件1所记载的发明目的，对比文件1的技术方案是用水溶性金属硝酸盐替换其背景技术中使用的水不溶性硝酸盐而实现粘合力的改善，故对比文件1关于水不溶性的碱式硝酸铋的公开内容违反了其发明目的，不能以错误公开的内容评价本申请的新颖性。故向北京知识产权法院（以下简称一审法院）提起诉讼，请求判令撤销被诉决定，国家知识产权局重新作出决定。一审法院认为，对比文件1对于水溶性硝酸盐范围的理解

① 本案裁判文书参见第228页。

包括碱式硝酸铋，虽然该理解不同于本领域对碱式硝酸铋是非水溶性的理解，但其可理解为对比文件 1 的重新定义，并不会因为该定义与本领域常规解释不一致就认为对比文件 1 并未公开碱式硝酸铋。对比文件 1 公开了本申请权利要求 1 的全部技术特征，二者的技术方案相同，技术领域相同，能解决相同的技术问题并产生相同的技术效果。因此，本申请权利要求 1 不具备新颖性。一审法院判决驳回巴斯夫公司诉讼请求。巴斯夫公司不服，向最高人民法院提起上诉。最高人民法院于 2021 年 11 月 2 日判决撤销原判和被诉决定，国家知识产权局重新作出决定。

【裁判意见】

最高人民法院二审认为，以出版物公开方式公开的现有技术，其技术方案的内容以该出版物的客观记载为准。但是，如果该出版物关于该技术方案的记载内容与其他关联内容存在明显前后矛盾，且本领域技术人员根据该出版物记载的其他内容以及其掌握的本领域的公知常识无法给出合理解释的，则不能认定该技术方案被该出版物所公开，即不能构成《中华人民共和国专利法》[①]（以下简称专利法）意义上的现有技术。本案中，根据对比文件 1 说明书第［0007］—［0010］段关于发明背景部分的记载内容，对比文件 1 所记载的专利技术方案所采用的金属硝酸盐添加剂，应当理解为其具有水溶性的物理性质。相应地，作为记载在对比文件 1 的说明书第［0015］［0016］［0020］［0034］［0038］段中，用于具体说明对比文件 1 所记载的专利技术方案的具体实施方案，也应当理解为采用的是具有水溶性的金属硝酸盐。然而，在对比文件 1 的说明书第［0020］段中却记载了采用碱式硝酸铋这一水不溶性的金属硝酸盐的技术方案，明显与对比文件 1 第［0010］段所记载的技术构思存在矛盾。由于对比文件 1 的其他部分并没有就碱式硝酸铋这一水不溶性的金属硝酸盐也能够实现对比文件 1 所记载的专利技术方案的发明目的作出特别说明（事实上，从对比文件 1 记载内容来看，对比文件 1 将碱式硝酸铋当作水溶性的金属硝酸盐予以对待），亦无其他证据能够对上述明显的矛盾作出合理解释，故对比文件 1 记载的采用碱式硝酸铋添加剂的技术方案，应当被排除在对比文件 1 公开的范围之外，不应当被认定为属于现有技术。被诉决定和一审判决均以客观公开为由，在没有给出足够的合理解释的情况下，将对比文件 1 中相关段落记载的、与同记载在对比文件 1 中的其他关联内容存在明显前后矛盾的技术方案认定为现有技术，系对出版物公开这种公开方式的机械理解，应予纠正。

---

① 此处指 2008 年《中华人民共和国专利法》，其已于 2020 年修改，本案下同。

16. 中药发明专利创造性判断中最接近的现有技术的选择

【裁判要旨】

中药发明专利创造性判断中，对于最接近的现有技术的选择，不宜过度关注现有技术披露的发明技术特征数量，如药味重合度，而应当根据中药领域技术特点，特别是配伍组方、方剂变化、药味功效替代等规律，综合考虑发明技术方案和现有技术方案的适应症及有关治则、治法、用药思路是否相同或者足够相似。

【关键词】

发明专利申请　驳回复审程序　中药　创造性　最接近的现有技术

【案号】

（2021）最高法知行终 158 号

【基本案情】

在上诉人罗世琴与被上诉人国家知识产权局发明专利申请驳回复审行政纠纷案①中，涉及申请号为 201410046681.5、名称为“用于治疗肿瘤的药磁贴”的发明专利申请（以下简称本申请）。国家知识产权局作出第 182491 号复审请求审查决定（以下简称被诉决定），认为本申请权利要求 1 请求保护用于治疗肿瘤的药磁贴的制备方法，对比文件公开了一种用于肿瘤消肿镇痛的纳米药磁贴及其制备方法，本领域技术人员根据“方从法出”的原则，能够在对比文件的基础上进行调整得到本申请的技术方案，且本申请对于中药材、制备方法、药磁贴具体组成和结构的选择均为本领域的常规选择，在对比文件的基础上结合常规选择能够得到本申请的技术方案，因此本申请不具备创造性。罗世琴不服，诉至北京知识产权法院（以下简称一审法院），请求撤销被诉决定，判令国家知识产权局重新作出决定。一审法院判决驳回罗世琴的诉讼请求。罗世琴不服，向最高人民法院提起上诉，称一审判决错误认定本申请权利要求 1 相对于最接近现有技术的区别技术特征，本申请与对比文件比较，二者之间明显存在药物配伍不同、构造结构不同、形成剂型类别不同等区别，本申请具备创造性。最高人民法院于 2021 年 10 月 20 日判决驳回上诉，维持原判。

【裁判意见】

最高人民法院二审认为，最接近的现有技术是指现有技术中与要求保护的发明最密切相关的一个技术方案。针对中药领域的发明，特别是在药物有

---

① 本案裁判文书参见第 242 页。

效成分涉及几味、十几味甚至几十味中药材时，不宜过度关注现有技术披露发明的技术特征的数量，而应更多从发明的实质出发，以发明目的、技术领域、技术问题、技术效果或用途的相似度作为确定最接近现有技术的关键因素。本案中，对比文件公开了一种用于肿瘤消肿镇痛的纳米药磁贴及其制备方法，采用行气活血、通络散结、消肿止痛为治则，发挥治疗作用的药物有效成分主要由23种中药材按重量份数制备而成，使用时根据肿瘤不同循经取穴在穴位上贴敷。本申请是一种用于治疗肿瘤的药磁贴的制备方法，采用通络散瘀，祛痰利湿，拔毒止痛，化痞消积等消积导滞法，发挥治疗作用的药物有效成分主要由22种中药材按重量份数制备而成，使用时贴于肿瘤病灶的经络或有关穴位。可见，对比文件和本申请的发明目的、技术领域、技术问题和用途都具有高度相似性，尽管两种技术方案选所用的中药材存在10味以上不同，但由于具有相同功能的中药材相互之间具有可替代性是本领域的公知常识，故被诉决定将对比文件作为最接近的现有技术并无不当。

17. 创造性判断的直接证据与“三步法”的关系

【裁判要旨】

专利创造性判断中广泛使用的“三步法”是具有普适性的逻辑推演方法；基于解决长期技术难题、克服技术偏见、实现预料不到的技术效果、获得商业成功等直接证据判断创造性的方法则属于经验推定方法，两者都属于创造性判断的分析工具。运用“三步法”判断的结论是技术方案具备创造性时，一般无需再审查有关创造性的直接证据；运用“三步法”判断的结论是技术方案不具备创造性时，应当审查有关创造性的直接证据，并根据基于创造性直接证据的经验推定结论复验“三步法”分析，综合考虑逻辑推演和经验推定两方面结论作出判断。

【关键词】

发明专利　无效宣告程序　创造性　“三步法”　直接证据

【案号】

（2021）最高法知行终119号

【基本案情】

在上诉人耐玩专利博物馆有限公司（以下简称耐玩公司）与被上诉人国家知识产权局、原审第三人浙江天猫网络有限公司（以下简称天猫公司）、苹果电子产品商贸（北京）有限公司（以下简称苹果商贸公司）、中国工商银行股份有限公司（以下简称工商银行）发明专利权无效行政纠纷案[①]（以下简称耐玩公司等专利确权行政纠纷案）中，涉及专利号为97121280.5、名称为“一种多元置信度适配系统及其相关方法”的发明专利（以下简称本专利）。针对天猫公司、苹果商贸公司、工商银行先后分别针对本专利权提出的无效宣告请求，国家知识产权局作出第36402号无效宣告请求审查决定（以下简称被诉决定），认为本专利不具备创造性，宣告本专利权全部无效。耐玩公司不服，向北京知识产权法院（以下简称一审法院）提起诉讼，请求撤销被诉决定，判令国家知识产权局重新作出决定。一审法院认为本专利不具备创造性，驳回耐玩公司的诉讼请求。耐玩公司不服，向最高人民法院提起上诉，并提出本专利与最接近的现有技术证据A4相比具有的简化输入、简化权重、简化需求、简化检索等四个预料不到的技术效果，具备创造性。最高人民法院于2021年12月20日判决驳回上诉，维持原判。

【裁判意见】

最高人民法院二审认为，司法审判和行政审查实践中关于权利要求所限定的技术方案是否属于显而易见的判断，通常需要借助分析工具。常见的创造性判断分析工具一般有两类：一类是逻辑推演工具。如专利审查实践中运用最为广泛的所谓的“三步法”，即“问题—解决方案”思路，通过确定最接近的现有技术、确定发明的区别技术特征和发明实际解决的技术问题、判断要求保护的发明对本领域技术人员而言是否显而易见的三个步骤，完成创造性判断。其实质是通过还原发明场景、模拟发明过程，以本领域技术人员视角对技术方案是否显而易见作出的逻辑推演。另一类是经验推定工具。如解决了一直渴望解决但始终未能解决的技术难题、克服了技术偏见、取得了预料不到的技术效果、获得了商业上的成功等（为方便起见，以下简称经验推定因素），其是通过认定技术方案具备创造性的直接证据，并基于这些直接证据与技术方案本身的对应性或者因果关系，在适当考虑获得该技术方案困难程度的基础上，最终对技术方案是否显而易见作出的经验推定。原则上，对于同一技术方案的创造性问题，从逻辑角度和经验角度的分析应当殊途同归。技术方案的创造性未必来源于解决长期技术难题、克服技术偏见、实现预料不到的技术效果，未必带来商业成功；但解决了长期技术难题、克服了技术偏见、实现了预料不到的技术效果、获得了商业成功却是技术方案具备创造性的重要标志。逻辑推演工具的适用具有普适性，而经验推定工具则因仅涵盖了有限的几种典型情形而适用场景有限。故仅在有关创造性判断涉及前述经验推定因素时，才涉及逻辑推演和经验推定结论的协调问题。逻辑推

---

① 本案裁判文书参见第253页。

演和经验推定结论不一致的情形一般有两种：一是“三步法”认定具备创造性，但并不存在经验意义上能够充分体现发明创造价值和效果的创造性直接证据，或者虽然存在创造性直接证据但其与有关区别技术特征缺乏对应性或者因果关联；二是“三步法”认定不具备创造性，但存在经验意义上能够充分体现发明创造价值和效果的创造性直接证据，且其与有关区别技术特征具有对应性或者因果关联。对于第一种情形而言，如前所述，因技术方案的创造性未必来源于经验推定因素，故不具备经验推定因素不足以否定技术方案的创造性，可以直接基于“三步法”结论认定技术方案具备创造性。对于第二种情形而言，则需要对“三步法”的结论进行复验。根据有关直接证据的不同，复验的重点也会有所不同：技术方案解决了长期技术难题、克服了技术偏见、获得了商业上的成功的，要重点考察“三步法”分析中，是否未充分考虑技术发展的阶段性和局限性进而错误判断了结合启示；技术方案取得了预料不到的技术效果的，则要重点考察是否错误认定了区别技术特征的技术效果，进而错误归纳了技术方案实际要解决的技术问题。如果复验结论是原先基于“三步法”的分析有误，则实现了分析结论的校准；如果复验结论是原先基于“三步法”的分析无误，则有必要再次审视，关于创造性直接证据的认定，及其与区别技术特征的对应性和因果关系认定是否有误，以及是否存在其他难以基于创造性直接证据认定创造性的情形。据此，原则上，当“三步法”结论是技术方案具备创造性时，无需再审查有关创造性直接证据；当“三步法”结论是技术方案不具备创造性时，应当审查有关创造性直接证据，并根据基于创造性直接证据的经验推定结论复验“三步法”分析，综合考虑逻辑推演和经验推定两方面结论，作出判断。

18. 创造性判断中对预料不到的技术效果的考虑

【裁判要旨】

基于预料不到的技术效果认定专利创造性时，专利权人应当对存在该预料不到的技术效果且其来源于相关区别技术特征承担举证责任。该预料不到的技术效果应当足以构成技术方案实际要解决的技术问题的改进目标。如果某一技术方案是解决技术问题的必然选择，即便有关技术效果难以预料，其也仅为本领域技术人员均可作出的必然选择的“副产品”，仅此尚不足以证明该技术方案具备创造性。

【关键词】

发明专利　无效宣告程序　创造性　预料不到的技术效果

【裁判意见】

在前述耐玩公司等专利确权行政纠纷案[①]中，最高人民法院指出，基于预料不到的技术效果认定专利创造性而言：首先，有关证明责任应当由专利权利人或者申请人承担，其至少应当证明存在预料不到的技术效果，且该预料不到的技术效果来源于有关区别技术特征。其次，预料不到的技术效果认定中的判断时点应当是申请日或者优先权日，比对基准应当是最接近现有技术而非现有技术整体，判断主体应当是本领域技术人员。最后，预料不到的技术效果应当足以构成技术方案实际要解决的技术问题的改进对象。换言之，该预料不到的技术效果应当构成技术方案选择的重要考量或者重要目标。如果某一技术方案是解决技术问题的必然选择，即便有关技术效果难以预料，该技术效果也仅为本领域技术人员均可作出的必然选择的副产品，其不能成为必然选择技术方案的创造性来源。本案中，耐玩公司作为专利权利人主张本专利权利要求 1 所限定的技术方案因取得了简化输入、简化权重、简化需求、简化检索等预料不到的技术效果而具备创造性，其应就存在上述技术效果、上述技术效果达到不可预料的程度，以及上述技术效果与有关区别技术特征之间的对应关系承担证明责任。对上述技术效果及其与区别技术特征的对应关系，专利说明书中没有明确具体的记载，耐玩公司在本案行政审查阶段和一审期间均未提出此主张，只是在上诉理由和二审庭审中才提出有关主张，但并未举证证明其所主张的技术效果确实存在，更未能够证明所谓的技术效果与最接近的现有技术相比，达到了本领域技术人员预料不到的程度。

19. 专利授权确权行政案件起诉期限起算点的确定

【裁判要旨】

专利授权确权行政案件起诉期限的起算点是收到被诉决定之日。在案证据能够证明行政相对人实际收到被诉决定时间的，以实际收到之日为准；在案证据难以证明行政相对人实际收到被诉决定时间的，或者国家知识产权局对于行政相对人实际收到被诉决定的时间另有规定或约定，且该规定或约定有利于行政相对人，也不违反法律、行政法规禁止性规定的，为保护行政相对人的信赖利益，可以根据具体案情对“收到有关决定之日”作出有利于行政相对人的解释。

【关键词】

专利授权确权行政决定　起诉期限　收到有关决定之日　信赖利益保护

① 本案裁判文书参见第 253 页。

【案号】

（2021）最高法知行终 278 号

【基本案情】

在上诉人叶露微与被上诉人国家知识产权局专利行政纠纷案①中，国家知识产权局于 2020 年 3 月 24 日作出专利申请驳回复审决定，于 2020 年 4 月 7 日向叶露微即专利申请人电子申请客户端发送该复审决定，又于 2020 年 4 月 14 日向叶露微联系电话发送短信提醒其于 15 日内通过电子申请客户端接收该复审决定。叶露微主张其于 2020 年 4 月 29 日下载了该复审决定。后于 2020 年 7 月 11 日向北京知识产权法院（以下简称一审法院）提起行政诉讼。一审法院根据《中华人民共和国电子签名法》（以下简称电子签名法）第十一条第二款规定，认定叶露微收到复审决定的时间为 2020 年 4 月 7 日，其于 2020 年 7 月 11 日提起诉讼超过了专利法第四十一条第二款规定的三个月起诉期限，故对叶露微的起诉不予立案。叶露微不服，向最高人民法院提起上诉，认为根据国家知识产权局《关于专利电子申请的规定》第九条第二款规定，叶露微收到复审决定的时间应为 4 月 22 日（4 月 7 日+15 日），且即使以国家知识产权局短信提示时间 4 月 14 日或者叶露微下载复审决定时间 4 月 29 日为起算点，其 7 月 11 日提起诉讼均未超过起诉期限。最高人民法院于 2021 年 6 月 22 日裁定撤销原裁定，本案指令北京知识产权法院立案受理。

【裁判意见】

最高人民法院二审认为，根据专利法第四十一条第二款的规定，专利申请人提起行政诉讼的期限是自收到专利复审决定之日起三个月，起诉期限的起算点是收到有关专利复审决定之日。一般而言，根据案件有关证据能够证明专利申请人实际收到专利复审决定时间的，以实际收到之日为专利申请人提起行政诉讼期限的起算点；而当有关证据难以证明专利申请人实际收到专利复审决定的时间，或者国务院专利行政部门对于专利复审决定收到时间另有规定或与专利申请人另有约定，且该规定或约定有利于专利申请人，也不违反法律、行政法规禁止性规定的，人民法院可以根据该规定或约定确定专利复审决定收到时间，以充分保障行政相对人的诉权。同时，专利复审决定收到时间的确定还应符合行政相对人信赖利益保护原则，即行政相对人基于对行政机关行政行为合法性及有效性的信赖利益受到法律保护，应充分考虑该行政行为给予行政相对人的合理信赖，根据具体案情对收到专利复审决定的时间作出有利于行政相对人的解释。本案中，国家知识产权局在以电子文

① 本案裁判文书参见第 264 页。

件形式发送被诉决定的情形下，虽然根据电子签名法第十一条第二款“收件人指定特定系统接收数据电文的，数据电文进入该特定系统的时间，视为该数据电文的接收时间”的规定，起诉期限的起算点原则上应为被诉决定电子文件进入收件人叶露微指定的特定系统之日。但是，国家知识产权局颁布了《关于专利电子申请的规定》，该规定第九条第二款载明“对于专利电子申请，国家知识产权局以电子文件形式向申请人发出的各种通知书、决定或者其他文件，自文件发出之日起满15日，推定为申请人收到文件之日”。同时，叶露微与国家知识产权局签订的《专利电子申请系统用户注册协议》中明确以该规定为依据。因此，根据电子签名法第十一条第三款“当事人对数据电文的发送时间、接收时间另有约定的，从其约定”和第三十五条“国务院或者国务院规定的部门可以依据本法制定政务活动和其他社会活动中使用电子签名、数据电文的具体办法”等规定，本案被诉决定电子送达时间应适用《关于专利电子申请的规定》第九条第二款的规定，同时结合叶露微对国家知识产权局有关行政行为的合理信赖予以确定。根据审理查明的事实，国家知识产权局于2020年4月7日向叶露微电子申请客户端发送被诉决定，并于2020年4月14日向叶露微发送短信，提醒其于15日内下载被诉决定。该发送短信行为属具体行政行为的过程性行为，不构成独立的行政行为，应认定属于本案专利复审决定行政行为的组成部分。对于专利申请人叶露微而言，无论是基于对国家知识产权局制定的规范性文件的遵循，还是基于对《专利电子申请系统用户注册协议》的遵守，抑或基于对国家知识产权局所作有关短信通知行为的信赖，其都能够合理预期以2020年4月7日（发文日）加15日或者2020年4月14日（短信提醒日）加15日作为起诉期限的起算点，其于7月11日起诉均未超过专利法第四十一条第二款规定的法定期限。在对被诉决定送达时间存在多种理解的情形下，为保护行政相对人的信赖利益，充分保障其诉权行使，宜作出有利于行政相对人的解释，认定本案期限利益归于专利申请人，即应以被诉决定发出后国家知识产权局专门发送短信提醒日加15日即2020年4月29日作为计算叶露微提起行政诉讼期限的起点。叶露微于2020年7月11日向一审法院提起诉讼未超过三个月起诉期限，且符合《中华人民共和国行政诉讼法》第四十九条所规定的起诉条件，本案应当立案受理。

20. 惯常设计对外观设计侵权判断的影响

【裁判要旨】

判断被诉侵权设计与涉案外观设计是否相近似，应当基于外观设计产品的一般消费者的知识水平和认知能力，作为一般消费者，其应当对现有设计中的惯常设计和常用设计手法具有一定的了解。不同外观设计之间在惯常设计或者常用设计手法上的相同或者相近似之处对于二者的整体视觉效果通常不具有显著影响。

【关键词】

外观设计专利　侵权　惯常设计　显著影响

【案号】

（2019）最高法行申 1377 号

【基本案情】

在再审申请人深圳市佰利营销服务有限公司（以下简称佰利公司）与被申请人苹果电脑贸易（上海）有限公司（以下简称苹果上海公司）、北京中复电讯设备有限责任公司（以下简称中复公司）、一审被告北京市知识产权局、一审第三人北京中复电讯设备有限责任公司工体东路电讯商场（以下简称中复公司工体商场）专利侵权行政处理纠纷案中，佰利公司拥有201430009113.9 号“手机（100C）”外观设计专利权（以下简称涉案外观设计专利），其认为中复公司、中复公司工体商场许诺销售、销售 iPhone6 和 iPhone6 Plus 两款手机（统称被诉侵权产品）的行为侵犯其涉案外观设计专利权，向北京市知识产权局提出处理请求。后苹果上海公司被追加为被请求人。涉案专利公告包括主视图、后视图、俯视图、仰视图、左视图、右视图六面视图各一张。在简要说明中载明：本外观设计产品用于移动通讯，设计要点在于产品的形状。北京知识产权局针对上述请求作出京知执字（2016）854-16 号专利侵权纠纷处理决定书（以下简称被诉决定），认定被诉侵权产品与涉案外观设计专利相近似，落入涉案外观设计专利的保护范围。据此，责令中复公司及中复公司工体商场停止许诺销售和销售被诉侵权产品，苹果上海公司停止销售被诉侵权产品。苹果上海公司、中复公司不服，向北京知识产权法院提起行政诉讼。北京知识产权法院一审认为，涉案专利设计从正面到背面采用了非对称弧形设计和特定曲率的过度设计，这是涉案专利设计与现有设计产生明显区别的设计要点。而被诉侵权设计采取的是完全对称的弧度设计，这也是被诉侵权设计与涉案专利设计的明显区别之一。虽然被诉侵权设计与涉案专利设计在手机形状、四角圆弧过渡、大屏幕、屏幕浮于基体表面等设计特征上存在相同之处，但二者的区别特征更为显著，且对整体视觉效果的影响更大。因此，被诉侵权设计与涉案专利设计不构成相同或相近似。据此，判决撤销被诉决定。佰利公司不服，提起上诉。北京市高级人民法院二审判决维持撤销被诉决定。佰利公司不服，向最高人民法院申请再审。最高人民法院于2021年5月7日裁定驳回了佰利公司的再审申请。

【裁判意见】

最高人民法院审查认为，判断被诉侵权设计与涉案外观设计是否相近似，应当基于外观设计产品的一般消费者的知识水平和认知能力，作为一般消费者，其应当对现有设计中的惯常设计和常用设计手法具有一定的了解。不同外观设计之间在惯常设计或者常用设计手法上的相同或者相近似之处对于二者的整体视觉效果通常不具有显著影响。在被诉侵权行为发生时，手机正面的外观设计逐步趋向于大屏幕、简洁式设计，而设计的重点转向手机侧面或背面的外形、棱角、弧度等部位。根据一、二审查明的事实，结合第27878号无效决定的认定，正背面轮廓及四角弧度、显示屏均占据正面主要部位、背部摄像头、闪光灯形状、屏幕均浮于基体、SIM卡插槽形状、耳机插口形状、数据线插槽形状等相同特征，均是在被诉侵权行为发生日之前已经存在的现有设计或惯常设计，并非涉案外观设计区别于现有设计的设计要点，对整体视觉效果的影响较小。将被诉侵权设计与涉案外观设计相比，涉案外观设计侧面设计为具有特定曲率的非对称弧形，被诉侵权设计弧形曲率不同，且为对称的弧形设计，两者在此处的区别比较明显。由于侧面弧形设计为涉案外观设计区别于现有设计的设计要点，在一般消费者看来，该处区别特征对整体视觉效果具有显著影响。在正面下部按键设计部分，涉案外观设计为横排三个触摸式按键，被诉侵权设计为单个圆形按键（HOME键），二者区别较为明显，且位于正面，因此对整体视觉效果具有较大影响。在背面和侧面部分，涉案外观设计无线条划分，被诉侵权设计在背面通过线条设计产生三段式的区域划分，线条延伸到侧面形成了对称的H形设计，二者上述设计区别较为明显，对整体视觉效果的影响较大。在侧面按键设计部分，涉案外观设计无静音键，音量键为位于右侧的一体式按键，被诉侵权设计有静音键，音量键为位于左侧的两端内嵌式按键，二者侧面按键在布局和形状方面区别明显，对整体视觉效果也具有一定影响。基于该类外观设计产品的一般消费者的知识水平和认知能力，被诉侵权设计与涉案外观设计相同点对整体视觉效果的影响较小，二者的区别点对整体视觉效果的影响较大。被诉侵权设计与涉案外观设计在整体视觉效果上具有实质性差异，二者不构成相近似的外观设计。

二、商标案件审判

（一）商标民事案件审判

21. 侵害地理标志证明商标权的认定

【裁判要旨】

未经地理标志证明商标权利人许可，擅自在相同或类似商品上使用与地理标志证明商标相同或近似的商标，且未提交证据证明该商品来源于地理标志证明商标所标示的地区，符合相关产地、制作工艺等相应特点，容易导致相关公众对该商品来源及其产地、品质等产生混淆误认的，构成对该地理标志证明商标权的侵害。

【关键词】

商标　侵权　地理标志　证明商标

【案号】

（2021）最高法民申 1695 号

【基本案情】

在再审申请人黔南州箫笛乐器有限公司（以下简称黔南箫笛公司）与被申请人玉屏侗族自治县箫笛行业协会（以下简称玉屏箫笛协会）及一审第三人贵州省玉屏县箫笛厂（以下简称玉屏箫笛厂）、姚茂顺、贵州玉屏竹韵箫笛乐器有限公司（以下简称竹韵箫笛公司）侵害商标权及不正当竞争纠纷案①中，玉屏箫笛协会系第 6296476 号“玉屏箫笛 YPXD 及图”地理标志证明商标（以下简称涉案商标）的权利人，该商标核定使用商品为第 15 类，有效期限为 2018 年 10 月 7 日至 2028 年 10 月 6 日，经过玉屏箫笛协会长期宣传推广和使用，涉案商标在市场及相关公众中形成了极高的知名度和美誉度。玉屏箫笛协会主张，黔南箫笛公司未经许可，擅自生产、销售假冒涉案商标的箫笛，并将“玉屏箫笛”作为其企业名称登记注册，其行为侵害了涉案商标专用权并构成不正当竞争，故起诉至法院。贵州省贵阳市中级人民法院一审认为，黔南箫笛公司已举证证明其销售的商品来源于玉屏箫笛厂、竹韵箫笛公司，且该两主体均得到了玉屏箫笛协会的合法授权，故黔南箫笛公司有权销售玉屏箫笛商品并标注涉案商标。据此一审法院判决驳回玉屏箫笛协会

① 本案裁判文书参见第 269 页。

的全部诉讼请求。玉屏箫笛协会不服，提起上诉。贵州省高级人民法院二审认为，黔南箫笛公司未经许可在销售的箫笛上突出使用“玉屏箫笛”，且不能提供所售商品系玉屏箫笛协会会员所生产或符合“玉屏箫笛”证明商标产品品质的相关证据，容易导致相关公众对商品产地、品质等产生混淆，侵害了涉案商标专用权。据此判决撤销一审判决，改判黔南箫笛公司立即停止生产、销售侵害涉案商标专用权的商品并赔偿玉屏箫笛协会经济损失及维权合理开支共计 20 万元。黔南箫笛公司不服，向最高人民法院申请再审。最高人民法院于 2021 年 5 月 28 日裁定驳回黔南箫笛公司的再审申请。

【裁判意见】

最高人民法院审查认为，涉案商标系用于证明“玉屏箫笛”原产地和特定品质的证明商标，根据《中华人民共和国商标法》（以下简称商标法）及《中华人民共和国商标法实施条例》的相关规定，地理标志证明商标具有标识商品来源地的功能，其标识商品的原产地，以表明因原产地的气候自然条件、工艺、制作方法等因素决定的商品具有的特定品质。使用地理标志证明商标的主体，其商品应当来源于该标志所标示的地区，否则地理标志证明商标注册人将有权禁止其使用并依法追究其侵害证明商标权利的责任。本案中，根据在案证据，黔南箫笛公司通过电商平台销售刻有“玉屏箫笛”字样的箫笛套装，并在商品详情页面标注“YPXD/玉屏箫笛”“玉屏箫笛”等字样，上述标识能够起到指示商品来源的作用，构成商标性使用，且与涉案商标文字识别部分在音、形、义上完全相同，二者构成近似商标。经查，根据《玉屏箫笛证明商标使用管理规则》规定，使用涉案商标的产品必须使用特定地域生产的竹子，并按照玉屏箫笛协会的制作工艺制作，产品须符合音准要求和相应的特点；申请使用“玉屏箫笛”证明商标的，应当按照该规则的相关要求经玉屏箫笛协会审核批准；经审核符合要求的被许可使用人与玉屏箫笛协会签订许可使用合同，被许可使用人可以在产品或包装上使用该商标；未经玉屏箫笛协会的许可，擅自在箫笛产品及其包装上使用与涉案商标相同或近似的商标，玉屏箫笛协会有权追究责任。本案中，黔南箫笛公司并未提交证据证明其销售的商品符合上述规则中有关产地、制作工艺等相应特点，其提交的涉及授权关系的证据亦无法证明其已经获得玉屏箫笛协会的许可。在此情况下，黔南箫笛公司销售使用“玉屏箫笛”商标的商品，容易导致相关公众对商品来源以及商品的产地、品质等产生混淆误认，对涉案商标构成侵害。黔南箫笛公司辩称玉屏箫笛协会所提交公证书中涉及的箫笛套装系黔南箫笛公司通过吴继铠从玉屏箫笛厂法定代表人吴继红处获得，并提交了微信聊天、微信转账记录等证据，欲证明该套装来源于玉屏箫笛厂，产品符合使用涉案商标产品所需的品质标准，且具有合法来源。经审查，上述证据仅为网络打印件，且证据内容未能体现交易主体为黔南箫笛公司及玉屏箫笛厂，亦无法证明所涉商品与被诉侵权商品存在关联，玉屏箫笛厂对该商品系其生产又不予认可，故最高人民法院对黔南箫笛公司提交的相关证据不予采信。

22. 商标先用权抗辩中原使用范围的认定

【裁判要旨】

认定是否构成商标先用权抗辩中的“在原使用范围内继续使用该商标”，应当考虑商标使用的地域范围和经营规模。商业主体虽在先使用商业标识，但在他人就该标识获得注册之后，该商业主体又在原经营范围之外开设新的分支机构，并在该分支机构的经营中使用与注册商标相同或近似标识的，不属于商标法第五十九条第三款规定的“在原使用范围内继续使用该商标”的情形。

【关键词】

商标侵权　先用权抗辩　原有范围　新设机构

【案号】

（2021）最高法民再 3 号

【基本案情】

在再审申请人华联超市股份有限公司（以下简称华联公司）与被申请人肥城市华联商贸有限公司（以下简称肥城华联公司）、肥城市华联商贸有限公司春秋古城店（以下简称肥城华联公司春秋古城店）侵害商标权及不正当竞争纠纷案[①]中，华联公司是第 5345627 号、第 5825607 号“‘华联超市 Hualian Supermarket’及图”商标（以下简称涉案商标）的专用权人，该两商标核定使用服务均为第 35 类，包括广告、进出口代理、推销（替他人）、为零售目的在通讯媒体上展示商品等。肥城华联公司成立于 2000 年 3 月 8 日，经营范围为卷烟、普通货运、日用百货、体育用品等。2015 年 11 月 27 日，肥城华联公司注册了第 14638268 号“桃都华联”商标，核定使用服务亦为第 35 类。2016 年 4 月 1 日，肥城华联公司的分公司肥城华联公司春秋古城店成立，经营范围为卷烟、普通货运、日用百货等。华联公司主张，肥城华联公司及其春秋古城店在门头、网络支付账单、购物小票上使用“华联超市”标识，侵害了华联公司的注册商标专用权；将“华联”文字注册为企业名称并

---

① 本案裁判文书参见第 274 页。

在门店突出使用，构成不正当竞争，故起诉至法院。山东省泰安市中级人民法院一审认为，肥城华联公司对“华联超市”标识构成在先使用，肥城华联公司春秋古城店使用“华联超市”构成在原使用范围内继续使用，故肥城华联公司及其春秋古城店的行为对涉案商标权均不构成侵害；肥城华联公司成立时间及使用“华联”字号时间早于华联公司成立时间，肥城华联公司在肥城当地具有知名度，华联公司在肥城未开展经营，不会造成相关公众混淆，故肥城华联公司及其春秋古城店不构成不正当竞争。据此，判决驳回华联公司的诉讼请求。华联公司不服，提起上诉。山东省高级人民法院二审判决驳回上诉，维持原判。华联公司不服，向最高人民法院申请再审。最高人民法院裁定提审本案，并于 2021 年 2 月 23 日判决撤销一、二审判决，改判肥城华联公司及其春秋古城店立即停止使用“华联”“华联超市”等侵害涉案商标权的标识，立即停止使用带有“华联”文字的企业名称，并赔偿华联公司经济损失及合理费用共计 5 万元。

【裁判意见】

最高人民法院再审认为，肥城华联公司在涉案商标申请注册之后开设肥城华联公司春秋古城店作为分支机构，并在该分支机构的经营中使用“华联”“华联超市”标识，不属于商标法第五十九条第三款规定的“在原使用范围内继续使用该商标”的情形。此外，肥城华联公司成立时间晚于华联公司前身及其关联企业的成立时间，且肥城华联公司在诉讼中提交的证据亦无法证明在涉案商标申请注册之前，肥城华联公司已经在超市行业将“华联超市”作为商标使用并具有一定影响。综上，肥城华联公司及其春秋古城店关于其使用“华联”“华联超市”标识的行为属于商标法第五十九条第三款规定情形的抗辩理由不能成立。

23. 刑民交叉案件中依职权调查取证的必要性

【裁判要旨】

在刑民交叉侵害商标权案件中，如果刑事案件的有关情况系审理民事案件需要的主要证据，在当事人因客观原因不能自行收集该证据的情况下，人民法院应当依当事人书面申请进行调查取证。

【关键词】

商标　侵权　刑民交叉　申请调查取证

【案号】

（2021）最高法民申 6265 号

【基本案情】

在再审申请人山东东阿东韵阿胶股份有限公司（以下简称东韵阿胶公司）与被申请人东阿阿胶股份有限公司（以下简称东阿阿胶公司）、一审被告济南天艺堂文化用品有限公司（以下简称天艺堂公司）侵害商标权及不正当竞争纠纷案①中，东阿阿胶公司在济南市市中区舜耕路28号济南舜耕国际会展中心一楼标有HKA16的阿胶产品摊位内，公证购买了阿胶固元糕两盒，诉称该阿胶产品系东韵阿胶公司生产，侵害了东阿阿胶公司的商标权并构成不正当竞争。从被诉侵权产品包装来看，与东韵阿胶公司的产品确有相似，但存在一定矛盾之处。东韵阿胶公司提交了刑事立案通知书以证明被诉侵权产品系有案外人假冒其公司名义生产。山东省济南市中级人民法院一审认定被诉侵权产品系东韵阿胶公司生产，该行为侵害了东阿阿胶公司的商标专用权，遂判决停止侵权，赔偿损失10万元。东韵阿胶公司不服，提起上诉。山东省高级人民法院二审判决驳回上诉，维持原判。东韵阿胶公司不服，向最高人民法院申请再审。在审查过程中，经与山东东阿县公安局联系，公安机关表示，经立案侦查，涉案货物确系由案外人假冒东韵阿胶公司的名义生产。最高人民法院于2021年12月10日裁定指令山东省高级人民法院对本案进行再审。

【裁判意见】

最高人民法院审查认为，《中华人民共和国民事诉讼法》第二百条②规定，当事人的申请符合下列情形之一的，人民法院应当再审：（一）有新的证据，足以推翻原判决、裁定的；……（五）对审理案件需要的主要证据，当事人因客观原因不能自行收集，书面申请人民法院调查收集，人民法院未调查收集的……根据原审查明的事实，被诉侵权产品的网址及生产许可证号信息均指向东韵阿胶公司，条形码查询显示“糕宗阿胶固元糕、净含量300g、生产厂家东韵阿胶公司”，东韵阿胶公司认可其注册持有“糕宗”文字商标。被查处的产品生产日期为2018/11/24，而东韵阿胶公司已于2018年3月26日对企业信息进行变更登记，盒体上标注的上述厂名、地址、邮箱系其变更前信息。从产品包装来看，存在一定矛盾之处。从审查阶段初步查明的事实来看，刑事案件的处理情况与本案的争议焦点直接相关联，在当事人因客观原因不能自行收集该证据，书面申请原审法院调查收集情况下，原审法院认为与本案无直接关联性，未予调查存在不妥，应当予以纠正。关于东

① 本案裁判文书参见第286页。

② 此处指2017年《中华人民共和国民事诉讼法》，其已于2021年修改，本案下同。参见现行《中华人民共和国民事诉讼法》第二百零七条。

韵阿胶公司是否系被诉侵权产品生产者的问题，二审法院应当向有关公安机关调取证据查明情况后依法进行审理。

（二）商标行政案件审判

24. 缺乏显著特征的标志不得作为商标注册

【裁判要旨】

诉争商标申请注册时，已不能发挥商标应有的识别功能，构成商标法第十一条第一款第三项其他缺乏显著特征的标志的，不得作为商标注册。

【关键词】

商标　无效宣告程序　其他缺乏显著特征　识别功能

【案号】

（2021）最高法行再255号

【基本案情】

在再审申请人重庆市沙坪坝区互旺食品有限公司（以下简称互旺公司）、重庆市沙坪坝区磁器口老街陈建平麻花食品有限公司、冯万金、重庆陈记香酥王食品开发有限公司、重庆大渝人食品有限责任公司与被申请人重庆市磁器口陈麻花食品有限公司（以下简称陈麻花公司）、国家知识产权局商标权无效宣告请求行政纠纷案[①]中，陈麻花公司于2013年11月5日申请注册第13488202号“陈麻花”商标（以下简称诉争商标），核定使用在第30类麻花等商品上。诉争商标注册后，互旺公司等请求依据《中华人民共和国商标法》（以下简称商标法）第十一条第一款等规定，对诉争商标宣告无效。原国家工商行政管理总局商标评审委员会作出商评字〔2019〕第42763号《关于第13488202号“陈麻花”商标无效宣告请求裁定书》（以下简称被诉裁定），认定诉争商标违反了商标法第十一条第一款第一项等的规定，裁定诉争商标予以无效宣告。陈麻花公司不服，提起行政诉讼。北京知识产权法院一审认为在诉争商标申请注册日之前，“陈麻花”在重庆磁器口地区已经成为一种麻花商品约定俗成的通用名称，其注册违反商标法第十一条第一款第一项，判决驳回陈麻花公司的诉讼请求。陈麻花公司不服，提起上诉。北京市高级人民法院二审认为，现有证据不足以证明“陈麻花”在诉争商标核准注册时成为通用名称。遂判决撤销一审判决和被诉裁定，判令国家知识产权局重新作出裁定。互旺公司等不服，向最高人民法院申请再审。最高人民法

---

① 本案裁判文书参见第288页。

院裁定提审本案，并于2021年12月17日判决撤销二审判决，维持一审判决。

【裁判意见】

最高人民法院再审认为，互旺公司等在再审期间提交的大量公开出版物等证据，能够证明在陈麻花公司申请注册诉争商标时，相关公众已将“陈麻花”与重庆磁器口联系起来，并有相当一部分公众将其认定为一种重庆小吃。在案证据能够证明在2001年以后，在重庆市磁器口地区有多家麻花经营者以包含“陈”和“麻花”的字号开展经营，直至诉争商标申请时，在重庆磁器口有多家麻花经营者在生产经营的麻花商品上突出使用“陈麻花”标志，而且当地从事麻花经营的多个生产主体以及有关监管部门，已将陈麻花指称为一种产品，这种使用在诉争商标申请注册前后均存在。虽然在案证据不能证明相关公众普遍认为“陈麻花”所具体指代的是哪一类麻花商品，“陈麻花”尚不足以构成麻花类商品的通用名称，但基于上述相关公众对“陈麻花”的认识和当地经营者对“陈麻花”标志的使用状况等事实，证明诉争商标申请注册时，“陈麻花”已不能区别具体的麻花商品的生产、经营者，从而发挥商标应有的识别功能，故构成商标法第十一条第一款第三项其他缺乏显著特征的标志，不得作为商标注册。

25. 作品中的特有名称可作为在先权益受到商标法保护

【裁判要旨】

对于著作权保护期限内的作品，如果作品中的特有名称具有较高知名度，将其作为商标使用在相关商品上容易导致相关公众误认为其经过权利人的许可或者与权利人存在特定联系，该特有名称可作为在先权益予以保护。

【关键词】

商标　无效宣告程序　作品中的特有名称　在先权利

【案号】

（2021）最高法行再254号

【基本案情】

在再审申请人完美世界控股集团有限公司（以下简称完美世界公司）、国家知识产权局与被申请人上海游奇网络有限公司（以下简称上海游奇公司）商标权无效宣告请求行政纠纷案[①]中，第10572048号“葵花宝典”商标

---

① 本案裁判文书参见第296页。

（以下简称诉争商标）由上海游奇公司于2012年3月5日提出注册申请，于2013年6月7日核准注册，核定使用服务为第41类“在计算机网络上提供在线游戏”等。完美世界公司就诉争商标向原国家工商行政管理总局商标评审委员会（以下简称商标评审委员会）提出无效宣告申请。商标评审委员会作出商评字〔2017〕第17732号《关于第10572048号“葵花宝典”无效宣告请求裁定书》（以下简称被诉裁定），认为诉争商标的申请注册损害了金庸《笑傲江湖》小说作品中武学秘籍特有名称的商品化权益，违反了“申请商标注册不得损害他人现有的在先权利”的规定，诉争商标予以无效宣告。上海游奇公司不服，提起诉讼。北京知识产权法院一审合议庭少数意见认为诉争商标“在计算机网络上提供在线游戏、娱乐”服务上违反“申请商标注册不得损害他人现有的在先权利”的规定，在其他核定使用的服务上未违反该规定；多数意见认为诉争商标未违反该规定。据此判决撤销被诉裁定。完美世界公司和商标评审委员会不服，提起上诉。北京市高级人民法院二审认为，“葵花宝典”作为商品化权益予以保护缺乏法律依据，如果未经作品的著作权人许可而将其作品名称或者作品中的角色名称作为商标使用而有可能引人误认的行为，属于反不正当竞争法调整的行为。据此判决驳回上诉，维持原判。完美世界公司和国家知识产权局不服，向最高人民法院申请再审。最高人民法院裁定提审本案，并于2021年12月17日判决撤销一、二审判决，驳回上海游奇公司的诉讼请求。

【裁判意见】

最高人民法院再审认为，对于“作品名称、作品中的角色名称等”作为“在先权益”予以保护，须满足三个条件：1. 作品处于著作权保护期限内。2. 作品名称、作品中的角色名称等具有较高知名度。商标法保护的必要性取决于作品元素的知名度和影响力。3. 商标使用在相关商品或服务上造成公众混淆误认的可能性较大。具体到本案：首先，根据原审查明的事实，《笑傲江湖》系金庸于1969年创作完成的一部武侠小说作品，目前仍处于著作权保护期限之内。完美世界公司提交的在案证据表明，该小说最早于1984年10月出版发行，后被数家出版单位相继多次再版。《笑傲江湖》小说作品先后被改编为7版电视剧和4版电影。“葵花宝典”作为《笑傲江湖》小说中武学秘籍的特有名称，是牵引小说情节发展的重要线索和贯穿整部小说的核心。经由作者的创造性劳动，“葵花宝典”已从普通词汇“葵花”与“宝典”的组合演变为具有明确指向性、对应性的名称。“葵花宝典”与《笑傲江湖》小说和金庸产生了稳定的对应关系。在诉争商标申请日之前，《笑傲江湖》小说、基于小说而改编的同名影视作品、小说中的“葵花宝典”名称及金庸已经为广大公众所熟知，具有较高知名度。其次，诉争商标为文字商标，与金庸小说《笑傲江湖》中的武学秘籍名称“葵花宝典”完全相同，核定使用在第41类“在计算机网络上提供在线游戏；娱乐；玩具出租”等服务上。完美世界公司在商标评审阶段提供的证据显示，早在诉争商标申请日之前的2008年12月，金庸即授权完美世界公司的关联公司作为“笑傲江湖”游戏的发行及销售权人。2013年7月之后，金庸与明河社出版有限公司作为授权人，授权完美世界公司的关联公司享有《笑傲江湖》小说的游戏改编权，有权以授权作品名称、授权作品中的人物、武功、武器的名称等申请注册商标等。上述事实表明，诉争商标使用的“在计算机网络上提供在线游戏；娱乐”等服务，属于武侠小说通常的衍生服务范畴。诉争商标使用在上述服务项目上，容易使相关公众误认为上述服务项目与知名小说作品的作者具有关联关系或者已经获得了作者的授权。再次，上海游奇公司除注册本案诉争商标之外，还注册了多件“笑傲江湖”商标。上海游奇公司作为从事网络游戏业务的经营主体，明知《笑傲江湖》小说、“葵花宝典”名称在我国具有广泛的知名度，仍使用“葵花宝典”申请注册商标，主观上具有利用相关权利人商业机会和市场优势地位的故意。综上，诉争商标的注册违反了商标法有关“申请商标不得损害他人现有的在先权利”的规定。被诉裁定综合考虑“葵花宝典”名称的知名度、诉争商标核定使用的服务与知名武侠小说衍生服务的关联程度以及诉争商标申请人的主观恶意等因素，对故意挤占作者对作品中的特有名称享有的商业价值和交易机会的行为严格规制，符合商标法及其司法解释的规定。被诉裁定作出宣告诉争商标无效的结论，具有事实和法律依据，并无不当。

26. 商标无效宣告请求五年期限起算日的判断

【裁判要旨】

确定商标无效宣告请求五年期限的起算日时，应当区分不同的商标注册程序来确定。若商标申请注册过程中未经过商标异议程序，商标初审公告三个月期满之日，可以作为商标无效宣告请求五年期限的起算日。但商标申请注册过程中经过异议或异议复审程序，该商标最终是否能获得授权处于不确定状态，不宜一概将商标初审公告三个月期满之日视为“商标注册之日”，对于异议经审查不成立的，可以将商标准许注册日作为商标无效宣告五年期限的起算日。

【关键词】

商标　无效宣告程序　起算日　商标注册之日

【案号】

（2021）最高法行申966号

【基本案情】

在再审申请人宁波康宁线缆有限公司（以下简称康宁线缆公司）与被申请人国家知识产权局、一审第三人康宁有限公司（以下简称康宁公司）商标权无效宣告请求行政纠纷案①中，第6535691号“康宁”商标（即诉争商标）于2008年1月28日申请注册，核定使用在第9类“电源材料（电线、电缆）；插座、插头和其他连接物（电器连接）”商品上，注册人为康宁线缆公司。2010年6月27日，原国家工商行政管理总局商标局（以下简称商标局）作出商标初审公告，2011年4月27日，商标局作出商标异议公告，2012年2月27日，商标局作出异议裁定公告，准予诉争商标注册。2017年2月23日，康宁公司向原国家工商行政管理总局商标评审委员会（以下简称商标评审委员会）提出无效宣告请求，商标评审委员会作出商评字〔2017〕第147311号《关于第6535691号“康宁”商标无效宣告请求裁定》（以下简称被诉裁定），宣告诉争商标无效。康宁线缆公司不服，向北京知识产权法院提起行政诉讼。北京知识产权法院一审认为，康宁公司提出无效宣告请求的日期并未超过五年期限，诉争商标应予宣告无效，判决驳回康宁线缆公司的诉讼请求。康宁线缆公司不服，提起上诉。北京市高级人民法院二审判决驳回上诉，维持原判。康宁线缆公司不服，向最高人民法院申请再审。最高人民法院于2021年6月10日裁定驳回了康宁线缆公司的再审申请。

【裁判意见】

最高人民法院审查认为，适用2013年《中华人民共和国商标法》（以下简称商标法）第四十五条第一款确定商标无效宣告五年期限的起算日时，应当区分不同的商标注册程序，既要保证无效宣告程序发挥积极作用，维持商标注册秩序，又要避免损害权利人的信赖利益。若商标申请注册过程中未经过商标异议程序，商标初审公告三个月期满之日，商标申请人则获得授权，可以该日作为商标无效宣告五年期限的起算日。但商标申请注册过程中经过异议或异议复审程序，该商标最终是否能获得授权处于不确定状态，不宜一概将商标初审公告三个月期满之日视为商标法第四十五条所指的“商标注册之日”。对于异议经审查不成立，商标予以核准注册的，商标申请人取得专用权之日与准予注册决定作出日可能并非同一时点。虽然诉争商标初审公告日为2010年6月27日，但商标局于2012年2月27日发布异议裁定公告，准

① 本案裁判文书参见第309页。

予诉争商标注册。康宁公司于2017年2月23日对诉争商标提起无效宣告申请，并未超过五年期限。

27. 象征性使用不构成公开、真实、有效的商业使用

【裁判要旨】

仅有诉争商标权利人或者被许可人向案外主体购买标有诉争商标商品的少量证据，属于非商业目的的象征性使用行为，不能证明诉争商标进行了公开、真实、有效的商业使用。

【关键词】

商标　撤销复审程序　商业目的　商标使用

【案号】

（2021）最高法行申8162号

【基本案情】

在再审申请人广东星光珠宝金行有限公司（以下简称星光珠宝公司）与被申请人国家知识产权局、一审第三人颜招胜商标权撤销复审行政纠纷案[①]中，第5424738号“星光道STARLIGHTWAY及图”商标（以下简称诉争商标）注册人为颜招胜，申请日期为2006年6月16日，核定使用商品包括第14类的贵重金属合金等商品。国家知识产权局于2019年9月24日作出商评字〔2019〕第228696号《关于第5424738号“星光道STARLIGHTWAY及图”商标撤销复审决定书》（以下简称被诉决定），认定颜招胜提交的证据已形成了完整的证据链，能够证明诉争商标于2015年4月23日至2018年4月22日期间在核定商品进行了公开、真实、有效的商业使用，维持诉争商标的注册。星光珠宝公司不服，提起行政诉讼。北京知识产权法院一审认为，颜招胜在行政阶段提交的证据形成了完整的证据链，能够证明诉争商标于指定期间在核定使用的商品上进行了真实有效的商业使用。遂判决驳回星光珠宝公司的诉讼请求。星光珠宝公司不服，提起上诉。北京市高级人民法院二审判决驳回上诉，维持原判。星光珠宝公司不服，向最高人民法院申请再审。最高人民法院于2021年12月3日裁定指令北京市高级人民法院再审本案。

【裁判意见】

最高人民法院审查认为，颜招胜在一审、二审期间未提交任何证据，仅在商标行政阶段提交了证明诉争商标于指定期间进行使用的证据，包括：1. 颜

---

① 本案裁判文书参见第312页。

招胜与深圳市星光道珠宝有限公司（以下简称星光道公司）签订的商标许可使用授权书；2. 购销合同、出库明细表、销售明细表及其收据；3. 星光道公司新浪微博认证申请公函、微博页面截图、微信公众平台认证公函、微信认证服务费发票、微信公众平台账号申请认证授权书、“星光道珠宝”微信公众号页面截图；4. 产品包装盒照片。从颜招胜提交的上述证据的内容看：证据 1 是其将诉争商标许可给其作为法定代表人的星光道公司使用的商标许可使用授权书，该证据为自制证据，不能证明颜招胜对诉争商标进行了实际使用。证据 2 为星光道公司向深圳市汇福源珠宝有限公司及深圳市唯一珠宝视觉营销工作室分别购买标有诉争商标商品的两份购销合同或销售明细表及相应的出库明细表或收据。该证据仅能证明星光道公司向案外两个主体购买标有诉争商标的商品，不能证明其将标有诉争商标的商品对外进行了销售，无法证明诉争商标实际进入了市场流通领域。况且，即使该使用行为真实存在，因未达到一定规模，仍属于为规避商标法连续三年停止使用的撤销条款以维持其商标注册效力的象征性使用行为，非出于真实的商业目的而使用诉争商标。此外，颜招胜提交的其与深圳市汇福源珠宝有限公司于 2016 年 9 月 5 日签订的购销合同因与出库明细表中的幸运吊坠单价无法对应，该证据存疑。证据 3 仅将诉争商标标志作为微博头像或微信头像，未显示诉争商标指定使用的商品情况，且上述头像可以随时随意更换，不能证明诉争商标在指定期间内进行了使用。证据 4 未显示时间，亦不能证明诉争商标在指定期间进行了使用。因此，颜招胜提交的上述证据均不足以证明其及星光道公司在指定期间对诉争商标进行了真实、合法、有效的商业使用，一审、二审法院认定的基本事实缺乏证据证明，依法应当再审。

三、著作权案件审判

28. 美术作品独创性的认定

【裁判要旨】

即使书法文字造型借鉴了公有领域已有字体，但只要其体现了作者的个性化选择、取舍、编排，属于作者的独创性表达，就应当认定其构成著作权法意义上的美术作品。

【关键词】

著作权　侵权　共有领域　美术作品

【案号】

（2021）最高法民再121号

【基本案情】

在再审申请人青岛福库电子有限公司（以下简称福库公司）与被申请人郑俭红、湛江市一品石电器有限公司（以下简称一品石公司）著作权权属、侵权纠纷案[①]（以下简称“一品石”著作权侵权案）中，福库公司主张郑俭红申请注册、一品石公司使用的第6175220号、第6671221号“一品石”注册商标侵害了其经受让取得的“一品石”美术作品的著作权，因此请求法院判令两被告停止侵权并登报声明消除影响，连带赔偿福库公司经济损失及合理支出共计500万元。两被告辩称，福库公司主张的标志不构成美术作品；即使涉案标志构成美术作品，在著作权和商标权冲突的情况下，考虑到福库公司已将其作为商标使用，因此也不应再给予其著作权保护。广东省深圳市中级人民法院一审认为，被控侵权的商标标志与福库公司主张权利的美术作品存在较为明显的差异，不构成实质性近似；现有证据亦不足以证明郑俭红有接触在先美术作品的可能性，因此，一审判决驳回福库公司的全部诉讼请求。福库公司不服，提起上诉。广东省高级人民法院二审认为，即使福库公司对“一品石”美术作品享有在先著作权，但其提起本案诉讼时也已经超过了上述两个商标核准注册之日起算的五年时限，因此对福库公司的诉讼请求不予支持；有鉴于此，对福库公司主张的“一品石”美术作品是否具有独创性，被诉侵权标志与该美术作品是否构成实质性相似，郑俭红、一品石公司是否有接触福库公司“一品石”美术作品的可能性等问题，已无必要再予以评论。据此，二审法院判决驳回上诉，维持原判。福库公司不服，向最高人民法院申请再审。最高人民法院裁定提审本案，并于2021年12月16日判决撤销一、二审判决，郑俭红、一品石公司停止侵权并赔偿福库公司经济损失及合理开支合计50万元。

【裁判意见】

最高人民法院再审认为，本案中，虽然“一品石”书法文字造型借鉴了公有领域中的书法字体，但文字表达形式并非完全复制自既有作品，且以该组合形式呈现的书法文字造型并未在任何现有证据中出现，即使其源自公有领域，也是个性化选择、取舍、编排的结果，属于作者的独创性表达，应当认定其构成著作权法意义上的美术作品。福库公司经受让取得了该美术作品的著作权，其著作权应当依法予以保护。郑俭红虽然主张被控侵权的商标标

---

① 本案裁判文书参见第316页。

志系其委托他人创作的，并就此提交了案外人出具的设计稿，但在缺乏其他证据予以佐证的情况下，作为孤证，该证据的真实性无法确认。在案证据能够证明郑俭红具有接触该美术作品的可能性，在被控侵权的商标标志与“一品石”美术作品已构成实质性相似的情况下，应当认定被告在相关商品上使用“一品石”标志的行为构成对福库公司著作权的侵害。因此，最高人民法院对一审法院有关郑俭红、一品石公司未侵害福库公司著作权的认定作出了纠正。

29. 被控侵权标志已经作为商标注册使用不影响著作权侵权认定

【裁判要旨】

虽然被控侵权人使用的标志已作为商标注册且已经超过了法律规定的提出无效宣告请求的时限，但只要其构成对他人在先著作权的侵害，就应依法承担侵害著作权的民事责任。著作权人是否已将其作品作为商标使用，并不影响对其著作权的保护。

【关键词】

著作权　侵权　注册商标　权利冲突

【裁判意见】

在前述“一品石”著作权侵权案①中，最高人民法院还明确了被控侵权标志已经作为商标注册使用的不影响著作权侵权认定。最高人民法院再审认为，本案系福库公司提起的著作权权属、侵权纠纷，二审法院仅依据《中华人民共和国商标法》第四十五条第一款的规定，以福库公司起诉超出涉案商标核准注册五年为由，对福库公司的诉讼请求不予支持，适用法律存在明显错误。郑俭红、一品石公司主张著作权与商标权保护范围不同，同一标志如已作为商标使用，就不宜再给予其著作权保护，而福库公司是将“一品石”美术作品作为商标使用的，因此不应再给予其著作权保护，但是，《最高人民法院关于审理注册商标、企业名称与在先权利冲突的民事纠纷案件若干问题的规定》第一条第一款规定：“原告以他人注册商标使用的文字、图形等侵犯其著作权、外观设计专利权、企业名称权等在先权利为由提起诉讼，符合民事诉讼法第一百一十九条规定的，人民法院应当受理。”因此，被控侵权标志是否已作为商标注册、郑俭红是否享有注册商标专用权，并不能成为其侵害他人著作权的合法抗辩事由。据此，最高人民法院在纠正二审法院相关错误的基础上，对本案作出了改判。

---

① 本案裁判文书参见第 316 页。

30. 在后追认行为不能改变侵害著作权的认定

【裁判要旨】

音著协和音集协为解决筹建新收费体系过渡期中产生的相关问题而签订《合作备忘录》应当认为合法有效。但是，在著作权权利人就被诉侵权行为取证时，该被诉侵权行为并未经过音集协或音著协许可的，即使音集协或音著协在后与被诉侵权行为人签订许可使用合同，追认被诉侵权行为的合法性，在权利人不认可的情况下，该追认行为不能改变被诉侵权行为侵害著作权的认定。

【关键词】

著作权　侵权　许可　追认

【案号】

（2021）最高法民再114号

【基本案情】

在再审申请人苏梦与被申请人荆门秀锦娱乐有限公司（以下简称秀锦公司）侵害著作权纠纷案[①]中，苏梦作为继承人继承了著作权人苏越涉案33部音乐作品著作权中的财产权利。2018年10月15日，苏梦委托的取证人员通过第三方支付平台向秀锦公司支付80元，以普通消费者的身份进入秀锦公司的B36包厢，点播了涉案33首歌曲的MV。上述歌曲的播放过程由苏梦委托的取证人员使用手机进行了录制，后制作成光盘一张。苏梦遂提起诉讼，请求：判令秀锦公司向中国音乐著作权协会（以下简称音著协）和中国音像著作权集体协会（以下简称音集协）申请著作权使用许可，或判令秀锦公司停止使用涉案歌曲；判令秀锦公司向苏梦支付赔偿金15000元。湖北省荆门市中级人民法院一审认为，秀锦公司未经著作权人许可，以营利为目的，通过点唱设备为消费者提供了涉案33部音乐作品的唱歌服务并收取了费用。同时，秀锦公司提供的点唱服务系借助技术设备再现音乐作品，构成对涉案33部音乐作品的表演，侵害了涉案音乐作品的表演权。判决秀锦公司立即停止使用涉案33部音乐作品，赔偿苏梦经济损失10000元。秀锦公司不服，提起上诉。湖北省高级人民法院二审查明，音集协与秀锦公司于2019年6月14日签订许可协议，音集协许可秀锦公司使用其管理的音像作品，许可使用期间为2018年5月28日至2019年12月31日。音集协和音著协于2018年11月5日签订《合作备忘录》，约定在筹建新的收费体系之前的过渡期间，为提高工作效

---

① 本案裁判文书参见第334页。

率，许可协议中音集协盖章即代表音集协和音著协。二审法院认为，许可协议约定的许可使用期间为 2018 年 5 月 28 日至 2019 年 12 月 31 日，而本案取证时间为 2018 年 10 月 15 日，并未超出许可使用期间，因此，秀锦公司有权使用涉案作品，并不构成侵权，遂判决撤销一审判决，驳回苏梦诉讼请求。苏梦不服，向最高人民法院申请再审。最高人民法院裁定提审本案，并于 2021 年 12 月 28 日判决撤销一审、二审判决，由秀锦公司赔偿苏梦经济损失 6200 元。

【裁判意见】

最高人民法院再审认为，为便于著作权人和有关权利人行使权利，同时便于卡拉 OK 经营者获得许可，音著协和音集协经过多年探索长期合作，形成了由音集协统一代为许可和收费，由音著协和音集协按一定比例分配收取费用的模式。此模式不仅不违反《中华人民共和国著作权法》（以下简称著作权法）等法律法规的规定，而且有利于保护著作权人和相关权利人的利益，有利于使用者统一获得许可和付费。音著协和音集协为解决筹建新收费体系过渡期中产生的相关问题，不仅签订《合作备忘录》，约定由音集协代为行使权利，而且在音集协与使用者实际签订的许可协议中，即使音著协没有在合同中盖章，也是以音集协、音著协的名义共同签订的。《合作备忘录》解决的仅仅是特定时期内代为发放许可的方式问题，并不存在集体管理权的让渡，也不存在集体管理组织超出业务范围管理权利人权利的问题。因此，该《合作备忘录》并不违反著作权法和《著作权集体管理条例》的相关规定，应当认定其合法有效，在双方约定的期限内音集协对外签订的许可协议的效力及于音著协。本案中，许可协议是由音集协、音著协共同作为甲方与作为乙方的秀锦公司签订的，即使音著协没有在合同中盖章，但是根据《合作备忘录》的约定，该许可协议的效力也及于音著协，因此，秀锦公司与音集协签订的许可协议亦为合法有效。该许可协议订立于 2019 年 6 月 14 日，而载明的许可期间自 2018 年 5 月 28 日至 2019 年 12 月 31 日，起算时间早于许可协议订立时间。许可协议对使用行为的许可追认至 2018 年 5 月，苏梦对被诉侵权行为的取证时间为 2018 年 10 月，早于许可协议订立时间，晚于许可协议起算时间。因此，在苏梦就被诉侵权行为取证时，秀锦公司尚未取得音著协的许可。在苏梦与音著协均有权提起诉讼的情况下，音著协在后行使权利应当避免与苏梦行使诉权相冲突，否则会导致苏梦在原本能够获得胜诉的案件中面临败诉的风险。在苏梦不认可追认期间的情况下，许可协议对早于协议订立日之前期间的追认应当认定为无效，秀锦公司获得许可期间应自 2019 年 6 月 14 日起计算，据此，秀锦公司在此之前的使用行为构成对苏梦所有涉案作品著作权的侵害。

31. 作品奖金的权属认定

【裁判要旨】

作品奖金并非基于平等民事主体之间的权利义务关系而取得，不属于权利人行使著作权而获取的收益，不应根据作品著作权归属而对作品所获奖金的所有权加以认定。

【关键词】

著作权　权属　作品　奖金

【案号】

（2021）最高法民再227号

【基本案情】

在再审申请人三亚赫迪文化发展有限公司（以下简称赫迪公司）、唐精蓉与被申请人董震著作权权属纠纷案[①]中，赫迪公司系电影《锁里》的出品单位和摄制单位，依法享有该电影著作权。唐精蓉系赫迪公司的法定代表人和股东，出资比例为88.33%，唐精蓉的女儿林眉儿出资比例为11.67%。2017年3月24日，董震与唐精蓉签订《协议书》，约定董震享有电影《锁里》的著作权，唐精蓉配合做好转移手续。2017年10月，电影《锁里》获得2014—2016年度海南省优秀精神产品（海南省“五个一工程”）优秀作品奖，该奖金10万元已给付给赫迪公司。后各方在协议履行过程中产生纠纷，董震向法院提起诉讼，请求确认董震为电影《锁里》的著作权人并由赫迪公司向其支付上述奖金。海南省三亚市中级人民法院一审判决确认董震为电影作品《锁里》的著作权人，并判令赫迪公司向董震支付全部涉案奖金。赫迪公司和唐精蓉不服一审判决，提起上诉。海南省高级人民法院二审认为，董震根据涉案《协议书》取得的著作权应当为《中华人民共和国著作权法》（以下简称著作权法）第十条第一款第五项至第十七项规定的财产权，而不包括发表权、署名权、修改权、保护作品完整权四项人身权；而10万元奖金产生于涉案《协议书》签订之后，此时董震通过涉案《协议书》取得电影《锁里》著作权中的财产权，该奖金应归董震所有。据此，判决维持了一审法院关于奖金归属的判项，但改判确认董震仅享有电影《锁里》著作权中的财产权，并驳回董震的其他诉讼请求以及赫迪公司、唐精蓉的其他上诉请求。最高人民法院裁定提审本案，并于2021年9月26日判决撤销一、二审判决，确认董震享有电影《锁里》著作权中的财产权，同时驳回董震的其他诉讼请

---

① 本案裁判文书参见第343页。

求以及驳回赫迪公司、唐精蓉的其他上诉请求。

【裁判意见】

最高人民法院再审认为，著作权作为一种知识产权，在性质上是一项民事权利，如果不是基于民事法律关系而产生的平等主体之间的权利义务，即使与作品有关，也不应认定为著作权法律关系。根据著作权法第十条第三款的规定，著作权人有权依照约定或者该法有关规定获得报酬，但是所谓报酬，应当理解为著作权人以外的主体使用作品时所应支付给著作权人的对价，主要体现为经济利益。著作权人有权获得报酬，并不是指其在著作权法第十条第一款规定的各项财产权之外另行享有的一项独立的民事权利，而是指著作权人可以依法获得其行使上述著作财产权或依照著作权法规定而产生的经济利益。著作权人所获得的报酬，实质上仍是其所享有的著作权法明确列举的著作财产权的体现，是著作财产权的收益。若非行使上述著作财产权或者不是基于著作权法的有关规定而取得的收益，则不应视为著作权人基于其著作权而获得的报酬，其权利归属当然也不能以著作权归属为依据而加以确定。此种收益的归属，应当根据其所据以产生的法律关系或者法律的特别规定而加以具体确定。当该收益是基于特定的行政法律关系而取得时，就应当以相应的行政行为为依据，确定该收益的权利归属。若行政行为是为奖励某一创作行为而给予特定主体以经济利益，由于著作权法对作品著作权的归属和转让有相应的规定，就存在行政行为所赋予的经济利益并不必然由著作权人享有的情形。此时，应当以该行政行为所确定的奖励对象为依据确定该收益的权利归属。本案所涉奖金并非基于平等民事主体之间的权利义务关系而取得，不属于权利人行使著作权而获取的收益，著作权法亦未对因作品获得相关荣誉而取得的奖金等收益的归属作出规定，因此，不应根据涉案作品著作权归属而对作品所获奖金的所有权加以认定。根据在案证据，赫迪公司系该海南省优秀精神产品奖的获得者，因此，相应的奖金亦应归属于赫迪公司。

32. 著作权保留情况下的权属认定

【裁判要旨】

原告主张对涉案图片享有著作权的，应当依法提供证据加以证明。在协议约定作者保留著作权的情况下，即使图片网站经营者有权以自己名义对外展示、销售、许可他人使用作者供稿的图片，也不能因此而认定图片网站经营者取得该图片的著作权。

【关键词】

著作权　侵权　图片网站　权属认定

【案号】

（2021）最高法民再 355 号

【基本案情】

在再审申请人河南草庐蜂业有限公司（以下简称河南草庐公司）与被申请人汉华易美（天津）图像技术有限公司（以下简称汉华易美公司）侵害作品信息网络传播权纠纷案[①]中，汉华易美公司主张河南草庐公司在微信公众号“草庐蜂蜜”上使用的 4 张涉案图片侵害了其享有的著作权。汉华易美公司为此提供了该公司从 Getty 公司处获得授权的证据：Getty 公司出具的网站权利声明和授权确认书。该证据显示，Getty 公司声明其对包括涉案图片在内的相关图片享有著作权并授权汉华易美公司担任 Getty 公司在中国境内的唯一授权代表，有权在中国境内展示、销售和许可他人使用包括涉案图片在内的所有图像作品，汉华易美公司有权就涉案图片的未经授权使用采取诉讼、收取索赔款等行为。涉案 4 张图片中均有“gettyimages ©”的水印。天津市第三中级人民法院一审认为，涉案图片上标注 Getty 公司的英文名称“gettyimages”及网站“视觉中国”字样，该署名构成证明 Getty 公司与汉华易美公司享有著作权的初步证据，河南草庐公司的反驳证据不足以否定汉华易美公司的上述证据。因此，判决河南草庐公司赔偿汉华易美公司经济损失及合理开支合计 8000 元。河南草庐公司不服，提起上诉。天津市高级人民法院二审判决驳回上诉，维持原审。河南草庐公司不服，向最高人民法院申请再审。最高人民法院裁定提审本案，并于 2021 年 12 月 20 日改判撤销一审、二审判决，驳回汉华易美公司的全部诉讼请求。

【裁判意见】

最高人民法院再审认为，涉案图片中的水印除标注有“gettyimages ©”外，还分别标注了摄影师姓名，因此，不能仅以此水印认定涉案图片的著作权属于 Getty 公司。汉华易美公司提交了 Getty 公司授权确认书、网站权利声明等证据，但授权确认书只能证明 Getty 公司向汉华易美公司进行授权的事实，并非 Getty 公司对涉案图片享有著作权的证据；权利声明属于单方陈述，在缺乏其他证据印证的情况下，不能仅以权利声明确定著作权归属。根据河南草庐公司提交的 Getty 公司回复的邮件等反驳证据，Getty 公司确认相关图

① 本案裁判文书参见第 353 页。

片系由摄影师将自己的作品投稿给 Getty 公司销售，Getty 公司以自己的名义对外销售后支付给摄影师相应版税，而投稿的摄影师仍然保留图片的著作权。虽然上述反驳证据尚不足以完全否定汉华易美公司相关证据的真实性，但是，由于汉华易美公司与 Getty 公司之间存在业务上的联系，汉华易美公司也正是基于 Getty 公司的授权才提起本案诉讼，汉华易美公司相较于河南草庐公司更有条件获取 Getty 公司取得涉案图片著作权的证据，如果河南草庐公司提交的反驳证据存在虚假内容，汉华易美公司也有条件加以举证反驳。在本案审理过程中，汉华易美公司不仅并未通过举证否定河南草庐公司反驳证据的证明力，而且在答辩意见及询问过程中，明确认可涉案图片 1 和图片 4 系由摄影师与 Getty 公司签订供稿协议，Getty 公司作为代理人，以 Getty 公司的名义对外展示、销售、许可他人使用；涉案图片 2 和图片 3 系 Getty 公司收购 OJO 公司后取得相应图片著作权。但是，即使汉华易美公司的上述陈述内容真实，在摄影师保留著作权的情况下，汉华易美公司关于 Getty 公司拥有涉案图片 1 和图片 4 的著作权的主张显然也不能成立；而汉华易美公司也未能提供证据证明 Getty 公司对另外两张涉案图片享有著作权。因此根据在案证据，无法认定 Getty 公司取得了涉案图片的著作权，相应地，汉华易美公司关于其享有涉案图片著作权的主张亦缺乏事实依据，其在本案中提出的相关诉讼请求不应予以支持。

33. 部分继承人不得违背约定单独提起诉讼

【裁判要旨】

著作权继承人行使诉讼权利，应当符合诚实信用原则，依法行使权利。如果著作权继承人就诉权行使已事先达成协议，明确约定必须由全部继承人共同作出决定，方能实施相关诉讼行为，部分继承人违反协议约定而单独提起诉讼的，人民法院应当裁定驳回其起诉。

【关键词】

著作权　侵权　继承人　诉权行使

【案号】

（2021）最高法民申 3068 号

【基本案情】

在再审申请人王海成、王平与被申请人中国音乐学院、胡廷江侵犯作品表演权纠纷案①中，王海成、王平认为中国音乐学院、胡廷江侵害了其通过

---

① 本案裁判文书参见第 367 页。

继承取得的著名音乐家王洛宾先生相关音乐作品的著作权。广西壮族自治区南宁市中级人民法院一审认为，王洛宾先生于1996年3月14日去世，根据其遗嘱，其音乐作品的相关著作权由其子王海燕、王海星、王海成继承。2016年，王海星去世，其女王平继承王海星享有的相关著作财产权。本案审理过程中，王海成、王平明确表示不同意追加王海燕参加本案诉讼。原告主张的著作权不具有可分性，在没有证据证明王海燕放弃继承的情况下，王海燕与王平、王海成应作为共同原告参加诉讼，王海成、王平提起本案诉讼的主体不适格。因此，裁定驳回王海成、王平的起诉。王海成、王平不服，提起上诉。广西壮族自治区高级人民法院二审裁定驳回上诉、维持原裁定。王海成、王平公司不服，向最高人民法院申请再审。最高人民法院于2021年12月9日裁定驳回了王海成、王平的再审申请。

【裁判意见】

最高人民法院审查认为，民事诉讼应当遵循诚实信用原则，民事诉讼法规定当事人有权处分自己的诉讼权利，这不仅意味着当事人可以合法处分其诉讼权利，而且也意味着当事人在诉讼活动中，必须受其先前处分诉讼权利行为的限制和约束。本案中，虽然王海成、王平各自通过继承依法取得了相应民事权利，但王海成在另案中曾向法院提交以王海燕、王海星名义签署的《放弃实体权利声明》，导致法院据此作出相关民事判决。王海燕、王海星认为王海成的行为损害了其合法权益，向最高人民法院申请再审。经最高人民法院调解，王海燕、王海星、王海成于2013年9月4日达成和解协议，约定该和解协议签署后，“一切涉及王洛宾先生知识产权的诉讼行为”，均应由王海燕、王海星、王海成三人共同做出实体决定。根据这一约定，在王海燕、王海星、王海成三人未形成共同的实体决定前，即在三人未协商一致的情况下，其中任何一人乃至两人，均无权实施“涉及王洛宾先生知识产权的诉讼行为”。考虑到和解协议签署的原因，是作为继承人之一的王海成曾在其他民事诉讼中伪造放弃实体权利声明，严重损害了其他继承人的合法权益，因此，和解协议中所称的“涉及王洛宾先生知识产权的诉讼行为”，尤其应当包括作为原告提起侵权诉讼的行为。上述协议的约定，不仅是王海燕、王海星、王海成对其民事权利的处分，成为其行使相应民事权利时所负有的约定义务；而且也是王海燕、王海星、王海成对其诉讼权利的处分，成为其作为原告向他人提起侵权之诉的前提条件。如果不满足和解协议约定的条件，王海燕、王海星、王海成三人中的任何一人乃至两人，即不享有作为原告提起诉讼的权利，因此也就不符合《中华人民共和国民事诉讼法》（2017年修正）第一百一十九条第一项规定的起诉条件。王平作为王海星的继承人，在行使其因继承而取得的权利时，亦应受到上述约定的限制。因此，一审、二审法院裁定驳回王海成、王平的起诉并无不当。

34. 共有著作权的正当行使

【裁判要旨】

共有著作权人的权利行使可以参照适用著作权法及其实施条例关于合作作者行使合作作品著作权的规定。原则上，共有著作权人应当通过协商一致行使著作权；不能协商一致或者实际已不具备协商可能的，任何共有著作权人无正当理由不得阻止其他共有著作权人行使除转让、许可他人专有使用、出质以外的其他权利，但是所得收益应当合理分配给所有共有著作权人。

【关键词】

计算机软件著作权　侵权　共有著作权行使　协商　正当理由

【案号】

（2020）最高法知民终 402 号

【基本案情】

在上诉人娱美德有限公司（以下简称娱美德公司）、株式会社传奇 IP（以下简称传奇 IP）与上诉人亚拓士软件有限公司（以下简称亚拓士公司）、蓝沙信息技术（上海）有限公司（以下简称蓝沙公司）侵害计算机软件著作权纠纷案[①]中，涉及共有著作权人对《传奇 2》游戏软件共有著作权权利行使的争议。娱美德公司、传奇 IP 认为，娱美德公司与亚拓士公司是《传奇 2》游戏软件的共有著作权人，亚拓士公司未与共有著作权人协商，单方签署《续展协议》的行为侵害了共有著作权人的利益，故向上海知识产权法院（以下简称一审法院）提起诉讼，请求判令确认《续展协议》侵害娱美德公司、传奇 IP 的著作权，并确认《续展协议》无效；蓝沙公司不可利用亚拓士公司的非法授权在 2017 年 9 月 28 日之后运营《热血传奇》PC 客户端网络游戏中文版；亚拓士公司和蓝沙公司共同赔偿娱美德公司、传奇 IP 维权合理开支 100 万元。一审法院认为，亚拓士公司未与共有著作权人协商，单方签署《续展协议》的行为侵害了共有著作权人的利益，但同时考虑到，客观上包括蓝沙公司在内的上海盛大网络发展有限公司及其关联公司在中国已实际运营涉案游戏十八年之久，为该游戏的运营进行了大量投入，做出了贡献，也积累了较大的用户基础以及附加价值，从利益衡量等角度出发，在目前共

---

① 本案裁判文书参见第 373 页。

有著作权人对该游戏软件共有著作权的行使尚未达成一致意见的情况下，该游戏软件由蓝沙公司运营比停止运营更有利于共有著作权人的共同利益。一审判决确认亚拓士公司和蓝沙公司签订的《续展协议》侵害了娱美德公司就《传奇 2》游戏软件享有的共有著作权；亚拓士公司、蓝沙公司共同赔偿娱美德公司、传奇 IP 维权合理开支 30 万元；驳回娱美德公司、传奇 IP 其余诉讼请求。娱美德公司、传奇 IP 不服，向最高人民法院提起上诉。最高人民法院于 2021 年 12 月 17 日判决撤销原判，驳回娱美德公司、传奇 IP 全部诉讼请求。

【裁判意见】

最高人民法院二审认为，《中华人民共和国著作权法实施条例》第九条和《计算机软件保护条例》第十条是关于合作作品著作权归属和权利行使的规定。基于不可分割使用的合作作品所形成的著作权共有关系是著作权共有的一种类型，共有著作权人对于不可分割使用的共有作品著作权的行使，可以参照适用上述规定。根据上述规定，一般而言合作作品的著作权由合作作者通过协商一致行使，特殊情况下合作作者一方除非有正当理由，不得阻止他方行使除转让权以外的其他权利，但是所得收益应当合理分配给所有合作作者。故上述规定在保障合作作者合理收益的前提下允许合作作者单方行使除转让等以外的其他权利，并非效力性强制性规定。即使亚拓士公司存在违反上述规定的行为，亦不能就此认定亚拓士公司的单方许可行为无效。娱美德公司、传奇 IP 在本案中主张，亚拓士公司未与共有著作权人协商签署《续展协议》的行为侵害了共有著作权人的利益。故本案争议并非典型的著作权侵权纠纷，而是共有著作权人对共有著作权权利行使的争议。解决本案争议需要审查以下问题：《续展协议》是否经过共有著作权人协商；如未经过协商，娱美德公司、传奇 IP 是否有正当理由阻止亚拓士公司行使权利；《续展协议》更新内容是否有损共有著作权人利益。根据已查明的事实，2017 年 6 月 30 日，亚拓士公司向娱美德公司发送邮件，以娱美德公司向韩国法院提出禁令为由，认为与娱美德公司、传奇 IP 协商是没有意义的，并向娱美德公司发送了《续展协议》文稿。之后，亚拓士公司与蓝沙公司签署了《续展协议》。在此情形下，应认定《续展协议》未与共有著作权人协商。娱美德公司、亚拓士公司在《续展协议》签订前已就《传奇 2》游戏除 PC 端游之外的手游和页游等在中国大陆的市场运营产生争议，且娱美德公司首先提出亚拓士公司不要与蓝沙公司续约以及向韩国法院提出临时禁令申请，故对《续展协议》实际已不具备协商的可能。在此情形下，应重点审查娱美德公司、传奇 IP 阻止亚拓士公司行使权利理由是否正当，而非亚拓士公司是否违反了协商约定和行政法规规定。娱美德公司、传奇 IP 阻止亚拓士公司行使更新权的主要事由涉及的是《传奇2》游戏软件PC端游之外的手游、页游等市场运营问题，因娱美德公司、传奇IP主张《软件许可协议》授权范围仅限于《传奇2》游戏软件PC端游，故其上述事由与《软件许可协议》的履行无关，其真正意图是通过阻止《续展协议》的签订以约束蓝沙公司对《传奇2》游戏手游、页游等的市场运营行为，这一事由并不具有正当性。同时，考虑到2004年《和解笔录》已经确认由亚拓士公司对《软件许可协议》行使更新权，亚拓士公司行使更新权的行为并无明显不正当性。娱美德公司、传奇IP对上述更新内容虽持有异议，但并未提交证据证明上述更新内容对其利益造成实质损害，因而构成共有著作权人一方可以阻止他方单方许可他人使用作品的正当理由。综上，本案证据不能证明亚拓士公司行使更新权与蓝沙公司签订《续展协议》损害了共有著作权人利益。

35. 计算机软件著作权侵权认定中的举证责任

【裁判要旨】

著作权人已经举证证明被诉侵权软件与主张权利的在先软件界面高度近似，或者被诉侵权软件存在相同的权利管理信息、设计缺陷、冗余设计等特有信息，能够初步证明被诉侵权软件与主张权利软件构成实质性近似且被诉侵权人接触主张权利软件的可能性较大的，举证责任转移至被诉侵权人，由其提供相反证据证明其未实施侵权行为。

【关键词】

计算机软件著作权　侵权　举证责任　推定

【案号】

（2020）最高法知民终1138号

【基本案情】

在上诉人新思科技有限公司（以下简称新思公司）与上诉人武汉芯动科技有限公司（以下简称芯动公司）侵害计算机软件著作权纠纷案[①]中，新思公司主要为全球集成电路设计提供电子设计自动化（EDA）软件工具，此前研发完成了包含IC Compiler软件在内的多项电子设计自动化软件，并应用于芯片系统开发。新思公司经调查发现，芯动公司未经许可，复制、使用新思公司享有著作权的计算机软件“IC Compiler”，侵害了其计算机软件著作权，故诉至湖北省武汉市中级人民法院（以下简称一审法院）。一审法院经审理

---

① 本案裁判文书参见第402页。

认定芯动公司存在侵害新思公司计算机软件著作权的行为，判令芯动公司停止侵害、赔偿损失。新思公司、芯动公司均不服，向最高人民法院提起上诉。最高人民法院于 2021 年 2 月 25 日判决驳回上诉，维持原判。

【裁判意见】

最高人民法院二审认为，根据《计算机软件保护条例》第三条的规定，计算机软件程序包含源程序和目标程序，同一计算机程序的源程序和目标程序为同一作品。同时根据该条例第二十四条的规定，计算机软件程序或文档存在相同或实质性相似是判断是否构成侵权的基础。但应注意的是，对软件相同或实质相似既要尽力查明客观事实，同时也需充分考虑当事人的举证能力，根据个案具体情况进行区别处理，不能将源程序的比对作为确定软件相同或实质相似的唯一标准。如果权利人已经举证证明被诉侵权软件与主张权利的软件界面高度近似，或者被诉侵权软件存在相同的权利管理信息、设计缺陷、冗余设计等特有信息，可以认为权利人完成了初步举证责任，此时举证责任转移至被诉侵权人，应由其提供相反证据以证明其未实施侵权行为。本案中，新思公司向一审法院申请诉前证据保全，并使用命令探查方式固定芯动公司相关计算机和服务器的使用状态。根据保全结果可知，芯动公司的电脑中存在与新思公司涉案计算机软件的名称、目录结构、错误信息等方面均相同的软件信息，显示芯动公司存在侵害新思公司计算机软件著作权的可能。芯动公司虽否认其使用新思公司软件，但一审及二审期间均未能对命令探查中发现的计算机软件标注的著作权人为新思公司做合理解释。此外，芯动公司对其未使用新思公司的软件而是使用其他软件进行相关芯片设计的主张，并未提交其实际安装使用其他软件的确凿证据。综上，可以认定芯动公司复制并使用了新思公司享有权利的软件。

36. 计算机软件附条件免费商业使用中的侵权认定与责任承担

【裁判要旨】

软件著作权人向不特定用户提供软件，允许其免费下载并商业使用，但在用户协议中明确要求保留有关版权标识和链接信息，用户免费下载并在商业使用时去除该版权标识或者链接信息的，应当认定其构成侵害软件著作权人的署名权，可以判令其依法承担停止侵害、赔偿损失的责任，还可以根据侵权人过错及侵权情节判令其赔礼道歉。

【关键词】

计算机软件著作权　侵权　附条件许可　侵权认定　责任承担

【案号】

（2021）最高法知民终 1547 号

【基本案情】

在上诉人长沙米拓信息技术有限公司（以下简称米拓公司）与上诉人河南省工程建设协会（以下简称工程建设协会）侵害计算机软件著作权纠纷案①中，米拓公司于 2019 年 7 月 26 日开发了米拓企业建站系统（MetInfo v7.0 的计算机软件，以下简称涉案建站软件），享有该款软件的著作权。该公司网站为网络用户免费提供涉案建站软件。当用户在其计算机中安装建站软件时，计算机中弹出界面显示《最终用户授权许可协议》（以下简称涉案用户协议），用户浏览该协议后点击“我已仔细阅读以上协议并同意安装”按钮即可在自己计算机终端（服务器）中安装、使用涉案建站软件。涉案用户协议主要内容载明，米拓公司同意用户免费商业使用涉案建站软件，但要求用户在所建网站中保留米拓公司的版权标识和网站链接信息。否则，将直接违反本协议并构成侵权，米拓公司有权启用法律程序进行维权和索赔。米拓公司在网站上同时还另行提供收费版本下载，“买断”商业套餐价格为 6999 元。米拓公司向河南省郑州市中级人民法院（以下简称一审法院）提起诉讼，主张工程建设协会未按用户协议要求保留米拓公司的版权标识和网站链接信息，侵害了米拓公司依法享有的署名权、修改权、保护作品完整权、复制权、信息网络传播权、获得报酬权等多项权利。一审法院经审理，认定工程建设协会侵害了米拓公司的署名权，判令工程建设协会停止侵害、赔礼道歉并赔偿经济损失及维权合理开支 1.1 万元。米拓公司、工程建设协会均不服，向最高人民法院提起上诉。米拓公司上诉主张工程建设协会并未遵守用户协议，其侵权行为超出了米拓公司的授权许可范围，应视为其未获得授权。工程建设协会上诉主张涉案建站软件系免费软件，用户协议系格式条款且强制用户保留网页链接加重了用户责任，应属无效，米拓公司存在批量商业维权行为。最高人民法院于 2021 年 11 月 15 日判决驳回上诉，维持原判。

【裁判意见】

最高人民法院二审认为，对于涉案用户协议中的限制条款，可以从两个层面进行分析认定。第一，从合同条款解释的层面分析认定。从米拓公司网站有“免费下载”和“建站套餐”等不同栏目供用户选择使用的情况看，米拓公司在“免费下载”和“建站套餐”两个栏目中均允许用户下载（复制）、修改其开发的建站软件，该两栏目项下的软件下载使用的主要区别在

① 本案裁判文书参见第 417 页。

于：用户付费使用则可以去除版权标识和网站链接信息，而免费使用需保留。据此，可以认定米拓公司单方制订涉案《最终用户授权许可协议》的主要目的有二：一是积极推荐广大用户使用其建站软件；二是强调保护其署名权（要求用户保留其版权标识和网站链接信息）。从上述条款用语所表达的核心意思看，该条款重点强调以用户完全遵守该协议作为“不必支付软件版权授权费用”的条件，而不是重点强调以用户完全遵守该协议作为下载使用软件的条件。可见，该条款蕴含这样一种含义：米拓公司在依法有效终止免费使用许可之前，其允许该类用户免费使用，但要追究擅自去除版权标识和网站链接信息者的违约责任或者侵权责任；如果用户接受该协议后，在免费使用涉案建站软件时，去除米拓公司的版权标识和网站链接信息，应认定该用户违反该协议要求保留版权标识和网站链接信息的约定，但不能认定其完全违反了可以下载使用涉案建站软件的全部约定而自始就根本不能使用。唯有如此理解，才能兼顾米拓公司的上述两项主要合同目的以及用户对协议条款的通常理解与合理期待。第二，从侵权与违约竞合的层面进行分析认定。涉案用户协议签订后，如果用户不遵守协议，则构成违约。如果该违约行为同时符合侵权行为的构成要件，著作权人有权选择追究侵权责任或者违约责任。综合上述分析，如果用户在免费使用时去除米拓公司的版权标识和网站链接信息，仅仅违反了该协议中关于免费使用条件下须保留米拓公司的版权标识和网站链接信息的约定。上述用户下载复制涉案建站软件并进行必要修改的行为仍在米拓公司许可范围内，但去除米拓公司的版权标识和网站链接信息的行为则明显超出米拓公司的许可范围，该用户主要侵害了米拓公司的署名权，应当根据情况，承担停止侵害、消除影响、赔礼道歉、赔偿损失等民事责任。

四、不正当竞争案件审判

37. 未经许可继续使用原股东企业名称的行为构成不正当竞争

【裁判要旨】

在经变更不再具有股权从属关系的情况下，当事人仍擅自使用原股东企业名称，要综合考量企业名称的知名度、原股东是否同意继续使用、业务范围是否重合、是否造成相关公众混淆误认等因素，判定该企业名称使用行为的合法性。

【关键词】

不正当竞争　企业名称　股权从属关系　混淆误认

【案号】

（2021）最高法民申 3888 号

【基本案情】

在再审申请人成都中铁二局腾昌装饰工程有限责任公司（以下简称腾昌公司）与被申请人中铁二局建设有限公司（以下简称中铁二局）擅自使用他人企业名称纠纷案①中，中铁二局的三家子公司出资设立了腾昌公司。后发生多次股权变更，至 2015 年 11 月 23 日，中铁二局的最后一家子公司退出，不再持有腾昌公司股份。此后，中铁二局多次要求腾昌公司停止在其公司及分公司名称中，以及对外活动和企业资料中使用“中铁二局”商标及字号并变更工商登记未果，遂提起诉讼。成都市中级人民法院一审认为，腾昌公司在企业名称中使用“中铁二局”字样具有合理性、正当性，该行为不构成不正当竞争，一审法院对中铁二局要求腾昌公司更名并赔偿损失的诉讼请求，不予支持。中铁二局不服，提起上诉。四川省高级人民法院二审认为，中铁二局对“中铁二局”的字号享有企业名称权，腾昌公司的行为构成不正当竞争。据此判决腾昌公司停止在企业名称中使用“中铁二局”字样，并赔偿损失 100000 元。腾昌公司不服，向最高人民法院申请再审。最高人民法院于 2021 年 9 月 29 日裁定驳回了腾昌公司的再审申请。

【裁判意见】

最高人民法院审查认为，判定腾昌公司使用“中铁二局”是否侵害了中铁二局的企业名称权，要综合考虑腾昌公司有无使用的合法权利基础。在中铁二局下属子公司系腾昌公司股东的情况下，腾昌公司使用“中铁二局”没有违反诚实信用原则，属正当使用。但在 2015 年 11 月 23 日中铁二局下属子公司不再持有腾昌公司股份的情况下，腾昌公司与中铁二局则不再具有法律上的关联关系，不再具有继续使用中铁二局企业名称权的法律基础。腾昌公司与中铁二局的业务范围的重合以及中铁二局的知名度，容易使相关公众误认为腾昌公司与中铁二局存在一定联系。在中铁二局两次发函明确要求变更企业名称的情况下，腾昌公司并未在合理期限内对企业名称进行变更，而是继续使用，客观上会造成市场混淆，损害中铁二局的合法权益，二审法院认定构成不正当竞争并无不当。

---

① 本案裁判文书参见第 429 页。

38. 增值税发票上的客户信息不构成商业秘密

【裁判要旨】

增值税发票上记载的信息应符合相关管理规定，本身并不具有保密属性，且增值税发票交付购买方后，购买方亦没有对增值税发票上记载信息保密的法定义务和合同义务。增值税发票中直接体现的相关信息形成的客户名单不构成商业秘密。

【关键词】

商业秘密　增值税发票　秘密性　保密义务

【案号】

（2021）最高法民再310号

【基本案情】

在再审申请人阚贺、章海璐、崔晓东、安徽盛凯国际货运代理有限公司（以下简称盛凯公司）与被申请人安徽金陵国际货运代理有限公司（以下简称金陵公司）侵害商业秘密纠纷案中，2014年9月10日，章海璐（乙方）与安徽怀陵进出口贸易有限公司（以下简称怀陵公司）签订《劳动服务协议》。2015年4月9日，阚贺与怀陵公司签订了与上述协议内容基本相同的《劳动服务协议》。2015年4月1日，崔晓东与金陵公司签订了一份《劳动服务协议》。上述三份协议书在条款形式、文字表述、排版格式等方面均完全相同。阚贺、章海璐和崔晓东三人在入职时，前二人向怀陵公司、崔晓东向金陵公司出具了相同格式和内容的《入职承诺书》，承诺内容包括不得故意和过失泄露公司的经营、管理、技术机密。2014年8月29日，阚贺出具《员工遵守公司客户信息和商业信息承诺书》，记载阚贺自愿遵守金陵公司和怀陵公司一切规章制度及公司日常临时规定，并承诺无论离职还是在职绝不泄露公司客户信息和商业信息。2016年4月1日，金陵公司、怀陵公司下发《关于各组组长等职务任命通知》，任命阚贺为业务部部长兼任业务部三组组长，分管国际货代业务工作；崔晓东为业务部四组组长；章海璐为报关组组长。2016年6月13日，盛凯公司成立，阚贺父亲阚拥军任法定代表人，阚贺任监事。公司经营范围为海上、航空、陆路国际货物运输代理业务等。金陵公司以阚贺、章海璐、崔晓东、盛凯公司侵犯其商业秘密为由，提起诉讼。一审诉讼过程中，金陵公司声称包括上海威美国际物流有限公司在内的31家企业名单为其要求保护的客户名单，为此，该公司举示了与上述名单中的25家企业开展业务时开具的增值税发票。一审法院应金陵公司申请，调取了盛凯公司向其客户开具发票的统计清单，清单反映的客户计55户，其中含有金陵公司主张作为商业秘密保护的上述25家企业。金陵公司与怀陵公司系同一法人，经营地址相同。阚贺、章海璐、崔晓东主张盛凯公司是通过互联网搜索的方式获取的客户信息并于2017年2月离开原聘用单位。安徽省合肥市中级人民法院一审判决：阚贺、章海璐、崔晓东、盛凯公司停止对金陵公司涉案商业秘密的侵权行为并赔偿金陵公司经济损失及制止侵权的合理支出共计25万元。阚贺、章海璐、崔晓东、盛凯公司不服，提起上诉。安徽省高级人民法院二审改判阚贺、章海璐、崔晓东、盛凯公司赔偿金陵公司经济损失及制止侵权的合理支出共计10万元。阚贺、章海璐、崔晓东、盛凯公司不服，向最高人民法院申请再审。最高人民法院于2021年9月1日裁定提审本案，并于2021年12月17日判决撤销一、二审判决，驳回金陵公司的全部诉讼请求。

【裁判意见】

最高人民法院再审认为，金陵公司主张增值税发票中的客户名称、地址、电话、开户行及账号、交易价格等信息形成的客户名单属于商业秘密。从在案证据来看，客户名称、地址、电话、开户行及账号、交易价格均记载在增值税发票中。增值税发票是依据国家相关规定由纳税人向购买方出具的制式票据，票据上记载的信息应符合相关管理规定，发挥一定的管理作用，本身并不具有保密的属性。增值税发票交付购买方后，购买方亦没有对增值税发票上记载信息保密的法定义务。金陵公司庭审时亦明确，其与购买方并未约定对增值税发票上相关信息进行保密，即购买方并没有对增值税发票相关信息进行保密的合同义务。由此可见，金陵公司对其主张的增值税发票并未采取保密措施，增值税发票本身亦不具备保密性。此外，增值税发票上记载的客户名称、地址、电话亦可通过其他公开渠道获取。本案中，四申请人提交的“天眼查”等查询结果已经公开了前述信息，金陵公司亦认可查询结果显示的相关信息与增值税发票上记载的信息一致。因此，增值税发票上记载的客户名称、地址、电话信息不具有秘密性。金陵公司还主张增值税发票上记载的交易价格以及通过增值税发票能够获知客户的交易习惯、交易频率、交易数量以及对交易价格的接受程度等属于商业秘密，但其并未说明上述主张的秘密点的具体内容以及通过增值税发票如何体现。从增值税发票记载的内容看，“货物或应税劳务、服务名称”均为“代理运费”以及每次的单价与金额。就货运代理行业而言，影响代理运费的因素很多，例如，货运方式、报价折扣、服务方式、付款方式、结算方式等，每笔交易的缔约条件需要根据具体情况确定，仅凭增值税发票中的单价及金额难以直接确定客户的交易习惯、交易频次以及交易可接受价格等个性化的商业信息。在金陵公司仅提交了增值税发票，没有明确具体主张的深度信息内容，亦没有提供证据或者充分说明从增值税发票中如何分析出客户的交易习惯、运输方式、价格折扣等深度信息的情况下，金陵公司在本案主张增值税发票中的相关信息属于商业秘密依据不足。综上，涉案客户名单因不具有秘密性及未采取保密措施，不属于商业秘密。

39. 约定保密期限届满后的保密义务

【裁判要旨】

技术秘密许可合同约定的保密期限届满，除非另有明确约定，一般仅意味着被许可人的约定保密义务终止，但其仍需承担侵权法上普遍的消极不作为义务和基于诚实信用原则的后合同附随保密义务。

【关键词】

技术秘密　侵权　约定保密期限届满　保密义务

【案号】

（2020）最高法知民终 621 号

【基本案情】

在上诉人石家庄泽兴氨基酸有限公司（以下简称泽兴公司）、河北大晓生物科技有限公司（以下简称大晓公司）与被上诉人北京君德同创生物技术股份有限公司（以下简称君德同创公司）侵害技术秘密纠纷案①中，君德同创公司就其研发的饲料级胍基乙酸产品的生产工艺即“甘氨酸-单氰胺法”采用技术秘密予以保护，且与可以接触相关技术信息的员工签订了《保密协议》。2010 年 6 月，君德同创公司与泽兴公司分别签订《关于北京君德同创与石家庄泽兴氨基酸公司联合开发胍基乙酸项目的战略合作协议》（以下简称战略合作协议）、《委托加工协议》（以下简称加工协议），约定泽兴公司为君德同创公司加工饲料级胍基乙酸产品，未明确约定泽兴公司使用相关技术信息的期限，但约定了合同期限和保密期限，即合同有效期三年，双方协商同意，可以书面补充协议方式延长协议期限；合作期内及双方合作结束后三年内，泽兴公司必须对双方合作有关的销售数据、技术信息等进行保密，不得向任何人泄露任何相关资料。2014 年 6 月，君德同创公司委托泽兴公司生产最后一批饲料级胍基乙酸，双方合作终止。2016 年 3 月 10 日，君德同创公司发现泽兴公司将胍基乙酸作为饲料添加剂生产、经营、使用、宣传并销

---

① 本案裁判文书参见第 432 页。

售给用户。2016 年下半年始，君德同创公司发现大晓公司在对外宣传、参加展会、销售饲料级胍基乙酸产品时，宣称其生产工艺来自君德同创公司、泽兴公司或者与之有关。君德同创公司认为泽兴公司、大晓公司侵害其技术秘密，故向河北省石家庄市中级人民法院（以下简称一审法院）提起诉讼，请求判令其停止侵害并赔偿经济损失及维权合理开支 1067 万元。一审法院认为，泽兴公司、大晓公司的行为均构成对君德同创公司涉案技术秘密的使用和披露，判决泽兴公司、大晓公司停止侵害并共同赔偿经济损失及维权合理开支共计 50 万元。泽兴公司、大晓公司不服，向最高人民法院提起上诉。最高人民法院于 2021 年 12 月 18 日判决维持原判关于损害赔偿的判项，改判原判关于停止侵害的判项。

【裁判意见】

最高人民法院二审认为，对于技术许可使用合同约定的保密期限届满后，被许可人是否仍负有保密义务的问题，由于技术许可合同首先遵循当事人意思自治原则，如果合同中明确约定保密期限届满后，被许可人可以许可他人使用、披露相关商业秘密，则被许可人实施上述行为不构成侵害商业秘密；如果技术许可合同并未明确约定保密期限届满后，被许可人可以许可他人使用、披露相关商业秘密，则需要根据双方签订合同的目的、双方的权利义务、合同对价、合同履行情况、商业惯例及诚信原则等，综合判断保密期限届满后，被许可人是否可以许可他人使用、披露相关商业秘密。首先，包括技术秘密在内的商业秘密是民事主体依法享有的知识产权，任何人未经许可不得披露、使用和允许他人使用权利人的商业秘密。商业秘密自产生之日就自动取得，并具有相对排他性，即同一商业秘密可能由多个权利主体占有；同时，商业秘密的保护期限具有不确定性，只要商业秘密不被泄露，就一直受法律保护。技术许可合同约定保密期间，仅代表双方当事人对该期间的保密义务进行了约定，该保密期间届满，虽然合同约定的保密义务终止，但被许可人仍需承担除自己使用以外的保密义务。其次，法律规定的保密义务既包括侵权法意义上的、普遍的消极不作为义务，也包括基于诚实信用原则的合同前、合同中、合同后的保密义务。对于当事人在订立合同过程中知悉的商业秘密，无论合同是否成立，都不得泄露或者不正当地使用，泄露或者不正当地使用该商业秘密给对方造成损失的，应当承担损害赔偿责任；合同终止后，当事人仍然有保密义务，未尽到保密义务的，应当向对方承担赔偿责任。最后，按照技术许可合同的性质，被许可人仅是获得了使用相关商业秘密的权利，合同中约定有保密期限，也不应当解释为保密期限届满后，受让人和被许可人可以许可他人使用甚至披露相关商业秘密。因披露商业秘密属于放弃商业秘密民事权利的行为，除非合同中有明确约定，否则该行权处分行为不能由非权利主体作出。技术许可合同中被许可人应当承担的保密义务至少包括：未经许可人同意，不得擅自许可第三人使用相关商业秘密；应当按照合同约定采取保密措施，不应故意或者过失泄露相关商业秘密；对许可人提供或者传授的技术和有关技术资料，应当按照合同约定的范围和期限承担保密义务；对超过合同约定范围和期限仍需保密的技术，应当遵循诚实信用的原则，履行合同保密的附随义务。

本案中，战略合作协议、加工协议均没有授权泽兴公司在合同约定的保密期限届满后可以许可他人使用、披露涉案技术秘密，且根据战略合作协议、加工协议对泽兴公司保密义务和保密期限的约定，泽兴公司未经君德同创公司许可，不得将胍基乙酸出售给除君德同创公司之外的任何第三方，显然，君德同创公司作为涉案技术秘密的权利人通过签订战略合作协议、加工协议，允许泽兴公司使用涉案技术秘密，旨在充分利用涉案技术秘密商业价值，与泽兴公司实现合作共赢。而泽兴公司提供的在案证据不能证明，战略合作协议、加工协议约定的保密期限届满后，君德同创公司具有允许泽兴公司许可他人使用、披露涉案技术秘密的任何意思表示；亦不能证明泽兴公司为了在保密期限届满后享有与君德同创公司同等的涉案技术秘密权利人权益，支付了相当于涉案技术秘密价值的合理对价。故，泽兴公司在战略合作协议、加工协议约定的保密期限届满后，即 2014 年 6 月君德同创公司与泽兴公司合作终止三年后（2017 年 6 月 30 日后），仅能自己使用涉案技术秘密，不能许可他人使用、披露涉案技术秘密。

40. 公司法定代表人或者实际控制人与公司共同侵权的认定

【裁判要旨】

被诉侵权企业系其法定代表人或者实际控制人专门为从事侵权而登记设立，该被诉侵权企业的生产经营主要系实施被诉侵权行为，且该法定代表人或者实际控制人自身积极参与侵权行为实施的，可以认定该法定代表人或者实际控制人与该被诉侵权企业共同实施了侵权行为，并应当依法承担连带法律责任。

【关键词】

技术秘密　侵权　法定代表人　实际控制人　共同侵权　责任承担

【案号】

（2020）最高法知民终 1667 号

【基本案情】

在上诉人嘉兴市中华化工有限责任公司（以下简称嘉兴中华化工公司）、上海欣晨新技术有限公司（以下简称上海欣晨公司）与上诉人王龙集团有限公司（以下简称王龙集团公司）、宁波王龙科技股份有限公司（以下简称王龙科技公司）、喜孚狮王龙香料（宁波）有限公司（以下简称喜孚狮王龙公司）、傅祥根、被上诉人王国军侵害技术秘密纠纷案[①]中，嘉兴中华化工公司、上海欣晨公司向浙江省高级人民法院（以下简称一审法院）提起诉讼，认为王龙集团公司、王龙科技公司、喜孚狮王龙公司、傅祥根、王国军侵害其享有的“香兰素”技术秘密，请求判令被诉侵权人停止侵害并赔偿经济损失和维权合理开支共计 5.02 亿元。一审法院判令被诉侵权人停止侵害，王龙集团公司、王龙科技公司、傅祥根连带赔偿经济损失 300 万元、维权合理开支 50 万元，共计 350 万元；喜孚狮王龙公司对其中 7%即 24.5 万元承担连带赔偿责任。除王国军外，本案各方当事人均不服，向最高人民法院提起上诉。二审中，嘉兴中华化工公司、上海欣晨公司将其赔偿请求降至 1.77 亿元（含维权合理开支）。最高人民法院于 2021 年 2 月 19 日判决撤销原判，五被诉侵权人停止侵害，王龙集团公司、王龙科技公司、傅祥根、王国军连带赔偿经济损失和维权合理开支共计 1.59 亿元，喜孚狮王龙公司对其中 7%即 1115 万元承担连带赔偿责任。

【裁判意见】

最高人民法院二审认为，傅祥根实施了获取涉案技术秘密、将涉案技术秘密披露给王龙集团公司和王龙科技公司并允许其使用涉案技术秘密的行为，并且傅祥根利用涉案技术秘密为王龙科技公司和喜孚狮王龙公司生产香兰素提供帮助，亦构成使用涉案技术秘密的侵权行为。王龙集团公司以向傅祥根、案外人冯家义等支付报酬的方式直接获取嘉兴中华化工公司的技术秘密，并披露给王龙科技公司使用，王龙科技公司雇用傅祥根并使用其非法获取的技术秘密进行生产，之后又通过设备出资方式将涉案技术秘密披露并允许喜孚狮王龙公司继续使用，以上行为均侵害了嘉兴中华化工公司与上海欣晨公司的技术秘密，王龙集团公司、王龙科技公司构成共同侵权。喜孚狮王龙公司自成立起持续使用王龙科技公司作为技术出资的香兰素生产线，构成侵害涉案技术秘密。王国军是王龙科技公司的法定代表人，其自身积极参与本案被诉侵权行为，其实施的被诉侵权行为既体现了王龙科技公司的意志，也体现了王国军的个人意志。也就是说，王国军个人直接实施了被诉侵权行为，被

---

① 本案裁判文书参见第 464 页。

诉侵权行为也体现了王国军的个人意志。同时，鉴于王国军专门为实施被诉侵权行为成立王龙科技公司，该公司已成为王国军实施被诉侵权行为的工具，且王国军与王龙集团公司、王龙科技公司、喜孚狮王龙公司、傅祥根存在密切的分工、协作等关系，可以认定王国军个人亦实施了被诉侵权行为，具体包括以不正当手段获取、披露、使用及允许他人使用涉案技术秘密，并与王龙集团公司、王龙科技公司、喜孚狮王龙公司、傅祥根构成共同侵权。

五、植物新品种案件审判

41. 涉“信息匹配平台”销售种子行为的认定

【裁判要旨】

被诉侵权人通过网络交易平台以“信息匹配”名义组织被诉侵权种子买卖交易，并实际主导确定交易价格、交易数量、履行时间等具体交易条件的，可以认定其实施了销售被诉侵权种子的行为。

【关键词】

植物新品种　侵权　信息匹配平台　销售

【案号】

（2021）最高法知民终 816 号

【基本案情】

在上诉人江苏亲耕田农业产业发展有限公司（以下简称亲耕田公司）与被上诉人江苏省金地种业科技有限公司（以下简称金地公司）侵害植物新品种权纠纷案①中，金地公司为水稻新品种“金粳 818”的独占实施被许可人，其主张亲耕田公司未经许可，以微信群内发布“农业产业链信息匹配”方式，对外销售白皮袋包装的“金粳 818”稻种，构成侵权，向江苏省南京市中级人民法院（以下简称一审法院）提起诉讼，请求判令亲耕田公司停止侵害并赔偿经济损失 300 万元。亲耕田公司辩称其仅是向种子供需双方提供自留种子信息，由供需双方自行交易，并未销售被诉侵权“金粳 818”稻种。一审法院认为涉案侵权种子系案外人销售，亲耕田公司对案外人的侵权行为提供了帮助，故判决支持了金地公司全部诉讼请求。亲耕田公司不服，向最

① 本案裁判文书参见第 508 页。

高人民法院提起上诉。最高人民法院二审查明，亲耕田公司在涉案交易中实施了下列行为：通过微信发布种子供应信息；金地公司取证人员从亲耕田公司处得知有白皮包装的“金粳 818”出售，在金地公司取证人员签署《亲耕田联合农场加盟协议》并付款后，亲耕田公司将所谓“供方”信息提供给金地公司；金地公司按照亲耕田公司的安排取得被诉侵权种子，金地公司取证人员获得被诉侵权种子的交易过程中，种子的数量、价格、大致交货时间等均由亲耕田公司与其确认。遂于 2021 年 8 月 25 日判决驳回上诉，维持原判。

【裁判意见】

最高人民法院二审认为，一般而言，买卖双方就标的物买卖条件的意思表示达成一致，销售合同依法成立，则构成法律意义上的销售行为。同时，参照《最高人民法院关于审理侵害植物新品种权纠纷案件具体应用法律问题的若干规定（二）》第四条的规定，以广告、展陈等方式作出销售授权品种繁殖材料的意思表示的，人民法院可以以销售行为认定处理。即销售合同成立前的广告、展陈等行为已足以认定为销售行为，销售者是否亲自实施标的物的交付和收款行为，不影响其销售行为性质的认定。亲耕田公司实施了发布被诉种子销售具体信息，与金地公司取证人员协商确定种子买卖的包装方式、价款和数量、履行期限等交易要素，其行为对于被诉侵权种子的交易不仅具有肇始意义，而且金地公司依据与亲耕田公司约定的交易条件，已产生据此取得被诉侵权种子所有权的预期，销售合同已经依法成立。可见，亲耕田公司系被诉侵权种子的交易组织者、决策者。后续交易履行过程中货物交付和收款的主体的变化，并不影响认定亲耕田公司的销售主体地位。故根据上述事实，可以认定亲耕田公司直接实施了被诉侵权种子的销售行为。

六、集成电路布图设计案件审判

42. 技术委托开发合同中开发方履约情况的认定

【裁判要旨】

涉及芯片量产的技术委托开发合同纠纷案件中，应当根据合同约定，结合量产芯片研发领域的技术研发特点和产业实践惯例，认定开发任务完成情况。有关合同明确约定以量产芯片为研发目标，但未明确约定全部研发任务详细内容的，原则上应当将完成晶圆材料制造、集成电路制造、芯片封装测试，且晶圆测试、封装测试合格，作为认定完成全部研发任务的标准。鉴于集成电路制造是整个技术开发流程中难度最高、步骤最多、投资最大的主要环节，亦鉴于晶圆测试合格后，有关芯片封装测试可以另行开展，故开发方完成了集成电路设计、样片制造且晶圆测试合格，但未完成芯片封装测试的，可以认定其完成了主要研发任务。

【关键词】

集成电路　委托开发合同　芯片量产　履约认定　违约责任

【案号】

（2020）最高法知民终394号

【基本案情】

在上诉人泰凌微电子（上海）股份有限公司（以下简称泰凌公司）与被上诉人深圳市星火原光电科技有限公司（以下简称星火原公司）集成电路委托开发合同纠纷案①中，星火原公司与泰凌公司于2014年6月5日签订了《技术开发合同》，约定星火原公司委托泰凌公司通过COMS技术设计空调专用微处理器控制芯片。2014年6月9日，双方签订补充协议《专用集成电路产品委托开发设计合同》（以下简称涉案合同），约定合同金额总计441万元，其中包括设计开发费用386万元，星火原公司支付265万元后，泰凌公司交付流片，经检测星火原公司认为其不符合产品规格定义书要求。星火原公司向上海知识产权法院（以下简称一审法院）提起诉讼，请求解除星火原公司与泰凌公司签订的涉案合同，泰凌公司返还星火原公司产品开发费用，泰凌公司赔偿星火原公司高价采购其它替代芯片损失。泰凌公司一审反诉请求，星火原公司向泰凌公司支付应付而未付的阶段性合同款及其利息。一审法院认定，泰凌公司交付的阶段性成果不符合相应阶段开发需求的约定，构成根本违约，一审法院判决解除涉案合同，泰凌公司返还已支付合同款并赔偿经济损失。泰凌公司不服，向最高人民法院提起上诉。最高人民法院于2021年11月1日判决驳回上诉，维持原判。

【裁判意见】

最高人民法院二审认为，集成电路与集成电路布图设计的法律内涵并不相同，在集成电路技术领域，集成电路、半导体集成电路与集成电路布图设计含义亦不相同，半导体集成电路中包含的知识产权客体除了集成电路布图设计外，还包括因基片生产、电路集成等而获得的技术秘密或者专利权等。而集成电路布图设计的法律内涵系专指体现在集成电路中的三维配置或者为

① 本案裁判文书参见第524页。

制造集成电路而准备的三维配置。由于在半导体集成电路领域，研发能够实现量产的芯片技术成果，需要经过集成电路设计、制造（包括硅片制造、晶圆制造）、封装测试等才能最终应用到终端产品中。集成电路芯片并不是一个可以独立存在的元件个体，其必须经过与其他元件系统互连，才能发挥整体系统功能，集成电路封装作为半导体开发的最后一个阶段，不仅起着物理包裹、固定、密封、保护芯片和增强电热性能的作用，而且还是芯片内部世界与外部电路沟通的桥梁。因此，开发方应当完成集成电路设计、制造、封装测试各阶段研发任务，晶圆测试（Chip Probing）、封装测试（Final Test）均符合合同约定后，才能实现委托方芯片量产的合同目的，任何一个阶段的任务未能完成，均应当认定开发方未能交付符合合同目的芯片技术成果。对于开发方是否完成阶段性研发任务的认定，要考量集成电路制造作为芯片研发过程中技术最复杂且资金投入最多的制程，包含了集成电路设计、样片制造主要研发任务，此阶段任务完成，晶圆测试合格，意味着主要的芯片制造流程结束，而之后的封装测试，属于可以独立于集成电路制造单独进行研发的技术阶段，封装测试亦属于芯片进入量产前的独立测试内容。因此，如果开发方完成了集成电路设计、样片制造相关研发任务，委托方已经具备了单独或者委托他人继续完成封装测试阶段研发任务的技术条件，开发方应当向委托方支付相应的研发费用。由于专用集成电路委托开发合同的研发内容中既包括常规技术参数要求，又包括委托方为解决专门技术问题而设定的特定技术参数要求，应当首先审查特定技术参数是否满足要求，如果特定技术参数未能达到产品规格定义书的要求，开发方通过后续改进仍然不能达到要求，意味着开发方没有完成主要研发任务，此时，可以直接认定开发方未能完成相关集成电路制造阶段研发任务；如果特定技术参数已经达到产品规格定义书的要求，仅是常规技术参数未能满足产品规格定义书要求，说明开发方已经具备完成主要研发任务的技术条件，那么应当根据未达标常规技术参数所占产品规格定义书技术参数的比例、通过金属层修改解决的难易程度等，综合判断开发方是否实质完成相关集成电路制造阶段研发任务。

本案中，泰凌公司作为开发方仅向星火原公司交付了涉案合同约定的第3阶段技术成果，即用于进行检测的流片。星火原公司经过检测提出存在的问题后，泰凌公司仅认可相关问题通过金属层修改可以解决，但是没有进一步提交金属层修改之后的样片，后双方成讼。显然，泰凌公司并未履行完成涉案合同约定的第5阶段、第6阶段工作任务，即涉案集成电路设计、封装测试阶段研发任务均未完成，星火原公司无法通过其提交的流片实现芯片量产，故应当认定泰凌公司未能交付符合合同约定的最终技术成果。泰凌公司交付的流片未能满足涉案合同规格定义书约定的 LCD 特定技术参数要求，而实现上述 LCD 特定技术参数要求是星火原公司委托研发涉案空调专用集成电路的主要目的，应当认定泰凌公司没有完成涉案合同的主要研发任务。

七、垄断案件审判

43. 药品专利侵权案件中对“药品专利反向支付协议”的反垄断审查

【裁判要旨】

“药品专利反向支付协议”是药品专利权利人承诺给予仿制药申请人直接或者间接的利益补偿（包括减少仿制药申请人不利益等变相补偿），仿制药申请人承诺不挑战该药品相关专利权的有效性或者延迟进入该专利药品相关市场的协议。在涉及药品专利权利人和仿制药申请人的药品专利侵权案件中，作为当事人主张依据或者作为法院裁判依据的有关协议具有“药品专利反向支付协议”外观的，人民法院一般应当对其是否违反反垄断法进行一定程度的审查。

对于以不挑战专利权有效性为主要内容的“药品专利反向支付协议”是否涉嫌构成垄断协议的判断，核心在于其是否涉嫌排除、限制专利药品相关市场的竞争，一般可以通过比较签订并履行有关协议的实际情形和未签订、未履行有关协议的假定情形，重点考察在仿制药申请人未撤回其无效宣告请求的情况下，药品相关专利权因该无效宣告请求归于无效的可能性，进而以此为基础分析对于专利药品相关市场而言有关协议是否以及在多大程度上造成了竞争损害。原则上，专利权利人为使仿制药申请人撤回无效宣告请求，无正当理由给予高额利益补偿的，可以作为认定专利权因仿制药申请人提出的无效宣告请求归于无效的可能性较大的一个重要考量因素，同时一般还要对假定仿制药申请人未撤回其无效宣告请求情况下的相关审查结果进行预测判断。

【关键词】

专利　侵权　药品专利反向支付协议　反垄断审查

【案号】

（2021）最高法知民终 388 号

【基本案情】

在上诉人阿斯利康有限公司（以下简称阿斯利康公司）与被上诉人江苏

奥赛康药业有限公司（以下简称奥赛康公司）侵害发明专利权纠纷案[①]中，涉及专利号为01806315.2、名称为“基于环丙基稠合的吡咯烷二肽基肽酶Ⅳ抑制剂、它们的制备方法及用途”的发明专利（以下简称涉案专利）。案外人江苏威凯尔医药科技有限公司（以下简称Vcare公司）曾针对涉案专利提起无效宣告请求，涉案专利原权利人布里斯托尔—迈尔斯斯奎布公司（Bristol-Myers Squibb Company，以下简称BMS公司）为使专利权免受挑战，与Vcare公司签订了《和解协议》。双方约定：Vcare公司立即撤回无效宣告请求，BMS公司承诺其及涉案专利的继受权利人不追究Vcare公司及其关联方在2016年1月1日后实施涉案专利的行为。Vcare公司遂撤回了无效宣告请求。之后，奥赛康公司作为Vcare公司的关联方，于上述约定日期后实施了研制、注册、制造、使用、许诺销售、销售沙格列汀片剂的行为。涉案专利权的继受人阿斯利康公司遂诉至江苏省南京市中级人民法院（以下简称一审法院），主张奥赛康公司构成对涉案专利权的侵害。一审法院认为，根据涉案《和解协议》，奥赛康公司作为Vcare公司的关联方有权实施被诉侵权行为，故判决驳回阿斯利康公司的诉讼请求。阿斯利康公司不服，向最高人民法院提起上诉，在本案二审审理期间又以与奥赛康公司达成和解为由申请撤回上诉。最高人民法院在对涉案和解协议进行反垄断等审查后，于2021年12月17日裁定准予撤回上诉。

【裁判意见】

最高人民法院二审认为，在涉及药品专利权利人和仿制药申请人的药品专利案件中，作为当事人主张权利或和解依据或者作为法院裁判依据的有关协议或合同，包括当事人申请撤回起诉或者上诉的和解协议，或者申请撤回上诉情形下作为一审裁判依据的合同，具有所谓的“药品专利反向支付协议”外观的，人民法院一般应当对有关协议或者合同是否违反《中华人民共和国反垄断法》[②]（以下简称反垄断法）进行一定程度的审查。因是否违反反垄断法的判断具有很强的专业性和高度的复杂性，对于非垄断案由案件中当事人申请撤回起诉或者上诉时垄断违法事由的审查，一般仅限于初步审查。在当事人申请撤回起诉或者上诉的案件中，经初步审查，和解协议或者涉案合同未明显涉嫌违反反垄断法或者即使涉嫌违反反垄断法但无需作出进一步审查和处理的，如亦不存在其他依法不应予以准许的情形，则可以准许撤回起诉或者上诉；经初步审查，和解协议或者涉案合同涉嫌违反反垄断法的，

---

① 本案裁判文书参见第557页。

② 此处指2007年《中华人民共和国反垄断法》，其已于2022年修改，本案下同。

应当视情依法作出相应处理，包括可以根据个案情况准许撤回起诉或上诉，或者不准许撤回起诉或上诉并继续审理，也可以在必要时向反垄断执法机构移送涉嫌违法线索。

所谓的“药品专利反向支付协议”，是药品专利权利人承诺给予仿制药申请人直接或者间接的利益补偿（包括减少仿制药申请人不利益等变相补偿），仿制药申请人承诺不挑战该药品相关专利权的有效性或者延迟进入该专利药品相关市场的协议。该类协议的安排一般较为特殊，也往往较为隐蔽，可能会产生排除、限制竞争的效果，有可能构成反垄断法规制的垄断协议。对于以不挑战专利权有效性为目的的“药品专利反向支付协议”是否涉嫌构成反垄断法规制的垄断协议的判断，核心在于其是否涉嫌排除、限制相关市场的竞争。对此，一般可以通过比较签订并履行有关协议的实际情形和未签订、未履行有关协议的假定情形，重点考察在仿制药申请人未撤回其无效宣告请求的情况下，药品相关专利权因该无效宣告请求归于无效的可能性，进而以此为基础分析对于相关市场而言有关协议是否以及在多大程度上造成了竞争损害。其中，仿制药申请人如未撤回其无效宣告请求，专利权因之归于无效的可能性是首要问题。原则上，专利权利人为使仿制药申请人撤回无效宣告请求，无正当理由给予高额利益补偿的，可以作为认定专利权因仿制药申请人提出的无效宣告请求归于无效的可能性较大的一个重要考量因素，同时一般还要对假定仿制药申请人未撤回其无效宣告请求情况下的相关审查结果进行预测判断。有关协议的竞争损害，一般应当主要考察其是否实质延长了专利权利人的市场独占时间、是否实质延缓或者排除了实际的和潜在的仿制药申请人的市场进入。如果专利权因该无效宣告请求归于无效的可能性较小，那么有关协议的签订和履行对于相关市场上专利权人的市场独占和仿制药申请人的市场进入一般不会产生实质影响，进而可以初步认定其对于相关市场具有排除、限制竞争效果的可能性较小，一般不会构成反垄断法所规制的垄断协议。如果专利权因该无效宣告请求归于无效的可能性较大，那么应当进一步考察有关协议的竞争损害：如果有关协议的签订和履行实质延长了专利权利人的市场独占时间，或者实质延缓、排除了实际的和潜在的仿制药申请人的市场进入，且缺乏正当理由，则一般可以认定该协议具有排除、限制相关市场竞争的可能性较大，其涉嫌构成反垄断法所规制的垄断协议。

本案中，涉案《和解协议》的主要内容是，Vcare 公司承诺不挑战涉案药品专利权的有效性、BMS 公司及继受专利权人（在本案中阿斯利康公司即为该继受专利权人）承诺不追究 Vcare 公司及其关联方（在本案中奥赛康公司即为该关联方）于 2016 年 1 月 1 日后实施涉案专利行为的侵权责任。该协议基本符合所谓的“药品专利反向支付协议”的外观。但是，考虑到涉案专利保护期已经届满，有关可能构成的垄断违法状态已不复存在，涉案药品相关市场的进入已不存在基于涉案专利权的障碍，本案已无进一步查明涉案《和解协议》是否确定涉嫌违反反垄断法的必要性和紧迫性。经初步审查，目前难以得出涉案《和解协议》明显涉嫌违反反垄断法的结论，且无进一步审查之必要，也未发现本案存在其他可能损害国家利益、社会公共利益、他人合法权益的事由，故准许撤回上诉。

44. 涉及垄断协议的合同效力的认定

【裁判要旨】

反垄断涉及国家整体经济运行效率和社会公共利益，反垄断法关于禁止横向垄断协议行为的规定原则上属于效力性强制性规定，违反该规定的合同条款应属无效。为降低和消除经营者继续实施垄断协议行为的风险，实现反垄断法预防和制止垄断行为的立法目的，与横向垄断协议条款具有紧密关系、与之脱离即不再具有独立存在意义的合同条款，以及实质上服务于横向垄断协议行为实施的合同条款，亦应属无效。

【关键词】

横向垄断协议　举证责任　合同效力

【案号】

（2021）最高法知民终 1722 号

【基本案情】

在上诉人台州市路桥吉利机动车驾驶培训有限公司（以下简称吉利公司）、台州市路桥区承融驾驶员培训有限公司（以下简称承融公司）与被上诉人台州市路桥区东港汽车驾驶培训学校等十三家驾培单位（以下简称东港公司等十三家被诉驾培单位）、原审第三人台州市路桥区浙东驾驶员培训服务有限公司（以下简称浙东公司）横向垄断协议纠纷案①中，吉利公司和承融公司以其与东港公司等十三家被诉驾培单位达成的联营协议及自律公约构成垄断经营为由，向浙江省宁波市中级人民法院（以下简称一审法院）提起诉讼，请求确认联营协议及自律公约无效。一审法院认为，同在浙江省台州市路桥区的涉案十五家驾培单位签订联营协议及自律公约，约定共同出资设立联营公司（即浙东公司），固定驾驶培训服务价格、限制驾驶培训机构间

① 本案裁判文书参见第 567 页。

的教练车辆及教练员流动，构成横向垄断协议。据此，一审法院判决确认案涉联营协议及自律公约中构成横向垄断协议的相关条款无效。吉利公司、承融公司不服，向最高人民法院提起上诉，请求改判确认联营协议中股本结构条款无效。最高人民法院于2021年12月22日判决撤销原判，确认联营协议及自律公约全部无效。

【裁判意见】

最高人民法院二审认为，反垄断涉及国家整体经济运行效率和社会公共利益，原则上应当将反垄断法关于禁止垄断行为的规定作为效力性强制性规定，违反该规定的合同条款无效。根据《中华人民共和国合同法》[①] 第五十六条的规定，合同部分无效，不影响其他部分效力的，其他部分仍然有效。该条法律规定意味着，如果合同内容可分且相互不影响的，合同部分无效不导致其他部分无效；如果合同无效部分会影响其他部分效力的，其他部分也应无效。合同内容可分一般是指将无效部分分离出来，还能够使一项可以有效的行为继续存在，且不与当事人的行为意图或者目的相悖。同时，判断合同或者合同条款是否因违反反垄断法而无效时，还应该考虑消除和降低垄断行为风险的需要，以实现反垄断法预防和制止垄断行为的立法目的。

首先，综观涉案十五家驾培单位签订联营协议及自律公约的动因、目的、主要内容和实际履行等情况，联营协议第三条关于股本结构的条款并无独立有效的意义和价值。该十五家驾培单位本为处于激烈竞争中的经营者，其以“防止恶性竞争”等为由，共同协商设立联营公司固定价格、限制数量等，其行为的实质和目的主要在于合谋排除、限制竞争；而涉案十五家驾培单位在联营协议第三条中约定各自出资共同设立联营公司，是其实施上述横向垄断协议、实现市场垄断目的的主要手段。从浙东公司作为联营公司根据联营协议所承担的管理职能、设立后实际从事的业务看，其是涉案十五家驾培单位实施横向垄断协议的中枢和关键环节，除此之外，难以看出联营协议第三条关于注册资本与股本结构的约定在协议各方（即涉案十五家驾培单位）之间还有其他独立存在的意义和价值。其次，为预防和制止涉案垄断行为之目的，联营协议第三条关于股本结构的条款亦应认定无效。如果认定联营协议第三条仍然有效而继续约束各方，则实际上为被诉十三家驾培单位保留了信息沟通、协调一致行动的渠道，存在未来再次实施横向垄断协议的风险和可能，不利于预防和制止涉案垄断行为。故联营协议第三条是与联营协议及自律公约中有关横向垄断协议条款密不可分而无独立存在意义的条款。为消除

① 已被《中华人民共和国民法典》废止，本案下同。

有关经营者再次实施横向垄断协议的风险，联营协议第三条应当随同有关横向垄断协议条款一并认定无效。联营协议及自律公约中有关横向垄断协议条款和联营协议第三条关于浙东公司注册资本与股本结构的约定基本上构成联营协议及自律公约的主要内容乃至全部内容，认定上述条款均无效即相当于认定联营协议及自律公约全部无效，故直接判决确认联营协议及自律公约全部无效。

审判案例指导

最高人民法院2021年典型知识产权案件

裁判文书选登

一、专利案件审判

（一）专利民事案件审判

1. 专利说明书等内部证据对权利要求解释的作用

——再审申请人庞子敬与被申请人江苏超能电气有限公司、四川华能东西关水电股份有限公司侵害发明专利权纠纷案①

中华人民共和国最高人民法院民事裁定书（2021）最高法民申3110号

再审申请人（一审原告、二审上诉人）：庞子敬。

委托诉讼代理人：李昊霖，上海市建纬（青岛）律师事务所律师。

委托诉讼代理人：刘玙，上海市建纬（青岛）律师事务所律师。

被申请人（一审被告、二审被上诉人）：江苏超能电气有限公司。住所地：江苏省扬中市新坝镇大全路。

法定代表人：裴春梅，该公司总经理。

委托诉讼代理人：闫东伟，北京市盈科（南京）律师事务所律师。

委托诉讼代理人：饶欣，北京市盈科（南京）律师事务所律师。

被申请人（一审被告、二审被上诉人）：四川华能东西关水电股份有限公司。住所地：四川省武胜县礼安镇。

法定代表人：刘兴国，该公司董事长。

委托诉讼代理人：高原，男，该公司董事会秘书。

再审申请人庞子敬因与被申请人江苏超能电气有限公司（以下简称超能公司）、四川华能东西关水电股份有限公司（以下简称东西关公司）侵害发

---

① 本案在年度报告中的位置为第3页。

明专利权纠纷一案，不服本院（2020）最高法知民终 301 号民事判决，向本院申请再审。本院依法组成合议庭进行了审查，现已审查终结。

庞子敬申请再审称，本案有新证据，足以推翻原判决。一审及二审判决对被诉侵权产品是否具备“截面呈 U 形的壳体”及“弹性支架”的技术特征认定错误，且一审及二审法院存在漏审情况。一、关于“截面呈 U 形的壳体”的技术特征。新证据《中华人民共和国国家标准 技术制图 图样画法 视图》（GB/T 17451-1998）载明，“表示物体信息量最多的那个视图应作为主视图，通常是物体的工作位置或加工位置或安装位置。当需要其他视图（包括剖视图和断面图）时，应按下列原则选取：在明确表示物体的前提下，使视图（包括剖视图和断面图）的数量为最少……”由此可以得出以下两个结论：第一，从机械领域技术人员通常理解的角度，涉案专利权利要求 1 中“截面呈 U 形的壳体”表示的是从体现壳体信息最多的位置，或者在具备工作功能的部件所在的位置，用平面与涉案专利产品相交所得的剖面呈 U 形，即“截面呈 U 形的壳体”并不表示截面呈连续的 U 形。一审及二审判决认定为“截面呈完整的 U 形”显属错误。涉案专利权利要求 1 中“截面呈 U 形的壳体”应解释为“有截面为 U 形”。第二，被诉侵权产品内侧间隔分布有 6 个定位块，定位块处系具有工作功能的部位，按照本领域技术人员的理解，对被诉侵权产品应当从定位块的位置进行剖面，在该处剖面产生的截面必然呈 U 形，由此被诉侵权产品这一技术特征与涉案专利的技术特征相同。另外，庞子敬提交的（2021）厦鹭证内字第 37978 号公证书为庞子敬安装在兰州市大峡水电站的盘车装置，证明涉案专利是应用于大型水电站检修的低速重载盘车设备，该设备使用固体油脂进行润滑。《机械设计基础》（徐时彬、郭紫贵主编：国防工业出版社 ISBN 978-7-118-05230-5 P386-387）亦载明，“一般在低速、重载条件下，应选锥入度小的润滑脂”。说明重型、低速运转的机械设备可以且优先使用高密度固体油脂作为润滑材料，承载固体润滑脂的空间并不需要像为汽车、飞机提供动力的液体油箱一样完全封闭。一审及二审法院将“油箱”片面地理解为类似汽车、飞机液体油的封闭油箱显属错误。涉案专利说明书中“壳体 4 为油箱”仅是一种功能性表述，意为该壳体内可以装入润滑剂以便对壳体内的大齿轮及小齿轮进行润滑，被诉侵权产品的结构同样可以满足加入润滑剂进行润滑的作用，与涉案专利技术特征相同或等同，落入涉案专利权利要求的保护范围。二、关于“弹性支架”的技术特征。庞子敬提交的《钢结构》（高文安、史天录主编：清华大学出版社 ISBN 978-7-302-14740-7 P10 第 11 行）载明，“在 fp 之前，钢材的性能是弹性的”。另外，从《钢结构建筑入门》（原口秀昭著：崔正秀、崔硕华译，中国建筑工业出版社 ISBN 978-7-112-18518-4 P78 第 10 行）、《材料力学性能》（彭瑞东编著：机械工业出版社 ISBN 978-7-111-58398-1 P212 第 1-3 行）等材料中可见，弹性变形是材料最基本的力学性能，弹性大小要结合具体场景分析，刚性则是理想状态下的抽象概念，根本不存在刚性材料，一审及二审法院认定被诉侵权产品使用的槽钢是刚性材料显属错误。庞子敬提交的（2021）鲁青岛黄海证民字第 1671 号公证书为使用涉案专利技术方案的盘车装置运行时的视频，可以证明被诉侵权产品体现的镂空槽钢支架结构在实际运行时具有发生形变并恢复原状的技术特征，即具有弹性。三、《最高人民法院关于审理专利纠纷案件适用法律问题的若干规定》① 第十七条第一款规定，专利法第五十九条第一款所称的“发明或者实用新型专利权的保护范围以其权利要求的内容为准，说明书及附图可以用于解释权利要求的内容”，是指专利权的保护范围应当以权利要求记载的全部技术特征所确定的范围为准，也包括与该技术特征相等同的特征所确定的范围。等同侵权适用法院依职权认定原则，即在相同侵权不成立的情况下，不管当事人是否主张等同侵权，法院都应当对等同侵权是否成立作出认定，否则就遗漏了权利人的诉讼主张。本案中，一审判决仅认定被诉侵权产品的相应技术特征与涉案专利“截面呈 U 形的壳体”这一技术特征不相同，并未对是否构成等同进行认定。二审判决仅认定被诉侵权产品的相应技术特征与涉案专利“弹性支架”这一技术特征不相同，并未对是否构成等同进行认定。一审及二审法院未依职权对是否构成等同侵权进行认定，属于漏审。另外，一审及二审法院将涉案专利三项权利要求记载的所有技术特征糅合在一起作为一个技术方案确定权利要求的保护范围显属错误。综上，依据《中华人民共和国民事诉讼法》② 第二百条第一项、第二项及第十一项的规定，请求再审本案。

超能公司提交意见称，庞子敬提交的新证据不足以推翻原判决。一、关于“截面呈 U 形的壳体”的技术特征。首先，不应以制图标准来解释权利要求。《中华人民共和国国家标准 技术制图 图样画法 视图》不是强制性规范，不构成对制图的必然约束，且“截面呈 U 形的壳体”系权利要求的内容，非制图内容，不应以该标准来解释权利要求。其次，庞子敬一审中认可涉案专利说明书中描述的封闭壳体即为 U 形槽，而在再审中又认为壳体不需要完全封闭，明显自相矛盾。再次，涉案专利明确记载了壳体内装的是润滑油，而

---

① 已被《最高人民法院关于修改〈最高人民法院关于审理侵犯专利权纠纷案件应用法律若干问题的解释（二）〉等十八件知识产权类司法解释的决定》（2020 年 12 月 29 日公布）修改，本案下同。

② 此处指 2017 年《中华人民共和国民事诉讼法》，其已于 2021 年修改，本案下同。

非润滑脂。即使装的是润滑脂，亦不代表壳体截面不是连续 U 形。一审及二审判决认定“截面呈 U 形的壳体”系“截面呈完整 U 形”而非“有任意截面呈 U 形”正确。二、关于“弹性支架”的技术特征。首先，根据涉案专利说明书的记载，庞子敬是认可存在刚性材料的，其为了获得授权而强调弹性支架相对于刚性支架的有益效果，在再审过程中却矢口否认存在刚性材料，明显与涉案专利的记载自相矛盾，违反了禁止反悔原则。其次，庞子敬提交的证据无法证明被诉侵权产品中的槽钢能够达到涉案专利中弹性支架的技术效果，不应予以采纳。再次，一审及二审法院系结合发明目的、实施例对权利要求 1 弹性支架进行解释，并非将三项权利要求糅合在一起。三、相关法律、法规并未规定等同侵权依职权认定，不能因为没有依职权进行等同侵权认定就认为属于漏审。综上，请求驳回庞子敬的再审申请。

东西关公司提交意见称，一、被诉侵权产品系通过合法的招投标程序签订合同购买，且招标合同中已经明确，若存在侵权，应由出卖方承担相应责任。二、东西关公司主观善意且已支付合理对价，不应当承担侵权责任。

本院经审查认为，根据庞子敬申请再审的理由，本案再审审查的焦点为：（一）被诉侵权产品是否落入涉案专利保护范围；（二）一审及二审法院是否存在漏审。

关于焦点一，《中华人民共和国专利法》[①] 第五十九条第一款规定，发明或者实用新型专利权的保护范围以其权利要求的内容为准，说明书及附图可以用于解释权利要求的内容。《最高人民法院关于审理侵犯专利权纠纷案件应用法律若干问题的解释》第二条规定，人民法院应当根据权利要求的记载，结合本领域普通技术人员阅读说明书及附图后对权利要求的理解，确定专利法第五十九条第一款规定的权利要求的内容。第三条规定，人民法院对于权利要求，可以运用说明书及附图、权利要求书中的相关权利要求、专利审查档案进行解释。说明书对权利要求用语有特别界定的，从其特别界定。以上述方法仍不能明确权利要求含义的，可以结合工具书、教科书等公知文献以及本领域技术人员的通常理解进行解释。根据上述规定，权利要求的内容需要结合说明书及附图等进行解释。在解释过程中，需要考虑说明书记载的专利要解决的技术问题及达到的技术效果等内容。在解释权利要求时，说明书及附图、专利审查档案等内部证据相对于工具书、教科书等外部证据具有优先地位。在依据内部证据能够明确地解释权利要求的内容时，不应当依据外部证据进行解释。（一）关于“截面呈 U 形的壳体”的技术特征。庞子

① 此处指 2008 年《中华人民共和国专利法》，其已于 2020 年修改，本案下同。

敬主张壳体并不需要截面连续为U形，只要壳体定位处截面为U形即可。对此，本院认为，首先，涉案专利说明书有“壳体4断面呈U形”“壳体4为油箱，其内腔装有润滑油，保证滑动轴承正常工作”“齿轮啮合传动在封闭的壳体内，提高了安全性，便于保养，也避免了电线缠绕”“壳体4是圆环形状，截面呈U形”等记载。其次，涉案专利说明书附图1和2均显示壳体的剖面为U形结构。本领域技术人员根据说明书及附图记载或者显示的壳体形状及其达到的技术效果等信息，能够得出涉案专利壳体截面应为连续不间断U形的结论。在此基础上，一审及二审法院认定被诉侵权产品不具备“截面呈U形的壳体”这一技术特征并无不妥。庞子敬抛开涉案专利说明书及附图，以《中华人民共和国国家标准 技术制图 图样画法 视图》、（2021）厦鹭证内字第37978号公证书等材料为由主张涉案专利权利要求中“截面呈U形的壳体”应解释为“有截面为U形”缺乏法律依据，不能成立。（二）关于“弹性支架”的技术特征。涉案专利说明书“技术领域”部分记载，本发明涉及一种用于立式水轮发电机组及其他转动设备轴系调整中心，靠弹性力偶矩驱动转子的专用工具，具体说是一种弹性力偶盘车装置。“背景技术”部分记载，涉案专利申请人曾有过两项专利，一项是92219180.8号专利，另一项是99222132.3号专利。但是还存在一些缺点：该两项自动盘车装置与转动设备的同心度标准低，自动盘车装置与转动设备的机架采用刚性连接，当盘车装置的轴线与转动设备转子的轴线稍有偏差时，驱动力矩过大和驱动力矩不平稳，使用时需花费许多调整时间；由于该装置力臂过长，在受力后容易变形，小齿轮也为悬臂结构装配，影响到齿间正确啮合，影响调整的准确度；电动机随着设备一起旋转，会产生电线缠绕。“发明内容”部分记载，本发明目的在于克服上述技术中的缺点，提出一种弹性力偶盘车装置，使其在用于立式水轮发电机组及其他转动设备轴系调整中心时，能够降低劳动强度，改善劳动条件，减少操作调整时间，提高工作效率，提高调整的准确度。本发明目的由以下技术方案实现：本弹性力偶盘车装置，其特征在于在被动设备上机架6上连接有弹性支架5，弹性支架上连接有断面呈U形的壳体4，使被动设备上机架6与弹性力偶盘车装置之间为弹性连接，……弹性支架包括有上环51和下环52，上环与下环之间有数个弹性体53连接。弹性体53是由弹性材料制作的，……当弹性力偶盘车装置中心与被动转子中心稍有偏差时，弹性支架5缓解因此产生的径向反抗应力。更便于现场操作，运行更加平稳与安全。……本发明的优点是结构更加合理、简单，……弹性支架代替了以前的刚性支架，增加了自稳定调整性能，使得操作更加容易，转动时晃动减小。“附图说明”部分记载，图1表示该弹性力偶盘车装置用于轻型水轮发电机组的轴系调整中心，安装在机组的上机架6上。在被动设备上机架6上连接有弹性支架5。图2、图3中表示出弹性支架5包括有上环51和下环52，上环与下环之间有8个弹性体53连接。……弹性体53是由弹簧钢片制成的，……减速机2、壳体盖板3及壳体4之间为刚性连接。本领域技术人员从上述说明书及附图内容可以理解，正是由于弹性支架的存在，才使得被动设备上机架6与盘车装置之间为弹性连接，以区别于现有技术中上述部件之间的刚性连接，从而具备相应的技术效果。该弹性连接方式亦与涉案专利说明书中所述减速机2、壳体盖板3及壳体4之间的刚性连接不同。弹性支架含有弹性材料制成的部件。弹性材料可解释为包括弹簧钢片或类似主要起提供弹力作用的材料。槽钢作为一种工业用钢材制品，运用于建筑结构、车辆制造、机械设备等领域，主要是利用槽钢结构的力学性能优异、强度大等特点，工业上罕有利用槽钢作为弹性材料来主要提供弹力的做法。因此，槽钢不属于涉案专利所述的弹性材料。另外，庞子敬在一审庭审中认可涉案专利说明书“背景技术”部分所述的其两项专利中“固定支架”采用的材料是钢，亦可以佐证上述结论。一审及二审法院认定被诉侵权产品不具备“弹性支架”的技术特征并无不妥。庞子敬抛开涉案专利说明书及附图，以《钢结构》《钢结构建筑入门》等材料为由，认为刚性是理想状态下的抽象概念，根本不存在刚性材料，从而作出与涉案专利说明书及附图不符的解释，缺乏法律依据，不能成立。

关于焦点二，首先，《最高人民法院关于审理专利纠纷案件适用法律问题的若干规定》第十七条第一款规定解决的是专利权保护范围的界定问题，从中无法得出等同侵权由法院依职权认定的结论。其次，专利侵权诉讼解决的是当事人之间的民事纠纷。根据《最高人民法院关于审理专利纠纷案件适用法律问题的若干规定》第十七条第一款的规定，侵犯专利权的具体方式包括相同侵权和等同侵权。以何种方式侵犯专利权应由权利人主张，系当事人在法律规定的范围内处分自己民事权利和诉讼权利的体现。再次，法院作为裁判机关，须在当事人对相关证据进行充分质证和辩论的基础上对相同或者等同侵权是否成立进行判断。等同侵权的判断通常还涉及禁止反悔原则、捐献原则等的适用。庞子敬关于等同侵权适用法院依职权认定的主张与法院作为裁判者的角色相矛盾，缺乏法律依据，不能成立。需要指出的是，为实现合理解决纠纷、节省诉讼资源、保护各方当事人权益的目的，从平衡诉讼效率与公平的角度出发，在权利人仅主张相同侵权的情况下，法院可以向权利人释明，由其决定是否主张等同侵权。本案中，庞子敬在一审中主张被诉侵权产品的相应特征与涉案专利“截面呈U形的壳体”的技术特征相同，一审法院经审理认为二者不相同。二审过程中，庞子敬认为二者相同或者等同，二审法院经审理认定二者既不相同也不等同。一审法院认定被诉侵权产品的相应特征与涉案专利“弹性支架”的技术特征既不相同也不等同。二审过程中，庞子敬认为二者相同，二审法院对一审法院的认定予以认可，并认为庞子敬关于二者相同的主张缺乏事实和法律依据。一审及二审法院的上述认定并无不当，庞子敬关于一审及二审法院漏审的主张不能成立。

一审及二审法院对被诉侵权产品是否具备涉案专利相应的技术特征进行判定，并未将涉案专利三项权利要求记载的所有技术特征糅合在一起作为一个技术方案确定权利要求的保护范围，庞子敬关于一审及二审法院确定权利要求保护范围错误的主张不能成立。

综上所述，庞子敬的再审申请不符合《中华人民共和国民事诉讼法》第二百条规定的情形。依照《中华人民共和国民事诉讼法》第二百零四条第一款，《最高人民法院关于适用〈中华人民共和国民事诉讼法〉的解释》[①] 第三百九十五条第二款之规定，裁定如下：

驳回庞子敬的再审申请。

审 判 长 毛立华
审 判 员 江建中
审 判 员 李 嵘
二〇二一年六月二十八日
法官助理 王 晨
书 记 员 吕姝君

---

① 已被《最高人民法院关于修改〈最高人民法院关于适用《中华人民共和国民事诉讼法》的解释〉的决定》（2022 年 4 月 1 日公布）修改，本案下同。

2. 使用环境特征的认定

——上诉人 ALC 粘合剂技术责任有限公司与上诉人温州市星耕鞋材有限公司侵害发明专利权纠纷案①

中华人民共和国最高人民法院民事判决书（2020）最高法知民终 313 号

上诉人（原审原告）：ALC 粘合剂技术责任有限公司（ALC TECNOLOGIE ADESIVE S. R. L.）。住所地：意大利共和国都灵省都灵市 RE UMBERTO I 大街 1 号［TORINO（TO）CORSO RE UMBERTO I 1］。

代表人：Vicentini Luca，该公司常务董事。

委托诉讼代理人：李孝樟，北京德恒（温州）律师事务所律师。

上诉人（原审被告）：温州市星耕鞋材有限公司。住所地：中华人民共和国浙江省温州市过境路 108 号第 3 幢 58、59 号。

法定代表人：陈爱红，该公司执行董事。

委托诉讼代理人：石圣科，上海协力（杭州）律师事务所律师。

委托诉讼代理人：石茂顺，上海协力（杭州）律师事务所律师。

上诉人 ALC 粘合剂技术责任有限公司（以下简称 ALC 粘合剂公司）因与上诉人温州市星耕鞋材有限公司（以下简称星耕鞋材公司）侵害发明专利权纠纷一案，不服浙江省宁波市中级人民法院于 2019 年 11 月 29 日作出的（2018）浙 02 民初 953 号民事判决，向本院提起上诉。本院于 2020 年 4 月 9 日立案后，依法组成合议庭，并于 2020 年 6 月 19 日公开开庭审理了本案，上诉人 ALC 粘合剂公司的委托诉讼代理人李孝樟，上诉人星耕鞋材公司的委托诉讼代理人石圣科、石茂顺到庭参加诉讼。本案现已审理终结。

ALC 粘合剂公司上诉请求：1. 撤销原审判决，依法改判支持 ALC 粘合剂公司原审全部诉讼请求；2. 本案一、二审诉讼费用由星耕鞋材公司承担。事实与理由：（一）原审判决判赔金额过低，不足以弥补 ALC 粘合剂公司的经济损失。1. ALC 粘合剂公司公证购买被诉侵权产品及支付律师费，共计花费 9 万余元；2. 星耕鞋材公司提起无效宣告程序，ALC 粘合剂公司为此支付

① 本案在年度报告中的位置为第 5 页。

代理费 10 万元；3. ALC 粘合剂公司为意大利企业，为维权办理主体信息公证认证等手续花费 7 万多元，加上其他各项维权支出，已达 30 余万元。（二）被诉侵权产品属于制鞋行业必备的机械，市场普及率极高，机器单价在万元以上，星耕鞋材公司仿冒专利产品的行为给 ALC 粘合剂公司造成了重大经济损失。

星耕鞋材公司辩称：本案被诉侵权技术方案并未落入涉案专利权利要求保护范围，不构成专利侵权，不应当承担赔偿责任。

星耕鞋材公司上诉请求：撤销原审判决第一项和第二项，改判驳回 ALC 粘合剂公司的全部诉讼请求。事实和理由：（一）被诉侵权产品不具备专利号为 ZL200780032234.2、名称为“在例如鞋的内鞋底的物体的表面上施加粘合剂层的机器和相关方法”的发明专利（以下简称涉案专利）权利要求 1 中的多个技术特征，原审法院判定本案构成侵权，属于事实认定和法律适用错误。1. 被诉侵权产品没有安装任何带状物，不存在所谓的“第一带”“第二带”，更不具备与第一带或第二带相关的多个技术特征，特别是“第二带在一个面上具有覆盖层，以完全覆盖所述物体”这一具体特征。2. 被诉侵权产品不具有涉案专利权利要求 1 所记载的诸多与“所述物体”相关的多个技术特征。3. 由涉案专利说明书记载的内容看，涉案专利所保护的机器实施的“剥离”是一种“自动剥离”，即其剥离装置所具备的功能为自动剥离功能。被诉侵权产品不存在剥离装置，不具备自动剥离功能。（二）本案涉及直接侵权与间接侵权之争，原审法院对本案法律问题存在认识错误。星耕鞋材公司没有完整实施涉案专利，本案不存在直接侵权事实。被诉侵权机器并非侵权专用产品，故也不构成间接侵权。

ALC 粘合剂公司辩称：原审认定事实清楚，适用法律正确。被诉侵权产品包含了涉案专利全部技术特征，落入涉案专利权利要求保护范围，请求驳回星耕鞋材公司的上诉请求。

ALC 粘合剂公司向原审法院提起诉讼，原审法院于 2018 年 6 月 4 日立案受理，ALC 粘合剂公司起诉请求：1. 判令星耕鞋材公司立即停止销售侵害涉案专利权产品的行为；2. 判令星耕鞋材公司赔偿 ALC 粘合剂公司经济损失 90 万元，并向 ALC 粘合剂公司支付维权合理支出 10 万元。事实与理由：ALC 粘合剂公司系涉案专利的专利权人，该专利至今有效。ALC 粘合剂公司调查发现，星耕鞋材公司销售的“烫底机”及“烫底胶”涉嫌侵害 ALC 粘合剂公司涉案专利权，遂公证购买后诉至法院。

星耕鞋材公司原审辩称：1. 其销售的系普通的做双面胶的机器，未落入涉案专利权利要求的保护范围；2. 被诉侵权产品实施的是现有技术，不构成侵权；3. 即便构成专利侵权，ALC 粘合剂公司诉请的赔偿金额、合理支出亦过高；4. 其已就涉案专利提出无效宣告请求。

原审法院认定事实：涉案专利申请日为 2007 年 5 月 21 日，公开日为 2009 年 9 月 16 日，授权日为 2011 年 12 月 7 日。该专利的原专利权人为 ALC 富兰科集团公司，2015 年 3 月 27 日变更为 ALC 粘合剂公司。本案中，ALC 粘合剂公司主张保护涉案专利权利要求 1、2、5。该专利权利要求书记载：1. 一种机器，用于施加粘合剂层（12）到物体（22）的第一表面（24），所述物体（22）具有与第一表面（24）相反的第二表面（25），其特征在于，所述机器包括：用于提供第一带（30）的第一进料装置（11，13），第一带（30）在一个面上具有所述粘合剂层（12），使得所述粘合剂层（12）的第一部分（26）与所述物体（22）的所述第一表面（24）接触；用于提供第二带（32）的第二进料装置（17，18），第二带（32）在一个面上具有覆盖层（16），以完全覆盖所述物体（22），使得所述覆盖层（16）的第一区部（28）与围绕所述物体（22）的所述粘合剂层（12）的第二部分（27）接触，并且，所述覆盖层（16）的第二区部（29）与所述第二表面（25）接触；所述第一进料装置（11，13）和所述第二进料装置（17，18）互相配合以在所述第一表面（24）上挤压所述粘合剂层（12）的第一部分（26），使得它们互相粘接，并且，在所述粘合剂层（12）的第二部分（27）上挤压所述覆盖层（16）的所述第一区部（28），使得它们互相粘接；剥离装置（33），用于将所述覆盖层（16）从所述物体（22）去除，以便将所述粘合剂层（12）的所述第二部分（27）与所述物体（22）分离。2. 如权利要求 1 所述的机器，其特征在于，所述粘合剂层（12）包括固态粘合剂。……5. 如权利要求 1 所述的机器，其特征在于，所述第一进料装置（11，13）包括第一退绕辊（11）和第一压力辊（13），所述第一退绕辊（11）将所述第一带（30）输送至所述第一压力辊（13）；还在于，所述第二进料装置（17，18）包括第二退绕辊（17）和第二压力辊（18），所述第二退绕辊（17）将所述第二带（32）输送至所述第二压力辊（18）。

该专利说明书附图的图 2 为机器的侧面示意图，图 2 显示剥离装置（33）包括卷带辊 19、导向辊 20、板 21。说明书第［0082］段载明：剥离装置 33 还包括板 21，该板基本上平行于支撑面 14 并位于距离支撑面 14 给定高度处，并且与第二带 32 合作将第二带从物体 22 分离。在所示实施例中，板 21 将第二带 32 在物体 22 行进方向的相反方向上转向和折叠大约 180 度。

2018 年 11 月，星耕鞋材公司向国家知识产权局申请宣告涉案专利权无效，国家知识产权局于 2019 年 7 月作出第 41118 号无效宣告请求审查决定，维持涉案专利权有效。

2018年4月17日，ALC粘合剂公司代理人李孝樟来到浙江省温州市中信公证处，向该公证处申请保全证据公证。同日，该处公证员郑某，公证人员项彩华与李孝樟来到浙江省温州市过境路浙南鞋料市场。市场外悬挂“浙南鞋料市场B区”标识和“过境路108号”门牌。在公证员及公证人员监督下，李孝樟从该市场B区大门进入，来到店外招牌是“星耕鞋材浙南鞋料市场B区058-059”的店铺内，在该店铺购买机器一台、卷轴型胶一份。李孝樟购买后取得《万可达鞋材送货单》单据二张、名片一张，编号为0006687的送货单上写明“烫底机1台，单价12000元”，编号为0006688的送货单上写明“烫底胶125 # 100米，单价1.8元，金额180元”。公证员及公证人员在上述购买店铺内外拍照，共取得照片11张。购买结束后，在公证员及公证人员监督下，将上述购买商品、《万可达鞋材送货单》及名片带回该公证处。同日，在该公证处，在公证员、公证人员的监督下，李孝樟用该公证处提供的工作手机对机器的外观进行拍照，并对上述机器进行拆解，对拆解后的上述机器进行拍照固定。2018年4月18日，将上述机器包装、密封，在重新包装的箱体上由公证员贴上“浙江省温州市中信公证处封”封条，封条由公证员签字、李孝樟盖章确认。上述重新包装、贴封后的结果由公证人员进行了拍照固定。机器外观、拆解、包装、贴封阶段共取得照片39张。在该公证处，公证员、公证人员对上述《万可达鞋材送货单》和名片进行拍照固定，共取得照片3张。上述整个保全证据过程共取得照片53张。浙江省温州市中信公证处为此出具了（2018）浙温证内字第2934号公证书。

原审庭审中，当场拆封公证封存实物，内有机器一台、薄膜和胶带各一卷，星耕鞋材公司认可其销售了上述机器、薄膜和胶带。本案中ALC粘合剂公司主张保护涉案专利权利要求1、2、5。比对时，为了展示涉案机器运转情况，ALC粘合剂公司自带了鞋底、刀片、气泵等。原审法院组织双方当事人先后进行了多次技术比对。将公证购买的薄膜、胶带安装在公证购买的机器上，并手动将薄膜进行一定缠绕，使用ALC粘合剂公司自带鞋底，在未安装刀片、已安装刀片、未使用气泵、使用气泵、人工辅助、无人工辅助等多种情形下运转涉案机器。经比对，在使用ALC粘合剂公司自带鞋底，未安装刀片、未使用气泵且无人工辅助的情形下，涉案机器运转时，鞋底能上胶但不能自动剥离。在使用ALC粘合剂公司自带鞋底，安装刀片、使用气泵且有人工辅助的情形下，涉案机器运转时，鞋底能上胶偶尔能自动剥离，不能全部自动剥离。

经比对，ALC粘合剂公司认为被诉侵权技术方案落入涉案专利权利要求1、2、5的保护范围。星耕鞋材公司认为，被诉侵权技术方案与涉案专利权利要求限定的诸多技术特征不同，不落入涉案专利权利要求保护范围，且被诉侵权产品具有很多功能，并非专门用于侵权的设备，不构成专利侵权。

星耕鞋材公司提出现有设计抗辩所引用的对比文件为：申请日期为2004年3月24日，专利号为ZL200480012543.X、名称为“一种新颖并经过改进的商品推销条及其制备方法”的发明专利。

另查明，星耕鞋材公司系一家有限责任公司，成立于2001年11月21日，注册资本200万元，经营范围为鞋革材料、服装辅料、鞋机设备销售，货物进出口、技术进出口。

又查明，ALC粘合剂公司以星耕鞋材公司为被告提起两起侵害发明专利权纠纷，分别为（2018）浙02民初952、953号。（2018）浙02民初952号案件所涉专利与本案所涉专利为同一天分案申请的两专利，两专利的权利要求存在较多相同技术特征。ALC粘合剂公司为两案共支付公证费1520元、产品购买费12180元和一定的律师费。

原审法院认为，ALC粘合剂公司依法享有涉案专利的发明专利权，该专利目前处于有效状态，专利权受法律保护。本案的争议焦点为：（一）被诉侵权技术方案是否落入ALC粘合剂公司涉案专利权的保护范围；（二）星耕鞋材公司主张的现有技术抗辩是否成立；（三）如果构成侵权，星耕鞋材公司应承担何种民事责任。

关于争议焦点一，原审法院认为，将被诉侵权技术方案与涉案专利的权利要求1、2、5进行比对，ALC粘合剂公司认为被诉侵权技术方案落入涉案专利权利要求1、2、5的保护范围，星耕鞋材公司则认为既不相同也不等同，具体为：首先，被诉侵权产品没有“所述物体”和“剥离装置”，不具备涉案专利权利要求1的以下技术特征：1. 用于施加粘合剂层（12）到物体（22）的第一表面（24），所述物体（22）具有与第一表面（24）相反的第二表面（25）；2. 第一带（30）在一个面上具有所述粘合剂层（12），使得所述粘合剂层（12）的第一部分（26）与所述物体（22）的所述第一表面（24）接触；3. 第二带（32）在一个面上具有覆盖层（16），以完全覆盖所述物体（22），使得所述覆盖层（16）的第一区部（28）与围绕所述物体（22）的所述粘合剂层（12）的第二部分（27）接触，并且，所述覆盖层（16）的第二区部（29）与所述第二表面（25）接触；在所述第一表面（24）上挤压所述粘合剂层（12）的第一部分（26），使得它们互相粘接，并且，在所述粘合剂层（12）的第二部分（27）上挤压所述覆盖层（16）的所述第一区部（28），使得它们互相粘接；4. 剥离装置（33），用于将所述覆盖层（16）从所述物体（22）去除，以便将所述粘合剂层（12）的所述第二部分（27）与所述物体（22）分离。其次，无法确定被诉侵权产品是否具备固态粘合剂。

关于“所述物体”，ALC 粘合剂公司公证购买的实物中并不包括“所述物体”，比对时 ALC 粘合剂公司亦是自带鞋底，即被诉侵权产品本身并无“所述物体”。原审法院认为，权利要求 1 中的技术特征“用于施加粘合剂层（12）到物体（22）的第一表面（24），所述物体（22）具有与第一表面（24）相反的第二表面（25）”，实际是对涉案专利用途的说明。鞋底是常见的通用产品，类似鞋底的物体一般都具有两个面，只要涉案机器能够用于在例如鞋底的物体的表面上施加粘合剂层，即具有该特征。至于星耕鞋材公司是否销售了“所述物体”（比如鞋底）并不影响本案侵权的认定。

关于“第一带”“第二带”，结合数次比对以及机器运转情况，原审法院认为，ALC 粘合剂公司公证购买的胶带即为第一带，胶带的一面具有粘合剂层且该粘合剂层包括固态粘合剂，且机器运转时粘合剂层的一部分（即第一部分）能与鞋底的一面（即第一表面）接触；ALC 粘合剂公司公证购买的薄膜即为第二带，薄膜的一面为覆盖层，能够完全覆盖鞋底，使得所述覆盖层的一部分（即第一区部）与围绕鞋底的粘合剂层的另一部分（即第二部分）接触，并且，覆盖层的另一部分（即第二区部）与鞋底无粘合剂的另一面（即第二表面）接触；通过机器运转，在鞋底的第一表面上挤压粘合剂层的第一部分，使得它们互相粘接，并且，在粘合剂层的第二部分上挤压覆盖层的第一区部，使得它们互相粘接；通过机器运转，鞋底能够具有一个粘性表面，即涉案机器可以用于施加粘合剂到“所述物体”（比如鞋底）。

关于“剥离装置”，原审法院认为，结合说明书附图的图 2（机器的侧面示意图）和说明书第［0079］—［0083］段可知，剥离装置（33）包括卷带辊 19、导向辊 20、板 21。涉案机器亦具有卷带辊、导向辊，在支撑面上虽无平行于支撑面且距离支撑面一定高度的板 21，但在支撑面末端有一类似板状物，其用途亦是将薄膜从鞋底等物体分离，且能将薄膜在鞋底等物体行进方向的相反方向上转向和折叠一定角度。原审法院认为，二者是以基本相同的手段，实现基本相同的功能，构成等同。

综上，原审法院认为，被诉侵权技术方案包含与涉案专利权利要求 1、2、5 记载的全部技术特征相同或者等同的技术特征，被诉侵权技术方案落入 ALC 粘合剂公司涉案专利权的保护范围。

关于争议焦点二，原审法院认为，本案中，星耕鞋材公司明确以 ZL200480012543. X 号专利作为现有技术抗辩的对比文件。鉴于该专利申请日期早于 ALC 粘合剂公司涉案专利申请日，可以作为现有技术抗辩的比对依据。将被诉侵权技术方案与对比文件进行比对，星耕鞋材公司认为，被诉侵权产品被诉落入ALC粘合剂公司专利保护范围的相关技术特征在对比文件中均有体现。ALC粘合剂公司认为存在以下区别点：1. 被诉侵权产品是加工到第三方物体上，不是直接对进料装置上的产品进行加工，而对比文件的进料装置就是加工物体，不是辅助材料；2. 被诉侵权产品具有剥离功能，但是对比文件没有剥离功能；3. 加工方法不一致，被诉侵权产品的加工方法是加工到物体的第一表面上，通过剥离装置把第二表面上没有用的胶带拉走，对比文件只是简单地将胶加工到物体上，然后用刀片进行切除。

原审法院认为，对比文件未体现第二带和物体的相关技术特征，其剥离方法、装置与被诉侵权产品亦不相同。综上，星耕鞋材公司未能证明对比文件公开了被诉落入涉案专利权保护范围的全部技术特征，现有技术抗辩不能成立。

关于争议焦点三，结合ALC粘合剂公司提交的公证书及当事人庭审陈述，足以认定星耕鞋材公司实施了销售被诉侵权产品的行为。星耕鞋材公司未经许可，擅自销售落入涉案专利权保护范围的被诉侵权产品，已构成对涉案专利权的侵害，应当承担停止侵权及赔偿损失的民事责任。对于ALC粘合剂公司要求星耕鞋材公司立即停止侵权的诉讼请求，予以支持。星耕鞋材公司虽辩称涉案产品来源于他人，但没有提供证据支持其主张，仍应承担赔偿责任。

关于赔偿金额，因ALC粘合剂公司未提供其因侵权所受到的损失或星耕鞋材公司因侵权所获得的利益的确切依据，且ALC粘合剂公司明确选择适用法定赔偿，原审法院综合考虑涉案专利的类型及创新程度、侵权性质及合理费用，主要考虑到涉案专利为发明专利且具有一定创新性，星耕鞋材公司仅实施了销售侵权产品的行为，侵权产品的价格及涉案专利的贡献率，ALC粘合剂公司为本案支付了一定维权费用，酌定星耕鞋材公司赔偿ALC粘合剂公司经济损失6万元（包含为制止侵权而支付的合理支出）。

原审法院判决：（一）星耕鞋材公司立即停止侵害ALC粘合剂公司享有的专利号为ZL200780032234.2、名称为“在例如鞋的内鞋底的物体的表面上施加粘合剂层的机器和相关方法”的发明专利权的行为，即立即停止销售落入上述专利权保护范围的产品；（二）星耕鞋材公司于本判决生效之日起十日内赔偿ALC粘合剂公司经济损失6万元（含为制止侵权所产生的合理支出）；（三）驳回ALC粘合剂公司的其他诉讼请求。如果未按本判决指定的期间履行给付金钱义务，应当依照《中华人民共和国民事诉讼法》[①] 第二百五十三条及相关司法解释之规定，加倍支付迟延履行期间的债务利息。案件受

① 此处指2017年《中华人民共和国民事诉讼法》，其已于2021年修改，本案下同。

理费13800元，由ALC粘合剂公司负担6486元，星耕鞋材公司负担7314元。

二审中，当事人没有提交新证据。

原审法院查明的事实基本属实，本院予以确认。

本院认为，本案二审争议焦点问题主要是：（一）被诉侵权技术方案是否落入涉案专利权保护范围；（二）原审判决确定的损害赔偿数额是否合理。

（一）关于被诉侵权技术方案是否落入涉案专利权保护范围

本案中，ALC粘合剂公司主张保护涉案专利权利要求1、2、5，认为被诉侵权技术方案落入上述权利要求保护范围。星耕鞋材公司则认为，被诉侵权技术方案未包括与上述权利要求全部技术特征相同或等同的技术特征，未落入上述权利要求的保护范围，具体涉及：（1）被诉侵权产品没有安装带状物，不具备与“第一带”“第二带”相关的技术特征；（2）被诉侵权产品没有包含“所述物体”，不具备与“所述物体”相关的技术特征；（3）被诉侵权产品没有剥离装置，不具备自动剥离功能。对此，本院分别评述如下：

首先，“第一带”“第二带”“所述物体”构成涉案专利被保护主题对象“机器”的使用环境特征。所谓使用环境特征，是指权利要求中用来描述发明所使用的背景或条件的技术特征。按照技术特征所限定的具体对象的不同，技术特征可分为直接限定专利保护主题对象本身的技术特征以及通过限定保护主题对象之外的技术内容来限定保护主题对象的技术特征。前者一般表现为直接限定专利保护主题对象的结构、组分、材料等，后者则表现为限定专利保护主题对象的使用背景、条件、适用对象等，进而间接限定专利保护主题对象，因而被称为“使用环境特征”。常见的使用环境特征多表现为限定被保护主题对象的安装、连接、使用等条件和环境。但鉴于专利要求保护的技术方案的复杂性，使用环境特征并不仅仅限于那些与被保护主题对象安装位置或连接结构直接有关的结构特征。对于产品权利要求而言，用于说明有关被保护主题对象的用途、适用对象、使用方式等的技术特征，虽对产品的结构并不具有直接限定作用，也属于使用环境特征。

本案涉案专利权利要求1的被保护主题对象是“一种能够施加粘合剂层到 ·物体表面的机器”，根据说明书第［0007］、［0008］段记载，本发明的目的是提供一种用于给物体表面施加粘合剂层的机器，该机器高效、自动、快速，并仅执行少量的操作，其设计确保操作者的高度安全。通过阅读说明书和附图，本领域技术人员可以理解，本发明中，机器是涉案发明的保护主题对象，通过机器的第一进料装置输送“第一带”、第二进料装置输送“第二带”，并利用机器剥离装置的共同作用，可实现在“所述物体”一表面上施加粘合剂并剥离多余粘合剂的功能。当事人双方均认可，涉案专利技术方案中所述“第一带”相当于胶带、“第二带”相当于薄膜。关于“所述物体”，权利要求 1 序言部分记载“所述物体具有与第一表面相反的第二表面”，说明书第［0012］段记载，“所述物体，可以是扁平的，例如，鞋的内鞋底、徽章、饰品、标志、衣物或家具条目，或是非扁平的，厚的和/或形状复杂的物体”，也即，“所述物体”实际只要具备两个相反表面即可。在此，“第一带”“第二带”及“所述物体”均不是机器本身的组成部件，“第一带”“第二带”是机器运转过程中必备的物料，“所述物体”是机器的加工对象，系用于说明被保护主题对象的用途、适用对象、使用方式等的技术特征，属于使用环境特征。

一般情况下，使用环境特征应该理解为要求被保护的主题对象可以用于该使用环境即可，不要求被保护的主题对象必须用于该环境。本案中，ALC 粘合剂公司从星耕鞋材公司处公证购买了被诉侵权的机器设备及胶带、薄膜，通过技术比对可知，该被诉侵权的机器设备的机械结构、装置和运行原理与涉案专利说明书中具体实施例的记载一致，亦与涉案专利技术方案所实现的功能、解决的技术问题相同。基于星耕鞋材公司一并销售上述物品的事实，可以合理推断被诉侵权机器的用途与涉案专利的发明用途一致。也即，被诉侵权机器与胶带、薄膜配合使用，在诸如鞋底等的“所述物体”一表面上施加粘合剂，是被诉侵权机器合理的商业用途。被诉侵权机器可以适用于“第一带”“第二带”“所述物体”等使用环境，具有与之相应的涉案专利技术特征。星耕鞋材公司是否将“第一带”“第二带”安装于机器上、是否销售“所述物体”，均不影响被诉侵权产品已经具备涉案专利相应技术特征的认定，符合专利侵权技术比对“全面覆盖原则”的要求。

其次，被诉侵权技术方案具备“剥离装置”的技术特征。涉案专利权利要求 1 中记载，“剥离装置，用于将所述覆盖层（16）从所述物体（22）去除，以便将所述粘合剂层（12）的所述第二部分（27）与所述物体（22）分离”。涉案专利说明书中，以实施例方式对剥离装置的具体构成、运作方式等进行了说明。在此，“剥离装置”系以功能或者效果表述的功能性特征，应当结合说明书及附图描述的该功能或者效果的具体实施方式及其等同的实施方式，确定该技术特征的内容。涉案专利说明书第［0081］、［0082］段记载，“在本发明的一个实施例中，剥离装置 33 包括用于重新缠绕第二带 32 的卷带辊 19，其中被剥离了的粘合剂层被粘接到第二带 32 的覆盖层 16。剥离装置 33 还包括板 21，该板基本上平行于支撑面 14 并位于距离支撑面 14 给定高度处，并且与第二带 32 合作将第二带从物体 22 分离。在所示实施例中，板 21 将第二代 32 在物体 22 行进方向的相反方向上转向和折叠大约 180 度。”

经原审现场比对的情况可知，被诉侵权机器具备涉案专利说明书实施例中公开的剥离装置所包括的卷带辊、导向辊、板状物等构件，其中板状物的位置虽与说明书实施例中公开的板 21 的位置略有不同，但用途、效果均与说明书实施例相同，系涉案专利说明书及附图描述的该功能或者效果的等同的实施方式，故被诉侵权技术方案具备剥离装置的技术特征。

星耕鞋材公司提出，被诉侵权的机器设备在技术比对过程中，仅能实现对鞋底上胶而不能实现自动剥离，故不具备"剥离装置"的技术特征。对此，本院认为，自动剥离的效果，与胶带粘合剂层的品质、厚度、材质等性能密切相关。ALC 粘合剂公司也指出，技术比对过程中自动剥离功能实现的效果欠佳，与胶带自公证取证至技术比对的间隔时间较长，因而胶带上粘合剂层的粘性受到影响有关，其解释符合日常生活经验。现场比对的结果受多方面因素影响，故不应以自动剥离的效果作为认定是否具备技术特征的唯一标准。在专利侵权诉讼中，在被诉侵权产品具备涉案专利权利要求全部技术特征的情况下，不能仅仅因为被诉侵权产品的质量、效果有所欠缺而否定被诉侵权技术方案落入涉案专利权保护范围。

综上，被诉侵权技术方案落入涉案专利权保护范围，星耕鞋材公司未经专利权人许可，擅自销售被诉侵权产品的行为侵害了 ALC 粘合剂公司所享有的涉案专利权，应当依法承担赔偿责任。

（二）关于原审判决确定的损害赔偿数额是否合理

ALC 粘合剂公司上诉提出，原审判赔数额 6 万元过低，不足以弥补其经济损失，仅针对维权合理开支，ALC 粘合剂公司已支付各种费用逾 30 万元，故请求全额支持其原审诉请。

对此，本院经审查认为，本案系发明专利权侵权纠纷，ALC 粘合剂公司未积极举证证明其因被侵权所受到的实际损失或侵权人因侵权所获得的利益，也无专利许可使用费予以参照，故依据《中华人民共和国专利法》[①] 第六十五条的规定，应当适用法定赔偿确定赔偿数额。综合考虑本案中被侵权专利的性质、被诉侵权产品的售价、权利人维权难度和成本以及本案同一侵权事实的关联案件等因素，原审判决确定的赔偿数额应予以适当调整，本院酌定星耕鞋材公司赔偿 ALC 粘合剂公司经济损失 20 万元。

关于维权合理支出，ALC 粘合剂公司针对其公证购买的被诉侵权产品，基于其拥有专利权的两个发明专利提出了专利侵权诉讼，对其维权开支的合理部分，应予分摊。购买被诉侵权产品及公证费均提供了相关发票，ALC 粘

---

① 此处指 2008 年《中华人民共和国专利法》，其已于 2020 年修改，本案下同。

合剂公司与代理律师签订的《法律服务委托合同书》载明律师代理诉讼的基础费用为 8 万元，考虑本案权利人维权的难度、案件的复杂程度，本院确认上述费用属于维权合理开支，在本案中分担其中的一半，即 46850 元。无效宣告程序中 ALC 粘合剂公司支付的代理费，不属于因本案侵权诉讼直接产生的费用，本院不予支持。对于 ALC 粘合剂公司因涉外诉讼产生的公证认证费用，ALC 粘合剂公司提交的部分外文票据无法核实其真实性，但因公证认证费用属于涉外诉讼中客观发生的费用，本院酌情予以支持。综合前述金额，本院确定 ALC 粘合剂公司在本案中的维权合理支出为 5 万元。

综上，ALC 粘合剂公司的上诉主张部分成立，本院予以部分支持。星耕鞋材公司的上诉主张不能成立，对其上诉请求应予驳回。原审判决认定事实清楚，实体判决结果有所不当，本院依法予以改判。依照《中华人民共和国民事诉讼法》第一百七十条第一款第二项之规定，判决如下：

一、维持浙江省宁波市中级人民法院（2018）浙 02 民初 953 号民事判决第一项；

二、变更浙江省宁波市中级人民法院（2018）浙 02 民初 953 号民事判决第二项为温州市星耕鞋材有限公司于本判决生效之日起十日内赔偿 ALC 粘合剂技术责任有限公司（ALC TECNOLOGIE ADESIVE S. R. L.）经济损失二十万元以及为制止侵权所产生的合理支出五万元；

三、驳回温州市星耕鞋材有限公司的上诉请求；

四、驳回 ALC 粘合剂技术责任有限公司（ALC TECNOLOGIE ADESIVE S. R. L.）的其他上诉请求。

如果未按本判决指定的期间履行给付金钱义务，应当依照《中华人民共和国民事诉讼法》第二百五十三条及相关司法解释之规定，加倍支付迟延履行期间的债务利息。

一审案件受理费 13800 元，由 ALC 粘合剂技术责任有限公司负担 5520 元，温州市星耕鞋材有限公司负担 8280 元。二审案件受理费 15100 元，由温州市星耕鞋材有限公司负担 9060 元，由 ALC 粘合剂技术责任有限公司负担 6040 元。

本判决为终审判决。

审 判 长 焦 彦
审 判 员 魏 磊
审 判 员 钱建国
二〇二一年四月八日
法官助理 赵婧雪
书 记 员 韩 丰

3. 实用新型专利中功能性特征内容的认定

——上诉人胡雪辉与被上诉人岳霞侵害实用新型专利权纠纷案[①]

中华人民共和国最高人民法院民事判决书（2021）最高法知民终411号

上诉人（原审原告）：胡雪辉。
委托诉讼代理人：胡弦。
委托诉讼代理人：陈光，上海知信律师事务所律师。
被上诉人（原审被告）：岳霞。
委托诉讼代理人：王献华，浙江浩伦律师事务所律师。

上诉人胡雪辉因与被上诉人岳霞侵害实用新型专利权纠纷一案，不服浙江省杭州市中级人民法院于2020年6月2日作出的（2019）浙01民初3509号民事判决，向本院提起上诉。本院于2021年3月10日立案后，依法组成合议庭，并于2021年4月16日询问当事人，上诉人胡雪辉及其委托诉讼代理人胡弦、陈光，被上诉人岳霞的委托诉讼代理人王献华到庭参加诉讼。本案现已审理终结。

胡雪辉上诉请求：1. 撤销浙江省杭州市中级人民法院作出的（2019）浙01民初3509号民事判决（以下简称原审判决）；2. 判令岳霞立即停止销售侵害专利号为ZL201020293455.4、名称为“一种多功能塑料书写纸板及书写工具”的实用新型专利（以下简称涉案专利）的产品；3. 判令岳霞赔偿胡雪辉损失以及为制止侵权行为所支出的合理开支共计3万元；4. 本案上诉费用由岳霞负担。事实和理由：（一）原审判决认定事实不清。从被诉侵权产品现场演示可以看出，刮掉表面颜色较浅的显影层，露出颜色较深石粉混合层；进一步刮掉石粉混合层之后，显露出无色的塑料板，并经手指搓磨对比，很明显感觉到塑料板一面有磨砂感。被诉侵权产品采用了与涉案专利相同的技术手段，两者的工作原理基本相同。原审判决否认被诉侵权产品显影层是通过一层或两层石粉混合层粘接后与塑料板（基料）连接的事实错误。（二）原审法院对证据认定存在错误。涉案专利中显影层的含义，在国家知识产权局于

① 本案在年度报告中的位置为第7页。

2019年6月3日的第40363号无效宣告请求审查决定书（以下简称第40363号决定）中已有明确认定。显影层是功能性表述，原审法院要求胡雪辉证明被诉侵权产品显影层成分比例落入涉案专利说明书第［0054］、［0057］—［0061］段的数值范围，超出了胡雪辉应承担的举证责任，偏离了法律对于功能性特征等同判定的规则。（三）确定赔偿数额应考虑的因素包括被诉侵权行为性质恶劣、后果严重，侵权人因侵权所得利益和权利人因被侵权所受损失难以确定，胡雪辉为制止侵权行为支付了合理开支。

岳霞辩称：1. 坚持原审答辩意见。2. 涉案专利有同日发明，胡雪辉为获得该发明专利的授权，在涉案专利技术方案的基础上添加了一系列技术特征，实际上放弃了部分保护范围。现胡雪辉以保护范围更大的涉案专利主张侵权，违反了权利放弃原则。3. 被诉侵权产品上确实有一层石粉，但这是显影层上自带的石粉，而非显影层之外再与一层或者两层石粉混合的石粉。涉案专利限定了两次粘接的先后顺序，被诉侵权产品与之不同，不落入涉案专利权的保护范围。

胡雪辉向原审法院提起诉讼，原审法院于2019年9月16日立案受理，胡雪辉起诉请求：1. 岳霞立即停止销售侵害涉案专利权的产品；2. 岳霞赔偿胡雪辉损失以及为制止侵权行为所支出的合理开支共计3万元。事实和理由：胡雪辉是涉案专利权人，并生产了产品。岳霞在其1688店铺内销售侵犯涉案专利权的商品，给胡雪辉造成重大损失。

岳霞原审辩称：1. 岳霞并非1688店铺的经营者，该店铺实际经营者是吴君，岳霞仅为其员工；2. 被诉侵权产品显影层与塑料纸面之间并无石粉混合层，与显影层粘接的不是磨砂层，且显影层系喷涂吸附在塑料纸上，而非粘接，不落入涉案专利权的保护范围；3. 胡雪辉主张的赔偿数额过高，产品销量仅为几件，获利极低；4. 书写纸板都是由纸板和显影层构成，属于功能性特征。请求驳回胡雪辉的诉讼请求。

原审法院认定事实：

2010年8月10日，胡雪辉向国家知识产权局申请涉案专利权，于2011年5月4日授权公告，目前专利有效。涉案专利权利要求1为：一种多功能塑料书写纸板，它是以塑料纸或者塑料纸板为基料，其特征是：塑料纸或塑料纸板的一面或者两面经过磨砂处理形成磨砂层，显影层与一面磨砂层粘接连接。权利要求2为：根据权利要求1所述的一种多功能塑料书写纸板，其特征是：显影层通过与一层或两层石粉混合层粘接后再与一面磨砂层粘接连接。权利要求4为根据权利要求1、2、3任一权利要求所述的一种多功能塑料书写纸板制成的书写文具，其特征是书写文具分为：书写单板、书写文件夹和书写卷轴，书写单板的单板和书写文件夹的夹板采用塑料纸或塑料纸板为基料的多功能塑料书写纸板，书写卷轴的卷面采用塑料为基料的多功能塑料书写纸板。

涉案专利说明书所载具体实施方式中载明如下内容：第［0054］段显影层石粉目数为320目以上；第［0057］段显影层粘结剂采用建筑用103外墙防水胶；或103外墙防水胶，与976#外墙抗碱底涂料、屋面防晒防漏胶水、107建筑胶水、801超浓缩建筑胶水中的一种或几种混合；第［0058］段103外墙防水胶和混合胶的重量比例为1∶3—6；第［0059］段显影层中显影层粘结剂和石粉的重量比例为1∶0.5—1；第［0060］段显影层石粉目数为600目以上；第［0061］段显影层石粉采用2000目轻钙石粉、2000目硅石粉、2000目方解石粉或600目瓷土粉。

2019年6月3日，国家知识产权局作出第40363号决定，宣告涉案专利权利要求1或间接引用权利要求1的权利要求4、5无效，在权利要求2、3以及直接或间接引用权利要求2、3的权利要求4、5的基础上继续维持该专利权有效。第40363号决定认为，权利要求2限定了显影层、石粉混合层和磨砂层的位置关系以及连接方式，对于显影层的结构、组成，专利说明书第［0054］、［0057］—［0061］段公开了显影层的制作方法，没有在权利要求书中对这些内容进行限定并不会导致权利要求2保护范围不清楚。

2017年7月11日，胡雪辉的委托代理人在名为“深圳市福田区御墨轩笔墨商行”的1688店铺以12.8元（其中包含运费6元）购得被诉侵权产品一件，销售上述产品的页面显示有产品图片、价格、2张成交、4条评价等信息，该店铺显示的主体信息为深圳市福田区御墨轩笔墨商行、经营者为吴君；该店铺卖家会员“御墨轩笔墨”的实名信息为岳霞。2017年9月19日，胡雪辉的委托代理人在上海市闵行公证处公证人员监督下收取了上述被诉侵权产品。庭审中，岳霞确认被诉侵权产品系上述店铺所售。

经原审庭审比对，胡雪辉明确以涉案专利权利要求2、4为权利保护范围，权利要求4选择引用权利要求2，认为被诉侵权产品与涉案专利上述权利要求记载的技术方案相同；庭后代理词中，胡雪辉主张被诉侵权产品“从手段、功能、效果都基本与涉案专利等同，甚至在功能和效果上可认定为相同”。岳霞主张二者不相同也不等同，区别在于：1. 被诉侵权产品是否存在磨砂层无法确定；2. 被诉侵权产品上层与底层塑料之间是否存在夹层，以及即使存在夹层，该夹层是否为石粉混合层根据现有证据无法判断，无法看出有粘结剂。

另查明，胡雪辉在本案中明确显影层为功能性技术特征，以说明书第

［0054］、［0057］—［0061］段确定该技术特征的内容。

原审法院认为：涉案专利权在有效期限内，已履行了缴纳专利年费的义务，为有效专利，应受国家法律保护。胡雪辉作为专利权人依法享有诉权。本案的主要争议焦点为被诉侵权产品是否落入涉案专利权的保护范围。

胡雪辉明确以涉案专利权利要求 2、4 为权利保护范围，结合岳霞主张的区别点及答辩意见，原审法院认为，被诉侵权产品也是以塑料纸为基料，根据庭审演示情况，被诉侵权产品存在磨砂层；被诉侵权产品能够实现蘸水后显示面层痕迹，具有书写功能，具有能实现显影的面层；被诉侵权产品各层之间密合，在没有相反证据的情况下，认定其存在粘结剂。但被诉侵权产品的显影面层是否通过一层或两层石粉混合层粘结后再与基料连接，以及被诉侵权产品的显影面层是否采用涉案专利显影层的组成方式，仅凭被诉侵权产品现状无法确定。故现有证据尚不足以证明被诉侵权产品包含权利要求 2、4 记载的全部技术特征，胡雪辉据此要求岳霞承担侵权责任的主张，没有事实依据，不予支持。

原审法院判决：驳回胡雪辉的全部诉讼请求。案件受理费 550 元，由胡雪辉负担。

二审中，当事人没有提交新证据。

原审查明的事实基本属实，本院予以确认。

本院另查明：

1. 关于显影层、石粉混合层、磨砂层相互之间的粘结顺序：（1）涉案专利说明书第［0038］—［0043］段记载涉案实用新型制作方法：1）对塑料纸或塑料纸板的一面或两面表面层进行磨砂处理形成磨砂层，磨砂处理后用水洗、清除表面层粉尘，然后晾干备用；塑料纸或塑料纸板为透明、半透明、不透明，无色、有色的塑料纸或塑料纸板。2）在磨砂层的一面上喷涂一层粘结剂；在所述磨砂层上印制写字格或图案再喷涂一层粘结剂。3）在上述粘结剂层上喷涂一层或两层石粉混合层，再喷涂一层显影层；或直接在上述粘结剂层上喷涂一层显影层。（2）涉案专利同日发明：胡雪辉于 2010 年 8 月 10 日申请“一种多功能塑料书写纸及其制作方法”发明专利，于 2011 年 12 月 7 日获得授权公告，该发明权利要求 1 为：一种多功能塑料书写纸板的制作方法，其特征是：制作方法如下：1）对塑料纸或塑料纸板的一面或两面表面层进行磨砂处理形成磨砂层，磨砂处理后用水洗、清除表面层粉尘，然后晾干备用。2）在步骤 1）所述的磨砂层的单面上喷涂一层粘结剂；或在步骤 1）所述的磨砂层的单面上印制写字格或图案再喷涂一层粘结剂。3）在上述粘结剂层上喷涂一层或两层石粉混合胶粘剂，再喷涂一层显影层；或直接在上述粘结剂层上喷涂一层显影层；粘结剂采用建筑粘结剂或建筑涂料；石粉混合胶粘剂由颜料、石粉和粘结剂组成，或由石粉和粘结剂组成；颜料采用建筑用无机颜料或水性色浆颜料；石粉目数为 320 目以上；石粉混合胶粘剂中石粉和粘结剂组成的重量比例为 1∶0. 5—1. 5；显影层为显影层粘结剂和石粉；显影层粘结剂采用建筑用 103 外墙防水胶；或 103 外墙防水胶，与 976#外墙抗碱底涂料、屋面防晒防漏胶水、107 建筑胶水、801 超浓缩建筑胶水中的一种或几种混合，103 外墙防水胶和混合胶的重量比例为 1∶3—6；显影层中显影层粘结剂和石粉的重量比例为 1∶0. 5—1；显影层石粉目数为 600 目以上。该同日发明权利要求关于显影层的限定，与涉案专利说明书的记载基本一致。

2. 关于被诉侵权产品，二审询问当事人期间，经当庭勘验，被诉侵权产品为一种多功能塑料纸附着在一层无纺布上，表面为浅三色网格的显影层。胡雪辉当庭剥离无纺布，取出一小块多功能塑料书写纸，与浅三色网格的显影层对应，该塑料纸与无纺布粘接的一面为深三色网格。用指甲可刮去浅三色网格的显影层，露出深三色部分（相当于石粉混合层），再刮去深三色部分，露出透明塑料层（相当于磨砂层）。岳霞确认上述验证过程，并确认被诉侵权产品具有如下技术特征：1. 露出的透明塑料层经过磨砂处理，即具有磨砂层；2. 具有三层结构，刮去表面显影层，下方深色部分为石粉混合层，即在显影层与磨砂层之间还有一层石粉混合层。

本院认为，本案为侵害实用新型专利权纠纷，因被诉侵权行为发生在 2009 年 10 月 1 日以后、2021 年 6 月 1 日前，故本案应适用 2008 年修正的《中华人民共和国专利法》（以下简称专利法）。二审争议焦点问题被诉侵权产品是否落入涉案专利权利要求 2 的保护范围，具体涉及“显影层”“显影层通过与一层或两层石粉混合层粘接后再与一面磨砂层粘接连接”技术特征的争议。

（一）关于被诉侵权产品是否具备权利要求 1 中“显影层”技术特征

关于显影层的组成方式，其争议实质是实用新型只保护产品的形状、构造或者其结合，说明书第［0054］、［0057］—［0061］段关于显影层的物质组分、配方等非形状、结构或其组合的技术特征，是否应当解释为“显影层”技术特征所确定的内容。对此，本院分析如下：

根据专利法第二条第三款的规定，实用新型只保护产品的形状、构造或者其结合，产品的形状是指产品所具有的、可以从外部观察到的确定的空间形状，产品的构造是指产品的各个组成部分的安排、组织和相互关系。物质的组分、配方等不属于产品的构造，权利要求中不得包含有关组分或配方含量的限定，是指在专利授权确权中，针对实用新型新颖性、创造性评价时，对权利要求中物质的组分、配方等不属于产品的构造的内容不予考虑。但是，在侵权纠纷中，已经记载在权利要求中的有关物质的组分、配方等内容对该权利要求保护范围具有限定作用。《最高人民法院关于审理侵犯专利权纠纷案件应用法律若干问题的解释》第四条规定，对于权利要求中以功能或者效果表述的技术特征，人民法院应当结合说明书和附图描述的该功能或者效果的具体实施方式及其等同的实施方式，确定该技术特征的内容。是否为实现所称功能、效果不可缺少的技术特征，是判断说明书及附图记载的内容中有关技术特征具有限定作用的标准。实用新型专利中，功能性特征有关实施例中非形状、构造或其结合的技术特征，如系实现所称功能、效果所不可缺少，仍构成对该功能性特征保护范围的限定。实用新型专利保护形状、构造或者其结合的专利类型定位，并不足以成为排除实现所称功能、效果不可缺少的实施例中非形状、构造或其结合技术特征限定作用的充分理由。否则，反而会形成含有功能性特征的实用新型专利权利要求保护范围大于具有相同权利要求的发明专利保护范围的窘况。本案中，首先，从权利要求“显影层”技术特征文字描述看，“显影层”并非本领域专业术语，也未给出结构和组成等实质性技术信息，属于功能性描述，本领域技术人员仅通过阅读权利要求关于“显影层”及与之关联的“磨砂层”“石粉混合层”之间位置和连接关系，并不能确定实现上述“显影功能”的具体实施方式，据此，“显影层”属于功能性特征，原审中，胡雪辉亦明确认可显影层为功能性特征，本院予以确认。其次，关于“显影层”技术特征的内容。涉案专利说明书给出四个具体实施例，并记载了涉案专利书写纸板的制作方法，其中第［0054］、［0057］—［0061］段详细说明了显影层的原料、配比等，权利人也主张以上述说明书的记载确定“显影层”技术特征的内容。据此，上述说明书的内容是实现显影功能不可缺少的技术特征，对权利要求保护范围具有限定作用。与之相比，被诉侵权产品的浅三色网格表面构成的显影层由粘结剂和石粉组成，但是，该粘结剂和石粉是否具有上述说明书所述“显影层”的具体实施方式及其等同的实施方式相同的技术特征，胡雪辉并未予以证明，应当承担相应的不利后果。

（二）关于被诉侵权产品是否具备权利要求“显影层通过与一层或两层石粉混合层粘接后再与一面磨砂层粘接连接”技术特征

涉案专利说明书第［0038］—［0043］段记载制作方法：“1）对塑料纸或塑料纸板的一面或两面表面层进行磨砂处理形成磨砂层，磨砂处理后用水洗、清除表面层粉尘，然后晾干备用”“塑料纸或塑料纸板为透明、半透明、不透明，无色、有色的塑料纸或塑料纸板”“2）在磨砂层的一面上喷涂一层粘结剂”“在所述磨砂层上印制写字格或图案再喷涂一层粘结剂”“3）在上述粘结剂层上喷涂一层或两层石粉混合层，再喷涂一层显影层；或直接在上述粘结剂层上喷涂一层显影层”。据此，岳霞主张的“显影层与石粉混合层粘结”在先、“显影层与石粉混合层粘结后再与磨砂层粘结”在后的二次粘结的顺序，是基于制作方法的描述，而权利要求2中上述技术特征是基于产品的层状结构的描述，本领域技术人员阅读上述说明书有关制作方法可以清楚理解权利要求2中的显影层、石粉混合层、磨砂层及相互之间的层状结构。与之相比，经二审查明事实，被诉侵权产品显影层、石粉混合层和磨砂层三者之间具备与上述“两次粘结”层状结构技术特征相同的技术特征，岳霞关于被诉侵权产品“两次粘结”顺序的理由不成立，本院不予支持。

综上所述，胡雪辉未能证明被诉侵权产品具备涉案专利权利要求“显影层”功能性特征，不能认定岳霞销售被诉侵权产品构成侵权，胡雪辉的上诉请求缺乏事实依据，不能成立，本院不予支持。原审判决认定事实基本清楚，适用法律正确，应予维持。依照《中华人民共和国民事诉讼法》[①] 第一百七十条第一款第一项之规定，判决如下：

驳回上诉，维持原判。

二审案件受理费550元，由上诉人胡雪辉负担。

本判决为终审判决。

审　判　长　钱建国
审　判　员　陈瑞子
审　判　员　颜　峰
二〇二一年十月二十五日
法官助理　祁　帅
书　记　员　谢思琳

---

① 此处指2017年《中华人民共和国民事诉讼法》，其已于2021年修改，本案下同。

4. 被诉侵权产品难以进行实物取证时的技术特征比对方式

——再审申请人江苏远通波纹管有限公司与被申请人江苏宏鑫旋转补偿器科技有限公司、一审被告国家电投集团广西北部湾（钦州）热电有限公司侵害发明专利权纠纷案①

中华人民共和国最高人民法院民事裁定书（2021）最高法民申3831号

再审申请人（一审被告、二审上诉人）：江苏远通波纹管有限公司。住所地：江苏省泰州市姜堰区娄庄镇工业集中区内。

法定代表人：刘月红，该公司执行董事。

委托诉讼代理人：汤志武，南京天翼专利代理有限责任公司专利代理师。

被申请人（一审原告、二审被上诉人）：江苏宏鑫旋转补偿器科技有限公司。住所地：江苏省宜兴市万石镇大尖村。

法定代表人：宋章根，该公司董事长。

委托诉讼代理人：谢有成，北京恒都律师事务所律师。

一审被告：国家电投集团广西北部湾（钦州）热电有限公司。住所地：广西壮族自治区钦州市钦州港勒沟东大街70号。

法定代表人：胡在春，该公司董事长。

破产管理人：北京市炜衡（南宁）律师事务所。

再审申请人江苏远通波纹管有限公司（以下简称远通公司）因与被申请人江苏宏鑫旋转补偿器科技有限公司（以下简称宏鑫公司）及一审被告国家电投集团广西北部湾（钦州）热电有限公司侵害发明专利权纠纷一案不服江苏省高级人民法院（2018）苏民终1267号民事判决，向本院申请再审。本院依法组成合议庭进行了审查，现已审查终结。

远通公司申请再审称，（一）专利号为ZL200610041301.4，名称为“管道用耐高压旋转补偿器”的发明专利（以下简称涉案专利）和同日申请的实用新型专利ZL200620077450.1属于重复授权的专利，不应得到保护。该实用

---

① 本案在年度报告中的位置为第8页。

新型专利已被放弃，与涉案专利相同的技术方案在申请人生产被诉侵权产品之前已属于公知技术。（二）被诉侵权产品缺少涉案专利必要技术特征，不构成专利侵权，一、二审判决事实认定错误。具体理由为，被诉侵权产品采用芯管与连接管直接相顶的连接方式，与涉案专利的技术特征“芯管的一端插入连接管中、连接管套装在芯管上”结构不同，功能上也具有多个区别，二者不构成等同特征。被诉侵权产品的端面密封件为紫铜耐高压石墨复合垫片，由于其材料柔性和热膨胀特性将导致密封腔在高温高压的工作状态下空间缩小，与涉案专利的技术特征“密封腔空间大小基本不变”不同。（三）旋转补偿器密封腔在非工作状态和工作状态下大小会发生变化，仅凭合同图纸不能确认被诉侵权产品的密封腔大小是否基本不变，一、二审判决以合同图纸作为比对对象无法查明事实真相。（四）一、二审判决认定的侵权赔偿数额不合理，未考虑远通公司的实际利润和宏鑫公司报价明显偏高等因素。综上，请求本院撤销一、二审判决，依法再审本案。

被申请人宏鑫公司答辩称，（一）专利权人放弃同日申请的实用新型专利权不影响发明专利权，相关技术方案不构成公知技术。（二）被诉侵权产品不缺少专利必要技术特征，构成侵权。（三）一、二审判决以合同附图作为侵权比对对象是在不宜拆解运营管道上被诉侵权产品情况下的最佳方案。（四）侵权赔偿数额符合法律规定。

本院经审查认为，本案的审理焦点是：被诉侵权产品是否落入涉案专利权利要求1的保护范围，即被诉侵权产品是否具有与“芯管的一端插入连接管中、连接管与密封座的一端固定相连并套装在芯管上”和“密封腔空间大小基本不变”相同或等同的技术特征。

《最高人民法院关于审理专利纠纷案件适用法律问题的若干规定》① 第十七条规定：“专利法第五十六条第一款所称的‘发明或者实用新型专利权的保护范围以其权利要求的内容为准，说明书及附图可以用于解释权利要求’，是指专利权的保护范围应当以权利要求书中明确记载的必要技术特征所确定的范围为准，也包括与该必要技术特征相等同的特征所确定的范围。等同特征是指与所记载的技术特征以基本相同的手段，实现基本相同的功能，达到基本相同的效果，并且本领域的普通技术人员无需经过创造性劳动就能够联想到的特征。”如果被诉侵权产品的技术特征与涉案专利权利要求保护范围内能得到说明书支持的一种具体实施方式的技术特征相比，是以基本相同的

---

① 已被《最高人民法院关于修改〈最高人民法院关于审理侵犯专利权纠纷案件应用法律若干问题的解释（二）〉等十八件知识产权类司法解释的决定》（2020年12月29日公布）修改，本案下同。

手段实现该具体实施方式所具备的功能，达到相应的技术效果，并且是本领域技术人员无需经过创造性劳动即可由该具体实施方式联想到的，则所述被诉侵权产品的技术特征和涉案专利的技术特征构成等同。本案中，关于被诉侵权产品芯管与连接管直接相顶的连接方式是否与涉案专利权利要求1的技术特征“芯管的一端插入连接管中、连接管与密封座的一端固定相连并套装在芯管上”属于等同的技术特征的问题。首先，从涉案专利权保护范围及其中可被说明书支持的实施方式来看，涉案专利权利要求1并未对连接管与密封座的界限、芯管的一端插入连接管的深度作出限定。涉案专利的发明点是采用端面密封件解决密封堵漏问题，“芯管的一端插入连接管中，连接管与密封座的一端固定相连并套装在芯管上”的功能主要是为高温高压介质提供在管道内流动的通路。因此，基于权利要求1的撰写方式和涉案专利的核心构思，不应以涉案专利说明书附图显示的或说明书背景技术部分引用的ZL02258709.8专利记载的芯管一端插入连接管的中后部等技术特征限定涉案专利权利要求1的保护范围。结合涉案专利的上述发明点，权利要求1的保护范围内能得到说明书支持的具体实施方式包括了在说明书附图呈现的旋转补偿器的基础上进行如下变形的实施方式（以下简称变形实施方式）：将芯管插入到连接管的水平部分而非变径处，并将芯管上的环形外凸台的左侧壁向左延长至其与芯管左端口位于同一竖直面上。其次，从被诉侵权产品使用的技术手段、功能、效果，及获得的容易性来看，被诉侵权产品的芯管与连接管直接相顶的连接方式，相比于涉案专利权利要求1的上述变形实施方式，只是将连接管与密封座的焊接点向左进行移动，同时将连接管搭接在密封座下方进行焊接。这属于以基本相同的手段，实现了上述变形实施方式的功能，也即为管道中的高温高压介质提供流动通道的同时，将介质的静压力施加在环形外凸台左侧壁，使之与密封座上的环形内凸台形成相扣作用，共同挤压端面密封件防止介质泄漏，并获得了相同的技术效果。而且被诉侵权产品相对于涉案专利变形实施方式的焊点移位及焊接方式改变等细微变化及其对应解决的问题，如定位、加强、防止二次流等，也都是本领域技术人员在进行旋转补偿器管件连接时容易发现的问题和容易想到的解决方案，本领域技术人员无需付出创造性劳动即可从涉案专利的上述变形实施方式获得被诉侵权产品芯管和连接管的连接方式。二审判决认定被诉侵权产品的上述连接结构与涉案专利“芯管的一端插入连接管中、连接管与密封座的一端固定相连并套装在芯管上”的连接结构构成等同特征，并无不当。远通公司主张的因被诉侵权产品的芯管端面与连接管端面直接相顶的连接方式而实现的若干额外功能，导致该连接方式与涉案专利连接结构不能构成等同特征，本院不予支持。

关于被诉侵权产品是否具备涉案专利权利要求1的技术特征“密封腔空间大小基本不变”，被诉侵权产品与涉案专利实现端面密封的原理相同，其在正常工作状态下，管道中介质压力越大，密封腔的内、外环形凸台的相互挤压作用越强烈，密封效果越好；而一旦介质或其他外力产生的压力过大，使固体密封件产生不可逆的形变，则将导致端部密封件的损坏和非正常工作状态，这是本领域技术人员在使用旋转补偿器时应避免出现的状态。因此在密封腔处于正常工作状态下考量其空间大小才有实际意义，这也是解释涉案专利权利要求1中“密封腔空间大小”，并将其与被诉侵权产品进行比对的必要前提。在此基础上，才可进一步考量端面密封件承受的机械挤压作用和密封腔组件的热膨胀效应对腔空间大小的影响。就机械挤压作用而言，被诉侵权产品正是因为选用了固体密封件紫铜耐高压石墨复合垫片，其在临界压力之下的正常工作状态中，将保持相对稳定的体积和形状，从而使得密封件在内外环形凸台的挤压下仅产生非常微小的形变，使密封腔空间大小基本不变。即使考虑到材料的热膨胀特性，无论金属还是石墨，其热膨胀系数都在10^{-6}/℃量级，由于密封腔各构成材料的热膨胀及不同材料的热膨胀差异而导致的密封腔空间大小变化都是非常微小的。因此，即使在机械挤压和热膨胀的复合作用下，被诉侵权产品的密封腔在正常工作状态下也都应保持大小基本不变。二审判决认定被诉侵权产品具备涉案专利权利要求1的技术特征“密封腔空间大小基本不变”，并无不当。远通公司主张的由于石墨材料柔软和密封腔材料的热膨胀特性，将导致密封腔在高温高压的工作状态下空间缩小，因违背产品正常工作原理和缺少相关证据证明，本院不予支持。

关于远通公司主张的旋转补偿器密封腔在非工作状态和工作状态下大小会发生变化，仅凭合同图纸不能确认被诉侵权产品的密封腔大小是否基本不变，以合同图纸作为比对对象无法查明事实真相的问题。在侵权判定中，一般情况下应将被诉侵权产品的实物所具备的技术特征与涉案专利权利要求的技术特征进行比对，但是如果获取被诉侵权产品的实物存在困难，例如获取行为存在技术障碍，将导致社会公共利益或第三方利益的重大损失，此时如有充分证据证明被诉侵权产品应具备的技术特征，则可以将经证据证明的技术特征与涉案专利权利要求中的技术特征进行比对。本案中，被诉侵权产品用于流体介质传输管道，从正在运营的传输管道中拆解该产品存在技术困难，并将导致社会公共利益或第三方利益的重大损失。在此情况下，由于现有证据可以证明涉案合同的图纸与被诉侵权产品实物具有高度的一致性，且本领域技术人员基于该图纸可以分析出其密封腔在正常工作状态下空间大小的变化趋势，因此二审判决将被诉侵权产品的图纸与涉案专利进行比对以查明事实，并无不当。

关于远通公司主张的侵权赔偿额计算因素，二审判决综合考虑涉案专利的市场价值、侵权行为的影响范围、侵权后果等因素，确定赔偿额400万元并无明显不当。关于远通公司主张实用新型专利已被放弃，与涉案专利相同的技术方案已属于公知技术，因涉案专利仍为有效专利，其主张缺乏事实和法律依据，本院不予支持。

综上，依照《中华人民共和国民事诉讼法》[1] 第二百零四条第一款，《最高人民法院关于适用〈中华人民共和国民事诉讼法〉的解释》[2] 第三百九十五条第二款之规定，裁定如下：

驳回江苏远通波纹管有限公司的再审申请。

审 判 长 佟 姝

审 判 员 张玲玲

审 判 员 吴 蓉

二〇二一年十二月十七日

书 记 员 杨钰桐

---

① 此处指2017年《中华人民共和国民事诉讼法》，其已于2021年修改，本案下同。

② 已被《最高人民法院关于修改〈最高人民法院关于适用《中华人民共和国民事诉讼法》的解释〉的决定》（2022年4月1日公布）修改，本案下同。

5. “保藏号”限定的微生物发明专利的侵权认定

——上诉人天津绿圣蓬源农业科技开发有限公司、天津鸿滨禾盛农业技术开发有限公司与被上诉人上海丰科生物科技股份有限公司侵害发明专利权纠纷案①

中华人民共和国最高人民法院民事判决书（2020）最高法知民终1602号

上诉人（原审被告）：天津绿圣蓬源农业科技开发有限公司。住所地：天津市北辰区双街镇现代农业科技园。

法定代表人：陈启永，该公司董事长。

委托诉讼代理人：何剑青，浙江和义观达律师事务所律师。

委托诉讼代理人：俞则刚，浙江和义观达律师事务所律师。

上诉人（原审被告）：天津鸿滨禾盛农业技术开发有限公司。住所地：天津市北辰区大张庄镇喜逢台农业园。

法定代表人：陈启永，该公司执行董事。

委托诉讼代理人：何剑青，浙江和义观达律师事务所律师。

委托诉讼代理人：俞则刚，浙江和义观达律师事务所律师。

被上诉人（原审原告）：上海丰科生物科技股份有限公司。住所地：上海市奉贤现代农业园区高丰路968号。

法定代表人：吴惠敏，该公司董事长。

委托诉讼代理人：汪妍瑜，上海市锦天城（北京）律师事务所律师。

委托诉讼代理人：李伟华，上海市锦天城（北京）律师事务所律师。

上诉人天津绿圣蓬源农业科技开发有限公司（以下简称绿圣蓬源公司）、天津鸿滨禾盛农业技术开发有限公司（以下简称鸿滨禾盛公司）因与被上诉人上海丰科生物科技股份有限公司（以下简称丰科公司）侵害发明专利权纠纷一案，不服北京知识产权法院于2020年3月17日作出的（2017）京73民初555号民事判决，向本院提起上诉。本院于2020年10月9日立案后依法组成合议庭，于2020年11月12日公开开庭进行了审理。上诉人绿圣蓬源公

① 本案在年度报告中的位置为第10页。

司、鸿滨禾盛公司的委托诉讼代理人何剑青，被上诉人丰科公司的委托诉讼代理人汪妍瑜到庭参加诉讼。本案现已审理终结。

绿圣蓬源公司、鸿宾禾盛公司上诉请求：1. 撤销原审判决，改判驳回丰科公司全部诉讼请求；2. 本案一审、二审诉讼费用、鉴定费用全部由丰科公司承担。事实和理由：第一，被诉侵权产品不落入专利号为201310030601.2、名称为“纯白色真姬菇菌株”的发明专利（以下简称涉案专利）的保护范围。涉案专利所保护的是微生物在工业上的应用，而绿圣蓬源公司、鸿宾禾盛公司是将被诉侵权产品用于农业种植，主要是通过生物繁殖的方式，实现农作物的生长，因此被诉侵权产品不落入涉案专利权的保护范围。第二，本案中的鉴定机构不具备鉴定能力，其出具的国创司鉴（2019）知鉴字第163号司法鉴定意见书（以下简称第163号鉴定意见）不具有合法性，鉴定和检验方法不合理，该鉴定意见不能用于证明被诉侵权产品落入涉案专利权的保护范围。第三，原审判决认定绿圣蓬源公司、鸿宾禾盛公司实施了制造、销售被诉侵权产品的行为，属于事实认定错误。被诉侵权产品上标注的生产者为绿圣蓬源公司，被诉侵权产品的生产、销售均由绿圣蓬源公司独立完成，鸿宾禾盛公司没有参与销售被诉侵权产品的行为。被诉侵权产品上的“鸿宾”商标系绿圣蓬源公司借用鸿宾禾盛公司的商标使用，鸿宾禾盛公司从未书面授权绿圣蓬源公司使用，也并不知晓绿圣蓬源公司生产的产品侵害他人专利权。此外，原审法院也没有具体认定两公司是共同侵权还是分别实施侵权行为。被诉侵权产品只有一件产品，不属于绿圣蓬源公司、鸿宾禾盛公司分别实施侵权行为的情形。绿圣蓬源公司、鸿宾禾盛公司没有共同的意思联络，也没有事实上的共同制造或销售行为。第四，原审判决确定的赔偿数额过高，且判令绿圣蓬源公司、鸿宾禾盛公司各自赔偿丰科公司100万元，超出法定赔偿限额，适用法律错误。第五，司法鉴定费26万元收费过高，鉴定机构应当退还多收部分的鉴定费用。

丰科公司辩称：第一，微生物是《中华人民共和国专利法》① 规定的可以授予专利权的客体，绿圣蓬源公司、鸿宾禾盛公司关于被诉侵权产品不落入涉案专利权的保护范围的上诉理由不成立。第二，本案鉴定机构采用的鉴定检验方法、得出的检验结论以及出具的鉴定意见均是正确且合法的。第三，被诉侵权产品上标注的“鸿宾”商标系鸿宾禾盛公司所有的商标，据此鸿宾禾盛公司应当承担相应的侵权责任。第四，原审法院确定的赔偿数额并未过高。综上，请求驳回上诉，维持原判。

---

① 此处指2008年《中华人民共和国专利法》，其已于2020年修改，本案下同。

丰科公司向原审法院提起诉讼，原审法院于2017年6月22日立案受理。丰科公司起诉请求：1. 判令绿圣蓬源公司、鸿滨禾盛公司立即停止制造、销售专利侵权产品，销毁库存的专利侵权产品；2. 判令绿圣蓬源公司、鸿滨禾盛公司各向丰科公司赔偿500万元；3. 判令绿圣蓬源公司、鸿滨禾盛公司赔偿丰科公司为调查、制止侵权行为所支付的合理开支30万元；4. 判令绿圣蓬源公司、鸿滨禾盛公司承担本案全部诉讼费用。事实和理由：丰科公司是涉案专利的专利权人。绿圣蓬源公司、鸿滨禾盛公司未经许可生产并在北京新发地农产品批发市场销售涉案专利产品，严重侵害了丰科公司的涉案专利权。

绿圣蓬源公司、鸿滨禾盛公司原审辩称：丰科公司主张的975个碱基是该类白玉菇固有的基因序列，并非涉案专利要求保护的菌株的特异基因片段。被诉侵权产品未落入涉案专利权的保护范围，故不应承担法律责任。请求驳回丰科公司的诉讼请求。

原审法院认定事实：

（一）涉案专利有关事实

涉案专利申请日为2013年1月25日，授权公告日为2015年7月22日，专利权人为丰科公司。丰科公司向原审法院提起诉讼时，涉案专利处于有效状态。

涉案专利授权公告的权利要求书如下：

1. 一种纯白色真姬菇菌株 Finc－W－247，其保藏编号是 CCTCC NO：M2012378。

（二）关于丰科公司指控绿圣蓬源公司、鸿滨禾盛公司侵害涉案专利权的有关事实

丰科公司向原审法院提交的商标局商标查询页面打印件显示，鸿滨禾盛公司申请注册第7643685号鸿滨商标并获准注册，商标专用权期限为2011年2月21日至2021年2月20日。

2017年5月23日，丰科公司的委托代理人与北京市国信公证处的公证人员前往北京新发地农产品中央批发市场2号门处，购买了鸿滨48盒白玉、白玉48盒、白玉16包、8两白、A白、A白玉等菌类产品，之后前往5号门附近的72026-72027号冷库前，就上述所购菌类产品进行查验开封及分拣装盒，抽样测量。上述所购菌类产品及分拣盒经公证人员现场封存后留存于72026号冷库内。北京市国信公证处对上述过程进行了保全公证，并出具（2017）京国信内经证字第3364号公证书。

2019年3月22日，丰科公司向原审法院提交司法鉴定申请书，申请对

被诉侵权产品是否落入涉案专利权利要求的保护范围进行司法鉴定。其理由为：涉案专利要求保护特定保藏号的纯白色真姬菇，要判断被诉侵权产品是否落入涉案专利权的保护范围，形态学特征判断和分子生物学特征判断缺一不可，而分子生物学特征判断必须借助相关的方法、试剂、仪器在实验室中才能完成。故有必要借助鉴定机构的专业能力进行分子生物学特征判断。

针对鉴定问题，原审法院分别于 2019 年 4 月 2 日、5 月 7 日及 6 月 26 日组织各方当事人进行谈话。各方当事人均同意进行鉴定，并一致在北京市高级人民法院公布的综合类鉴定机构名录中选择北京国创鼎诚司法鉴定所作为鉴定机构。关于进行鉴定的检材，丰科公司称上述公证购买的菌类产品由于封存时间较久，已不适宜作为检材。经协商，各方当事人一致同意，由原审法院组织各方当事人一同前往北京新发地农产品中央批发市场重新购买各方均认可的菌类产品作为检材交由鉴定机构进行鉴定。关于鉴定方法，丰科公司认为应当针对涉案专利与被诉侵权产品的基因特异性片段进行鉴定、比较，绿圣蓬源公司、鸿滨禾盛公司均认为应当针对涉案专利与被诉侵权产品的全基因序列进行鉴定、比较。综合考虑各方当事人的意见及本案的实际情况，原审法院决定，要求鉴定机构同时使用上述两种方法进行鉴定，同时指出，鉴定机构可以根据其专业认识自行决定使用上述两种鉴定方法之外的方法进行鉴定，但必须在鉴定报告中说明采用此鉴定方法的理由。各方当事人对上述决定均无异议。

2019 年 6 月 26 日，原审法院组织丰科公司的原审委托诉讼代理人汪妍瑜、乔毅，绿圣蓬源公司、鸿滨禾盛公司的原审委托诉讼代理人何剑青一起前往北京市丰台区新发地中央批发市场，在该市场 85102 号北京风韵来康蔬菜商行，丰科公司购买了白玉菇一箱，该产品外包装箱标有“鸿滨”商标，贴有绿圣蓬源公司封条；产品内袋包装标有“鸿滨”商标和绿圣蓬源公司名称。北京风韵来康蔬菜商行出具销售单一份，其记载品名规格为鸿滨白玉菇 48 盒，单价为 70 元。各方当事人一致同意，取出其中的 2 包作为检材，经原审法院封存后，送往北京国创鼎诚司法鉴定所进行司法鉴定。

北京国创鼎诚司法鉴定所于 2019 年 12 月 12 日出具的第 163 号鉴定意见记载：“北京国创鼎诚司法鉴定所根据原审法院提出的鉴定事项和涉及的技术领域，确定由程池、张海江、游涛三名鉴定人组成鉴定组。”

关于鉴定和检验方法，第 163 号鉴定意见记载：“根据鉴定事项，我所委托中国工业微生物菌种保藏管理中心（又名中国食品发酵工业研究院有限公司）进行该鉴定相关检测。为了保证检测顺利进行，经与委托方沟通后，我所鉴定专家组会同中国工业微生物菌种保藏管理中心于 2019 年 9 月 3 日与丰科公司沟通菌丝培养条件等技术问题，在沟通过程中，丰科公司告知涉案真姬菇具有双细胞核，需要先进行分核操作使其单核化才能进行基因序列检测，随后丰科公司提供了具体操作过程文件。根据丰科公司提供的分核操作方法及文件，鉴定专家组与中国工业微生物菌种保藏管理中心经过多次沟通，认为无法进行该分核操作，具体理由如下：1. 分核方法不属于国标、行标等标准方法，也不属于经 CMA、CNAS 认证的检测项目，不属于常规的检测方法，因此通过该方法获得的数据和检测报告不能得到 CMA、CNAS 认证许可；2. 由于该分核方法具有实验性质，中国工业微生物菌种保藏管理中心未进行过分核操作，无法预知实验过程中可能出现的问题和风险，无法确定实验结果的可靠性，因此无法确定分核后的基因测序结果的可靠性。此外，鉴定专家组认为，由于纯白色真姬菇的性状、基因序列和所述特异片段来源的特点，根据涉案专利所述纯白色真姬菇的特异性 975bpDNA 片段的基因测序和比对结果可以判断出鸿滨牌白玉菇是否与涉案专利所要求保护的纯白色真姬菇属于同种菌株。因此，我所仅委托中国工业微生物菌种保藏管理中心进行委托方建议的第 2 种方法即按照涉案专利实施例 12（即授权文本第 118-123 段）载明的方法对检材的特异性 975bpDNA 片段进行检测，同时根据鉴定需要对检材的 ITSrDNA 序列进行检测，据此结果开展鉴定工作。”

北京国创鼎诚司法鉴定所将鉴定材料，即中国典型培养物保藏中心寄出的涉案专利所要求保护的纯白色真姬菇（保藏编号：CCTCC NO：M2012378）菌丝以及原审法院组织各方当事人一起购买并封存的鸿滨牌白玉菇送往中国工业微生物菌种保藏管理中心，进行基因序列检测。中国工业微生物菌种保藏管理中心出具了《19-292-1236-1238 号检测报告》《19-292-1236-1239 号检测报告》《19-292-1236-1240 号检测报告》《19-292-1236-1241 号检测报告》。

关于涉案专利要求保护的纯白色真姬菇和被诉侵权产品的对比分析，第 163 号鉴定意见记载：1. 根据 ITSrDNA 序列检测结果，二者的 ITSrDNA 序列均与斑玉蕈 HypsizygusmarmoreusHMB1（HM561968）的 ITSrDNA 序列相似度达到 99.9%，因此，两者均属于斑玉蕈（另有汉语译名为蟹味菇、真姬菇、海鲜菇、白玉菇）；2. 根据特异性 975bpDNA 片段序列比对，二者特异性 975bpDNA 片段第 1 位至第 975 位序列完全相同；3. 根据形态学比对，二者菌盖、菌褶和菌柄的颜色、形状、排列等形态特征基本相同。根据上述比对情况，鉴定组认为，二者属于同种菌株。

针对第 163 号鉴定意见，绿圣蓬源公司、鸿滨禾盛公司主张：1. 根据《司法鉴定程序通则》，鉴定要求超出本机构技术条件或者鉴定能力的，司法鉴定机构不得受理。第 163 号鉴定意见中的检测工作系由第三方机构中国工业微生物菌种保藏管理中心完成，而不是由北京国创鼎诚司法鉴定所自己完成，因此该鉴定意见不合法。2. 发明专利被授权并不代表该发明专利说明书实施例必然真实，第163号鉴定意见采用涉案专利说明书实施例所载方法进行鉴定是不正确的。3. 发明专利权的保护范围应以其权利要求的内容为准，本案鉴定方法应采用全基因测序检测方法，只检测特定基因片段就认定为“同种”实质上扩大了涉案专利权的保护范围。4. 第163号鉴定意见只鉴定出二者属于同种菌株，未鉴定出二者属于同一菌株，被诉侵权产品未落入涉案专利权的保护范围。

原审庭审过程中，北京国创鼎诚司法鉴定所委派鉴定组成员之一程池出庭，接受了各方当事人的质证与法庭的询问。针对绿圣蓬源公司、鸿滨禾盛公司对第163号鉴定意见的质疑，其称：1. 本鉴定中的检测机构为中国工业微生物菌种保藏管理中心，其为国家级工业微生物资源共享服务平台，国际菌种保藏联合会WFCC核心成员，在菌种保藏、检测和标准菌株加工领域获得CMA、ISO9001、ISO17025和ISO17034认证认可资质，具有相关检验能力和检测资质。上述保藏管理中心于2017年与北京国创鼎诚司法鉴定所形成战略合作关系，成立了生物医药知识产权司法鉴定微生物技术联合实验室，上述信息在北京国创鼎诚司法鉴定所官网上均有说明。知识产权司法鉴定中往往涉及不同技术领域的检测项目，北京国创鼎诚司法鉴定所按照行业惯例，委托与之存在紧密合作关系且具有检测资质的中国工业微生物菌种保藏管理中心进行了相关检测；2. 本鉴定采用的鉴定方法正确，具体理由已经详细记载在第163号鉴定意见中；3. 第163号鉴定意见最终的结论记载的“二者属于同种菌株”是指二者属于同一种菌株。

上述事实，有（2017）京国信内经证字第03364号公证书复印件、第163号鉴定意见以及当事人陈述等在案佐证。

（三）关于丰科公司计算索赔数额及合理支出的事实

2017年6月22日，丰科公司的委托代理人与北京市国信公证处的公证人员在北京市国信公证处进行保全证据公证。公证人员检查公证处电脑，检查电脑与网线、打印机的连接状况，并测试网络运行状况一切正常。在公证人员的监督下，由委托代理人使用公证处电脑进行操作，并将拷屏页面内容打印。北京市国信公证处出具（2017）京国信内经证字第4258号公证书。该公证书显示：根据北方网转自《天津日报》的文章《北辰区探索城郊现代农业发展新模式》，鸿滨禾盛公司“食用菌日产量20吨，年产值达6000万元”“该公司生产的蟹味菇、白玉菇等高端食用菌占据全国市场30%的份额”。根据北方网转自北辰政务网的文章《三驾马车齐发力北辰区农业再上新水平》，绿圣蓬源公司“日产量由10吨增长到30吨”。根据食品商务网的介绍，绿圣蓬源公司“年产量7000吨，实现年销售收入1.4亿元，利润在30%左右”。

丰科公司提交的丰科公司与上海市锦天城律师事务所签订的委托代理协议显示，专利侵权诉讼一审阶段，基础代理费为160000元/件。丰科公司提交的银行付款凭证、上海增值税专用发票、温州银行电子回单显示，丰科公司已经向上海市锦天城律师事务所支付代理费136000元。

丰科公司提交的两张北京增值税普通发票显示，丰科公司向北京市国信公证处分别支付公证费用4700元、1900元。

丰科公司提交的北京国创鼎诚司法鉴定所司法鉴定收费告知书、转账凭证、北京增值税专用发票显示，丰科公司向北京国创鼎诚知识产权应用技术研究院支付鉴定费用268200元。

丰科公司提交的转账凭证、湖北增值税专用发票显示，丰科公司向武汉大学分别支付Finc-W-247专利菌株保藏中心取种及邮寄费用550元、1200元。

（四）其他事实

原审庭审过程中，鸿滨禾盛公司主张：虽然被诉侵权产品内袋包装显示鸿滨商标，但被诉侵权产品的制造商为绿圣蓬源公司，鸿滨禾盛公司不是被诉侵权产品的制造商。

原审法院认为：

（一）关于丰科公司的诉讼资格

《中华人民共和国专利法》[①] 第十一条规定：“发明……专利权被授予后，除本法另有规定的以外，任何单位或者个人未经专利权人许可，都不得实施其专利，即不得为生产经营目的制造、使用、许诺销售、销售、进口其专利产品……”《中华人民共和国民法总则》[②] 第一百二十条规定：“民事权益受到侵害的，被侵权人有权请求侵权人承担侵权责任。”《中华人民共和国民法总则》第一百二十三条规定：“民事主体依法享有知识产权。”

本案中，涉案专利处于有效状态，丰科公司作为涉案专利的专利权人，有权依法以自己的名义起诉要求侵权者停止侵害、赔偿损失。

（二）关于绿圣蓬源公司、鸿滨禾盛公司是否侵害涉案专利权

根据《中华人民共和国专利法》第五十九条的规定，发明专利权的保护范围以其权利要求的内容为准，说明书及附图可以用于解释权利要求的内容。判定被诉侵权产品技术方案是否落入涉案专利权的保护范围，应当将丰科公司主张的涉案专利权利要求所记载的全部技术特征与被诉侵权产品技术方案

---

① 此处指2008年《中华人民共和国专利法》，其已于2020年修改，本案下同。

② 已被《中华人民共和国民法典》废止，本案下同。

所对应的全部技术特征逐一进行比较。如果被诉侵权产品技术方案包含了与涉案专利权利要求记载的全部技术特征相同或者等同的技术特征，则其落入涉案专利权保护范围。

具体到本案，由于涉案专利要求保护一种纯白色真姬菇，该纯白色真姬菇属于真菌，系一种微生物。判断被诉侵权产品是否落入涉案专利权的保护范围，形态学特征判断和分子生物学特征判断缺一不可，而分子生物学特征判断必须借助相关的方法、试剂、仪器在实验室中才能完成。因此，本案有必要采取鉴定手段，借助鉴定机构的专业能力进行分子生物学特征判断。有鉴于此，原审法院组织各方当事人谈话，并在各方当事人达成一致意见的前提下，确定了鉴定机构、鉴定材料以及鉴定方法。鉴定机构出具了鉴定意见，并派员参加庭审，接受了各方当事人的质证与提问，也接受了原审法院的询问。对于第 163 号鉴定意见，绿圣蓬源公司、鸿滨禾盛公司质疑鉴定机构的鉴定能力和鉴定意见的合法性、鉴定方法的合理性以及鉴定结论，原审法院针对上述三个问题论述如下：

第一，关于鉴定机构的鉴定能力和鉴定意见的合法性。绿圣蓬源公司、鸿滨禾盛公司主张，第 163 号鉴定意见中的检测工作系由第三方机构中国工业微生物菌种保藏管理中心完成，而不是由北京国创鼎诚司法鉴定所自己完成。即本案鉴定要求超出北京国创鼎诚司法鉴定所的技术条件或者鉴定能力，因此该鉴定意见不合法。对此，原审法院认为，首先，本案鉴定机构的确定，系各方当事人在原审法院组织的庭前谈话过程中，从北京市高级人民法院公布的知识产权鉴定机构名册中分别选择，形成一致的选择后确定的。因此，本案鉴定机构的选择、确定系各方当事人的真实意思表示，并已形成一致。其次，在北京市高级人民法院公布的知识产权鉴定机构名册中，已经明确记载北京国创鼎诚司法鉴定所具备进行涉及专利权的知识产权司法鉴定的资质和能力。在北京国创鼎诚司法鉴定所的网站上也有其鉴定资质的说明，其中包括其与中国食品发酵工业研究院、中国工业微生物菌种保藏管理中心形成战略合作关系，成立生物医药知识产权司法鉴定微生物技术联合实验室的相关介绍。各方当事人在自行选择鉴定机构时，应当知晓其选择的鉴定机构的鉴定能力与资质。具体到本案，绿圣蓬源公司、鸿滨禾盛公司在选择鉴定机构时，应当知晓北京国创鼎诚司法鉴定所具备进行本案鉴定的资质与能力；此外，根据原审法院查明的事实可知，与北京国创鼎诚司法鉴定所合作，并一同成立生物医药知识产权司法鉴定微生物技术联合实验室的中国工业微生物菌种保藏管理中心具有相关检验能力和检测资质，可以独立开展相关检测。而本案鉴定涉及的检测属于专业检测，北京国创鼎诚司法鉴定所按照行业惯例，委托与其有合作关系且具有检测资质的中国工业微生物菌种保藏管理中心进行相关检测。北京国创鼎诚司法鉴定所在上述检测结果的基础上完成鉴定工作，其做法并无不当。因此，绿圣蓬源公司、鸿滨禾盛公司的上述主张缺乏事实和法律依据，原审法院不予支持。

第二，关于鉴定方法的合理性。绿圣蓬源公司、鸿滨禾盛公司主张本案鉴定方法应采用全基因测序检测方法。对此，原审法院认为，由于涉案专利要求保护一种微生物，在判断是否构成侵权的问题上，有关技术事实的确定需要借助鉴定机构的技术能力。而通过原审法院检索，未发现此类专利侵权案件的生效判决，故在鉴定方法的确定方面并无成熟先例可循。不可否认，至少在表面看来，对被诉侵权产品和涉案专利保藏的样本进行全基因序列检测、对比是最准确的方法。但原审法院注意到，由于涉案专利要求保护的是一种微生物，其基因存在突变的可能，因此即便是同种微生物，其基因序列也可能不完全一致。而对于两个微生物，二者基因序列的相似程度达到何种比例即可认定二者为同一种微生物，这一标准目前在该领域中并未形成共识。事实上，关于微生物的基因序列比对，不仅是比对两者的基因序列有多少是相同或相似的，还有基因序列测序后的基因解读和分析，由于基因组结构的复杂以及测序过程中的偏向性等原因，确实很难根据二者相似程度的大小认定二者是否为同一种微生物。因此，原审法院认为全基因序列检测方法存在不确定性，不足以正确反映被诉侵权产品与涉案专利是否为同一种微生物。

但如前所述，由于对要求保护微生物本身的专利权侵权判断在鉴定方法的确定方面无成熟先例可循，为了避免当事人的权益因原审法院对技术问题的把握失当而受损，故出于审慎的考虑，原审法院在委托鉴定机构的函件中，在要求鉴定机构同时采用全基因序列检测方法和基因特异片段检测方法进行鉴定的前提下，指出鉴定机构可依据其专业知识和技术能力，自行选择采用上述两种方法之外的鉴定方法进行鉴定，但必须在鉴定报告中阐明采用该方法的理由并在庭审中作出说明。

北京国创鼎诚司法鉴定所采用基因特异片段检测方法进行了鉴定，在第163号鉴定意见中载明了其采用该方法而不采用全基因序列检测方法的理由。代表北京国创鼎诚司法鉴定所出庭的鉴定组成员程池在本案原审庭审过程中也作出了相同的解释。即，涉案真姬菇具有双细胞核，需要先进行分核操作使其单核化才能进行基因序列检测。而该分核方法不属于国标、行标等标准方法，也不属于经 CMA、CNAS 认证的检测项目，不属于常规的检测方法，故通过该方法获得的数据和检测报告不能得到 CMA、CNAS 认证许可。故以此方法获得的数据也无法保证最终鉴定结论的可靠性。基于北京国创鼎诚司法鉴定所的上述陈述，以及原审法院对于全基因序列检测方法不确定性的担忧，原审法院认为，鉴定机构采用基因特异片段检测的鉴定方法是合理的。绿圣蓬源公司、鸿滨禾盛公司并未提交任何证据证明采用全基因序列检测方法进行鉴定更为合理，亦未对应当采用该鉴定方法的理由进行充分说明，因此，其有关本案鉴定方法不合理的主张缺乏事实依据，原审法院不予支持。

此外，绿圣蓬源公司、鸿滨禾盛公司还称涉案专利被授权并不代表该发明专利说明书实施例必然真实，故不应根据涉案专利说明书所记载的特异片段进行鉴定。对此，原审法院认为，涉案专利获得授权确实并不意味着其说明书记载内容当然真实，绿圣蓬源公司、鸿滨禾盛公司可以此为由挑战涉案专利的权利稳定性，也可在本案中提交相应证据予以佐证。但本案中，绿圣蓬源公司、鸿滨禾盛公司并未提交相关证据，在无相反证据的情况下，应当认定涉案专利文献记载的内容是真实有效的，这也符合社会公众对于专利文献的信赖利益。因此，绿圣蓬源公司、鸿滨禾盛公司上述主张亦不能成立。

第三，关于鉴定结论。绿圣蓬源公司、鸿滨禾盛公司主张，第163号鉴定意见只鉴定出二者属于同种菌株，未鉴定出二者属于同一菌株，故被诉侵权产品未落入涉案专利权的保护范围。对此，原审法院认为，虽然第163号鉴定意见最终鉴定结论表述为被诉侵权产品与涉案专利属于“同种菌株”，但需要指出的是，此处的“种”并非生物分类学中“门纲目科属种”中“种”的概念。因为若只是判断二者是否属于“同种”微生物，则仅需要形态学比对即可得出结论。而第163号鉴定意见除了进行形态学的比对之外，还对二者进行了ITSrDNA序列检测和特异性片段序列比对，显然这样的检测比对已经大大超出判断二者是否属于“同种”微生物的要求。因此，第163号鉴定意见所述“同种菌株”中的“种”是“种类”的含义，即指二者为同一种菌株。在原审庭审中，代表北京国创鼎诚司法鉴定所出庭的鉴定组成员程池也在庭审中明确，第163号鉴定意见结论中记载的“同种菌株”是指同一种菌株。因此，绿圣蓬源公司、鸿滨禾盛公司上述主张不能成立。

综上所述，第163号鉴定意见作出程序合法，所得结论正确，绿圣蓬源公司、鸿滨禾盛公司对该鉴定意见的质疑均不能成立，原审法院依法采信该鉴定意见。根据该鉴定意见的结论，被诉侵权产品与涉案专利保藏的样本属于同一种菌株，故被诉侵权产品已经落入涉案专利权的保护范围。

（三）关于绿圣蓬源公司、鸿滨禾盛公司应当承担的侵权责任

本案中，在北京风韵来康蔬菜商行购买的被诉侵权产品的外包装箱标有鸿滨禾盛公司的“鸿滨”商标，贴有绿圣蓬源公司封条，产品内袋包装标有“鸿滨”商标和绿圣蓬源公司名称。鸿滨禾盛公司虽称被诉侵权产品并非其

制造、销售，但并未提交任何证据予以佐证，也未对其商标出现在被诉侵权产品上做出合理解释。因此，在案证据可以证明绿圣蓬源公司、鸿滨禾盛公司未经专利权人许可，以经营为目的，实施了制造、销售被诉侵权产品的行为，构成对涉案专利权的侵害，应当承担停止侵权、赔偿损失的责任。

对于绿圣蓬源公司、鸿滨禾盛公司赔偿丰科公司损失具体数额的问题，丰科公司向原审法院提交的相关证据均为媒体对于绿圣蓬源公司、鸿滨禾盛公司经营规模、经营状态等情况的报道，据此无法确定绿圣蓬源公司、鸿滨禾盛公司因侵害涉案专利权所获利益的具体数额。同时，依据在案证据不能确定丰科公司因被侵权所受到实际损失的具体数额，且无涉案专利的许可使用费可供参照。

《中华人民共和国专利法》第六十五条第二款规定："权利人的损失、侵权人获得的利益和专利许可使用费均难以确定的，人民法院可以根据专利权的类型、侵权行为的性质和情节等因素，确定给予一万元以上一百万元以下的赔偿。"具体到本案，考虑到涉案专利的类型、被诉侵权产品的单价以及绿圣蓬源公司、鸿滨禾盛公司实施侵权行为的情节等因素，原审法院对丰科公司请求法院判令绿圣蓬源公司、鸿滨禾盛公司各赔偿损失 500 万元的诉讼请求予以部分支持。

另外，《中华人民共和国专利法》第六十五条第一款还规定："……赔偿数额还应当包括权利人为制止侵权行为所支付的合理开支。"根据丰科公司提交的委托代理协议及对应的银行付款凭证、公证费用发票以及菌株保藏中心取种及邮寄费用发票等证据，丰科公司在本案中为制止侵权行为所支付的合理开支共计 168350 元，对于上述合理支出，绿圣蓬源公司、鸿滨禾盛公司应当予以赔偿。

综上所述，原审法院依照《中华人民共和国民法总则》第一百二十条、第一百二十三条，《中华人民共和国专利法》第十一条第一款、第五十九条、第六十五条之规定，判决：一、自判决生效之日起，绿圣蓬源公司、鸿滨禾盛公司立即停止制造、销售侵害涉案专利权的产品；二、自判决生效之日起十日内，绿圣蓬源公司赔偿丰科公司损失 100 万元，并赔偿丰科公司为制止侵权行为所支付的合理开支 84175 元；三、自判决生效之日起十日内，鸿滨禾盛公司赔偿丰科公司损失 100 万元，并赔偿丰科公司为制止侵权行为所支付的合理开支 84175 元；四、驳回丰科公司的其他诉讼请求。如果未按本判决指定的期间履行给付金钱义务，应当依照《中华人民共和国民事诉讼法》①

① 此处指 2017 年《中华人民共和国民事诉讼法》，其已于 2021 年修改，本案下同。

第二百五十三条之规定，加倍支付迟延履行期间的债务利息。案件受理费83600元，由丰科公司负担53600元，由绿圣蓬源公司、鸿滨禾盛公司各负担15000元。鉴定费用268200元，由绿圣蓬源公司、鸿滨禾盛公司各负担134100元。

二审期间，绿圣蓬源公司为证明其主张，向本院提交了如下证据：证据1：发货单、情况说明，拟证明被诉侵权产品是绿圣蓬源公司生产的，绿圣蓬源公司生产后销售给北京风韵来康蔬菜商行。证据2：绿圣蓬源公司、鸿滨禾盛公司商标详细信息，拟证明绿圣蓬源公司自身没有注册商标，其申请的“绿圣蓬源”商标没有获得商标局注册，由于绿圣蓬源公司与鸿滨禾盛公司存在关联关系，绿圣蓬源公司一直以来都是借用鸿宾禾盛公司的“鸿滨”牌商标销售其生产的蘑菇类产品，鸿滨禾盛公司未曾书面授权绿圣蓬源公司使用其“鸿滨”商标，绿圣蓬源公司使用“鸿滨”商标仅仅出于习惯。证据3：云南农业大学官方网站登载的“我校科研团队公布90种野生菌全基因组序列”报道文章，拟证明云南农业大学2018年公布了90种野生菌全基因组序列，对于本领域技术人员来说，对涉案白玉菇产品进行全基因组测序是完全可行的。证据4：知网数据库《ITS序列分析在真菌分类鉴定中的应用》论文，拟证明以ITS序列作为分子标记，在属间关系鉴定上有价值，但不适合属内种及种群的鉴定，因此原审鉴定方法不科学。证据5：IPRdaily微信公众号文章“首例微生物专利侵权案件的分析和探讨”，拟证明仅仅通过两株菌具有相同的975bp的ITSrDNA序列，且根据形态学对比结果相同就推断出两株菌“属于同一种菌种”违背了生物学常识。

丰科公司的质证意见为：对于证据1的真实性、关联性、合法性均不予认可。该证据的产生时间均在原审庭审前，且情况说明是绿圣蓬源公司自行作出的，仅构成当事人陈述。对于证据2的关联性不予认可。对于证据3-5的真实性、关联性均不予认可，其中证据3用以证明鉴定结论存在逻辑错误，证据4主要说明的是ITS可以在分类中起作用。证据5中文章内容不是SCAR技术内容，所得出结论错误。绿圣蓬源公司错误运用了ITS的序列，ITS是某些特定的含义，涉案专利权利要求书第118段采用的SCAR分子标记技术与ITS技术不同。

本院的认证意见为：证据1系绿圣蓬源公司单方出具，其真实性存疑，本院不予确认。证据2的相关内容与本案争议无关联性，本院不予确认。对于证据3-5的真实性，本院予以确认，对于其关联性及证明力，将结合查明的事实，在下文本院认为部分一并予以评述。

原审法院查明的事实基本属实，本院予以确认。

本院另查明：

（一）北京国创鼎诚司法鉴定所的鉴定人张某在二审庭审中接受本院询问的有关事实

1. 关于鉴定资质。鉴定人述称，按照行业惯例，鉴定机构通常会委托相关领域具有检测能力的检测机构进行相关检测，本案鉴定中的检测机构为中国工业微生物菌种保藏管理中心，具有独立开展相关检验的能力与检验资质。北京国创鼎诚司法鉴定所在2017年与中国工业微生物菌种保藏管理中心形成专列合作关系。

2. 关于鉴定方法。鉴定人述称，SCAR是一种分子标记技术，ITS是DNA序列；涉案专利说明书第0119段表明对finc-w-247的快速鉴定方法是涉案专利菌菇独有的。ITS序列可以理解为这种蘑菇本身特异性序列，检测的975个特异性片段是通过SCAR技术获得的，是finc-w-247特有的序列。

3. 关于鉴定结果。鉴定人述称，在第163号鉴定意见已经能够证明两者是同一种菌株的情况下，没有必要再做全基因检测。

（二）北京国创鼎诚司法鉴定所出具情况说明的有关事实

北京国创鼎诚司法鉴定所于2020年11月16日向本院出具一份《关于（2017）京73民初555号侵害发明专利权纠纷的司法鉴定项目费用说明》，载明："我所于2019年7月1日收到北京知识产权法院关于（2017）京73民初555号侵害发明专利权纠纷的司法鉴定委托书，针对委托事项，我所向指定缴费人收取了鉴定费及检测费，检测费由于是支付给第三方检测机构，我所在检测机构报价的基础上加收10%的税费，检测费应收6.2万元，含税费0.62万元后收取当事人6.82万元，合计收取的鉴定费用为26.82万元，其中鉴定费20万元。2020年11月12日上午我所鉴定人参加贵院案件开庭后，对其中的检测费进行核实，由于鉴定过程中对检测事项的调整，实际支付给检测机构检测费3.8万元。特此说明。"

本院认为，本案为侵害发明专利权纠纷，因被诉侵权行为发生在2009年10月1日以后、2021年8月1日前，故本案应适用2008年修正的专利法。根据当事人的诉辩意见，本案二审的焦点问题为：（一）被诉侵权产品是否落入涉案专利权的保护范围；（二）绿圣蓬源公司、鸿滨禾盛公司是否实施了共同侵权行为；（三）原审判决确定的赔偿数额是否适当。

（一）关于被诉侵权产品是否落入涉案专利权的保护范围

1. 关于被诉侵权产品与专利权利要求1的菌株是否为同一种真姬菇

绿圣蓬源公司、鸿滨禾盛公司上诉主张，同种不同株菌株不构成侵权，第163号鉴定意见结论为"同种菌株"，不足以认定被诉侵权产品落入涉案专利权的保护范围。对此，本院认为，由于本领域公知，SCAR分子标记技术是在 RAPD 基础上发展起来的，其结果不受外界环境因素和生长发育阶段的影响，直接反映被鉴定菌株的遗传本质。SCAR 分子标记可以通过获得某个菌株的“株特异性”标记来实现菌株的鉴定。本案中，涉案专利说明书明确记载了与市场上主要栽培品种并且是亲本之一的白玉菇 H-W，市场购买的真姬菇 G-W 以及日本葛城新育成的白玉菇 GC-W 菌株相比，所述保藏菌株具有特有的 SCAR 分子标记 975bp 片段。因此，利用该菌株特异性 975bp 片段为检测指标，并结合形态学以及 ITS 序列分析对被诉侵权菌株进行鉴定，鉴定结果不局限于分类学意义上的“同种”菌株。因此，可以判断鉴定结论的“同种”不是分类学意义的“种”，而是同一种类的含义。

2020 年《中华人民共和国专利法》第六十四条规定：“发明或者实用新型专利权的保护范围以其权利要求的内容为准，说明书及附图可以用于解释权利要求的内容。”对权利要求中记载的技术术语，可以结合说明书及附图对其作出解释，明确其内涵及外延。本案中，虽然涉案专利权利要求书中没有对所涉菌株作出明确限定，但是微生物领域只需要有保藏号，通过保藏号保持菌株都能获得 DNA 指令即可。由于另有分支标记专利对鉴定方法进行保护，涉案专利说明书记载的鉴定方法没有必要写入权利要求书中。因此，用涉案专利说明书记载的鉴定方法对被诉侵权产品是否落入涉案专利权的保护范围进行鉴定，并未超出对涉案专利权利要求保护的微生物品种的解释范围。原审法院据此认定被诉侵权产品落入涉案专利权的保护范围，并无不当。

2. 关于通过检测 975bp 片段判断被诉侵权产品是否落入权利要求范围的鉴定方法是否合理

绿圣蓬源公司、鸿滨禾盛公司主张，应当根据形态学及全基因组测序确定被诉侵权白玉菇与涉案专利菌株相同，按照 975bp 片段进行检测与判断，使得用于确定两株菌株同一性的参考碱基数大大减少，扩大了专利保护范围。对此，本院认为，涉案专利说明书记载了保藏菌株 Finc-W-247（CCTCC NO：M2012378）是通过亲本 TNN-11 和 H-W 杂交，再经系统选育获得。说明书详细记载了该菌株的形态特征、生物学特性和遗传学特性，还记载了该菌株的 ITS 序列结构，通过 ITS 序列结构构建菌株的系统发育树，所述保藏菌株为玉蕈属真姬菇。结合 RAPD 技术和 SCAR 分子标记技术，确认采用特异性引物可以从保藏菌株中扩增获得 975bp 片段，而在其他三株白色真姬菇 H-W、G-W 和 GC-W 中无法扩增获得该片段，故确认所述 975bp 片段为专利菌株的 SCAR 分子标记。

第 163 号鉴定意见的结论显示，涉案专利要求保护的纯白色真姬菇和被诉侵权产品的对比分析：1. 根据 ITSrDNA 序列检测结果，二者的 ITSrDNA 序列均与斑玉蕈 HypsizygusmarmoreusHMB1（HM561968）的 ITSrDNA 序列相似度达到 99.9%，因此，两者均属于斑玉蕈（另有汉语译名为蟹味菇、真姬菇、海鲜菇、白玉菇）；2. 根据特异性 975bpDNA 片段序列比对，二者特异性 975bpDNA 片段第 1 位至第 975 位序列完全相同；3. 根据形态学比对，二者菌盖、菌褶和菌柄的颜色、形状、排列等形态特征基本相同。根据上述比对情况，鉴定组认为，二者属于同种菌株。

通常，菇的生长繁殖主要分为有性生殖和无性生殖两个阶段，所述无性生殖主要靠菌丝在培养基上生长，有性生殖阶段可见明显菇体，在整个生长繁殖过程中，会形成单核的有性孢子和无性孢子，形成双核的菌丝、子实体，以及双细胞核融合形成双倍体细胞核的接合子。由此可见，对于常规菇类，其生长繁殖过程伴随不同细胞核状态，真姬菇的菌丝和子实体也具有双细胞核，而分核方法不属于国标、行标等标准方法，也不属于经 CMA、CNAS 认证的检测项目，不属于常规的检测方法，因此通过该方法获得的数据和检测报告不能得到 CMA、CNAS 认证许可；由于该分核方法具有实验性质，中国工业微生物菌种保藏管理中心未进行过分核操作，无法预知实验过程中可能出现的问题和风险，无法确定实验结果的可靠性，因此无法确定分核后的基因测序结果的可靠性。虽然云南农业大学 2018 年声称获得 90 种野生菌全基因序列，但是否能据此认定真姬菇的全基因组的测序具有标准化方法以及所述方法获得 CMA、CNAS 的认可，仍是不确定的，在此情况下，鉴定机构寻求和选择本领域广泛认可的菌株鉴定方法是适宜和有必要的。

由于本领域公知，SCAR 分子标记技术是在 RAPD 基础上发展起来的，其结果不受外界环境因素和生长发育阶段的影响，直接反映被鉴定菌株的遗传本质。SCAR 分子标记可以通过获得某个菌株的“株特异性”标记来实现菌株的鉴定。本案中，涉案专利说明书明确记载了与市场上主要栽培品种并且是亲本之一的白玉菇 H-W，市场购买的真姬菇 G-W 以及日本葛城新育成的白玉菇 GC-W 菌株相比，所述保藏菌株具有特有的 SCAR 分子标记 975bp 片段。因此，利用该菌株特异性 975bp 片段，并结合形态学以及 ITS 序列分析对被诉侵权菌株进行鉴定的方法是合理且可信的。绿圣蓬源公司、鸿滨禾盛公司的该项上诉主张不能成立，本院不予支持。

关于绿圣蓬源公司、鸿滨禾盛公司提到的仅采用 975bp 片段对菌株进行鉴定，扩大了涉案专利权保护范围的问题。根据前述，由于已经证明 SCAR 分子标记 975bp 片段是涉案专利保藏菌株的特异性标记，其他同种不同株的菌株并不含有该特异性片段，因此，以该 SCAR 分子标记作为检测指标，并结合形态学以及 ITS 序列分析可以反映待测菌株与专利保藏菌株是否相同，该判断方法并没有扩大涉案专利权的保护范围。绿圣蓬源公司、鸿滨禾盛公司的该项上诉主张不能成立，本院不予支持。

关于绿圣蓬源公司、鸿滨禾盛公司主张涉案专利没有充分论证975bp片段是该菌株的特异性片段，原审中提交的证据表明全国各地多家企业的白玉菇以及韩国某白色真姬菇均含有975bp片段的问题。由于涉案专利说明书中已经针对保藏菌株与其他同种不同株的真姬菇进行了RAPD和SCAR分子标记分析，并提供实验数据（参见附图7）证明975bp片段是保藏菌株所特有的，绿圣蓬源公司、鸿滨禾盛公司并没有提供证据证明涉案专利说明书的实验结果有误，或提供证据证明在涉案专利申请日前，其他不同于保藏菌株的真姬菇也包含所述975bp片段，或者经过检索发现了其他真姬菇的基因序列中含有所述975bp片段，根据现有证据无法证明涉案专利说明书的数据不真实有效。而对于全国存在多家企业以及韩国某白玉菇包含所述975bp片段的情况，由于不能证明这些白玉菇是涉案专利申请日前就在市场存在的，因此，也不能证明涉案专利说明书不是真实有效的。绿圣蓬源公司、鸿滨禾盛公司的该项上诉主张不能成立，本院不予支持。

综上，原审法院关于被诉侵权产品落入涉案专利权的保护范围的认定正确，绿圣蓬源公司、鸿滨禾盛公司关于被诉侵权产品未落入涉案专利权的保护范围的上诉主张不能成立，本院不予支持。

（二）关于鸿滨禾盛公司是否与绿圣蓬源公司共同实施了侵权行为

根据查明的事实，被诉侵权产品的外包装箱标有鸿宾禾盛公司的“鸿宾”注册商标，并贴有绿圣蓬源公司的封条，产品内袋包装亦标有“鸿宾”商标和绿圣蓬源公司的名称。鸿滨禾盛公司虽主张其未参与被诉侵权产品的制造和销售，仅是将其“鸿宾”注册商标借给绿圣蓬源公司销售蘑菇类产品使用，但由于商标具有识别商品来源的基本功能，鸿宾禾盛公司营业执照亦载明了其经营范围包括食用菌技术开发、种植及销售，一般消费者在看到被诉侵权产品上所标注的上述信息时，有理由相信该产品来源于绿圣蓬源公司和鸿宾禾盛公司。而商标作为一种知识产权，其权益的实现必然体现在使用商标的商品或服务中，根据权利义务相一致的原则，在鸿宾禾盛公司作为“鸿宾”注册商标的商标权人且与绿圣蓬源公司存在关联关系的情况下，其应当承担因被诉侵权产品侵害他人知识产权所产生的民事责任。原审法院认定鸿滨禾盛公司与绿圣蓬源公司共同实施了制造、销售被诉侵权产品的行为，并无不当。绿圣蓬源公司、鸿滨禾盛公司的相关上诉主张不能成立，本院不予支持。

（三）关于原审判决确定的赔偿数额是否适当

绿圣蓬源公司、鸿宾禾盛公司上诉主张，原审法院确定的赔偿额超出了法定赔偿限额，属于适用法律错误。对此，本院认为，根据前述，绿圣蓬源公司、鸿宾禾盛公司共同实施了制造、销售侵害涉案专利权产品的行为。虽然丰科公司并未提交其因绿圣蓬源公司、鸿宾禾盛公司的侵权行为所遭受的实际损失或者绿圣蓬源公司、鸿宾禾盛公司因侵权实际获利的证据，但本院注意到，丰科公司提交的证据第4258号公证书的内容显示，北方网转自《天津日报》的新闻报道文章《北辰区探索城郊现代农业发展新模式》记载，鸿滨禾盛公司“食用菌日产量20吨，年产值达6000万元”“该公司生产的蟹味菇、白玉菇等高端食用菌占据全国市场30%的份额”。北方网转自北辰政务网的新闻报道文章《三驾马车齐发力北辰区农业再上新水平》记载，绿圣蓬源公司“日产量由10吨增长到30吨”。上述文章报道内容一定程度上反映了绿圣蓬源公司、鸿宾禾盛公司的生产规模。绿圣蓬源公司、鸿宾禾盛公司虽然否认其通过制造、销售侵权产品获利，但其在本案一审、二审程序中均未提出其财务账簿等足以对抗丰科公司的上述有关侵权赔偿证据的反证，以证明其实际获利少于原审法院所确定的赔偿数额。结合丰科公司上述证据，本院认为绿圣蓬源公司、鸿宾禾盛公司被诉侵权行为给丰科公司造成的损失已经明显超过了法定赔偿100万元的最高限额。本案可以根据当事人的诉讼请求，结合案件具体情况，综合考虑专利权人的实际损失，侵权人的主观过错、侵权情节等因素，在法定赔偿最高限额以上合理确定赔偿数额。虽然原审法院依据《中华人民共和国专利法》第六十五条的规定适用法定赔偿标准确定绿圣蓬源公司、鸿宾禾盛公司分别赔偿丰科公司经济损失100万元，适用法律有误，但确定赔偿总额为200万元基本适当，本院予以确认。

此外，关于本案的鉴定费用，需要指出的是，北京国创鼎诚司法鉴定所出具了《关于（2017）京73民初555号侵害发明专利权纠纷的司法鉴定项目费用说明》，自认其向当事人收取的鉴定费26.82万元中包含检测费6.2万元，而其实际支付给检测机构检测费3.8万元，故本案鉴定费用应认定为23.8万元，本院将在诉讼费用负担部分相应予以调整。

综上所述，绿圣蓬源公司、鸿滨禾盛公司的上诉请求不能成立，应予驳回；原审判决认定事实清楚，适用法律虽有瑕疵，但裁判结果正确，应予维持。依照《中华人民共和国专利法》第十一条、第六十五条第一款，《中华人民共和国民事诉讼法》第一百七十条第一款、《最高人民法院关于适用〈中华人民共和国民事诉讼法〉的解释》[①]第三百三十四条之规定，判决如下：

---

① 已被《最高人民法院关于修改〈最高人民法院关于适用《中华人民共和国民事诉讼法》的解释〉的决定》（2022年4月1日公布）修改，本案下同。

驳回上诉，维持原判。

一审案件受理费83600元，由上海丰科生物科技股份有限公司负担53600元，由天津绿圣蓬源农业科技开发有限公司、天津鸿滨禾盛农业技术开发有限公司各负担15000元，鉴定费用238000元，由天津绿圣蓬源农业科技开发有限公司、天津鸿滨禾盛农业技术开发有限公司各负担119000元；二审案件受理费29114元，由天津绿圣蓬源农业科技开发有限公司、天津鸿滨禾盛农业技术开发有限公司各负担14557元。

本判决为终审判决。

审　判　长　徐燕如
审　判　员　马　军
审　判　员　刘晓梅
二〇二一年八月十九日
法 官 助 理　李易忱
技术调查官　张秀丽
书　记　员　谭秀娇

6. 销售侵害外观设计专利权产品的认定

——再审申请人刘国兴、长春雷特科技有限公司与被申请人吉林省尔辰路桥工程有限公司侵害外观设计专利权纠纷案[①]

中华人民共和国最高人民法院民事判决书（2021）最高法民再205号

再审申请人（一审原告、二审上诉人）：刘国兴。

再审申请人（一审原告、二审上诉人）：长春雷特科技有限公司。住所地：吉林省长春市九台经济开发区甲三路北侧。

法定代表人：关丽媛，该公司总经理。

二再审申请人的共同委托诉讼代理人：臧智国，吉林诚元律师事务所律师。

二再审申请人的共同委托诉讼代理人：丁洪学，吉林诚元律师事务所律师。

被申请人（一审被告、二审被上诉人）：吉林省尔辰路桥工程有限公司。住所地：吉林省长春市二道区长石公路6777号英俊镇人民政府1号楼207室、208室。

法定代表人：刘东河，该公司董事长。

委托诉讼代理人：高原嵩，吉林圣久律师事务所律师。

再审申请人刘国兴、长春雷特科技有限公司（以下简称雷特公司）因与被申请人吉林省尔辰路桥工程有限公司（以下简称尔辰公司）侵害外观设计专利权纠纷一案，不服吉林省高级人民法院（2020）吉民终182号民事判决，向本院申请再审。本院于2020年12月24日作出（2020）最高法民申5838号民事裁定，提审本案。本院依法组成合议庭进行了审理，现已审理终结。

刘国兴和雷特公司申请再审称，（一）本案应当适用《最高人民法院关于审理侵犯专利权纠纷案件应用法律若干问题的解释》第十二条第二款的规定，判决尔辰公司承担侵权责任。尔辰公司承建温室大棚项目，并将温室大

① 本案在年度报告中的位置为第12页。

棚建成后交付给发包方，发包方支付给尔辰公司工程款，尔辰公司从中赚取收益。这是典型的销售行为，温室大棚就是交易物，也是商品、产品。每一栋温室大棚就是每一个单独的产品，本案共有29件产品。尔辰公司制造每一个温室大棚，都将侵犯外观设计专利权的型材作为温室大棚的“零部件”，搭建温室大棚骨架，并与其他原材料共同建成温室大棚，应当认定尔辰公司存在侵权的销售行为，并应判决其承担侵权责任。（二）二审法院适用《中华人民共和国专利法》[①]（以下简称专利法）第十一条违背立法原意。侵权行为人只要实施了“为生产经营目的销售行为”，就应当构成侵权。“销售行为”并不只存在于买卖中，也存在于其他商业交易行为当中。显然“为生产经营目的”的立法原意，并不局限在买卖当中，同样存在于“加工承揽”“提供劳务”等商业交易行为中。二审法院认为“销售行为”仅存在买卖合同关系当中的观点，显然缩小了专利法第十一条规定“为生产经营目的”销售行为的范围，违背了立法原意，错误适用法律。综上，请求依法改判，撤销一、二审民事判决，判令被申请人尔辰公司立即停止侵权行为，并判令尔辰公司赔偿经济损失15万元及律师代理费15000元，合计165000元。一、二审案件受理费由尔辰公司负担。

被申请人尔辰公司辩称，原审判决已认定本案的法律关系是建设工程合同关系，并非买卖合同关系。再审申请人以典型的商业交易混淆本案的法律关系，没有事实和法律依据。尔辰公司依据合同进行施工，安装温室大棚的型材是合法购买，没有制造和销售行为。尔辰公司向业主交付工程项目，不属于销售行为，不构成侵权。本案没有证据证明再审申请人受到实际损失或对方当事人实际因侵权所获得的利益。

一审法院认定：刘国兴、雷特公司为ZL201430059342.1号型材（外/双膜梁）外观设计专利权的权利人，专利申请日为2014年3月21日，外观设计产品用于温室大棚骨架，其中包括两项相似外观设计，其中设计1为指定基本设计。尔辰公司为农安县开安镇万宝村日光温室建设项目工程的承建人。该公司成立于2013年11月20日，企业类型为有限责任公司，经营范围包括市政道路桥梁公用工程总承包；水利水电工程、公路桥梁工程、园林绿化景观工程、城市及道路照明工程、管道及顶管工程、体育场设施工程、土方工程、土地综合治理工程、钻井工程、地基基础工程、架空管线工程施工；建筑劳务分包；建筑垃圾清运。

2018年4月13日下午15时43分，刘国兴持公证员手机分别对农安县开

---

① 此处指2008年《中华人民共和国专利法》，其已于2020年修改，本案下同。

安镇万宝村日光温室建设项目第 10 栋、第 1 栋中被控侵权的型材、温室后坡顶部通风窗进行了拍照。刘国兴现场在第 1 栋日光温室角落中拾到 2 块型材边角料，由公证员带回公证处拍照、封存。公证员封存的 2 块型材边角料由刘国兴取走。吉林省长春市信维公证处出具（2018）吉长信维证内民字第 11741 号公证书对上述过程予以证实。原审庭审中，各方确认上述 2 块型材边角料由公证处封存完好后当庭拆封，一审法院组织各方当事人将其与涉案专利型材（外/双膜梁）外观设计专利表现在图片中的产品进行比对，其中一块型材与专利设计 1 相同，横断面整体类似阿拉伯数字“3”的形状；另外一块型材与专利设计 2 相同，横断面整体类似字母“U”的形状，由左侧反“3”字形和右侧“3”字形组合而成。通过（2018）吉长信维证内民字第 11741 号公证书后附照片可以确认，农安县开安镇万宝村日光温室建设项目中使用了上述与涉案外观设计专利权相同的专利产品作为温室大棚骨架。尔辰公司对此认可，并称上述两种形状的被控侵权型材分别用于涉案项目大棚的上梁和下梁。

刘国兴、雷特公司向一审法院起诉，请求判令：1. 尔辰公司立即停止侵权行为，即停止生产、销售侵害 ZL201430059342.1 号外观设计专利权的产品；2. 尔辰公司赔偿刘国兴、雷特公司经济损失人民币 15 万元，律师代理费 1.5 万元，合计 16.5 万元；3. 诉讼费用由尔辰公司负担。

一审法院认为：刘国兴、雷特公司作为涉案外观设计专利的权利人，有权提起本案诉讼。经庭审比对，两种形状的被控侵权型材产品与涉案外观设计产品均属相同产品，且分别采用了与涉案外观设计专利设计 1、设计 2 基本相同的外观设计，被控侵权型材产品的外观设计落入了涉案外观设计专利权的保护范围。根据现有证据不能认定尔辰公司实施了生产、销售侵权产品的侵权行为。首先，刘国兴、雷特公司未提交任何证据证明被控侵权的型材产品系由尔辰公司制造生产。其次，不能认定尔辰公司实施了侵权型材的“销售”行为，只能认定尔辰公司在建设大棚项目过程中使用了侵害涉案外观设计专利权的产品。最后，尔辰公司为生产经营目的使用侵害外观设计专利产品的行为并不属于侵害外观设计专利权的行为。我国专利法并未将为生产经营目的使用侵害外观设计专利权产品的行为认定为侵权行为。刘国兴、雷特公司以尔辰公司侵害涉案外观设计专利权为由提出的全部诉讼请求，不予支持。遂判决：驳回刘国兴、雷特公司的全部诉讼请求。案件受理费 3600 元，由刘国兴、雷特公司负担。

刘国兴、雷特公司上诉称：一审法院认定事实和适用法律错误。一审法院认定尔辰公司承建案涉温室大棚项目使用了侵害涉案外观设计专利权的型材作为温室大棚骨架，但不能认定尔辰公司实施了侵权型材的“销售”行为，只能认定尔辰公司在建设大棚项目使用了侵害涉案外观设计专利权的产品错误。尔辰公司承建温室大棚，并将温室大棚建成后交付给发包方并从中赚取利益，这是典型的商业交易过程，符合销售行为的全部法律要件。温室大棚即是双方的交易物，而温室大棚就是尔辰公司制造出来的，且每一个单独的温室大棚的制造都将侵犯外观设计专利权的型材作为了温室大棚的“零部件”，此时，侵犯外观设计专利权的型材就是《最高人民法院关于审理侵犯专利权纠纷案件应用法律若干问题的解释》第十二条第二款规定的“零部件”，温室大棚就是另一产品，故尔辰公司的行为符合上述司法解释的规定，应当认定尔辰公司存在侵权的销售行为，并承担侵权责任。请求撤销一审判决，支持其原审诉讼请求。

二审法院对一审法院查明的事实予以确认。

二审法院认为：该案争议焦点为尔辰公司使用侵害案涉外观设计专利权的型材建设温室大棚并交付给发包方的行为是否属于销售行为。尔辰公司是农安县开安镇万宝村日光温室建设项目工程的承建人，与发包人签订施工合同并按照发包人的要求及图纸进行施工，与发包人形成建设工程合同关系而非买卖合同关系。故一审法院认定尔辰公司为生产经营目的使用了侵害外观设计专利产品，但该行为并不属于侵害外观设计专利权的行为并无不当。在尔辰公司不存在侵害外观设计专利权行为的情况下，其请求判决尔辰公司停止侵权行为并赔偿其经济损失的诉讼请求，不予支持。遂判决：驳回上诉，维持原判。二审案件受理费 3600 元，由刘国兴、长春雷特科技有限公司负担。

本院再审查明的事实同原审查明的事实。

本院再审认为，本案再审审理的焦点是，尔辰公司是否存在侵犯外观设计专利权的行为；如构成侵权，赔偿数额如何确定。

专利法第十一条第二款规定：“外观设计专利权被授予后，任何单位或者个人未经专利权人许可，都不得实施其专利，即不得为生产经营目的制造、许诺销售、销售、进口其外观设计专利产品。”《最高人民法院关于审理侵犯专利权纠纷案件应用法律若干问题的解释》第十二条第二款规定：“将侵犯外观设计专利权的产品作为零部件，制造另一产品并销售的，人民法院应当认定属于专利法第十一条规定的销售行为，但侵犯外观设计专利权的产品在该另一产品中仅具有技术功能的除外。”

本案所涉被诉侵权产品为尔辰公司承包建造农安县开安镇万宝村日光温室大棚所使用的骨架型材。对于该大棚骨架型材落入刘国兴和雷特公司享有的涉案外观设计专利权保护范围，属于侵权产品，尔辰公司在原审诉讼中对此并无异议。争议问题在于，尔辰公司的行为是否构成侵权。涉案温室建设工程项目是由尔辰公司承建。虽然尔辰公司与案外人农安县土地整理中心之间系建设工程施工合同关系，农安县土地整理中心系发包人，承担支付工程款的义务，尔辰公司负责工程建设，但根据双方签订的工程施工合同的约定，材料设备由承包人采购，并非发包人提供。故尔辰公司在施工中使用的大棚骨架型材系由其负责采购的，其将采购的型材用于建造温室大棚，并将施工完成的温室大棚交付给发包人。发包人农安县土地整理中心将工程款支付给尔辰公司，工程总价款中包括了温室大棚工程。可见，尔辰公司将侵权产品作为建造温室大棚的零部件，制造完成温室大棚后交付使用。且经本院再审审查中询问，该工程已竣工验收，尔辰公司已取得工程价款。因此，被诉侵权产品作为整个温室大棚工程的组成部分，尔辰公司已取得了相应的价款。据此，应当视为尔辰公司实际“销售”了被诉侵权产品，其行为符合上述法律及司法解释规定的情形，构成侵权，应当承担相应的侵权责任。原审判决未判定尔辰公司停止涉案侵权行为、承担赔偿责任属于适用法律错误，本院予以纠正。

对于赔偿损失数额，根据专利法第六十五条“侵犯专利权的赔偿数额按照权利人因被侵权所受到的实际损失确定；实际损失难以确定的，可以按照侵权人因侵权所获得的利益确定。权利人的实际损失或者侵权人获得的利益难以确定的，参照该专利许可使用费的倍数合理确定。赔偿数额还应当包括权利人为制止侵权行为所支付的合理开支。权利人的损失、侵权人获得的利益和专利许可使用费均难以确定的，人民法院可以根据专利权的类型、侵权行为的性质和情节等因素，确定给予一万元以上一百万元以下等赔偿”之规定，因刘国兴、雷特公司没有提供证据证明其所受到的实际损失以及尔辰公司实际获得的利益，本案亦无专利许可使用费可参照，故综合本案专利类型、被诉侵权行为的性质及尔辰公司实际建造完成了29个温室大棚等情形，本院酌定尔辰公司赔偿刘国兴、雷特公司经济损失（含律师代理费等合理开支）10万元。

综上，再审申请人刘国兴、雷特公司的部分再审诉讼请求成立，本院予以支持。原审判决适用法律不当，本院予以纠正。依照《中华人民共和国民事诉讼法》[①] 第一百七十条第一款第二项、第二百零七条第一款之规定，判决如下：

---

① 此处指2017年《中华人民共和国民事诉讼法》，其已于2021年修改，本案下同。

一、撤销吉林省高级人民法院（2020）吉民终 182 号民事判决及吉林省长春市中级人民法院（2019）吉 01 知民初 10 号民事判决；

二、吉林省尔辰路桥工程有限公司立即停止侵害刘国兴、长春雷特科技有限公司享有的 ZL201430059342.1 号型材（外/双膜梁）外观设计专利权的行为；

三、吉林省尔辰路桥工程有限公司于本判决生效后十日内赔偿刘国兴、长春雷特科技有限公司经济损失人民币 10 万元；

四、驳回刘国兴、长春雷特科技有限公司的其他诉讼请求。

如果未按本判决指定的期间履行给付金钱义务，应当依照《中华人民共和国民事诉讼法》第二百五十三条之规定，加倍支付迟延履行期间的债务利息。

一审、二审案件受理费合计 7200 元，由吉林省尔辰路桥工程有限公司负担 4363 元（本判决生效后 10 日内一并支付给刘国兴、长春雷特科技有限公司），刘国兴、长春雷特科技有限公司负担 2837 元。

本判决为终审判决。

审　判　长　张志弘
审　判　员　白雅丽
审　判　员　许常海
二〇二一年九月三十日
法官助理　张　赫
书　记　员　芦　菲

7. 现有技术抗辩中一项现有技术方案的认定

——再审申请人南通建马建材科技有限公司与被申请人南通中顺节能建筑材料有限公司及一审被告、二审上诉人南通八建集团有限公司、一审被告南通锦隆置业有限公司侵害实用新型专利权纠纷案①

中华人民共和国最高人民法院民事裁定书（2021）最高法民申5727号

再审申请人（一审被告、二审上诉人）：南通建马建材科技有限公司。住所地：江苏省南通市通州区刘桥工业园区新刘大道。

法定代表人：顾建，该公司总经理。

委托诉讼代理人：张蔡昀，女，该公司工作人员。

被申请人（一审原告、二审被上诉人）：南通中顺节能建筑材料有限公司。住所地：江苏省南通市中南世界城23幢2501室。

法定代表人：陈菊，该公司总经理。

一审被告、二审上诉人：南通八建集团有限公司。住所地：江苏省南通市城闸路129号。

法定代表人：宋陈明，该公司董事长。

一审被告：南通锦隆置业有限公司。住所地：江苏省南通市开发区通盛大道188号A座。

法定代表人：曹永忠，该公司董事长。

再审申请人南通建马建材科技有限公司（以下简称建马公司）因与被申请人南通中顺节能建筑材料有限公司（以下简称中顺公司）及一审被告、二审上诉人南通八建集团有限公司、一审被告南通锦隆置业有限公司侵害实用新型专利权纠纷一案不服最高人民法院知识产权法庭（2020）最高法知民终1149号民事判决，向本院申请再审。本院依法组成合议庭进行了审查，现已审查终结。

建马公司申请再审称，（一）国家知识产权局于2021年7月23日发文

---

① 本案在年度报告中的位置为第13页。

（决定日为2021年7月15日）的第51047号无效宣告请求审查决定，宣告涉案专利专利权全部无效。（二）一、二审判决认定《建筑隔声与吸声构造》08J931图集第33页的内容没有公开“竖向隔声片”的技术特征，二审判决认定该图集第33页和第30页的记载属于不同技术方案，不能在现有技术抗辩中结合，均属于事实认定错误。（三）二审判决在现有技术抗辩的审理中，没有对“竖向隔声片”特征进行对比，对“固定连接”相关特征进行对比是将现有技术与专利权技术特征进行对比，属于现有技术抗辩的法律规则适用错误。（四）二审时申请人提出上诉请求：“在细石混凝土保护层中设置钢筋网片”已是所属领域技术人员广为熟知的常识，可以与现有技术江苏省住房和城乡建设厅第37号公告推广技术应用第143项组合，用于现有技术抗辩并提供了参照案例，二审法院未对这些上诉请求进行审理，二审程序存在严重瑕疵。综上，请求本院撤销一、二审判决，依法再审本案。

再审审查期间，建马公司向本院提交了国家知识产权局2021年7月23日发文（决定日为2021年7月15日）的第51047号无效宣告请求审查决定书，拟证明涉案专利专利权全部无效。本院另查明：江苏省苏州市中级人民法院已于2021年1月21日发出结案通知书［（2021）苏05执45号］，确认本案一审判决［（2019）苏05知初821号］已生效，相关侵权赔偿已被执行。中顺公司未在第51047号无效宣告请求审查决定作出之日起的三个月内提起行政诉讼，该无效决定现已生效。

本院经审查认为，本案的审理焦点是：（一）国家知识产权局的无效决定对生效判决是否有追溯力。（二）建马公司主张的现有技术抗辩是否成立。

《中华人民共和国专利法》（2008年第三次修正，以下简称专利法）第四十七条第二款规定：“宣告专利权无效的决定，对在宣告专利权无效前人民法院作出并已执行的专利侵权的判决、调解书，已经履行或者强制执行的专利侵权纠纷处理决定，以及已经履行的专利实施许可合同和专利权转让合同，不具有追溯力……”本案中，生效判决在国家知识产权局作出第51047号无效宣告请求审查决定之前已经执行。因此，该无效宣告请求决定对本案生效判决不具有追溯力。

专利法第六十二条规定：“在专利侵权纠纷中，被控侵权人有证据证明其实施的技术或者设计属于现有技术或者现有设计的，不构成侵犯专利权。”《最高人民法院关于审理侵犯专利权纠纷案件应用法律若干问题的解释》第十四条第一款规定：“被诉落入专利权保护范围的全部技术特征，与一项现有技术方案中的相应技术特征相同或者无实质性差异的，人民法院应当认定被诉侵权人实施的技术属于专利法第六十二条规定的现有技术。”按照上述法律和司法解释的规定，判定现有技术抗辩能否成立，需以涉案专利权的保护范围作为参照，确定被诉侵权技术方案中落入涉案专利权保护范围的技术特征，并判断一项现有技术是否公开了与之相同或者等同的技术特征。

记载在同一对比文献不同部分的内容，如果其在文意上互为解释，在技术上彼此关联，相互支持，共同解决一个技术问题，则这些内容应当作为一个整体，共同构成一项现有技术。本案中，《建筑隔声与吸声构造》08J931图集公开了楼面的隔声构造，其中第30—34页公开了“三、设计及施工说明”部分，第30页第1、2、3点的文字说明及图示对楼面的设计及施工方式进行了总体说明，然后第31—34页通过图表的方式展示了在该总体说明下的各种具体隔声楼面的做法，包括楼1-12共12种不同的楼面设计。其中第33页楼7的楼面简图（以下称楼7图）所示的“水泥砂浆浮筑楼面”，其设计施工的总体要求应遵从第30页的总体文字说明及图示，这些文字说明及图示可以用于解释第33页图示中的相关内容。上述两部分内容在技术上是密切关联的，本领域技术人员基于其共同指引才能解决有隔声功能的水泥砂浆浮筑楼面的设计和施工问题。因此，第33页楼7图和第30页的内容应作为一个整体，共同构成一项现有技术（下称现有技术1），在现有技术抗辩中与被诉侵权产品进行比对。

现有技术1第33页楼7图显示其具备被诉侵权产品中混凝土楼板层、玻璃棉板层、包裹有钢筋网片的细石混凝土保护层由下而上依次设置。此外，该简图还显示水泥砂浆浮筑楼面的左侧紧贴墙面且位于踢脚下方竖向设置一部件，该部件设置的形式、位置与现有技术1第30页右侧“隔声玻璃棉板隔声楼板”附图中“10厚专用隔声玻璃棉板”所示部件一致。同时结合第30页第3点的文字内容“四周与墙交界处用10mm厚同密度的专用隔声玻璃棉板和聚乙烯膜将上层混凝土面层与墙体隔开，以保持良好的隔声效果”，可见楼7图所示的水泥砂浆浮筑楼面的左侧紧贴墙面且位于踢脚下方竖向设置的部件为竖向设置的隔声玻璃棉板。因此，现有技术1公开了被诉侵权产品中的“竖向隔声片”这一技术特征。但是现有技术1并未公开被诉侵权产品中与涉案权利要求1“竖向隔声片与镀锌钢丝网片和细石混凝土保护层固定连接”相对应的技术特征。具体而言，根据现有技术1第33页楼7图及第30页的文字说明“四周与墙交界处用10mm厚同密度的专用隔声玻璃棉板和聚乙烯膜将上层混凝土面层与墙体隔开，以保持良好的隔声效果”，竖向隔声玻璃棉板和细石混凝土层保护层、钢筋网片之间还有一层聚乙烯膜，该聚乙烯膜的作用是防止混凝土施工时，水泥浆渗入玻璃棉板形成传声通道。由于该聚乙烯膜的存在，导致在现有技术1中竖向隔声玻璃棉板与细石混凝土保护层及钢筋网片并非紧密贴合及固定连接的。同时也没有证据表明建马公司主张的现有技术1实施后自然会出现“固定连接”的技术效果。因此，现有技术1并未具备被诉侵权产品落入涉案专利权保护范围的全部技术特征。建马公司基于该现有技术主张的现有技术抗辩依据不足，本院不予支持。

如果被控侵权人有充分证据证明其实施的技术方案属于一份对比文献中记载的一项现有技术方案与所属领域技术人员广为熟知的常识的简单组合，则应当认定被控侵权人主张的现有技术抗辩成立。本案中，江苏省住房和城乡建设厅第37号公告推广应用技术第143项（下称现有技术2）公开了一种浮筑楼板保温隔声技术，其中将具有保温隔声作用的材料，铺设于楼板上，再在保温隔声材料上浇筑细石混凝土保护层，保温隔声材料、细石混凝土保护层与墙体之间设置竖向隔声材料，形成楼、地面保温隔声系统。被诉侵权产品相对于现有技术2，至少具有以下区别技术特征：（1）细石混凝土保护层中设置钢筋网片，（2）保温隔声材料为玻璃棉板层，（3）竖向隔声片分别与混凝土楼板层、玻璃棉板层、钢筋网片和细石混凝土保护层固定连接。对于上述区别技术特征（1），建马公司提交的江苏省住房和城乡建设厅审定发布的《住宅工程质量通病控制标准》中公开了在混凝土垫层或面层中，宜在顶面下20mm处配置钢筋直径为4—8mm，间距为100—200mm的双向钢筋网，但建马公司没有提出证据证明上述区别技术特征（2）（3）是建筑施工领域普通技术人员广为熟知的常识。因此，被诉侵权产品不属于现有技术2与所属领域技术人员广为熟知的常识的简单组合。建马公司基于现有技术2主张的现有技术抗辩依据不足，本院不予支持。

综上，依照《中华人民共和国民事诉讼法》[①]第二百零四条第一款，《最高人民法院关于适用〈中华人民共和国民事诉讼法〉的解释》[②]第三百九十五条第二款之规定，裁定如下：

驳回南通建马建材科技有限公司的再审申请。

审 判 长 佟 姝
审 判 员 张玲玲
审 判 员 吴 蓉
二〇二一年十二月十七日
书 记 员 杨钰桐

---

① 此处指2017年《中华人民共和国民事诉讼法》，其已于2021年修改，本案下同。

② 已被《最高人民法院关于修改〈最高人民法院关于适用《中华人民共和国民事诉讼法》的解释〉的决定》（2022年4月1日公布）修改，本案下同。

8. 先用权抗辩中原有范围的证明标准

——上诉人东莞市乐放实业有限公司与被上诉人深圳市赛源电子有限公司、原审被告广州晶东贸易有限公司侵害实用新型专利权纠纷案①

中华人民共和国最高人民法院民事判决书（2021）最高法知民终508号

上诉人（原审被告）：东莞市乐放实业有限公司。住所地：广东省东莞市石排镇埔心西坑路54号2号楼101室。

法定代表人：刘亚兵，该公司执行董事兼经理。

委托诉讼代理人：管伟江，广东茂达律师事务所律师。

被上诉人（原审原告）：深圳市赛源电子有限公司。住所地：广东省深圳市宝安区新安街道新安湖社区新圳西路2号新安湖商业城新宝苑A座504。

法定代表人：黄萍华，该公司总经理。

委托诉讼代理人：夏强，广东民亮律师事务所律师。

原审被告：广州晶东贸易有限公司。住所地：广东省广州市黄埔区九龙镇九龙工业园凤凰三横路89号1号库房301。

法定代表人：宋春正，该公司执行董事。

委托诉讼代理人：叶鹏，广东佰仕杰律师事务所律师。

委托诉讼代理人：吴予笑，广东佰仕杰律师事务所律师。

上诉人东莞市乐放实业有限公司（以下简称乐放公司）因与被上诉人深圳市赛源电子有限公司（以下简称赛源公司）、原审被告广州晶东贸易有限公司（以下简称晶东公司）侵害实用新型专利权纠纷一案，不服广州知识产权法院于2020年12月3日作出的（2020）粤73知民初585号民事判决，向本院提起上诉。本院于2021年3月10日立案后，依法组成合议庭，并于2021年4月10日询问当事人，上诉人乐放公司的委托诉讼代理人管伟江，被上诉人赛源公司的委托诉讼代理人夏强，原审被告晶东公司的委托诉讼代理人叶鹏到庭参加询问。本案现已审理终结。

---

① 本案在年度报告中的位置为第15页。

乐放公司上诉请求：撤销原审判决。事实和理由：（一）乐放公司早于专利号为ZL20192011××××.0、名称为“一种条形音箱”的实用新型专利（以下简称涉案专利）申请日前已经生产制造、销售被诉侵权产品，构成在先使用。且乐放公司未变更厂房地址、未扩大厂房面积，仅持有一套生产模具，无法扩大原有生产范围。（二）被诉侵权产品的电路板模块与现有技术小米音响的电路板模块安装于相同位置，都是安装在第一凹槽和音壳腔体上盖之间的容置空间内。虽然被诉侵权产品将该容置空间挖成了一个凹槽形状，但其相比于小米音响的技术方案并不存在实质性改变，本领域技术人员无需进行创造性劳动就能够联想到，被诉侵权产品实施的是现有技术。

赛源公司辩称：先用权抗辩证据均系单方证据，先用权制造的产品也与被诉侵权产品不相同，无法印证关联性。现有技术证据并未公开被诉侵权产品的技术特征，抗辩不成立。综上，请求驳回上诉，维持原判。

晶东公司述称：晶东公司销售的被诉侵权产品有合法来源，且已下架，不应承担赔偿责任。

赛源公司向原审法院提起诉讼，原审法院于2020年5月7日立案受理。赛源公司起诉请求：1. 判令晶东公司、乐放公司立即停止侵害涉案专利权的一切侵权行为，销毁库存侵权产品、销毁制造侵权产品的专用模具；2. 判令晶东公司、乐放公司赔偿赛源公司经济损失及维权合理费用20万元；3. 判令晶东公司、乐放公司承担本案的诉讼费。

晶东公司辩称：晶东公司销售的被诉侵权产品具有合法来源，其不知道该产品涉嫌侵害实用新型专利权。被诉侵权产品已下架，晶东公司作为销售方并不存在任何生产行为，赛源公司主张晶东公司承担侵权责任无事实和法律依据。

乐放公司辩称：确认被诉侵权产品具备涉案专利权利要求1、2、5的全部技术特征，但权利要求5的技术特征是本领域技术人员不经创造性劳动即可获得的。乐放公司提交的第一组证据足以证明乐放公司已经完成实施发明创造所必需的主要技术图纸或者工艺文件，第二组证据足以证明乐放公司已经制造或者购买实施发明创造所必需的主要设备和原材料，因此，乐放公司行为属于法律规定的不视为侵害专利权的情形。被诉侵权产品使用的是现有技术。

原审法院认定事实：

赛源公司于2019年1月23日向国家知识产权局申请名称为“一种条形音箱”的实用新型专利，于2019年8月23日获得授权，专利号为ZL20192011××××.0，该专利至今有效。赛源公司请求保护涉案专利权利要求

1、2、5，相应的权利要求书记载如下：权利要求 1. 一种条形音箱，所述条形音箱包括电路板模块、扬声器、音腔壳体，其特征在于，所述扬声器安装在所述音腔壳体上，所述音腔壳体包括前壳和后壳，所述后壳的后下方设置有第一凹槽结构，所述电路板模块包括电路板，所述电路板包括依次连接的音频接口单元、音频处理单元和功率放大单元，所述功率放大单元的输出端连接扬声器的输入端，所述音频接口单元包括有线音频接口电路和/或无线音频接口电路；权利要求 2. 根据权利要求 1 所述的条形音箱，其特征在于，所述后壳的后上方设有第二凹槽结构，所述电路板模块还包括固定壳，所述电路板模块位于所述第二凹槽结构内，与所述第二凹槽结构适配；权利要求 5. 根据权利要求 2 所述的条形音箱，其特征在于，所述第二凹槽结构和所述固定壳分别设有对应的螺丝固定柱和螺丝固定孔，通过螺丝将电路板模块固定在所述第二凹槽结构内。国家知识产权局于 2019 年 11 月 23 日完成的专利权评价报告初步结论显示：全部权利要求 1-10 未发现存在不符合授予专利权条件的缺陷。

广东省深圳市深圳公证处（2020）深证字第 20978 号、第 20979 号公证书记载：赛源公司委托代理人杜兰英于 2020 年 2 月 21 日向公证处申请办理保全证据公证。同日，在公证人员的现场监督下，杜兰英在广东省深圳市罗湖区收取了京东快递包裹一件，运单号码为 JD0010939685235。杜兰英对包裹外包装、运单及包裹内产品、说明书等进行拍照。随后，公证人员将包裹内两个产品封存，交杜兰英保管。杜兰英又在公证人员的监督下，使用公证处计算机，进行了如下操作：登录京东账号，查看订单 110108061111，显示订单内商品为“乐放 LOYFUNA25 音响 2.0 声道 USB 电脑便携式多媒体迷你音箱笔记本桌面有线低音炮黑色”，单价 89 元，订单承运人为京东快递，单号为 JD0010939685235，相应货品已于 2020 年 2 月 21 日签收。查看该订单发票，发票记载销售方为广州晶东贸易有限公司，商品规格型号 A25，数量 3 台，价税 267 元。

原审庭审中，赛源公司当庭提交公证封存的被诉侵权产品实物，外包装上贴有广东省深圳市深圳公证处的封条，封条完整。当庭拆封后，内有 2 个被诉侵权产品，产品外包装上显示“制造商：东莞市乐放实业有限公司，地址：东莞市石排镇埔心村西坑路 1 号”。乐放公司确认上述产品为其制造、销售。将被诉侵权产品技术方案与涉案专利权利要求 1、2、5 记载的技术特征进行比对，赛源公司认为被诉侵权产品落入权利要求 1、2、5 的保护范围。乐放公司对赛源公司的比对意见没有异议，但主张先用权及现有技术抗辩。晶东公司主张合法来源抗辩，对技术比对未发表意见。

晶东公司提交的证据显示：北京京东世纪贸易有限公司与天津万博瑞通科技发展有限公司于2020年1月1日签订产品购销协议及附加协议，双方合作品类品牌包括音箱/音响：乐放（LOYFUN）在内的多种品牌录音笔和音响产品，协议有效期至2020年12月31日。天津万博瑞通科技发展有限公司于2020年1月9日开具了价税为112030元的增值税发票，购买方显示为北京京东世纪贸易有限公司。晶东公司同时提交"LOYFUN""乐放"商标注册证、"音响（A25）"外观设计专利证书、授权文件以及上述商标、专利的权利人袁云的授权书、天津万博瑞通科技发展有限公司营业执照、乐放公司授权书，上述材料均加盖了天津万博瑞通科技发展有限公司的公章。乐放公司的证据显示袁云为乐放公司员工，乐放公司从2016年2月起为袁云缴纳社保。乐放公司提交的模具报价单及验收单、微信聊天信息、试验报告、规格书、物流清单等证据显示，乐放公司从2018年11月至2019年1月间对"A25"型号音箱进行试模、样品检测、确定规格、来料检验等工作；乐放公司ERP系统内销出货单显示乐放公司从2019年1月起开始接受"A25"型号音箱的订单。

此外，乐放公司提交小米电视音箱实物作现有技术抗辩。经查，2018年8月6日已有消费者在网络上发布对小米电视音箱外观及其内部结构拆解分析的图文。

另查明，晶东公司为有限责任公司（外商投资企业法人独资），法定代表人为宋春正，成立于2007年7月31日，经营范围为批发业。北京京东世纪贸易有限公司出具情况说明，证明晶东公司系其全资子公司，负责其采购的商品在华南地区的销售及为客户出具购物发票。

乐放公司为有限责任公司（自然人投资或控股），法定代表人为陈亮，成立于2014年3月11日，经营范围包括产销、加工：塑胶制品、电子产品、五金制品、模具。电脑周边设备及配件；货物及技术进出口业务。

原审法院认为：经比对，被诉侵权产品具备涉案专利权利要求1、2、5所记载的全部技术特征，落入涉案专利权保护范围。晶东公司主张合法来源抗辩，于法有据，原审法院予以支持。型号为MDZ-27-DA的小米电视音响并未公开第二凹槽的结构，亦未公开电路板模块放置于第二凹槽结构内的技术特征，乐放公司以此作为现有技术抗辩，不能成立。

就本案的证据而言，乐放公司提交的证明乐放公司在涉案专利申请日前已经完成A25音箱设计的相关证据，除外观设计专利证书、授权公告、社保缴费记录和工商登记信息外，均系乐放公司单方制作的证据，赛源公司对打样确认邮件、贴片资料之外的乐放公司单方制作、提交证据的真实性、合法性不予确认，原审法院对此不予采信。至于乐放公司提交的证明其在涉案专利申请日前已经做好量产销售准备的证据，除银行转账回执、工商登记和社保记录外，均系其单方制作的证据，在赛源公司不认可其真实性、合法性的情况下，原审法院对此不予采信。乐放公司还提交了证明涉案专利申请日前已经推广销售被诉侵权产品的证据，除营业执照外，亦为单方制作提供，在赛源公司不认可其真实性、合法性的情况下，原审法院对此不予采信。因此，乐放公司提交的上述证据不足以证实其在涉案专利申请日前已经制造相同产品或者已经作好制造的必要准备。退一步讲，即使上述证据可予采信，乐放公司所举证据限于其在专利申请日前已做好制造被诉侵权产品的准备及进行制造，但未对其制造范围以及仅在原有范围内继续制造进行举证。因此，乐放公司提交的证据不足以证实先用权抗辩成立。

由于晶东公司合法来源抗辩成立，其依法不应承担赔偿责任，但应承担赛源公司为制止侵权行为所支付的合理开支。乐放公司在庭审中确认其存在制造、销售被诉侵权产品的行为，原审法院对此予以确认。至于许诺销售行为，由于相关公证书中未记载乐放公司存在许诺销售被诉侵权产品的行为，赛源公司并未举证证明，原审法院对此不予确认。乐放公司应当承担停止侵权及赔偿损失的侵权责任。鉴于本案权利人的损失、侵权人获得的利益均难以确定，原审法院综合考虑涉案专利权的类型、侵权行为的性质、情节、经营性质、经营规模、被诉侵权产品价格以及维权支出的合理费用等因素，酌定晶东公司赔偿赛源公司维权合理费用10000元，乐放公司赔偿赛源公司经济损失及合理维权费用共50000元。至于赛源公司要求晶东公司、乐放公司销毁库存侵权产品和侵权专用模具的主张，因赛源公司并未提供证据证明两被告存在库存侵权产品和专用模具的事实，原审法院对该主张不予支持。

原审法院判决：一、晶东公司自本判决发生法律效力之日起立即停止销售、许诺销售侵害名称为“一种条形音箱”、专利号为ZL20192011××××.0实用新型专利权的产品；二、乐放公司自本判决发生法律效力之日起立即停止制造、销售侵害名称为“一种条形音箱”、专利号为ZL20192011××××.0实用新型专利权的产品；三、晶东公司自本判决发生法律效力之日起十日内赔偿赛源公司合理维权费用10000元；四、乐放公司自本判决发生法律效力之日起十日内赔偿赛源公司经济损失及合理维权费用50000元；五、驳回赛源公司的其他诉讼请求。如果未按本判决指定的期间履行给付金钱义务，应当依照《中华人民共和国民事诉讼法》[①] 第二百五十三条规定，加倍支付迟延履

① 此处指2017年《中华人民共和国民事诉讼法》，其已于2021年修改，本案下同。

行期间的债务利息。本案受理费 4300 元，由赛源公司负担 1005 元，晶东公司负担 1504 元，乐放公司负担 1791 元。

二审中，乐放公司提交了四份新证据，证据 1 是其与东莞市石排唯琛模具厂（以下简称模具厂）就 A25 音箱开模事项微信聊天记录，证据 2 是乐放公司刘文峰与模具厂 QQ 聊天记录，证据 3 是 A25 音箱模具照片，证据 4 是《厂房租赁合同书》，拟补强证明乐放公司先用权抗辩成立，且仅在原有范围内继续制造、使用被诉侵权产品。乐放公司申请证人刘文峰、宋志坚、黄勇坚出庭作证，本院依法予以准许。三位证人均在二审中当庭陈述了被诉侵权产品技术图纸的设计、模具制造等相关事实。以上二审新证据以及证人证言均经质证，晶东公司均予以认可，赛源公司对其真实性以及关联性均不予认可。

原审中，乐放公司为证明其先用权抗辩成立，向原审法院提交以下证据：证据 1：A25 设计图电子档打印件；证据 2：存有 A25 设计文档电脑主机；证据 3：A25PCB 打样确认邮件；证据 4：A25 发行的 pcb 贴片资料；证据 5：A25 结构设计图；证据 6：外观专利设计证书；证据 7：外观设计专利授权公告；证据 8：袁云社保缴费记录；证据 9：乐放公司工商登记信息；证据 10：A25 音箱实物。以上证据 1—10 拟证明涉案专利申请日前乐放公司已经完成了 A25 音箱的设计。证据 11：模具厂报价单；证据 12：乐放公司与模具厂微信聊天记录；证据 13：乐放公司佘学伟与黄勇坚之间交通银行转账回执；证据 14：模具厂工商登记信息；证据 15：佘学伟社保缴费记录；证据 16：乐放公司模具验收单（试模报告）；证据 17：音箱手板可靠性试验报告；证据 18：试产品质问题统计表；证据 19：A25 音箱试产制程不良分析统计表；证据 20：试产产品会议总结报告；证据 21：文档属性截屏；证据 22：样品检测报告；证据 23：A25 产品规格书；证据 24—25：A25 量产产品问题会议总结报告和量产制程不良分析统计报表；证据 26：A25 音箱生产工序表；证据 27—28：A25 音箱外包装盒设计图和设计图电子档属性截屏；证据 29—30：A25 音箱铭牌贴纸设计图和设计图电子档属性截屏；证据 31：A25 物料清单；证据 32：A25 物料报价单；证据 33：A25 音箱物料来料检验报告。以上证据拟证明涉案专利申请日前乐放公司已经为 A25 音箱的量产销售做好准备。证据 34：A25 音箱推广聊天记录；证据 35：订单评审表、预测订单；证据 36—37：ERP 系统开发公司出具的 ERP 系统功能说明及 ERP 系统开发公司的营业执照；证据 38：乐放公司 2019 年 2 月 ERP 系统盘点通知；证据 39—40：乐放公司 ERP 系统订单信息截屏和客户对该订单信息出具的证明。以上证据拟证明涉案专利申请日前乐放公司已经开始对外推广销售 A25 型号音箱。

晶东公司对乐放公司提交的上述证据真实性、合法性及关联性均予以认可。

赛源公司质证意见：证据 1、2 是乐放公司自有的设计图纸，对其真实性、合法性及关联性均不予认可；对证据 3、4 真实性、合法性认可，关联性不予认可，从证据 3、4 可以看到其电路板的设计与被诉侵权产品明显不同，故乐放公司所提及的在先使用技术与被诉侵权产品之间有明显区别，两者并不相同；对证据 5 的质证意见同证据 1、2；对证据 6、7 真实性、合法性认可，关联性不予认可，该外观设计专利申请人为袁云，并不能反映涉案专利技术，与本案并没有关联性；对证据 8 的真实性、合法性予以认可，关联性不认可，即使袁云是乐放公司的员工也并不等同于其个人的专利权与乐放公司有任何关联；对证据 9 的真实性、合法性及关联性予以认可；证据 10 实物照片是乐放公司自行提供，对其真实性、合法性及关联性均不认可。对证据 11 的真实性、合法性及关联性不认可，系乐放公司自主提供，并无第三方证明，其上签字的真实性亦不能确认；证据 12 聊天各方主体身份不明，且该记录中并未展示与被诉侵权产品相同的设计或理念，与本案无关，也可以从图片中看到相应配件与被诉侵权产品完全不同；对证据 13 的真实性、合法性认可，关联性不认可，两个自然人之间的转账记录与本案无关；对证据 14 的真实性、合法性认可，关联性不认可。对证据 15 真实性认可，关联性不认可，即使是员工也不能证明其个人行为等同于公司行为；证据 16—33、35 均是乐放公司内部的流转文件，其真实性、合法性无法核实，对其真实性、合法性及关联性均不予认可。对证据 34 真实性、合法性无法核实，因聊天的主体不明，其关联性也不予认可，且从聊天记录上无法展示该产品与被诉侵权产品之间的关联性；对证据 36—40 的真实性、合法性均不认可，该 ERP 系统是系乐放公司单方使用的系统，无法核实该系统使用规则和系统中的数据，亦无法直接对应被诉侵权产品，与本案无关联。

本院经审查认为，乐放公司为证明其先用权抗辩成立，向原审法院提交了四十份证据，向二审法院提交了四份证据，并申请证人出庭作证。原审证据 38 时间形成于涉案专利申请日之后，无法证明涉案专利申请日前乐放公司已经开始对外推广销售 A25 型号音箱的事实，故本院对该证据不予采纳。除原审证据 38 以外的其他证据主要涉及被诉侵权产品的图纸设计、模具制造以及销售预测等事实，与本案具有关联。虽然 A25 设计图电子档、结构设计图、模具验收单、可靠性实验报告、试产品质问题统计表、检测报告等证据系由乐放公司自行制作，但乐放公司自行研发技术、制作技术图纸或者工艺文件的相关证据由其单方制作亦属合理，且此类证据之间内容和时间等能够相互印证、衔接自然，亦有邮件、模具厂回单、微信、QQ 聊天记录、证人证言等予以佐证，在赛源公司未提交相反证据的情况下，本院对乐放公司二审证据及原审证据 1—37、39、40 予以采信。二审中，乐放公司还向本院提出鉴定申请，请求对原审证据 2 中 A25 音箱设计图电子文档形成时间与最后修改时间进行鉴定。鉴于本院已经采信该证据，相关鉴定已无必要，故对该申请不予准许。

原审查明的事实基本属实，本院予以确认。

本院另查明以下事实：

（一）涉案专利相关情况

涉案专利申请日为 2019 年 1 月 23 日。说明书第［0004］段记载，本实用新型的目的在于提供一种条形音箱，能够解决现有音箱设备空间占用大，而且连线比较多等技术问题。《实用新型专利权评价报告》记载，涉案专利权利要求 1 与对比文件 1 的区别特征为：（1）后壳的后下方设置有第一凹槽结构；（2）所述电路板包括依次连接的音频接口单元、音频处理单元和功率放大单元，所述功率放大单元的输出端连接扬声器的输入端，所述音频接口单元包括有线音频接口电路和/或无线音频接口电路。本实用新型所解决的技术问题是：（1）如何节约音箱所占用的空间；（2）如何对音频进行处理并播放。对于区别特征（1），该区别技术特征既不是本领域的公知常识，也不能从现有技术中教导而得出；同时该权利要求的技术方案具有节约音箱占用空间的技术效果。对于区别特征（2），其是本领域公知常识，“电路板包括依次连接的音频接口单元、音频处理单元和功率放大单元”这是音频处理中公知的技术，“功率放大单元的输出端连接扬声器的输入端”这是音箱领域公知的连接方式，将有线音频接口电路和/或无线音频接口电路作为音频接口单元，也是音箱领域公知的技术。

（二）与先用权抗辩原有范围相关事实

1. 乐放公司提交的订单评审表载明中性 A25 产品订单数量 5000 份，预测订单载明中性 A25 白色产品预测订单 1000 份，中性 A25 黑色产品订单数量 2000 份，中性 A25 蓝色产品订单数量 1000 份，中性 A25 白红色产品订单数量 1000 份。

2. 根据乐放公司提交的模具厂报价单、模具验收单对被诉侵权产品模具的主体、中框、面板等部件进行报价和验收，二审中的证人作证称被诉侵权产品的模具包括主体、按键、面盖、中框四部分。

3. 2014 年 3 月 18 日，东莞市石排镇埔心股份经济联合社（出租方、甲方）与余晓辉（承租方、乙方）签订《厂房租赁合同书》，合同编号 13-租厂-081-2014，约定甲方将位于西坑路工业大厦的租赁物出租给乙方使用。租赁物包括：厂房1栋分别为8层，面积共15525.28平方米；西区宿舍1栋第6层，面积共774.50平方米；西区铺位1栋第1层，面积共381.00平方米。租赁期为10年，从2013年11月1日起至2023年10月31日止。

（三）其他事实

东莞市石排唯琛模具厂是一家2015年9月15日注册成立的个体工商户，经营者是黄勇坚，经营范围包含模具。模具厂于2018年11月16日向乐放公司出具《塑胶模具报价》，就A25产品的立体、中框、面板配件报价；后因产品图修改，增加成本，模具厂于2018年11月24日再次向乐放公司出具《塑胶模具报价》，提高了A25产品中框配件的报价。两份《塑胶模具报价》中均有A25产品配件的附图。模具厂经营者黄勇坚二审出庭作证，对上述事实予以确认。2019年1月5日，乐放公司李军朝发送邮件“A25订单PCB，打样确认”至××××@vip.163.com，附普通附件1个，名称为LF-A25-LED-V8.0PCB。

赛源公司主张乐放公司先用权抗辩中涉及的产品设计图与被诉侵权产品不相同。具体为被诉侵权产品中框中部配件为圆形，先用权抗辩中涉及的产品设计图中框中部配件为长方形，其余无异议。

本院认为，本案系侵害实用新型专利权纠纷，双方当事人对被诉侵权技术方案具备与涉案专利技术方案相同技术特征均无异议，本院依法予以确认。因被诉侵权行为发生在2009年10月1日以后、2021年6月1日前，故本案应适用2008年修正的《中华人民共和国专利法》（以下简称专利法）。根据二审期间双方当事人的诉辩意见以及查明的事实，本案的争议焦点是乐放公司主张的先用权抗辩以及现有技术抗辩是否成立。

（一）关于先用权抗辩

根据专利法第六十九条第（二）项的规定，在专利申请日前已经制造相同产品、使用相同方法或者已经作好制造、使用的必要准备，并且仅在原有范围内继续制造、使用的，不视为侵犯专利权。《最高人民法院关于审理侵犯专利权纠纷案件应用法律若干问题的解释》第十五条第二款规定，已经完成实施发明创造所必需的主要技术图纸或者工艺文件，或已经制造或者购买实施发明创造所必需的主要设备或者原材料的，人民法院应当认定属于专利法第六十九条第（二）项规定的已经作好制造、使用的必要准备。该条第三款规定：“专利法第六十九条第（二）项规定的原有范围，包括专利申请日前已有的生产规模以及利用已有的生产设备或者根据已有的生产准备可以达到的生产规模。”根据前述规定，先用权抗辩成立必须满足以下两方面条件：

一是已经制造相同产品、使用相同方法或者已经作好制造、使用的必要准备，二是仅在原有范围内继续制造、使用。二者相辅相成，缺一不可。

1. 关于乐放公司是否已经做好必要准备

在先用权抗辩中，被诉侵权人在自行研发产品过程中形成的技术图纸、工艺文件、检验报告等，均属于研发过程中形成的技术文件，由被诉侵权人单方制作形成符合常理，其在产品未正式制造、销售前不对外公开亦符合产品研发的客观情况，在审查其证据效力时应结合其他相关证据综合判断，不能仅因相关技术图纸、工艺文件、检验报告系单方制作而简单否定其证明效力。

本案中，乐放公司提交了被诉侵权产品的设计图电子档、结构设计图、打样确认邮件、pcb 贴片资料以及各个部件的模具验收单、检测报告等技术文件，结合邮件、回单、微信、QQ 聊天记录、证人证言等证据，足以证明在涉案专利申请日前，乐放公司已经依据设计图纸就 A25 音箱立体、中框、面板等配件进行模具制作，并通过邮件方式进行打样确认。经比对，其与被诉侵权技术方案中的上述部件技术特征相同。赛源公司认为，被诉侵权产品中框中部配件为圆形，先用权抗辩中涉及的产品设计图中框中部配件为长方形，二者不相同。对此，本院认为，涉案专利不涉及中框中部配件形状技术特征，中框中部配件的形状亦并非被诉侵权产品的关键技术，赛源公司的上述主张于法无据，本院不予支持。在乐放公司已经自行设计出 A25 音箱立体、中框、面板等配件图纸，且根据涉案专利《实用新型专利权评价报告》，电路板相关技术是本领域公知常识的情况下，可以认定乐放公司已经完成实施发明创造所必需的主要技术图纸。同时，乐放公司亦提交了模具厂报价单、转账记录、试模报告、试产报告、样品检测报告等证据，可以认定乐放公司在涉案专利申请日前已经购买涉案产品模具，并为产品的制造准备了主要生产设备。而音响物料清单、物料报价单、来料检验报告则证明乐放公司已经购买了制造被诉侵权产品所必需的原材料。故本院认定乐放公司已经为制造与涉案专利相同的产品作好必要的准备。

2. 关于乐放公司是否仅在原有范围内继续制造、使用

由于原有范围的认定往往涉及过去某一时点之前存在的生产模具、生产数量、厂房面积等客观情况，故对“仅在原有范围内继续制造、使用”相关事实查明，应结合双方当事人的诉辩主张以及案件的具体情况综合分配证明责任。在先用权人已经尽力举证、所举证据能够初步证明“原有范围”存在合理性且专利权人没有提供相反证据予以推翻的情况下，可以认定先用权人并未超出原有范围制造、使用。若后续专利权人有证据证明先用权人超出原

有范围制造、使用的，专利权人有权另行主张其合法权益。

本案中，乐放公司提交的订单评审表、预测订单等证据，可以证明乐放公司在涉案专利申请日以前已经具备制造涉案产品的一定生产规模和生产能力。而模具厂报价单、模具验收单、二审中的证人证言等证据互相结合，可以初步证明乐放公司仅持有 1 套生产模具。《厂房租赁合同书》则可以初步证明其厂房面积从 2013 年起至今未曾改变。因此，乐放公司提交的证据相互印证，能够形成证据链，初步证明乐放公司在涉案专利申请日前的生产规模和生产范围，并且其未扩大生产规模。乐放公司在本案中提交的关于原有范围的证据具有一定合理性，并初步达到了高度盖然性的证明标准。在赛源公司没有提交相反证据证明乐放公司超出了涉案专利申请日前的生产规模的情况下，本院认定乐放公司并未超出原有范围制造涉案产品。

综上，乐放公司在涉案专利申请日前已经作好制造相同产品的必要准备，并且仅在原有范围内继续制造、使用，根据专利法第六十九条第（二）项的规定，乐放公司的先用权抗辩成立，对其该项上诉请求，本院予以支持。同时，本院进一步指出，乐放公司应当秉持诚实守信的原则，不得超出原有范围制造、销售被诉侵权产品，如果赛源公司有证据证明乐放公司的行为超出了原有范围，赛源公司可以据此另行主张其合法权益。

（二）关于现有技术抗辩

专利法第六十二条规定："在专利侵权纠纷中，被控侵权人有证据证明其实施的技术或者设计属于现有技术或者现有设计的，不构成侵犯专利权。"《最高人民法院关于审理侵犯专利权纠纷案件应用法律若干问题的解释》第十四条第一款规定："被诉落入专利权保护范围的全部技术特征，与一项现有技术方案中的相应技术特征相同或者无实质性差异的，人民法院应当认定被诉侵权人实施的技术属于专利法第六十二条规定的现有技术。"现有技术抗辩的审查方式是以专利权利要求为参照，确定被诉侵权技术方案中被指控落入专利权保护范围的技术特征，并判断现有技术中是否公开了与之相同或无实质性差异的技术特征，或者所属技术领域的普通技术人员认为被诉侵权技术方案是一项现有技术与所属领域公知常识的简单组合。

本案中，MDZ-27-DA 的小米电视音响的发布早于涉案专利申请日前，可以作为现有技术进行比对。乐放公司上诉认为，被诉侵权产品的电路板模块和小米音响的电路板模块实际上安装于相同位置，都是安装在第一凹槽和音壳腔体上盖之间的容置空间内。虽然被诉侵权产品将该容置空间挖成了一个凹槽形状，但其相较于小米音响的技术方案并不存在实质性改变，本领域技术人员无需进行创造性劳动就能够联想到，被诉侵权产品实施的是现有技术。本院认为，被诉侵权产品具备第二凹槽结构，将电路板模块固定在第二凹槽结构内，固定更加方便快捷，安装也更牢固，不易掉落损坏。经审查，小米音响的电路板模块放置在音响前壳内部的扬声器旁边，其并不具备第二凹槽结构。因此，两者技术方案不相同且不实质性相同，乐放公司实施的技术不属于现有技术，其现有技术抗辩的上诉理由没有事实依据，本院依法予以驳回。

综上所述，乐放公司关于先用权抗辩的上诉请求成立，予以支持。依照《中华人民共和国专利法》① 第六十二条、第六十九条第（二）项，《最高人民法院关于审理侵犯专利权纠纷案件应用法律若干问题的解释》第十五条第二款，《中华人民共和国民事诉讼法》② 第一百七十条第一款第（一）项之规定，判决如下：

一、撤销广州知识产权法院（2020）粤73知民初585号民事判决；

二、驳回深圳市赛源电子有限公司的诉讼请求。

本案一审案件受理费4300元，二审案件受理费1050元，共计5350元，由深圳市赛源电子有限公司负担。

本判决为终审判决。

审　判　长　傅　蕾
审　判　员　唐小妹
审　判　员　汤　锷
二〇二一年八月十九日
法 官 助 理　郑文思
书　记　员　薛伟聪

---

① 此处指2008年《中华人民共和国专利法》，其已于2020年修改，本案下同。

② 此处指2017年《中华人民共和国民事诉讼法》，其已于2021年修改，本案下同。

9. 不同外观设计专利权应当给予分别的保护

——再审申请人四川华体照明科技股份有限公司与被申请人贵州力士达照明科技有限公司侵害外观设计专利权纠纷案[①]

中华人民共和国最高人民法院民事判决书（2021）最高法民再123号

再审申请人（一审原告、二审被上诉人）：四川华体照明科技股份有限公司。住所地：四川省双流西南航空港经济开发区华路三段580号。

法定代表人：梁熹，该公司董事长兼总经理。

委托诉讼代理人：李静传，泰和泰（北京）律师事务所律师。

委托诉讼代理人：张荣康，泰和泰（北京）律师事务所律师。

被申请人（一审被告、二审上诉人）：贵州力士达照明科技有限公司。住所地：贵州省贵阳市南明区青年路101号（油榨社区）。

法定代表人：杨蓓，该公司董事长。

委托诉讼代理人：唐莉娟，四川法典律师事务所律师。

委托诉讼代理人：蒲建，四川法典律师事务所律师。

再审申请人四川华体照明科技股份有限公司（以下简称华体公司）因与被申请人贵州力士达照明科技有限公司（以下简称力士达公司）侵害外观设计专利权纠纷一案，不服贵州省高级人民法院（以下简称二审法院）（2019）黔民终757号民事判决，向本院申请再审。本院于2020年9月23日作出（2020）最高法民申3016号民事裁定提审本案。本院依法组成合议庭，于2021年9月23日公开开庭审理了本案。再审申请人华体公司的委托诉讼代理人李静传、张荣康，被申请人力士达公司的委托诉讼代理人唐莉娟到庭参加诉讼。本案现已审理终结。

华体公司申请再审称，1. 二审法院认定力士达公司提交的已被华体公司放弃的CN201430030895.4号外观设计专利（以下简称895.4号专利）的相关材料系新证据，属于事实认定及法律适用错误，且违反了“同案同判”的裁判规则。2. 二审法院以华体公司同时拥有两项路灯外观设计专利权，在不

---

① 本案在年度报告中的位置为第16页。

进行任何对比的情况下即径直推定两外观设计在整体视觉效果上存在实质性差异，属于事实认定及法律适用错误。3. 二审法院按照力士达公司的主张将案外 895.4 号专利作为与被诉侵权设计进行对比的对象，并通过对比认定二者构成相似进而认定被诉侵权设计未侵犯涉案在先的 ZL200930109818.7 号（以下简称 818.7 号专利）属于法律适用错误。4. 二审法院以“社会公众的合理信赖”作为专利侵权行为人不承担侵权责任的抗辩，不符合法律规定。综上，请求判令撤销二审判决，将本案发回重审或依法改判支持华体公司的一审诉讼请求。

力士达公司辩称，1. 895.4 号专利相关材料属于新证据，不违反“同案同判”规则。2. 将被诉侵权产品与现有设计进行比对，力士达公司以现有设计进行抗辩的观点成立。3. 因力士达公司提出现有设计抗辩，二审法院将 895.4 号专利作为与被诉侵权设计进行比对的对象符合法律规定及司法实践。4. 力士达公司实施的是 895.4 号专利而非侵犯 818.7 号专利。华体公司主动放弃 895.4 号专利的行为已由国家知识产权局公告，895.4 号专利已进入公有领域，无须经过许可亦无须支付费用便可使用。二审法院并非以社会公众的合理信赖作为专利侵权的抗辩依据，而是说，既然已放弃的专利已进入公有领域，则任何单位和个人均可使用，如原样实施进入公有领域的外观设计仍会侵犯同一权利人的其他外观设计专利权，则明显损害社会公众的合理信赖，也有违专利法“推动发明创造的应用，促进科学技术进步和经济社会发展”的立法目的。5. 力士达公司在一审庭审结束后取得 895.4 号专利相关资料，故据此提起上诉，以现有设计进行抗辩并得以改判，并不违反诚实信用原则。综上，请求驳回华体公司的再审申请，维持二审判决。

华体公司向贵州省贵阳市中级人民法院（以下简称一审法院）起诉请求：1. 判决被告立即停止制造、销售侵犯原告专利权的灯具；2. 判决被告立即向原告支付赔偿款人民币 100 万元整；3. 判决被告立即销毁全部侵权产品及制造模具；4. 判决被告承担本案的全部诉讼费用。

一审法院认定事实：原告华体公司成立于 2004 年 5 月 21 日，经营范围包括灯具研发、生产销售灯具、照明景观设计等。被告力士达公司成立于 2015 年 12 月 17 日，经营范围包括城市及道路照明工程、景观工程等。

2010 年 5 月 12 日，国家知识产权局对四川华体灯业有限公司外观设计名称为“灯（玉兰）”授予外观设计专权，专利号：200930109818.7，专利申请日：2009 年 8 月 20 日，简要说明：省略后视图、左视图、右视图、仰视图。2013 年 2 月 6 日，经原告华体公司申请，国家知识产权局对于专利权人进行变更登记，专利权人由四川华体灯业有限公司变更为原告华体公司。

2017 年 7 月 14 日，原告向国家知识产权局缴纳专利费 2000 元。

2017 年 8 月 7 日，四川省成都市国力公证处（以下简称国力公证处）的公证人员齐某、林某和申请人泰和泰律师事务所的委托代理人杨华胜一同于 2017 年 8 月 8 日十五时五十一分到贵州省安顺市平坝区，对平坝区迎宾大道道路两侧安装的路灯现状进行现场拍摄，事后刻录光碟一张，并对现状进行拍照，共拍摄照片十二张，申请人的委托代理人杨华胜对上述道路两侧安装的路灯数量进行清点，共计二百一十四盏。公证处于 2017 年 9 月 12 日出具了（2017）川国公证字第 121748 号《公证书》。公证书所附照片中路灯上的铭牌标注有“贵州力士达照明科技有限公司”字样。

一审庭审中，被告力士达公司不认可公证书证明的涉案路灯是其生产销售，认为有部分是其他公司生产销售。

一审法院认为，本案争议的焦点为：一、力士达公司是否本案适格被告，华体公司是否重复起诉；二、被诉侵权设计是否落入原告的外观设计专利权保护范围；三、华体公司关于赔偿损失的数额以及销毁被诉侵权产品的诉请是否具有合理性。

关于焦点一，华体公司提供的公证书表明，案涉路灯铭牌上载明，生产商为力士达公司。力士达公司否认被诉侵权路灯为其生产销售，但未提交相应证据，对其抗辩不予采纳。根据公证书证明的内容，认定力士达公司生产销售了被诉侵权路灯。根据《最高人民法院关于适用〈中华人民共和国民事诉讼法〉的解释》第二百四十七条的规定，本案华体公司提起的诉讼与其之前向四川省成都市人民法院提起的诉讼相比较，仅当事人相同；所诉内容并无重合或包含关系，其诉讼标的和诉讼请求不同。因此，华体公司提起本案诉讼不构成重复起诉。

关于焦点二，根据《中华人民共和国专利法》①（以下简称专利法）第五十九条第二款，《最高人民法院关于审理侵犯专利权纠纷案件应用法律若干问题的解释》第十条、第十一条、第十四条的规定，华体公司经国家知识产权局授权取得涉案外观设计专利权，其专利权保护范围系灯（玉兰）的主视图、立体图、俯视图所反映的内容。其中，主视图和立体图体现了灯的整体组合结构，由灯组、灯杆（柱状）和底座（实心柱状）三部分组成；灯组部分有 9 个玉兰花蕾形状的灯泡和 8 个双层弧形叶状灯臂加一根杆状灯臂组成；灯组部分的 9 个玉兰花蕾形状的灯泡，整体呈宝塔状。从下往上第一层和第二层均有四个灯泡，由环绕在灯杆四周的四个双层弧形叶状灯臂连接，弧形

---

① 此处指 2008 年《中华人民共和国专利法》，其已于 2020 年修改，本案下同。

叶状灯臂自下而上看是由内向外弯曲状且与地面呈 45 度角，第二层灯臂较第一层灯臂稍短；第三层一个灯泡，由灯杆向上竖直延伸的一个杆状灯臂连接，与地面垂直。涉案专利俯视图体现了灯组部分的布局，第三层灯臂与地面垂直，位于第一层、第二层灯臂正中间位置；第一组四个灯臂之间、第二层四个灯臂之间各自均呈 90 度夹角，第一层和第二层灯臂之间均呈 45 度夹角；第二层灯臂比第一层灯臂稍短。被诉侵权产品与涉案外观设计专利产品均为路灯灯具，系相同种类产品。涉案外观设计专利与被诉侵权设计相比较，二者相同点为：照明部分整体呈宝塔形状；上下分三层，最上层直立一支灯臂，最下层四支双层弧形叶状灯臂与中间层四支双层弧形叶状灯臂朝四个方向对称伸展，且两层灯臂交错排列；每个玉兰花蕾形状的灯泡直立于每支灯臂末端；灯杆下部均为实心柱形。二者不同点为：被诉侵权设计的中间层和最下层灯臂下部有镂空花纹，灯泡下部有小叶状线条衬托，灯杆由四根有间隙的长矩管组合；涉案外观设计灯臂下部没有图案，灯泡下部嵌入灯臂无衬托线条，灯杆为棱柱形状。整体上观察，二者从整体造型到各部分的形状设计都极其近似，均为三层分布的宝塔形状，灯泡数量和具体排列方式均相同，灯泡、灯臂的形状相同。虽然二者在灯臂花纹、灯泡下部衬托设计部分存在差异，但其具有一定的设计空间，并且路灯在正常使用时由于灯组所处的位置较高，一般消费者通常不容易注意其细部区别；对于灯杆部分的差异，涉案外观设计在灯组部分采用玉兰花蕾形状灯泡、双层弧形叶状灯臂分三层分布形成宝塔形状的独特设计，相对于灯杆的设计而言，灯组部分对外观设计的整体视觉效果更具有影响，因此灯杆部分的差异不足以影响外观设计的视觉印象。综上，被诉侵权产品外观设计与涉案外观设计专利在整体视觉效果上无实质性差异，二者相近似。被诉侵权设计落入原告的涉案外观设计专利权保护范围，被告力士达公司生产销售被诉侵权路灯的行为侵害了原告的专利权。

关于焦点三，根据专利法第十一条第二款，《中华人民共和国侵权责任法》[①] 第六条第一款、第十五条的规定，力士达公司未经许可生产、销售被诉侵权产品的行为侵害了原告的“灯（玉兰）”外观设计专利权，应承担相应的民事责任。鉴于被诉侵权路灯 214 盏已经安装于贵州省安顺市平坝区的公共道路并投入使用，若责令销毁，则会直接对当地的社会公共利益产生重大影响。为平衡权利人利益及社会公共利益，华体公司要求力士达公司销毁被诉侵权产品的诉讼请求不予支持，但力士达公司制造并销售的被诉侵权路

---

① 已被《中华人民共和国民法典》废止，本案下同。

灯已实际安装使用，应向华体公司赔偿相应的费用，根据涉案专利权类别系外观设计专利、期限至 2019 年 8 月 19 日等情况，酌定力士达公司向华体公司支付 12 万元赔偿金。根据专利法第六十五条的规定，因本案中华体公司实际损失、力士达公司侵权获利等并无证据证实，故综合考虑涉案专利权的类型、侵权行为的性质和规模、数量、地域范围等因素，酌定力士达公司赔偿华体公司 40 万元。

综上，一审法院作出（2018）黔 01 民初 175 号民事判决，判决：一、力士达公司立即停止制造、销售侵害华体公司外观设计专利权［专利号为 ZL200930109818.7 灯（玉兰）］的行为，并对制造侵权产品的模具予以销毁；二、力士达公司于本判决生效之日起 15 日内赔偿华体公司经济损失 52 万元；三、驳回华体公司的其余诉讼请求。

力士达公司上诉请求：请求撤销一审判决，发回重审或改判驳回华体公司的诉讼请求，一、二审案件受理费由华体公司负担。事实和理由：1. 一审法院遗漏关键事实且认定被诉侵权产品落入涉案专利保护范围错误；2. 一审法院认定经济损失过高。

华体公司辩称，被诉侵权产品与涉案专利近似，落入保护范围；一审判决确定的赔偿数额公平合理。

二审期间，力士达公司提交了华体公司 895.4 号专利相关材料，拟证明被诉侵权产品使用的是该专利设计方案，该专利与涉案 818.7 号专利设计方案不同，且已被华体公司于 2015 年 8 月 6 日放弃。华体公司对该证据真实性无异议，但认为其主张的是 818.7 号外观设计专利权，该证据缺乏与本案的关联性。

对当事人二审争议的事实，二审法院认定如下：895.4 号专利名为“灯（玉兰八叉九火）”，专利权人为华体公司，申请日为 2014 年 2 月 20 日，授权公告日为 2014 年 7 月 16 日，专利权主动放弃的生效日为 2015 年 8 月 6 日。经二审法院比对，该外观设计与被诉侵权设计在整体视觉效果上无差异，亦即力士达公司实际实施的是 895.4 号专利。二审法院查明的其他事实与一审认定事实一致。

二审法院认为，专利法第四十四条规定：“有下列情形之一的，专利权在期限届满前终止：（一）没有按照规定缴纳年费的；（二）专利权人以书面声明放弃其专利权的。专利权在期限届满前终止的，由国务院专利行政部门登记和公告。”在专利权终止后，原专利权人主张权利的基础已不复存在，相应技术或设计方案进入了公有领域，任何公众均可自由使用，无需经过许可和支付费用；而专利权人主动放弃专利权是对社会的一种捐献，其应对自己行为负责并受法律拘束。本案中，力士达公司实际实施的是895.4号专利，而该专利权已由华体公司于2015年8月6日放弃，故根据《最高人民法院关于适用〈中华人民共和国民事诉讼法〉的解释》[①] 第九十一条“人民法院应当依照下列原则确定举证证明责任的承担，但法律另有规定的除外：（一）主张法律关系存在的当事人，应当对产生该法律关系的基本事实承担举证证明责任”的规定，华体公司只有证明力士达公司实施该专利的行为发生在专利权终止之前，方可主张权利。而本案中双方当事人均无法证实被诉侵权产品的实际制造日期，根据《最高人民法院关于适用〈中华人民共和国民事诉讼法〉的解释》第九十条“当事人对自己提出的诉讼请求所依据的事实或者反驳对方诉讼请求所依据的事实，应当提供证据加以证明，但法律另有规定的除外。在作出判决前，当事人未能提供证据或者证据不足以证明其事实主张的，由负有举证证明责任的当事人承担不利的后果”的规定，该举证不能的不利后果应由华体公司承担。

此外，华体公司虽主张力士达公司侵犯的是其818.7号专利权，但一方面，华体公司曾同时享有818.7号和895.4号两项路灯外观设计专利权，此时应推定两外观设计在整体视觉效果上存在实质性差异，进而在被诉侵权设计与895.4号外观设计相同的情况下，无需再将其与818.7号外观设计进行比对；另一方面，华体公司主动放弃895.4号外观设计专利权的行为已由国家知识产权局向全社会公告，如认为他人在原样实施该外观设计的情况下仍会侵犯同一权利人的其他外观设计专利权，则明显损害了社会公众的合理信赖，也有违专利法“推动发明创造的应用，促进科学技术进步和经济社会发展”的立法目的。

综上，依照《中华人民共和国专利法》第四十四条，《中华人民共和国民事诉讼法》第一百七十条第一款第二项，《最高人民法院关于适用〈中华人民共和国民事诉讼法〉的解释》第九十条、第九十一条第一项之规定，贵州省高级人民法院二审判决：一、撤销一审判决；二、驳回华体公司的诉讼请求。一审案件受理费13800元，二审案件受理费9000元，均由华体公司负担。

本院补充查明以下事实：895.4号外观设计专利授权公告日为2014年7月16日，专利权主动放弃的生效日为2015年8月6日。2019年2月15日，一审法院作出本案一审判决。2019年4月9日，四川省成都市公证处就895.4号外观设计专利出具（2019）川成证经字第9181号公证书。2019年9

---

① 已被《最高人民法院关于修改〈最高人民法院关于适用《中华人民共和国民事诉讼法》的解释〉的决定》（2022年4月1日公布）修改，本案下同。

月 5 日，二审法院立案受理本案，力士达公司向二审法院提交了包括该公证书在内的与 895.4 号外观设计专利有关的材料并得到二审法院的采信。2019 年 10 月 21 日，二审法院作出本案二审判决。

力士达公司在一审期间的主要答辩意见为：1. 力士达公司不是适格当事人，力士达公司不存在被控侵权产品的生产销售的事实，请求驳回华体公司的全部诉讼请求；2. 华体公司的专利产品和被控侵权产品外观差异明显，灯饰和灯组部分有明显的区别，华体公司诉请的专利和涉案被控侵权产品的灯具不存在外观上的近似性。一审庭审中，力士达公司不认可被控侵权产品是其生产销售的，认为有部分是其他公司生产销售的。力士达公司在整个一审诉讼过程中，并未提出被控侵权产品系其实施 895.4 号外观设计专利而获得产品。

以上事实，有一审、二审判决书和当事人陈述等证据在案作证。

对二审法院查明的其他事实，本院经审查予以确认。

本院认为，本案再审期间的争议焦点为：1. 在程序方面，二审法院采纳力士达公司新提交的 895.4 号外观设计专利有关材料是否合法；2. 在实体方面，被控侵权产品是否侵害了华体公司 818.7 号外观设计专利权，力士达公司是否应当承担民事责任。

（一）关于程序问题

2002 年 4 月 1 日起施行的《最高人民法院关于民事诉讼证据的若干规定》第四十一条第二项规定："二审程序中的新的证据包括：一审庭审结束后新发现的证据；当事人在一审举证期限届满前申请人民法院调查取证未获准许，二审法院经审查认为应当准许并依当事人申请调取的证据。"虽然 2019 年 10 月 14 日修正的《最高人民法院关于民事诉讼证据的若干规定》删除了该规定，但修正后的司法解释于 2020 年 5 月 1 日起施行，而二审法院作出本案二审判决的时间是 2019 年 10 月 21 日，因此，审查判断二审法院对证据的采信是否适当，仍然应当适用该修改前的司法解释。

虽然根据 2002 年 4 月 1 日起施行的《最高人民法院关于民事诉讼证据的若干规定》第四十一条第二项的规定，从形式上看，在一审宣判后形成的公证书属于"一审庭审结束后新发现的证据"，当事人可以在法庭上提交。但是，《中华人民共和国民事诉讼法》[①] 第十三条第一款规定："民事诉讼应当遵循诚实信用原则。"前述司法解释第六十四条规定："审判人员应当依照法定程序，全面、客观地审核证据，依据法律的规定，遵循法官职业道德，运

① 此处指 2017 年《中华人民共和国民事诉讼法》，其已于 2021 年修改，本案下同。

用逻辑推理和日常生活经验，对证据有无证明力和证明力大小独立进行判断，并公开判断的理由和结果。”第六十六条规定：“审判人员对案件的全部证据，应当从各证据与案件事实的关联程度、各证据之间的联系等方面进行综合审查判断。”因此，对于当事人在二审期间新提交的证据是否应当予以采信，应当结合上述法律和司法解释的规定，加以综合审查判断。

本案中，力士达公司在二审期间新提交的相关证据，目的在于证明被控侵权产品是其实施华体公司已经放弃专利权的895.4号外观设计专利的结果。一方面，895.4号外观设计专利在2014年即已授权公告，在本案一审时力士达公司即可通过公开渠道获取；另一方面，力士达公司在本案一审期间并未提出其实施895.4号外观设计专利的抗辩，反而认为部分被控侵权产品是其他公司生产的，其不是本案适格被告，二审期间力士达公司通过形式上形成时间在后的公证书试图引入本就早已存在的专利文献领域的证据进而推翻其在一审时明确提出的答辩意见，力士达公司的这一前后矛盾的诉讼行为显然有违诚实信用的民事诉讼基本原则。因此综合以上因素，即使力士达公司提交了形式上满足当时司法解释规定要求的“新的证据”，该证据亦不应予以采纳。二审法院在证据的审核认定方面确有不当，其在此基础上所作裁判，相应地亦缺乏事实和法律依据，本院依法予以纠正。华体公司关于二审法院采信新证据方面适用法律错误的再审理由成立，本院予以支持。在此基础上，已无必要对二审判决是否违反“同案同判”裁判规则作出评判，本院对此不再赘述。

（二）关于实体问题

《最高人民法院关于适用〈中华人民共和国民事诉讼法〉的解释》第四百零五条第一款规定：“人民法院审理再审案件应当围绕再审请求进行。当事人的再审请求超出原审诉讼请求的，不予审理；符合另案起诉条件的，告知当事人可以另行起诉。”虽然本案中不应采信力士达公司在二审期间提交的与895.4号外观设计专利有关的证据，但华体公司在本案再审申请中已明确提出二审判决适用法律错误的再审理由，并据此请求撤销二审判决，因此，本院结合华体公司的再审理由，就外观设计专利侵权认定中的相关实体问题作一简要回应。

根据专利法第九条第一款的规定，“同样的发明创造只能授予一项专利权。但是，同一申请人同日对同样的发明创造既申请实用新型专利又申请发明专利，先获得的实用新型专利权尚未终止，且申请人声明放弃该实用新型专利权的，可以授予发明专利权。”因此，从上述规定看，对于同样的发明创造只能授予一项专利权是专利审查过程中应当遵循的一项基本规则。当然，由于专利法第三十九条和第四十条针对发明专利申请、实用新型和外观设计专利申请规定了不同的审查制度，“实用新型和外观设计专利申请经初步审查没有发现驳回理由的，由国务院专利行政部门作出授予实用新型专利权或者外观设计专利权的决定，发给相应的专利证书，同时予以登记和公告。实用新型专利权和外观设计专利权自公告之日起生效。”因此，对于未进行实质审查的专利申请，不能完全排除存在专利重复授权的可能。但总体而言，对于取得合法授权的专利，应当给予分别的、独立的保护，不应因权利人同时拥有两项以上的专利权，而在侵权判断时将权利人在个案中请求保护的专利之外的其他专利作为权利基础纳入考量范围。

同时，对于外观设计专利权而言，尽管两个以上获得授权的外观设计可能并不完全相同，不属于“同一发明创造”，但是，由于《最高人民法院关于审理侵犯专利权纠纷案件应用法律若干问题的解释》第八条规定，在与外观设计专利产品相同或者相近种类产品上，采用与授权外观设计相同或者近似的外观设计的，人民法院应当认定被诉侵权设计落入外观设计专利权的保护范围。也就是说，在认定侵犯外观设计专利权的行为时，不仅要考虑被控侵权产品是否与请求保护的“以表示在图片或者照片中的该产品的外观设计”相同，而且还要考虑被控侵权产品是否与该外观设计近似。即使权利人拥有多项外观设计专利权，判断被控侵权产品是否侵害其某一特定的外观设计专利权时，仍然必须以请求保护的外观设计专利为基础，将被控侵权产品与该请求保护的外观设计进行“整体观察、综合判断”，而不能以权利人拥有两项以上的外观设计专利权为由，直接推定该两项专利权存在实质性差异，进而以被控侵权产品与权利人在个案中请求保护的外观设计之外的另一项享有权利的外观设计相同或近似为由，得出被控侵权产品不会侵害该请求保护的外观设计专利权的结论。二审判决关于“华体公司曾同时享有 818.7 号和 895.4 号两项路灯外观设计专利权，此时应推定两外观设计在整体视觉效果上存在实质性差异，进而在被诉侵权设计与 895.4 号外观设计相同的情况下，无需再将其与 818.7 号外观设计进行比对”的认定，在法律适用上存在明显错误，本院对此予以纠正。华体公司的该项再审理由成立，本院予以支持。

根据专利法第四十四条第一款第二项的规定，专利权人有权以书面声明的方式放弃专利权。但如前所述，对于权利人拥有的多项专利权，应当依法给予分别的、独立的保护。不应因被控侵权人实施的是他人已经放弃专利权的技术方案或外观设计，就当然得出该行为不会侵犯该权利人享有的其他专利权的结论。而且在很多情形下，在同一客体之上，可能叠加地存在着多项知识产权或其他合法权益。在某些特殊情况下，在同一客体上甚至可能同时存在著作权、专利权、商标权叠加的情形，而这些权利也有可能由不同的主体所享有。因此，不能以某一外观设计专利权因期限届满或权利人主动放弃而当然得出该外观设计进入公有领域而不会侵害他人合法权利的结论。二审判决关于“华体公司主动放弃 895.4 号外观设计专利权的行为已由国家知识产权局向全社会公告，如认为他人在原样实施该外观设计的情况下仍会侵犯同一权利人的其他外观设计专利权，则明显损害了社会公众的合理信赖，也有违专利法‘推动发明创造的应用，促进科学技术进步和经济社会发展’的立法目的”的认定属于法律适用错误，本院对此予以纠正。华体公司的相关再审理由成立，本院予以支持。

经审查，一审判决有关被控侵权产品侵害了华体公司 818.7 号外观设计专利权的认定及相关民事责任的确定并无明显不当，本院予以维持。对于华体公司有关支持其一审诉讼请求的再审请求，本院予以支持。

综上所述，二审判决法律适用错误，本院予以纠正。华体公司的再审申请符合《中华人民共和国民事诉讼法》第二百条规定的情形，本院予以支持。依照 2008 年修正的《中华人民共和国专利法》第十一条第二款、第五十九条第二款、第六十五条，《中华人民共和国民事诉讼法》第二百零七条第一款、第一百七十条第一款第一项之规定，判决如下：

一、撤销贵州省高级人民法院（2019）黔民终 757 号民事判决；

二、维持贵州省贵阳市中级人民法院（2018）黔 01 民初 175 号民事判决。

如果未按本判决指定的期间履行给付金钱义务，应当依照《中华人民共和国民事诉讼法》第二百五十三条之规定，加倍支付迟延履行期间的债务利息。

一审案件受理费 13800 元，二审案件受理费 9000 元，均由贵州力士达照明科技有限公司负担。

本判决为终审判决。

审 判 长　秦元明
审 判 员　周　波
审 判 员　马秀荣
二〇二一年九月二十九日
法官助理　耿慧茹
书 记 员　焦　媛

10. 电子商务平台通知-删除规则的适用

——再审申请人杭州阿里巴巴广告有限公司与被申请人深圳市朗科科技股份有限公司，一审被告、二审上诉人广州友拓数码科技有限公司侵害发明专利权纠纷案[①]

中华人民共和国最高人民法院民事裁定书（2019）最高法民申5954号

再审申请人（一审被告、二审上诉人）：杭州阿里巴巴广告有限公司。住所地：浙江省杭州市滨江区网商路699号1号楼5楼。

法定代表人：戴珊，该公司执行董事兼总经理。

委托诉讼代理人：陈文煊，北京世宁律师事务所律师。

委托诉讼代理人：吴东霖。

被申请人（一审原告、二审被上诉人）：深圳市朗科科技股份有限公司。住所地：广东省深圳市南山区高新区南区高新南六道10号朗科大厦16、18、19层。

法定代表人：魏卫，该公司董事长。

委托诉讼代理人：马守涛，广东君龙律师事务所律师。

委托诉讼代理人：毕珣。

二审上诉人（一审被告）：广州友拓数码科技有限公司。住所地：广东省广州市天河区车陂祠堂大街2号全部（部位：222房）。

法定代表人：黄泽成，该公司总经理。

再审申请人杭州阿里巴巴广告有限公司（以下简称阿里巴巴公司）因与被申请人深圳市朗科科技股份有限公司（以下简称朗科公司）、一审被告、二审上诉人广州友拓数码科技有限公司（以下简称友拓公司）侵害发明专利权纠纷一案，不服广东省高级人民法院（2018）粤民终427号民事判决，向本院申请再审。本院依法组成合议庭进行了审查，现已审查终结。

阿里巴巴公司申请再审称，1. 原审判决遗漏了阿里巴巴公司在收到诉讼材料后主动核实了友拓公司已将侵权产品下架这一重要事实，认定阿里巴巴

---

① 本案在年度报告中的位置为第18页。

公司未采取必要措施制止侵权行为，属于事实认定错误。2. 原审判决适用了《信息网络传播权保护条例》和《最高人民法院关于审理侵害信息网络传播权民事纠纷案件适用法律若干问题的规定》[①]（以下简称信息网络传播权司法解释），属于法律适用错误。3. 原审判决为阿里巴巴公司设定了不合理的过错标准，判令其承担共同侵权的连带责任，属于法律适用错误。阿里巴巴公司核实平台内经营者身份、搭建服务协议、投诉规则和投诉流程，履行了知识产权保护义务。阿里巴巴公司对于涉案侵权事实在朗科公司通知之后仍处于“不明知且不应知”的主观状态，朗科公司发出的通知不构成有效通知。阿里巴巴公司采取了转通知、核实侵权链接情况等措施，尽到了事后的注意义务。综合分析可以合理推知友拓公司自认侵权并已经停止被诉侵权行为，此时删除、断开已经下架的侵权产品链接已无必要，友拓公司重新上架被诉侵权商品的行为应由其自行承担责任。4. 电子商务平台经营者面对海量信息，监管能力有限，且需要平衡各方利益，原审判决结果不合理地加重了电子商务平台经营者的责任，容易引起知识产权权利人滥用权利，损害创新。据此，阿里巴巴公司请求再审本案。

朗科公司提交意见称，1. 原审判决查明了阿里巴巴公司通过公证核实了被诉侵权产品曾经下架的事实。原审判决未遗漏上述事实。阿里巴巴公司公证核实的事实并非阿里巴巴公司采取的必要措施，未能防止朗科公司损失扩大，不能成为免责事由。2. 原审判决引用《信息网络传播权保护条例》以及信息网络传播权司法解释仅用以说明《中华人民共和国侵权责任法》[②]（以下简称侵权责任法）第三十六条的立法模式，原审判决适用法律正确。3. 阿里巴巴公司明知存在侵权而未采取必要措施，未尽到合理注意义务，放任友拓公司持续侵权，导致朗科公司的损失不断扩大，原审判决认定阿里巴巴公司对扩大损失部分承担连带责任并无不当。阿里巴巴公司关于其已经履行转通知义务的主张缺乏证据支持。同时，转通知并非必要措施。朗科公司因涉案专利多次向阿里巴巴公司投诉，提交过涉案专利文本、专利侵权比对报告、在先的胜诉生效判决，并多次交涉，因此，阿里巴巴公司熟知涉案专利，且有能力作出判断，其未采取必要措施存在过错。4. 原审判决未加重电子商务平台经营者的责任，有助于促进创新经营模式，维护市场秩序。据此，朗科公司请求驳回阿里巴巴公司的再审申请。

---

① 已被《最高人民法院关于修改〈最高人民法院关于审理侵犯专利权纠纷案件应用法律若干问题的解释（二）〉等十八件知识产权类司法解释的决定》（2020年12月29日公布）修改，本案下同。

② 已被《中华人民共和国民法典》废止，本案下同。

友拓公司提交意见称，1. 朗科公司的涉案专利已于2019年11月14日到期，该专利质量低，朗科公司采取钓鱼的方式进行维权，损害了社会公共利益。2. 友拓公司没有判断被诉侵权产品是否落入涉案专利权保护范围的鉴别能力。朗科公司并未提交权威机构的鉴定，原审判决认定被诉侵权产品落入涉案专利权的保护范围依据不足。3. 友拓公司仅委托第三方在被诉侵权产品上印制标识，并非被诉侵权产品的生产者，友拓公司的合法来源抗辩成立。4. 原审判决认定的赔偿数额不合理。

本院经审查查明，一审、二审审理查明的事实基本属实，本院予以确认。再审审查期间，阿里巴巴公司向本院提交如下主要证据：1. 其增值电信业务经营许可证的公证书。2. 阿里巴巴网的服务协议及法律声明公证书。3. 阿里巴巴网设有知识产权侵权投诉渠道和处理机制的公证书。4. 威海嘉易烤生活家电有限公司诉永康市金仕德工贸有限公司、浙江天猫网络有限公司侵害发明专利权纠纷案（以下简称83号指导案例）等多份人民法院判决书，用以证明其对侵权责任法的理解。5. 本院（2015）民三终字第1号民事判决等多份人民法院判决书以及中国知识产权保护状况等文件及部分网络报道，用以证明专利侵权判断专业性强，其结果具有较强不确定性。6. 1688评价体系规则及多份人民法院判决书、2份政策文件及部分网络报道，用以证明互联网平台存在大量恶意投诉。7. 1688平台知识产权侵权处理规则、阿里巴巴服务条款、知识产权保护平台使用协议的公证书、知识产权争议解决机制的公证书、（2016）鄂01民终4142号民事判决书（以下简称小桔灯案）等多份人民法院判决书及部分网络报道，用以证明其核实了被诉侵权商品下架，并有完善的知识产权规则，其不负有继续监控的职责。8. 亚马逊、eBay等电子商务平台的规则、美国亚拉巴马州地方法院判例、中国电子商务报告等，用以证明国外法院认定电子商务平台经营者不对专利侵权进行实质判断。9. 浙江省知识产权研究与服务中心关于受理阿里巴巴集团（电子商务平台）移送专利案件的情况说明。用以证明特定情况下专业的鉴定机构也难以对专利侵权进行准确判断。

上述事实有阿里巴巴公司提交的证据及当事人陈述等在案佐证。

本院经审查认为，根据本案已经查明的事实，结合当事人的再审主张及陈述意见，本案的争议焦点是：1. 原审判决的法律适用是否正确；2. 朗科公司的通知是否构成有效通知；3. 阿里巴巴公司是否采取了必要措施；4. 原审判决设定的侵权过错责任标准是否适当。

一、关于原审判决法律适用是否正确的问题

由于本案被诉侵权行为发生在《中华人民共和国民法典》实施之前，实体问题应当适用侵权责任法的规定。侵权责任法第三十六条的规定是网络服务提供者承担侵权责任的特殊规则。本案中，阿里巴巴公司作为电子商务平台经营者属于网络服务提供者，原审判决适用侵权责任法的上述法律规定评价阿里巴巴公司的行为是否构成侵权并无不当。

阿里巴巴公司还主张，原审判决适用《信息网络传播权保护条例》以及信息网络传播权司法解释属于适用法律错误。对此本院认为，原审判决并未直接将上述法律规定作为本案的裁判依据，其引述的目的在于对通知-删除规则作出体系化的解释。基于此，阿里巴巴公司关于原审判决适用法律错误的主张不能成立。

二、关于朗科公司的通知是否构成有效通知的问题

侵权责任法第三十六条规定，网络用户利用网络服务实施侵权行为的，被侵权人有权通知网络服务提供者采取删除、屏蔽、断开链接等必要措施。网络服务提供者接到通知后未及时采取必要措施的，对损害的扩大部分与该网络用户承担连带责任。网络服务提供者知道网络用户利用其网络服务侵害他人民事权益，未采取必要措施的，与该网络用户承担连带责任。因此，朗科公司发出有效通知或阿里巴巴知道侵权行为是阿里巴巴公司承担责任的前提。

阿里巴巴公司主张，对于涉及专利侵权的投诉，有效通知应以包含法院生效裁决或行政调处决定为原则，以包含详细的技术特征和设计特征对比为例外。朗科公司于 2016 年 7 月 7 日发送的《律师函》及 2016 年 8 月 8 日回复的电子邮件均不构成有效通知。对此本院认为：

有效通知一般包括知识产权权利证明及有效的权利人信息、能够实现准确定位的被诉侵权商品或服务信息、构成侵权的初步证据、要求采取的具体措施、通知真实性的书面保证等。认定有效通知应考虑权利类型、作为网络服务提供者的电子商务平台经营者的监管能力以及平台性质。不同权利类型的侵权判断难易程度不同，电子商务平台经营者的监管能力不同，不同平台形式的监管难度也存有差异。因此，针对不同的权利类型与不同性质的平台和电子商务平台经营者，发出有效通知的标准也会有差别。对于涉及专利权的通知，在平台治理规则的框架下，有效通知可以包括技术特征或设计特征比对表、实用新型或外观设计专利权评价报告等材料。

阿里巴巴公司主张，本院在 2014 民三终字第 7 号案（以下简称双环案）中认定，权利人向销售商发出侵权警告函的注意义务应当高于向生产商发出警告函，向销售商发出的警告函所涉信息应当详细、充分，如披露请求保护的权利范围、涉嫌侵权的具体信息以及其他与认定侵权和停止侵权相关的必

要信息。因此，有效通知应当达到上述警告函的标准，否则阿里巴巴公司无转通知的义务。对此，本院认为，通知、转通知及反通知构成了完整的信息交流渠道，为了保证信息交流的顺畅，实现平台治理规则的有效运行，电子商务平台经营者应积极履行转通知的义务，当通知达到能够转送的最低限度时就应当完成转送。因此，只要通知载明了权利人的基本信息、权利凭证、能够实现准确定位的被诉侵权商品或服务信息、要求电子商务平台采取的具体措施，以及构成侵权的初步证据。电子商务平台经营者就应当履行转送义务，而无须对侵权的初步证据进行审查。双环案的上述评述系针对向销售商发送警告函的标准，而阿里巴巴公司是电子商务平台经营者，是实现知识产权平台治理的重要环节，侵权责任法为其设置了特殊的侵权规则，因此，不宜简单地将阿里巴巴公司与普通销售者等同。电子商务平台经营者有义务和能力完善平台知识产权治理规则。阿里巴巴公司的该项主张不能成立。

本案中，根据阿里巴巴服务网的服务协议、法律声明以及知识产权保护平台使用协议，阿里巴巴公司制定了知识产权平台治理规则，知识产权保护平台受理用户投诉的前提为用户提交合格通知。合格通知为用户明确指明投诉商品链接和疑似侵权信息的具体位置，并提交被投诉商品或者信息构成侵权的初步证据。朗科公司于 2016 年 7 月 7 日发出的律师函，记载投诉产品及位置信息，并附有朗科公司的专利证书、说明书以及登记簿。此外，2016 年 8 月 8 日，朗科公司又向阿里巴巴公司提交了侵权对比分析表，列明了涉案专利权利要求 1 与其主张的侵权产品的技术特征对比。阿里巴巴公司主张该侵权对比表仅为简单的技术特征的对应，并无与实物产品对应关系，也缺乏检测报告等。但，阿里巴巴公司的平台治理规则中并未对侵权初步证据作出明确要求。对于涉及专利的通知可以根据权利类型要求权利人提供更具体的侵权证据，但该证据不应不合理地增加权利人的举证负担。具体到本案，本案虽系侵害专利权纠纷，但被诉侵权产品是作为日常生活用品的优盘。朗科公司此前向阿里巴巴公司投诉使用的专利侵权分析报告虽有被诉侵权产品与技术特征的对比表及附图，但该附图显示的内容仅为指示闪存设备中部为主控，尾部为快闪存储介质等，“固化软件设置在主控内，改固化软件可控制存取数据和实现接口标准功能的操作请求”等技术特征的描述与本案朗科公司提交的侵权技术对比表并无实质差异。因此，朗科公司提交的侵权对比表符合阿里巴巴公司制定的知识产权平台治理规则，也符合此前投诉的惯例。在此情况下，即使作为平台经营者的阿里巴巴公司认为该侵权初步证据的证明力尚未达到有效通知的标准，亦应给出回复，以实现信息交流的顺畅。因此，二审判决认定朗科公司的涉案通知构成有效通知并无不当。

三、阿里巴巴公司是否采取了必要措施

1. 转通知是否属于必要措施

阿里巴巴公司主张 83 号指导案例认定，对被诉侵权产品采取的必要措施应当审慎合理，但转通知是必要措施之一，本案二审判决未遵守 83 号指导案例的裁判规则。但 83 号指导案例的裁判规则说明采取必要措施应当遵循审慎合理的原则，并强调转通知是电子商务平台经营者的最低义务，并不能由此反推履行了转通知义务就已经完成了法律规定的采取必要措施的义务。转通知是电子商务平台经营者承担的最低义务，转通知后是否还需要进一步采取必要措施，仍需要进一步结合通知内容作出判断。本案中，阿里巴巴公司虽然履行了转通知义务，但并不能因此证明其采取了必要措施。而且，友拓公司收到转通知后的回复是“我司正在准备材料中，准备好后第一时间发过去”。因此，友拓公司并未提出不侵权的反通知。阿里巴巴公司并不能据此证明其无须采取任何措施已能够较大可能防止侵权行为发生。

2. 核实侵权产品下架是否构成必要措施

阿里巴巴公司于 2016 年 8 月 10 日对朗科公司发送的通知链接进行了核实，均显示商品已下架。阿里巴巴公司主张此时删除、断开链接已无必要。且涉案专利属于通信领域，专利存在无效的风险，侵权判定较难，且存在恶意投诉的情况，因此，阿里巴巴公司不删除、断开链接具有合理性。此外，阿里巴巴公司核实被诉侵权产品下架的行为已经尽到了事后的注意义务。

对此本院认为，删除、断开链接是必要措施的一种，采取何种必要措施，与网络服务的类型、权利的性质以及侵权行为等因素相关。如上所述，有效通知将触发必要措施，而采取何种必要措施，则由电子商务平台经营者视情况而定。电子商务平台经营者负有网络治理的经营者责任，针对不同的情况应采取相应的必要措施，达到较大可能防止侵权的目的。电子商务平台经营者应采取与其能力相适应的必要措施，积极利用平台治理规则保护知识产权。虽然电子商务平台经营者对超出监管能力的侵权行为不承担侵权责任。但专利侵权判定难度较大、存在恶意投诉等理由均不能成为电子商务平台经营者消极不作为的理由。下架商品是友拓公司的行为，其导致的下架后果可以作为电子商务平台经营者判断应当采取何种必要措施的基础，但不宜将平台内经营者的商品下架行为当然地视为电子商务平台经营者采取的有效措施。

虽然广州知识产权法院作出的（2016）粤 73 民初 1027 号、1029 号民事判决书认定阿里巴巴公司采取了必要措施，但上述两案被诉侵权产品是否仍然在售的情况与本案不同，两案的事实与本案存在差异，因此，阿里巴巴公司据此主张裁判尺度不统一的再审申请理由不能成立。

阿里巴巴公司主张在被诉侵权产品自动下架后，其不负有继续监控产品状态的责任。但本案中，朗科公司提交公证书证明被诉侵权产品仍然存在，且 UCL 地址与商品描述均与朗科公司通知所载一致。对于友拓公司自动下架后又上架的行为，相对于朗科公司，由阿里巴巴公司承担监管责任的社会成本更低。如果权利人需持续关注平台内经营者是否就同一产品重复上架，则可能使权利人陷入循环往复的投诉，通知-删除规则也将形同虚设。而阿里巴巴公司作为电子商务平台经营者可以通过平台治理规则有效避免此种情形。同时，友拓公司在本案中重新上架的行为可以视为重复侵权行为，阿里巴巴公司作为电子商务平台经营者对此类行为应负有更高的注意义务，避免平台内经营者利用此类手段规避法律。而且，阿里巴巴公司未提供证据证明朗科公司提交公证书证明被诉侵权商品再次上架后，其进一步采取了必要措施避免损失进一步扩大。综合考虑上述因素，二审判决认定阿里巴巴公司针对本案所述的重复上架行为并未采取必要措施并无不当。此外，本案与小桔灯案事实不同，二审判决的相关认定与该案判决并不矛盾。阿里巴巴公司与此有关的再审申请理由不能成立。

四、原审判决设定的侵权过错责任标准是否恰当

本案中，朗科公司在提起侵权诉讼后才发出通知。阿里巴巴公司主张此时应以法院生效裁决作为有效通知的依据，并且其采取必要措施的门槛应不低于人民法院作出行为保全裁定的标准。对此，本院认为，通知-删除规则是平台治理规则框架下的自治手段。由电子商务平台经营者依据平台治理规则实施，具有便捷、快速的优势。而行为保全由人民法院依据法律赋予的公权力实施，两者的行为后果不同。因此，通知-删除规则与行为保全制度有不同的制度功能。如果有效通知一概以法院生效裁决作为依据，平台治理则难以发挥快速制止侵权的制度价值，也将不必要地占用司法资源。阿里巴巴公司的相关再审申请理由不能成立。

依照《中华人民共和国民事诉讼法》[①] 第二百零四条第一款，《最高人民法院关于适用〈中华人民共和国民事诉讼法〉的解释》[②] 第三百九十五条第二款规定，裁定如下：

驳回杭州阿里巴巴广告有限公司的再审申请。

---

① 此处指 2017 年《中华人民共和国民事诉讼法》，其已于 2021 年修改，本案下同。

② 已被《最高人民法院关于修改〈最高人民法院关于适用《中华人民共和国民事诉讼法》的解释〉的决定》（2022 年 4 月 1 日公布）修改，本案下同。

审　判　长　佟　姝
审　判　员　毛立华
审　判　员　戴怡婷
二〇二一年十一月一日
书　记　员　丁　烨
书　记　员　杨钰桐

11. 公司董事、高管违反忠实义务无偿受让公司专利权的后果

——上诉人李敏与被上诉人滕州市绿原机械制造有限责任公司专利权权属纠纷案①

中华人民共和国最高人民法院民事判决书（2021）最高法知民终194号

上诉人（原审被告）：李敏。

委托诉讼代理人：马吉刚，山东泰祥律师事务所律师。

被上诉人（原审原告）：滕州市绿原机械制造有限责任公司。住所地：山东省滕州市工业园区。

法定代表人：李文尧，该公司执行董事。

委托诉讼代理人：徐林豹，山东国曜律师事务所律师。

委托诉讼代理人：刘翔，山东国曜律师事务所律师。

上诉人李敏因与被上诉人滕州市绿原机械制造有限责任公司（以下简称绿原公司）专利权权属纠纷一案，不服山东省济南市中级人民法院于2020年11月24日作出的（2020）鲁01民初1341号民事判决，向本院提起上诉。本院于2021年2月18日立案后，依法组成合议庭，并于2021年3月25日询问当事人。李敏委托诉讼代理人马吉刚，绿原公司委托诉讼代理人徐林豹、刘翔到庭参加询问。本案现已审理终结。

李敏上诉请求：撤销原审判决，驳回绿原公司的起诉。事实和理由：（一）山东省济南市天桥区人民法院于2019年9月30日作出（2019）鲁0105民初1586号民事调解书（以下简称涉案调解书），在涉案调解书的基础《调解协议》（以下简称涉案调解协议）中，已记载“原被告双方在……全部案件的撤诉和解除冻结，今后再无其他纠葛，互不追究”，该调解协议系刘某、李敏、绿原公司三方在当时状况下达成的调解协议，且刘某、李敏、绿原公司都在协议上签名或盖章，同时刘某作为绿原公司的控制人签字，故证书号为第468613号、专利号为ZL200710015109.2、名称为“高分子复合波

---

① 本案在年度报告中的位置为第20页。

纹膨胀节”的发明专利（以下简称涉案专利）权属争议在李敏与绿原公司、绿原公司实际控制人刘某三方达成的涉案调解协议中已经解决。（二）涉案专利权转让时李敏是绿原公司的合法代表人，提交国家知识产权局的《全体权利人同意转让的声明》（以下简称涉案专利权转让声明）有绿原公司的印章和作为法定代表人的李敏的签名，专利权转让是绿原公司的真实意思表示，李文尧是否知情不能代表绿原公司。（三）涉案专利对绿原公司来说既不能自己使用，对外转让因不能提供技术支持和实施指导而没有任何价值。原审判决将涉案专利权的转让客观上将导致绿原公司无法正常经营作为涉案专利权转让无效的理由不能成立。

绿原公司辩称：（一）涉案调解协议解决的是当时李敏、刘某、绿原公司的诉讼案件，涉案专利权争议未在涉案调解协议中处理。（二）绿原公司其他股东对涉案专利权转让不知情，李敏将涉案专利权转到其自己名下，侵害了绿原公司的合法权利。（三）涉案专利权始终由绿原公司使用和维持。

绿原公司向原审法院提起诉讼，原审法院于 2020 年 5 月 8 日立案受理，绿原公司起诉请求：1. 确认涉案专利权归绿原公司所有；2. 本案诉讼费、保全费由李敏承担。事实与理由：李敏在担任绿原公司法定代表人期间，利用职务之便，在公司不知情的情况下，擅自将涉案专利权过户至其个人名下，侵害了绿原公司的发明专利权，为维护绿原公司合法权益，请求判如所请。

李敏在原审中辩称：1. 绿原公司、李敏双方对于涉案专利权属不存在纠纷，双方纠纷已于涉案调解书中予以解决。该调解书证明李敏、刘某和绿原公司认可包括绿原公司在内的股权、法人、财产所有纠纷再无纠葛，互不追究，系当事人真实意思表示，现已生效，各方应受协议内容约束，专利权属变更发生于协议签订之前，故李敏、绿原公司对于涉案专利权属不存在纠纷。另外，绿原公司实际控制人为刘某，通过李文尧实际控制公司，刘某现已被列为失信被执行人，本案系刘某通过绿原公司恶意提起诉讼，对抗生效调解书，其滥用司法资源，损害社会利益。2. 涉案专利合法有效变更，受三方协议约束。涉案专利于 2007 年 7 月 5 日申请，申请人为绿原公司，发明人为李敏，于 2018 年 10 月 24 日经国家知识产权局审查合格，专利权人由绿原公司变更为李敏，为合法有效变更，变更时间早于协议书签订时间，受三方协议约束。综上所述，绿原公司的主张无事实和法律依据，请求法院依法驳回绿原公司诉讼请求。

原审法院认定事实：2007 年 7 月 5 日，绿原公司向国家知识产权局提出涉案专利申请，于 2009 年 2 月 4 日获得授权并公告，发明人为李慎、李敏敬、李敏，专利权人为绿原公司。该专利于 2019 年 7 月 5 日因未在期限内缴纳或缴足年费被终止，于2020年3月4日恢复。李敏担任绿原公司执行董事兼经理期间，绿原公司（转让人）与李敏（受让人）于2018年8月29日签署涉案专利权转让声明，声明内容为：绿原公司享有涉案专利权，现绿原公司自愿将该专利权转让给自然人李敏。自转让之日起，李敏享有该发明专利的一切权利。2018年10月19日，李敏委托的专利代理机构向国家知识产权局申报著录项目变更。2018年10月29日，国家知识产权局作出手续合格通知书，将涉案专利的专利权人变更为李敏。上述专利转让为无偿。根据李敏在原审庭审中陈述，其代表公司将涉案专利转至自己名下时，曾口头通知另一股东李文尧，但同时认为，绿原公司转让其专利权，绿原公司及李敏均无义务通知李文尧。

原审审理中，李文尧向原审法院出具书面《说明》称，其对涉案专利过户至李敏名下一事当时并不知情，亦不同意李敏将涉案专利转移至其个人名下。原审另查明，绿原公司成立于1999年11月18日，注册资本为1100万元，股东（发起人）为马振云、孙庆芳，经营范围为加工销售金属波纹膨胀节、金属软管等。绿原公司自成立至今，其股东及董事、监事经历多次变更。其中，2018年8月10日，绿原公司执行董事及经理由李文尧变更为李敏，李文尧持股由51%变更为27.2727%，李敏持股由49%变更为72.7273%。2019年6月19日，执行董事兼经理由李敏变更为李文尧。2020年3月25日至今，股东及持股情况为：李文尧出资1100万元，持股100%。绿原公司章程第十七条规定："股东会会议对所议事项作出决议，决议应由代表二分之一以上表决权的股东表决通过。但股东会对本章程第十三条第八项、第十项、第十一项规定事项所作出的决定，应由代表三分之二以上表决权的股东表决通过。"章程第十三条规定："股东会由全体股东组成，是公司的权力机构，行使下列职权……（八）对公司增加或者减少注册资本作出决议……（十）对公司合并、分立、变更公司形式、解散和清算等事项作出决议；（十一）修改公司章程。"李敏与刘某在有关财产纠纷案中达成调解协议。

原审法院认为，本案系专利权权属纠纷，关于李敏辩称涉案民事调解书已经对李敏、刘某和绿原公司之间的财产纠纷作出处理的意见，经审查，李文尧并非该案纠纷当事人，所达成的调解协议也未涉及涉案专利，绿原公司及股东李文尧对涉案专利的转让也没有追认的意思表示，故李敏的该抗辩理由不成立。关于李敏辩称，根据绿原公司章程第十七条，其代表绿原公司转让涉案专利的行为符合章程规定，绿原公司及李敏本人均没有通知另一股东的义务的意见，原审法院认为，虽然绿原公司转让涉案专利时，李敏持有该公司股权比例超过三分之二以上，但是，根据《中华人民共和国公司法》

（以下简称公司法）规定，公司的董事、高级管理人员对公司负有忠实义务，不得利用职权侵占公司的财产。李敏在担任绿原公司执行董事兼经理期间，将原属公司的发明专利权无偿转让至自己名下的行为，侵占了绿原公司的重要资产，客观上将导致绿原公司无法正常经营，同时也侵害了另一股东李文尧的合法利益。在李文尧事后明确表示不同意的情况下，该转让行为违反了公司法的强制性规定，应属无效。绿原公司要求确认涉案专利归其所有的诉讼请求系基于该民事法律行为无效后的返还处理，原审法院予以支持。

据此，原审法院判决：涉案专利权归绿原公司所有。一审案件受理费1000元，财产保全费5000元，均由李敏负担。

本院二审期间，李敏为证明其主张，向本院提交如下证据：

第一组证据：1. 2019年10月16日绿原公司提交的撤诉申请；2. 绿原公司的起诉状；3. 山东省济南市天桥区人民法院（2019）鲁0105民初4579号之一的民事裁定书。证明目的：绿原公司、刘某于2019年9月30日与李敏达成调解协议、签收涉案调解书后，绿原公司依据涉案调解书，撤回（2019）鲁0105民初4579号案件起诉，绿原公司对调解协议认可和履行，该调解协议对绿原公司具有约束力。

第二组证据：1. 山东省滕州市人民法院2019年10月8日作出的（2019）鲁0481民初4153号民事裁定书；2. 山东省滕州市人民法院2019年10月14日作出（2019）鲁0481民初3415号民事裁定书；3. 山东省枣庄市薛城区人民法院2019年10月15日作出的（2019）鲁0403行初44号行政裁定书。证明目的：山东省济南市天桥区人民法院主持达成的《调解协议》、制作的《民事调解书》2019年9月30日生效后，刘某、李文尧（受刘某控制）、李敏分别向山东省滕州市人民法院、山东省枣庄市薛城区人民法院撤回其作为原告起诉的案件，法院依法作出撤诉裁定。第一组、第二组证据结合《调解协议》、《民事调解书》（“其中刘某承认的是绿原公司实际控制人和兜底条款的内容”），综合证明刘某代表绿原公司签署《调解协议》，认可并履行调解协议中分别撤回了作为原告起诉对方的全部起诉的内容，虽然《调解协议》未全部列明三方之间具体都有哪些事项、几个诉讼案件。也充分证明各方对于《调解协议》中概括性表述、兜底性表述具有“全部事项、所有事项”意思的认可。

第三组证据：1. 山东省济南市中级人民法院（2019）鲁01民终32号民事判决书；2. 送达回证两份。证明目的：刘某、刘某作为实际控制人的绿原公司受《调解协议》约束。

第四组证据：1. 山东省枣庄市中级人民法院（2018）鲁04民终253号

民事判决书；2.《股东会决议》2份；3.《股权转让协议》1份。证明目的：2016年7月6日刘某、李文尧将绿原公司法定代表人李敏变成李文尧；李敏股权72.7%变更为49%、李文尧股权由27.2%变更为51%的2份《股东会决议》和《股权转让协议》被法院宣告无效。刘某及刘某操控的李文尧通过伪造《股东会决议》和《股权转让协议》篡夺李敏的法定代表人身份和72.7%控股权。

第五组证据：1. 滕市监撤通字［2018］第001号撤销登记申请受理通知书；2.（滕）登记内撤字［2018］第000001号准予撤销登记通知书；3. 绿原公司2018年8月10日版营业执照。证明目的：滕州市市场监督管理局根据山东省枣庄市中级人民法院（2018）鲁04民终253号民事判决书，恢复李敏的法定代表人身份和李敏持股比例的登记。2018年8月10日颁发李敏为法定代表人的营业执照。第四组、第五组证据综合证明涉案专利权转让时，李敏作为绿原公司持股72.73%的股东和法定代表人，是唯一有权代表绿原公司做出意思表示的主体，专利转让主体资格合法。

第六组证据：绿原公司企业变更情况（法定代表人）。证明目的：自2007年7月5日被获批专利权至2019年6月19日，除2016年7月21日法定代表人被刘某、李文尧非法变更外，均为李敏。除2005年12月8日前绿原公司的名义法定代表人外，绿原公司的法定代表人一直是创始人、专利研发人李敏。

第七组证据：绿原公司枣庄银行滕州支行账户2018年10月15—30日交易记录。证明目的：2018年10月15日刘某将绿原公司的资金分两笔100万元和150万元转入她个人建行善国北路分理处银行账户。虽然李敏2018年8月10日恢复为绿原公司法定代表人身份，但刘某仍实际上控制着绿原公司，个人利益也一直与绿原公司利益混同。

绿原公司的质证意见为：对第一组证据的真实性无异议，对证明目的有异议，从第一组证据载明的内容来看，（2019）鲁0105民初4579号案件中并未涉及涉案专利权相关内容，且该证据从侧面恰恰证实了李敏担任公司法定代表人期间，存在侵占绿原公司权益的行为。

对于第二组证据，因该证据并非原件，故对该证据的真实性无法确定。从证据2载明内容来看均未涉及本案涉案专利权，该证据与本案无关。证据1及证据2中所涉案件之所以撤诉，是为了解决当时涉及李敏、刘某、绿原公司之间实际已经发生的诉讼案件，这在涉案调解书第四条有明确体现，涉案调解书的第四条即是对以上实际已经发生的四个案件一并进行了处理，对除此之外的事项并未进行处理。并非李敏所主张的“该调解书中并非具体列明哪些事项、几个诉讼案件，各方对于该调解书中概括性表述、兜底性表述具有全部事项、所有事项的意思表示”，双方之间并未也并不可能预先对于未发现、未发生的纠纷进行处理。该调解协议也不意味着对绿原公司具有约束力，对该部分质证意见同书面答辩状相关内容。

对第三组证据的真实性无异议，证明目的有异议。绿原公司系具有独立法人资格的企业，涉案专利权原登记在绿原公司名下，系绿原公司所有的合法有效的财产。该转让系李敏私自将属于公司的财产无偿转移至其个人名下，违反了公司法的相关强制性规定，其转让行为无效，且刘某对此亦不知情，不存在双方对涉案专利进行了处理。

对第四组证据的真实性无异议，对关联性及证明目的有异议。该证据载明事项发生在 2016 年，涉案专利转让发生在 2018 年 10 月。该证据并未涉及涉案专利，与本案无关。

对第五组证据的真实性无异议，对关联性及证明目的有异议。该证据并未涉及涉案专利，与本案无关。

涉案专利转让时，李敏虽作为公司法定代表人并持有公司 72.73%的股权，但在转让之后并未支付相应转让款，公司丧失了其持有的重要资产而不能获得任何利益，该转让行为不属于公司正常的经营活动，且李敏同时代表公司和个人签约，行为后果是将公司利益转移给个人，明显具有超越代表权的外观，实质系侵占公司利益的行为。涉案专利转让时公司由李敏及李文尧两名股东组成，本案原审庭审过程中，李文尧亦明确表示对涉案专利的转让不知情也不同意，故涉案专利转让行为无效。

对第六组证据，因系复印件，故对该证据的真实性无法确定。从该证据载明内容来看，李敏并非绿原公司发起人，亦非涉案专利的唯一发明人，且该证据并未涉及涉案专利，与本案无关。

对第七组证据的真实性无异议，证明目的有异议。该证据并未涉及涉案专利，与本案无关。

综上，李敏提交的上述证据均于二审庭审结束后提交且均非新证据，上述证据均未涉及涉案专利且与本案争议事项之间缺乏关联关系，二审法院不应予以采信。

本院的认证意见为：绿原公司认可上述第一组、第三组、第四组、第五组及第七组证据的真实性，本院对该五组证据的真实性亦予以认可。绿原公司对上述第二组、第六组证据的真实性未予以确认，但未提供充分反证予以反驳，结合上述证据的性质及与其他证据的相互关系，本院认可上述证据的真实性，但对上述证据的关联性和证明力将结合本案其他事实予以综合评价。

二审中，绿原公司没有提交证据。

原审法院查明的事实属实，本院予以确认。

本院另查明，涉案调解协议约定了：……四、刘某与李敏双方在本协议签订之日起10个工作日内完成对对方的全部案件的撤诉和解除冻结，今后再无其他纠葛，互不追究。案件诉讼中涉及的股权、法人、财产内容全部终止。否则，李敏作为原告未撤诉的，由李敏承担违约责任；刘某、李文尧、绿原公司作为原告未撤诉的，由刘某承担违约责任。……八、非因本协议事项外，刘某、李敏及绿原公司相互不得以任何形式和理由向对方主张任何权利，本协议各方权利义务履行完毕后再无其他纠葛，互不追究。……

涉案调解书也确认了上述内容。

本院认为，综合双方诉辩意见及案件事实，本案二审的争议焦点为：（一）在涉案调解协议中，是否解决了涉案专利权权属纠纷；（二）涉案专利权转让声明是否合法有效及涉案专利权归谁所有。

（一）在涉案调解协议中是否解决了涉案专利权权属纠纷

李敏上诉主张，根据涉案调解协议的约定，李敏、刘某和绿原公司认可包括绿原公司在内的股权、法人、财产所有纠纷再无纠葛，互不追究，故涉案专利权权属纠纷已经在涉案协议中解决。

对此，本院认为，李敏虽然主张涉案专利权权属纠纷已经在涉案调解协议中解决，但综合李敏向法院提交的有关证据，李敏并未提供证据证明在涉案调解协议中解决的纠纷中明确包括了涉案专利权权属纠纷，故对李敏的有关上诉主张，本院不予支持，原审法院认定涉案调解协议未涉及涉案专利、李敏的该抗辩理由不成立，并无不当。

（二）涉案专利权转让声明是否合法有效及涉案专利权归谁所有

李敏上诉主张，涉案专利权转让声明有绿原公司的印章和作为法定代表人的李敏的签名，专利权转让是绿原公司的真实意思表示，该转让有效，并未导致绿原公司无法正常经营。

公司法（2013修正）第一百四十七条规定，董事、监事、高级管理人员应当遵守法律、行政法规和公司章程，对公司负有忠实义务和勤勉义务。董事、监事、高级管理人员不得利用职权收受贿赂或者其他非法收入，不得侵占公司的财产。

本案中，李敏在其担任绿原公司执行董事兼经理期间，于2018年8月29日签署涉案专利权转让声明，将涉案专利权的一切权利无偿转让给李敏自己，并在其后到国家知识产权局办理了相应变更手续。虽然李敏在原审庭审中陈述，其代表公司将涉案专利权转至自己名下时，曾口头通知另一股东李文尧，但李敏未提供相应证据加以证明，且李文尧在原审中表示其对此转让并不知情，亦不同意。因此，本院认为，虽然在涉案专利权转让时李敏系占绿原公司三分之二以上股权的股东，但涉案专利权的转让系李敏利用职务之便将绿原公司的专利权无偿转让到个人名下，且李敏未提供充分证据证明其代表绿原公司转让涉案专利权时按照公司章程的规定履行了合法手续，也未提供充分证据证明该转让行为系为绿原公司利益所为，故，这一转让行为违反了李敏对公司的忠诚义务，应属无效，涉案专利权转让声明及所办理的变更手续并不能产生转让专利权的法律效力，涉案专利权仍应归绿原公司所有。涉案专利权是否对绿原公司有价值不影响对涉案专利权权属的认定。对李敏的有关上诉主张，本院不予支持，原审法院认定涉案专利权归绿原公司所有并无不当。

综上所述，李敏的上诉请求不能成立，应予驳回。原审判决认定事实清楚，适用法律正确，应予维持。依照《中华人民共和国民事诉讼法》① 第一百七十条第一款第一项之规定，判决如下：

驳回上诉，维持原判。

二审案件受理费 1000 元，由李敏负担。

本判决为终审判决。

审　判　长　徐卓斌
审　判　员　董　胜
审　判　员　黄中华
二〇二一年六月十七日
法官助理　宋　磊
书　记　员　王倩倩

① 此处指 2017 年《中华人民共和国民事诉讼法》，其已于 2021 年修改，本案下同。

12. 擅自转移、处分保全证据的法律后果

——上诉人无锡瑞之顺机械设备制造有限公司与被上诉人周勤侵害发明专利权纠纷案①

中华人民共和国最高人民法院民事判决书（2021）最高法知民终 334 号

上诉人（原审被告）：无锡瑞之顺机械设备制造有限公司。住所地：江苏省无锡市新吴区鸿山新兴路 3 号。

法定代表人：杨宁，该公司执行董事。

委托诉讼代理人：周泉，北京恒都律师事务所专利代理师。

委托诉讼代理人：金旭鹏，北京恒都律师事务所专利代理师。

被上诉人（原审原告）：周勤。

委托诉讼代理人：赵臻淞，江苏漫修律师事务所律师。

委托诉讼代理人：倪歆晨，江苏漫修律师事务所律师。

上诉人无锡瑞之顺机械设备制造有限公司（以下简称瑞之顺公司）因与被上诉人周勤侵害发明专利权纠纷一案，不服江苏省苏州市中级人民法院于 2020 年 11 月 25 日作出的（2019）苏 05 知初 1122 号民事判决，向本院提起上诉。本院于 2021 年 3 月 10 日立案后依法组成合议庭，并于 2021 年 5 月 17 日询问当事人。瑞之顺公司的委托诉讼代理人周泉、金旭鹏，周勤的委托诉讼代理人赵臻淞、倪歆晨到庭参加询问。本案现已审理终结。

瑞之顺公司上诉请求：1. 撤销原审判决，依法改判或发回重审；2. 本案一、二审诉讼费由周勤承担。事实和理由：（一）原审法院以“诉前保全证据灭失”为由直接认定被诉侵权产品落入周勤享有的专利号为 ZL201110375874.1、名称为“排水板成型机”的发明专利（以下简称涉案专利）之权利要求 1 的保护范围，忽视了将拍照、录像保全到的被诉侵权产品与涉案专利进行技术特征的对比，属于事实认定错误。原审法院已经通过采取拍照、录像的方式对被诉侵权产品进行了证据保全，被诉侵权产品的部分技术特征可以通过拍照、录像形成的照片或视频得到反映。通过原审法院拍照、录像所形成的保

① 本案在年度报告中的位置为第 21 页。

全证据，可以明显看出被诉侵权产品缺少冲压粒子、冲压粒子固定螺杆、真空泵、连通管路等外部结构，故被诉侵权产品不具有涉案专利权利要求 1 所限定的如下技术特征：1. 设于主滚筒外侧面上的冲压粒子阵列；2. 用于把冲压粒子固定在主滚筒外侧面上的冲压粒子固定螺杆；3. 冲压粒子与主滚筒外侧面相连的底面上设有一个与冲压粒子同轴的圆锥形或圆柱形的匀气凹腔及至少一条与匀气凹腔相通的径向抽气凹槽；4. 冲压粒子固定螺杆上设有导通匀气凹腔和抽真空抽气通道的导气结构；5. 真空泵；6. 抽气孔和真空泵之间设有连通管路。（二）原审法院以“瑞之顺公司的前述行为导致诉前保全证据灭失，直接影响本案侵权判断的有效进行”为由，认定被诉侵权产品落入涉案专利权利要求 1 的保护范围，不符合法律规定。瑞之顺公司因转移诉前保全证据导致证据灭失，确应承担相应的不利后果。但是，由于被诉侵权产品实物缺失，导致无法查明被诉侵权产品的内部结构。于此情况下，不应推定被诉侵权产品具有与涉案专利权利要求 1 记载的相应技术特征相同的内部特征，进而认为被诉侵权技术方案落入涉案专利权利要求 1 的保护范围。瑞之顺公司因转移诉前保全证据导致证据灭失，已经承担被原审法院司法惩戒的不利后果，但是原审法院不恰当地扩大了该不利后果的范围，剥夺了瑞之顺公司用拍照、录像保全的证据与涉案专利进行对比的权利，径行认定被诉侵权技术方案落入涉案专利权利要求 1 的保护范围，上述做法不符合法律和相关司法解释的规定。

周勤辩称：（一）原审法院关于瑞之顺公司提出的不侵权抗辩与其先前委托的一审诉讼代理人在书面答辩和听证中自认的基本事实相悖的认定正确。1. 瑞之顺公司关于被诉侵权产品不存在“冲压粒子”“冲压粒子固定螺杆”“真空泵”等外部技术特征的抗辩是该公司在一审阶段更换委托诉讼代理人后新提出的抗辩意见，该意见与其先前委托的诉讼代理人在向原审法院提交的答辩状和参加原审法院组织的证据交换中确认的事实相悖。2. 瑞之顺公司的官网图片清楚显示被诉侵权产品的主滚筒上装配有冲压粒子。瑞之顺公司的股东黄悦明在其个人抖音中上传的大量视频、图片清楚显示试机、生产中的主滚筒上装配有冲压粒子。周勤在广东省东莞市发现并拍摄的被瑞之顺公司擅自转移原审法院证据保全的被诉侵权产品照片，亦清晰显示被诉侵权产品投入使用后具备冲压粒子、冲压粒子固定螺杆、真空泵等技术特征。（二）原审法院关于瑞之顺公司擅自转移诉前保全证据导致证据灭失，须承担侵权成立之不利后果的认定正确。根据《最高人民法院关于知识产权民事诉讼证据的若干规定》（以下简称知识产权民事诉讼证据规定）第十四条之规定，瑞之顺公司擅自转移法院诉前保全的被诉侵权产品，导致无法进行技术特征比对，应承担相应不利的后果，该不利后果即为直接推定被诉侵权产品的技术方案落入涉案专利权的保护范围。（三）瑞之顺公司擅自转移诉前保全证据，不仅可能导致周勤的诉讼主张无法成立，同时也严重妨碍了正常的诉讼秩序，因此应当承担两项不利后果：一方面，原审法院对瑞之顺公司进行罚款的司法惩戒属于公法意义上的制裁，针对的对象是瑞之顺公司妨害民事诉讼、扰乱正常司法秩序的行为；另一方面，推定被诉侵权技术方案落入涉案专利权保护范围是私法意义上的惩罚，目的在于保障当事人的合法权利得以实现。综上，瑞之顺公司的上诉请求不能成立，请求驳回上诉，维持原判。

周勤向原审法院提起诉讼，原审法院于 2019 年 11 月 6 日立案受理，周勤起诉请求：1. 判令瑞之顺公司立即停止侵犯涉案专利权的行为，即停止制造、销售、许诺销售侵权产品，销毁库存侵权产品；2. 判令瑞之顺公司赔偿周勤经济损失及合理维权费用共计 100 万元；3. 判令瑞之顺公司承担本案诉讼费。

瑞之顺公司原审辩称：（一）瑞之顺公司已向国家知识产权局申请宣告涉案专利权无效，涉案专利权缺乏新颖性和创造性，应当被宣告无效。（二）被诉侵权产品未落入涉案专利权的保护范围，不构成侵权。综上，请求驳回瑞之顺公司的诉讼请求。

原审法院认定事实：周勤于 2011 年 11 月 23 日向国家知识产权局申请涉案专利，于 2013 年 12 月 11 日获得授权，涉案专利权处于有效期内。涉案专利权共有 10 项权利要求，周勤主张保护权利要求 1，其内容为：一种排水板成型机，包括机架、滚筒驱动电机、左右两端滚动支撑在机架上的主滚筒组件和副滚筒组件；主滚筒组件包括主滚筒、与主滚筒左右两端固定相连的圆环形端板、设于主滚筒外侧面上的冲压粒子阵列，用于把冲压粒子固定在主滚筒外侧面上的冲压粒子固定螺杆；副滚筒组件包括副滚筒，副滚筒的外侧面上设有与冲压粒子配合工作的冲压凹腔阵列，其特征是：设于主滚筒上的与冲压粒子固定螺杆适配的固定螺杆连接螺孔与主滚筒的内侧面相通，主滚筒的内侧面设有若干走向与主滚筒轴向相同的抽真空抽气通道，每个抽真空抽气通道与相应的一列固定螺杆连接螺孔相通，抽真空抽气通道的左端为封闭端，抽真空抽气通道的右端与主滚筒右端的圆环形端板固连，相应的主滚筒右端的圆环形端板上布设有分别与对应位置的抽真空抽气通道相通的若干通气孔；冲压粒子与主滚筒外侧面相连的底面上设有一个与冲压粒子同轴的圆锥形或圆柱形的匀气凹腔及至少一条与匀气凹腔相通的径向抽气凹槽；冲压粒子固定螺杆上设有导通匀气凹腔和抽真空抽气通道的导气结构；主滚筒右端的圆环形端板右侧设有抽真空结构，所述抽真空结构包括与主滚筒右端的圆环形端板右侧面滑动密封的密封滑块、用于使密封滑块保持在固定位置且与圆环形端板紧密贴合的滑块定位压紧结构和真空泵；密封滑块的左侧面设有抽气扇环槽，密封滑块的右侧面设有与抽气扇环槽相通的抽气孔，抽气孔和真空泵之间设有连通管路，抽气扇环槽的中心圆与主滚筒右端的圆环形端板上的通气孔圆心的轨迹圆圆心同心，抽气扇环槽前端的过渡半圆圆心固定位于主滚筒的轴线和副滚筒的轴线所确定的平面和通气孔圆心轨迹线的相交点上，抽气扇环槽后端的过渡半圆圆心相对于前端过渡半圆圆心转过的圆心角至少等于主滚筒上相邻两个通气孔的圆心分别与它们的轨迹圆中心相连所成的夹角。原审诉讼中，瑞之顺公司向国家知识产权局申请宣告涉案专利无效，国家知识产权局于2020年5月19日作出第44598号无效宣告请求审查决定（以下简称第44598号审查决定），决定维持涉案专利权有效。

因发现瑞之顺公司存在涉嫌侵权行为，周勤向原审法院提出诉前证据保全申请，原审法院于2019年9月23日立案受理，于2019年10月18日作出（2019）苏05证保61号民事裁定书。2019年10月25日，原审法院至瑞之顺公司当时的经营地点无锡市新吴区振发五路16号对其被诉侵权的排水板成型机采取保全措施，现场共拍照十张并制作证据保全笔录一份，保全笔录明确告知瑞之顺公司不得破坏或者转移保全证据，瑞之顺公司法定代表人杨宁作为在场人在保全笔录上签字确认。周勤根据前述诉前证据保全于2019年11月6日向原审法院提起专利侵权之诉。瑞之顺公司委托代理人顾新伟、时锋于2019年11月21日向原审法院提交答辩状，答辩状记载：……二、即便涉案专利有效，瑞之顺公司产品的技术特征并未覆盖其全部权利要求，不构成侵权。1. 权利要求1中描述……但瑞之顺公司产品的抽气槽轴线位于两个滚筒轴线的平面内。2. 权利要求5中描述……但瑞之顺公司的产品，其冲压粒子侧面的凸台凹槽与冲压粒子轴线并不平行，而是贯穿冲压粒子的整个侧面。3. 权利要求7中描述……但瑞之顺公司的产品，其底部匀气凹腔为圆柱形。4. 权利要求9中描述……但瑞之顺公司的冲压粒子与固定螺杆之间没有点固结构，而是通过两者之间更加紧密的螺纹配合来达到防松的效果。瑞之顺公司委托代理人顾新伟、时锋在2019年12月17日的证据交换中陈述：我来稍微解释一下。这个东西它本身特别简单，就是一个巨大的铁架子，然后是上下两个滚筒，然后它是靠电机来驱动这两个滚筒。滚筒一个是凸的，一个是凹的，拆解的话恐怕非常费劲的，然后外加一个抽真空的设备，它就是这样一个状态。

原审法院于2020年7月17日对诉前保全的被诉侵权产品进行现场勘验。现场勘验前，瑞之顺公司的委托代理人电话告知原审法院，该公司已将被诉侵权产品由诉前证据保全地点无锡市新吴区振发五路16号迁移至其现在的经营地点无锡市新吴区经发一路7号，原审法院遂于2020年7月17日前往无锡市新吴区经发一路7号进行勘验。经将瑞之顺公司指认的排水板成型机与诉前保全图片进行比对，可以确定该排水板成型机并非原审法院诉前保全的被诉侵权产品。瑞之顺公司法定代表人杨宁陈述其原经营地点无锡市新吴区振发五路16号因拆迁导致搬迁，被诉侵权产品已不知去向。

除前述原审法院采取的诉前证据保全外，周勤还就瑞之顺公司的其他涉嫌侵权行为进行了多次公证证据保全。其一，周勤于2019年5月22日向浙江省杭州市湘湖公证处申请保全证据公证，该公证处于2019年5月29日出具（2019）浙杭湘证字第3730号公证书，周勤担任法定代表人的杭州骏恒机械设备制造有限公司（以下简称骏恒公司）为此支付公证费3000元。根据公证书记载，周勤于2019年5月22日使用公证处已连接互联网的电脑启动IE浏览器、输入www. wxrzsjx. com并浏览瑞之顺公司网站，网站记载“瑞之顺公司是一家集研发、设计、制造、销售、服务于一体的公司，专业生产防水板、土木模设备系列；排水板设备系列；吸塑机系列、辊筒系列等设备”，“产品中心”页面亦显示有相关的排水板设备。其二，周勤的委托代理人倪歆晨于2020年1月7日向江苏省无锡市江南公证处申请保全证据公证，该公证处于2020年1月8日出具（2020）苏锡江南证字第208号公证书，骏恒公司为此支付公证费2040元。根据公证书记载，倪歆晨在其持有的手机点击“抖音”软件并在搜索栏中输入“我在无锡等你”后点击第一个搜索结果“我在无锡等你 黄悦明”，后进入该抖音页面选择视频进行播放，视频显示有发往河北、新疆等地的多条排水板生产线。瑞之顺公司在原审审理中确认黄悦明为其公司股东及监事，公证所载抖音账号为黄悦明所有。

原审法院另查明，周勤就本案纠纷与江苏漫修律师事务所签订委托合同，约定代理费为50000元，骏恒公司实际支付律师代理费50000元。此外，就本案涉及的瑞之顺公司及骏恒公司，原审法院进一步查明：瑞之顺公司成立于2018年11月2日，法定代表人杨宁，股东为杨宁、黄悦明，经营范围为机械设备的制造、加工等；骏恒公司成立于2010年7月15日，法定代表人为周勤，2018年9月4日股东由周勤、杨宁变更为周勤，公司高管人员由法定代表人周勤、监事杨宁变更为法定代表人周勤、监事周壮姐。

原审法院认为，周勤系涉案专利的专利权人，国家知识产权局作出的第44598号审查决定维持涉案专利权有效，涉案专利权依法应受保护。

周勤依据原审法院诉前保全证据就瑞之顺公司的行为提起专利侵权之诉。因瑞之顺公司擅自转移诉前保全证据进而导致该证据灭失。知识产权民事诉讼证据规定第十四条规定：“对于人民法院已经采取保全措施的证据，当事人擅自拆装证据实物、篡改证据材料或者实施其他破坏证据的行为，致使证据不能使用的，人民法院可以确定由其承担不利后果。构成民事诉讼法第一百一十条规定情形的，人民法院依法处理。”原审法院诉前保全证据系本案进行侵权判断的关键证据，瑞之顺公司的行为导致诉前保全证据灭失，直接影响侵权判断的有效进行，原审法院依法认定诉前保全证据即被诉侵权产品落入涉案专利权利要求 1 的保护范围，构成专利侵权。就瑞之顺公司提出的不侵权抗辩，该抗辩显然与其先前的委托诉讼代理人提交的书面答辩状和听证过程中所确认的基本事实相悖，而诉前保全证据灭失亦导致被诉侵权产品的技术特征难以根据诉前证据保全图片作出有效辨别，瑞之顺公司在毁灭重要证据的情况下提出的不侵权抗辩缺乏依据，原审法院不予采纳。

关于瑞之顺公司侵权责任的承担。首先，根据瑞之顺公司的经营范围、瑞之顺公司网站宣传展示内容、瑞之顺公司股东黄悦明的抖音信息、原审法院诉前证据保全情况以及本案诉中现场勘验的情况，足以认定瑞之顺公司存在制造、销售、许诺销售被诉侵权产品的行为，周勤诉请判令瑞之顺公司停止制造、销售、许诺销售侵权产品并销毁库存侵权产品的依据充分，原审法院予以支持。

其次，就周勤所提赔偿请求，原审法院依法予以全额支持并对此分析如下：其一，涉案专利为发明专利，瑞之顺公司虽申请宣告涉案专利权无效，但被国家知识产权局驳回，可见涉案专利权稳定，且被诉侵权产品价值较大；其二，瑞之顺公司法定代表人杨宁与周勤曾共同投资设立骏恒公司并共同担任该公司的高级管理人员，杨宁对周勤享有涉案专利权理应知晓，故瑞之顺公司就其实施的专利侵权行为，主观上存在恶意；其三，瑞之顺公司存在制造、销售、许诺销售侵权产品等多种形式的侵权行为，瑞之顺公司股东黄悦明的抖音信息亦显示其曾向河北、新疆等地发送过排水板生产线，可见瑞之顺公司侵权规模较大，情节较为恶劣；其四，瑞之顺公司毁灭诉前保全证据的行为严重妨害本案诉讼的正常开展，亦在客观上增加周勤一方的维权成本，该情节在赔偿裁量中亦应一并考量。据此，周勤诉请瑞之顺公司赔偿其经济损失及维权合理费用共计 100 万元，原审法院予以支持。

原审法院判决：一、瑞之顺公司立即停止侵害涉案专利权的行为，即停止制造、销售、许诺销售侵权产品并销毁库存侵权产品；二、瑞之顺公司于判决生效之日起十日内赔偿周勤经济损失及维权合理费用共计 1000000 元。如果未按判决指定的期间履行给付金钱的义务，应当按照《中华人民共和国民事诉讼法》① 第二百五十三条之规定，加倍支付迟延履行期间的债务利息。

① 此处指 2017 年《中华人民共和国民事诉讼法》，其已于 2021 年修改，本案下同。

案件受理费13800元，由瑞之顺公司负担。

二审期间，周勤为支持其答辩主张，向本院提交了一份新证据：第48098号无效宣告请求审查决定书（以下简称第48098号审查决定），拟证明瑞之顺公司针对涉案专利权第二次提出无效宣告请求，国家知识产权局于2021年2月3日作出第48098号审查决定，再次维持涉案专利权有效，故涉案专利权具有很高的稳定性。

瑞之顺公司的质证意见为：认可该份证据的真实性、合法性及关联性，但不认可该份证据的证明目的。本院的认证意见为：对该份证据的真实性、合法性及关联性均予以认可。

瑞之顺公司在二审诉讼中未提交新证据。

本院经审理查明，原审法院查明的事实基本属实，本院予以确认。

本院另查明：

（一）瑞之顺公司在二审询问中述称：1. 其在提交的上诉状中主张被诉侵权技术方案不落入涉案专利权利要求1的保护范围，是建立在原审法院在瑞之顺公司处诉前证据保全的被诉侵权产品上不存在冲压粒子、冲压粒子固定螺杆、真空泵、连通管路等外部结构的立论基础之上。换言之，因为原审法院在证据保全现场拍摄的照片上未显示冲压粒子、冲压粒子固定螺杆、真空泵、连通管路等外部结构特征，相应地，被诉侵权产品自然也就不具有涉案专利权利要求1所限定的“设于主滚筒外侧面上的冲压粒子阵列”“用于把冲压粒子固定在主滚筒外侧面上的冲压粒子固定螺杆”“冲压粒子与主滚筒外侧面相连的底面上设有一个与冲压粒子同轴的圆锥形或圆柱形的匀气凹腔及至少一条与匀气凹腔相通的径向抽气凹槽”“冲压粒子固定螺杆上设有导通匀气凹腔和抽真空抽气通道的导气结构”“抽气孔和真空泵之间设有连通管路”等技术特征。2. 原审法院针对其在本案诉讼过程中实施转移、处分证据保全证物之妨害诉讼的行为，决定对其罚款20万元，其已向原审法院缴纳罚款。

（二）瑞之顺公司的特别授权代理人顾新伟、时锋于2019年11月21日向原审法院提交书面答辩状，在该答辩状的答辩要点之“即便案涉专利有效，瑞之顺公司产品的技术特征并未覆盖其全部权利要求，不构成专利侵权”部分载明如下内容：“1. 权利要求1中描述：抽气扇环槽前端的过渡半圆圆心固定位于主滚筒的轴线和副滚筒的轴线所确定的平面和通气孔圆心轨迹线的相交点上。即该专利产品的抽气槽轴线与两个滚筒轴线平面存在一定的夹角，但瑞之顺公司产品的抽气槽轴线位于两个滚筒轴线的平面内，并且，经过实践证明，该创新能够显著地减少排水板的气泡数量，提高产品的合格率。2. 权利要求5中描述：冲压粒子与主滚筒的外侧面相连一端的侧面均布有三至六条走向与冲压粒子轴线平行的凸台凹槽。但瑞之顺公司的产品，其冲压粒子侧面的凸台凹槽与冲压粒子轴线并不平行，而是贯穿冲压粒子的整个侧面，由此制造的产品，可以成倍地增加轴向抗压能力，进而延长产品的使用寿命。3. 权利要求 7 中描述：圆台形冲压粒子与主滚筒外侧面相连的底面上设有的匀气凹腔为圆锥形。但瑞之顺公司的产品，其底部匀气凹腔为圆柱形，该创新能够在冲压粒子表面形成更稳定的负压，使产品在冲压前、挤压中、挤压后吸附更牢固，吸附时间更长，有利于凸台的成型、稳定。4. 权利要求 9 中描述：冲压粒子固定螺杆和冲压粒子加设有点固结构。但瑞之顺公司的冲压粒子与固定螺杆之间没有点固结构，而是通过两者之间更加精密的螺纹配合来达到防松效果，同时，又为客户保留了冲压粒子的可替换性，使客户的换型时间更短，换型模具成本更低。5. 权利要求 10 中描述：冲压粒子固定螺杆与主滚筒相连的一端的端面和主滚筒之间设有防松用的弹性元件。如按照涉案专利所设计，固定螺杆与冲压粒子进行点固固定，且固定螺杆底部再放置弹性元件，根据机械行业通常标准，冲压粒子紧密贴合在滚筒表面与固定螺杆按预设压力压紧弹性元件这两个设计目的无法同时实现。而瑞之顺公司的固定螺杆底部不设有弹性元件，由固定螺杆与滚筒之间的螺纹产生拧紧力，使螺杆与滚筒按预设扭矩连接，其后，冲压粒子再通过螺杆上部的拧紧力与滚筒表面紧密贴合，有效地解决了原来设计中冲压粒子易松动，从而导致产品批量缺陷的问题。”

（三）原审法院就本案于 2019 年 12 月 17 日组织第一次听证，周勤的委托诉讼代理人赵臻淞、倪歆晨，以及瑞之顺公司的委托诉讼代理人顾新伟、时峰参加了该次听证。听证笔录记载有如下内容：“……助（注：主持该次听证的原审法院的跟案法官助理）：关于被告的答辩状所称的被控侵权产品的技术特征跟你的权利要求是没有完全覆盖，不构成专利侵权，对于这一点你方什么意见。原代：我们请求法庭进行现场勘验并进行相应的调查。助：相应的勘验，是不是还要把机器设备给拆解下来。原代：如果说按照被告提到这个节点的话，应该是不需要完全去拆解，其实是四个螺丝应该就可以了，你们那套保全设备应该还在的。被代：我来稍微解释一下。这个东西它本身特别简单，就是一个巨大的铁架子，然后是上下两个滚筒，然后它是靠电机来驱动这两个滚筒。滚筒一个是凸的，一个是凹的，拆解的话恐怕非常费劲，然后外加一个抽真空的设备，它就是这样一个状态。然后如果需要的话，我们其实拍视频各方面都可以来佐证这是一个什么样的设备。助：第一点你拍的是否是原告主张的被控侵权产品，第二点就是说你这样拍下来能不能完全覆盖掉你的技术特征跟本案相关联的技术特征，这两个问题是吧？被代：我可以拍法官过来保全的那套设备，它就是一个固定的状态。助：你们的意思是说不拆解也能够达到这个比对他所有的涉案技术特征的这样一个目的。被代：完全可以。……”

（四）瑞之顺公司于 2020 年 7 月 1 日向原审法院书面告知，其自即日起解除与江苏瑞莱律师事务所顾新伟律师就本案的特别授权委托代理关系。瑞之顺公司于 2020 年 10 月 1 日向原审法院书面告知，其自即日起解除与江苏瑞莱律师事务所时锋律师就本案的特别授权委托代理关系。2020 年 10 月 1 日，浙江纳祺律师事务所向原审法院提交公函，告知在原告周勤与被告瑞之顺公司侵害发明专利权纠纷一案中，该所已接受瑞之顺公司的委托，指派朱德宝、倪锋律师担任该公司的诉讼代理人。

本院认为：本案为侵害发明专利权纠纷，结合当事人的诉、辩意见及二审查明的事实，本案二审争议焦点问题为：在瑞之顺公司转移原审法院已经采取保全措施的证据的情况下，原审法院推定被诉侵权产品实施的技术方案落入涉案专利权利要求 1 的保护范围是否正确。

瑞之顺公司上诉认为，原审法院证据保全拍摄所得的照片显示被诉侵权产品并不具有冲压粒子、冲压粒子固定螺杆、真空泵、连通管路等部件，相应地，被诉侵权产品不具有涉案专利权利要求 1 所限定的“设于主滚筒外侧面上的冲压粒子阵列”“用于把冲压粒子固定在主滚筒外侧面上的冲压粒子固定螺杆”“冲压粒子与主滚筒外侧面相连的底面上设有一个与冲压粒子同轴的圆锥形或圆柱形的匀气凹腔及至少一条与匀气凹腔相通的径向抽气凹槽”“冲压粒子固定螺杆上设有导通匀气凹腔和抽真空抽气通道的导气结构”“真空泵”“抽气孔和真空泵之间设有连通管路”等六项技术特征，故被诉侵权产品实施的技术方案不落入涉案专利权利要求 1 的保护范围。对此，本院认为：

首先，关于被诉侵权产品是否具有冲压粒子、冲压粒子固定螺杆、真空泵、连通管路等部件。鉴于原审法院证据保全拍摄的照片确未显示被诉侵权产品具有冲压粒子、冲压粒子固定螺杆、真空泵、连通管路等部件，且瑞之顺公司在二审询问中亦明确述称，其关于被诉侵权产品实施的技术方案不具有涉案专利权利要求 1 限定的上述六项技术特征的主张是建立在证据保全现场的被诉侵权产品缺少上述部件的基础之上，故有必要对“被诉侵权产品是否具有冲压粒子、冲压粒子固定螺杆、真空泵、连通管路等部件”这一待证事实作出认定。一方面，民事诉讼证据规定第三条规定：“在诉讼过程中，一方当事人陈述的于己不利的事实，或者对于己不利的事实明确表示承认的，另一方当事人无需举证证明。在证据交换、询问、调查过程中，或者在起诉状、答辩状、代理词等书面材料中，当事人明确承认于己不利的事实的，适用前款规定。”民事诉讼证据规定第五条第一款规定：“当事人委托诉讼代理人参加诉讼的，除授权委托书明确排除的事项外，诉讼代理人的自认视为当事人的自认。”本案中，瑞之顺公司在一审阶段委托的特别授权代理人顾新伟、时锋于2019年11月21日向原审法院提交了书面答辩状，明确承认被诉侵权产品存在冲压粒子、冲压粒子固定螺杆等部件，应认为构成瑞之顺公司就其被诉侵权产品技术方案相关内容的自认。进而，结合瑞之顺公司在2019年11月21日答辩状中记载的“瑞之顺公司产品的抽气槽轴线位于两个滚筒轴线的平面内”“瑞之顺公司的产品，其底部匀气凹腔为圆柱形，该创新能够在冲压粒子表面形成更稳定的负压，使产品在冲压前、挤压中、挤压后吸附更牢固，吸附时间更长，有利于凸台的成型、稳定”，以及代表瑞之顺公司于2019年12月17日参加原审法院组织的第一次法庭调查的特别授权代理人顾新伟、时锋当庭自认的内容，即“这个东西它本身特别简单，就是一个巨大的铁架子，然后是上下两个滚筒，然后它是靠电机来驱动这两个滚筒。……然后外加一个抽真空的设备，……”可以认定被诉侵权产品具有将主滚筒内的气体向外抽取，以便在滚筒内部形成负压从而更牢固地吸附位于滚筒表面冲压粒子的真空抽气泵装置，并可以合理认定为了将主滚筒内的气体顺利抽出，被诉侵权产品的主滚筒上必然设置有向外排气的结构以及与外部负责抽气的真空抽气泵连接的管路。进而，结合原审法院在瑞之顺公司现场证据保全拍摄所得照片，可清晰反映在与被诉侵权产品主滚筒一端固定连接的圆环形端板上存在圆孔以及从该圆孔向外部延伸出的管道，故可以合理认定被诉侵权产品必然存在涉案专利权利要求1限定的“抽气孔和真空泵之间设有连通管路”的技术特征。另一方面，民事诉讼证据规定第九条规定：“有下列情形之一，当事人在法庭辩论终结前撤销自认的，人民法院应当准许：（一）经对方当事人同意的；（二）自认是在受胁迫或者重大误解情况下作出的。人民法院准许当事人撤销自认的，应当作出口头或者书面裁定。”虽然，瑞之顺公司在一审的后续阶段更换了委托诉讼代理人，更换后的委托诉讼代理人否认被诉侵权产品存在冲压粒子、冲压粒子固定螺杆、真空泵、连通管路等部件，相当于推翻了瑞之顺公司此前的自认，但根据前述司法解释关于允许撤销自认的规定，瑞之顺公司并无证据证明其最初委托的诉讼代理人在答辩状和原审法院第一次法庭调查中自认的内容是在受到胁迫或重大误解的情况下作出，且其对自认内容的撤销也没有征得涉案专利权人周勤的同意，故瑞之顺公司在本案原审阶段更换诉讼代理人后对相关技术事实予以否认，依法不能产生推翻其在本案原审阶段更换诉讼代理人之前自认事实的法律效力。因此，瑞之顺公司关于被诉侵权产品不具有冲压粒子、冲压粒子固定螺杆、真空泵、连通管路等部件的上诉理由不能成立，本院不予支持。

其次，关于被诉侵权产品实施的技术方案是否落入涉案专利权利要求1的保护范围。《中华人民共和国民事诉讼法》第十三条第一款规定：“民事诉讼应当遵循诚实信用原则。”知识产权民事诉讼证据规定第一条规定：“知识产权民事诉讼当事人应当遵循诚信原则，依照法律及司法解释的规定，积极、全面、正确、诚实地提供证据。”知识产权民事诉讼证据规定第十四条规定：“对于人民法院已经采取保全措施的证据，当事人擅自拆装证据实物、篡改证据材料或者实施其他破坏证据的行为，致使证据不能使用的，人民法院可以确定由其承担不利后果。构成民事诉讼法第一百一十一条规定情形的，人民法院依法处理。”知识产权民事诉讼证据规定第二十五条第一款规定：“人民法院依法要求当事人提交有关证据，其无正当理由拒不提交、提交虚假证据、毁灭证据或者实施其他致使证据不能使用行为的，人民法院可以推定对方当事人就该证据所涉证明事项的主张成立。”根据上述法律、司法解释的规定精神，对于被人民法院采取保全措施的被诉侵权产品或者其他证据，被诉侵权人擅自实施毁损、转移证据等行为，致使是否侵权无法查明的，人民法院可以依法推定权利人就该证据所涉证明事项的主张成立。本案中，涉案专利权利要求1限定了诸多技术特征，且部分技术特征涉及产品内部结构及位置连接关系，故如果无法接触、观察被诉侵权产品实物，显然不易查明被诉侵权产品实施的技术方案是否全面覆盖涉案专利权利要求1所限定的全部技术特征。原审法院在对被诉侵权产品采取证据保全时已明确告知瑞之顺公司不得擅自改变证据保全之证物的现状，瑞之顺公司的法定代表人在保全笔录上亦签字确认。但瑞之顺公司此后不仅实施了擅自转移、处分被诉侵权产品的行为，而且在原审法院组织双方委托代理人进行现场勘验时仍拒不告知被诉侵权产品的准确去向，导致原审法院的勘验目的落空，无法组织双方当事人围绕被诉侵权产品实物展开技术特征比对。瑞之顺公司实施的上述妨害民事诉讼行为，严重背离诚信原则，且人为加大了法院查明技术事实的难度，理应为此承担相应不利的法律后果。原审法院基于瑞之顺公司实施的妨害民事诉讼行为，依法推定被诉侵权产品实施的技术方案落入涉案专利权利要求1的保护范围，并无不当。

瑞之顺公司上诉还认为，其因转移诉前保全证据已被原审法院处以罚款，在此基础上，原审法院认为被诉侵权产品落入涉案专利权的保护范围，属于对瑞之顺公司应承担不利后果的不当扩大。对此，本院认为，瑞之顺公司擅自实施转移、处分证据保全证物的行为构成对民事诉讼的妨害，原审法院对其采取罚款的强制措施，属于公法层面的制裁，体现的是法律对于瑞之顺公司妨害民事诉讼、破坏诉讼秩序的否定性评价。原审法院在侵权判定中基于瑞之顺公司实施的妨害诉讼行为，推定“被诉侵权产品的技术方案落入涉案专利权的保护范围”，体现的是对于“谁主张、谁举证”这一民事诉讼证明基本法则在特定情形下的适当修正，目的是要避免因僵化、机械适用该证明基本法则而可能给寻求司法救济之善意无过错的专利权人造成不公正的结果。人民法院对于被诉侵权人实施的妨害民事诉讼行为，分别对其科以公法层面的制裁和私法层面的不利事实推定，两项举措各司其职，并行不悖。原审法院作出不利于瑞之顺公司之事实推定，系建立在其在先实施了妨害民事诉讼行为的事实基础之上。正是由于瑞之顺公司实施的妨害民事诉讼行为，最终导致本案关键技术事实无法准确查明。倘若将无法准确查明技术事实所产生的结果意义上的证明责任风险，不分情况地一概分配给对此毫无过错的专利权人，并以此为由驳回其专利侵权指控，对专利权人而言难谓公正，亦无异于对不法实施妨害民事诉讼行为之被诉侵权人予以纵容，不符合现代民事诉讼应当兼顾程序正义与实体正义之价值理念。因此，瑞之顺公司关于“原审法院不当扩大其承担的不利后果范围”的上诉理由，本院亦不予支持。

综上，原审法院基于瑞之顺公司对证据保全的被诉侵权产品所实施的妨害民事诉讼行为，推定被诉侵权产品的技术方案全面覆盖涉案专利权利要求1的全部技术特征，落入涉案专利权的保护范围，具有充分的事实和法律依据，本院予以维持。

综上所述，瑞之顺公司的上诉请求不能成立，应予驳回；原审判决认定事实清楚，适用法律正确，应予维持。依照《中华人民共和国民事诉讼法》第一百七十条第一款第一项之规定，判决如下：

驳回上诉，维持原判。

二审案件受理费13800元，由无锡瑞之顺机械设备制造有限公司负担。

本判决为终审判决。

审 判 长 何 鹏
审 判 员 欧宏伟
审 判 员 梁晓征
二〇二一年六月二十三日
法官助理 姜琳浩
书 记 员 管 众

（二）专利行政案件审判

13. 权利要求用语解释的合理性

——上诉人西门子（深圳）磁共振有限公司与上诉人国家知识产权局、上诉人上海联影医疗科技有限公司专利权无效行政纠纷案①

中华人民共和国最高人民法院行政判决书（2019）最高法知行终 61 号

上诉人（原审原告）：西门子（深圳）磁共振有限公司。住所地：广东省深圳市南山区高新区高新中二道西门子磁共振园。

法定代表人：阿瑟·弗里德里希·康德（Dr. Arthur Friedrich Kaindl）。

委托诉讼代理人：张贵东，北京市柳沈律师事务所专利代理师。

委托诉讼代理人：侯宇，北京市柳沈律师事务所律师。

上诉人（原审被告）：国家知识产权局。住所地：北京市海淀区蓟门桥西土城路 6 号。

法定代表人：申长雨，该局局长。

委托诉讼代理人：倪晓红，该局审查员。

委托诉讼代理人：王婧，该局审查员。

上诉人（原审第三人）：上海联影医疗科技有限公司。住所地：上海市嘉定区城北路 2258 号。

法定代表人：俞晔珣，该公司董事兼联席总裁。

委托诉讼代理人：韩颖，德恒上海律师事务所律师。

委托诉讼代理人：陈哲，德恒上海律师事务所律师。

上诉人西门子（深圳）磁共振有限公司（以下简称西门子公司）与上诉人国家知识产权局、上诉人上海联影医疗科技有限公司（以下简称联影公司）因专利权无效行政纠纷一案，不服北京知识产权法院于 2019 年 4 月 26

① 本案在年度报告中的位置为第 23 页。

日作出的（2018）京73行初1404号行政判决，向本院提起上诉。本院于2019年7月17日立案后，依法组成合议庭并公开开庭审理了本案。上诉人西门子公司的委托诉讼代理人侯宇、张贵东，上诉人国家知识产权局的委托诉讼代理人倪晓红、王婧，上诉人联影公司的委托诉讼代理人韩颖、陈哲到庭参加诉讼。本案现已审理终结。

西门子公司上诉请求：1. 纠正（2018）京73行初1404号行政判决中的事实认定和法律适用错误；2. 撤销国家知识产权局专利复审委员会（以下简称专利复审委员会）作出的第33719号无效宣告请求审查决定（以下简称被诉决定），并判令国家知识产权局重新作出无效宣告请求审查决定。事实和理由：原审判决对专利号为201310072198.X、名称为“平面回波成像序列图像的重建方法”的发明专利（以下简称本专利）权利要求2、5的保护范围解释不清，法律适用错误。对权利要求的解释应当以本领域普通技术人员在阅读权利要求书、说明书和附图之后对该术语所能理解的通常含义为准，不应不恰当地将说明书中的内容解释到权利要求中，否则将造成权利要求保护范围的不确定性，损害公众利益。在确权程序中对权利要求的修改应始终优先于对权利要求的限缩性解释。原审判决虽然笼统地指出了本领域技术人员可按照说明书的内容得知具体计算方式，但却并没有具体指出本专利说明书中哪些段落用于解释权利要求2、5中的“零次项相位偏差因子”“一次项相位偏差因子”“零次项相位偏移因子”“一次项相位偏移因子”。公众不能知道说明书的哪些部分被解释到了权利要求中，很难确定本专利的保护范围。权利要求2中的“零次项相位偏差因子”和“一次项相位偏差因子”应当被解释为可以用于消除图像N/2伪影的任何零次项相位校正参数和一次项相位校正参数，而不应限定其具体的计算方法。权利要求5中的“零次项相位偏移因子”和“一次项相位偏移因子”应当被解释为可以用于校正图像变形的任何零次项相位校正参数和一次项相位校正参数，也不应当限定其具体的计算方法。

国家知识产权局辩称：原审判决对于本专利权利要求2中的“零次项相位偏差因子”“一次项相位偏差因子”、权利要求5中的“零次项相位偏移因子”“一次项相位偏移因子”的解释正确。

联影公司述称：权利要求2、5清楚、简要地限定了专利权保护范围，符合《中华人民共和国专利法》[①]（以下简称专利法）第二十六条第四款的规定。权利要求1具备新颖性，权利要求2的附加技术特征也具备新颖性。

① 此处指2008年《中华人民共和国专利法》，其已于2020年修改，本案下同。

国家知识产权局上诉请求：撤销原审判决；维持被诉决定；驳回西门子公司原审全部诉讼请求。事实和理由：原审法院用最大合理解释原则来解释权利要求 1 中“计算”系法律适用不当，导致对新颖性的认定错误。“最大合理解释”原则必须满足“合理”这一条件。“计算”不能进行最广义的解释，权利要求 1 中“通过所述参考回波信号计算出需要对所述平面回波成像数据进行校正的参数”应指不损失其相位以及其他信息的直接计算方式，而不包括对比文件 1 中将 S_1+S_3 平均后损失某些信息的间接计算。原审法院对“计算”的解释会导致权利要求 1 的保护范围中包含明显不合理的属于本专利排除在外的现有技术方案。被诉决定根据说明书的记载将“计算”解释为“直接进行计算”既符合本专利申请文件中的客观记载，亦符合专利权人的主观保护意图，是对权利要求 1 保护范围的正确认定。

西门子公司辩称：被诉决定错误理解了对比文件 1 公开的技术内容，忽视了对比文件 1 中明确记载的用于计算校正参数的三个实际采集的参考回波信号（S_1^+、S_2^-和 S_3^+），仅片面地截取一中间计算步骤与本专利权利要求 1 中的技术特征进行比对，导致明显的事实认定错误。本专利权利要求 1 的技术方案与对比文件 1 公开的技术方案相同，均是利用三个参考回波信号计算校正参数。“计算”一词应被“准确”且“合理”地解释为本领域技术人员所理解的通常含义，即由已知量计算出未知量，无需关注“计算”的具体中间过程。因此，本专利权利要求 1 相对于对比文件 1 不具备新颖性。应驳回国家知识产权局的上诉请求，维持原审判决中关于本专利权利要求 1 相对于对比文件 1 不具备新颖性的认定。

联影公司述称：认可被诉决定，应支持国家知识产权局的上诉请求。

联影公司上诉请求：撤销原审判决，维持被诉决定。事实和理由：1. 权利要求 1 中的“计算”对象是“所述参考回波信号”，即权利要求 1 所述的“同时采集的三条没有经过相位编码的参考回波信号 R_1、R_2、R_3”；而对比文件 1 是利用一条采集获得的参考回波信号和一条经算数平均后所获得的虚拟信号进行计算，该信号已不是“参考回波信号”，两者具有本质差异。原审判决对权利要求的解释不符合发明目的，即不符合“最大合理解释”中“合理”要求。2. 对比文件 2、3 或 4 未公开本专利权利要求 2 的附加技术特征，对比文件 5 或 6 未公开权利要求 5 的附加技术特征，本专利权利要求 2、5 及其从属权利要求均具备创造性，被诉决定对此认定无误。

西门子公司辩称：对比文件 1 已经公开了实际采集三个参考回波信号 S_1^+、S_2^-和 S_3^+。虽然计算校正参数的过程是先将第一参考回波 S_1^+和第三参考回波 S_3^+计算，得到一个插值回波 S_2^+，并利用该插值回波 S_2^+和第二参考

回波 S_2^- 计算用于 N/2 伪影校正的参数。但是在对比文件 1 计算校正参数的过程中，三个实际采集的参考回波信号 S_1^+、S_2^- 和 S_3^+ 均参与到校正参数的计算。因此，对比文件 1 的技术方案与本专利权利要求 1 的技术方案完全相同，本专利权利要求 1 相对于对比文件 1 不具备新颖性。原审判决关于本专利权利要求 1 是否具备新颖性的认定正确，应驳回联影公司的上诉请求。

国家知识产权局述称：认可联影公司的上诉请求和理由。

西门子公司向原审法院提起诉讼，原审法院于 2018 年 2 月 5 日立案受理。西门子公司起诉请求：撤销被诉决定，责令国家知识产权局重新作出决定。事实和理由：1. 被诉决定有关本专利权利要求 1、2 具备新颖性的认定错误。2. 被诉决定有关本专利权利要求 2、5 及其从属权利要求清楚的认定错误。3. 被诉决定有关本专利权利要求 2、5 及其从属权利要求能够得到说明书支持的认定错误。4. 被诉决定有关本专利权利要求 2、5 及其从属权利要求具备创造性的认定错误。

国家知识产权局原审辩称：限缩性解释问题建立在对本专利说明书所公开的技术信息的理解基础之上，而且不可否认说明书对权利要求的解释作用。被诉决定认定事实清楚，适用法律正确，审理程序合法，请求法院驳回西门子公司的诉讼请求。

联影公司原审述称：同意被诉决定意见，请求法院驳回西门子公司的诉讼请求。

原审法院认定事实：

（一）关于本专利基本情况

2013 年 3 月 6 日，联影公司申请了名称为“平面回波成像序列图像的重建方法”的发明专利。专利号为 201310072198. X，授权公告日为 2015 年 5 月 13 日。授权公告的权利要求如下：

1. 一种平面回波成像序列的图像重建方法，其特征在于，包括如下步骤：

获取平面回波成像数据 S_i，并同时采集三条没有经过相位编码的参考回波信号 R_1、R_2、R_3，所述三条参考回波信号分别为偶信号、奇信号以及偶信号；

通过所述参考回波信号计算出需要对所述平面回波成像数据进行校正的参数；

将所述平面回波成像数据沿读出方向进行一维傅里叶变换得到变换结果 FS_i，并用所述校正参数校正 FS_i，计算出校正后的平面回波成像数据；

对校正后的平面回波成像数据沿相位编码方向做一维傅里叶变换得到

图像。

2. 如权利要求 1 所述平面回波成像序列图像重建方法，其特征在于，所述校正参数包括零次项相位偏差因子 φ_{oth}^{corr}、一次项相位偏差因子 φ_{1st}^{corr} 。

3. 如权利要求 2 所述的平面回波成像序列图像重建方法，其特征在于，对所述平面回波成像数据的偶数项信号或者奇数项信号进行校正，得到校正后的数据 CFS_i（n），

$CFS_i(n) = FS_i \times \exp\{sign * j[\varphi_{oth}^{corr} + \varphi_{1st}^{corr}(n - \frac{Nro}{2})]\}$ ，其中 i 为平面回波成像信号序数中的偶数项，或者 $CFS_i(n) = FS_i \times \exp\{-sign * j[\varphi_{oth}^{corr} + \varphi_{1st}^{corr}(n - \frac{Nro}{2})]\}$ ，其中 i 为平面回波成像信号序数中的奇数项；

其中 $j = \sqrt{-1}$ ，n 为读出方向样本点的序数，Nro 为读出方向总样本点的个数，当所述参考回波信号与平面回波成像信号的相应奇偶梯度极性一致时，所述 sign=+1，当所述参考回波信号与平面回波成像信号的相应奇偶梯度极性相反时，所述 sign=-1。

4. 如权利要求 2 所述的平面回波成像序列图像重建方法，其特征在于，对所述平面回波成像数据的偶数项信号与奇数项信号进行校正，得到校正后的数据 CFS_i（n），

$CFS_i(n) = FS_i \times \exp\{sign * j\frac{1}{2}[\varphi_{oth}^{corr} + \varphi_{1st}^{corr}(n - \frac{Nro}{2})]\}$ 其中 i 为平面回波成像信号序数中的偶数项，以及 $CFS_i(n) = FS_i \times \exp\{-sign * j\frac{1}{2}[\varphi_{oth}^{corr} + \varphi_{1st}^{corr}(n - \frac{Nro}{2})]\}$ ，其中 i 为平面回波成像信号序数中的奇数项；

其中 $j = \sqrt{-1}$ ，n 为读出方向样本点的序数，Nro 为读出方向总样本点的个数，当所述参考回波信号与平面回波成像信号的相应奇偶梯度极性一致时，所述 sign=+1，当所述参考回波信号与平面回波成像信号的相应奇偶梯度极性相反时，所述 sign=-1。

5. 如权利要求 1 或 2 所述的平面回波成像序列图像重建方法，其特征在于，所述校正参数包括零次项相位偏移因子 φ_{0th}^{drift}、一次项相位偏移因子 φ_{1st}^{drift} 。

6. 如权利要求 5 所述的平面回波序列图像重建方法，其特征在于，对所述平面回波成像数据的偶数项信号与奇数项信号进行校正，得到校正后的数据 CFS_i（n），

$CFS_i(n) = FS_i \times \exp\{-j[\varphi_{oth}^{drift}(i - \frac{Npe}{2}) + \varphi_{1st}^{drift}(i - \frac{Npe}{2})(n - \frac{Nro}{2})]\}$ ，其

中 i 为平面回波成像信号序数；

所述 $j=\sqrt{-1}$，n 为读出方向样本点的序数，Nro 为读出方向总样本点的个数，Npe 为相位编码方向样本点总数。

7. 如权利要求 5 所述的平面回波成像序列图像重建方法，其特征在于，对所述平面回波成像数据的偶数项信号与奇数项信号进行校正，得到校正后的数据 CFS_i（n），

$$CFS_i(n)=FS_i\times\exp\{-j[\varphi_{oth}^{drift}(i-\frac{Npe}{2})+\varphi_{1st}^{drift}(i-\frac{Npe}{2})(n-\frac{Nro}{2})]\},$$

其中 i 为平面回波成像信号序数中的偶数项，以及 $CFS_i(n)=FS_i\times\exp\{-j[sign*\varphi_{oth}^{corr}+\varphi_{oth}^{drift}(i-\frac{Npe}{2})+(sign*\varphi_{1st}^{corr}+\varphi_{1st}^{drift})(i-\frac{Npe}{2})(n-\frac{Nro}{2})]\}$，

其中 i 为平面回波成像信号序数中的奇数项；或者 $CFS_i(n)=FS_i\times\exp\{j[sign*\varphi_{oth}^{corr}-\varphi_{oth}^{drift}(i-\frac{Npe}{2})+(sign*\varphi_{1st}^{corr}-\varphi_{1st}^{drift})(i-\frac{Npe}{2})(n-\frac{Nro}{2})]\}$，

其中 i 为平面回波成像信号序数中的偶数项，以及 $CFS_i(n)=FS_i\times\exp\{-j[\varphi_{oth}^{drift}(i-\frac{Npe}{2})+\varphi_{1st}^{drift}(i-\frac{Npe}{2})(n-\frac{Nro}{2})]\}$，

其中 i 为平面回波成像信号序数中的奇数项；或者 $CFS_i(n)=FS_i\times\exp\{j[\frac{1}{2}sign*\varphi_{oth}^{corr}-\varphi_{oth}^{drift}(i-\frac{Npe}{2})+(\frac{1}{2}sign*\varphi_{1st}^{corr}-\varphi_{1st}^{drift})(i-\frac{Npe}{2})(n-\frac{Nro}{2})]\}$，

其中 i 为平面回波成像信号序数中的偶数项，以及 $CFS_i(n)=FS_i\times\exp\{-j[\frac{1}{2}sign*\varphi_{oth}^{corr}+\varphi_{oth}^{drift}(i-\frac{Npe}{2})+(\frac{1}{2}sign*\varphi_{1st}^{corr}+\varphi_{1st}^{drift})(i-\frac{Npe}{2})(n-\frac{Nro}{2})]\}$，

其中 i 为平面回波成像信号序数中的奇数项；

其中 $j=\sqrt{-1}$，n 为读出方向样本点的序数，Nro 为读出方向总样本点的个数，Npe 为相位编码方向样本点总数，当所述参考回波信号与平面回波成像信号的相应奇偶梯度极性一致时，所述 sign=+1，当所述参考回波信号与平面回波成像信号的相应奇偶梯度极性相反时，所述 sign=-1。

8. 如权利要求 5 所述的平面回波成像序列图像重建方法，其特征在于，所述一次项相位偏差因子 φ_{1st}^{corr}、所述一次项相位偏移因子 φ_{1st}^{drift} 与第一一次项相位 φ_{1st}^{1}、第二一次项相位 φ_{1st}^{2} 关联，所述第一一次项相位 φ_{1st}^{1} 为所述参考回波信号 R_1 与 R_2 的一次项相位差，所述第二一次项相位 φ_{1st}^{2} 为所述参考回波信号 R_2 与 R_3 的一次项相位差。

9. 如权利要求 8 所述的平面回波成像序列图像重建方法，其特征在于，所述一次项相位偏差因子 $\varphi_{1st}^{corr}=\frac{\varphi_{1st}^{1}+\varphi_{1st}^{2}}{2}$ 所述一次项相位偏移因子 $\varphi_{1st}^{drift}=\frac{\varphi_{1st}^{2}-\varphi_{1st}^{1}}{2}$。

10. 如权利要求 5 所述的平面回波成像序列图像重建方法，其特征在于，所述零次项相位偏差因子 φ_{oth}^{corr} 所述零次项相位偏移因子 φ_{oth}^{drift} 与第一零次项相位 φ_{oth}^{1} 第二零次项相位 φ_{oth}^{2} 关联，所述第一零次项相位 φ_{oth}^{1} 为所述参考回波信号 R_1 与 R_2 的零次项相位差，所述第二零次项相位 φ_{oth}^{2} 为所述参考回波信号 R_2 与 R_3 的零次项相位差。

11. 如权利要求 10 所述的平面回波成像序列图像重建方法，其特征在于，所述零次项相位偏差因子 $\varphi_{oth}^{corr}=\frac{\varphi_{oth}^{1}+\varphi_{oth}^{2}}{2}$、所述零次项相位偏移因子 $\varphi_{oth}^{drift}=\frac{\varphi_{oth}^{2}-\varphi_{oth}^{1}}{2}$。

12. 如权利要求 8 所述的平面回波成像序列图像重建方法，其特征在于，

对所述参考回波信号 R_1、R_2、R_3 傅里叶变换后复数共轭相乘，用来计算需要对所述平面回波成像数据进行校正的参数。

13. 如权利要求 12 所述的平面回波成像序列图像重建方法，其特征在于，

将所述参考回波信号 R_1、R_2、R_3 傅里叶变换得变换结果 FR_1、FR_2 与 FR_3，

$FR_1=FT_{1D}\{R_1\}$

$FR_2=FT_{1D}\{R_2\}$

$FR_3=FT_{1D}\{R_3\}$

然后将所述 FR_1 与 FR_2、FR_2 与 FR_3 复数共轭相乘得运算结果 $P_1(n)$、$P_2(n)$，

$P_1(n)=FR_1(n)\times conj[FR_2(n)]$

$P_2(n)=FR_3(n)\times conj[FR_2(n)]$

其中 n 的取值范围为 [1，Nro]；

分别取 P_1 (n)、P_2 (n) 的幅值最大值 $AMAX_1$、$AMAX_2$；

将所述 P_1 (n) 及 P_2 (n) 邻近两点的复数共轭相乘得运算结果 DP_1 (n)、DP_2 (n)，

$DP_1(n) = P_1(n+1) \times conj[P_1(n)]$

$DP_2(n) = P_2(n+1) \times conj[P_2(n)]$

将所述 DP_1 (n) 对应所述 P_1 (n) 幅值大于 $\tau \times AMAX_1$ 的所有点相加得运算结果 SDP_1 (n)，$SDP_1(n) = \sum_{n=1}^{Nro-1} \delta \times DP_1(n)$，所述 DP_2 (n) 对应所述 P_2 (n) 幅值大于 $\tau \times AMAX_2$ 的所有点相加得运算结果 SDP_2 (n)，$SDP_2(n) = \sum_{n=1}^{Nro-1} \delta \times DP_2(n)$，其中 τ 为预设参数，δ 为 0 或 1，当所述 P_1 (n) 幅值大于 τ×AMAX1 或所述 P_2 (n) 幅值大于 $\tau \times AMAX_2$ 时，δ=1，否则 δ=0；

分别取所述 SDP_1 (n) 与 SDP_2 (n) 的相位即可得所述第一一次项相位 φ_{1st}^{1} 所述第二一次项相位 φ_{1st}^{2}。

14. 如权利要求 13 所述的平面回波成像序列图像重建方法，其特征在于，

对所述 P_1 (n) 及 P_2 (n) 的相位进行校正，以消除 φ_{1st}^{1} 和 φ_{1st}^{2} 的影响，得到校正结果 CP_1 (n)、CP_2 (n)，

$CP_1(n) = P_1(n) \times \exp[-j(n - Nro/2)\varphi_{1st}^{1}]$

$CP_2(n) = P_2(n) \times \exp[-j(n - Nro/2)\varphi_{1st}^{2}]$

将所述 CP_1 (n) 对应所述 P_1 (n) 幅值大于 $\tau \times AMAX_1$ 的所有点相加得运算结果 SCP_1 (n)，$SCP_1(n) = \sum_{n=1}^{Nro-1} \delta \times CP_1(n)$，所述 CP_2 (n) 对应所述 P_2 (n) 幅值大于 $\tau \times AMAX_2$ 的所有点相加得运算结果 SCP_2 (n)，$SCP_2(n) = \sum_{n=1}^{Nro-1} \delta \times CP_2(n)$，其中 τ 为预设参数，δ 为 0 或 1，当所述 P_1 (n) 幅值大于 $\tau \times AMAX_1$ 或所述 P_2 (n) 幅值大于 $\tau \times AMAX_2$ 时，δ=1，否则 δ=0；

分别取所述 SCP_1 (n) 与 SCP_2 (n) 的相位即可得所述第一零次项相位 φ_{oth}^{1} 所述第二零次项相位 φ_{oth}^{2}。

15. 如权利要求 13 或 14 中任一项所述的平面回波成像序列图像重建方法，其特征在于，所述预设参数 τ=0.5。

16. 如权利要求 13 所述的平面回波成像序列图像重建方法，其特征在于，

若使用多通道采集平面回波数据，则将所述 FR_1 与 FR_2、FR_2 与 FR_3 复数共轭相乘然后进行多通道合并，包括：

$$P_1(n)=\sum_{l=1}^{Ncoil}FR_1^l(n)\times conj[FR_2^l(n)]$$

$$P_2(n)=\sum_{l=1}^{Ncoil}FR_3^l(n)\times conj[FR_2^l(n)]$$

其中 l 与 Ncoil 分别为接收通道序数、接收通道的总数。

（二）关于被诉决定基本情况

针对本专利，西门子公司于 2016 年 11 月 30 日向专利复审委员会提出了无效宣告请求，认为本专利权利要求 1-16 不符合专利法第二十二条第三款，权利要求 1 不符合专利法第二十二条第四款，权利要求 1、2、5、8、10 不符合专利法第二十六条第四款，权利要求 1、2、5 不符合专利法第二十二条第二款的规定，请求宣告本专利权利要求全部无效，同时提交了如下 8 份证据：

证据 1（对比文件 1）：公开号为 DE19715113A1 的德国专利文献，公开日期为 1998 年 10 月 22 日，公开了“在 EPI 序列中，核磁共振信号的采样值的采样时间典型地处于 0.5 至 4μs……由此产生信号偏移，其结果是上面示出的 N/2 伪影。在行方向上的傅里叶变换之后，所述信号偏移导致信号的线性相位响应。此外，也可能发生恒定的相位误差。例如，在基本磁场漂移的情况下，这样的漂移可能通过涡流导致图像变形。在行方向上对原始数据矩阵进行傅里叶变换之后，由此整体上得到取决于列数 i 的相位响应：$\varphi(i)=\varphi_0+i\cdot\Delta\varphi_1$……图 8 示出了在实际的图像测量之前的读出梯度 GR 的正的子脉冲下的核磁共振信号 S_1^+ 和在读出梯度 GR 的负的子脉冲下的核磁共振信号 S_2^- 形式的两个参考回波。在没有相位编码梯度的影响的情况下获取两个参考回波，即核磁共振信号 S_1^+ 和 S_2^-。”对比文件 1 还公开了“在前面提到的专利文献中现在假定，在负的和正的子脉冲下获取的两个核磁共振信号之间的相位差代表了最终导致开始解释的 N/2 伪影的相位误差。然而，在该考虑中忽视了以下效应。两个参考回波 S_1^+ 和 S_2^- 和具有不可避免的不同的回波时间，即参考回波 S_1^+ 的回波时间 T_{E1} 小于参考回波 S_2^- 的回波时间 T_{E2}。如果对象中的局部自旋进动频率以 $\Delta\omega$ 的量与 MR 设备处设置的频率不一到处，则这导致在两个参考回波之间的相位差，$\Delta\varphi=\Delta\omega\cdot\Delta T_E$，其不能与本身要被校正的不同来源的相位差相区别……根据按照图 8 的本发明的示例性实施例，这通过测量第三参考回波 S_3^+ 来避免，该参考回波与第一参考回波 S_1^+ 一样在读出梯度 GR 的正的子脉冲下被测量。”“图 14 以流程图再次示出了整个校正过程。首先，采集参考回波和图像回波（图像信号）。对于参考回波和对于图像回波，在行方向上进行傅里叶变换。然后分别对于两个参考回波，借助自相关函数确定线性相位响应，利用其校正在行方向上傅里叶变换后的图像回波。此外，还利用确定的线性相位响应的交正参考回波本身。通过校正后的参考回波的互相关，获得对于恒定相位响应的校正量 φ_0。对图像数据应用对应的校正。通过对校正后的矩阵在列方向上进行傅里叶变换最终获得图像”。

证据 2（对比文件 2）：公开号为 $US_2011/0234221A1$ 美国专利文献，公开日期为 2011 年 9 月 29 日。

证据 3（对比文件 3）：公开号为 US5581184A 美国专利文献，公开日期为 1996 年 12 月 3 日。

证据 4（对比文件 4）：“A New Phase Correction Method in NMR Imaging Based on Autocorrelation and Histogram Analysis”, C. B. AHN, MEMBER, IEEE AND Z. H. CHO. FELLOW, IEEE, IEEE TRANSACTIONS ON MEDICAL IMAGING. VOL. M1-6, NO. 1, MARCH 1987。

证据 5（对比文件 5）：公开号为 US7689262B2 美国专利文献，公开日期为 2010 年 3 月 30 日。

证据 6（对比文件 6）：公开号为 CN101109791B 中国发明专利，授权公告日为 2010 年 9 月 29 日。

证据 7（对比文件 7）：公开号为 US5151656A 美国专利文献，公开日期为 1992 年 9 月 29 日。

2016 年 12 月 29 日，西门子公司提交了补充意见陈述书，补充提交了证据 1-4、5、7 的部分中文译文，并提交了如下证据（编号续前）：

证据 8：申请公布号为 CNY102870000A 的中国发明专利申请，申请公布日为 2013 年 1 月 9 日。

西门子公司补充意见认为：从属权利要求 12 不符合专利法第二十二条第二款规定的新颖性；独立权利要求 1 相对于证据 1、证据 5 的结合不具备专利法第二十二条第三款规定的创造性；从属权利要求 4 的附加技术特征为证据 1 结合公知常识所公开；从属权利要求 16 的附加技术特征为证据 8 结合公知常识所公开。另外，西门子公司还认为权利要求 10 的附加技术特征被证据 2 公开，但未具体说明理由，并认为权利要求 1-16 均不符合专利法第二十六条第四款有关清楚和/或支持的规定。

专利复审委员会受理上述无效宣告请求后，于 2017 年 4 月 17 日进行了口头审理。在口头审理过程中，西门子公司放弃权利要求 12 不符合专利法第二十二条第二款的无效理由，放弃使用证据 1 结合证据 5 评述权利要求 1 的创造性；西门子公司明确其无效理由为本专利权利要求 1 不符合专利法第二十二条第四款的规定，权利要求 1-16 不符合专利法第二十六条第四款的规定，权利要求 1、2、5 不符合专利法第二十二条第二款的规定；权利要求 1-16 不符合专利法第二十二条第三款的规定。其中权利要求 1 相对于证据 1、

2、5不具备新颖性，故不具备创造性，权利要求2的附加技术特征为证据2、3或4所公开，权利要求5的附加技术特征为证据5或证据6所公开；其他权利要求评价新颖性和创造性的证据使用方式与请求书和补充意见陈述书中一致。

2017年4月21日，西门子公司另提交了意见陈述书，并附如下附件：

附件1：证明证据1的技术在公开后20年间被广泛采用的教科书页；

附件2：盖有国家图书馆骑缝章的证据4的文献复制证明。

2017年10月9日，专利复审委员会作出被诉决定，认为：（一）本专利具备实用性，符合专利法第二十二条第四款的规定；（二）本专利权利要求清楚，且能够得到说明书的支持，符合专利法第二十六条第四款的规定；（三）本专利具备新颖性，符合专利法第二十二条第二款的规定；（四）本专利具备创造性，符合专利法第二十二条第三款的规定。综上，专利复审委员会决定维持本专利有效。

原审法院认为：

（一）关于本专利权利要求2、5及其从属权利要求是否清楚

就该争议焦点而言，西门子公司诉讼主张的核心观点在于本专利权利要求2中的“零次项相位偏差因子”和“一次项相位偏差因子”，以及权利要求5中的“零次项相位偏移因子”和“一次项相位偏移因子”并非本领域技术人员熟知的技术术语，说明书中亦未明确其含义，因此是不清楚的，进而也无法确定权利要求的保护范围。

对此，对于权利要求中相关技术特征的含义，首先应当根据描述该特征的语词的字面意思进行理解，且在一般情况下，相关语词应当理解为本领域通常所具有的含义。如果相关语词在本领域没有确切含义，但说明书中已经对其进行了明确界定，使得权利要求的保护范围由于说明书的明确界定而足够清楚，则此时也应认为该权利要求符合专利法第二十六条第四款有关“清楚”的要求。

具体到本案中，以权利要求2为例，各方当事人均认可权利要求2中的“零次项相位偏差因子”和“一次项相位偏差因子”并非本领域技术人员所知晓的具有明确含义的技术术语。在此情况下，本专利说明书中是否存在以及存在何种针对上述术语的记载至关重要。根据说明书的记载，本专利通过消除N/2伪影和校正图像变形，旨在提供一种存在偏离场的情况下，更为精准的平面回波成像序列的图像重建方法。其中，消除N/2伪影的方法是校正“零次项相位偏差”和“一次项相位偏差”，与此相对应的校正参数即为“零次项相位偏差因子”和“一次项相位偏差因子”。而对于该校正参数的计算

方式，说明书中明确记载了以 R_2 为参照系的具体计算方法。基于此，本领域技术人员根据其所具备的知识和能力，并结合本专利的发明目的和说明书中公开的具体实施方式，能够想到还存在其他可变形的计算方式，例如分别以 R_1 或 R_3 为参照系进行计算，同样也能得到在平面回波成像序列的图像重建中起到消除 N/2 伪影作用的校正参数。因此，尽管本专利权利要求 2 中限定的“零次项相位偏差因子”和“一次项相位偏差因子”并非本领域具有明确含义的技术术语，但根据说明书的全面阐释和明确界定，本领域技术人员能够知晓其确切含义和用途，故权利要求 2 是清楚的。

本专利权利要求 5 涉及“零次项相位偏移因子”和“一次项相位偏移因子”，基于以上评述权利要求 2 的相同理由，本领域技术人员根据说明书的记载，同样能够知晓“零次项相位偏移因子”和“一次项相位偏移因子”的确切含义和用途（即用于校正图像变形），因而权利要求 5 也是清楚的。

基于以上论述，从属于权利要求 2、5 的其他权利要求也不存在不清楚的缺陷。被诉决定对此认定正确，原审法院予以支持。西门子公司的相关主张不能成立，原审法院不予支持。

（二）关于本专利权利要求 2、5 及其从属权利要求是否能够得到说明书支持

西门子公司主张本专利权利要求 2、5 及其从属权利要求无法得到说明书支持的理由仍然是针对权利要求 2 中的“零次项相位偏差因子”和“一次项相位偏差因子”，以及权利要求 5 中的“零次项相位偏移因子”和“一次项相位偏移因子”而展开，认为说明书中有限个数的示例不足以为相关权利要求提供支持。

对此，专利法第二十六条第四款所规定的“权利要求书应当以说明书为依据”是指权利要求应当得到说明书的支持。如果权利要求所要求保护的技术方案是本领域技术人员能够通过说明书公开的内容得到或概括得出，没有超出说明书公开的范围，则应当认为权利要求能够得到说明书的支持。具体到本案中，仍以权利要求 2 为例，如前所述，其中的“零次项相位偏差因子”和“一次项相位偏差因子”并非本领域具有明确含义的技术术语。但这并不妨碍本领域技术人员根据说明书的记载获知，“零次项相位偏差因子”和“一次项相位偏差因子”是用于在平面回波成像的图像重建过程中消除 N/2 伪影，以得到更高质量的诊断图像，并且也能获知以某一参考回波信号为参照系计算得到上述校正参数的具体方式。在此基础上，本领域技术人员根据本专利的发明目的以及说明书已经公开的具体实施方式，能够想到其他可变形的计算方式，例如以其他参考回波信号为参照系，计算得到权利要求

2 所限定的可用于消除 N/2 伪影的“零次项相位偏差因子”和“一次项相位偏差因子”。因此，权利要求 2 的技术方案能够从说明书公开的内容得到或概括得出，也即能够得到说明书的支持。

本专利权利要求 5 涉及“零次项相位偏移因子”和“一次项相位偏移因子”，基于以上评述权利要求 2 的相同理由，本领域技术人员根据说明书的记载，同样能够得到或概括得出权利要求 5 的技术方案，因此权利要求 5 也能够得到说明书的支持。

鉴于西门子公司有关权利要求不能得到说明书支持的主张均是围绕权利要求 2、5 中的校正参数而展开，故基于以上论述，从属于权利要求 2、5 的其他权利要求也能够得到说明书的支持。被诉决定对此认定正确，原审法院予以支持。西门子公司的相关主张不能成立，原审法院不予支持。

（三）关于本专利是否具备新颖性

本专利权利要求 1 和对比文件 1 均涉及通过计算相关校正参数（或数据）进而对磁共振成像进行重建（或校正）的方法。具体而言，本专利权利要求 1 请求保护一种平面回波成像序列的图像重建方法，其中包括采集三个参考回波信号，即偶信号 R_1、奇信号 R_2、偶信号 R_3，并通过该三个参考回波信号计算得到用于对平面回波成像数据进行校正的参数。但对于如何使用上述参考回波信号进行“计算”，权利要求 1 并未作进一步限定。对比文件 1 则公开了实际采集三个参考回波信号，即 S_1^+、S_2^- 和 S_3^+（分别相当于权利要求 1 中的偶信号、奇信号、偶信号），并通过该三个参考回波信号计算校正数据。虽然对比文件 1 是先以第一参考回波 S_1^+ 和第三参考回波 S_3^+ 来计算插值回波 S_2^+，然后再将该插值回波 S_2^+ 与第二参考回波 S_2^- 进行比较以确定校正数据，但在整个过程中，实际采集的三个参考回波信号 S_1^+、S_2^- 和 S_3^+ 均参与到了对校正数据的计算过程中。基于此，原审法院对被诉决定将“计算”限缩解释为“直接进行计算”的认定不予认同，原因在于：

首先，“计算”一词对于本领域技术人员而言是具有明确清晰含义的，即根据已知量算出未知量，这与前述“零次项相位偏差因子”等由专利权人自创的技术术语不同，通常并不需要借助说明书中的相关界定来理解其含义。

其次，即便需要对权利要求进行解释，也应遵循一定的原则，且其目的在于明确权利要求中相关用语的含义，并合理界定专利权的保护范围。最高人民法院在（2014）行提字第 17 号行政判决中指出：“通常情况下，在专利授权确权程序中，对权利要求的解释采取最大合理解释原则，即基于权利要求的文字记载，结合对说明书的理解，对权利要求作出最广义的合理解释。如果说明书未对权利要求用语的含义作出特别界定，原则上应采取本领域普通技术人员在阅读权利要求书、说明书和附图之后对该术语所能理解的通常含义，尽量避免利用说明书或者审查档案对该术语作不适当的限制，以便对权利要求是否符合授权条件和效力问题作出更清晰的结论，从而促使申请人修改和完善专利申请文件，提高专利授权确权质量。”显然，该案针对专利授权确权程序中权利要求解释方法所提出的“最大合理解释原则”也同样适用于本案。

最后，遵循上述“最大合理解释原则”并具体到本案情形，本专利说明书中既未针对权利要求 1 中的“计算”进行专门界定，也没有与“直接进行计算”相关的任何表述，在此情况下，应当对“计算”作出最广义的解释，且此种广义解释也未超出合理范围。被诉决定将“计算”限缩解释为“直接进行计算”，实质上是先将说明书中记载的具体实施方式进行归纳总结，再将其与对比文件 1 中计算校正数据的方法进行比较后得出的结论。这种解释权利要求的方法将带来极大的不确定性，而且何为“直接”本身就是模糊的，权利要求 1 的保护范围反而将因此变得不清楚，不符合对权利要求进行解释的目的。

综上所述，本专利权利要求 1 的保护范围囊括了所有采集三个不同极性的参考回波信号并以此来计算校正参数的方法。对比文件 1 也是采集三个不同极性的参考回波信号，并通过该三个参考回波信号来计算校正数据，故已公开了权利要求 1 的上述技术特征。至于校正参数的具体计算方式，正如西门子公司庭审时所言，不过是“黑匣子”中虽然存在但无需关注的中间过程，对本案新颖性判断并无影响。因此，被诉决定有关本专利权利要求 1 相对于对比文件 1 具备新颖性的认定错误，原审法院予以纠正。西门子公司的相关诉讼主张成立，原审法院予以支持。

鉴于被诉决定是在本专利权利要求 1 具备新颖性的基础上，得出其从属权利要求 2、5、12 也具备新颖性的结论，国家知识产权局应当在对权利要求 1 的新颖性问题重新进行审查后，再对相关权利要求是否具备新颖性进行审查，原审法院不予以评述。

（四）关于本专利是否具备创造性

本案中，被诉决定认定本专利权利要求 2、5 具备创造性，并基于此认定其他从属权利要求也具备创造性。在权利要求 1 不具备新颖性的情况下，权利要求 2、5 是否具备新颖性尚不明确，需要国家知识产权局在重新审查后得出结论，而且该新颖性的结论也将直接影响到后续有关创造性的审查。因此，原审法院认为，不宜跳过新颖性问题径行对权利要求 2、5 的创造性问题进行评述。而对于权利要求 2、5 的从属权利要求，基于前述相同理由，在权利要求2、5是否具备创造性尚不明确时，也不宜直接对从属于权利要求2、5的其他权利要求的创造性问题进行评述。

综上所述，原审法院认为，被诉决定有关本专利新颖性的认定有误，依法应予撤销。原审法院判决：一、撤销专利复审委员会作出的第33719号无效宣告请求审查决定；二、国家知识产权局就专利号为201310072198.X、名称为“平面回波成像序列图像的重建方法”发明专利重新作出无效宣告请求审查决定。案件受理费一百元，由国家知识产权局负担。

二审中，当事人均未提交新证据。

本院经审理查明：原审查明的上述事实基本属实，本院予以确认。

另查明，本专利说明书记载：

【背景技术】［0002］目前在磁共振成像过程中，平面回波成像序列是一种快速的、只需要单个激发脉冲就可获得完整图像的磁共振成像序列。磁共振梯度系统周期性变换，产生一系列梯度回波；受激平面的图像通过对产生的回波序列使用傅里叶变换而得到。

［0003］……由于回波序列中奇数和偶数回波时间的不匹配或者相位差导致在重建之后得到的正常图像在偏离实际的图像视野一半的位置出现低强度的附加图像，此即为N/2伪影，图像出现了整体漂移以及变形。

［0004］为了尽可能地消除N/2伪影，现有技术中采用了一些校正方法，主要为两种：相位校正和单边读出梯度法。

［0005］相位校正法包括一维相位校正方法以及二维相位校正法。一维相位校正法，在读取数据之前，采集几个不加相位编码的回波信号，如图1中的回波信号c，根据第一个和第二个回波信号，算出它们相位差异，把这些相位差作为校正量来校正采集到的图像数据，即校正所有偶数项信号和奇数项信号之间的相位差。由于不是所有偶数项信号与奇数项信号之间的相位差都等于求得的校正量，所以该方法虽然简单，但是效果不好，并不能有效地消除N/2伪影，同时目前的一维相位校正法并不能同时校正平面回波图像的变形，这在低磁场的磁共振系统尤为明显。

［0006］二维相位校正法，同样是在读取图像数据前，采集一序列加相位编码的回波信号，利用这些采集到的数据纠正真正的图像数据。该方法消除N/2伪影的效果比较好，但是序列采集时间延长，平面回波成像序列失去了快速成像的优点。

［0007］单边读出梯度法只在一个极性的读出梯度时采集数据，该方法可以完全避免N/2伪影问题，但是不能纠正图像变形，浪费扫描时间。而且由于回波时间间隔比较长，图像在相位编码方向上的位移，以及因磁场不均

匀导致的图像变形更为严重。

［0008］……现有技术中能够有效消除 N/2 伪影的校正方法采集时间较长或者不能够校正由于偏离场而导致的图像变形，采集时间较短的校正方法去除 N/2 伪影的效果比较差且同时也不能够校正图像的变形。因此，需要提供一种更为精准的平面回波成像序列的图像重建方法。

【发明内容】［0009］为了解决现有技术中平面回波成像序列中消除 N/2 伪影效果差，不能校正图像变形，以及采集时间较长的问题，本发明提供了一种更为精准的平面回波成像序列的图像重建方法。

［0083］脉冲激发以及磁场梯度周期性变换，产生一系列梯度回波，平面回波成像数据 S_i 即这些梯度回波信号，同时采集三条没有经过相位编码的回波信号，这里需要说明的是，三个参考回波信号的采集是在成像数据采集的同一次扫描中进行的。

［0084］执行步骤 S11，通过所述参考回波信号计算出需要对所述平面回波成像数据进行校正的参数。

［0085］所述校正参数包括零次项相位偏差因子 φ_{oth}^{corr} 、一次项相位偏差因子 φ_{1st}^{corr} ，零次项相位偏移因子 φ_{0th}^{drift} 、一次项相位偏移因子 φ_{1st}^{drift} 。

［0086］图中的水平直线代表了在理想情况下平面回波信号的相位随回波位置的变化。与之相交的有一定角度的直线代表了在有偏离场 ΔB 存在的情况下回波信号的相位随回波位置的变化。同时由于正负极性差异而散落在直线两侧的数据即表示正负回波信号的相位差异。偏离场 ΔB 的存在导致平面回波图像存在一定的变形，而散落在直线两侧所表示的回波信号差异表现在图像上即是 N/2 伪影。

［0087］为了得到清晰完整的能够用于诊断的高质量图像，必须要消除伪影以及校正图像的变形。当偏离场 ΔB 的主要来源为读出（以 x 轴表示）小梯度的切换时，它与空间位置 x 呈一定的线性关系。因此而产生的回波信号相位偏差及偏移也成线性变化。

［0088］用 $\varphi = \alpha + \beta x$ 表述沿读出方向的回波信号相位，则有 $\varphi_1 = \alpha_1 + \beta_1 x$、$\varphi_2 = \alpha_2 + \beta_2 x$、$\varphi_3 = \alpha_3 + \beta_3 x$，其中零次项相位偏移 $\varphi_{oth}^{drift} = \frac{\alpha_3 - \alpha_1}{2}$、一次项相位偏移 $\varphi_{1st}^{drift} = \frac{\beta_3 - \beta_1}{2}$、零次项相位偏差 $\varphi_{oth}^{corr} = \frac{\alpha_1 + \alpha_3 - 2\alpha_2}{2}$、一次项相位偏差 $\varphi_{1st}^{corr} = \frac{\beta_1 + \beta_3 - 2\beta_2}{2}$。

［0089］从上面可以看出，校正零次项相位偏差及一次项相位偏差即可

消除 N/2 伪影带来的影响，而校正零次项相位偏移及一次项相位偏移即可校正 ΔB 带来的图像变形。

再查明，被诉决定作出的主要理由为：

（一）关于本专利是否符合专利法第二十二条第四款的规定

“同时”并非指在同一时间采集三条不同极性的信号，而是在一次获取平面回波成像数据的相同时间内采集三条不同极性的信号，如本专利说明书［0083］段所述“脉冲激发以及磁场梯度周期性变换，产生一系列梯度回波，平面回波成像数据 S_i 即这些梯度回波信号，同时采集三条没有经过相应编码的回波信号，这里需要说明的是，三个参考回波信号的采集是在成像数据采集的同一次扫描中进行的。”由于在完全相同的同一时间点采集信号，基于特定时间点的相位完全一致，其采集的信号极性必然是完全相同，本领域技术人员可知上述段落中所表述的意思是在同一次扫描的时间段内不同的时间点采集了三条极性不同的信号，本领域技术人员可以理解为获取对于所要校正的平面回波成像数据进行校正，从所述同一次扫描的时间段内的信号计算出的校正参数，才能对其存在的需要校正的情况予以校正；其次，本领域技术人员可知平面回波成像数据通常是有相位编码的，而参考回波信号是可以没有相位编码的，在前述的“同时”理解为同一次扫描的时间段不同时间点采集参考回波的情况下，本领域技术人员已经可以实现权利要求 1 记载的技术方案。因此西门子公司的上述主张不成立。

（二）关于本专利是否符合专利法第二十六条第四款的规定

1. 本专利权利要求 1 中的“同时”应理解为本专利说明书［0083］段所述在同一扫描时间段的不同时间点采集信号，所谓“同时”是指在获取平面回波成像数据的同一时间段内，因此西门子公司在无效请求书中主张的上述缺陷不存在。

2. 权利要求 2 中限定的“零次项相位偏差因子”“一次项相位偏差因子”并非本领域技术人员熟知明确含义的技术术语，虽然术语“相位”的含义是为本领域技术人员所知晓的，但是并不明确上述两个用语的明确含义。也就是说，上述两个用语在本领域中并没有在相关领域中具有内涵和边界十分明确的含义。那么在此情况下，在本专利说明书予以清楚明确说明其含义的，应当遵循其在说明书记载的本义。本专利旨在解决平面回波成像序列图像重建过程中，保持一维相位校正快速简单的优点，能够在有偏离场存在的情况下有效地去除 N/2 伪影，同时能够校正由于偏离场存在而导致的图像变形。换言之，本专利旨在校正的误差包括两种具体情况：简单而言，一是 N/2 伪影，二是图像变形。其中，在图像上表现为 N/2 伪影的原因是由于读出梯度正负极性的差异，导致读出的数据并不完全一致，如回波中心不一致，K 空间上每条线的间隔不等。而导致在图像变形的原因是由于磁场的不均匀性即偏离场的存在。为了得到清晰完整的能够用于诊断的高质量图像，必须要消除伪影及图像变形。通过本专利说明书附图 3 中针对重建方法的步骤 11 的具体说明，明确了“校正零次项相位偏差及一次项相位偏差即可消除 N/2 伪影带来的影响”，也就是说，本专利中校正零次项相位偏差及一次项相位偏差是在平面回波成像序列的图像重建方法中作为消除 N/2 伪影带来的影响的因子。因此，虽然权利要求 2 中限定的“零次项相位偏差因子”“一次项相位偏差因子”并非相关领域的技术术语，但是基于本专利说明书中给予的明确阐释，本领域技术人员可知其是用于平面回波成像序列的图像重建方法中为了得到清晰完整能用于诊断的高质量图像，用于消除图像 N/2 伪影带来的影响的校正参数。至于其如何计算，说明书里已经给出了以 R_2 为参照系的具体计算实施方式，本领域技术人员在说明书具体实施方式所公开的内容基础上可以想到其存在其他可变形的方式，例如以 R_1 或 R_3 为参照系，只要其能够起到对于平面回波成像序列的图像重建方法中作为消除图像 N/2 伪影带来的影响的校正参数即可。因此西门子公司认为其含义不清楚的主张不成立。

3. 基于与前述相似的理由，即若权利要求中的用语不具有本领域明确含义的情况下，可以首先依据其内部证据，即说明书中给出的明确含义来理解。本专利旨在校正的误差包括两种具体情况：一是 N/2 伪影，二是图像变形。其中，在图像上表现为 N/2 伪影的原因是由于读出梯度正负极性的差异，导致读出的数据并不完全一致，如回波中心不一致，K 空间上每条线的间隔不等。而导致在图像变形的原因是由于磁场的不均匀性即偏离场的存在。为了得到清晰完整的能够用于诊断的高质量图像，必须要消除伪影及图像变形。通过针对重建方法的本专利说明书附图 3 中步骤 11 的具体说明，明确了“校正零次项相位偏移及一次项相位偏移即可消除校正 ΔB 带来的图像变形偏带来的影响”，也就是说，本专利中校正零次项相位偏移及一次项相位偏移是在平面回波成像序列的图像重建方法中作为可校正 ΔB 带来的图像变形的校正因子。因此虽然权利要求 5 中限定的“零次项相位偏移因子”“一次项相位偏移因子”并非相关领域的技术术语，但是基于本专利说明书中给予的明确阐释，本领域技术人员可知其是用于平面回波成像序列的图像重建方法中为了得到清晰完整能用于诊断的高质量图像，用于校正有偏离场 ΔB 存在的情况下回波信号的相位随回波位置的变化导致图像变形的校正参数。至于其如何计算，说明书里已经给出了以某一参考回波信号为参照系的具体计算实施方式，本领域技术人员在说明书具体实施方式所公开的内容基础上可以想到其存在其他可变形的方式，例如以其他参考回波信号作为参照系，只要其能够起到对于平面回波成像序列的图像重建方法中作为消除偏离场 ΔB 存在的情况下回波信号的相位随回波位置的变化导致图像变形的校正参数即可。因此西门子公司认为其含义不清楚的主张不成立。

4. 基于此，引用上述权利要求的从属权利要求亦不存在上述不清楚的缺陷。

5. 权利要求 2 中限定的“零次项相位偏差因子”“一次项相位偏差因子”并非本领域技术人员熟知明确含义的技术术语，也就是说，上述两个用语在本领域中并没有在相关领域中具有内涵和边界十分明确的含义。此时可以根据在本专利说明书清楚明确说明其含义的，应当遵循其在说明书记载的本义。虽然权利要求 2、5 中限定的上述用语并非相关领域的技术术语，但是基于本专利说明书中给予的明确阐释，本领域技术人员可知其是用于平面回波成像序列的图像重建方法中为了得到清晰完整能用于诊断的高质量图像，权利要求 2 中的“零次项相位偏差因子”“一次项相位偏差因子”用于消除图像 N/2 伪影带来的影响的校正参数；权利要求 5 中的“零次项相位偏移因子”“一次项相位偏移因子”用于校正有偏离场 ΔB 存在的情况下回波信号的相位随回波位置的变化导致图像变形的校正参数。至于其如何计算，说明书里已经给出了以某一参考回波信号为参照系的具体计算实施方式，本领域技术人员在说明书具体实施方式所公开的内容基础上可以想到其存在其他可变形的方式，例如以其他参考回波信号作为参照系，其能够起到对于平面回波成像序列的图像重建方法中作为消除图像 N/2 伪影带来的影响的校正参数即可，或者其能够起到对于平面回波成像序列的图像重建方法中作为消除偏离场 ΔB 存在的情况下回波信号的相位随回波位置的变化导致图像变形的校正参数即可。因此西门子公司认为其含义得不到说明书支持的主张不成立。

6. 权利要求 8、10 中的“关联”对于本领域技术人员是有其数学运算含义，是表示两个定义值之间某种一定的运算关系，这种运算关系已经通过说明书具体实施予以说明。由于在权利要求中不可能完全将说明书具体实施方式的运算步骤限定于权利要求中，对于本领域技术人员而言在阅读说明书后可以明确这种相关联的关系。换言之，站在本领域技术人员的角度，可知在计算校正参数的运算过程中如何将两者“关联”。并且权利要求 8 中还进一步限定了所述第一一次项相位 φ_{1st}^{1} 、所述第二一次项相位 φ_{1st}^{2} 的含义，权利要求 10 中进一步限定了所述第一零次项相位 φ_{oth}^{1} 、所述第二零次项相位 φ_{oth}^{2} 的含义，明确了“关联”所涉及的具体内容。对于本领域技术人员而言，已经明确其“关联”在计算校正参数中所具有的数学运算含义。同时，权利要求10中所述的“参考回波信号 R_2 和 R_3 的……相位差”并不是表示必然是 R_3-R_2 才是可以用于校正步骤中计算的差值，只不过 R_3-R_2 为正值。反之，作为数学运算，其被减数与减数之间的互换会导致相位差校正的值可为负，但不是不可用于校正计算，因为两者互换后，可以相应地调整其他的校正具体步骤的对应运算模式得以完成与本专利说明书具体实施方式中相同的运算结果，从而获取相同的校正参数。因此西门子公司所述的权利要求8、10得不到说明书支持的理由亦不存在。

由于权利要求8和10并未进一步限定如权利要求9和11中的具体算法，所以并不必然需要完全如同本专利说明书具体实施方式中相同的方式计算，而是可以在权利要求8、10所给出的运算规则之下，不限于权利要求9和11或说明书中具体实施方式相同的方式计算。而所谓“互换运算位置”后导致的计算校正参数的方式会带来一系列的变化，并非互换运算后仍然用权利要求9或11或说明书中具体计算方式，而是需要在前述权利要求9、11或说明书具体计算方式的基础上做相应的适应性调整和改变。因此，西门子公司将参考回波信号 R_2 和 R_3 或其他同类参考信号值互换运算后仍然用前述具体计算方式是不合逻辑的，因为权利要求9、11给出的是权利要求8、10中所包含的可能的诸多计算方式中的一种，而非唯一的一种，故在理解权利要求8、10的保护范围时不必然套用权利要求9、11的公式进行运算才是对于权利要求8、10保护范围的唯一解读。仅因为参考回波信号互换位置而套用权利要求9、11的公式本来就未见符合权利要求9、11所要限定的具体运算方式，也扭曲或明显不合理地限缩了 φ_{1st}^{1}、φ_{2st}^{1}、φ_{oth}^{1}、φ_{oth}^{2} 的含义或运算方式。故西门子公司的上述主张不成立。

7. 基于引用关系，西门子公司主张引用上述权利要求2、5、8、10的从属权利要求得不到说明书支持的理由亦不成立。另外，西门子公司在2016年12月29日提交的补充意见陈述书中第3点理由指出“权利要求1被权利要求2引用，在权利要求2得不到说明书支持的条件下，包括权利要求2的保护范围的权利要求1也得不到说明书的支持，权利要求1不符合专利法第二十六条第四款的规定”的主张，基于逻辑上存在缺陷，也不成立。

（三）关于本专利是否符合专利法第二十二条第二款的规定

本专利权利要求1请求保护一种平面回波成像序列的图像重建方法，证据1公开了“在EPI序列中，核磁共振信号的采样值的采样时间典型地处于0.5至4μs……由此产生信号偏移，其结果是上面示出的N/2伪影。在行方向上的傅里叶变换之后，所述信号偏移导致信号的线性相位响应。此外，也可能发生恒定的相位误差。例如，在基本磁场漂移的情况下，这样的漂移可能通过涡流导致图像变形。在行方向上对原始数据矩阵进行傅里叶变换之后，由此整体上得到取决于列数 i 的相位响应：$\varphi(i)=\varphi_0+i\cdot\Delta\varphi_1$……图 8 示出了在实际的图像测量之前的读出梯度 GR 的正的子脉冲下的核磁共振信号 S_1^+ 和在读出梯度 GR 的负的子脉冲下的核磁共振信号 S_2^- 形式的两个参考回波。在没有相位编码梯度的影响的情况下获取两个参考回波，即核磁共振信号 S_1^+ 和 S_2^-。”证据 1 还公开了“在前面提到的专利文献中现在假定，在负的和正的子脉冲下获取的两个核磁共振信号之间的相位差代表了最终导致开始解释的 N/2 伪影的相位误差。然而，在该考虑中忽视了以下效应。两个参考回波 S_1^+ 和 S_2^- 和具有不可避免的不同的回波时间，即参考回波 S_1^+ 的回波时间 T_{E1} 小于参考回波 S_2^- 的回波时间 T_{E2}。如果对象中的局部自旋进动频率以 $\Delta\omega$ 的量与 MR 设备处设置的频率不一致，则这导致在两个参考回波之间的相位差，$\Delta\varphi=\Delta\omega\cdot\Delta T_E$，其不能与本身要被校正的不同来源的相位差相区别……根据按照图 8 的本发明的示例性实施例，这通过测量第三参考回波 S_3^+ 来避免，该参考回波与第一参考回波 S_1^+ 一样在读出梯度 GR 的正的子脉冲下被测量。”“图 14 以流程图再次示出了整个校正过程。首先，采集参考回波和图像回波（图像信号）。对于参考回波和对于图像回波，在行方向上进行傅里叶变换。然后分别对于两个参考回波，借助自相关函数确定线性相位响应，利用其校正在行方向上傅里叶变换后的图像回波。此外，还利用确定的线性相位响应的校正参考回波本身。通过校正后的参考回波的互相关，获得对于恒定相位响应的校正量 φ_0。对图像数据应用对应的校正。通过对校正后的矩阵在列方向上进行傅里叶变换最终获得图像。”这里行方向上傅里叶变换的图像回波相当于本专利中“将所述平面回波成像数据沿读出方向进行一维傅里叶变换得变换结果 FS_i”，同时也给出用校正的参考回波的互相关，获取恒相位响应的校正量，相当于本专利获取校正的参数，并对图像数据进行校正，在列方向上进行傅里叶变换，相当于本专利中“对校正后的平面回波成像数据沿相位编码方向做一维傅里叶变换得到图像”。

出此可见，证据 1 与本专利权利要求 1 相比区别在于：本专利是通过三条参考回波信号计算出需要对所述平面回波成像数据进行校正的参数。而证据 1 中是“通过第一参考回波 S_1^+ 和第三参考回波 S_3^+ 的合适的插值，现在可以确定一个插值回波 S_2^+，其对应于在第二参考回波 S_2^- 的测量时间，在正的脉冲采集的参考回波 S_2^+。换言之，在统一的回波时间 T_{E2} 获得对于负的以及正的子脉冲的参考回波，其对于负的子脉冲的参考回波信号 S_2^- 是实际测量的，并且在时间 T_{E2} 对于想象的正的子脉冲的参考回波 S_2^+ 是作为插值回波计算确定的”。进一步，证据 1 还记载了“通过下式近似获得所述的插值回波 S_2^+：S_2^+=（S_1^++S_3^+）/2”；“图 9 至 13 出具前面的校正测量的完整的 EPI 脉冲序列。在此，在实际的测量之前在时间 T_N 中确定按照图 8 的参考回波 S_1^+、S_2^+、S_3^+。然而，现在采用参考回波 S_2^- 和通过插值确定的参考回波 S_2^+ 而不是参考回波 S_1^+ 和 S_2^+ 用于随后的校正。”“然而，由于没有进行相位编码步骤，所以没获得完整的矩阵，而是仅获得了一个用于参考回波 S_2^+ 和 S_2^- 的数据行。在梯度格栅中参考回波 S_2^+、S_2^- 精确对中心的情况下，在傅里叶变换之后，结果将是纯实数，即，将不呈现相位响应。然而，不进行对中心会导致线性的相位响应……”可见，其并非用参考回波 S_1^+、S_2^- 用于随后的校正，换言之，本专利是用实际采集的不同极性的三条信号计算获取校正参数，而非如证据 1 将同极性的两个参考回波获取的插值回波 S_2^+ 进行随后的校正，因此本专利权利要求 1 的上述技术特征未被证据 1 公开。

本专利说明书表明现有技术当中存在的缺陷，例如在［0005］段至［0007］段已经指出现有技术中通过第一个和第二个回波信号算出相位差异，通过相位差作为校正量来校正采集到的图像数据，即由于不是所有偶数项信号与奇数项信号之间的相位差都等于求得的校正量，所以该方法虽然简单，但效果不好，并不能有效地消除 N/2 伪影。同时还指出现有技术中二维相位校正法，同样是在读取图像数据前，采集一序列相位编码的回波信号，利用这些采集到的数据纠正真正的图像数据。该方法消除 N/2 伪影效果比较好，但是平面回波成像序列失去了快速成像的优点。而本专利正是要避免这些现有技术的缺陷，在校正图像变形和消除 N/2 伪影时保证精准的平面回波成像序列，同时要保证快速成像的效率。可见专利权人正是针对这些现有技术中利用参考回波信号进行计算的缺陷进行改进，因此本专利所述的“计算”为将参考回波信号直接进行计算，而证据 1 中将两个实质取得的第一参考回波 S_1^+ 和第三参考回波 S_3^+ 的合适的插值求得插值回波信号 S_2^+ 就损失了部分信息，可能导致校正的精准度有所欠缺，而这是本专利所要避免的，所以本专利是利用现实取得三条不同极性参考回波信号计算获取校正的参数。

综上所述，本专利权利要求 1 相对于证据 1 具备专利法第二十二条第二款规定的新颖性。基于此，引用权利要求 1 的从属权利要求 2、5、12 均相对于证据 1 具备专利法第二十二条第二款规定的新颖性。

（四）关于本专利是否符合专利法第二十二条第三款的规定

1. 关于西门子公司主张从属权利要求 2 的附加技术特征为证据 2、3 或 4 公开

证据 2 公开的用于磁共振数据获取单元获取的第一数据和第二数据的相

位校正参数的方法，利用相位校正数据组 S_1（X_n）和 S_2（X_n）计算出的一阶系数和零阶系数，并不相当于本专利权利要求 2 中的一次项相位偏差因子和零次项相位偏差因子。原因在于，如前所述，由于这两个用语并非本领域具有明确含义的技术术语，按照说明书中对此作出的释义，其具有特定的物理含义，而证据 2 中公开一阶系数和零阶系统并非单纯是对应于由于正负极性差异而散落在直线两侧的数据即表示正负回波信号的相位差异，相反证据 2 中一阶系数和零阶系数的物理含义是与正负极回波信号差异有关，但也不可避免有偏离场存在的校正意义。

证据 3 公开了原始数据矩阵进行傅里叶变换之后，与列号 i 有关的相位响应在整个行方向上出现：$\varphi(i)=\varphi_0+i\cdot\Delta\varphi_1$，即公开了本专利权利要求 2 中一次项相位偏差因子和零次项相位偏差因子，但是证据 3 仅公开了系数和常数项，即零次项和一次项，但由于证据 3 的中文译文内容有限，无法确认其是否具有与本专利的一次项相位偏差因子和零次项相位偏差因子所具有的物理含义。

证据 4 的中文译文仅记载“我们要考虑的两个主要的相位误差是一阶和零阶相位误差”，但由于证据 4 的中文译文内容有限，无法确认其是否具有与本专利的一次项相位偏差因子和零次项相位偏差因子所具有的相同物理含义。

由此可见，证据 2、3 或 4 均未公开上述附加技术特征，进而无法与证据 1 结合去评价权利要求 2 的创造性，因此西门子公司有关本专利权利要求 2 不具备创造性的主张不成立。

2. 关于西门子公司主张权利要求 5 的附加技术特征为证据 5 或 6 公开

证据 5 公开利用频率偏移计算 B_0 场图，并使用所计算的 B_0 场图对该层的测量数据进行校正。即证据 5 校正的是 B_0 场，而不是获取如本专利权利要求 5 中零次项相位偏移因子 φ_{oth}^{drift}、一次项相位偏移因子 φ_{1st}^{drift} 。而本专利所述的这两个因子根据说明书中释明的含义，具有代表有偏离场存在情况下回波信号的相位随回波位置变化的校正意义。

证据 6 公开的回波平面成像序列的纠正方法，其中对所述的相位差进行多阶拟合并求反映交叉感应量和频率漂移量的拟合系数来对图像数据进行相位修正。证据 6 的纠正方法是多阶拟合，不同于本专利线性拟合的前提，某种程度上可知其必然损失效率，而且其零次项和一次项的含义与本专利中不同。

综上所述，证据 5 或 6 均未公开上述附加技术特征，进而无法与证据 1 结合去评价权利要求 5 的创造性，因此西门子公司有关本专利权利要求 5 不具备创造性的主张不成立。

3. 关于其他权利要求的创造性

由于权利要求 1、2、5 具备创造性，引用上述权利要求的其他从属权利要求，亦均具备创造性。

本院认为，本案争议的焦点问题是：（一）本专利权利要求 1、2 是否具备新颖性，具体为如何解释本专利权利要求 1 中的“计算”；（二）如何解释本专利权利要求 2 中的“零次项相位偏差因子”“一次项相位偏差因子”及权利要求 5 中的“零次项相位偏移因子”“一次项相位偏移因子”；（三）本专利权利要求 2、5 及其从属权利要求是否具备创造性，具体包括权利要求 2 的附加技术特征是否为对比文件 2、3 或 4 所公开，权利要求 5 的附加技术特征是否为对比文件 5 或 6 所公开。

（一）关于本专利权利要求 1、2 是否具备新颖性

专利法第二十二条第二款规定：“新颖性，是指该发明或者实用新型不属于现有技术；也没有任何单位或者个人就同样的发明或者实用新型在申请日以前向国务院专利行政部门提出过申请，并记载在申请日以后公布的专利申请文件或者公告的专利文件中。”第五款规定：“本法所称现有技术，是指申请日以前在国内外为公众所知的技术。”

关于本专利权利要求 1 是否具备新颖性，各方争议集中于如何解释本专利权利要求 1 中的“计算”。西门子公司主张，根据最大合理解释原则，本专利权利要求 1 中的“计算”应解释为本领域技术人员所理解的通常含义，即由已知量算出未知量，而不应限制其具体中间过程。对比文件 1 与本专利权利要求 1 均是对采集的三个参考回波信号进行计算以得出校正参数，故本专利权利要求 1 不具备新颖性。国家知识产权局和联影公司主张，本专利权利要求 1 中的“计算”应解释为不损失相位以及其他信息的直接计算方式，对比文件 1 是将 S_1+S_3 平均后损失某些信息的间接计算，没有公开权利要求 1 中的直接计算方式，故权利要求 1 具备新颖性。

《最高人民法院关于审理专利授权确权行政案件适用法律若干问题的规定（一）》第二条第一款规定：“人民法院应当以所属技术领域的技术人员在阅读权利要求书、说明书及附图后所理解的通常含义，界定权利要求的用语。权利要求的用语在说明书及附图中有明确定义或者说明的，按照其界定。”据此，本案中本专利权利要求 1 中“计算”一词的解释，不应当简单以其字面含义为准，而应当以本领域技术人员阅读权利要求书和说明书及附图后的理解为准。即便在适用所谓的最大合理原则解释权利要求时，亦应当在权利要求用语最大含义范围内，以“合理”解释为出发点和落脚点。结合本专利发明目的、说明书及附图对“计算”的解释与说明可知，本专利中的

“计算”并不包括所有可能的计算方式，而是有其特定含义。首先，本专利在背景技术及发明内容部分指出，现有技术通过第一个和第二个回波信号计算出相位差异，把这些相位差作为校正量来校正采集到的图像数据，并不能有效消除 N/2 伪影；二维相位校正法消除 N/2 伪影的效果虽比较好，但序列采集时间延长，平面回波成像序列失去了快速成像的优点。正因如此，本专利为了克服上述缺陷，意在提供一种更为精准的平面回波成像序列的图像重建方法。可见，本专利的发明目的已经明确排除了两个回波信号计算相位差异因而损失相位信息的计算方法。其次，本领域技术人员通过阅读说明书及附图能够理解，本专利权利要求 1 中的“计算”是不损失相位以及其他信息情况下的直接计算，不应当将“计算”一词根据字面含义进行解释。对比文件 1 虽也采集三个参考回波信号，即第一参考回波 S_1^+、第二参考回波 S_2^-和第三参考回波 S_3^+，但其所公开的计算过程为：先将第一参考回波 S_1^+和第三参考回波 S_3^+计算得到一个插值回波 S_2^+，再利用该插值回波 S_2^+和第二参考回波 S_2^-计算出校正参数。这种计算方式将损失第一参考回波 S_1^+和第三参考回波 S_3^+中的部分信息，导致校正的精准度有所欠缺，而这正是本专利所要避免的。可见，对比文件 1 中的“计算”与本专利权利要求 1 中的“计算”并不相同。对比文件 1 并没有公开本专利权利要求 1 中不损失相位信息及其他信息情况下的直接计算方式。因此，本专利权利要求 1 未被对比文件 1 公开，应当认定具备新颖性。原审法院的有关认定，本院不予认可。国家知识产权局及联影公司的相关上诉请求成立，本院予以支持。

关于本专利权利要求 2 是否具备新颖性，本院认为，基于本专利权利要求 1 具备新颖性，引用权利要求 1 的从属权利要求 2 亦当然具备新颖性。被诉决定的有关认定无误，本院予以确认。

（二）关于如何解释本专利权利要求 2 中的“零次项相位偏差因子”“一次项相位偏差因子”及权利要求 5 中的“零次项相位偏移因子”“一次项相位偏移因子”

西门子公司上诉主张，被诉决定及原审判决未具体指出本专利说明书中哪些段落用于解释权利要求 2、5 中的“零次项相位偏差因子”“一次项相位偏差因子”“零次项相位偏移因子”“一次项相位偏移因子”。对于上述用语，应当以本专利说明书［0089］段的记载进行解释，即权利要求 2 中的“零次项相位偏差因子”和“一次项相位偏差因子”应当被解释为可以用于消除图像 N/2 伪影的任何零次项相位校正参数和一次项相位校正参数，而不应限定其具体的计算方法；权利要求 5 中的“零次项相位偏移因子”和“一次项相位偏移因子”应当被解释为可以用于校正图像变形的任何零次项相位校正参数和一次项相位校正参数，也不应当限定其具体的计算方法。国家知识产权局及联影公司则认为，本专利权利要求2、5中的“零次项相位偏差因子”“一次项相位偏差因子”“零次项相位偏移因子”“一次项相位偏移因子”应当以本专利说明书［0083］—［0089］段的记载进行解释。

对此，本院认为，如前所论，应当以所属技术领域的技术人员在阅读权利要求书、说明书及附图后所理解的通常含义，界定权利要求的用语；权利要求的用语在说明书及附图中有明确定义或者说明的，按照其界定。本案中，本专利权利要求2中的“零次项相位偏差因子”“一次项相位偏差因子”及权利要求5中的“零次项相位偏移因子”“一次项相位偏移因子”并非本领域技术人员所知晓的具有明确含义的技术术语。在此情况下，应当以所属技术领域的技术人员在阅读权利要求书、说明书及附图后所理解的通常含义界定权利要求自创术语的含义。根据本专利说明书的记载，本专利通过消除N/2伪影和校正图像变形，提供一种在有偏离场的情况下更为精准的平面回波成像序列图像的重建方法。其中，消除N/2伪影带来的影响的方法是校正“零次项相位偏差”和“一次项相位偏差”，与此相对应的校正参数即为“零次项相位偏差因子”和“一次项相位偏差因子”；校正ΔB带来的图像变形的方法是校正“零次项相位偏移”和“一次项相位偏移”，与此相对应的校正参数即为“零次项相位偏移因子”和“一次项相位偏移因子”。说明书［0083］—［0089］段对“零次项相位偏差因子”“一次项相位偏差因子”“零次项相位偏移因子”“一次项相位偏移因子”的具体计算方式进行了界定，上述用语具有特定物理含义。［0089］段只是对“一次项相位偏差因子”“零次项相位偏差因子”“一次项相位偏移因子”“零次项相位偏移因子”的含义进行界定所需考虑的因素之一，还应结合［0083］—［0088］段的记载进行综合考虑，不应仅用［0089］段的记载解释上述用语的含义。故对西门子公司的上诉意见，本院不予采纳。

（三）关于本专利权利要求2、5及其从属权利要求是否具备创造性

联影公司上诉主张，对比文件2、3或4未公开本专利权利要求2的附加技术特征，对比文件5或6未公开权利要求5的附加技术特征，本专利权利要求2、5及其从属权利要求均具备创造性，被诉决定对此认定无误。国家知识产权局同意联影公司的主张。西门子公司则认为，基于其对本专利权利要求2、5中的“零次项相位偏差因子”“一次项相位偏差因子”“零次项相位偏移因子”“一次项相位偏移因子”的解释，本专利权利要求2、5的附加技术特征已经被对比文件所公开，本专利权利要求2、5不具备创造性。

对此，本院认为，本专利权利要求 2 的附加技术特征为“所述校正参数包括零次项相位偏差因子 φ_{oth}^{corr}、一次项相位偏差因子 φ_{1st}^{corr}”；权利要求 5 的附加技术特征为“所述校正参数包括零次项相位偏移因子 φ_{0th}^{drift}、一次项相位偏移因子 φ_{1st}^{drift}”。如前所论，“零次项相位偏差因子”“一次项相位偏差因子”“零次项相位偏移因子”“一次项相位偏移因子”具有特定物理含义。而对比文件 2 公开了确定用于磁共振数据获取单元获取的第一数据和第二数据的相位校正参数的方法，其利用相位校正数据组 S_1（X_n）和 S_2（X_n）计算出的一阶系数和零阶系数并非单纯是对应于由于正负极性差异而散落在直线两侧的数据即表示正负回波信号的相位差异，并不相当于本专利权利要求 2 中的“一次项相位偏差因子”和“零次项相位偏差因子”。对比文件 3 虽公开了“一次项相位偏差因子”和“零次项相位偏差因子”，但是对比文件 3 的中文译文内容有限，被诉决定认为“无法确认其是否具有本专利的一次项相位偏差因子和零次项相位偏差因子所具有的物理含义”，并无不当。基于对比文件 4 的有限中文译文，被诉决定认为“无法确认其是否具有与本专利的一次项相位偏差因子和零次项相位偏差因子所具有的相同物理含义”，亦无不当。对比文件 5 校正的是 B_0 场，而不是获取如本专利权利要求 5 中的“零次项相位偏移因子”“一次项相位偏移因子”。对比文件 6 公开的回波平面成像序列的纠正方法，与本专利线性拟合的前提不同，其零次项和一次项的含义也与本专利不同。综上，被诉决定认为，对比文件 2、3 或 4 未公开本专利权利要求 2 的附加技术特征，进而无法与对比文件 1 结合去评价权利要求 2 的创造性；对比文件 5 或 6 未公开本专利权利要求 5 的附加技术特征，进而无法与对比文件 1 结合去评价权利要求 5 的创造性。该认定并无不当，本院予以确认。由于权利要求 2、5 具备创造性，被诉决定认为权利要求 2、5 的从属权利要求亦具备创造性，亦无不妥。

综上所述，原审判决对本专利权利要求 1 中“计算”一词的解释有误，导致相关事实认定及法律适用错误。国家知识产权局、联影公司的上诉请求成立，应予支持。西门子公司的上诉请求不能成立，应予驳回。依照《中华人民共和国专利法》第二十二条第二款、第三款、第五款，《最高人民法院关于审理专利授权确权行政案件适用法律若干问题的规定（一）》第二条，《中华人民共和国行政诉讼法》第六十九条、第八十九条第一款第二项之规定，判决如下：

一、撤销北京知识产权法院（2018）京 73 行初 1404 号行政判决；

二、驳回西门子（深圳）磁共振有限公司的诉讼请求。

二审案件受理费 100 元，由西门子（深圳）磁共振有限公司负担。

本判决为终审判决。

审　判　长　罗　霞
审　判　员　童海超
审　判　员　徐　飞
二〇二一年五月二十一日
法官助理　王晓琳
书　记　员　孙　航
书　记　员　沈靖博

14. 限定机械部件数量的数值范围技术特征的新颖性评价

——上诉人苏社芳与被上诉人国家知识产权局发明专利申请驳回复审行政纠纷案①

中华人民共和国最高人民法院行政判决书（2021）最高法知行终349号

上诉人（原审原告）：苏社芳，住河北省邯郸市。

被上诉人（原审被告）：国家知识产权局。住所地：北京市海淀区蓟门桥西土城路6号。

法定代表人：申长雨，该局局长。

委托诉讼代理人：关军，该局审查员。

委托诉讼代理人：朱明雅，该局审查员。

上诉人苏社芳因与被上诉人国家知识产权局发明专利申请驳回复审行政纠纷一案，不服北京知识产权法院于2020年9月18日作出的（2019）京73行初12584号行政判决，向本院提起上诉。本院于2021年3月30日立案后，依法组成合议庭进行了审理。本案现已审理终结。

苏社芳上诉请求：撤销原审判决，撤销国家知识产权局于2019年7月10日作出的第183664号复审请求审查决定（以下简称被诉决定）。主要事实和理由：

（一）原审判决及被诉决定对申请号为201410141800.5，名称为“三轮摩托车、电动三轮车及柴油三轮车辆的人力制动构造”的发明专利申请（以下简称本申请）新颖性的评判错误。1. 国家知识产权局于2019年12月19日向原审法院提交的对比文件1，不包含权利要求书这一核心证据，隐瞒关键事实，属于假证据，不能使用。2. 对比文件1与本申请不属于同样的发明或者实用新型，不能作为评价本申请新颖性的现有技术。根据《专利审查指南》的规定，用于评价专利申请新颖性的现有技术应当与专利申请的技术方案相同。本申请权利要求请求保护的技术方案明确限定“至少包含二个杠

① 本案在年度报告中的位置为第24页。

杆”，对比文件1中权利要求限定的技术方案不包括二个杠杆，也不包括三个或四个以上的杠杆，两者的技术方案不相同。3. 根据《专利审查指南》的规定，只有在其余技术特征与对比文件均相同的情况下，才能依照数值和数值范围的审查原则对本申请的新颖性进行评判。因本申请与对比文件在包含的杠杆数量等技术特征方面存在不同，所以不能依照数值和数值范围的审查原则来判断本申请的新颖性。

（二）原审判决及被诉决定对本申请创造性的评判错误。1. 被诉决定对本申请的发明点认定有误。本申请的发明点在于，第一次发现了隐藏在中间杠杆背后的不为人知的“拉力通过中间杠杆后，拉力的大小减小了一半”的客观事实，这是本领域技术人员预料不到的。因物体的受力是看不见的，隐藏性强，不易被发现，本申请第一次识别出在中间杠杆上设置两个阻力臂的杠杆，只有大大增长动力臂的幅度时，才能与“杠杆式制动蹄配套使用”，其制动力的大小远超过对比文件中的制动力的大小，带来预料不到的技术效果。2. 被诉决定在进行创造性审查时，违反了整体审查原则。创造性的判断不但要考虑多份技术方案的内容，还要考虑多份技术方案内容之外各种现有技术的多种因素，即现有技术整体上的方方面面都需要考虑。但国家知识产权局仅采用一份对比文件，还是苏社芳本人的发明专利申请文件，就对本申请创造性进行了评价，违反相关审查规定。

国家知识产权局辩称：原审判决认定事实清楚，适用法律法规正确，审理程序合法，请求驳回上诉，维持原判。主要事实和理由：采用一篇对比文件结合公知常识的方式来评述权利要求的创造性，符合《专利审查指南》的规定。关于本申请的权利要求相对于现有技术不具备新颖性或创造性的理由，坚持被诉决定的意见。

苏社芳向原审法院提起诉讼，原审法院于2019年10月16日立案受理。苏社芳起诉请求：撤销被诉决定。事实和理由是：本申请具有新颖性和创造性，被诉决定认定事实错误，适用法律错误。

国家知识产权局原审辩称：坚持被诉决定中的意见。被诉决定认定事实清楚，适用法律法规正确，审理程序合法，审查结论正确，请求法院驳回苏社芳的诉讼请求。

原审法院认定事实：

本申请的申请人为苏社芳，申请日为2014年4月2日，优先权日为2013年4月2日，公开日为2014年10月15日。本申请的权利要求如下：

“1. 一种三轮摩托车的后轮人力行车制动构造，它至少包含二个杠杆，各杠杆之间动力臂与阻力臂按顺序连接，其特征是：使第一个杠杆的动力臂除以该第一个杠杆上的单独一个阻力臂所得的商为：5.7≤商<5.9。

2. 一种三轮摩托车的后轮人力行车制动构造，它至少包含二个杠杆，各杠杆之间动力臂与阻力臂按顺序连接，其特征是：使第一个杠杆的动力臂除以该第一个杠杆上的单独一个阻力臂所得的商为：5.9≤商<6.2。

3. 一种三轮摩托车的后轮人力行车制动构造，它至少包含二个杠杆，各杠杆之间动力臂与阻力臂按顺序连接，其特征是：使第一个杠杆的动力臂除以该第一个杠杆上的单独一个阻力臂所得的商为：6.2≤商<6.5。

4. 一种三轮摩托车的后轮人力行车制动构造，它至少包含二个杠杆，各杠杆之间动力臂与阻力臂按顺序连接，其特征是：使第一个杠杆的动力臂除以该第一个杠杆上的单独一个阻力臂所得的商为：6.5≤商<7。

5. 一种三轮摩托车的后轮人力行车制动构造，它至少包含二个杠杆，各杠杆之间动力臂与阻力臂按顺序连接，其特征是：使第一个杠杆的动力臂除以该第一个杠杆上的单独一个阻力臂所得的商≥7。

6. 一种电动三轮车的后轮人力行车制动构造，它至少包含二个杠杆，各杠杆之间动力臂与阻力臂按顺序连接，其特征是：使第一个杠杆的动力臂除以该第一个杠杆上的单独一个阻力臂所得的商为：6.4≤商<6.6。

7. 一种电动三轮车的后轮人力行车制动构造，它至少包含二个杠杆，各杠杆之间动力臂与阻力臂按顺序连接，其特征是：使第一个杠杆的动力臂除以该第一个杠杆上的单独一个阻力臂所得的商为：6.6≤商<6.8。

8. 一种电动三轮车的后轮人力行车制动构造，它至少包含二个杠杆，各杠杆之间动力臂与阻力臂按顺序连接，其特征是：使第一个杠杆的动力臂除以该第一个杠杆上的单独一个阻力臂所得的商为：6.8≤商<7。

9. 一种电动三轮车的后轮人力行车制动构造，它至少包含二个杠杆，各杠杆之间动力臂与阻力臂按顺序连接，其特征是：使第一个杠杆的动力臂除以该第一个杠杆上的单独一个阻力臂所得的商≥7。

10. 一种柴油三轮车辆的后轮人力行车制动构造，它至少包含二个杠杆，各杠杆之间动力臂与阻力臂按顺序连接，其特征是：使第一个杠杆的动力臂除以该第一个杠杆上的单独一个阻力臂所得的商≥6。”

2018年7月16日，国家知识产权局原审查部门驳回本申请，并引用了对比文件1：CN102826155A。该对比文件的公开日为2012年12月19日，其公开了一种三轮摩托车及电动三轮车的后轮拉杆式行车制动构造，并具体公开如下技术特征：包括四个杠杆：由位于两个后轮制动底板上的各一个摆臂杠杆（摆臂5和凸轮轴6组成的杠杆），一个位于驾驶员脚下的踏板杠杆（踏臂1和踏杆2组成的杠杆）和一个位于该三个杠杆之间的中间杠杆（摇臂 3 和摇杆 4 组成的杠杆）组成，驾驶员脚下的杠杆的阻力臂（踏杆 2）与中间杠杆的动力臂（摇臂 3）用拉杆 20 连接，中间杠杆的两个阻力臂（摇杆 4）分别与两个后轮制动底板上的杠杆的动力臂（摆臂 5）用拉杆 21 和拉杆 22 连接（即，各杠杆之间动力臂与阻力臂按顺序连接）（参见说明书第［0232］段）；$D=\frac{E}{e}\times\frac{R}{2r}\times\frac{C}{c}$这一公式（参见说明书第［0234］段），根据公式定义（参见说明书第［0054］—［0059］段），E 表示第一个杠杆的动力臂，e 表示第一个杠杆的阻力臂；对比文件 1 还给出了多个计算实施例，其中放大倍数 D 为 22.2 倍的实施例中，E=210 毫米，e=43 毫米（参见说明书第［0235］段），计算获得 E/e=4.88（即，第一杠杆的动力臂除以第一杠杆上的单独一个阻力臂所得的商为 4.88）；基于相同计算方法可以获得，放大倍数 D 为 25.2 时，E/e=5.824；放大倍数 D 为 27 时，E/e=6.24；放大倍数 D 为 28.8 时，E/e=6.656；放大倍数 D 为 32 时，E/e=7.39；放大倍数 D 为 45 时，E/e=10.4（参见说明书第［0269］—［0292］段）。

2019 年 7 月 10 日，国家知识产权局做出被诉决定，认定：

权利要求 1、3、4、5 分别请求保护一种三轮摩托车的后轮人力行车制动构造，权利要求 7、9 分别请求保护一种电动三轮车的后轮人力行车制动构造。根据对比文件 1 公开的内容可知，以上权利要求的全部技术特征均被对比文件 1 公开，两者属于同一技术领域，采用相同的技术方案解决了相同的技术问题。因此，权利要求 1、3、4、5、7、9 不具备《中华人民共和国专利法》（2008 年修正）（以下简称专利法）第二十二条第二款规定的新颖性。

权利要求 2 与对比文件 1 的区别是：5.9≤商<6.2。基于上述区别技术特征，权利要求 2 实际要解决的技术问题是：制动力大小的调整。

权利要求 6 与对比文件 1 的区别是：6.4≤商<6.6。基于上述区别技术特征，权利要求 6 实际要解决的技术问题是：制动力大小的调整。

权利要求 8 与对比文件 1 的区别是：6.8≤商<7。基于上述区别技术特征，权利要求 8 实际要解决的技术问题是：制动力大小的调整。

杠杆机构是机械领域常见的用于控制力和力臂的部件，而关于力和力臂之间的关系是本领域公知常识，本领域技术人员很容易想到，为了调整输出力，来合理调整力臂的长度。本领域技术人员根据实际制动力需求，通过有限的实验，调整选择力臂的长度，从而得到权利要求 1 所限定的数值范围，对于本领域技术人员来说无需付出创造性劳动，并且这样的选择不会带来预料不到的技术效果。因此，在对比文件 1 的基础上结合本领域公知常识得出权利要求所要求保护的技术方案对本领域技术人员来说是显而易见的，即权利要求 2、6、8 不具有突出的实质性特点和显著的进步，不具备专利法第二十二条第三款规定的创造性。

权利要求 10 与对比文件 1 的区别是：柴油三轮车。基于上述区别技术特征，权利要求 10 实际要解决的技术问题是：车辆制动结构的其他应用。本领域技术人员在遇到需要对柴油三轮车进行制动的技术问题时，很容易想到将对比文件 1 公开的用于三轮车的制动结构选择用于柴油三轮车，从而得到该权利要求所要求保护的技术方案，这样的选用不会付出创造性的劳动，并且这样的选择不会带来预料不到的技术效果，因此，在对比文件 1 的基础上结合本领域公知常识得出权利要求所要求保护的技术方案对本领域技术人员来说是显而易见的，即该权利要求 10 所要求保护的技术方案不具有突出的实质性特点和显著的进步，因而不具备创造性。

原审法院认为：本案中，权利要求 1、3、4、5、7、9 的全部技术特征均被对比文件 1 公开，两者属于同一技术领域，采用相同的技术方案解决了相同的技术问题，因此，以上权利要求均不具备专利法规定的新颖性。

权利要求 2、6、8 与对比文件 1 的区别分别是：5.9≤商<6.2、6.4≤商<6.6、6.8≤商<7。基于上述区别技术特征，权利要求 2、6、8 实际要解决的技术问题均是：制动力大小的调整。对此，杠杆机构是机械领域常见的用于控制力和力臂的部件，而关于力和力臂之间的关系是本领域公知常识，本领域技术人员很容易想到，为了调整输出力，来合理调整力臂的长度。本领域技术人员根据实际制动力需求，通过有限的实验，调整选择力臂的长度，从而得到权利要求所限定的数值范围，对于本领域技术人员来说无需付出创造性劳动，并且这样的选择不会带来预料不到的技术效果。因此，在对比文件 1 的基础上结合本领域公知常识得出上述权利要求所要求保护的技术方案，对本领域技术人员来说是显而易见的，即上述权利要求不具有突出的实质性特点和显著的进步，不具备专利法规定的创造性。

权利要求 10 与对比文件 1 的区别是：柴油三轮车。基于上述区别技术特征，权利要求 10 实际要解决的技术问题是：车辆制动结构的其他应用。本领域技术人员在遇到需要对柴油三轮车进行制动的技术问题时，很容易想到将对比文件 1 公开的用于三轮车的制动结构选择用于柴油三轮车，从而得到该权利要求所要求保护的技术方案，这样的选用不会付出创造性的劳动，且未带来预料不到的技术效果，因此，在对比文件 1 的基础上结合本领域公知常识得出权利要求所要求保护的技术方案，对本领域技术人员来说是显而易见的，即该权利要求所要求保护的技术方案不具有突出的实质性特点和显著的进步，因而不具备专利法规定的创造性。

综上，被诉决定证据确凿，适用法律、法规正确，符合法定程序。苏社芳在案之主张均不具备事实与法律依据。

原审法院判决：驳回苏社芳的诉讼请求。一审案件受理费 100 元，由苏社芳负担。

二审中，当事人没有提交新的证据。

原审法院查明的事实属实，本院予以确认。

本院另查明：对比文件 1 系苏社芳 2011 年 6 月 15 日提出的发明专利申请，其在 2012 年 12 月 19 日公开的内容中，说明书采取列举式说明多个完整的技术方案，即针对不同的放大倍数 D，计算获得"第一个杠杆的动力臂除以该第一个杠杆上的单独一个阻力臂所得的商"的值。本申请权利要求中所涉的"第一个杠杆的动力臂除以该第一个杠杆上的单独一个阻力臂所得的商"的值为具体的区间值，均属于被对比文件 1 列举的范围。

本院认为，本案为发明专利申请驳回复审行政纠纷，因本申请的申请日在 2008 年修正的专利法实施期间，故本案应适用 2008 年修正的专利法。根据当事人的诉辩主张，本案的争议焦点问题是：本申请权利要求所要保护的技术方案是否符合新颖性和创造性的要求。

（一）关于本申请权利要求中相关技术特征的理解

机械部件的数量是自然数，这与长度、温度、压力、含量、时间等具有连续性的物理量存在区别，故对于限定机械部件数量的数值范围技术特征的理解，应当区别于限定具有连续性的物理量的数值范围技术特征。对于后者，其应视为一个技术特征，当对比文件公开的数值或者数值范围落在上述限定的技术特征的数值范围内，即可认定对比文件已经公开了该技术特征。但是对于限定机械部件数量的数值范围技术特征，应当视为并列技术手段的集合，当对比文件仅公开其中一个或者部分数量时，不足以认定该对比文件已经公开了该技术特征所限定的其余并列技术手段。

本案中，本申请权利要求中关于"使第一个杠杆的动力臂除以该第一个杠杆上的单独一个阻力臂所得的商"技术特征，其中的商值是一个具有连续性质的物理量的比值，亦具有连续的性质，故本申请权利要求限定的商值范围，应视为一个技术特征。但本申请权利要求中"至少包含二个杠杆"数值范围技术特征限定的对象是杠杆数量，故该技术特征应当视为并列技术手段的集合。

（二）本申请权利要求 1、3、4、5、7、9 中采用四个杠杆的技术方案是否具备新颖性

专利法第二十二条第二款规定，新颖性，是指该发明或者实用新型不属于现有技术；也没有任何单位或者个人就同样的发明或者实用新型在申请日

以前向国务院专利行政部门提出过申请，并记载在申请日以后公布的专利申请文件或者公告的专利文件中。判断发明或者实用新型是否具备新颖性，是在准确解读发明或者实用新型权利要求和对比文件公开内容的基础上，运用单独比对原则，判断对比文件是否公开了与权利要求所述同样的发明或实用新型。如两者在技术领域、解决的技术问题、技术方案、预期达到的技术效果实质相同，则可以认定属于相同的发明或实用新型。

本案中，本申请权利要求 1、3、4、5 分别请求保护一种三轮摩托车的后轮人力行车制动构造，权利要求 7、9 分别请求保护一种电动三轮车的后轮人力行车制动构造。对比文件 1 公开了一种三轮摩托车及电动三轮车的后轮拉杆式行车制动构造，与本申请均属三轮摩托车或电动车后轮行车制动领域，解决的技术问题均是三轮摩托车或电动车的后轮制动装置动力臂较短的问题，以实现提升后轮制动的技术效果。对于本申请权利要求 1、3、4、5、7、9 中采用四个杠杆的技术方案，首先，从技术方案整体来看，本申请所要保护的上述技术方案与对比文件 1 所公开的技术方案均是应用杠杆定理中动力、动力臂与阻力、阻力臂关系的原理，通过调整选择动力臂的长度，增大后轮制动力放大倍数，提升后轮制动力。其次，从杠杆数量来看，对比文件 1 公开的杠杆数量亦为四个，因此，对于本申请要求保护的四个杠杆技术方案中的杠杆数量技术特征已经被对比文件 1 直接公开。最后，关于商值范围技术特征，因对比文件 1 公开的数值均落在本申请上述权利要求各自限定的连续数值范围内，故根据有关连续性数值范围技术特征新颖性判断规则，对比文件 1 公开了本申请上述权利要求所限定的商值范围技术特征。综上，本申请权利要求 1、3、4、5、7、9 中采用四个杠杆技术方案的全部技术特征均已被对比文件 1 所公开，从而不具备新颖性。

（三）本申请权利要求 1、3、4、5、7、9 中采用非四个杠杆的技术方案和本申请权利要求 2、6、8 的技术方案是否具备创造性

专利法第二十二条第三款规定，创造性，是指与现有技术相比，该发明具有突出的实质性特点和显著的进步，该实用新型具有实质性特点和进步。如果一项发明专利申请的权利要求与作为最接近的现有技术相比存在区别技术特征，但该区别技术特征为本领域的公知常识，所起到的技术效果是本领域技术人员可以预料的，则该权利要求不具备创造性。

本案中，首先，关于杠杆数量技术特征是否能够给本申请权利要求带来创造性。在对比文件 1 已经公开了四个杠杆技术方案的基础上，对于本领域技术人员而言，可根据结构和力矩放大倍数的实际需求，对杠杆数量进行相应增减，这种杠杆数量的简单变化既没有设计和实施上的难度，也没有带来

预料不到的技术效果，故本申请相关权利要求所保护的技术方案（即权利要求1、3、4、5、7、9中采用非四个杠杆的技术方案）与对比文件1在杠杆数量方面存在的区别技术特征本身，不会给相应权利要求带来创造性。其次，关于商值范围技术特征是否能够给本申请权利要求带来创造性。权利要求2、6、8中采用四个杠杆的技术方案，与对比文件1公开的技术方案相比，存在的区别仅在于商值范围不同，但解决的技术问题均是制动力大小的调整。由于力与力臂的关系是本领域公知常识，通过调整动力臂长度以增大阻力，是本领域技术人员容易想到的技术手段，在对比文件1公开技术方案的基础上，本领域技术人员通过有限的实验，而无需创造性劳动，就能够得到本申请权利要求所限定的商值范围。同理可知，权利要求2、6、8中采用非四个杠杆的技术方案，结合前已作出的杠杆数量技术特征不能给相应权利要求带来创造性的论述，对本领域技术人员来说，是显而易见的。综合以上内容，本申请权利要求1、3、4、5、7、9中采用非四个杠杆的技术方案和本申请权利要求2、6、8的技术方案，对本领域技术人员而言是显而易见的，不具备创造性。

本申请权利要求10请求保护一种柴油三轮车辆的后轮人力行车制动构造，对于本领域技术人员而言，面对柴油三轮车辆需要改进制动力时，容易想到将对比文件1公开的用于三轮摩托车或电动三轮车的行车制动构造选择用于柴油三轮车辆，且这种应用并不会产生预料不到的技术效果。因此，再结合前述（二）（三）部分的理由，本申请权利要求10相对于对比文件1与公知常识的结合，亦不具备创造性。

此外，关于苏社芳的其他上诉理由：第一，关于国家知识产权局原审中未提交对比文件1的权利要求书的问题，本案中用于与本申请权利要求进行技术对比的现有技术系记载于对比文件1的说明书中，国家知识产权局是否提交对比文件1的权利要求书，不影响现有技术公开技术事实的查明与认定。故苏社芳仅以原审审理过程中国家知识产权局提交的对比文件1证据材料不包含权利要求书内容为由，主张原审判决及被诉决定基本事实不清，没有事实依据，本院不予支持。第二，关于苏社芳主张本申请所实现的制动效果远远超过对比文件1实施后产生的技术效果这一问题，一方面，从本申请所限定的技术方案本身来看，本领域技术人员并不能直接地、毫无疑义地确定本申请具有苏社芳主张的上述预料不到的技术效果。另一方面，本申请说明书并未记载本申请所要保护的技术方案能具备苏社芳所称的技术效果的可信数据，苏社芳也并未补充提交能够证明其所主张预料不到技术效果的可信的实验数据。因此，本院对于苏社芳所称的本申请因其自行发现因隐藏在中间杠杆背后的拉力和制动力之间的关系、通过增长动力臂的幅度带来预料不到的技术效果，不予采信。第三，关于苏社芳主张创造性审查时引用对比文件篇数的问题，由于现有法律、法规并未对可用于与专利申请相比较进而进行创造性判断的现有技术的数量予以限定，故苏社芳以被诉决定仅引用一篇对比文件为由，主张被诉决定对相应权利要求的创造性评判违反审查原则，依据不足，本院不予支持。

综上所述，苏社芳的上诉请求均不能成立，应予驳回。在无证据证明本申请权利要求 1、3、4、5、7、9 中非四个杠杆的技术手段与四个杠杆的技术手段之间存在惯用手段直接置换关系的情况下，本申请权利要求的非四个杠杆技术方案与最接近的现有技术公开的四个杠杆技术方案之间存在明显区别。被诉决定和原审判决忽略了杠杆数量技术特征的区别，认为对比文件 1 已经公开本申请权利要求 1、3、4、5、7、9 的所有技术特征，从而认定不具备新颖性，本质上属于遗漏区别技术特征，或者是将本申请的“至少包含二个杠杆”的技术特征，等同于限定具有连续性物理量的数值范围技术特征，从而认定现有技术的“四个杠杆”公开了本申请“至少包含二个杠杆”的技术特征，并最终作出非四个杠杆的技术方案不具备新颖性的不当认定。但鉴于该不当认定并未影响到本申请不应予以授权的最终结论，故被诉决定以及原审判决可予以维持。

依照《中华人民共和国行政诉讼法》第八十九条第一款第一项之规定，判决如下：

驳回上诉，维持原判。

二审案件受理费 100 元，由苏社芳负担。

本判决为终审判决。

审　判　长　张晓阳
审　判　员　佘朝阳
审　判　员　崔　宁
二〇二一年六月二十七日
法官助理　郭　鑫
书　记　员　宋佳玉

15. 同一现有技术文献中存在矛盾记载时公开内容的认定

——上诉人巴斯夫涂料有限公司与被上诉人国家知识产权局发明专利申请驳回复审行政纠纷案①

中华人民共和国最高人民法院行政判决书（2021）最高法知行终83号

上诉人（原审原告）：巴斯夫涂料有限公司。住所地：德意志联邦共和国明斯特市格拉苏里特街1号。

代表人：罗伯特·阿恩斯，该公司知识产权经理。

代表人：梅拉妮·劳申贝格，该公司董事会成员。

委托诉讼代理人：张雪珍，北京市中咨律师事务所律师。

委托诉讼代理人：徐国栋，北京市中咨律师事务所专利代理师。

被上诉人（原审被告）：中华人民共和国国家知识产权局。住所地：中华人民共和国北京市海淀区蓟门桥西土城路6号。

法定代表人：申长雨，该局局长。

委托诉讼代理人：詹红彬，该局审查员。

委托诉讼代理人：程强，该局审查员。

上诉人巴斯夫涂料有限公司（以下简称巴斯夫公司）因与被上诉人中华人民共和国国家知识产权局（以下简称国家知识产权局）发明专利申请驳回复审行政纠纷一案，不服中华人民共和国北京知识产权法院于2020年6月23日作出的（2019）京73行初14577号行政判决，向本院提起上诉。本院于2021年2月1日立案后，依法组成合议庭，并于2021年4月6日询问当事人，上诉人巴斯夫公司的委托诉讼代理人张雪珍、徐国栋，被上诉人国家知识产权局的委托诉讼代理人詹红彬、程强到庭参加询问。本案现已审理终结。

巴斯夫公司上诉请求：1. 撤销原审判决；2. 撤销国家知识产权局作出的第183507号复审请求审查决定（以下简称被诉决定）；3. 判令国家知识产权局重新作出决定。事实与理由：本申请系申请号为201510452769.1、名称为

① 本案在年度报告中的位置为第26页。

“次硝酸铋在电泳漆中的应用”的发明专利申请。（一）被诉决定违反了《中华人民共和国专利法》（2000 年修正）（以下简称专利法）新颖性判断中单独对比原则。被诉决定在评述本申请权利要求 1 的新颖性时引用了对比文件 1“发明详述”部分第［0015］［0016］［0020］［0034］［0038］段公开的内容并将它们结合起来与本申请权利要求 1 所定义的发明进行对比。第一，对比文件 1 上述 5 个段落所公开的内容涉及多个技术方案，并非一个单独的技术方案。被诉决定评价本申请权利要求 1 中电泳漆的组成时引用对比文件 1 第［0015］段和第［0020］段的内容，这两个段落的内容涉及的是 CED 涂料组合物产品的技术方案，而被诉决定评价本申请权利要求 1 中的特征“其中水不溶性的碱式硝酸铋以包含至少一种颜料的颜料膏的形式被混入到所述电泳漆中”时，则引用了对比文件 1 第［0034］段的内容，该段内容是 CED 涂料组合物的制备方法。第二，对比文件 1 的说明书中不同部分描述了各个不同特征，并且描述了各个特征本身的选择还存在诸多可选项，当排列组合超出具体数量就只能看作是尚未公开而不能看作是技术方案的具体公开，不能破坏本申请新颖性。由此可见，被诉决定关于本申请新颖性的评价违反了单独对比原则。（二）权利要求 1 相对于对比文件 1 具备新颖性。第一，对比文件 1 并未公开特征“在电泳漆的制备中不使用水溶性的硝酸铋”，也未公开使用“水不溶性的”碱式硝酸铋；第二，对比文件 1 并未公开本申请权利要求 1 中的特征“其中水不溶性的碱式硝酸铋以包含至少一种颜料的颜料膏的形式被混入到所述电泳漆中”；第三，对比文件 1 并未公开本申请权利要求 1 所定义的用途，即“水不溶性的碱式硝酸铋在可阴极沉积的电泳漆中作为交联催化剂用于降低电泳漆的烘烤温度的用途”。综上，对比文件 1 未公开本申请权利要求 1 的技术方案，权利要求 1 相对于对比文件 1 具备专利法第二十二条第二款规定的新颖性。被诉决定与原审判决均认定事实不清，适用法律错误。

国家知识产权局辩称：对比文件 1 客观上公开了碱式硝酸铋在阴极电泳漆中作为交联剂的应用，因此，坚持维持驳回决定。原审判决认定事实清楚，适用法律法规正确，审理程序合法，请求驳回上诉，维持原判。

巴斯夫公司向原审法院提起诉讼，原审法院于 2019 年 12 月 26 日立案受理。巴斯夫公司起诉请求：撤销被诉决定，并判令国家知识产权局重新作出决定。事实与理由与其在本案上诉中所主张的基本一致，同时，其主张本申请权利要求 1 相对于对比文件 1 还具备创造性。

国家知识产权局原审辩称：坚持被诉决定中的意见。被诉决定认定事实清楚，适用法律正确，审查程序合法，巴斯夫公司的诉讼理由不能成立，请求驳回巴斯夫公司的诉讼请求。

原审法院认定事实：

本申请的申请日为2008年8月13日，优先权日为2007年8月16日，公开日为2015年11月18日，申请人为巴斯夫公司。

经实质审查，国家知识产权局原审查部门于2018年1月5日发出驳回决定，驳回了该申请，其理由是：相对于对比文件1（EP1518906A1，公开日为2005年3月30日），权利要求1—9、11—15不具备专利法第二十二条第二款规定的新颖性，权利要求8、10—14不具备专利法第二十二条第三款规定的创造性。驳回决定所依据的文本为2017年9月6日提交的权利要求第1—15项，分案申请递交日提交的说明书第1—80段、说明书附图和说明书摘要。

对比文件1公开了（参见对比文件1第［0015］［0016］［0020］［0034］［0038］段）：CED涂料包括水性可阴极电沉积的涂料组分，其固体成分含量可为10—30wt%，固体成分包括金属硝酸盐，例如$Bi_5O(OH)_9(NO_3)_4$。此外，固体成分还包括树脂，并可选择地含有颜料和/或填料，以及不挥发性的添加剂；其中树脂包含常规的含有阳离子取代基或可转化为阳离子基团的取代基的交联型CED粘结剂、可选择地含有交联剂；含有阳离子取代基或可转化为阳离子基团的取代基的交联型CED粘结剂，例如是含有OH基团的氨基环氧树脂，作为自交联型或相互交联型的粘结剂，它们具有可以起交联反应的官能团，典型的是羟基。CED涂料组分中，每100g的树脂固体中，金属硝酸盐含量为1至10mmol，优选2至6mmol，金属硝酸盐例如为$Bi_5O(OH)_9(NO_3)_4$；当使用双组分方法时，还可以通过将包含金属硝酸盐的水性颜料浆加入到CED粘结剂分散体中来进行。在漂洗后，该CED涂层在一定温度下被间接地经过循环气加热烘烤交联，例如150—190℃。

巴斯夫公司对上述驳回决定不服，于2018年4月19日向国家知识产权局提出了复审请求。经形式审查合格，国家知识产权局于2018年4月25日依法受理了该复审请求，并将其转送至国家知识产权局原审查部门进行前置审查。原审查部门在前置审查意见书中坚持驳回决定。随后，国家知识产权局成立合议组对本案进行审理，并于2019年3月12日向巴斯夫公司发出复审通知书。

巴斯夫公司于2019年5月22日提交了意见陈述书以及修改后的权利要求1，并将其主题名称由“水不溶性的碱式硝酸铋在可阴极沉积的电泳漆中作为交联催化剂的用途”修改为“水不溶性的碱式硝酸铋在可阴极沉积的电泳漆中作为交联催化剂用于降低电泳漆的烘烤温度的用途”。修改后的权利要求1如下：

“1. 水不溶性的碱式硝酸铋在可阴极沉积的电泳漆中作为交联催化剂用于降低电泳漆的烘烤温度的用途，

其中所述电泳漆含有至少一种粘结剂、至少一种交联剂和至少一种颜料，

其中在电泳漆的制备中不使用水溶性的硝酸铋，和

其中水不溶性的碱式硝酸铋以包含至少一种颜料的颜料膏的形式被混入到所述电泳漆中。”

在上述程序的基础上，国家知识产权局于2019年7月10日作出被诉决定，维持国家知识产权局于2018年1月5日对该申请作出的驳回决定。被诉决定认为：对比文件1公开了一种水不溶性碱式硝酸铋 $Bi_5O(OH)_9(NO_3)_4$ 在可阴极沉积的电泳漆中作为交联催化剂可降低烘烤温度的用途。对比文件1已经公开了权利要求1的全部技术特征，二者的技术方案相同，且对比文件1所公开的技术方案与权利要求1所要求保护的技术方案属于相同的技术领域，能解决相同的技术问题并产生相同的技术效果。因此，权利要求1所要求保护的技术方案不具备新颖性。另外，对于巴斯夫公司的意见，被诉决定认为：对比文件1公开了水不溶性碱式硝酸铋的技术方案，该碱式硝酸铋在对比文件1中是起到交联催化剂的作用，并且对比文件1的说明书第［0038］段明确公开了阴极电泳漆在例如150—190℃的烘烤温度下交联。即基于本申请的记载以及巴斯夫公司所提供的对比实验数据，本申请的技术方案相对于对比文件1并不必然具有降低烘烤温度的技术效果，也就是说，该碱式硝酸铋在对比文件1的技术方案中同样起到了降低烘烤温度的作用。因此，巴斯夫公司的意见陈述不能被接受，本申请仍不具备新颖性。

原审庭审中，巴斯夫公司明确表示因被诉决定仅以本申请不具备新颖性为理由而得出结论，不涉及对本申请创造性的评述。因此巴斯夫公司不再主张本申请具备创造性的具体理由。国家知识产权局认可对比文件1中公开的 $Bi_5O(OH)_9(NO_3)_4$ 是水不溶性。

原审法院认为：

本申请为“次硝酸铋在电泳漆中的应用”的发明专利申请，权利要求1请求保护水不溶性的碱式硝酸铋在可阴极沉积的电泳漆中作为交联催化剂用于降低电泳漆的烘烤温度的用途。其说明书中声称要解决的技术问题是已知的电泳漆需要相对高的烘烤温度以获得充分的交联，本申请寻找含有铋化合物的新的电泳漆，使电泳漆中的交联反应在尽可能低的烘烤温度下进行。其说明书中声称所取得的技术效果是在使用碱式硝酸铋（也被称为次硝酸铋）作为交联催化剂时，可以在相对低的温度下进行烘烤在基材上沉积的薄膜。

（一）被诉决定关于新颖性判断是否违反了单独对比原则

巴斯夫公司认为，被诉决定在评述权利要求1新颖性时将对比文件1中多个不同段落公开的诸多技术方案进行选择式的拼凑，包括颜料、交联剂是任选的，选择金属硝酸盐以及双组分方法等。对比文件1根本没有在同一个技术方案中公开权利要求1的全部技术特征。被诉决定违反了单独对比原则。

对此原审法院认为，判断新颖性时，应当将发明或者实用新型专利申请的各项权利要求分别与每一项现有技术或申请在先公布或公告在后的发明或实用新型的相关技术内容单独地进行比较，不得将其与几项现有技术或者申请在先公布或公告在后的发明或者实用新型内容的组合，或者与一份对比文件中的多项技术方案的组合进行对比。即，判断发明或者实用新型专利申请的新颖性适用单独对比的原则。本案中，本申请权利要求1限定的内容涉及用途主题、电泳漆的组成和制备方法，其由不同的技术特征构成一个完整的技术方案。被诉决定引用对比文件1的第［0015］［0016］［0020］［0034］［0038］段等多个段落，分别涉及相关组成和制备方法，是针对本申请权利要求1上述特征的相应描述，且均属于对比文件1说明书中实施方案详述的内容。虽然对比文件1实施方案详述是对总体技术方案的详细描述，其中关于组成、制备方法有多种选择，但是通过分析可知，可能涉及的具体选择为是否加入交联剂和颜料，金属硝酸盐的选择，以及制备方法的选择。由于说明书第［0033］［0034］段涉及具体制备方法中均加入了颜料和金属硝酸盐，可以明确在选择制备方法时并不需要对是否加入颜料做出选择；同时对于本领域技术人员而言，是否加入交联剂，采用单组分法还是双组分法均是制备涂料的常规方法，并且对比文件1的实施例就是采用加入交联剂的方式以及将包含金属硝酸盐的含水颜料糊加入CED基料分散体中来进行。至于金属硝酸盐，对比文件1中硝酸铋和碱式硝酸铋是作为优选的金属硝酸盐。对上述制备方法、交联剂和金属硝酸盐的选择所获得的技术效果是可以预期的，因而对比文件1所涉及组成、制备方法等技术特征的多种选择构成了本领域技术人员可以预期的有限多个具体的技术方案，被诉决定引用对比文件1的多个段落涉及的技术特征组成一个单独、完整的技术方案，只是属于该有限多个具体技术方案中的一个，而并非将不同技术方案的特征进行再次组合，因此被诉决定关于新颖性的判断没有违反单独对比原则。巴斯夫公司的相关理由缺乏依据，原审法院不予支持。

（二）对比文件1是否公开了"水不溶性的碱式硝酸铋"以及"在电泳漆的制备中不使用水溶性的硝酸铋"

巴斯夫公司认为，对比文件1的发明目的就是用水溶性金属硝酸盐替换其背景技术 WO01/40550 中使用的水不溶性硝酸盐而实现粘合力的改善，因此对比文件 1 的权利要求和说明书都明确要求电泳漆必须使用水溶性金属硝酸盐，否则无法实现发明目的；对比文件 1 背景技术涉及的 WO01/40550 也能够佐证对比文件 1 公开的是水溶性硝酸铋，排除了非水溶性硝酸铋；碱式硝酸铋是非水溶性的，对比文件 1 关于碱式硝酸铋的公开内容违反了其发明内容，属于错误公开。

对此原审法院认为，首先，对比文件 1 说明书第［0020］段公开了金属硝酸盐选自原子数为 20—83 的金属的水溶性金属硝酸盐，优选的硝酸盐尤其是铋，铋硝酸盐的实例为硝酸铋和碱式硝酸铋，可以明确在对比文件 1 中碱式硝酸铋属于水溶性硝酸盐所定义的范畴，在对比文件 1 中对于水溶性硝酸盐范围的解释是包括碱式硝酸铋的，虽然该解释不同于本领域对碱式硝酸铋是非水溶性的理解，但是基于对比文件 1 对于碱式硝酸铋的定义，且水溶性是物质本身的固有属性，本领域技术人员可以理解其为水溶性硝酸盐所涵盖范围在对比文件 1 中的重新定义，并不会因为该定义与本领域常规解释不一致就认为对比文件 1 没有公开碱式硝酸铋；同时对比文件 1 没有记载硝酸盐的水溶性与其解决技术问题存在联系，并不能得到采用碱式硝酸铋无法实现发明目的的结论。

其次，根据对比文件 1 中说明书第［0010］—［0012］段的记载，WO01/40550 中采用水不溶性有机亚硝酸盐和/或硝酸盐的电泳漆提高了粘合力，对比文件 1 要想实现同样的效果，可以采用某些水溶性金属硝酸盐代替 WO01/40550 中公开的水不溶性有机亚硝酸盐和/或硝酸盐，并且结合不用水冲洗的方式。可见，无论是水溶性还是水不溶性金属硝酸盐均可以解决粘合力不足的技术问题，金属硝酸盐是否为水溶性与提高粘合力这一要解决的技术问题并无关联，且水溶性金属硝酸盐实现的条件还包括需要不用水冲洗的前提。对比文件 1 说明书第［0012］段虽然声称采用水溶性金属硝酸盐具有易于处理且可作为单一化合物进行配制的优点，但需要指出的是，不论水不溶性有机亚硝酸盐和/或硝酸盐还是水溶性金属硝酸盐均能和 CED 基料混合并形成涂料组合物，且 WO01/40550 中水不溶性有机亚硝酸盐与硝酸盐是和/或的关系，即水不溶性有机亚硝酸盐与硝酸盐均可作为单一的化合物进行配制，因此对比文件 1 在提高粘合力上并未排除使用水不溶性金属硝酸盐（碱式硝酸铋）的教导。

再次，如前所述，水溶性是物质本身的固有属性，本领域技术人员在看到对比文件 1 中水溶性金属硝酸盐包括碱式硝酸盐时，无论对此矛盾之处作何解读，不可否认的是，本领域技术人员会看到对比文件 1 客观上在其声称的“水溶性金属硝酸盐”所涵盖范围中公开了水溶性金属硝酸盐和碱式硝酸盐，并不会仅因碱式硝酸盐是非水溶性而将其排除在外。将本申请和对比文件1进行对比时，对比文件1客观上公开了碱式硝酸铋，对应本申请中的水不溶性碱式硝酸铋，以及在电泳漆的制备中不使用水溶性的硝酸铋。因此原审法院认定对比文件1公开了“水不溶性的碱式硝酸铋”和“在电泳漆的制备中不使用水溶性的硝酸铋”。

基于前述理由，由对比文件1第［0020］段公开的内容，在对比文件1中对于水溶性金属硝酸盐范围的解释是包括碱式硝酸铋的，即在对比文件1第［0034］段记载的配制CED涂料组合物的方法中所采用的金属硝酸盐实质上包含碱式硝酸铋，本领域技术人员根据技术方案前后一致性的理解并不会因为碱式硝酸铋的水不溶性而将其排除在外，在对比文件1公开了“将包含金属硝酸盐的含水颜料糊加入CED基料分散体中而进行”的基础上，可以明确碱式硝酸铋作为金属硝酸盐加入颜料膏中。而颜料糊和颜料膏对于本领域技术人员而言是颜料与液体（例如水）混合形成的具有一定流动性的固体混合物，其实质是并不完全互溶的固体和液体的混合物，当金属硝酸盐作为组分加入上述固体混合物时，金属硝酸盐与液体是否互溶并不影响固体混合物的配制，当不溶于水的碱式硝酸盐加入颜料糊中时，其依然可作为颜料糊的固体成分存在，因此对比文件1公开了“其中水不溶性的碱式硝酸铋以包含至少一种颜料的颜料膏的形式被混入到所述电泳漆中”。

（三）对比文件1是否公开了“水不溶性的碱式硝酸铋作为交联催化剂用于降低电泳漆的烘烤温度的用途”

化学产品的用途发明是基于发现产品新的性能，并利用此性能而作出的发明。无论是新产品还是已知产品，其性能是产品本身所固有的，用途发明的本质不在于产品本身，而在于产品性能的应用。巴斯夫公司认为，根据对比文件1的记载，水溶性金属硝酸盐在对比文件1中所起的作用是改善粘合，没有公开降低烘烤温度的用途；对比文件1中被用作交联催化剂的是除金属硝酸盐以外的其他金属化合物，不是金属硝酸盐本身；本申请实施例的对比例证明了碱式水杨酸铋不能降低烘烤温度，巴斯夫公司提交的对比试验则证明对比文件1中水溶性硝酸铋也不能降低烘烤温度。

对此原审法院认为，首先，对比文件1说明书第［0009］段记载了特定金属盐作为交联催化剂和/或抗腐蚀添加剂用于CED涂料组合物，包含铋化合物的CED涂料组合物特别重要；而在本申请背景技术中记载了尤其是锡化合物和/或铋化合物被用作交联催化剂，最近，优选采用铋化合物作为交联催化剂。虽然对比文件1中没有明确包括碱式硝酸铋在内的铋化合物所起的具体作用，但是基于对比文件 1 和本申请记载的内容，本领域技术人员可以认定对比文件 1 的碱式硝酸铋作为铋化合物其实际起到了交联催化剂的作用，巴斯夫公司认为对比文件 1 中铋化合物起到改善粘合力的作用仅是铋化合物对电泳漆性能改进的表现结果，并不影响铋化合物实际上作为交联催化剂，起到了降低烘烤温度这一作用的认定。其次，虽然对比文件 1 第［0022］段公开了用作催化交联和/或提供腐蚀防护的添加剂并不包括铋化合物，但是基于前述，并不影响对比文件 1 的碱式硝酸铋作为铋化合物其实际起到了交联催化剂的作用这一结论的成立。再次，本申请权利要求 1 限定的是碱式硝酸铋作为交联催化剂用于降低电泳漆的烘烤温度的用途，即其关注点在于碱式硝酸铋作为交联催化剂是否降低了电泳漆的烘烤温度，并不涉及降低烘烤温度多少的比较。而本申请的对比实施例以及巴斯夫公司提交的对比试验涉及碱式硝酸铋与碱式水杨酸铋和硝酸铋的比较，三者均作为交联催化剂，只是交联的催化性能不同导致交联反应的最终的结果不同，三者作为交联催化剂的性能比较只能证明三者催化性能的高低，与交联催化剂是否能够降低烘烤温度并无直接关联。另外，使用交联催化剂的目的是提高交联反应的程度并获得提高涂层的粘合力的效果，对比文件 1 中硝酸铋和碱式硝酸铋所起到改善粘合力的作用进一步证明了其起到了交联催化剂的作用，这与本申请所起到的作用是一致的。因此巴斯夫公司认为对比文件 1 没有公开水不溶性的碱式硝酸铋作为交联催化剂用于降低电泳漆的烘烤温度的理由不能成立，原审法院不予支持。可见，对比文件 1 公开了本申请权利要求 1 的全部技术特征，二者的技术方案相同，技术领域相同，能解决相同的技术问题并产生相同的技术效果。因此，本申请权利要求 1 所要求保护的技术方案相对于对比文件 1 不具备专利法第二十二条第二款规定的新颖性。被诉决定对此认定正确，原审法院予以确认。

综上，原审法院判决：驳回巴斯夫公司的诉讼请求。案件受理费 100 元，由巴斯夫公司负担。

原审法院查明的事实属实，本院予以确认。

二审中，各方均未提交新证据。

本院另查明：

1. 对比文件 1 的发明背景部分中，第［0007］段记载："在工业实践中已经观察到，如果已经在间接加热的循环空气烘箱中烘烤了 CED 预涂层，则施涂在烘烤的 CED 涂层上的随后涂层，特别是车身底部密封剂层的粘合力通常是不足的。"第［0008］段记载："WO01/40550 通过一种用于制造电沉积涂层的方法解决了随后的涂层不充分粘合的问题，该方法通过将电沉积涂料组合物的涂层电沉积到导电基材上并烘烤而对随后的涂层具有改善的粘合性，其中使用的电沉积涂料组合物包含一种或多种水不溶性有机亚硝酸盐和/或硝酸盐，并且烘烤在间接加热的循环空气烘箱中进行。”第［0009］段记载：“金属化合物，例如特定金属盐作为交联催化剂和/或抗腐蚀添加剂用于CED涂料组合物中。特别地，已经发现铅化合物，例如硅酸铅还通常与锡化合物，例如氧化二丁基锡组合使用。更近期地，无铅CED涂料组合物已被熟知。包含铋化合物的CED涂料组合物特别重要，例如US5、936、013……US5、330、839中所述。”第［0010］段记载：“令人惊讶地，如果在CED涂料组合物中使用某些水溶性金属硝酸盐作为添加剂来代替WO01/40550中公开的水不溶性有机亚硝酸盐和/或硝酸盐，并且如果在热固化之前不用水冲洗涂覆有CED涂料组合物的CED涂层的基材表面的最小比例区域，则同样可以很好地实现WO01/40550中公开的问题的解决方案。”

2. 对比文件1的发明概述部分中，第［0013］段记载：“本发明提供通过将CED涂料组合物的涂层阴极电沉积在导电基材上并通过在以烘箱的循环空气中0-20体积%的新鲜空气比例操作的间接加热的循环空气烘箱中烘烤热固化而制备具有对随后层的改善粘合力的CED涂层的方法……”第［0014］段记载：“本发明还提供一种方法，其中将随后层，特别是常规车身底部密封剂层施涂在根据本发明制备的热固化CED涂层上。”

3. 被诉决定引用的对比文件1的说明书第［0015］［0016］［0020］［0034］［0038］段，属于对比文件1的实施方案详述部分的内容。

4. 本申请说明书第［0008］段分析了水溶性硝酸铋的技术缺陷：“与本申请中所用的水不溶性的次硝酸铋相比，硝酸铋具有良好的水溶性。溶解的Bi盐在所述电泳漆中，可能会表现出一些缺点。可溶性盐会在超滤液中被吸收，并因此以这种方式被持续地从所述电泳漆中除去。而且，在车身的预处理之后，外来离子可能会被带入电泳漆浴中。这些外来离子可能会使可溶性Bi催化剂失活（EP1342757）。”

本院认为：本案为发明专利申请驳回复审行政纠纷，因本申请的优先权日在2000年修正的专利法实施期间，故本案应适用2000年修正的专利法。本案二审争议的焦点问题为：本申请权利要求1是否具备专利法第二十二条第二款规定的新颖性，具体涉及两方面的问题，一是被诉决定是否违反单独对比原则；二是对比文件1是否公开了本申请要求保护的技术方案，其中又包含对比文件1是否公开了本申请权利要求1所要保护的用途、“在电泳漆的制备中不使用水溶性的硝酸铋”、“其中水不溶性的碱式硝酸铋以包含至少一种颜料的颜料膏的形式被混入到所述电泳漆中”以及使用“水不溶性的”碱式硝酸铋等具体问题。

（一）关于被诉决定是否违反单独对比原则

巴斯夫公司主张被诉决定将分别记载在对比文件 1 多个段落中的内容进行选择式组合所得到的技术方案用于评述本申请权利要求 1 的新颖性，违反了单独对比原则。对此，本院认为，在新颖性判断中遵循单独对比原则的意义在于，能够确保与专利要求保护的技术方案进行对比的现有技术属于申请日之前已客观存在的技术方案。如果用于与专利技术方案对比的技术方案是由若干个现有技术组合而得到的、仅存在于观念中的技术方案，则这种对比方式及其判断结论的性质，已经超出新颖性判断的范畴，而属于创造性判断的范畴。基于此，新颖性判断过程是否遵循单独对比原则，取决于与专利技术方案进行对比的技术方案是否确属于申请日前已经公开并客观存在的技术方案，而不在于该技术方案在现有技术文献中的记载方式。如果本领域技术人员对一份现有技术文献进行整体性的解读后可以直接地、毫无疑义地确定，那些记载于该文献不同部分的各技术内容之间存在着归属于同一技术方案的逻辑关系，则可以认定由前述各技术内容共同构成的整体技术方案即为该现有技术文献公开的技术方案，将专利权利要求与上述各技术内容共同构成的整体技术方案相比较，不违反单独对比原则。

本案中，对比文件 1 系一份欧洲专利文献，该专利文献所记载的是一种“通过阴极电沉积涂覆在导电基材上制备涂层的方法”。被诉决定所引用对比文件 1 的说明书第［0015］［0016］［0020］［0034］［0038］段中的相关内容，系该专利方法实施过程中所涉及的涂料组合物的成分、配比、制备过程以及涂料如何形成涂层的工艺方法等技术内容，这些技术内容虽然没有在对比文件 1 中予以集中记载，而且属于从各具有可选步骤中分别择取的部分技术内容，但本领域技术人员在系统性地解读对比文件 1 后容易理解，上述分散在各段中的技术内容，系对比文件 1 所要保护的专利技术方案的各组成部分，彼此之间存在着归属于同一技术方案的逻辑关系。因此，被诉决定所引用的对比文件 1 说明书第［0015］［0016］［0020］［0034］［0038］段中公开的相关内容所共同构成的整体技术方案，应认定为属于在本申请优先权日前即已被对比文件 1 公开的技术方案，而不应当被认定为系在多个现有技术方案的基础上重新组合而成的新的技术方案，被诉决定将本申请权利要求 1 与公开在对比文件 1 各段中的上述相关技术内容共同构成的整体技术方案相比较，不违反新颖性判断所要求的单独对比原则。

（二）关于对比文件 1 是否公开了本申请要求保护的技术方案

首先，关于对比文件 1 是否公开了“在电泳漆的制备中不使用水溶性的硝酸铋”。双方关于对比文件 1 是否公开了本申请权利要求 1 的技术方案的争议主要集中在对比文件 1 是否公开了本申请权利要求 1 的“在电泳漆的制备中不使用水溶性的硝酸铋”，而双方争议的其他技术特征均围绕上述争议而产生，故本院首先对上述根源性争议予以分析判断。巴斯夫公司上诉中仍坚持其原审时的主张，即，虽然对比文件 1 公开了水不溶性的碱式硝酸铋在阴极电泳漆中的应用，但根据对比文件 1 所记载的发明目的，对比文件 1 所记载的发明所要保护的技术方案就是用水溶性金属硝酸盐替换其背景技术中使用的水不溶性硝酸盐而实现粘合力的改善，故对比文件 1 关于水不溶性的碱式硝酸铋的公开内容违反了其发明目的，不能以错误公开的内容评价本申请的新颖性。国家知识产权局认为，对比文件 1 客观上公开了水不溶性的碱式硝酸铋在阴极电泳漆中作为交联剂的应用，故对比文件 1 公开了本申请权利要求 1 中的“在电泳漆的制备中不使用水溶性的硝酸铋”这一技术特征。对此本院认为：

以出版物公开方式公开的现有技术，其技术方案的内容以该出版物的客观记载为准。但是，如果该出版物关于该技术方案的记载内容与其他关联内容存在明显前后矛盾，且本领域技术人员根据该出版物记载的其他内容以及其掌握的本领域的公知常识无法给出合理解释的，则不能认定该技术方案被该出版物所公开，即不能构成专利法意义上的现有技术。

本案中，根据对比文件 1 发明背景部分的记载内容（对比文件 1 说明书第［0007］—［0010］段），背景技术 WO01/40550 通过一种用于制造电沉积涂层的方法解决了随后的涂层不充分粘合的问题，该方法通过将电沉积涂料组合物的涂层电沉积到导电基材上并烘烤而对随后的涂层具有改善的粘合性，其中使用的电沉积涂料组合物包含一种或多种水不溶性有机亚硝酸盐和/或硝酸盐，并且烘烤在间接加热的循环空气烘箱中进行。在上述背景技术的基础上，对比文件 1 提出了一种解决背景技术所要解决的技术问题的替代方案，即在第［0010］段记载的“如果在 CED 涂料组合物中使用某些水溶性金属硝酸盐作为添加剂来代替 WO01/40550 中公开的水不溶性有机亚硝酸盐和/或硝酸盐，并且如果在热固化之前不用水冲洗涂覆有 CED 涂料组合物的 CED 涂层的基材表面的最小比例区域，则同样可以很好地实现 WO01/40550 中公开的问题的解决方案。”因此，对比文件 1 所记载的专利技术方案所采用的金属硝酸盐添加剂，应当理解为具有水溶性的物理性质。相应地，作为记载在对比文件 1 的说明书第［0015］［0016］［0020］［0034］［0038］段中，用于具体说明对比文件 1 所记载的专利技术方案的具体实施方案，也应当理解为采用的是具有水溶性的金属硝酸盐。然而，在对比文件 1 的说明书第

[0020] 段中却记载了采用碱式硝酸铋这一水不溶性的金属硝酸盐的技术方案，明显与对比文件 1 第 [0010] 段所记载的技术构思存在矛盾。由于对比文件 1 的其他部分并没有就碱式硝酸铋这一水不溶性的金属硝酸盐也能够实现对比文件 1 所记载的专利技术方案的发明目的作出特别说明（事实上，从对比文件 1 记载内容来看，对比文件 1 将碱式硝酸铋当作水溶性的金属硝酸盐予以对待），亦无其他证据能够对上述明显的矛盾作出合理解释，故对比文件 1 记载的采用碱式硝酸铋添加剂的技术方案，应当被排除在对比文件 1 公开的范围之外，不应当被认定为属于现有技术。

本院注意到，在本申请的说明书第 [0008] 段分析了水溶性硝酸铋的技术缺陷，即“与本申请中所用的水不溶性的次硝酸铋相比，硝酸铋具有良好的水溶性。溶解的 Bi 盐在所述电泳漆中，可能会表现出一些缺点。可溶性盐会在超滤液中被吸收，并因此以这种方式被持续地从所述电泳漆中除去。而且，在车身的预处理之后，外来离子可能会被带入电泳漆浴中。这些外来离子可能会使可溶性 Bi 催化剂失活（EP1342757）。”故本院更有理由相信，本申请权利要求 1 所要保护的“在电泳漆的制备中不使用水溶性的硝酸铋”技术方案，与对比文件 1 所公开的技术方案存在明显不同，对比文件 1 不能破坏本申请的新颖性。被诉决定和原审判决均以客观公开为由，在没有给出足够的合理解释的情况下，将对比文件 1 中相关段落记载的、与同记载在对比文件 1 中的其他关联内容存在明显前后矛盾的技术方案认定为现有技术，系对出版物公开这种公开方式的机械理解，将会不当损害为创新作出实际努力和贡献的申请人的利益，本院予以纠正。

因本院已认定对比文件 1 未公开本申请权利要求 1“在电泳漆的制备中不使用水溶性的硝酸铋”这一技术特征，故本院亦认定，对比文件 1 也未公开本申请权利要求 1“其中水不溶性的碱式硝酸铋以包含至少一种颜料的颜料膏的形式被混入到所述电泳漆中”的技术特征。

其次，关于对比文件 1 是否公开了已知产品“水不溶性的碱式硝酸铋”用于“降低电泳漆的烘烤温度”的用途。本院认为，对比文件 1 也未公开“水不溶性的碱式硝酸铋”用于“降低电泳漆的烘烤温度”的用途，除了本院已认定对比文件 1 公开的技术方案中并不包含“水不溶性的碱式硝酸铋”的理由之外，本院还认为：

已知产品的新用途发明的本质不在于产品本身的创新，而在于其新的用途，因此，已知产品的用途发明创造是否具备新颖性，应当从该发明要求保护的新用途是否被现有技术所公开的角度予以判断，而不能仅因所涉产品属于已知就认定该用途发明不具备新颖性。同时，已知产品新用途发明专利的权利要求中用于限定新用途技术方案的其他技术特征，既是新用途技术方案的组成部分，也是该新用途技术方案区别于现有技术的重要特征，应当在新颖性判断中予以考虑。

本案中，对于本申请权利要求1保护的“水不溶性的碱式硝酸铋”这一已知产品的“用于降低电泳漆的烘烤温度”这一用途是否具备新颖性，应当首先判断现有技术中是否已经公开了“水不溶性的碱式硝酸铋”可用于“降低电泳漆的烘烤温度”这一用途。前已述及，对比文件1为一份欧洲专利文献，该专利文献所记载的发明要求保护一种“通过阴极电沉积涂覆在导电基材上制备涂层的方法”，被诉决定所引用对比文件1的说明书第［0015］［0016］［0020］［0034］［0038］段中的相关内容，系该方法专利实施过程中所涉及的涂料组合物的成分、配比、制备过程以及涂料如何形成涂层的工艺方法等技术内容。其中，与电泳漆（即对比文件1所称的CED涂料组合物或者CED涂层）烘烤温度有关的技术内容，记载于对比文件1说明书第［0038］段（该段记载的主要是关于将CED涂层进行烘烤以实现涂层热交联工艺的内容）。然而，从被诉决定所引用的内容来看，仅有关于“该CED涂层在一定温度下被间接地经过循环气加热烘烤交联，例如150—190℃”的技术内容，并没有提及碱式硝酸铋具有降低电泳漆烘烤温度的用途。即便是从整个对比文件1所公开的内容来看，也未有关于采用碱式硝酸铋的电泳漆与采用其他材料的电泳漆在烘烤温度方面的对比实验数据，也就是说，本领域技术人员无法从对比文件1公开的技术方案中明确地、毫无疑义地得出，碱式硝酸铋具有降低电泳漆烘烤温度用途的结论。因此，对比文件1记载的技术方案中，并没有公开本申请权利要求1所要求保护的“水不溶性的碱式硝酸铋”这一已知产品的“用于降低电泳漆的烘烤温度”这一用途技术方案。被诉决定和原审判决根据对比文件1的背景技术中记载的“特定金属盐作为交联催化剂和/或抗腐蚀添加剂用于CED涂料组合物，包含铋化合物的CED涂料组合物特别重要”，并结合本申请背景技术中记载的“锡化合物和/或铋的化合物被用作交联催化剂”内容，就认定“铋化合物实际上作为交联催化剂，起到了降低烘烤温度这一作用”，缺乏事实依据。并且，原审法院将“对比文件1中硝酸铋和碱式硝酸铋所起到改善粘合力的作用进一步证明了其起到了交联催化剂的作用，这与本申请所起到的作用是一致的”作为认定对比文件1公开了本申请权利要求1的用途的理由之一，系对已知产品新用途发明保护对象的理解上存在偏差，本院予以纠正。

综上所述，本申请权利要求1所要求保护的技术方案与对比文件1相比具备专利法第二十二条第二款规定的新颖性。巴斯夫公司的上诉请求成立，应予支持。原审判决和被诉决定认定事实清楚，但适用法律存在错误，应予撤销。依据《中华人民共和国专利法》（2000 年修正）第二十二条第二款，《中华人民共和国行政诉讼法》第七十条、第八十九条第一款第二项、第三款之规定，判决如下：

一、撤销中华人民共和国北京知识产权法院（2019）京 73 行初 14577 号行政判决；

二、撤销中华人民共和国国家知识产权局作出的第 183507 号复审请求审查决定；

三、中华人民共和国国家知识产权局就名称为“次硝酸铋在电泳漆中的应用”、申请号为 201510452769.1 的发明专利申请重新作出复审请求审查决定。

一审案件受理费 100 元，由中华人民共和国国家知识产权局负担。二审案件受理费 100 元，由中华人民共和国国家知识产权局负担。

本判决为终审判决。

审　判　长　张晓阳
审　判　员　佘朝阳
审　判　员　崔　宁
二〇二一年十一月二日
法官助理　杨　莹
书　记　员　刘　晴

16. 中药发明专利创造性判断中最接近的现有技术的选择

——上诉人罗世琴与被上诉人国家知识产权局发明专利申请驳回复审行政纠纷案[①]

中华人民共和国最高人民法院行政判决书（2021）最高法知行终158号

上诉人（原审原告）：罗世琴，住北京市朝阳区。

委托诉讼代理人：刘冬梅，北京康思博达知识产权代理事务所（普通合伙）专利代理师。

被上诉人（原审被告）：国家知识产权局。住所地：北京市海淀区蓟门桥西土城路6号。

法定代表人：申长雨，该局局长。

委托诉讼代理人：宗金锐，国家知识产权局审查员。

委托诉讼代理人：史晶，国家知识产权局审查员。

上诉人罗世琴因与被上诉人国家知识产权局发明专利申请驳回复审行政纠纷一案，不服北京知识产权法院于2020年12月9日作出的（2019）京73行初11986号行政判决，向本院提起上诉。本院于2021年2月23日立案后，依法组成合议庭，并于2021年4月26日询问当事人，上诉人罗世琴及其诉讼委托代理人刘冬梅、被上诉人国家知识产权局的委托诉讼代理人宗金锐、史晶到庭参加诉讼。本案现已审理终结。

罗世琴上诉请求：1. 撤销原审判决；2. 撤销国家知识产权局第182491号复审决定书（以下简称被诉决定），并由国家知识产权局重新作出复审决定；3. 由国家知识产权局承担本案一、二审诉讼费用。事实与理由：原审法院认定名称为“用于治疗肿瘤的药磁贴”、申请号为201410046681.5的发明专利申请（以下简称本申请）的权利要求不具备创造性明显不当，缺乏事实及法律依据。（一）原审判决错误认定被诉决定未违反听证原则。在答复第二次复审意见通知书时，罗世琴针对权利要求书进行了实质性修改，上述修改

---

① 本案在年度报告中的位置为第28页。

在全部实审和复审审查程序中均未被评述就被复审决定直接维持。（二）原审判决错误认定本申请权利要求 1 相对于最接近现有技术的区别技术特征。本申请与对比文件 1 比较，二者之间明显存在药物配伍不同、构造结构不同、形成剂型类别不同等区别，本申请明显具备了显著的创造性。本申请权利要求 1 与对比文件 1 的药味配伍不同，原审法院违反事实、违反《中国药典》及药理功效作用，错误认定为“是相同功效的替代”，在没有任何现有技术及公知技术教导的情况下，本领域技术人员没有动机将本申请中的 12 味中药材用于替换对比文件 1 中所区别的 14 味功效作用完全不同的中药材。另外，本申请制成的是药膏片，而对比文件 1 制成的是流浸膏，且对比文件 1 中不具备粘胶剂、没有医用胶带、没有防粘保护层等技术特征；对比文件 1 中经酒精漉液而制成的流浸膏不仅是水质的流浸膏，而且水质的流浸膏在没有形成贴剂的背衬胶带和保护层的情况下，不能成为一个可形成方便使用和包装、储藏的贴剂产品。综上，本申请中所区别的药味功效及由配伍药物以 1∶3~8 的热熔压敏胶制成药膏片、加贴永磁体、加盖医用胶带和保护层等构造的区别、材料的区别、制作方法的区别、所形成产品类别的区别及本申请中采用互为配伍的药效与磁体产生磁力线组成的技术特征，符合《中华人民共和国专利法》（2008 年修正）（以下简称 2008 年专利法）规定的创造性标准。

国家知识产权局辩称：（一）罗世琴的修改并未对权利要求的技术方案产生实质改变，修改后的权利要求中涉及的制备方法特征也已在复审过程中多次以对比文件 1 为证据评价过，并没有超出当事人从复审通知书所告知的内容中能够合理预期的范畴，被诉决定不违反听证原则。（二）本申请不具备创造性。（三）热熔压敏胶是制备贴片的常用辅料，为使贴片应用时与皮肤有合适的粘附力，本领域技术人员容易想到添加热熔压敏胶，而将活性原料与热熔压敏胶加热混匀，进而放置于骨架材料上是本领域制备贴片的常规操作，活性原料与热熔压敏胶的用量比例也是本领域技术人员容易确定的。原审判决认定事实清楚，适用法律正确，请求驳回上诉，维持原审判决及被诉决定。

罗世琴向原审法院提起诉讼，原审法院于 2019 年 9 月 27 日受理。罗世琴起诉请求：撤销被诉决定，国家知识产权局重新作出复审决定。

被诉决定系国家知识产权局针对罗世琴就本申请所提复审请求而作出。国家知识产权局在被诉决定中认定：本申请权利要求 1 在对比文件 1 的基础上结合本领域的常规技术手段不具备突出的实质性特点和显著的进步，不具备 2008 年专利法第二十二条第三款规定的创造性。据此，维持国家知识产权局于 2017 年 6 月 29 日对本申请作出的驳回决定。

原审法院认定以下事实：

一、本申请情况

（一）申请人：罗世琴

（二）发明创造名称：用于治疗肿瘤的药磁贴

（三）申请号：201410046681.5

（四）申请日：2014 年 2 月 11 日

（五）公开日：2014 年 5 月 7 日

（六）被诉决定针对的是罗世琴于 2019 年 1 月 29 日修改的权利要求：

“1. 用于治疗肿瘤的药磁贴的制备方法，其特征是由下列原料按重量份数制成：三七 20~50 份、血竭 20~50 份、地龙 10~30 份、土鳖虫 20~50 份、大黄 20~50 份、秦艽 20~50 份、延胡索 30~50 份、冰片 20~50 份、野山参 20~30 份、全蝎 10~30 份、蜈蚣 20~50 份、太子参 10~50 份、乳香 10~50 份、红花 20~50 份、没药 10~50 份、黄柏 10~50 份、木香 10~30 份、香附 30~50 份、五灵脂 30~50 份、当归 10~50 份、氮酮 20~30 份、黑白牵牛子各 20~50 份，将上述药材混合粉碎成粗粉，用酒或酒精提取、浓缩至稠膏，加入氮酮后，再以 1∶3~8 的热熔压敏胶加热混匀，放置于透皮骨架材料上制成药膏片后加贴磁场强度为 0.1~0.5T 的永磁体，加盖医用胶带和保护层，铝箔袋包装；使用时贴于肿瘤病灶的经络或有关的腧穴、神阙穴，每次不同部位可多贴使用，每次贴敷 1~2 天。”

二、对比文件及区别技术特征

（一）对比文件 1

国家知识产权局在审查中引用了授权公告号为 CN101385843A 中国发明专利作为对比文件 1，其授权公告日为 2009 年 3 月 18 日。

经查，对比文件 1 公开了一种用于肿瘤消肿镇痛的纳米药磁贴及其制备方法，由下列各原料按重量份数制备而成：雪莲 10~20 份、三七 30~50 份、当归 30~50 份、红花 20~30 份、乌骨藤 50~80 份、草乌 20~30 份、川乌 20~30 份、马钱子 20~30 份、生南星 20~30 份、细辛 20~30 份、延胡索 30~50 份、蟾酥 20~30 份、地龙 20~30 份、土鳖虫 20~30 份、五灵脂 30~50 份、乳香 30~40 份、没药 30~40 份、郁金 30~40 份、川楝子 30~40 份、胡椒 20~30 份、青皮 30~40 份、路路通 30~50 份、冰片 30~40 份、氮酮 10~30 份、纳米远红外陶瓷粉 10~40 份，将上述各中药材混合粉碎，其中将冰片、蟾酥分别研细，再将上述全部粉末混匀即得药物粗粉，将此药物粗粉，加入 75%的乙醇搅拌均匀，密闭放置 48 小时，再装入渗漉器内，以 75%的乙醇渗漉，先收集初漉液另器保存，继续渗漉，待成分完全渗出，得续漉液，将续漉液低温，浓缩至稠膏状，加入初漉液溶解，再加入粉状的氮酮、纳米远红外陶瓷粉得流浸膏，再在放置了磁性材料钕铁硼磁石的透皮骨架材料上冲压流浸膏得贴膏，铝箔包装，热封，即成为本品。

（二）区别技术特征

被诉决定中认定，本申请权利要求 1 与对比文件 1 相比存在如下区别特征：

(1) 原料中减去了雪莲、乌骨藤、草乌、川乌、马钱子、生南星、细辛、蟾酥、郁金、川楝子、胡椒、青皮、路路通、纳米远红外陶瓷粉；加入血竭、大黄、秦艽、野山参、全蝎、蜈蚣、太子参、黄柏、木香、香附、黑白牵牛子、磁粉，并限定了用量。(2) 增加以 1∶3~8 的热熔压敏胶加热混匀的步骤；包装前制成药膏贴或巴布药贴后加贴永磁体并限定了永磁体的磁场强度，增加了加盖医用胶带、保护层的步骤；限定了药磁贴治疗肿瘤的作用途径和使用方式。

基于上述区别技术特征，被诉决定认定本申请实际解决的技术问题是提供一种治疗肿瘤的药磁贴的制备方法。

三、其他事实

经实质审查，国家知识产权局于 2017 年 6 月 29 日作出针对本申请的驳回决定。罗世琴对上述驳回决定不服，于 2017 年 10 月 9 日向国家知识产权局提交了复审请求。经形式审查合格，国家知识产权局于 2017 年 11 月 9 日依法受理了该复审请求，于 2018 年 7 月 19 日向罗世琴发出复审通知书。罗世琴于 2018 年 8 月 30 日提交了意见陈述书、附件 2 和修改后的权利要求书。国家知识产权局于 2018 年 12 月 25 日向罗世琴发出第二次复审通知书，指出本申请存在权利要求超出说明书的范围及不具备创造性等缺陷。罗世琴于 2019 年 1 月 29 日提交了意见陈述书和修改后的权利要求书。

原审诉讼中，国家知识产权局向原审法院提交了被诉决定所针对的本申请审查文本、对比文件 1 和林丽珠主编的《肿瘤中西医治疗学》，人民军医出版社，第 74—77 页，公开日为 2013 年 9 月（即被诉决定中的公知常识性证据）。罗世琴向原审法院提交了被诉决定、国家药典委员会编《中华人民共和国药典》（2010 年版）和国家中医药管理局编《中华本草》相关内容作为证据。

原审法院认为：

（一）关于被诉决定作出程序是否合法

罗世琴主张国家知识产权局违反听证原则，被诉决定作出程序违法。对此，本案中，在被诉决定作出前，国家知识产权局针对罗世琴的复审请求，于2018年7月19日和2018年12月25日两次向罗世琴发送复审通知书，罗世琴也分别于2018年8月30日、2019年1月29日提交了意见陈述书和修改后的权利要求。国家知识产权局已给予罗世琴陈述意见和修改权利要求书的机会，罗世琴也提交了意见陈述并对权利要求进行修改。而且，罗世琴关于权利要求的修改并未对权利要求所要保护的技术方案进行实质改变，修改后权利要求中涉及的制备方法特征在复审过程中以对比文件1为证据评价过，没有超出国家知识产权局从复审通知书所告知的内容中能够合理预期的范畴。在此基础上，国家知识产权局对本申请的说明书、说明书摘要及修改后的权利要求进行审查进而作出被诉决定，并未违反听证原则。对于罗世琴的此项主张，不予支持。

（二）关于本申请是否具备创造性

本案中，本申请权利要求1请求保护用于治疗肿瘤的药磁贴的制备方法，对比文件1公开了一种用于肿瘤消肿镇痛的纳米药磁贴及其制备方法。罗世琴认为不应当将对比文件1作为最接近的现有技术，被诉决定关于本申请和对比文件1的区别技术特征认定错误。本申请与对比文件1之间的所解决的具体问题不同，是属于更细的分类。对此，原审法院认为，二者均可用于解决抑制肿瘤细胞生长、控制扩散和止痛的技术问题，属于相同的技术领域，被诉决定将对比文件1作为最接近的现有技术并无不当。根据“方从法出”的原则，本领域技术人员在选择药物的原料时，会考虑药味功效配伍和组方配伍的内在逻辑。被诉决定将本申请和对比文件1中原料成分的组分进行比对，是确定二者区别技术特征的重要途径，并且除比对二者原料成分外，被诉决定还比对了制作过程和使用方式等，故罗世琴关于被诉决定仅仅机械比对原料成分的有无，割裂了药味功效配伍和组方配伍的内在逻辑的理由并无依据，不予支持。被诉决定关于本申请权利要求1和对比文件1的区别特征2论述了药磁贴在制备方法、组成与使用方法等方面的不同。本申请和对比文件1的主题不同，但二者所要保护的技术方案已体现在其说明书和权利要求书中，被诉决定已对二者的技术方案予以比对，故被诉决定未明确指出二者主题的不同并无不当。因此，罗世琴关于被诉决定中本申请和对比文件1的区别特征认定错误的主张不成立，不予支持。

基于本申请和对比文件1的区别技术特征，被诉决定认定本申请所要解决的技术问题为提供一种治疗肿瘤的药磁贴的制备方法。中医肿瘤内治法中包括扶正和祛邪两大原则，扶正是以扶助人体正气，增强行气化滞之力，提高机体抗癌能力；祛邪是以针对肿瘤邪实病机确定的治疗法则，主要包括理气活血，祛湿化痰，清热解毒，软坚散结，以毒攻毒等。本领域技术人员在解决相同的技术问题时，可以根据治则在具有相同或相似功效的药物中进行自由选择用何种药物。关于区别技术特征 1，结合本领域各中药原料的已知功效可知，蟾酥，马钱子，生南星和全蝎，蜈蚣均具有软坚散结、以毒攻毒的功效；雪莲，乌骨藤，草乌，川乌，路路通、细辛和大黄，秦艽，黄柏、黑白牵牛子均可去除湿邪，具有祛湿化痰的功效；青皮，郁金，川楝子、胡椒和木香，香附均具有理气解郁的功效。纳米远红外陶瓷粉吸热，促进药力吸收，本领域技术人员可根据实际需要进行选择是否加入该原料。同时，根据实际需要在治疗肿瘤的药物组合物中随症加入具有活血化瘀功效的血竭是本领域的常规选择。加用适量益气药如野山参、太子参是本领域技术人员的常规技术手段。至于各原料的具体用量，是本领域技术人员根据中医理论指导并结合临床实践，在常规用量范围内可获得的，由本申请说明书的记载也看不出所述用量的选择带来了预料不到的技术效果。另外，本申请说明书中记载组合物“配伍达到通络散瘀，祛痰利湿，拔毒止痛，化痞消积”的作用，对比文件 1 的药物组成同样含有软坚散结攻毒，祛湿化痰，清热解毒，理气解郁等功效药物，因此也能起到和本申请组合物相同的效果，可知本申请并未取得意想不到的技术效果。关于区别技术特征 2，热熔压敏胶是制备贴片的常用辅料，为使贴片应用时与皮肤有合适的粘附力，本领域技术人员容易想到添加热熔压敏胶，而将活性原料与热熔压敏胶加热混匀，进而放置于骨架材料上是本领域制备贴片的常规操作，活性原料与热熔压敏胶的用量比例，也是本领域技术人员容易确定的。背衬层和保护层是贴片的基本组成结构，主要起到支持、阻隔、保护的作用。磁粉和永磁体均是制备药磁贴的常规磁性材料，为增强应用时的磁场强度，在原料中进一步添加磁粉和永磁体并选择合适的磁场强度是本领域技术人员的常规选择。在制成的药膏贴或巴布药贴后加入合适磁场强度的永磁体是本领域的常规技术。中晚期癌症属于肿瘤的具体阶段，应用于中晚期癌症属于常规选择。贴于肿瘤病灶的经络或有关的腧穴、神阙穴以及每次贴敷 1—2 天属于使用方式限定，对药磁贴的结构和/或组成没有影响，且对比文件 1 公开了贴敷于癌痛局部或神阙穴或其他脏腑腧穴，以及根据不同肿瘤循经取穴在穴位上贴敷。因此，在对比文件 1 的基础上结合本领域的常规技术手段得到权利要求 1 的技术方案对于本领域技术人员来说是显而易见的，无需付出创造性劳动。综上，权利要求 1 不具备突出的实质性特点和显著的进步，不具备 2008 年专利法第二十二条第三款规定的创造性。本申请和对比文件 1 中相关药味成分的功效属于本领域的公知常识，国家知识产权局在被诉决定中的认定并无不当。故罗世琴的主张缺乏事实与法律依据，不予支持。

综上所述，原审法院认为被诉决定认定事实清楚，适用法律无误，审查程序合法，审查结论正确。罗世琴的诉讼请求缺乏事实与法律依据，不予支持。依照《中华人民共和国行政诉讼法》第六十九条之规定，判决：驳回罗世琴的诉讼请求。案件受理费100元，由罗世琴负担。

原审查明的事实属实，本院予以确认。

本院二审中，罗世琴提交两组证据，第一组：患者韩强使用药磁贴前后于北京协和医院和北京市健宫医院的诊断报告复印件、韩强使用化积贴的贴药照片、北京罗琴中医医院的门诊病历复印件，拟证明本申请用于肿瘤治疗的真实性及优于对比文件1的效果；第二组：患者吴淑芬使用药磁贴前后于广西医科大学第一附属医院的检查报告和病历复印件，说明吴淑芬未接受医院的二次清扫手术前来接受本申请中药磁贴的治疗，痊愈后至今未复发，拟证明本申请优于对比文件1的效果。

经罗世琴申请并得到本院允许，韩强本人于2021年4月26日出庭作证，陈述其于2013年在北京协和医院确诊肾癌，五年生存期即为治愈。因使用本申请的药磁贴，病情得以痊愈，2015年在北京市健宫医院经超声波检查，显示已没有病变占位。

国家知识产权局对罗世琴所提交证据及证人证言的质证意见为：对两组证据和证人证言均不认可其真实性；另外，北京协和医院的CT诊断报告记载为“左肾上极占位性病变，考虑恶性病变（肾癌）可能”，并未确诊韩强的肿瘤病变。

本院对罗世琴提交证据及韩强的证人证言的认证意见为：罗世琴提交的两组证据均用来证明本申请与对比文件1相比，在临床疗效上具有预料不到的技术效果。对第一组证据及韩强的证人证言的真实性、合法性予以确认，关于该证据的关联性以及是否能够达到其证明目的，将结合全案事实在说理部分予以综合认定。第二组证据没有详细记载患者的治疗方案、每日用药剂量等情况，治疗效果不能确定，本院不予采信。

本院认为，本案为发明专利申请驳回复审行政纠纷，因专利申请日在2009年10月1日之后、2021年6月1日之前，故本案应适用2008年专利法。

综合罗世琴的上诉意见及本案案情，本案的争议焦点问题为：（一）被诉决定是否违反听证原则；（二）本申请权利要求1是否具有创造性。

（一）关于被诉决定是否违反听证原则

罗世琴上诉认为，其答复第二次复审意见通知书时修改的权利要求在全部实审和复审审查程序中均未被评述过，被复审决定直接维持驳回，违反听证原则。

对此，本院分析如下：听证原则，是指审查员在作出行政决定前，应当将驳回所依据的事实、理由和证据通知申请人，至少给申请人一次陈述意见或修改申请文件的机会，其目的在于查清事实，保证当事人有机会陈述己方意见。本案中，国家知识产权局针对罗世琴的复审请求，于2018年7月19日和2018年12月25日两次向罗世琴发送复审通知书，复审通知书中针对药味的选择，热熔压敏胶的使用，磁贴片的结构、组成以及使用方式、方法以及上述相关技术特征是否使得技术方案具备创造性进行了评述。罗世琴也分别于2018年8月30日、2019年1月29日提交了意见陈述书和修改后的权利要求。虽然罗世琴在答复第二次复审通知书时将权利要求的主题由产品改为方法，但由于相应技术方案没有发生实质性改变，修改后权利要求中涉及的制备方法特征在复审过程中以对比文件1为证据评价过，复审决定的内容没有超出罗世琴从复审通知书所告知的内容中能够合理预期的范畴，在此基础上，国家知识产权局对本申请的说明书、说明书摘要及修改后的权利要求进行审查进而作出被诉决定，并未违反听证原则。罗世琴的此项上诉请求没有事实和法律依据，本院不予支持。

（二）关于本申请权利要求1是否具有创造性

罗世琴上诉认为，原审判决认定本专利权利要求1相对于最接近现有技术的区别技术特征错误，且本申请权利要求1与对比文件1的技术特征相比，明显具有2008年专利法规定的创造性。

对此，本院分析如下：根据2008年专利法第二十二条第三款规定，创造性是指与现有技术相比，该发明具有突出的实质性特点和显著的进步。在判断发明是否具有创造性时，应在确定最接近的现有技术的基础上界定发明的区别特征，根据该区别特征所能达到的技术效果确定发明实际解决的问题，并从最接近的现有技术和发明实际解决的技术问题出发，判断要求保护的发明对本领域技术人员来说是否显而易见。

第一，关于与本申请最接近的现有技术。最接近的现有技术，是指现有技术中与要求保护的发明最密切相关的一个技术方案。针对中药领域的发明，特别是在药物有效成分涉及几味、十几味甚至几十味中药材时，不宜过度关注现有技术披露发明的技术特征的数量，而应更多从发明的实质出发，以发明目的、技术领域、技术问题、技术效果或用途的相似度作为确定最接近现有技术的关键因素。本案中，对比文件1公开了一种用于肿瘤消肿镇痛的纳米药磁贴及其制备方法，采用行气活血、通络散结、消肿止痛为治则，发挥治疗作用的药物有效成分主要由23种中药材按重量份数制备而成，使用时根据肿瘤不同循经取穴在穴位上贴敷。本申请是一种用于治疗肿瘤的药磁贴的制备方法，采用通络散瘀，祛痰利湿，拔毒止痛，化痞消积等消积导滞法，发挥治疗作用的药物有效成分主要由 22 种中药材按重量份数制备而成，使用时贴于肿瘤病灶的经络或有关穴位。可见，对比文件 1 和本申请的发明目的、技术领域、技术问题和用途都具有高度相似性，尽管两种技术方案选择所用的中药材存在 10 味以上不同，但由于具有相同功能的中药材相互之间具有可替代性是本领域的公知常识，故被诉决定将对比文件 1 作为最接近的现有技术并无不当。

第二，关于本申请相对于对比文件 1 的区别技术特征。认定权利要求与最接近现有技术之间的区别技术特征，应当以权利要求记载的技术特征为准，并将其与最接近的现有技术公开的技术特征进行逐一对比。未记载在权利要求中的技术特征不能作为比对的基础，不能构成区别技术特征。本案中，将罗世琴于 2019 年 1 月 29 日修改后的本申请权利要求 1 与对比文件 1 相比较可知，本申请与对比文件 1 都是一种药磁贴的制备方法，关于原料的组分、制作过程、使用方式等，本申请权利要求 1 与对比文件 1 相比，主要存在的区别有：（1）原料中减去了雪莲、乌骨藤、草乌、川乌、马钱子、生南星、细辛、蟾酥、郁金、川楝子、胡椒、青皮、路路通、纳米远红外陶瓷粉；加入血竭、大黄、秦艽、野山参、全蝎、蜈蚣、太子参、黄柏、木香、香附、黑白牵牛子、磁粉，并限定了用量。（2）增加以 1∶3~8 的热熔压敏胶加热混匀的步骤；包装前制成药膏贴或巴布药贴后加贴永磁体，并限定了永磁体的磁场强度，增加了加盖医用胶带、保护层的步骤；限定了药磁贴治疗肿瘤的作用途径和使用方式。至于罗世琴上诉主张本申请制成的是药膏片，对比文件 1 制成的是流浸膏，且不具备粘胶剂、医用胶带和保护层等技术特征，不能成为方便使用、包装、储藏的贴剂产品。本院认为，对比文件 1 已经公开了将流浸膏放置在透皮骨架上冲压得到贴膏，再铝箔包装、热封的技术方案，足以解决方便使用、包装和储藏的问题，因而不构成区别技术特征。因此，原审判决及被诉决定对区别技术特征的认定并无不当，对罗世琴的该上诉主张，本院不予支持。

第三，关于本申请所要解决的技术问题。确定发明实际解决的技术问题，通常要在发明相对于最接近的现有技术存在的区别技术特征的基础上，根据该区别技术特征在权利要求请求保护的技术方案中所产生的作用、功能或者技术效果等来确定。本案中，对比文件 1 公开了一种药磁贴的制备方法，将本申请权利要求 1 保护的技术方案与对比文件 1 公开的技术方案相比，二者的区别在于对原料的替换，以及增加了混匀步骤、加贴永磁体并限定永磁体的磁场强度、增加加盖医用胶带、保护层步骤以及限定药磁贴治疗肿瘤的作用途径和使用方式。基于上述区别技术特征，原审判决认定本申请权利要求1相对于对比文件1所要实际解决的技术问题是提供一种治疗肿瘤的药磁贴的制备方法，并无不当。

第四，关于本申请所请求保护的发明对本领域技术人员来说是否显而易见。判断是否显而易见，需要在最接近的现有技术的基础上，判断为了解决本申请所要解决的技术问题而采用的技术方案对于本领域技术人员而言是否容易想到。针对中药领域的发明，在判断一项发明对于本领域技术人员是否显而易见时，需要以中医药传统理论为指导，结合中医辨证施治的基本治疗原则，对发明和现有技术的技术方案从中医理论、诊法治法、方剂和药物等多方面进行分析和比较，从而确定现有技术整体上是否提供了某种技术启示，使本领域技术人员用以解决本发明所要解决的技术问题。如果现有技术存在这种技术启示，则发明是显而易见的。

本案中，本申请要求保护的是一种用于治疗肿瘤的药磁贴的制备方法，对比文件1公开了一种用于肿瘤消肿镇痛的纳米药磁贴及其制备方法，两者所属的技术领域相同，所要解决的技术问题亦相同。如前所述，本申请权利要求1与对比文件1相比，区别技术特征在于：（1）原料中减去雪莲等原料，加入血竭等原料并限定了用量；（2）增加热熔压敏胶加热混匀的步骤、包装前制成药膏贴等后加贴永磁体并限定磁场强度、增加加盖医用胶带、保护层步骤、限定药磁贴治疗肿瘤的作用途径和使用方式。关于区别技术特征1，根据公知常识性证据林丽珠主编的《肿瘤中西医治疗学》，中医肿瘤治法主要归纳为两类：扶正培本类治法和祛邪抗癌类治法，主要包括理气活血、祛湿化痰、清热解毒、软坚散结、以毒攻毒等。根据对比文件1，本领域的技术人员可以清楚地知道从活血化瘀、消肿止痛、通络行气等角度选取中药材进行组合，并辅之以养阴扶正、升阳行气的中药材可以有效消除肿块，缓解肿瘤病人的疼痛。本申请基于相同的中医治疗理论，从具有类似功效的中药材中进行选择并组合获得的疗效相当的中药组合物，由此可知，对比文件1给出了相应的技术启示，对于本领域技术人员来说，无需付出创造性劳动即可获得本申请的技术方案。而从本申请说明书记载的内容中也看不出所作出的中药材替换、增加以及用量的限定产生了预料不到的技术效果。关于区别技术特征2，对比文件1中已经公开的技术方案中将中药组合物混合粉碎，加入乙醇处理后获得药物提取物，再加入氮酮、纳米远红外陶瓷粉处理获得浸流膏，用医药材料吸附后，再经过加工获得贴膏，使用时根据肿瘤不同循经取穴在穴位上贴敷；本申请也是将中药组合物粉碎，用酒精提取、浓缩至稠膏，加入氮酮，再以热熔压敏胶加入混匀，放置于透皮骨架材料上制成药膏片后加贴永磁体，使用时贴于肿瘤病灶的经络或有关的腧穴、神阙穴。原审判决中详细论述本申请与对比文件 1 相区别的技术特征均属于本领域的常用辅料、常规操作、常规选择和常规技术等，本院对此予以认可。因此，本申请要求保护的技术方案对于本领域技术人员而言是容易想到的，相对于现有技术是显而易见的。

综上，在对比文件 1 的基础上结合本领域常规技术手段等获得本申请权利要求 1 请求保护的技术方案，对于本领域技术人员来说是显而易见的，该技术方案不具有突出的实质性特点和显著的进步，不具备 2008 年专利法第二十二条第三款规定的创造性。

至于罗世琴主张其根据本申请技术方案制备的药磁贴疗效显著的问题，本申请记载的疗效标准主要针对疼痛强度进行分类，治愈标准也主要针对疼痛缓解程度并提及肿瘤或积水缩小；而对比文件 1 中记载的疗效标准也同样是针对疼痛强度进行分类，并且对比文件 1 说明书记载的 3 例典型病例均为癌症患者，其中 1 例肝癌转胰腺癌患者在用药后肝肿块明显缩小，未进行其他治疗，没有复发疼痛。因此，对比文件 1 所记载的疗效与本申请所主张的具有抑制肿瘤的生长、控制中晚期癌症扩散和疼痛的技术效果近似。在本申请没有提供关于治疗效果的详细数据信息的情况下，不能认定本申请产生了预料不到的技术效果。因此，被诉决定和原审判决认定本申请权利要求 1 不具备创造性，并无不当，罗世琴的上诉主张依据不足，本院不予支持。

综上所述，罗世琴的上诉请求不能成立，应予驳回。原审判决认定事实清楚，适用法律正确，应予维持。依照《中华人民共和国行政诉讼法》第八十九条第一款第一项之规定，判决如下：

驳回上诉，维持原判。

二审案件受理费 100 元，由罗世琴负担。

本判决为终审判决。

审 判 长 原晓爽
审 判 员 周 平
审 判 员 何 隽
二〇二一年十月二十日
法官助理 刘清启
书 记 员 汪 妮

17. 创造性判断的直接证据与“三步法”的关系

——上诉人耐玩专利博物馆有限公司与被上诉人国家知识产权局、原审第三人浙江天猫网络有限公司、苹果电子产品商贸（北京）有限公司、中国工商银行股份有限公司发明专利权无效行政纠纷案①

中华人民共和国最高人民法院行政判决书（2021）最高法知行终119号

上诉人（一审原告、专利权人）：耐玩专利博物馆有限公司（Never Patent Museum LLC）。住所地：美利坚合众国宾夕法尼亚州匹兹堡市佩恩大街1613号。

法定代表人：福君，该公司首席行政官。

被上诉人（一审被告）：中华人民共和国国家知识产权局。住所地：中华人民共和国北京市海淀区蓟门桥西土城路6号。

法定代表人：申长雨，该局局长。

委托诉讼代理人：牛晓丽，该局审查员。

委托诉讼代理人：袁丽颖，该局审查员。

一审第三人（无效宣告请求人）：浙江天猫网络有限公司。住所地：中华人民共和国浙江省杭州市余杭区五常街道五常大道969号3幢5层506室。

法定代表人：蒋凡，该公司董事长兼总经理。

委托诉讼代理人：刘锋，北京睿派知识产权代理事务所专利代理师。

一审第三人（无效宣告请求人）：苹果电子产品商贸（北京）有限公司。住所地：中华人民共和国北京市东城区东长安街1号东方广场东方经贸城东一办公楼二十层2、4、5、6室。

法定代表人：麦克·约瑟夫·博德（Michael Joseph Boyd Jr），该公司董事长。

委托诉讼代理人：罗睿，北京市汉坤律师事务所律师。

委托诉讼代理人：何雯，北京市汉坤律师事务所律师。

① 本案在年度报告中的位置为第29页、第31页。

一审第三人（无效宣告请求人）：中国工商银行股份有限公司。住所地：中华人民共和国北京市西城区复兴门内大街55号。

法定代表人：陈四清，该公司董事长。

委托诉讼代理人：郭碧昊，男，该公司员工。

上诉人耐玩专利博物馆有限公司（以下简称耐玩公司）与被上诉人中华人民共和国国家知识产权局（以下简称国家知识产权局）、一审第三人浙江天猫网络有限公司（以下简称天猫公司）、一审第三人苹果电子产品商贸（北京）有限公司（以下简称苹果商贸公司）、一审第三人中国工商银行股份有限公司（以下简称工商银行）发明专利权无效行政纠纷一案，涉及专利权人为耐玩公司、名称为“一种多元置信度适配系统及其相关方法”的发明专利（以下简称本专利）。针对天猫公司、苹果商贸公司、工商银行先后分别针对本专利权提出的无效宣告请求，国家知识产权局作出第36402号无效宣告请求审查决定（以下简称被诉决定），宣告本专利权全部无效；耐玩公司不服，向中华人民共和国北京知识产权法院（以下简称一审法院）提起诉讼，请求撤销被诉决定，判令国家知识产权局重新作出决定。一审法院作出（2018）京73行初12921号行政判决，驳回耐玩公司的诉讼请求；耐玩公司不服，向本院提起上诉。本院于2021年2月18日立案后，依法组成合议庭，并于2021年4月26日公开开庭审理了本案，上诉人耐玩公司的法定代表人福君，被上诉人国家知识产权局的委托诉讼代理人牛晓丽、袁丽颖，一审第三人天猫公司的委托诉讼代理人刘锋，一审第三人苹果商贸公司的委托诉讼代理人罗睿、何雯，一审第三人工商银行的委托诉讼代理人郭碧昊到庭参加诉讼。本案现已审理终结。

本案基本事实如下：本专利系名称为“一种多元置信度适配系统及其相关方法”的发明专利，专利权人为耐玩公司，专利号为97121280.5，专利申请日为1997年10月31日，优先权日为1997年9月29日，授权公告日为2003年2月26日。作为本案审查基础的权利要求为：

“1. 一种由多个用户使用的计算机适配系统，所述系统包括：

—数据库，用于存贮用户输入的要约数据；

—要约创建程序装置，用来在数据库中为每个用户输入的要约创建一个实体并把所述要约存贮于其中；和

—检索引擎，用于将由一个用户输入的需求与其他用户的存贮在该数据库中的要约进行比较和适配，其中所述需求包括多个元素作为检索判别式，每个所述元素被分配有一个表示重要性的权重，从而每个适配结果具有一表示所述用户的满意程度的检索得分，并且返回所述适配结果给该用户。

2. 如权利要求 1 所述的计算机适配系统，其中所述的需求也由所述的要约创建程序装置作为要约处理以便存贮在该数据库中。

3. 如权利要求 1 所述的计算机适配系统，其中所述的检索引擎进一步根据各适配结果相应的得分来进行适配结果的整理和排序。

4. 如权利要求 3 所述的计算机适配系统，其中只将具有在预定满意程度之上的检索得分的适配结果返回给所述用户。

5. 根据权利要求 1 所述的计算机适配系统，其中所述的用户对所述适配系统的界面是经由因特网。

6. 一种用于将一个用户的需求与来自其他用户的要约相适配的计算机适配方法，所述方法包括步骤：

i）当用户输入一要约时在一个数据库中创建一要约实体并存贮所述要约于其中；

ii）当用户输入一需求时，将所述需求与存贮于所述数据库中的其他用户的要约相比较和适配，所述需求包括多个元素作为检索判别式，每个所述元素被分配有一表示重要性的权重，从而每个适配结果具有一表示所述用户满意程度的检索得分；并且

iii）返回所述步骤 ii）的适配结果给所述用户。

7. 如权利要求 6 所述的一种计算机适配方法，其中所述步骤 ii）进一步包括步骤：

根据各适配结果的相应检索得分来进行所述适配结果的整理和排序。

8. 如权利要求 6 所述的计算机适配方法，其中在所述方法的步骤 iii）中，只将具有高于一预定满意程度的检索得分的适配结果返回给所述用户。

9. 如权利要求 6 所述的计算机适配方法，其中所述的需求也被作为要约处理以便存贮在该数据库中。”

2017 年 10 月 27 日，天猫公司请求国家知识产权局宣告本专利全部无效。主要理由包括：权利要求 1、3、6—7 不具备《中华人民共和国专利法》（以下简称专利法）第二十二条第二款规定的新颖性；权利要求 1—9 不具备专利法第二十二条第三款规定的创造性。天猫公司提交了证据 A1—A9，其中证据 A4 为：专利国际申请 WO95/24687A1 及中文译文，公开日为 1995 年 9 月 14 日。

2018 年 1 月 23 日，苹果商贸公司请求国家知识产权局宣告本专利全部无效。主要理由包括：权利要求 1—9 没有以说明书为依据，不符合专利法第二十六条第四款的规定；权利要求 1、6 不具备专利法第二十二条第二款规定的新颖性；权利要求 1—9 不具备专利法第二十二条第三款规定的创造性。苹

果商贸公司提交了证据B1—B5以及公知常识证据1—16（后在口头审理中放弃使用公知常识证据9）。

2018年2月11日，工商银行请求国家知识产权局宣告本专利全部无效。主要理由包括：权利要求1—9没有以说明书为依据，不符合专利法第二十六条第四款的规定；权利要求1—9缺少必要技术特征，不符合《中华人民共和国专利法实施细则》第二十条第二款的规定；权利要求1—9不具备专利法第二十二条第二款规定的新颖性以及第三款规定的创造性。工商银行提交了证据C1—C4。

2018年6月12日，国家知识产权局作出被诉决定认为：本专利权利要求1保护一种由多个用户使用的计算机适配系统。证据A4公开了一种用于商品或服务的代理的计算机辅助系统。本专利权利要求1相对于证据A4和公知常识的结合不具备创造性。本专利权利要求2、3、5引用权利要求1，权利要求4引用权利要求3，有关附加技术特征亦均已经被证据A4所公开或者为本领域技术人员容易想到和实现，故本专利权利要求2—5亦不具备创造性。本专利权利要求6—9是权利要求1—4对应的方法权利要求，基于相似的理由，其也不具备创造性。故本专利全部权利要求不具备专利法第二十二条第三款规定的创造性。国家知识产权局据此决定：宣告本专利权全部无效。

耐玩公司不服，于2018年12月14日向一审法院提起诉讼，请求：撤销被诉决定，判令国家知识产权局重新作出决定。事实和理由为：被诉决定关于本专利权利要求1保护范围的相关事实认定存在认定不清和认定错误的情形；关于本专利权利要求有关技术特征是否已被公开的事实认定错误。

国家知识产权局辩称：被诉决定认定事实清楚，适用法律正确，审查程序合法，审查结论正确。请求驳回耐玩公司的诉讼请求。

天猫公司、苹果商贸公司、工商银行均述称：被诉决定认定事实清楚，适用法律正确，审查程序合法，审查结论正确，请求驳回耐玩公司的诉讼请求。

一审程序中，国家知识产权局向一审法院提交了本专利授权公告文本、专利国际申请WO95/24687A1及中文译文等作为证据，用以支持其理由。天猫公司向一审法院提交了《工程硕士专业信息检索参考指南》部分页面作为证据，用以支持其理由。苹果商贸公司向一审法院提交了《数据库原理》《数据库原理及应用》等部分页面、《社会主义市场经济新概念辞典》《英汉现代接口技术辞典》等部分页面等作为证据，用以支持其理由。

一审法院经审理认定了上述事实。

一审法院认为：本案的争议焦点为本专利权利要求1—9是否符合专利法第二十二条第三款关于创造性的规定。

（一）关于权利要求1的创造性

权利要求1保护一种由多个用户使用的计算机适配系统。证据A4公开了一种用于商品或服务的代理的计算机辅助系统。权利要求1保护的方案与证据A4相比区别在于：证据A4中将检索判别式中包括的多个元素分为“必须具有的”和“想具有的”，其中“必须具有的”元素不具有权重，仅对“想具有的”元素分配权重，并且在存在太少命中的情况下，可以将“必须具有的”元素转换成“想具有的”元素。而本专利权利要求1中是直接将检索判别式中的每个元素都分配权重，即不区分“必须具有的”和“想具有的”，相当于全部元素均为“想具有的”元素。权利要求1相对于证据A4实际解决的问题是简化对检索元素进行权重分配的处理方式。

证据A4虽然将各元素分为“必须具有的”和“想具有的”，仅对“想具有的”元素进行加权处理，但就其检索方法中在具体针对“想具有的”元素所进行的加权处理的搜索方法中，所实现的手段以及达到的效果都与本专利所实现的手段和效果并无不同，均是为了实现一种非精确化的检索，以实现为用户提供可能满足其需求的要约的最大信息量。并且证据A4还公开了在判定为存在太少命中的特定情况下，也可以将“必须具有的”元素转换成“想具有的”元素进行检索处理。因此，为了在检索操作时对检索元素的权重分配实现简化处理，本领域技术人员在证据A4公开内容的基础上容易想到，可以不对检索判别式中包括的各个元素区分“必须具有的”和“想具有的”，而是直接将检索判别式中的每个元素都视为“想具有的”元素进行处理，由此既简化了处理方式，亦不会影响为用户提供可能满足其需求的要约的最大信息量的处理效果。

国家知识产权局认定，上述区别特征属于本领域技术人员在证据A4公开内容的启示下容易想到和实现的，属于公知常识，并没有使得该权利要求的技术方案具有意料不到的技术效果，权利要求1相对于证据A4和公知常识的结合不具备专利法第二十二条第三款规定的创造性。一审法院对此不持异议。

（二）关于权利要求2—5、6—9的创造性

权利要求2、3、5均引用权利要求1，权利要求4引用权利要求3。权利要求2—5的附加特征均已经被证据A4所公开或者是本领域技术人员容易想到和实现的，在权利要求1不具备创造性的前提下，权利要求2—5也不具备创造性。

权利要求6—9是与权利要求1—4相应的方法权利要求，基于相似的理由，权利要求6—9也不具备创造性。

国家知识产权局认定，权利要求2—5、6—9不具备创造性，不符合专利法第二十二条第三款的规定。一审法院对此不持异议。

一审法院依据《中华人民共和国专利法》第二十二条第三款、《中华人民共和国行政诉讼法》第六十九条之规定，判决：驳回原告耐玩专利博物馆有限公司的诉讼请求。案件受理费人民币100元，由原告耐玩专利博物馆有限公司负担。

耐玩公司不服一审判决，向本院提起上诉，请求：撤销一审判决和被诉决定，判令国家知识产权局重新作出决定。事实和理由为：（一）本专利与最接近的现有技术A4相比具有预料不到的技术效果。一是简化输入，窗口极限分布带来用户平等。最接近的现有技术中，检索页面繁杂，90%的用户因此放弃检索，9%的用户能够开始检索但难以完成，1%的用户能够完成检索。权利要求1中，检索页面简化，不存在因页面繁杂而放弃检索的用户，仅1%的用户因知识局限或者个性差异能够开始检索但难以完成，99%的用户能够完成检索。二是简化权重，元素极限分布带来知识平等。最接近的现有技术中，检索判别式中的元素分布在多层存在嵌套关系的页面中。权利要求1中，检索判别式中的元素分布是一个完整的集合，能够实现简便处理，任何一次需求和要约活动，都能返回全局结果。三是简化需求，要约极限分布带来需求平等。最接近的现有技术中，要约分布在界面逻辑指定的集合之中。权利要求1中，所有要约都可以与要素组合，使任何一次需求和要约活动，都能返回全局结果。四是简化检索，信息极限分布带来数字平等。最接近的现有技术中，信息分布在各个嵌套关系中，妨碍了信息计算。权利要求1中，所有信息都可以被计算，使任何一次需求和要约活动，都能全局计算。（二）被诉决定和一审判决适用“三步法”评价创造性构成法律适用错误。对于本专利的确权审查和审理应当适用1993年修订的《专利审查指南》，该《专利审查指南》中并未规定创造性判断方法“三步法”。故被诉决定、一审判决适用2001年修订的《专利审查指南》及其所规定的“三步法”，构成法律适用错误。

国家知识产权局辩称：本专利权利要求1与证据A4的区别是本领域技术人员容易想到和实现的，且该区别亦不能使得本专利权利要求1的技术方案取得预料不到的技术效果。一审判决认定事实清楚，适用法律法规正确，审理程序合法，依法应驳回上诉，维持原判。

天猫公司述称：相对于证据A4，本专利未产生预料不到的技术效果。证据A4公开了本专利各项权利要求的绝大多数技术特征，并且提供了实质上与本专利的技术方案相同的实施选择。本专利的各项权利要求相对于证据A4，对于本领域技术人员而言都是显而易见的，不具有突出的实质性特点和显著的进步，不具备创造性。一审判决认定事实清楚，适用法律法规正确，审理程序合法，依法应驳回上诉，维持原判。

苹果商贸公司、工商银行均述称：一审判决认定事实清楚，适用法律法规正确，审理程序合法，依法应驳回上诉，维持原判。

本案二审程序中，当事人均未提交新证据，并均对一审判决关于涉案证据真实性、合法性和关联性的认定不持异议。

本院经审理查明：一审法院认定的事实属实，本院予以确认。

本院另查明：

1. 本专利保护期于2017年10月31日届满。

2. 本案二审程序中，各方当事人均认可被诉决定关于本专利权利要求1与最接近的现有技术证据A4区别技术特征的认定，即均认可有关区别技术特征为：证据A4将检索判别式中的多个元素分为“必须具有的”和“想具有的”，其中“必须具有的”元素不具有权重，仅对“想具有的”元素分配权重，并且在存在太少命中的情况下，可以将“必须具有的”元素转换成“想具有的”元素；而本专利权利要求1直接对检索判别式中的每个元素都分配权重，即不对元素作“必须具有的”和“想具有的”区分，相当于全部元素均为“想具有的”元素。本院对此予以确认。

3. 本案二审程序中，耐玩公司确认在本专利权利要求1、6不具备创造性的情况下，不再主张其他权利要求具备创造性。

4. 本案二审程序中，耐玩公司确认放弃关于被诉决定和一审判决适用“三步法”评价创造性构成法律适用错误的理由。

本院认为：本专利申请日在1992年修正的专利法施行日（1992年9月4日）之后、2000年修正的专利法施行日（2001年7月1日）之前，本案应适用1992年修正的专利法。根据耐玩公司的上诉请求、国家知识产权局的答辩以及天猫公司、苹果商贸公司、工商银行的陈述，本案二审争议焦点问题是：本专利是否具备创造性，具体为权利要求1、6是否具有预料不到的技术效果。

耐玩公司上诉主张，本专利与最接近的现有技术证据A4相比具有简化输入、简化权重、简化需求、简化检索等四个预料不到的技术效果。国家知识产权局答辩以及天猫公司、苹果商贸公司、工商银行陈述称，本专利与最接近的现有技术的区别技术特征未带来预料不到的技术效果，本专利不具备创造性。

本院认为，为提高专利创造性评价过程的客观性和创造性评价结论的可预见性，司法审判和行政审查实践中关于权利要求所限定的技术方案是否属于显而易见的判断，通常需要借助分析工具。常见的创造性判断分析工具一般有两类：一类是逻辑推演工具。如专利审查实践中运用最为广泛的所谓的“三步法”，即“问题—解决方案”思路，通过确定最接近的现有技术、确定发明的区别技术特征和发明实际解决的技术问题、判断要求保护的发明对本领域技术人员而言是否显而易见三个步骤，完成创造性判断。其实质是通过还原发明场景、模拟发明过程，以本领域技术人员视角对技术方案是否显而易见作出的逻辑推演。另一类是经验推定工具。如解决了一直渴望解决但始终未能解决的技术难题、克服了技术偏见、取得了预料不到的技术效果、获得了商业上的成功等（为方便起见，以下简称为经验推定因素），其是通过认定技术方案具备创造性的直接证据，并基于这些直接证据与技术方案本身的对应性或者因果关系，在适当考虑获得该技术方案困难程度的基础上，最终对技术方案是否显而易见作出的经验推定。

原则上，对于同一技术方案的创造性问题，从逻辑角度和经验角度的分析应当殊途同归。技术方案的创造性未必来源于解决长期技术难题、克服技术偏见、实现预料不到的技术效果，未必带来商业成功；但解决了长期技术难题、克服了技术偏见、实现了预料不到的技术效果、获得了商业成功却是技术方案具备创造性的重要标志。逻辑推演工具的适用具有普适性，而经验推定工具则因仅涵盖了有限的几种典型情形而适用场景有限。故仅在有关创造性判断涉及前述经验推定因素时，才涉及逻辑推演和经验推定结论的协调问题。

逻辑推演和经验推定结论不一致的情形一般有两种：一是“三步法”认定具备创造性，但并不存在经验意义上能够充分体现发明创造价值和效果的创造性直接证据，或者虽然存在创造性直接证据但其与有关区别技术特征缺乏对应性或者因果关联；二是“三步法”认定不具备创造性，但存在经验意义上能够充分体现发明创造价值和效果的创造性直接证据，且其与有关区别技术特征具有对应性或者因果关联。对于第一种情形而言，如前所述，因技术方案的创造性未必来源于经验推定因素，故不具备经验推定因素不足以否定技术方案的创造性，可以直接基于“三步法”结论认定技术方案具备创造性。对于第二种情形而言，则需要对“三步法”的结论进行复验。根据有关直接证据的不同，复验的重点也会有所不同：技术方案解决了长期技术难题、克服了技术偏见、获得了商业上的成功的，要重点考察

"三步法"分析中，是否未充分考虑技术发展的阶段性和局限性进而错误判断了结合启示；技术方案取得了预料不到的技术效果的，则要重点考察是否错误认定了区别技术特征的技术效果，进而错误归纳了技术方案实际要解决的技术问题。如果复验结论是原先基于"三步法"的分析有误，则实现了分析结论的校准；如果复验结论是原先基于"三步法"的分析无误，则有必要再次审视，关于创造性直接证据的认定，及其与区别技术特征的对应性和因果关系认定是否有误，以及是否存在其他难以基于创造性直接证据认定创造性的情形。据此，原则上，当"三步法"结论是技术方案具备创造性时，无需再审查有关创造性直接证据；当"三步法"结论是技术方案不具备创造性时，应当审查有关创造性直接证据，并根据基于创造性直接证据的经验推定结论复验"三步法"分析，综合考虑逻辑推演和经验推定两方面结论，作出判断。

具体到基于预料不到的技术效果认定专利创造性而言：首先，有关证明责任应当由专利权利人或者申请人承担，其至少应当证明存在预料不到的技术效果，且该预料不到的技术效果来源于有关区别技术特征；其次，预料不到的技术效果认定中的判断时点应当是申请日或者优先权日，比对基准应当是最接近现有技术而非现有技术整体，判断主体应当是本领域技术人员；最后，预料不到的技术效果应当足以构成技术方案实际要解决的技术问题的改进对象，换言之，其应当构成技术方案选择的重要考量或者重要目标，如果某一技术方案是解决技术问题的必然选择，即便有关技术效果难以预料，该技术效果也仅为本领域技术人员均可作出的必然选择的副产品，其不能成为必然选择技术方案的创造性来源。

本案中，耐玩公司作为专利权利人主张本专利权利要求1所限定的技术方案因取得了简化输入、简化权重、简化需求、简化检索等预料不到的技术效果而具备创造性，其应就存在上述技术效果、上述技术效果达到不可预料的程度，以及上述技术效果与有关区别技术特征之间的对应关系承担证明责任。对上述技术效果及其与区别技术特征的对应关系，专利说明书中没有明确具体的记载，耐玩公司在本案行政审查阶段和一审期间均未提出此主张，只是在上诉理由和二审庭审中才提出有关主张，但并未举证证明其所主张的简化输入、简化权重、简化需求、简化检索技术效果确实存在，更未能够证明所谓的技术效果与最接近的现有技术相比达到了本领域技术人员不可预料的程度。耐玩公司上诉中所称"最接近的现有技术中，检索页面繁杂，90%的用户因此放弃检索，9%的用户能够开始检索但难以完成，1%的用户能够完成检索。权利要求1中，检索页面简化，不存在因页面繁杂而放弃检索的用户，仅1%的用户因知识局限或者个性差异能够开始检索但难以完成，99%的用户能够完成检索”，仅系其单方陈述，其未能提供充分证据加以证明。

实际上，本专利权利要求1限定的方案与最接近现有技术证据A4相比的区别仅在于，证据A4中区分“必须具有的”元素和“想具有的”元素，仅对“想具有的”元素分配权重，且仅在命中过少的情况下，将“必须具有的”元素转换成“想具有的”元素；而本专利权利要求1不区分“必须具有的”和“想具有的”元素，全部元素均为“想具有的”元素，均分配权重。证据A4的检索方法中具体针对“想具有的”元素作加权处理的检索方法和本专利权利要求1的检索方法，在手段和效果上均不具有显著差异；更何况在证据A4已经公开了命中太少即不再设置“必须具有的”元素的技术方案。本领域技术人员为简化处理，在证据A4公开的内容的启示下，容易想到自始即不区分“必须具有的”和“想具有的”元素这一技术方案，也很容易预料自始即不区分“必须具有的”和“想具有的”元素的技术效果。

总之，耐玩公司在专利确权行政审查程序和本案一审程序中并未明确以取得预料不到的技术效果为由主张本专利权利要求1具备创造性，其在本案二审程序中提出这一主张也未能提供证据证明本专利权利要求1所限定技术方案的实际技术效果超出了本领域技术人员的可预见技术效果。故被诉决定和一审判决关于本专利权利要求1不具备创造性的认定并无不当；耐玩公司关于本专利权利要求1具备创造性的主张，缺乏依据，不能成立。

本专利权利要求6与权利要求1系相同发明构思下的技术方案，各方当事人关于权利要求6是否取得预料不到的技术效果的意见和理由均同权利要求1。如上所述，权利要求1未取得预料不到的技术效果，不具备创造性，基于相同的理由，权利要求6亦未取得预料不到的技术效果，亦不具备创造性。

被诉决定及一审判决关于权利要求1、6不具备创造性的认定并无不当，耐玩公司关于权利要求1、6因取得了预料不到的技术效果而具备创造性的上诉理由，缺乏依据不能成立。鉴于耐玩公司在二审程序中已经明确在本专利权利要求1、6不具备创造性的情况下，不再主张其他权利要求具备创造性，故本院不再对权利要求2—5、7—9作进一步评价。

综上所述，耐玩公司的上诉请求不能成立，应予驳回。一审判决认定事实清楚，适用法律正确，应予维持。依照《中华人民共和国行政诉讼法》第八十九条第一款第一项规定，判决如下：

驳回上诉，维持原判。

二审案件受理费人民币 100 元，由耐玩专利博物馆有限公司负担。

本判决为终审判决。

审 判 长 邰中林
审 判 员 岑宏宇
审 判 员 孔立明
二〇二一年十二月二十日
法官助理 廖继博
法官助理 高 雪
技术调查官 阎 岩
书 记 员 郑 帅

19. 专利授权确权行政案件起诉期限起算点的确定

——上诉人叶露微与被上诉人国家知识产权局专利行政纠纷案①

中华人民共和国最高人民法院行政裁定书（2021）最高法知行终278号

上诉人（原审原告）：叶露微。

被上诉人（原审被告）：国家知识产权局。住所地：北京市海淀区蓟门桥西土城6号。

法定代表人：申长雨，该局局长。

上诉人叶露微因与被上诉人国家知识产权局专利行政纠纷一案，不服北京知识产权法院于2020年12月1日作出的（2020）京73行初16738号行政裁定，向本院提起上诉。本院于2021年3月22日立案受理后，依法组成合议庭对本案进行了审理。本案现已审理终结。

叶露微上诉请求：撤销原审裁定，指令北京知识产权法院受理本案。事实和理由：（一）本案起诉期限的起算日有三种算法，一是以叶露微收到国家知识产权局的通知短信时间2020年4月14日为起算日；二是以叶露微下载被诉决定的时间2020年4月29日为起算日；三是被诉决定发文日为2020年4月7日，根据国家知识产权局《关于专利电子申请的规定》的规定，以推定收到时间2020年4月22日为起算日。无论按上述三种算法的哪一天为起算日，叶露微于2020年7月11日向原审法院邮寄递交起诉状，均符合2008年修正的《中华人民共和国专利法》（以下简称专利法）第四十一条第二款规定，未超过三个月起诉期限。（二）原审裁定对起算日的认定错误。根据《中华人民共和国电子签名法》（以下简称电子签名法）第十一条第三款规定，当事人对数据电文的发送时间、接收时间另有约定的，从其约定。叶露微与国家知识产权局签订的《专利电子申请系统用户注册协议》约定适用国家知识产权局《关于专利电子申请的规定》中的规定，即国家知识产权局以电子文件形式向申请人发出的各种通知书、决定或者其他文件，自文件发出之日起满15日，推定为申请人收到文件之日。因此，本案被诉决定发文

---

① 本案在年度报告中的位置为第32页。

日为2020年4月7日，应当推定2020年4月22日为被诉决定收到之日。另外，原审裁定认定叶露微应及时查看、下载被诉决定欠缺可操作性，由于目前尚未达到随身携带电脑随时查看的水平，《关于专利电子申请的规定》规定的15天接收时间更具合理性和可操作性。综上，本案未超过起诉期限，原审法院应当立案受理。

国家知识产权局未作答辩。

叶露微因不服国家知识产权局于2020年3月24日作出的第207398号复审请求审查决定（以下简称被诉决定），于2020年7月11日以邮寄起诉的方式向原审法院提起行政诉讼。

原审法院查明：被诉决定的发文日为2020年4月7日，作出后以电子送达的方式向叶露微送达。叶露微主张，2020年4月14日，国家知识产权局向其申请专利时提供的联系电话136××××0539发送短信通知，短信内容为："【国家知识产权局专利局】您提交的2017101057316专利申请，已经发出复审决定书（首页），请于15天内通过电子申请客户端接收。"叶露微于2020年4月29日在电子申请客户端接收被诉决定，其未收到纸件的被诉决定及信封。

原审法院经审查后于2020年7月15日以电话及短信方式告知叶露微，其起诉已经超出起诉期限，相关材料请及时取回。叶露微表示知晓。2020年10月，叶露微再次联系原审法院，主张其起诉并未超出起诉期限。2020年10月27日，叶露微向原审法院邮寄了《关于邮件编号20206168起诉未超出起诉期限的说明》，表示其实际收到被诉决定的日期为2020年4月29日，起诉状的递交日期为2020年7月11日，未超出法定的3个月期限。

原审法院另查明：专利申请人可以通过电子申请系统向国家知识产权局提交专利申请和中间文件，以及中国国家阶段的国际申请和中间文件。国家知识产权局以电子文件形式通过专利电子申请系统向电子申请用户发送各种通知书和决定。电子申请用户应及时使用电子申请客户端或在线业务办理平台接收电子形式通知书。电子申请系统还为电子申请用户提供电子发文的短信提示、电子通知书的重复下载等服务。电子申请用户注册请求书中可以选择接收提示信息方式，包括手机短信和电子邮件。国家知识产权局于2010年8月26日公布的《关于专利电子申请的规定》（国家知识产权局令第五十七号）第九条规定，对于专利电子申请，国家知识产权局以电子文件形式向申请人发出的各种通知书、决定或者其他文件，自文件发出之日起满15日，推定为申请人收到文件之日。

原审法院认为，《中华人民共和国立法法》（以下简称立法法）第八条第十项规定，下列事项只能制定法律：（十）诉讼和仲裁制度。专利法第四十一条第二款规定，专利申请人对国务院专利行政部门的复审决定不服的，可以自收到通知之日起三个月内向人民法院起诉。电子签名法第二条规定，本法所称数据电文，是指以电子、光学、磁或者类似手段生成、发送、接收或者储存的信息。电子签名法第十一条规定，收件人指定特定系统接收数据电文的，数据电文进入该特定系统的时间，视为该数据电文的接收时间；未指定特定系统的，数据电文进入收件人的任何系统的首次时间，视为该数据电文的接收时间。叶露微提起行政诉讼时应当证明起诉符合在起诉期限内等法定起诉条件，起诉不符合法定起诉条件的，应当承担不予立案的法律后果。本案中，被诉决定于 2020 年 4 月 7 日到达叶露微的电子申请系统中，根据电子签名法第十一条的规定，该文件到达受送达人特定系统的日期为该数据电文的接收时间，故按照专利法第四十一条第二款的规定，叶露微作为专利申请人，对被诉决定不服，可以自收到被诉决定之日起三个月内，即于 2020 年 7 月 7 日前向原审法院提起诉讼。叶露微直至 2020 年 7 月 11 日才向原审法院提起诉讼，已经超过了起诉期限。至于叶露微认为其收到被诉决定的时间应当按照被诉决定下载日即 2020 年 4 月 29 日计算，原审法院认为，叶露微采用电子申请的方式提出专利申请，并签订了《专利电子申请系统用户注册协议》，即表明其接受国家知识产权局以电子发文方式向其送达被诉决定，其需要承担及时查看、下载被诉决定的义务，且根据电子签名法第十一条的规定，叶露微指定专利电子申请系统接收数据电文，则数据电文进入该专利电子申请系统的时间，视为该数据电文的接收时间，故应当以国家知识产权局的电子文件到达其系统内的时间视为送达，短信通知系国家知识产权局给予的提示信息，该时间以及实际下载时间不能作为收到被诉决定的时间。立法法第八条已经明确规定，诉讼制度只能制定法律予以规定，而专利法第四十一条第二款已经规定专利申请人可以自收到通知之日起三个月内向人民法院起诉，电子签名法第十一条第二款已经规定数据电文进入收件人指定的特定系统的时间，视为该数据电文的接收时间。上述法律明确规定专利申请人的起诉期限为“自收到通知之日起三个月内”，并无在三个月内再加 15 天的内容。而《关于专利电子申请的规定》在法律位阶上属于部门规章，并不属于可以对包括起诉期限在内的诉讼制度予以规定的法律，其不能通过对专利法中“收到通知之日”的规定进行解释从而间接对诉讼制度加以规定，且其规定的均为国务院专利行政部门及其下设机构与专利申请人、专利权人、请求人之间的权利义务关系和相关程序与实体规定，立法本意不是规定在后的诉讼程序中的相关问题。综上，对于叶露微认为其起诉期限应当自 2020 年 4 月

29日开始计算，其起诉并未超期的主张不予支持。

原审法院裁定：对起诉人叶露微的起诉，原审法院不予立案。

二审期间，当事人均未提交新证据。

原审审理查明的事实基本属实，本院予以确认。

本院认为，本案的争议焦点是：专利申请人叶露微在本案中提起的行政诉讼是否已经超过起诉期限。

根据专利法第四十一条第二款规定，专利申请人提起行政诉讼的期限是自收到专利复审决定之日起三个月，起诉期限的起算点是收到有关专利复审决定之日。一般而言，根据案件有关证据能够证明专利申请人实际收到专利复审决定时间的，以实际收到之日为专利申请人提起行政诉讼期限的起算点；而当有关证据难以证明专利申请人实际收到专利复审决定的时间，或者国务院专利行政部门对于专利复审决定收到时间另有规定或与专利申请人另有约定，且该规定或约定有利于专利申请人，也不违反法律、行政法规禁止性规定的，人民法院可以根据该规定或约定确定专利复审决定收到时间，以充分保障行政相对人的诉权。同时，专利复审决定收到时间的确定还应符合行政相对人信赖利益保护原则，即行政相对人基于对行政机关行政行为合法性及有效性的信赖利益受到法律保护，应充分考虑该行政行为给予行政相对人的合理信赖，根据具体案情对收到专利复审决定的时间作出有利于行政相对人的解释。

本案中，国家知识产权局在以电子文件形式发送被诉决定的情形下，虽然根据电子签名法第十一条第二款“收件人指定特定系统接收数据电文的，数据电文进入该特定系统的时间，视为该数据电文的接收时间”规定，起诉期限的起算点原则上应为被诉决定电子文件进入收件人叶露微指定的特定系统之日。但是，国家知识产权局颁布了《关于专利电子申请的规定》，该规定第九条第二款载明“对于专利电子申请，国家知识产权局以电子文件形式向申请人发出的各种通知书、决定或者其他文件，自文件发出之日起满15日，推定为申请人收到文件之日”。同时，叶露微与国家知识产权局签订的《专利电子申请系统用户注册协议》中明确以该规定为依据。因此，根据电子签名法第十一条第三款“当事人对数据电文的发送时间、接收时间另有约定的，从其约定”和第三十五条“国务院或者国务院规定的部门可以依据本法制定政务活动和其他社会活动中使用电子签名、数据电文的具体办法”等规定，本案被诉决定电子送达时间应适用《关于专利电子申请的规定》第九条第二款的规定，同时结合叶露微对国家知识产权局有关行政行为的合理信赖予以确定。

根据审理查明的事实，国家知识产权局于2020年4月7日向叶露微电子申请客户端发送被诉决定，并于2020年4月14日向叶露微发送短信，提醒其于15日内下载被诉决定。该发送短信行为属具体行政行为的过程性行为，不构成独立的行政行为，应认定属于本案专利复审决定行政行为的组成部分。对于专利申请人叶露微而言，无论是基于对国家知识产权局制定的规范性文件的遵循，还是基于对《专利电子申请系统用户注册协议》的遵守，抑或基于对国家知识产权局所作有关短信通知行为的信赖，其都能够合理预期以2020年4月7日（发文日）加15日或者2020年4月14日（短信提醒日）加15日作为起诉期限的起算点，其于7月11日起诉均未超过专利法第四十一条第二款规定的法定期限。在对被诉决定送达时间存在多种理解的情形下，为保护行政相对人的信赖利益，充分保障其诉权行使，宜作出有利于行政相对人的解释，认定本案期限利益归于专利申请人，即应以被诉决定发出后国家知识产权局专门发送短信提醒日加15日即2020年4月29日作为计算叶露微提起行政诉讼期限的起点。叶露微于2020年7月11日向原审法院提起诉讼未超过三个月起诉期限，且符合《中华人民共和国行政诉讼法》第四十九条所规定的起诉条件，本案应当立案受理。原审法院以叶露微的起诉超过法定期限为由不予立案，有所不当。

综上，叶露微的上诉请求成立，应予支持；原审裁定适用法律错误，本院依法予以纠正。依照2008年修正的《中华人民共和国专利法》第四十一条第二款，《中华人民共和国电子签名法》第十一条第三款、第三十五条，《中华人民共和国行政诉讼法》第八十九条第一款第二项，《最高人民法院关于适用〈中华人民共和国行政诉讼法〉的解释》第一百零九条第一款之规定，裁定如下：

一、撤销北京知识产权法院（2020）京73行初16738号行政裁定；

二、本案指令北京知识产权法院立案受理。

本裁定为终审裁定。

审 判 长 袁晓贞
审 判 员 马 军
审 判 员 李 锋
二〇二一年六月二十二日
法官助理 钱 静
书 记 员 王 燚

二、商标案件审判

（一）商标民事案件审判

21. 侵害地理标志证明商标权的认定

——再审申请人黔南州箫笛乐器有限公司与被申请人玉屏侗族自治县箫笛行业协会及一审第三人贵州省玉屏县箫笛厂、姚茂顺、贵州玉屏竹韵箫笛乐器有限公司侵害商标权及不正当竞争纠纷案[①]

中华人民共和国最高人民法院民事裁定书（2021）最高法民申1695号

再审申请人（一审被告、二审被上诉人）：黔南州箫笛乐器有限公司。住所地：贵州省黔南布依族苗族自治州都匀市汽车商贸城2栋20层102室。

法定代表人：李明霞，系该公司执行董事长。

委托诉讼代理人：赵羽，贵州子为律师事务所律师。

委托诉讼代理人：田景阳，贵州子为律师事务所实习律师。

被申请人（一审原告、二审上诉人）：玉屏侗族自治县箫笛行业协会。住所地：贵州省铜仁市玉屏侗族自治县箫笛厂内。

法定代表人：姚茂顺，该协会会长。

委托诉讼代理人：卞赢，北京今雍律师事务所律师。

一审第三人：贵州省玉屏县箫笛厂。住所地：贵州省铜仁市玉屏侗族自治县平溪镇中山路465号。

法定代表人：吴继红，该厂负责人。

---

① 本案在年度报告中的位置为第37页。

委托诉讼代理人：范雷，北京市天理律师事务所律师。

一审第三人：姚茂顺。

委托诉讼代理人：卞赢，北京今雍律师事务所律师。

一审第三人：贵州玉屏竹韵箫笛乐器有限公司。住所地：贵州省铜仁市玉屏侗族自治县茅坪新区民族风情园内。

法定代表人：舒厚槐，该公司执行董事兼总经理。

委托诉讼代理人：范雷，北京市天理律师事务所律师。

再审申请人黔南州箫笛乐器有限公司（以下简称黔南箫笛公司）因与被申请人玉屏侗族自治县箫笛行业协会（以下简称玉屏箫笛协会）及一审第三人贵州省玉屏县箫笛厂（以下简称玉屏箫笛厂）、姚茂顺、贵州玉屏竹韵箫笛乐器有限公司（以下简称竹韵箫笛公司）侵害商标权及不正当竞争纠纷一案，不服贵州省高级人民法院（2020）黔民终 385 号民事判决，向本院申请再审。本院依法组成合议庭进行了审查，现已审查终结。

黔南箫笛公司申请再审称，1. 二审判决程序错误，剥夺了黔南箫笛公司的诉讼权利。（1）二审判决认定事实的关键证据是玉屏箫笛协会经公证购买的三套“箫笛袖珍套装”，该证据所要证明的事实并非其一审提起诉讼时依据的事实，不属于本案的审理范围，二审法院据此作出判决，程序错误。（2）上述证据的形成时间系在一审起诉之前，玉屏箫笛协会在一审中能提交却不提交，在二审才提交，构成逾期举证和证据突袭；二审法院采纳该证据，却未给予黔南箫笛公司针对该证据进行反驳及提交相应证据的机会，剥夺了黔南箫笛公司的辩论权利。2. 二审判决认定基本事实错误、举证责任分配错误。（1）二审判决仅以玉屏箫笛协会及玉屏箫笛厂法定代表人姚茂顺的陈述就认定黔南箫笛公司销售的商品系“假货”，事实认定错误；玉屏箫笛协会与玉屏箫笛厂及姚茂顺存在利害关系，其出具的证言证明力弱。（2）玉屏箫笛协会主张黔南箫笛公司销售的商品系“假货”，应当承担举证责任，而非由黔南箫笛公司承担举证责任，二审法院对举证责任分配错误。（3）黔南箫笛公司提交的新证据能够证明玉屏箫笛协会证据中涉及的三套“箫笛袖珍套装”系从玉屏箫笛厂的法定代表人吴继红处进货，黔南箫笛公司销售该商品不构成侵权。3. 黔南箫笛公司销售的商品并未侵害第 6296476 号“玉屏箫笛 YPXD 及图”地理标志证明商标（以下简称涉案商标）的专用权。（1）涉案商标是集体商标，并非归属于特定主体，行业协会内部对商标使用和授权并无明确规定，玉屏箫笛协会会员有权授权给其下游经销商。（2）黔南箫笛公司使用涉案商标系得到舒厚槐及其创办企业的授权；黔南箫笛公司并不生产任何带涉案商标的箫笛，其所销售的玉屏箫笛均来自玉屏箫笛协会会员制作，未侵害涉案商标权。综上，黔南箫笛公司依据《中华人民共和国民事诉讼法》第一百九十九条、第二百条第一项、第二项、第四项、第六项、第九项的规定，向本院申请再审。

玉屏箫笛协会、玉屏箫笛厂、姚茂顺、竹韵箫笛公司共同提交意见称，黔南箫笛公司销售的商品中既有真品也有假货，严重侵害了涉案商标权，其行为给玉屏箫笛协会造成了巨大的经济损失，侵权恶意明显，应当适用惩罚性赔偿。故二审判决认定事实清楚，适用法律正确，判决的赔偿金额适当，黔南箫笛公司的再审申请不能成立，应当予以驳回。

黔南箫笛公司在再审审查阶段向本院提交了以下证据：

1. 黔南箫笛公司客服微信与吴继铠的微信聊天记录、转账记录截屏；吴继铠给吴继红的微信转账记录；中通快递电子记录单；吴继铠出具的《情况说明》。上述证据拟证明被诉侵权的三套箫笛袖珍套装系从吴继红处进货。

2. 黔南箫笛公司客服 QQ 与舒厚槐 QQ 关于定制“李明霞”字样箫笛产品的记录。拟证明自 2017 年，黔南箫笛公司法定代表人李明霞便向舒厚槐定制刻有经销商姓名“李明霞”字样的箫笛产品，舒厚槐完全认可也按照该定制方案生产相应产品。

玉屏箫笛协会、玉屏箫笛厂、姚茂顺、竹韵箫笛公司对上述证据质证认为：对证据的真实性、合法性及关联性均不予认可。1. 通过聊天记录无法确定聊天双方的身份，无法确定真实性；2. 吴继铠是黔南箫笛公司的员工，与黔南箫笛公司存在利害关系，其出具的《情况说明》证明力较弱；3. 吴继铠与吴继红即使进行了转账，也无法证明该转账行为与购买被诉侵权箫笛存在关联关系。

对于上述证据能否证明黔南箫笛公司的诉讼主张，本院将结合案件事实及其他在案证据在裁判理由部分予以评述。

本院经审查认为，本案争议焦点问题为：（一）二审法院认定黔南箫笛公司销售的商品侵害了玉屏箫笛协会的涉案商标权并判由其承担相应侵权责任是否正确；（二）二审法院是否存在程序错误。

（一）关于二审法院认定黔南箫笛公司销售的商品侵害了涉案商标权并判由其承担相应侵权责任是否正确的问题

根据《玉屏箫笛证明商标使用管理规则》第二条规定，涉案商标报经国家工商行政管理总局商标局注册为证明商标，用于证明“玉屏箫笛”的原产地和特定品质。《中华人民共和国商标法》（以下简称商标法）第三条第三款规定：“本法所称证明商标，是指由对某种商品或者服务具有监督能力的组织所控制，而由该组织以外的单位或者个人使用于其商品或者服务，用以证明该商品或者服务的原产地、原料、制造方法、质量或者其他特定品质的标志。”该法第十六条规定：“商标中有商品的地理标志，而该商品并非来源于该标志所标示的地区，误导公众的，不予注册并禁止使用；但是，已经善意取得注册的继续有效。前款所称地理标志，是指标示某商品来源于某地区，该商品的特定质量、信誉或者其他特征，主要由该地区的自然因素或者人文因素所决定的标志。”《中华人民共和国商标法实施条例》第四条规定：“商标法第十六条规定的地理标志，可以依照商标法和本条例的规定，作为证明商标或者集体商标申请注册。以地理标志作为证明商标注册的，其商品符合使用该地理标志条件的自然人、法人或者其他组织可以要求使用该证明商标，控制该证明商标的组织应当允许……”据此，地理标志证明商标具有标识商品来源地的功能，其标志商品的原产地，以表明因原产地的气候自然条件、工艺、制作方法等因素决定的商品具有的特定品质。使用地理标志作为证明商标的主体，其商品应当来源于该标志所标示的地区，否则地理标志证明商标注册人将有权禁止其使用并依法追究其侵害证明商标权利的责任。

本案中，根据在案证据，黔南箫笛公司通过电商平台销售刻有“玉屏箫笛”字样的箫笛套装，并在商品详情页面标注品牌为“YPXD/玉屏箫笛”“玉屏箫笛”等字样，上述标识能够起到指示商品来源的作用，构成商标性使用，且与涉案商标文字识别部分在音、形、义上完全相同，二者构成近似商标。经查，根据《玉屏箫笛证明商标使用管理规则》规定，使用涉案商标的产品必须使用特定地域生产的竹子，并按照玉屏箫笛协会的制作工艺制作，产品须符合音准要求和相应的特点；申请使用“玉屏箫笛”证明商标的，应当按照该规则的相关要求经玉屏箫笛协会审核批准；经审核符合要求的被许可使用人与玉屏箫笛协会签订许可使用合同，被许可使用人可以在产品或包装上使用该商标；未经玉屏箫笛协会的许可，擅自在箫笛产品及其包装上使用与涉案商标相同或近似的商标，玉屏箫笛协会有权追究责任。本案中，黔南箫笛公司并未提交证据证明其销售的商品符合上述规则中有关产地、制作工艺等相应特点，其提交的涉及授权关系的证据亦无法证明其已经获得玉屏箫笛协会的许可。在此情况下，黔南箫笛公司销售使用“玉屏箫笛”商标的商品，容易导致相关公众对商品来源以及商品的产地、品质等产生混淆误认，对涉案商标构成侵害。

黔南箫笛公司辩称玉屏箫笛协会所提交公证书中涉及的箫笛套装系黔南箫笛公司通过吴继铠从玉屏箫笛厂法定代表人吴继红处获得，并提交了微信聊天记录、微信转账记录等证据，欲证明该套装来源于玉屏箫笛厂，产品符合使用涉案商标产品所需的品质标准，且具有合法来源。玉屏箫笛厂否认公证书中所涉箫笛套装系其生产。经审查，上述证据仅为网络打印件，且证据内容未能体现交易主体为黔南箫笛公司及玉屏箫笛厂，亦无法证明所涉商品与被诉侵权商品存在关联，玉屏箫笛厂对该商品系其生产又不予认可，故本院对黔南箫笛公司提交的相关证据不予采信，对其相应再审申请及理由亦不予支持。

（二）关于二审法院是否存在程序错误的问题

本院认为，玉屏箫笛协会在二审阶段提交证据的目的系补强一审证据的证明力，其证明目的与一审诉讼主张及所提交的证据证明目的一致，证据内容亦相互关联，并不违反法律规定。黔南箫笛公司关于玉屏箫笛协会提交的相关证据构成新的事实和请求，不属于本案审理范围的主张不能成立。再有，黔南箫笛公司针对玉屏箫笛协会二审阶段提交的证据已发表了质证意见，且在二审法院组织的询问结束后还针对性地提交了相关证据，二审判决对双方提交的证据及各自的质证意见均予以载明和评述。可见，各方当事人在二审阶段均已充分行使了诉讼权利，并不存在剥夺黔南箫笛公司辩论权的情形。故黔南箫笛公司关于二审法院违反法定程序的主张不能成立，本院亦不予支持。此外，玉屏箫笛协会主张被诉侵权商品侵害了涉案商标权，并提交了公证书等证据，已经尽到了初步的举证义务，黔南箫笛公司辩称被诉侵权商品来源合法，其销售标有“玉屏箫笛”商标的商品系经过合法授权，应当就其抗辩理由承担相应证明责任，二审法院对举证责任的分配并无不当，黔南箫笛公司的相关再审申请理由亦不能成立。

综上，黔南箫笛公司的再审申请不符合《中华人民共和国民事诉讼法》① 第二百条第一项、第二项、第四项、第六项、第九项规定的情形。依照《中华人民共和国民事诉讼法》第二百零四条第一款，《最高人民法院关于适用〈中华人民共和国民事诉讼法〉的解释》② 第三百九十五条第二款的规定，裁定如下：

驳回黔南州箫笛乐器有限公司的再审申请。

审 判 长　王艳芳
审 判 员　晏　景
审 判 员　李　丽
二〇二一年五月二十八日
法官助理　曹佳音
书 记 员　韩　阳

① 此处指2017年《中华人民共和国民事诉讼法》，其已于2021年修改，本案下同。

② 已被《最高人民法院关于修改〈最高人民法院关于适用《中华人民共和国民事诉讼法》的解释〉的决定》（2022年4月1日公布）修改，本案下同。

22. 商标先用权抗辩中原使用范围的认定

——再审申请人华联超市股份有限公司与被申请人肥城市华联商贸有限公司、肥城市华联商贸有限公司春秋古城店侵害商标权及不正当竞争纠纷案①

中华人民共和国最高人民法院民事判决书（2021）最高法民再3号

再审申请人（一审原告、二审上诉人）：华联超市股份有限公司。住所地：上海市杨浦区隆昌路609号2幢5楼。

法定代表人：种晓兵，该公司董事长。

委托诉讼代理人：张莹莹，北京德恒（济南）律师事务所律师。

委托诉讼代理人：高波，北京德恒（济南）律师事务所律师。

被申请人（一审被告、二审被上诉人）：肥城市华联商贸有限公司。住所地：山东省泰安市肥城市工业三路006号（龙祥纺织1号楼）。

法定代表人：李庆勇，该公司经理。

委托诉讼代理人：赵军，山东成康律师事务所律师。

被申请人（一审被告、二审被上诉人）：肥城市华联商贸有限公司春秋古城店。住所地：山东省泰安市肥城市新城路西春秋古城鲁园北区。

负责人：李庆勇，该店经理。

委托诉讼代理人：赵军，山东成康律师事务所律师。

再审申请人华联超市股份有限公司（以下简称华联公司）因与被申请人肥城市华联商贸有限公司（以下简称肥城华联公司）、肥城市华联商贸有限公司春秋古城店（以下简称肥城华联公司春秋古城店）侵害商标权及不正当竞争纠纷一案，不服山东省高级人民法院（2020）鲁民终208号民事判决，向本院申请再审。本院于2020年12月17日作出（2020）最高法民申5879号民事裁定，提审本案。提审后，本院依法组成合议庭审理了本案。本案现已审理终结。

华联公司申请再审称，1. 一审法院认定肥城华联公司及其春秋古城店使

① 本案在年度报告中的位置为第39页。

用“华联超市”构成在先使用没有事实及法律依据。（1）本案中，肥城华联公司提交的证据无法证明其在华联公司申请注册商标之前就已使用“华联超市”标识，并且形成一定影响；（2）肥城华联公司开设的分支机构所使用的“华联超市”文字也并非在原使用范围内继续使用该标识。2. 华联公司提交的证据足以证明肥城华联公司及其春秋古城店的行为构成商标侵权。（1）肥城华联公司春秋古城店在经营场所突出使用“华联超市”构成商标性使用；（2）上述标识与华联公司的第5345627号、5825607号、第5825608号商标（以下简称涉案商标）构成近似，使用的服务类别亦与涉案商标核定使用的服务相同或类似，被诉标识的使用容易导致相关公众的混淆误认。3. 肥城华联公司及其春秋古城店在企业名称中使用“华联”字样构成不正当竞争。（1）华联公司提交的另案判决书可以证明华联公司成立于1992年11月11日，经过长期经营，“华联”“华联超市”与华联公司已经形成对应关系，并具有较高知名度，肥城华联公司及其春秋古城店在企业名称中使用“华联”字样的时间晚于上述时间；（2）肥城华联公司及其春秋古城店在企业名称中使用“华联”字样，并从事类似的经营，容易导致相关公众混淆误认；（3）肥城华联公司及其春秋古城店的企业字号并非“华联超市”，即使使用也只能使用“华联商贸”“肥城华联商贸”；（4）华联公司提交的证据可以证明其曾多次获得全国性荣誉，影响力当然包括肥城市，二审判决因华联公司在肥城市没有加盟店就认为华联公司在肥城市没有影响力，理解片面。4. 企业名称与商标受不同法律保护，二审判决将企业名称纳入《中华人民共和国商标法》（以下简称商标法）保护的范围，甚至将“华联超市”认定为肥城华联公司的企业字号，适用法律错误。5. 华联公司关于停止侵权、消除影响的诉讼请求应当予以支持。综上，华联公司依据《中华人民共和国民事诉讼法》①（以下简称民事诉讼法）第二百条第二项、第六项的规定，向本院申请再审。

肥城华联公司及其春秋古城店提交意见称，1. 肥城华联公司在华联公司成立及涉案商标申请注册之前就已经在直营店使用“华联超市”，并且通过长期经营取得了较高荣誉，肥城华联公司对“华联超市”享有在先权利，且其后的使用亦未超出原有范围，不构成对涉案商标权的侵害。2. 肥城华联公司及其春秋古城店在肥城地区长期经营，华联公司在肥城区域内没有经营活动，亦未在该区域内使用涉案商标，肥城华联公司及其春秋古城店的行为不会造成相关公众对服务来源的混淆误认。3. 肥城华联公司成立时间早于华联公司，其与肥城华联公司春秋古城店使用“华联超市”是对其企业字号的正

① 此处指2017年《中华人民共和国民事诉讼法》，其已于2021年修改，本案下同。

当使用，不具有借助他人商誉的意图，客观上也不会造成相关公众的混淆误认，故不构成不正当竞争。综上，一、二审法院认定事实清楚，适用法律正确，华联公司的再审申请应当予以驳回。

华联公司向一审法院起诉请求：1. 判令肥城华联公司及其春秋古城店立即拆除门头招牌中“华联”文字、立即停止在网络支付账单、购物小票上使用“华联超市”文字商标，即停止对华联公司拥有的“华联超市”商标专用权的侵害；2. 判令肥城华联公司及其春秋古城店停止不正当竞争行为，即更改企业名称，更改后的企业名称中不得含有“华联”字样；3. 判令肥城华联公司及其春秋古城店就其侵权行为在其所在地的省级报刊上向华联公司赔礼道歉，消除不良影响；并连带赔偿华联公司经济损失、律师费及合理支出15万元；4. 判令肥城华联公司及其春秋古城店承担本案全部诉讼费。

一审法院认定事实：华联公司于2006年8月17日成立，注册资本为3亿元，经营范围包括日用百货、工艺美术品、五金交电、文教用品等。2011年3月14日，华联公司注册第5345627号“华联超市”文字及字母图形商标，有效期至2021年3月13日，服务项目（第35类）包括：广告、进出口代理；推销（替他人）；替他人作中介（替其他企业购买商品或服务）。2012年2月14日，华联公司注册第5825607号“华联超市”文字及字母图形商标，有效期至2022年2月13日，服务项目（第35类）包括：为零售目的在通讯媒体上展示商品；替他人预订电讯服务；开发票；对购买订单进行行政处理；广告版面设计。在以上两个商标注册证上明确标注：“超市”及“SUPERMARKET”放弃专用权。2018年7月10日，华联公司与新沂市华联超市有限公司签订商业特许经营合同，双方约定，华联公司授权新沂市华联超市有限公司在江苏省新沂市南京路75号第一层，以1000平方米经营面积开设门店，作为华联超市加盟店；新沂市华联超市有限公司一次性缴纳加盟费1000元，每年向华联公司缴纳特许经营权使用费75000元，特许经营期限为2018年1月1日至2018年12月31日。

肥城华联公司是成立于2000年3月8日的有限责任公司（自然人投资或控股），注册资本为一千万元，营业期限至2030年3月7日。经营范围为：卷烟、普通货运、日用百货、体育用品等。2002年1月8日，肥城华联公司下属的新超市在山东省肥城市开业。2015年11月27日，肥城华联公司注册了第14638268号“桃都华联”文字及三色图形商标，有效期自2015年11月28日至2025年11月27日，核定使用商品第35类，包括商业管理和组织咨询；组织商业和广告展览；外购服务（商业辅助）；进出口代理；替他人推销；替他人采购（替其他企业购买商品或服务）；市场营销，替他人订阅报纸；自动售货机出租；药用、兽医、用卫生用制剂和医疗用品的零售或批发服务。肥城华联公司于2008年1月被泰安市工商行政管理局评为食品安全四制单位；2012年10月被山东省消费者协会、山东省精神文明建设委员会、山东省工商行政管理局等部门评为“山东省第九届消费者满意单位”称号；2016年8月3日获得山东省工商行政管理局2014—2015年度“守合同重信用”企业公示资格。2018年8月3日获得山东省工商行政管理局2016—2017年度“守合同重信用”企业公示资格。该公司法定代表人李庆勇在2017年3月被泰安市总工会评为泰安市工友创业优秀个人，被授予振兴泰安劳动奖章荣誉称号。

肥城华联公司春秋古城店是成立于2016年4月1日的有限责任公司分公司（自然人投资或控股），负责人为李庆勇，经营范围为卷烟、普通货运、日用百货等，系肥城华联公司的分公司。

2018年6月20日，申请人潍坊海纳慧通知识产权代理有限公司的委托代理人袁洲到山东省潍坊市奎文公证处申请办理保全证据公证事项。2018年6月24日11时25分，公证处的工作人员与袁洲来到位于山东省肥城市龙山路与康汇大街交叉口春秋古城的“华联超市春秋古城店”店铺（门牌：春秋古城鲁北28栋101），公证人员使用自持手机进行拍照，共拍得照片一张。该店铺“烟草专卖零售许可证”有“肥城市华联商贸有限公司”“李庆勇”字样。在公证人员的监督下，袁洲现场进行消费，使用支付宝付款后取得机打小票一张，将付款信息进行截图，取截图一张。上述行为结束后，公证人员将机打小票进行了拍照，共拍得照片一张。2018年7月6日，山东省潍坊市奎文公证处为以上公证行为出具（2018）鲁潍坊奎文证民字第2217号公证书。同日，公证处的工作人员与袁洲又来到位于山东省肥城市工业三路与长山街交叉口东北角的“华联超市龙祥店”店铺，公证人员使用自持手机（已进行清洁检查）对该店铺进行拍照，共拍得照片一张。公证人员看到该店铺营业执照有“肥城市华联商贸有限公司”“李庆勇”字样。公证人员用前述手机的“百度地图”进行定位，取得截图一张。2018年7月6日，山东省潍坊市奎文公证处为以上公证行为出具（2018）鲁潍坊奎文证民字第2225号公证书。

一审法院依照商标法第九条第一款、第三十一条，《中华人民共和国反不正当竞争法》（以下简称反不正当竞争法）第一条的规定，判决：驳回华联公司的诉讼请求。案件受理费2300元，由华联公司负担。

华联公司不服一审判决，向二审法院上诉请求：1. 撤销一审判决，改判支持华联公司一审诉讼请求；2. 上诉费用由肥城华联公司及其春秋古城店负担。

二审法院认定事实与一审法院一致。

二审法院认为，本案争议焦点为：（一）肥城华联公司及其春秋古城店的被诉行为是否侵害华联公司的注册商标专用权；（二）肥城华联公司及其春秋古城店在其企业字号和经营场所使用“华联”字号的行为是否构成不正当竞争；（三）肥城华联公司及其春秋古城店是否应在省级报刊上向华联公司赔礼道歉、消除不良影响以及是否应赔偿华联公司经济损失及合理开支。

关于第一个焦点问题。华联公司上诉主张其拥有涉案商标的注册专用权，肥城华联公司及其春秋古城店对“华联超市”的使用不具有合法性与正当性，侵害了华联公司的注册商标专用权。商标法第九条第一款规定：“申请注册的商标，应当有显著特征，便于识别，并不得与他人在先取得的合法权利相冲突”，第三十一条规定：“申请商标注册不得损害他人现有的在先权利，也不得以不正当手段抢先注册他人已经使用并有一定影响的商标”，《最高人民法院关于审理商标民事纠纷案件适用法律若干问题的解释》[①] 第一条第一项规定：“将与他人注册商标相同或者相近似的文字作为企业的字号在相同或者类似商品上突出使用，容易使相关公众产生误认的行为，属于商标法第五十二条第（五）项规定的给他人注册商标专用权造成其他损害的行为”。本案中，肥城华联公司成立于 2000 年 3 月 8 日，肥城华联公司春秋古城店系其分公司，其权利义务均由肥城华联公司承担。华联公司成立于 2006 年 8 月 17 日，分别于 2011 年 3 月 14 日、2012 年 2 月 14 日取得了两枚涉案商标的专用权，因“超市”及“SUPERMARKET”系通用名称而放弃了专用权。肥城华联公司成立时间早于华联公司，其使用“华联超市”的时间亦早于华联公司取得涉案商标专用权的时间。肥城华联公司一审提交的荣誉显示其在山东省肥城市范围内具有一定的影响力，且自该公司成立以来并未在山东省肥城市以外的区域开展经营活动。而华联公司一审庭审中当庭认可其在山东省肥城市区域未开展经营活动、未使用涉案商标进行广告宣传，可见肥城华联公司与华联公司的经营并未产生交集，并未导致相关公众对二者产生混淆和误认。肥城华联公司使用“华联超市”作为其企业字号属于在先使用，且肥城华联公司在之后的经营中亦未超出其原有范围，因此，一审法院认定肥城华联公司及其春秋古城店使用“华联超市”字样的行为不构成商标侵权，并无不当。

---

① 已被《最高人民法院关于修改〈最高人民法院关于审理侵犯专利权纠纷案件应用法律若干问题的解释（二）〉等十八件知识产权类司法解释的决定》（2020 年 12 月 29 日公布）修改，本案下同。

关于第二个焦点问题。华联公司上诉主张肥城华联公司及其春秋古城店在其企业字号和经营场所使用“华联”的行为构成不正当竞争。反不正当竞争法第一条规定：“为了促进社会主义市场经济健康发展，鼓励和保护公平竞争，制止不正当竞争行为，保护经营者和消费者的合法权益，制定本法”，第二条第二款规定：“本法所称的不正当竞争行为，是指经营者在生产经营活动中，违反本法规定，扰乱市场竞争秩序，损害其他经营者或者消费者的合法权益的行为”。本案中，肥城华联公司成立时间和其使用“华联”字号的时间均早于华联公司，且肥城华联公司未在山东省肥城市之外的区域使用该字号，肥城华联公司在主观上没有借助、攀附华联公司“华联超市”注册商标扩大经营、谋取不正当利益的故意。华联公司未在山东省肥城市区域内进行过宣传投入、未开展经营活动，肥城华联公司在客观上也未导致华联公司和消费者合法权益遭受损害。因此，一审法院认定肥城华联公司及其春秋古城店在其企业字号和经营场所使用“华联”的行为不构成不正当竞争，并无不当。

关于第三个焦点问题。肥城华联公司及其春秋古城店的行为并未对华联公司构成商标侵权及不正当竞争，因此，无需在省级报刊上向华联公司赔礼道歉、消除不良影响，亦无需赔偿华联公司经济损失及合理开支。

综上，二审法院依照民事诉讼法第一百七十条第一款第一项、第一百七十一条的规定，判决：驳回上诉，维持原判。二审案件受理费 2300 元，由华联公司负担。

再审审查阶段，本院组织当事人进行了询问，华联公司补充提交以下证据材料：

证据一，华联公司历史演变的工商登记内档资料两份，包括上海时装（集团）公司演变为华联公司的工商资料、上海华联超市公司合并到华联公司的历史演变工商登记资料。拟证明华联公司的历史演变过程，华联公司的成立时间应追溯到 1992 年 11 月。

证据二，上海华联超市公司的母公司上海华联商厦股份有限公司 1999 年年度报告打印件一份。

证据三，华联公司 2000 年年度报告打印件一份。上述两份证据拟证明华联公司开设超市门店的情况，门店数量多，公司资产高。

证据四，荣誉证书 12 份。拟证明华联公司及其开设的华联超市的知名度。

证据五，2007 沪一中民五（知）初字第 403 号、2008 沪高民三（知）终字第 111 号、2019 川 01 民初 2132 号、2020 川知民终 93 号民事判决书四份。拟证明华联公司证据一、四的真实性以及该事实已经得到生效判决认可。

证据六，上海证券报报纸公告4份。拟证明肥城华联公司成立前，华联公司曾作为上市企业在上海证券报进行披露公报，在2000年之前信息不发达的年代，上市企业公报作为一种宣传方式使得华联公司具有较大影响力。

对于上述证据，肥城华联公司及其春秋古城店质证认为，对证据一的真实性和关联性均有异议，证据中显示的公司与华联公司不是同一主体，证据中显示的主体是国有企业，而华联公司是有限责任公司，与国有企业没有任何关系；1992年10月21日的批复针对的并非华联公司，华联公司营业执照及在企业信用信息公示系统上显示的成立时间均为2006年8月17日。对证据二、三的关联性不予认可，不能证明华联公司成立在先。对于证据四，证据中时间最早的是2005年5月，也就是说，华联公司并未提交证据证明在2005年之前就已经成立或有知名度。对于证据五的真实性没有异议，对证明目的有异议，我国并非判例法国家，且判决中涉及的情形和本案并不完全一致，对本案没有参考性。对于证据六的真实性没有异议，对证明目的有异议，无证据证明报纸公告中所载明的公司与华联公司具有关联性。

本院经审理查明，2008年6月12日，上海市第一中级人民法院作出（2007）沪一中民五（知）初字第403号民事判决，认定：华联公司于1992年11月11日成立，注册资本现为3亿元，经营范围包括服装鞋帽、服饰系列配套商品、日用百货、超市管理等。截至2007年6月底，华联公司在全国范围内共拥有超市门店1947家，其中直营店185家，加盟店1762家，门店主要分布于上海、北京、江苏、浙江、安徽等地。华联公司自成立以来主要获得了以下荣誉：1. 2002年6月，中国质量检验协会认定华联公司为打假扶优重点保护企业；2. 2000年1月，上海市质量技术监督局认定华联公司为质量放心市场工作先进单位；3. 2002年12月，上海市工商行政管理局认定华联公司为2002—2003年度免检企业；4. 2003年1月，国家工商行政管理总局认定华联公司为全国守合同重信用企业；5. 上海市工商行政管理局认定华联公司为2002—2005年度守合同重信用企业；6. 中国连锁经营协会认定华联公司的“华联超市”为2001年、2003年度中国优秀特许品牌；7. 2005年3月，华联公司的“华联超市”获中国连锁经营协会颁发的中国特许奖；8. 上海连锁经营协会认定“华联超市”为2005—2007年度最具影响力特许品牌；9. 长三角优秀品牌建设推进委员会认定华联公司为2007年度长三角地区优秀品牌企业。

2008年12月15日，上海市高级人民法院作出（2008）沪民三（知）终字第111号民事判决，认定上海市第一中级人民法院（2007）沪一中民五

（知）初字第403号民事判决认定的事实属实，并判决维持上述判决。

另查明，2019年8月30日，四川省成都市中级人民法院作出（2019）川01民初2132号民事判决，认定：华联公司最初于1992年11月登记成立，成立时的企业名称为“上海时装（集团）公司”，于1993年更名为“上海时装股份有限公司”；2000年10月，因企业资产重组，“上海华联超市公司”兼并到华联公司名下，华联公司由“上海时装股份有限公司”变更为现有名称，上海市工商行政管理局于2000年10月向华联公司核发的《企业法人营业执照》显示华联公司的成立日期为1992年11月11日。2006年8月17日，华联公司与百联集团有限公司发起成立“上海华联超市股份有限公司”；2007年，“上海华联超市股份有限公司”再次兼并至华联公司名下。

2020年4月15日，四川省高级人民法院作出（2020）川知民终93号民事判决，对四川省成都市中级人民法院（2019）川01民初2132号判决中查明的事实予以确认，并判决维持上述判决。

再查明，1992年5月，经上海市第一商业局批准，上海华联商厦设立上海华联超市公司。1992年11月11日，经上海市人民政府批准，上海时装（集团）公司成立；1993年12月，该公司改制为上海时装股份有限公司，并于1993年12月14日领取营业执照。2000年10月，上海时装股份有限公司受让上海华联超市公司全部股权，并更名为“华联超市股份有限公司”。2000年10月，上海市工商行政管理局向华联公司核发《企业法人营业执照》，显示华联公司的成立时间为1992年11月11日。2006年8月17日，华联公司与百联集团有限公司发起设立上海华联超市股份有限公司，后上海华联超市股份有限公司变更为华联公司。

本院再审认为，本案争议焦点为：（一）肥城华联公司对“华联”字号及“华联超市”标识是否享有在先使用权；（二）肥城华联公司春秋古城店使用“华联”“华联超市”标识是否属于商标法第五十九条第三款规定的“在原使用范围内继续使用该商标”的情形；（三）肥城华联公司及其春秋古城店的行为是否构成对华联公司涉案商标专用权的侵害及不正当竞争，应否承担相应法律责任。

（一）关于肥城华联公司对“华联”字号及“华联超市”标识是否享有在先使用权的问题

根据本案查明事实，上海时装（集团）公司成立于1992年11月11日，上海华联超市公司成立于1992年5月，上海时装（集团）公司改制后受让上海华联超市公司股权，并更名为“华联超市股份有限公司”，工商行政机关向其核发的《企业法人营业执照》显示，其成立日期为1992年11月11日，后经多次变迁主体变更为现华联公司。由此可见，现华联公司与其前身各主体之间存在着紧密的承继关系，现华联公司使用“华联”字号的时间应追溯至其前身成立之时。华联公司从成立时起，在上海及多个地区进行了大量经营，在全国范围内开设诸多门店，其“华联超市”品牌获得了大量荣誉，经过长期经营，“华联”“华联超市”与华联公司及其前身已经形成对应关系，并具有较高知名度。对于上述事实，相关法院在先生效判决已经作出相应认定，肥城华联公司及其春秋古城店均未提交足以推翻上述认定的相反证据，依照《最高人民法院关于适用〈中华人民共和国民事诉讼法〉的解释》① 第九十三条关于“已为人民法院发生法律效力的裁判所确认的事实，当事人无须举证证明，当事人有相反证据足以推翻的除外”的规定，本院对此予以确认，且上述事实与本院查明的事实基本一致。肥城华联公司及其春秋古城店提供的证据显示，肥城华联公司成立于 2000 年 3 月 8 日，晚于华联公司前身及其关联企业的成立时间，故其关于对“华联”字号享有在先使用权的主张不能成立，二审判决对此予以认定缺乏证据证明。

此外，肥城华联公司主张其在先使用“华联超市”标识，二审判决亦认定肥城华联公司在 2002 年之前即使用该标识，构成在先使用。经审查，肥城华联公司在一审提交的证据中，部分证据未显示时间、部分证据显示时间晚于涉案商标申请注册日、部分证据未完整清晰地显示“华联超市”标识；所获相关荣誉亦系针对肥城华联公司或其法定代表人，与“华联超市”标识并无直接关联，故上述证据均无法证明在涉案商标申请注册之前，肥城华联公司已经在超市行业将“华联超市”作为商标使用并具有一定影响。因此，肥城华联公司关于其对“华联超市”标识享有在先使用权的主张亦不能成立，二审判决对此予以认定亦属不当。

（二）关于肥城华联公司春秋古城店使用“华联”“华联超市”标识的行为是否构成商标法第五十九条第三款规定的“在原使用范围内继续使用该商标”的问题

商标法第五十九条第三款规定：“商标注册人申请商标注册前，他人已经在同一种商品或者类似商品上先于商标注册人使用与注册商标相同或者近似并有一定影响的商标的，注册商标专用权人无权禁止该使用人在原使用范围内继续使用该商标，但可以要求其附加适当区别标识。”

本案中，肥城华联公司在涉案商标申请注册之后开设肥城华联公司春秋古城店作为分支机构，并在该分支机构的经营中使用“华联”“华联超市”标识，

---

① 已被《最高人民法院关于修改〈最高人民法院关于适用《中华人民共和国民事诉讼法》的解释〉的决定》（2022 年 4 月 1 日公布）修改，本案下同。

不属于商标法第五十九条第三款规定的“在原使用范围内继续使用该商标”的情形；而且，如前所述，肥城华联公司提交的证据亦无法证明其在涉案商标申请注册之前已经在超市行业将“华联”“华联超市”作为商标使用并具有一定影响。故肥城华联公司及其春秋古城店关于其使用“华联”“华联超市”标识的行为属于商标法第五十九条第三款规定情形的抗辩理由不能成立。

（三）关于肥城华联公司及其春秋古城店是否构成对华联公司商标专用权的侵害及不正当竞争、应否承担法律责任的问题

商标法第五十七条第二项规定，未经商标注册人的许可，在同一种商品上使用与其注册商标近似的商标，或者在类似商品上使用与其注册商标相同或者近似的商标，容易导致混淆的，属侵犯注册商标专用权的行为。

反不正当竞争法第六条第二项规定，经营者不得擅自使用他人有一定影响的企业名称（包括简称、字号等），引人误认为是他人商品或者与他人存在特定联系。

肥城华联公司及其春秋古城店在其门店招牌及网络支付账单、购物小票上使用“华联”“华联超市”字样，能够起到识别商品或服务来源的作用，且上述标识与涉案商标的主要文字识别部分相同或近似；肥城华联公司及其春秋古城店使用“华联”字样进行经营，该文字与华联公司的字号“华联”完全一致。由于肥城华联公司及其春秋古城店与华联公司从事的经营服务相同或类似，故肥城华联公司及其春秋古城店的上述行为容易造成相关公众误认为其提供的服务来源于华联公司或与华联公司存在特定联系，构成对涉案商标权的侵害及不正当竞争。如前所述，肥城华联公司对“华联”及“华联超市”并不构成在先使用，肥城华联公司春秋古城店使用“华联”“华联超市”的行为亦不属于“在原使用范围内继续使用该商标”，故肥城华联公司及其春秋古城店的抗辩理由均不能成立，应当承担相应法律责任。华联公司提交的证据可以证明其曾多次获得全国性荣誉，“华联”字号及“华联超市”品牌在相关公众中具有较高的知名度，二审法院以华联公司在肥城市未开展经营活动为由，认定华联公司在肥城市不具有知名度，并进而认定肥城华联公司及其春秋古城店的行为不会造成相关公众的混淆误认，认定事实及适用法律均有不当，本院予以纠正。

对于肥城华联公司及其春秋古城店的责任承担方式，本院认为，肥城华联公司及其春秋古城店在经营中使用“华联”“华联超市”标识，容易导致相关公众的混淆误认，侵害了涉案商标专用权并构成不正当竞争，华联公司关于肥城华联公司及其春秋古城店停止使用上述标识及“华联”字号的主张于法有据，本院予以支持。此外，关于赔偿数额，华联公司提交的证据不足

以证明华联公司因侵权受到的损失及肥城华联公司、肥城华联公司春秋古城店的侵权获利情况，亦无可以参考的商标许可使用费，综合考虑华联公司及其涉案商标的知名度，肥城华联公司及其春秋古城店的经营规模及被诉侵权行为的具体情节，以及华联公司因制止侵权所支付的合理开支等因素，本院确定肥城华联公司及其春秋古城店赔偿华联公司经济损失5万元。根据《中华人民共和国民法总则》[①] 第七十四条第二款规定，分支机构以自己的名义从事民事活动，产生的民事责任由法人承担；也可以先以该分支机构管理的财产承担，不足以承担的，由法人承担。据此，本院确定上述赔偿数额中的3万元由肥城华联公司承担；2万元由肥城华联公司春秋古城店承担，不足以承担的，由肥城华联公司承担。再有，根据查明的事实，肥城华联公司在山东省肥城市之外的区域未从事经营，亦无证据证明肥城华联公司及其春秋古城店的侵权行为给华联公司带来商誉上的损失，故对于华联公司关于赔礼道歉、消除不良影响的诉讼请求，本院不予支持。

综上，华联公司的再审申请符合民事诉讼法第二百条第二项、第六项规定的情形。依照《中华人民共和国民法总则》第七十四条第二款，《中华人民共和国商标法》第五十七条第二项、第五十九条第三款、第六十三条第三款，《中华人民共和国反不正当竞争法》第六条第二项、第十七条第四款，《中华人民共和国民事诉讼法》第一百七十条第一款第二项、第二百零七条第一款，《最高人民法院关于适用〈中华人民共和国民事诉讼法〉的解释》第四百零七条第二款的规定，判决如下：

一、撤销山东省高级人民法院（2020）鲁民终208号民事判决；

二、撤销山东省泰安市中级人民法院（2019）鲁09民初92号民事判决；

三、肥城市华联商贸有限公司、肥城市华联商贸有限公司春秋古城店自本判决生效之日立即停止使用“华联”“华联超市”等侵害华联超市股份有限公司注册商标专用权的标识；

四、肥城市华联商贸有限公司、肥城市华联商贸有限公司春秋古城店自本判决生效之日立即停止在企业名称中使用“华联”字样；

五、自本判决生效之日起十日内，肥城市华联商贸有限公司赔偿华联超市股份有限公司经济损失3万元，肥城市华联商贸有限公司春秋古城店赔偿华联超市股份有限公司经济损失2万元，肥城市华联商贸有限公司春秋古城店的财产不足以承担的部分，由肥城市华联商贸有限公司承担；

六、驳回华联超市股份有限公司的其他诉讼请求。

---

① 已被《中华人民共和国民法典》废止，本案下同。

一、二审案件受理费各 2300 元，共计 4600 元。由肥城市华联商贸有限公司各承担 1150 元，共计 2300 元；由肥城市华联商贸有限公司春秋古城店各承担 690 元，共计 1380 元；由华联超市股份有限公司各承担 460 元，共计 920 元。

本判决为终审判决。

审 判 长 王艳芳
审 判 员 晏 景
审 判 员 李 丽
二〇二一年二月二十三日
法官助理 曹佳音
书 记 员 焦 媛

23. 刑民交叉案件中依职权调查取证的必要性

——再审申请人山东东阿东韵阿胶股份有限公司与被申请人东阿阿胶股份有限公司、一审被告济南天艺堂文化用品有限公司侵害商标权及不正当竞争纠纷案①

中华人民共和国最高人民法院民事裁定书（2021）最高法民申6265号

再审申请人（一审被告、二审上诉人）：山东东阿东韵阿胶股份有限公司。住所地：山东省聊城市东阿县阳光路2号。

法定代表人：李明，该公司总经理。

委托诉讼代理人：田民，山东融平律师事务所律师。

委托诉讼代理人：李阳阳，山东融平律师事务所律师。

被申请人（一审原告、二审被上诉人）：东阿阿胶股份有限公司。住所地：山东省东阿县阿胶街78号。

法定代表人：高登锋，该公司总经理。

委托诉讼代理人：许长法，山东圣义律师事务所律师。

委托诉讼代理人：王芳，山东圣义律师事务所律师。

一审被告：济南天艺堂文化用品有限公司。住所地：山东省济南市槐荫区机床二厂路欣都花园9号楼4单元503室。

法定代表人：郑永利，该公司总经理。

再审申请人山东东阿东韵阿胶股份有限公司（以下简称东韵阿胶公司）因与被申请人东阿阿胶股份有限公司、一审被告济南天艺堂文化用品有限公司侵害商标权及不正当竞争纠纷一案，不服山东省高级人民法院（2021）鲁民终723号民事判决，向本院申请再审。本院依法组成合议庭进行了审查，现已审查终结。

东韵阿胶公司向本院申请再审称，本案被诉侵权商品系假冒伪劣产品，原审中东韵阿胶公司提交了报案材料、东阿县公安局刑事立案通知书等材料，原审法院却认定刑事立案通知书与本案没有关联性，认定事实错误。公安机关已明确表示，查实本案产品确实并非东韵阿胶公司生产，但有关涉案人员笔录等证据材料需法院调取。东韵阿胶公司曾向二审法院申请证据调查，但

① 本案在年度报告中的位置为第40页。

二审法院认为与本案无关，未查清案件事实，请求本院依法改判。

本院审查过程中，经与山东东阿县公安局联系，公安机关表示，经立案侦查，涉案货物确系由案外人假冒东韵阿胶公司的名义生产。

本院认为，本案的主要焦点问题是东韵阿胶公司是否系被诉侵权产品的生产者。

《中华人民共和国民事诉讼法》[①] 第二百条规定，当事人的申请符合下列情形之一的，人民法院应当再审：（一）有新的证据，足以推翻原判决、裁定的；……（五）对审理案件需要的主要证据，当事人因客观原因不能自行收集，书面申请人民法院调查收集，人民法院未调查收集的。

根据原审查明的事实，被诉侵权产品的网址及生产许可证号信息均指向东韵阿胶公司，条形码查询显示"糕宗阿胶固元糕、净含量300g、生产厂家东韵阿胶公司"，东韵阿胶公司认可其注册持有"糕宗"文字商标。被查处的产品生产日期为2018/11/24，而东韵阿胶公司已于2018年3月26日对企业信息进行变更登记，盒体上标注的上述厂名、地址、邮箱系其变更前信息。从产品包装来看，存在一定矛盾之处。从审查阶段初步查明的事实来看，刑事案件的处理情况与本案的争议焦点直接相关联，在当事人因客观原因不能自行收集该证据，书面申请原审法院调查收集情况下，原审法院认为与本案无直接关联性，未予调查存在不妥，本院予以纠正。关于东韵阿胶公司是否系被诉侵权产品生产者的问题，二审法院应当向有关公安机关调取证据查明情况后依法进行审理。

依照《中华人民共和国民事诉讼法》第二百零四条、第二百零六条，《最高人民法院关于适用〈中华人民共和国民事诉讼法〉的解释》[②] 第三百九十五条第一款的规定，裁定如下：

一、指令山东省高级人民法院再审本案；

二、再审期间，中止原判决的执行。

审 判 长 毛立华
审 判 员 李 嵘
审 判 员 江建中
二〇二一年十二月十日
法官助理 唐 弦
书 记 员 吕姝君

---

① 此处指2017年《中华人民共和国民事诉讼法》，其已于2021年修改，本案下同。

② 已被《最高人民法院关于修改〈最高人民法院关于适用《中华人民共和国民事诉讼法》的解释〉的决定》（2022年4月1日公布）修改，本案下同。

（二）商标行政案件审判

24. 缺乏显著特征的标志不得作为商标注册

——再审申请人重庆市沙坪坝区互旺食品有限公司、重庆市沙坪坝区磁器口老街陈建平麻花食品有限公司、冯万金、重庆陈记香酥王食品开发有限公司、重庆大渝人食品有限责任公司与被申请人重庆市磁器口陈麻花食品有限公司、国家知识产权局商标权无效宣告请求行政纠纷案①

中华人民共和国最高人民法院行政判决书（2021）最高法行再255号

再审申请人（原审第三人）：重庆市沙坪坝区互旺食品有限公司。住所地：重庆市沙坪坝区井口镇双碑村马桑岚垭经济合作社山坪塘。

法定代表人：胡中华，该公司执行董事。

委托诉讼代理人：刘晓娟，北京市正海律师事务所律师。

委托诉讼代理人：罗联军，北京市宝盈律师事务所律师。

再审申请人（原审第三人）：重庆市沙坪坝区磁器口老街陈建平麻花食品有限公司。住所地：重庆市沙坪坝区磁器口正街72号附5号。

法定代表人：濮孟林，该公司执行董事。

委托诉讼代理人：白昕，北京市正海律师事务所律师。

委托诉讼代理人：罗联军，北京市宝盈律师事务所律师。

再审申请人（原审第三人）：冯万金。

委托诉讼代理人：刘晓娟，北京市正海律师事务所律师。

委托诉讼代理人：罗联军，北京市宝盈律师事务所律师。

再审申请人（原审第三人）：重庆陈记香酥王食品开发有限公司。住所地：重庆市江津区德感街道东江路555号（科技创业标准厂房A2幢1层1号）。

法定代表人：刘健，该公司执行董事。

---

① 本案在年度报告中的位置为第42页。

委托诉讼代理人：刘晓娟，北京市正海律师事务所律师。

委托诉讼代理人：罗联军，北京市宝盈律师事务所律师。

再审申请人（原审第三人）：重庆大渝人食品有限责任公司。住所地：重庆市渝北区木耳镇金刚村。

法定代表人：洪涛，该公司执行董事。

委托诉讼代理人：白昕，北京市正海律师事务所律师。

委托诉讼代理人：罗联军，北京市宝盈律师事务所律师。

被申请人（一审原告、二审上诉人）：重庆市磁器口陈麻花食品有限公司。住所地：重庆市沙坪坝区磁器口南街 8 号附 9 号、2-1、2-2、2-3、2-4、2-5、2-6、3-5、3-6。

法定代表人：陈昌银，该公司执行董事。

委托诉讼代理人：王文婷，该公司员工。

委托诉讼代理人：刘进然，重庆索通律师事务所律师。

被申请人（一审被告、二审被上诉人）：国家知识产权局。住所地：北京市海淀区蓟门桥西土城路 6 号。

法定代表人：申长雨，该局局长。

再审申请人重庆市沙坪坝区互旺食品有限公司（以下简称互旺公司）、重庆市沙坪坝区磁器口老街陈建平麻花食品有限公司、冯万金、重庆陈记香酥王食品开发有限公司、重庆大渝人食品有限责任公司因与被申请人重庆市磁器口陈麻花食品有限公司（以下简称陈麻花公司）、国家知识产权局商标权无效宣告请求行政纠纷一案，不服北京市高级人民法院（2019）京行终 9347 号行政判决，向本院申请再审。本院于 2021 年 3 月 24 日作出（2020）最高法行申 13457 号行政裁定书，提审本案。本院依法组成合议庭，于 2021 年 10 月 12 日公开开庭进行了审理。再审申请人冯万金、重庆陈记香酥王食品开发有限公司法定代表人刘健，互旺公司、重庆市沙坪坝区磁器口老街陈建平麻花食品有限公司、冯万金、重庆陈记香酥王食品开发有限公司、重庆大渝人食品有限责任公司的委托诉讼代理人罗联军、刘晓娟、白昕，被申请人陈麻花公司的委托诉讼代理人刘进然、王文婷，到庭参加了诉讼。被申请人国家知识产权局经本院合法传唤未到庭参加诉讼。本案现已审理终结。

再审申请人互旺公司等申请再审称，原审判决部分事实认定错误。“陈麻花”系麻花商品约定俗称的通用名称，其注册违反《中华人民共和国商标法》（以下简称商标法）第十一条第一款第一项的规定，应予无效。即便认为“陈麻花”尚不构成通用名称，但因其为磁器口乃至重庆市知名特色小吃，作为一种商品名称，亦无法起到产源识别作用，故其注册已构成商标法

第十一条第一款第三项规定的“其他缺乏显著特征”的情形，应予以无效。陈麻花公司作为磁器口古镇“陈麻花”制售商户之一，对于“陈麻花”的由来及一直以来的使用状况明知且熟知，其意图独占同行企业开创的既有成果。请求依法改判，撤销二审判决，驳回陈麻花公司的全部诉讼请求，原审诉讼费用由陈麻花公司承担。

国家知识产权局提交意见称，其已依据本案二审判决重新作出裁定，维持诉争商标在麻花商品上的注册，在其余商品上予以无效宣告。

陈麻花公司提交意见称，诉争商标的注册未违反商标法第十一条第一款第一项的规定，“陈麻花”商标不具有在全国范围内被认定为麻花商品通用名称的广泛性，相关公众将“陈麻花”作为商品名称使用不具有普遍性。“陈麻花”商标不具有区分某一类麻花商品的规范性，无法指出该种名称的麻花商品与其他麻花商品物理特性的具体区别。“陈麻花”商标经陈麻花公司持续使用具有较高的显著性。诉争商标是否违反商标法第十一条第一款第三项的问题，不是本案审理范围。虽然有部分相关公众对“陈麻花”标识产生混淆，但这是由于侵权行为所导致，不能得出“陈麻花”是磁器口麻花的统称并构成通用名称的结论。请求驳回互旺公司等的再审请求。

北京知识产权法院（以下简称一审法院）审理查明：

诉争商标注册人为陈麻花公司，注册号 13488202，申请日期 2013 年 11 月 5 日，注册日期 2017 年 11 月 7 日，专用权期限至 2027 年 11 月 6 日，标志：陈麻花，核定使用商品（第 30 类）：麻花；怪味豆；琥珀花生等。

原国家工商行政管理总局商标评审委员会于 2019 年 3 月 4 日作出商评字〔2019〕第 42763 号《关于第 13488202 号“陈麻花”商标无效宣告请求裁定书》，认定诉争商标违反了商标法第十条第一款第七项、第十一条第一款第一项的规定，裁定诉争商标予以无效宣告。

另查，根据中央机构改革部署，原国家工商行政管理总局商标局、商标评审委员会的相关职责由国家知识产权局统一行使。

陈麻花公司不服，在法定期限内向一审法院提起行政诉讼。

一审法院认为，将诉争商标注册在麻花类商品上使用显著识别性较弱。在案证据不足以证明相关公众已经在“陈麻花”与陈麻花公司之间建立稳定联系。在 2013 年 11 月 5 日之前，“陈麻花”在重庆磁器口地区已经成为一种麻花商品约定俗成的通用名称。诉争商标已于重庆市磁器口地区被包括原审第三人在内的众多商户于生产、经营、销售、检验等环节用作商品名称使用，造成其标识显著性进一步退化，不再具有识别商品来源的功能。诉争商标申请注册违反了商标法第十一条第一款第一项的规定，被诉裁定对此认定正确。

诉争商标“陈麻花”作为一种麻花商品的通用名称，使用于“怪味豆、琥珀花生、黑麻片、糕点”等商品上，违反了商标法第十条第一款第七项的规定。遂判决：驳回陈麻花公司的诉讼请求。

陈麻花公司不服一审判决，向北京市高级人民法院（以下简称二审法院）提起上诉，请求撤销一审判决和被诉裁定，判令国家知识产权局重新作出裁定。主要上诉理由：“陈麻花”商标不具有在全国范围内被普遍认定为麻花通用名称的广泛性。“陈麻花”不具有区分某一种类麻花商品的规范性。一审法院适用商标法第十一条第一款第三项诉争商标是否缺乏显著性，而非商标法第十一条第一款第一项是否为通用名称。“陈麻花”经陈麻花公司的持续使用已经具有较高的显著性。“陈麻花”是否因为淡化而成为麻花商品的通用名称，但诉争商标在怪味豆等其他指定商品上仍然具有显著性，并不属于欺骗性商标。综上，诉争商标应予以核准注册。

二审法院经审理，对一审法院查明的事实予以确认。

二审法院认为：一审第三人提交的证据不足以证明“陈麻花”系规范化的商品名称，不足以证明“陈麻花”在诉争商标核准注册时成为通用名称。诉争商标的申请注册未违反商标法第十一条第一款第一项的规定。诉争商标是否具有显著识别性并非商标法第十一条第一款第一项所考虑的要件。因此，被诉裁定及一审判决对此认定有误，予以纠正。陈麻花公司的相关上诉理由成立，予以支持。本案中诉争商标“陈麻花”中的“麻花”系一种商品，使用在除“麻花”之外的“怪味豆、琥珀花生、黑麻片、糕点”等商品上，以一般公众的辨识能力容易对标有诉争商标标识商品的产地、质量、主要原料等特点产生误认。因此，诉争商标在除“麻花”之外商品上的注册违反了商标法第十条第一款第七项的规定。遂判决：一、撤销北京知识产权法院（2019）京73行初3833号行政判决；二、撤销原国家工商行政管理总局商标评审委员会作出的商评字〔2019〕第42763号《关于第13488202号“陈麻花”商标无效宣告请求裁定书》；三、国家知识产权局就互旺公司、重庆市沙坪坝区磁器口老街陈建平麻花食品有限公司、冯万金、重庆陈记香酥王食品开发有限公司、重庆大渝人食品有限责任公司针对第13488202号“陈麻花”商标提出的复审申请重新作出裁定。一、二审案件受理费各一百元，均由国家知识产权局负担（均于本判决生效之日起七日内交纳）。

互旺公司等在再审期间提交了以下主要证据：

沙坪坝区陈稳健麻花店、重庆古镇陈记麻花店的工商信息；陈建平陈麻花的情况说明、店铺字号核准、卫生许可证、陈建平店招审批等；磁器口古镇管理委员会的情况说明；陈建平陈麻花知名度和荣誉，广告合同等；磁器口日文游记及其中文翻译（1999—2004 年）；陈建平、陈守林、陈文贵、陈稳健在磁器口的店铺招牌，陈建平、陈守林、陈文贵销售的麻花的包装等；（2015）渝一中法民终字第 01977 号判决书、（2015）渝高法民申字第 02163 号裁定书；各麻花商户的陈麻花检测报告；重庆各商家的商品“陈麻花”食品安全抽检公布结果；公证书（2020）渝证字第 26803 号；博客《走进千年古镇——重庆磁器口（二）》、新浪微博相关内容；期刊、报刊等；《磁器口为什么只准 9 个商家卖麻花?》，（2020）京长安内经证字第 48642 号公证书；文章《探寻磁器口陈麻花发展之路》、《拒绝再成“麻花一条街”》、《旅游景区之旅游商品设计探析——A 景区重庆磁器口为例》、《不断开创工商联商会建设新局面》及《关于磁器口街道商会选举结果的报告（2005/12/24）》、重庆市沙坪坝区工商业联合会磁器口商会登记信息、图书《磁器口古镇遗韵》封面及部分书页、相关裁判文书检索结果、重庆市沙坪坝区陈启明麻花店的登记信息；另案原告为陈麻花公司的《行政起诉状》《行政上诉状》；“陈昌银官方旗舰店”京东产品网页等。

陈麻花公司在再审期间提交了以下主要证据：

陈稳健个体工商户工商档案；（2020）渝 0192 民初 1882 号民事判决书、（2018）渝 0112 民初 4953、4979、4995、4999 案一审庭审笔录；陈守林麻花淘宝网页截图；网页截图；“陈麻花”维权新闻报道网页截图；（2018）浙 0110 民初 3639 号民事判决书、（2020）渝 05 民初 2259 号民事判决书；个体工商户字号名称预先核准申请书（重庆古镇陈记麻花店）、个体工商户字号名称预先核准申请书（陈建平）；在磁器口购买“陈麻花”的新闻报道；微博文章；《磁器口风情》部分页、重庆市沙坪坝区磁器口古镇保护开发区管委会《千年古镇磁器口》部分页等。

本院再审查明，2015 年 6 月 15 日重庆市第一中级人民法院作出的（2015）渝一中法民终字第 1977 号民事判决书中记载，“将姓氏与食品名称组合进行企业命名在重庆地区亦属常见”“由此可见，包括磁器口陈麻花经营部和上诉人（陈麻花公司）在内的主体均认为‘陈麻花’一词不足以指称二者，而以一定词汇对‘陈麻花’加以限定，由此缩小指称范围，以明确其指称的对象为前述二者”“从‘陈麻花’一词的使用情况来看，‘陈麻花’有时被作为商品名称使用。如，2007 年至 2008 年，沙区疾控中心出具的《卫生检验报告》中的样品名称部分显示为‘陈麻花’；2008 年至 2009 年期间，上诉人（陈麻花公司）开具给其他经营者的部分发票中显示品名为‘陈麻花’；2009 年至 2011 年，上诉人（陈麻花公司）与其他经营者之间订立的买卖合同中注明品名‘陈麻花系列产品’等”“综上所述，上诉人（陈麻花公司）的证据不足以证明相关公众已经在‘陈麻花’与上诉人（陈麻花公司）之间建立起稳定联系，故，‘陈麻花’不能达到区分上诉人（陈麻花公司）与其他经营者的功能，其不能受到《反不正当竞争法》对企业名称的保护”。

再查明，2021 年 6 月 7 日北京市高级人民法院作出的（2021）京行终 1130 号行政判决书记载：2020 年 5 月 13 日国家知识产权局商评字〔2020〕第 115372 号《关于第 13488202 号“陈麻花”商标无效宣告请求裁定书》认定，第 13488202 号“陈麻花”商标因与第 4835647 号“磁器口陈守林陈麻花”商标构成 2014 年商标法第三十条所指的使用在同一种或者类似商品上的近似商标，裁定第 13488202 号“陈麻花”商标在“麻花；米糕；糕点；月饼；芝麻糊；甜食（糖果）”商品上予以无效宣告，在“怪味豆；琥珀花生；锅巴；黑麻片”商品上予以维持。陈麻花公司不服该裁定，提起行政诉讼，一审判决驳回陈麻花公司的诉讼请求，二审判决驳回上诉，维持原判。

另查明，本案被诉决定无效宣告请求申请人在行政阶段请求依据商标法第七条、第十条第一款第七项、第八项、第十一条第一款第一项、第二项、第三项、第四十四条第一款的规定，对诉争商标宣告无效。

再审查明的其他事实同原审判决查明的事实。

本院再审认为，本案再审审理的焦点问题是诉争商标的注册是否违反商标法第十一条的规定。

商标法第十一条规定，下列标志不得作为商标注册：（一）仅有本商品的通用名称、图形、型号的；（二）仅直接表示商品的质量、主要原料、功能、用途、重量、数量及其他特点的；（三）其他缺乏显著特征的。前款所列标志经过使用取得显著特征，并便于识别的，可以作为商标注册。

商标是在生产经营活动中使用的，用于识别商品或者服务来源的标志，应当具备帮助消费者将其所代表的生产、经营者的商品或者服务同其他生产、经营者的商品或者服务区分开来的能力，此即商标的显著特征。本案中，互旺公司等在再审期间提交了包含 2006 年第 6 期《台声》的《两岸作家西部采风之旅——全国台联、华艺出版社、重庆市台联举办两岸作家采风活动》、2013 年 10 月《公民导刊》的《“活”着的古镇磁器口》等 20 余篇期刊、报刊文章，上述文章中已将“陈麻花”作为重庆磁器口古镇的美食予以介绍。而 2007 年 8 期《时代经贸》期刊上的《旅游景区之旅游商品设计探析——A 景区重庆磁器口为例》、2012 年 2 期《旅游》期刊上的《磁器口从前的故事》、2011 年第 28 卷第 7 期《重庆与世界》期刊上的《探寻磁器口陈麻花发展之路》，内容记载重庆磁器口有陈昌银陈麻花、陈稳健陈麻花、老街陈麻花等多个经营主体或门店提供的麻花商品。上述文章包含学术文章、新闻报道、散文、诗歌等多种形式，发表的时间在2006年至2013年，相关内容能够证明在陈麻花公司申请注册诉争商标时，相关公众已将“陈麻花”与重庆磁器口联系起来，并有相当一部分公众将其认读为一种重庆小吃。

互旺公司等和陈麻花公司均提交了形成于2001年至2004年间重庆磁器口地区部分麻花经营者的工商登记资料等信息，证明在2001年至2004年至少有重庆古镇陈记麻花店、重庆市沙坪坝区陈稳健麻花店、重庆市沙坪坝区磁器口老街陈建平麻花店等麻花经营者在重庆市磁器口使用包含“陈”和“麻花”的字号；互旺公司等提交的重庆磁器口古镇管理委员会、重庆市沙坪坝区磁器口街道金蓉社区居民委员会于2018年1月15日出具的《情况说明》，亦记载了重庆市沙坪坝磁器口陈建平麻花食品有限公司三家门店、重庆市沙坪坝区健雄食品经营部一家门店、重庆市陈守林麻花食品有限公司经营门店在重庆磁器口生产经营麻花，其所属门店店招及食品包装上均有“陈麻花”字样沿用至今等内容，双方当事人所提交证据中包含的大量照片等能够与上述期刊等内容相互印证，证明在2001年以后，在重庆市磁器口地区有多家麻花经营者以包含“陈”和“麻花”的字号开展经营，直至诉争商标申请时，在重庆磁器口有多家麻花经营者在生产经营的麻花商品上突出使用“陈麻花”标志。

互旺公司等提供了多份落款日期为2007年至2015年、受检单位包括陈麻花公司在内的多个企业、个人的检验报告，检验委托单位包括重庆市质量技术监督局、重庆市食品药品监督管理局、重庆市沙坪坝区卫生局卫生监督所等，报告中将产品或样品名称写为“陈麻花”“陈建平陈麻花”“陈昌银陈麻花”等，结合（2015）渝一中法民终字第1977号民事判决书的相关认定，证明当地从事麻花经营的多个生产主体以及有关监管部门，已将陈麻花指称为一种产品，这种使用在诉争商标申请注册前后均存在。

虽然在案证据不能证明相关公众普遍认为“陈麻花”所具体指代的是哪一类麻花商品，“陈麻花”尚不足以构成麻花类商品的通用名称，但基于上述相关公众对“陈麻花”的认识和当地经营者对“陈麻花”标志的使用状况等事实，证明本案诉争商标申请注册时，“陈麻花”已不能区别具体的麻花商品的生产、经营者，从而发挥商标应有的识别功能，故其构成商标法第十一条第一款第三项其他缺乏显著特征的标志，不得作为商标注册。虽然被诉裁定及原审法院对此未审理确认，但互旺公司等申请无效宣告以及再审诉讼中均提出此项主张，再审审理中陈麻花公司亦对此陈述了意见，故本院对此进行审理符合法律规定。

此外，诉争商标核定在麻花以外的“怪味豆、琥珀花生、黑麻片、糕点”等商品上使用，构成商标法第十条第七项“带有欺骗性，容易使公众对商品的质量等特点或者产地产生误认的”规定的不得作为商标使用的情形，原审判决对此认定正确。

被诉裁定及一审判决关于诉争商标“陈麻花”构成一种麻花商品的通用名称虽认定不当，但被诉裁定宣告诉争商标无效以及一审判决驳回陈麻花公司的诉讼请求正确，本院对此予以维持。

综上，再审申请人互旺公司等的再审诉讼请求部分成立，本院予以支持。二审判决认定事实及适用法律不当，本院予以纠正。依照《中华人民共和国行政诉讼法》第八十九条第一款第二项、《最高人民法院关于适用〈中华人民共和国行政诉讼法〉的解释》第一百一十九条第一款、第一百二十二条的规定，判决如下：

一、撤销北京市高级人民法院（2019）京行终9347号行政判决；

二、维持北京知识产权法院（2019）京73行初3833号行政判决。

一审、二审案件受理费合计二百元，由重庆市磁器口陈麻花食品有限公司负担。

本判决为终审判决。

审　判　长　张志弘
审　判　员　白雅丽
审　判　员　许常海
二〇二一年十二月十七日
法官助理　张　赫
书　记　员　芦　菲

25. 作品中的特有名称可作为在先权益受到商标法保护

——再审申请人完美世界控股集团有限公司、国家知识产权局与被申请人上海游奇网络有限公司商标权无效宣告请求行政纠纷案①

中华人民共和国最高人民法院行政判决书（2021）最高法行再254号

再审申请人（一审第三人、二审上诉人）：完美世界控股集团有限公司。住所地：北京市海淀区上地东路1号院1号楼8层A801。

法定代表人：池宇峰，该公司董事长。

委托诉讼代理人：乔平，北京市环球律师事务所律师。

委托诉讼代理人：穆颖，北京市环球律师事务所律师。

再审申请人（一审被告、二审上诉人）：国家知识产权局。住所地：北京市海淀区蓟门桥西土城路6号。

法定代表人：申长雨，该局局长。

委托诉讼代理人：孙明娟，该局审查员。

委托诉讼代理人：方莉园，该局审查员。

被申请人（一审原告、二审被上诉人）：上海游奇网络有限公司。住所地：上海市浦东新区三林路338号。

法定代表人：倪娟娟，该公司总经理。

再审申请人完美世界控股集团有限公司（以下简称完美世界公司）、国家知识产权局因与被申请人上海游奇网络有限公司（以下简称上海游奇公司）商标权无效宣告请求行政纠纷一案，不服北京市高级人民法院（2018）京行终6240号行政判决，分别向本院申请再审。本院于2020年12月30日作出（2019）最高法行申10765号行政裁定，提审本案。本院依法组成合议庭公开开庭审理本案，完美世界公司的委托诉讼代理人乔平、穆颖，国家知识产权局的委托诉讼代理人孙明娟、方莉园到庭参加诉讼，上海游奇公司经本院合法传唤未参加开庭审理。本案现已审理终结。

① 本案在年度报告中的位置为第43页。

完美世界公司申请再审称，（一）二审判决否认“商品化权益”属于在先权利范畴，属于适用法律错误。“商品化权益”实质上是对根据法律规定应予以保护、但法律尚未赋予其法定名称的一类权益的统称和指代，并非法律规定之外新创设的民事权益，应当作为商标法意义上的在先权利受到保护。“商品化权益”与反不正当竞争法上的反射利益并不矛盾，不应以后者否定前者。（二）“葵花宝典”作为金庸小说作品《笑傲江湖》中的武学秘籍名称，具有较高知名度及市场经济价值，并且与《笑傲江湖》、金庸之间形成了稳定、固定的指向关系，属于《最高人民法院关于审理商标授权确权行政案件若干问题的规定》[①] 第二十二条第二款的保护对象，应作为在先权利予以保护。二审判决认定“葵花宝典”与《笑傲江湖》及金庸之间的稳定指向关系已受到阻断，属于认定事实错误，有新的证据足以推翻该认定。同时，二审判决将特定词语在公众日常生活中的自由表达与经营者在商业经营行为中商标意义的商业使用相混同。（三）上海游奇公司并非偶发地注册了一件“葵花宝典”诉争商标，而是在同一时期恶意注册了多件“笑傲江湖”商标。诉争商标的注册容易导致相关公众对服务来源产生混淆。综上，请求本院撤销一、二审判决，维持原国家工商行政管理总局商标评审委员会（以下简称商标评审委员会）作出的商评字〔2017〕第17732号《关于第10572048号“葵花宝典”无效宣告请求裁定书》（以下简称第17732号裁定）。

国家知识产权局申请再审称，（一）二审判决对《中华人民共和国民法总则》[②]（以下简称民法总则）第一百二十六条理解错误。民事权益并非因法律创设而存在。从法教义学上看，对“商品化权益”予以保护的司法解释以及行政、司法实践已成为现行法秩序。（二）二审判决对反不正当竞争法的解读错误。反射利益是由于利益超出法律或者法律行为预先设想的范围而产生，反射利益受损原则上不可诉。但对于受到不正当竞争行为影响的特定主体，如果人身或财产性权益受到直接损害，特定主体被赋予法律上的请求权。（三）《最高人民法院关于审理商标授权确权行政案件若干问题的规定》第二十二条在“作品名称、作品中的角色名称”后加了“等”字，表明列举未尽，应根据具体情况分析是否存在对作品中其他元素进行保护的必要性。（四）日常语境下的词语含义与将其作为商标使用相关公众是否可能混淆并无关联。二审判决还忽略了上海游奇公司一贯利用金庸作品知名度为其自身

---

① 已被《最高人民法院关于修改〈最高人民法院关于审理侵犯专利权纠纷案件应用法律若干问题的解释（二）〉等十八件知识产权类司法解释的决定》（2020年12月29日公布）修改，本案下同。

② 已被《中华人民共和国民法典》废止，本案下同。

网络游戏招徕玩家的主观故意。二审判决认定事实不清，适用法律错误，请求本院依法改判。

上海游奇公司答辩称，（一）完美世界公司并非作者本人，完美世界公司并未获得针对“葵花宝典”这一特定作品元素的明确授权。且“葵花宝典”并未被金庸和完美世界公司实际作为商业性标识使用，该权利是否有保护的必要性应予充分考虑。（二）“商品化权”不是法定权利，也不是法律确认保护的法益，不属于2001年修正的《中华人民共和国商标法》（以下简称2001年商标法）第三十一条规定保护的“在先权利”。（三）《最高人民法院关于审理商标授权确权行政案件若干问题的规定》第二十二条第二款不应涉及全部作品元素，司法实践没有对作品中武学秘籍名称予以保护的先例，“葵花宝典”作为《笑傲江湖》中武学秘籍的名称，不应给予商标法保护。且《最高人民法院关于审理商标授权确权行政案件若干问题的规定》是2017年3月1日起施行的，以在后形成的司法解释去否定2013年6月7日就获得注册的商标，违反“法不溯及既往”原则。（四）完美世界公司主张对“葵花宝典”作品元素的保护，实质是寻求将未注册且未使用的标志得以跨类禁止他人申请注册的超驰名商标保护。（五）“葵花宝典”与金庸的联系并不是可以用以排斥他人商标申请注册的固定的对应关系。“葵花宝典”的语义已经流变而产生了一般描述性含义，“葵花宝典”与金庸的指向性受到了阻断。请求本院驳回再审申请，维持一、二审判决。

北京知识产权法院（以下简称一审法院）查明：诉争商标系第10572048号“葵花宝典”商标（图样附后），由上海游奇公司于2012年3月5日向原国家工商行政管理总局商标局（以下简称商标局）提出注册申请，于2013年6月7日核准注册，核定使用服务为第41类：在计算机网络上提供在线游戏；娱乐；提供体育设施；玩具出租；游戏器具出租；动物训练；为艺术家提供模特服务；经营彩票；提供娱乐场所；提供娱乐设施（截止）。该商标专用期限自2013年6月7日起至2023年6月6日止。

2015年3月20日，完美世界（北京）数字科技有限公司（以下简称完美世界数字公司）对诉争商标提出无效宣告申请。

在商标评审阶段，完美世界数字公司向商标评审委员会提交了以下主要证据：1. 完美世界数字公司及其关联公司的营业执照及主体资格变更证明。2.《电脑及电视游乐器（网络版）软体改作权授权合约书》《〈笑傲江湖〉电脑及电视游乐器（网络版）软体改作权授权补充协议》《〈笑傲江湖〉电脑及电视游乐器（网络版）软体改作权授权补充协议（2）》。3. 明河社出版有限公司代理金庸发表的《声明》、明河社出版有限公司与金庸联合出具的授权书。4. 百度百科关于金庸、“飞雪连天射白鹿、笑书神侠倚碧鸳”、金庸文学作品研究的代表人物严家炎、冯其庸相关介绍的打印件。5. 广州出版社印刷出版的《笑傲江湖》图书资料、经公证的国家图书馆、首都图书馆馆藏《笑傲江湖》图书资料。6. 以“笑傲江湖”为关键词在国家图书馆科技查新中心检索的相关报道文章。7. 完美世界数字公司关联公司所获荣誉、奖项及新浪、太平洋游戏网、搜狐等多家媒体对完美世界数字公司获奖情况的宣传报道材料。8. 北京市海淀区国家税务局纳税人、缴扣义务人涉税保密信息告知书。9. 计算机软件著作权登记证书。10. 完美世界数字公司关联公司与相关市场主体签订的制作、开发和策划“笑傲江湖”网络游戏主题曲、音乐、漫画、插画、宣传照片、视频拍摄、宣传推广、公关等项目事宜的合同，以及上述合同的履约凭证、发票复印件等。11. 相关互联网媒体对完美世界数字公司关联公司的《笑傲江湖》网络游戏的报道。12.《笑傲江湖 OL》游戏所获荣誉。13. 经公证的“完美世界”及“笑傲江湖”网络检索结果资料。14. 相关报刊媒体对完美世界数字公司《笑傲江湖》网络游戏的宣传报道材料。15. 上海游奇公司申请注册商标档案打印件。16. 相关商标授权确权案件裁定书和法院判决书。

上海游奇公司向商标评审委员会提交了百度百科关于“葵花”“宝典”“葵花宝典”的检索的打印件、百度百科关于“商品化权”打印页、“唯我独尊”出处及含义打印页、《笑傲江湖 OL》游戏官网打印页等证据。

商标评审委员会于 2017 年 3 月 2 日作出第 17732 号裁定。裁定认为：

本案完美世界数字公司作为完美世界（北京）软件有限公司、完美世界（北京）软件科技发展有限公司的利害关系人，有权基于金庸《笑傲江湖》作品中武学秘籍的特有名称“葵花宝典”的商品化权益对诉争商标提起无效宣告申请。2013 年修正的《中华人民共和国商标法》（以下简称 2013 年商标法）第三十二条所指的“在先权利”应作广义理解，不仅包括现行法律已有明确规定的在先法定权利，也包括民事主体依法享有的受法律保护的其他合法权益。完美世界数字公司所主张的“商品化权”，指的是权利人具有的将知名形象、知名作品名称、作品中具有知名度和独创性的特有元素等相关标识与商品（服务）结合，投入商业性使用而取得经济利益的权利，由于该权利并非法定的民事权利类型，故将其称为“商品化权益”为宜。作品中的特有名称能否成为“商品化权益”的保护对象，关键看该作品中的特有名称是否具有知名度和影响力，是否与权利人建立对应关系，相关公众能否在商业活动中借此作品名称产生心理消费需求。完美世界数字公司提交的在案证据表明，金庸的《笑傲江湖》小说作品拥有广大的读者群体，《笑傲江湖》小说作品在文学界和相关公众中具有较高的知名度和影响力，而“葵花宝典”作为金庸在该武侠小说作品中虚构的最高级别的武学秘籍，是牵引小说情节发展的最重要线索，是贯穿整部小说的悬念和核心。“葵花宝典”已与《笑傲江湖》作品及金庸建立了固定的对应关系。“葵花宝典”作为小说作品中武学秘籍的特有名称所带来的商业价值和商业机会是金庸投入大量创造性劳动所得，而诉争商标与金庸小说中武学秘籍的特有名称完全相同，且诉争商标核定使用的在计算机网络上提供在线游戏、娱乐等服务是当下武侠小说作品通常可能涉及的衍生服务行业，诉争商标核定使用在上述服务项目上容易使相关公众误认为上述服务项目与知名小说作品的作者具有关联关系或者已经获得了作者的授权，从而对使用了诉争商标的上述服务产生好感以及信任感，这就不当利用了金庸基于小说作品中武学秘籍的特有名称而享有的商业价值和交易机会。故诉争商标的申请注册损害了金庸《笑傲江湖》小说作品中武学秘籍特有名称的商品化权益，违反了2013年商标法第三十二条“申请商标注册不得损害他人现有的在先权利”的规定。完美世界数字公司主张诉争商标的注册违反2013年商标法第三十二条“不得以不正当手段抢先注册他人已经使用并有一定影响的商标”及第十条第一款第八项“有害于社会主义道德风尚或者有其他不良影响”的理由不能成立。商标评审委员会裁定：诉争商标予以无效宣告。

上海游奇公司不服第17732号裁定，向一审法院提起诉讼。主要理由是：（一）本案中“笑傲江湖”游戏的被授权方并非完美世界数字公司。完美世界数字公司对诉争商标不具有实体利益，亦不具备提起无效宣告请求的主体资格，商标评审委员会受理并作出裁定属于程序违法。（二）完美世界数字公司主张的“商品化权益”并非我国法律、行政法规或司法解释所规定的法定权利或法定权益。“葵花宝典”作为一个已经具备一般描述含义的常见词汇，不应被垄断；商标评审委员会认定“葵花宝典”与金庸存在“唯一对应关系”不是认定侵犯在先权利的充分条件。请求法院撤销第17732号裁定。

一审诉讼阶段，上海游奇公司向一审法院提交了如下证据：1. 以“葵花宝典”为标题或主题的期刊杂志文章摘要页。2. 以“葵花宝典”为标题或主题的网络文学作品的摘要页。3. 名称中含有“葵花宝典”的企业和个体工商户的信用信息。4. 对金庸小说人物、武功进行统计汇总的资讯文章和网页。

商标评审委员会向一审法院提交了行政阶段相关材料复印件，包括诉争商标档案，本案当事人在评审程序中提交的申请书、证据目录及证据材料复印件、答辩通知书。

完美世界数字公司向一审法院提交了如下证据：1.《移动终端游戏软件

改编授权合同》。2.《游戏软件开发、运营及推广授权协议》。3. 完美环球娱乐股份有限公司发行股份购买资产并募集配套资金暨关联交易报告书（修订稿）（节选）。4. 企业信用信息公示报告及工商查档详情。5. Perfect Online Holding Limited（Hong Kong）的股东信息。6. 完美世界数字公司与关联公司控股关系示意图。7. 完美世界股份有限公司在深圳证券交易所网站中公开的《完美世界：关于控股股东部分股份质押的公告》。

一审法院认为，根据《最高人民法院关于商标法修改决定施行后商标案件管辖和法律适用问题的解释》[①] 第七条规定，本案审查相关程序问题应适用2013年商标法，审查实体问题应适用2001年商标法。商标评审委员会在行政程序中对于实体问题直接适用2013年商标法进行审理，存在新旧法法律适用错误，但由于2013年商标法第三十二条与2001年商标法第三十一条规定内容相同，故该适用错误并不当然导致实体结论的变化。

本案的焦点问题为：（一）关于完美世界数字公司对诉争商标提出无效宣告的主体资格是否适格的问题。2013年商标法第四十五条规定，已经注册的商标，违反本法第十三条第二款和第三款、第十五条、第十六条第一款、第三十条、第三十一条、第三十二条规定的，自商标注册之日起五年内，在先权利人或者利害关系人可以请求商标评审委员会宣告该注册商标无效。《最高人民法院关于审理商标民事纠纷案件适用法律若干问题的解释》[②] 第四条规定，利害关系人包括注册商标使用许可合同的被许可人、注册商标财产权利的合法继承人等。判断申请人是否为利害关系人原则上以提出异议或无效宣告申请时为准。申请时不具备利害关系，但在案件审理时已具备利害关系的，应当认定为利害关系人。

在案证据显示，涉案“笑傲江湖”游戏的被授权方为完美世界（北京）软件有限公司、完美世界（北京）软件科技发展有限公司及Perfect Online Holding Limited三家公司。同时，完美世界（北京）软件科技发展有限公司根据协议可以授权其关联公司承担并制作游戏软件产品，关联公司有权以自己的名义采取合法手段追究第三方的侵权责任。从控股关系来看，“完美世界”系列公司的实际控制人均为本案完美世界数字公司或者完美世界数字公

① 已被《最高人民法院关于修改〈最高人民法院关于审理侵犯专利权纠纷案件应用法律若干问题的解释（二）〉等十八件知识产权类司法解释的决定》（2020年12月29日公布）修改，本案下同。

② 已被《最高人民法院关于修改〈最高人民法院关于审理侵犯专利权纠纷案件应用法律若干问题的解释（二）〉等十八件知识产权类司法解释的决定》（2020年12月29日公布）修改，本案下同。

司的法定代表人池宇峰。完美世界数字公司与涉案“笑傲江湖”游戏的被授权公司完美世界（北京）软件科技发展有限公司存在控股关系，属于《游戏软件改编授权合约之补充协议一》中约定的关联公司。因此，完美世界数字公司与涉案“笑傲江湖”游戏的被授权公司完美世界（北京）软件科技发展有限公司之间存在事实上的授权关系，完美世界数字公司属于对诉争商标主张权利的利害关系人，具备 2013 年商标法第四十五条规定的主体资格。

（二）关于诉争商标是否违反 2001 年商标法第三十一条“申请商标注册不得损害他人现有的在先权利”的规定。一审合议庭出现不同意见。少数意见认为，上海游奇公司在第 41 类“在计算机网络上提供在线游戏；娱乐”服务上申请注册诉争商标，违反了该规定，但诉争商标核定使用在“提供体育设施；玩具出租；游戏器具出租；动物训练；为艺术家提供模特服务；经营彩票；提供娱乐场所；提供娱乐设施”服务上，未违反该规定。

多数意见认为，上海游奇公司提交的证据显示，“葵花宝典”已经从唯一指向金庸作品《笑傲江湖》演化为不再仅指向特定作者或特定作品，“葵花宝典”与《笑傲江湖》及金庸之间的稳定指向关系因其在各个领域中的广泛使用而受到了阻断。此种情形下，如果仍将著作权法中不属于保护对象的虚拟作品名称纳入到在先商品化权益的保护范畴，一定程度上损害了社会公众对法律的合理预期并限制了公众的表达自由，遏制商标申请注册制度带来的负面效应不应以前述利益的损害为代价。具有其他含义的虚拟武学秘籍名称“葵花宝典”不构成在先权益，诉争商标的申请注册并未违反 2001 年商标法第三十一条“申请商标注册不得损害他人现有的在先权利”的规定。

综上所述，无论是合议庭少数意见还是多数意见，第 17732 号裁定均存在部分事实认定不清，部分法律适用错误的问题。一审判决：撤销第 17732 号裁定；商标评审委员会就诉争商标的无效宣告请求重新作出裁定。一审案件受理费 100 元，由商标评审委员会负担。

商标评审委员会和完美世界数字公司不服一审判决，向北京市高级人民法院（以下简称二审法院）提起上诉，请求撤销一审判决、维持第 17732 号裁定。上海游奇公司服从一审判决。

二审法院查明，一审法院查明事实基本清楚，并另查明，完美世界数字公司于 2017 年 8 月 9 日经北京市工商行政管理局海淀分局核准，名称变更为“完美世界控股集团有限公司”。

二审期间，完美世界公司补充提交了五组证据：

第一组证据：从国家图书馆、中国知网、互联网上取得的有关“葵花宝典”的书籍、文章、介绍等证据；第二组证据：关于金庸去世的新闻报道；

第三组证据：从中国知网上查询的涉及“功夫熊猫”“驯龙高手”等法院判决享有商品化权益的词语的使用情况；第四组证据：IP360 取证数据保全证书、游戏内容截屏、网络游戏电子标签、上海游奇公司网站及官方新浪微博、乐趣网官方网站及宣传文章等；第五组证据：真相网络科技（北京）有限公司营业执照副本、著作权登记证书、真相科技电子证据技术原理说明、检验报告、保密协议、司法鉴定及收据保全技术合作协议、产品购销合同、设备供货合同等证据。

二审法院认为，本案审查判断诉争商标是否应予无效宣告，应当适用 2001 年商标法。本案二审期间的争议焦点为：“葵花宝典”名称是否能够以“商品化权益”的形式作为在先权益予以保护，进而在此基础上确定诉争商标的注册是否违反了 2001 年商标法第三十一条的规定。

民法总则在明确列举民事主体享有的各项民事权利后，在第一百二十六条规定：“民事主体享有法律规定的其他民事权利和利益。”无论是民事权利，还是民事权益，都应当由法律予以规定方能获得保护。《中华人民共和国著作权法》（以下简称著作权法）明确规定了著作权及邻接权人享有的各项民事权利，特别是该法第十条第一款第十七项作出兜底性规定“应当由著作权人享有的其他权利”，只要其他民事主体未侵害著作权法规定的上述权利，则应当认定他人对作品及构成元素的使用就是合法的、不需要承担民事责任。现有的法律和司法解释，并未规定作品中虚构的作品名称，无论是以武学秘籍的形式或者以其他形式出现，都可以作为在先权益予以保护。《最高人民法院关于审理商标授权确权行政案件若干问题的规定》第二十二条第二款对作品名称、作品中的角色名称的保护，更多的是从反不正当竞争的角度对具体的行为予以规制，并不意味着在著作权法之外在作品或其构成元素上创设了新的民事权益。商标评审委员会和完美世界公司所主张的“商品化权益”，不符合民法总则第一百二十六条的规定，“商品化权益”不属于“民事主体享有法律规定的其他民事权利和利益”的范畴。同时，“商品化权益”本身的内涵、边界无法准确确定，相关公众对这一所谓的民事权益无法作出事先预见和为避免侵权而作出规避。故就此类作品构成元素而言，缺乏在法律上给予直接保护的法律依据。第 17732 号裁定在事实认定和法律适用方面均存在错误。商标评审委员会和完美世界公司认为金庸小说作品《笑傲江湖》中虚构的武学秘籍“葵花宝典”应当作为商品化权益予以保护的上诉理由缺乏法律依据，二审法院对此不予支持。

二审法院另外指出，如果未经作品的著作权人许可而将其作品名称或者作品中的角色名称作为商标使用而有可能引人误认的行为，属于《中华人民共和国反不正当竞争法》（以下简称反不正当竞争法）调整的不正当竞争行为。反不正当竞争法在对不正当竞争行为予以规制的同时，必然使受到该不正当竞争行为影响的其他经营者或者包括著作权人在内的其他民事主体享受到反射性的利益，该利益属于民法总则第一百二十六条规定的“法律规定”的民事权益。商标评审委员会在重审过程中，应当就诉争商标的注册和使用是否属于反不正当竞争法所禁止的不正当竞争行为作出认定。二审判决：驳回上诉，维持原判。一审案件受理费100元，由商标评审委员会负担；二审案件受理费100元，由商标评审委员会和完美世界公司各负担50元。

在申请再审程序中，完美世界公司向本院提交了三组证据：

第一组证据：2019年9月，上海零点市场调查有限公司出具的《某商标名称公众认知调研项目报告》。主要内容是：公众对“葵花宝典”一词认知情况；“葵花宝典”商标与金庸及其作品关联性认知情况。证明目的：“葵花宝典”与金庸及《笑傲江湖》小说之间存在紧密联系和对应关系，将其作为商标使用在游戏相关商品/服务上容易导致相关公众误认为其经过权利人的许可或者与权利人存在特定联系。第二组证据：5份公证书，对上海零点市场调查有限公司调查工作进行公证。证明目的：上海零点市场调查有限公司的调查工作是在公证人员的监督下，随机寻找受访者完成的，其结果真实有效。第三组证据：上海游奇公司的申请商标列表及具体信息。主要内容：上海游奇公司申请注册了包括“新笑傲江湖”“笑傲江湖”“笑傲江湖网页版”等众多商标。证明目的：上海游奇公司有组织、有计划地通过不正当抢注商标，侵害金庸对其作品享有的合法权益。

上海游奇公司发表质证意见为：对上述证据真实性未提出异议，但认为完美世界公司怠于举证，不应被采纳。报告内容不能反映诉争商标申请注册时公众的认知情况，与本案争议的问题不具有关联性。国家知识产权局未对上述证据的真实性、合法性、关联性提出异议。本院对上述证据的真实性、合法性予以确认，对其关联性，将结合争议焦点进行评述。

本院再审另查明：1. 根据中央机构改革部署，原国家工商行政管理总局商标局、商标评审委员会的相关职责由国家知识产权局统一行使。2. 2021年10月9日，上海游奇公司向国家知识产权局申请注销诉争商标。

本院认为，本案再审阶段的主要争议焦点是：诉争商标的申请注册是否违反2001年商标法第三十一条“申请商标注册不得损害他人现有的在先权利”的规定。结合各方当事人的意见以及原审情况，具体分析如下：

《最高人民法院关于商标法修改决定施行后商标案件管辖和法律适用问题的解释》第七条规定，对于在商标法修改决定施行前已经核准注册的商标，商标评审委员会于决定施行前受理、在决定施行后作出复审决定或者裁定，当事人提起行政诉讼的，人民法院审查相关程序问题适用修改后的商标法，审查实体问题适用修改前的商标法。本案诉争商标核准注册时间为 2013 年 6 月 7 日即 2013 年商标法修改决定施行前，故本案实体问题的审查应适用 2001 年商标法。一、二审法院对此认定正确。2001 年商标法第三十一条规定："申请商标注册不得损害他人现有的在先权利，也不得以不正当手段抢先注册他人已经使用并有一定影响的商标。"《最高人民法院关于审理商标授权确权行政案件若干问题的规定》第三十一条规定："本规定自 2017 年 3 月 1 日起施行。人民法院依据 2001 年修正的商标法审理的商标授权确权行政案件可参照适用本规定。"基于上述规定，本案审理商标无效宣告请求行政案件可以参照适用《最高人民法院关于审理商标授权确权行政案件若干问题的规定》。《最高人民法院关于审理商标授权确权行政案件若干问题的规定》虽然是在 2013 年商标法实施之后制定，但其仅是对 2013 年商标法包括第三十二条的适用进行解释，其内容已被法律规范所涵盖；而且 2013 年商标法第三十二条与 2001 年商标法第三十一条的内容完全相同。因此，本案参照适用《最高人民法院关于审理商标授权确权行政案件若干问题的规定》并不违反"法不溯及既往"原则，上海游奇公司的相关主张，不能成立。

《最高人民法院关于审理商标授权确权行政案件若干问题的规定》第十八条规定："商标法第三十二条规定的在先权利，包括当事人在诉争商标申请日之前享有的民事权利或者其他应予保护的合法权益。诉争商标核准注册时在先权利已不存在的，不影响诉争商标的注册。"根据该规定，对"在先权利"的界定，从时间节点上看，强调在诉争商标申请日之前享有，且在诉争商标核准注册时仍然存在；从范围上看，"在先权利"包括"民事权利"和"其他应予保护的合法权益"。《最高人民法院关于审理商标授权确权行政案件若干问题的规定》第二十二条第二款规定："对于著作权保护期限内的作品，如果作品名称、作品中的角色名称等具有较高知名度，将其作为商标使用在相关商品上容易导致相关公众误认为其经过权利人的许可或者与权利人存在特定联系，当事人以此主张构成在先权益的，人民法院予以支持。"对于"作品名称、作品中的角色名称等"作为"在先权益"予以保护，须满足三个条件：1. 作品处于著作权保护期限内。2. 作品名称、作品中的角色名称等具有较高知名度。商标法保护的必要性取决于作品元素的知名度和影响力。3. 商标使用在相关商品或服务上造成公众混淆误认的可能性较大。具体到本案：

首先，根据原审查明的事实，《笑傲江湖》系金庸于 1969 年创作完成的一部武侠小说作品，目前仍处于著作权保护期限之内。完美世界公司提交的在案证据表明，该小说最早于1984年10月出版发行，后被数家出版单位相继多次再版。《笑傲江湖》小说作品先后被改编为7版电视剧和4版电影。“葵花宝典”作为《笑傲江湖》小说中武学秘籍的特有名称，是牵引小说情节发展的重要线索和贯穿整部小说的核心。经由作者的创造性劳动，“葵花宝典”已从普通词汇“葵花”与“宝典”的组合演变为具有明确指向性、对应性的名称。“葵花宝典”与《笑傲江湖》小说和金庸产生了稳定的对应关系。在诉争商标申请日之前，《笑傲江湖》小说、基于小说而改编的同名影视作品、小说中的“葵花宝典”名称及金庸已经为广大公众所熟知，具有较高知名度。

虽然上海游奇公司一审期间提供了相关证据，以说明“葵花宝典”超出了原有范畴而演化成为可以指代从事某一工作或任务的高级攻略或手册的词汇，但该词汇一定程度的泛化使用，并不足以证明至诉争商标核准注册时，“葵花宝典”与金庸及其小说《笑傲江湖》之间的对应关系被阻断。现有证据不能说明，“葵花宝典”已经变为通用名称。即便相关公众将“葵花宝典”指代从事某一工作或任务的高级攻略或手册，很大程度上仍是借助了《笑傲江湖》小说中“葵花宝典”武学秘籍的特性。而完美世界公司申请再审期间提交的上海零点市场调查有限公司的调查报告显示，在公众认知中“葵花宝典”与金庸及其作品之间仍存在较高关联性。一、二审法院认为“葵花宝典”与《笑傲江湖》小说及金庸之间的稳定指向关系因其在各个领域中的广泛使用而受到了阻断，属于认定事实错误。

其次，诉争商标为文字商标，与金庸小说《笑傲江湖》中的武学秘籍名称“葵花宝典”完全相同，核定使用在第41类“在计算机网络上提供在线游戏；娱乐；玩具出租”等服务上。完美世界公司在商标评审阶段提供的证据显示，早在诉争商标申请日之前的2008年12月，金庸即授权完美世界公司的关联公司作为“笑傲江湖”游戏的发行及销售权人。2013年7月之后，金庸与明河社出版有限公司作为授权人，授权完美世界公司的关联公司享有《笑傲江湖》小说的游戏改编权，有权以授权作品名称、授权作品中的人物、武功、武器的名称等申请注册商标等。上述事实表明，诉争商标使用的“在计算机网络上提供在线游戏；娱乐”等服务，属于武侠小说通常的衍生服务范畴。诉争商标使用在上述服务项目上，容易使相关公众误认为上述服务项目与知名小说作品的作者具有关联关系或者已经获得了作者的授权。

再次，上海游奇公司除注册本案诉争商标之外，还注册了多件“笑傲江湖”商标。上海游奇公司作为从事网络游戏业务的经营主体，明知《笑傲江湖》小说、“葵花宝典”名称在我国具有广泛的知名度，仍使用“葵花宝典”申请注册商标，主观上具有利用相关权利人商业机会和市场优势地位的故意。

综上，诉争商标的注册违反了2001年商标法第三十一条有关“申请商标注册不得损害他人现有的在先权利”的规定。

第17732号裁定综合考虑“葵花宝典”名称的知名度、诉争商标核定使用的服务与知名武侠小说衍生服务的关联程度以及诉争商标申请人的主观恶意等因素，对故意挤占作者对作品中的特有名称享有的商业价值和交易机会的行为严格规制，符合商标法及其司法解释的规定。第17732号裁定作出宣告诉争商标无效的结论，具有事实和法律依据，结果并无不当。一、二审法院对第17732号裁定的合法性进行司法审查时，在没有充分依据的情况之下，推翻了第17732号裁定的结论，在事实认定和法律适用方面均存在一定错误，本院予以纠正。

商标评审委员会作出的第17732号裁定使用了“商品化权”的概念。本院认为，虽然“商品化权”并非法律规定的概念，但不能囿于其名称而径行得出“商品化权”不受我国法律保护的结论。某项特定的权益是否受到保护、如何保护，要与具体的法律规范相结合。民法总则第一百二十六条规定：“民事主体享有法律规定的其他民事权利和利益”。2001年商标法第三十一条规定的“在先权利”，即属于受到法律保护的民事权益范畴。著作权法第十条第一款第十七项规定的“应当由著作权人享有的其他权利”，表明在第一款明确列举的十六项权利之外，著作权人还享有其他法律赋予的权利，未列举的不等于著作权人没有这些权利。《最高人民法院关于审理商标授权确权行政案件若干问题的规定》将符合特定条件的“作品名称、作品中的角色名称等”纳入“在先权利”给予保护，并非在著作权法等法律之外创设了新的权益。在商标法已经对在先权利保护作出明确规定的情况下，本案可不再考虑反不正当竞争法的适用。

需要指出的是，注册商标的注销与商标权无效的法律后果不同。本案裁定提审之后，上海游奇公司向国家知识产权局申请注销诉争商标。根据《中华人民共和国商标法实施条例》的相关规定，待国家知识产权局核准注销诉争商标后，该注册商标专用权的效力自国家知识产权局收到注销申请之日起终止。本案为商标无效宣告请求行政案件，被宣告无效的注册商标，注册商标专用权自始无效。因此，诉争商标的申请注销不影响本案的审理。

综上所述，诉争商标的申请注册违反了2001年商标法第三十一条关于“申请商标注册不得损害他人现有的在先权利”的规定。第17732号裁定依法应予维持。一、二审法院认定事实不清，适用法律错误，本院予以纠正。

依照《中华人民共和国行政诉讼法》第六十九条、第八十九条第一款第二项，《最高人民法院关于适用〈中华人民共和国行政诉讼法〉的解释》第一百一十九条第一款、第一百二十二条规定，判决如下：

一、撤销北京市高级人民法院（2018）京行终6240号行政判决和北京知识产权法院（2017）京73行初2800号行政判决；

二、驳回上海游奇网络有限公司的诉讼请求。

一、二审案件受理费各100元，由上海游奇网络有限公司负担。

本判决为终审判决。

审　判　长　张志弘
审　判　员　白雅丽
审　判　员　许常海
二〇二一年十二月十七日
法官助理　陈泽宇
书　记　员　芦　菲

附

葵花宝典

诉争商标

26. 商标无效宣告请求五年期限起算日的判断

——再审申请人宁波康宁线缆有限公司与被申请人
国家知识产权局、一审第三人康宁有限公司
商标权无效宣告请求行政纠纷案①

中华人民共和国最高人民法院行政裁定书（2021）最高法行申966号

再审申请人（一审原告、二审上诉人）：宁波康宁线缆有限公司。住所地：中华人民共和国浙江省慈溪市观海卫镇三北东路597号。

法定代表人：郑迅江，该公司执行董事。

委托代理人：钱航，北京盈科（杭州）律师事务所律师。

被申请人（一审被告、二审被上诉人）：国家知识产权局。住所地：中华人民共和国北京市海淀区蓟门桥西土城路6号。

法定代表人：申长雨，该局局长。

一审第三人：康宁有限公司。住所地：美利坚合众国纽约州科宁市沿河广场一号。

法定代表人：托马斯·R. 比尔，该公司副总裁兼首席知识产权顾问。

委托诉讼代理人：江涛，中国国际贸易促进委员会工作人员。

委托诉讼代理人：李荣欣，中国国际贸易促进委员会工作人员。

再审申请人宁波康宁线缆有限公司（以下简称康宁线缆公司）因与被申请人国家知识产权局、一审第三人康宁有限公司（以下简称康宁公司）商标权无效宣告请求行政纠纷一案，不服北京市高级人民法院（2020）京行终1094号行政判决，向本院申请再审。本院依法组成合议庭进行了审查，现已审查终结。

康宁线缆公司申请再审称：原审判决认定康宁公司提出无效宣告申请的日期并未超过五年期限，未违反2013年修正的《中华人民共和国商标法》（以下简称2013年商标法）第四十五条第一款的规定，属于事实认定错误和法律适用不当。第6535691号“康宁”商标（以下简称诉争商标）于2010

① 本案在年度报告中的位置为第45页。

年 6 月 27 日初步审定公告，公告期间，原国家工商行政管理总局商标局（以下简称商标局）收到异议申请，后异议申请人撤回申请，商标局于 2012 年 2 月 27 日发布公告，诉争商标申请人获得商标专用权，商标权有效期为 2010 年 9 月 28 日至 2020 年 9 月 27 日。异议申请人在异议程序中撤回申请，应视为同意诉争商标申请人对该商标权利的申请，根据 2013 年商标法第三十六条第二款规定，诉争商标权有效期应自初步审定公告结束之日起计算。故康宁公司于 2017 年 2 月 23 日提起无效宣告申请，已超过 5 年期限。据此，康宁线缆公司请求本院依法再审改判。

经审查查明，一审、二审审理查明的事实基本属实，本院予以确认。

本院经审查认为，根据各方当事人的诉辩意见，本案的焦点问题为：如何认定 2013 年商标法第四十五条下商标无效宣告请求期限的起算日，即该条所指“商标注册之日”如何确定。

2013 年商标法第四十五条第一款规定，已经注册的商标，违反本法第十三条第二款和第三款、第十五条、第十六条第一款、第三十条、第三十一条、第三十二条规定的，自商标注册之日起五年内，在先权利人或者利害关系人可以请求商标评审委员会宣告该注册商标无效。对恶意注册的，驰名商标所有人不受五年的时间限制。适用商标法第四十五条第一款确定商标无效宣告的五年期限起算日时，应当区分不同的商标注册程序，既要保证无效宣告程序发挥积极作用，维持商标注册秩序，又要避免损害权利人的信赖利益。

康宁线缆公司申请再审主张无效宣告申请期限的起算日应为商标初步审定公告三个月期满之日。对此，本院认为，商标注册之日应当依法根据商标注册程序来确定。2013 年商标法第三十三条规定，对初步审定公告的商标，自公告之日起三个月内，在先权利人、利害关系人认为违反本法第十三条第二款和第三款、第十五条、第十六条第一款、第三十条、第三十一条、第三十二条规定的，或者任何人认为违反本法第十条、第十一条、第十二条规定的，可以向商标局提出异议。公告期满无异议的，予以核准注册，发给商标注册证，并予公告。根据上述法律规定，若商标申请注册过程中未经过商标异议程序，商标初审公告三个月期满之日，商标申请人则获得授权，可以该日作为商标无效宣告五年期限的起算日。但商标申请注册过程中经过异议或异议复审程序，该商标最终是否能获得授权处于不确定状态，不宜一概将商标初审公告三个月期满之日视为 2013 年商标法第四十五条所指的“商标注册之日”。

2013 年商标法第三十六条第二款规定，经审查异议不成立而准予注册的商标，商标注册申请人取得商标专用权的时间自初步审定公告三个月期满之日起计算。自该商标公告期满之日起至准予注册决定做出前，对他人在同一种或者类似商品上使用与该商标相同或者近似的标志的行为不具有追溯力；但是，因该使用人的恶意给商标注册人造成的损失，应当给予赔偿。康宁线缆公司据此请求以诉争商标初步审定公告三个月期满之日起计算商标无效宣告申请的五年期间。对此，本院认为，2013 年商标法第四十五条所指“商标注册之日”并非商标专用权取得日。2013 年商标法第三十六条的上述规定系对经商标异议程序而准予注册的商标的专用权起算日的规定。同时，根据上述法律规定，对于异议经审查不成立，商标予以核准注册的，商标申请人取得专用权之日与准予注册决定作出日可能并非同一时点。因此，康宁线缆公司关于异议经审查不成立商标予以核准注册的，以初步审定公告期满日即取得商标专用权之日计算无效宣告五年期间的起算日于法无据。本案中，虽然诉争商标初审公告日为 2010 年 6 月 27 日，但商标局于 2012 年 2 月 27 日发布异议裁定公告，准予诉争商标注册。原审判决关于康宁公司于 2017 年 2 月 23 日对诉争商标提起无效宣告申请，并未超过五年期限的相关认定并无不当。

综上，康宁线缆公司的再审申请不符合《中华人民共和国行政诉讼法》第九十一条规定的情形。依照《最高人民法院关于适用〈中华人民共和国行政诉讼法〉的解释》第一百一十六条第二款的规定，裁定如下：

驳回宁波康宁线缆有限公司的再审申请。

审 判 长 佟 姝
审 判 员 戴怡婷
审 判 员 张玲玲
二〇二一年六月十日
法官助理 周睿隽
书 记 员 杨钰桐

27. 象征性使用不构成公开、真实、有效的商业使用

——再审申请人广东星光珠宝金行有限公司与被申请人国家知识产权局、一审第三人颜招胜商标权撤销复审行政纠纷案①

中华人民共和国最高人民法院行政裁定书（2021）最高法行申8162号

再审申请人（一审原告、二审上诉人）：广东星光珠宝金行有限公司。住所地：广东省佛山市顺德区大良碧鉴路49号。

法定代表人：周会祥，该公司执行董事。

委托诉讼代理人：黎叶，广东华进律师事务所律师。

委托诉讼代理人：朱虹，广东华进律师事务所律师。

被申请人（一审被告、二审被上诉人）：国家知识产权局。住所地：北京市海淀区蓟门桥西土城路6号。

法定代表人：申长雨，该局局长。

委托诉讼代理人：李世恒，该局审查员。

一审第三人：颜招胜，男，1981年10月24日出生，汉族，住广东省汕尾市城区东涌镇新湖村委会定家声村南八巷5号。

委托诉讼代理人：刘泽政，北京市青山律师事务所律师。

委托诉讼代理人：甄子燕，北京市青山律师事务所律师。

再审申请人广东星光珠宝金行有限公司（以下简称星光珠宝公司）因与被申请人国家知识产权局、一审第三人颜招胜商标权撤销复审行政纠纷一案，不服北京市高级人民法院（2021）京行终2566号行政判决，向本院申请再审。本院依法组成合议庭进行了审查，现已审查终结。

星光珠宝公司申请再审称，颜招胜提交的证明第5424738号“星光道STARLIGHTWAY及图”商标（以下简称诉争商标）在2015年4月23日至2018年4月22日期间（以下简称指定期间）进行使用的证据，不足以证明诉争商标在指定期间进行了商业使用。颜招胜是深圳市星光道珠宝有限公司

① 本案在年度报告中的位置为第47页。

（以下简称星光道公司）的法定代表人，其提交的证据1、4均为自制证据，证据1无相应生产销售证据予以佐证，证据4无法确定形成时间，均不能证明诉争商标在指定期间进行了使用；证据3中的微博头像可以实时变更，北京知识产权法院及北京市高级人民法院认定颜招胜将诉争商标作为其微博头像进行宣传推广使用，属于事实认定错误。颜招胜提交的证据2中星光道公司与深圳市汇福源珠宝有限公司于2016年、2017年签订的两份购销合同及相应的出库明细表、收据，因深圳市汇福源珠宝有限公司于2018年12月24日才开设账户进行经营，不可能在此前的2016年、2017年与星光道公司进行交易，且无相应的转账凭证予以佐证，故上述证据属于伪造的证据。况且，证据2中两份购销合同仅为颜招胜购买商品的进货合同，没有对应的发票予以佐证，亦无其他证据证明颜招胜已将带有诉争商标的商品投入流通领域，不能证明其对诉争商标进行了商业使用。颜招胜提交的证据2中还包括星光道公司与深圳市唯一珠宝视觉营销工作室之间的两份销售明细表及收据，因国家企业信用信息公示系统未查询到深圳市唯一珠宝视觉营销工作室，颜招胜提供的上述证据亦属于伪造的证据。此外，颜招胜提交其与深圳市汇福源珠宝有限公司于2016年9月5日签订的购销合同与对应的出库明细表中商品数量、总计金额等完全相同，但购销合同中幸运吊坠的单价为53元，出库明细表中幸运吊坠的单价却为35元，二者无法对应。综上，请求法院：撤销国家知识产权局于2019年9月24日作出的商评字［2019］第228696号《关于第5424738号“星光道STARLIGHTWAY及图”商标撤销复审决定书》（以下简称被诉决定）及一审、二审判决；判令国家知识产权局重新作出决定。

颜招胜提交意见称，证据1能证明颜招胜授权星光道公司使用诉争商标，许可使用期限包含指定期间；证据2购销合同、出库明细表、销售明细表及收据，显示有星光道公司分别向深圳市汇福源珠宝有限公司、深圳市唯一珠宝视觉营销工作室于指定期间购买“戒指；吊坠；项链；手镯；手链”商品，亦显示有诉争商标，并有相应的收据予以佐证；证据3显示新浪微博、微信公众号对诉争商标的宣传、推广。前述证据能够形成完整的证据链，证明颜招胜于指定期间在核定使用的商品上进行了有效的商业使用。请求法院驳回星光珠宝公司的再审申请。

国家知识产权局提交意见称，被诉决定认定事实清楚，适用法律正确。请求法院驳回星光珠宝公司的再审申请。

本院经审查认为，本案各方当事人再审审查期间的争议焦点为：颜招胜提交的证据是否能证明诉争商标于指定期间在“贵重金属合金；玉雕；银饰品；宝石（珠宝）；链（珠宝）；镀金物品；戒指（珠宝）；珍珠（珠宝）；

翡翠”等商品上进行了真实、合法、有效的商业使用。

《中华人民共和国商标法》（2001年修正）第四十四条第（四）项规定：“连续三年停止使用的注册商标，由商标局责令限期改正或者撤销其注册商标。”商标的使用，是指将商标用于商品、商品包装或者容器以及商品交易文书上，或者将商标用于广告宣传、展览以及其他商业活动中，用于识别商品来源的行为。判断商标是否在连续三年内进行了使用，须综合在案证据考量诉争商标权利人或者其他利害关系人是否有真实使用诉争商标的意图，是否在连续三年内将标有诉争商标的商品投入市场流通领域。仅仅为了避免诉争商标因商标法规定的连续三年停止使用应予撤销而对其进行象征性使用，不属于对诉争商标进行了真实、合法、有效的商业使用。

本案中，颜招胜在一审、二审期间未提交任何证据，仅在商标行政阶段提交了证明诉争商标在指定期间进行使用的证据，包括：1. 颜招胜与星光道公司签订的商标许可使用授权书；2. 购销合同、出库明细表、销售明细表及其收据；3. 星光道公司新浪微博认证申请公函、微博页面截图、微信公众平台认证公函、微信认证服务费发票、微信公众平台账号申请认证授权书、“星光道珠宝”微信公众号页面截图；4. 产品包装盒照片。

从颜招胜提交的上述证据的内容看：证据1是其将诉争商标许可给其作为法定代表人的星光道公司使用的商标许可使用授权书，该证据为自制证据，不能证明颜招胜对诉争商标进行了实际使用。证据2为星光道公司向深圳市汇福源珠宝有限公司及深圳市唯一珠宝视觉营销工作室分别购买标有诉争商标商品的两份购销合同或销售明细表及相应的出库明细表或收据。该证据仅能证明星光道公司向案外两个主体购买标有诉争商标的商品，不能证明其将标有诉争商标的商品对外进行了销售，无法证明诉争商标实际进入了市场流通领域。况且，即使该使用行为真实存在，因未达到一定规模，仍属于为规避商标法连续三年停止使用的撤销条款以维持其商标注册效力的象征性使用行为，非出于真实的商业目的而使用诉争商标。此外，颜招胜提交的其与深圳市汇福源珠宝有限公司于2016年9月5日签订的购销合同因与出库明细表中的幸运吊坠单价无法对应，该证据存疑。证据3仅将诉争商标标志作为微博头像或微信头像，未显示诉争商标指定使用的商品情况，且上述头像可以随时随意更换，不能证明诉争商标在指定期间内进行了使用。证据4未显示时间，亦不能证明诉争商标在指定期间进行了使用。因此，颜招胜提交的上述证据均不足以证明其及星光道公司在指定期间对诉争商标进行了真实、合法、有效的商业使用，北京知识产权法院及北京市高级人民法院认定的基本事实缺乏证据证明，依法应当再审。

综上，星光珠宝公司的再审申请符合《中华人民共和国行政诉讼法》第九十一条规定的情形。依照《最高人民法院关于适用〈中华人民共和国行政诉讼法〉的解释》第一百一十六条第一款和第一百一十八条之规定，裁定如下：

一、指令北京市高级人民法院再审本案；

二、再审期间，中止原判决的执行。

审　判　长　毛立华

审　判　员　李　嵘

审　判　员　江建中

二〇二一年十二月三日

法官助理　刘海珠

书　记　员　吕姝君

三、著作权案件审判

28. 美术作品独创性的认定

——再审申请人青岛福库电子有限公司与被申请人郑俭红、湛江市一品石电器有限公司著作权权属、侵权纠纷案①

中华人民共和国最高人民法院民事判决书（2021）最高法民再121号

再审申请人（一审原告、二审上诉人）：青岛福库电子有限公司。住所地：山东省青岛市城阳区青大工业园。

法定代表人：具滋信，该公司董事长。

委托诉讼代理人：闫春德，北京市集佳律师事务所上海分所律师。

委托诉讼代理人：王嘉雨，北京市集佳律师事务所律师。

被申请人（一审被告、二审被上诉人）：郑俭红。

委托诉讼代理人：谢湘辉，国浩律师（深圳）事务所律师。

委托诉讼代理人：卢萍，国浩律师（深圳）事务所律师。

被申请人（一审被告、二审被上诉人）：湛江市一品石电器有限公司。住所地：广东省湛江市人民大道中26号恒兴工业大厦七楼。

法定代表人：郑俭红，该公司执行董事。

委托诉讼代理人：谢湘辉，国浩律师（深圳）事务所律师。

委托诉讼代理人：卢萍，国浩律师（深圳）事务所律师。

再审申请人青岛福库电子有限公司（以下简称福库公司）因与被申请人郑俭红、湛江市一品石电器有限公司（以下简称一品石公司）著作权权属、侵权纠纷一案，不服广东省高级人民法院（2020）粤民终741号民事判决，

① 本案在年度报告中的位置为第48页、第50页。

向本院申请再审。本院于2020年12月10日作出（2020）最高法民申5126号民事裁定，提审本案。本院依法组成合议庭，于2021年7月16日公开开庭审理了本案。再审申请人福库公司的委托诉讼代理人闫春德、王嘉雨，被申请人郑俭红、一品石公司的委托诉讼代理人谢湘辉、卢萍到庭参加诉讼。本案现已审理终结。

福库公司申请再审称，（一）二审判决仅以福库公司起诉时已超过涉案商标核准注册之日起五年为由，就认定郑俭红、一品石公司使用涉案商标行为合法，属于适用法律错误且存在漏审。1. 郑俭红注册的“一品石”商标未在行政程序中被宣告无效，并不当然导致其注册、使用该商标行为合法。郑俭红违反诚实信用原则恶意将他人在先美术作品抢注为商标，即便其商标形式上获准注册，亦不具有实质上的合法性，不应受到法律保护，更不应成为本案其抗辩不侵权的理由。2.《中华人民共和国商标法》（以下简称商标法）第四十五条第一款规定的是对已注册商标予以无效宣告的事后救济程序，解决的是商标“禁注”问题。对于注册商标标志侵犯他人著作权等合法在先权利的“禁用”问题，并不应适用该条款予以审查和规制。二审判决显属适用法律错误。3. 二审法院在庭审中归纳了本案争议焦点，但二审判决却又认为对争议焦点问题没有必要再予以评论，显属认定事实及适用法律错误。（二）福库公司的“一品石”标志构成美术作品。一审判决认为“一品石”美术作品未区别于“秋史体”的书写特征，不具备独创性或独创性极为有限，属于认定事实和适用法律错误。1. “一品石”作品系独立创作完成的智力成果，构成书法美术作品。2. “审美意义”并非美术作品可版权性的构成要件，认定美术作品时不应对作品的艺术性过于苛责，仅要求其区别于公有领域及在先作品即可。（三）被诉侵权标志与福库公司“一品石”美术作品构成相同或实质性相似。一审判决认为被诉侵权标志与福库公司“一品石”美术作品之间存在多处差异，不构成实质性近似，属于认定事实和适用法律错误。（四）在案证据足以证明郑俭红具有接触福库公司“一品石”美术作品的可能性。1. “一品石”美术作品于韩国在先发表，早于涉案商标申请日，郑俭红具有接触可能性。2. “一品石”美术作品在中国发表的时间也早于涉案商标申请日，郑俭红具有接触可能性。3. 郑俭红具有攀附“福库”等知名品牌的恶意，这从侧面证明了郑俭红具有接触“一品石”美术作品的可能性。4. 依据优势证据原则，郑俭红具有接触福库公司“一品石”美术作品的可能性。（五）郑俭红、一品石公司侵犯了福库公司在先美术作品的著作权，应对其侵权行为依法承担停止侵害、消除影响、赔偿损失的法律责任。

郑俭红、一品石公司答辩称，（一）郑俭红于2007年开始电饭锅的生产经营，并结合广东地区的历史饮食文化设计出“一品石”商标。2007 年 3 月，郑俭红即委托广州市先知广告有限公司（以下简称先知广告公司）设计了“一品石”商标标志并向原国家工商行政管理总局商标局（以下简称商标局）申请注册。2007 年以来，“一品石”品牌电饭锅销售至全国多个地区并外销至朝鲜。福库公司自 2012 年起在明知或应知商标侵权的情况下大肆宣传和销售侵权产品，给郑俭红、一品石公司造成重大损失。2015 年，郑俭红、一品石公司提起商标侵权诉讼，福库公司为逃避、拖延商标侵权的法律责任，才提起本案著作权侵权之诉。在商标评审程序中，福库公司自认“一品石”标志中的汉字选择自公有领域字体“秋史体”，但却为拖延商标侵权的法律责任，在本案中进行否认并主张著作权。（二）福库公司不应在与商标相关的案件中以著作权为基础挑战他人的商标权利。1. 福库公司一直将“一品石”作为商标而非作品使用，目的是向消费者传达“上等滑石精制而成的石锅”这一寓意，体现福库公司产品的高端形象，看重的是“一品石”表词达意的实用性功能，而非展示“一品石”的美感。在与本案相关联的（2019）粤民终 1945 号商标侵权案件中，广东省高级人民法院也认定福库公司使用“一品石”构成商标性使用。福库公司在对郑俭红的“一品石”商标提出无效宣告请求和连续三年不使用撤销申请后，才在 2016 年 4 月 14 日进行著作权登记，也能看出其自始没有将“一品石”视为作品。2. 著作权与商标权的保护范围是不同的，同一标志如已作为商标使用，就不宜再给予其著作权保护。对于未注册商标而言，一般只有经过使用获得识别性后，才可以获得保护；对于已注册商标，原则是按类保护，只有驰名商标才可以突破商品类别的限制。如果在一个已经作为商业标志使用的客体之上，同时给予著作权和商标权保护，著作权势必会对商标权造成冲击，使得任何未注册标志均可以借助著作权突破商标法上的类别限制、地域限制，从而使未注册商标获得全类别、全地域保护，产生比注册的驰名商标保护范围更大的权益，动摇商标制度的根基。唯一的解决方法就是，对于已经作为商标使用的客体，在著作权和商标权冲突的情况下，不再给予著作权保护，即不能再以著作权为权利基础提出商标的异议、无效或侵权之诉。（三）福库公司的“一品石”不构成作品。即便福库公司可以主张著作权，其“一品石”标志也因不具有独创性而不构成作品。（四）郑俭红的第 6671221 号“一品石”商标与福库公司的“一品石”标志不构成实质性相似。（五）郑俭红、一品石公司没有使用过第 6175220 号“一品石”商标，不存在侵权的可能。（六）郑俭红申请注册“一品石”商标前，不存在接触福库公司“一品石”标志的可能性。1. 福库公司无法证明其“一品石”何时创作完成。2. 福库公司无法证明其

“一品石”标志在先发表，即使发表，郑俭红、一品石公司也不具有接触的可能。福库公司提交的“一品石”标志发表证据均在韩国，无法证明在第101届中国进出口商品交易会（以下简称广交会）上展出了“一品石”标志和侵权产品。福库公司自认其“一品石”电饭煲的上市时间为2012年7月至8月间，远远晚于郑俭红“一品石”商标申请注册时间。3. “一品石”商标由郑俭红自行构思并委托先知广告公司设计，与福库公司的“一品石”标志无关。（七）福库公司提起本案诉讼完全是为了对抗郑俭红、一品石公司提起的商标侵权诉讼，不具有正当性。（八）假定构成侵权，郑俭红、一品石公司也不应当承担赔偿责任。

福库公司向一审法院起诉请求：1. 郑俭红、一品石公司立即停止侵犯福库公司美术作品著作权的行为：2. 郑俭红、一品石公司连续一个月在新浪网（www. sina. com）、网易网（www. 163. com）等网站首页显著位置，以及《法制日报》《广州日报》第一版显著位置刊登声明，消除影响；3. 郑俭红、一品石公司连带赔偿福库公司经济损失及合理支出共计500万元。

一审法院认定事实：

一、福库公司请求保护的涉案美术作品的相关情况

福库公司在本案中请求给予著作权保护的是“一品石”美术作品（见本判决书附件），并提交了以下证据：

第一组证据，用以证明福库公司对“一品石”美术作品依法享有著作权。

证据1：2006年2月2日由福库好希士株式会社（甲方）与“IMNOP-ARK”（乙方）签订的《福库石锅命名及标志》（其上载明，乙方生产完成经过甲方确认的最终完成品——命名及商标设计，在甲方向乙方支付完所有费用后归甲方所有）、开发宣传付费资料公证认证件。证据2：2006年2月22日《福库品牌一品石内胆开发报告》的公证认证件。证据1、证据2的证明事项：福库好希士株式会社在2006年通过委托设计取得了“一品石”美术作品著作权。

证据3：“一品石”内胆电饭煲的韩文产品宣传册公证认证件。证据4：证据1至证据3的中文翻译件。证据5：“一品石”内胆电饭煲产品参加韩国设计振兴院举办的外观设计评比网页公证书及翻译件。（证据自编码第321页的图片显示电饭煲产品右上角有“一品石”美术作品，显示该产品最初销售日是2006年9月1日）。证据6：“一品石”内胆电饭煲产品2006年参加韩国电子展相关新闻、产品推出的相关新闻报道公证书及翻译件。（新闻发表日期均在2006年7月到9月间，证明“一品石”美术作品的发表时间）。证

据3-证据6的证明事项：福库电子株式会社、福库好希士株式会社早在2006年即研发推出并宣传“一品石”系列内胆电饭煲产品，附着于产品上的“一品石”美术作品于2006年在韩国首次公开发表。

证据7：全部著作权转让合同公证认证及翻译件。证明事项：2012年1月，福库好希士株式会社将“一品石”等作品著作权转让给福库电子株式会社。

证据8：福库电子株式会社（甲方）与福库公司（乙方）签订的2012年6月1日著作权转让合同（其上载明，甲方将“一品石”美术作品的全部著作权财产权转让给乙方，乙方受让后有权以自己名义在中国的版权登记服务机构办理著作权登记）。证据9：“一品石”作品登记证书。证据8、证据9证明事项：2012年6月，福库电子株式会社将“一品石”作品著作权转让给福库公司，并由福库公司在中国进行著作权登记。

第二组证据，用以证明福库公司在中国销售宣传“福库”“CUCKOO”品牌电饭煲产品，附着于产品上的“一品石”美术作品具有较高知名度。

证据10：第3377572号“CUCKOO”商标注册证，第3267160号“福库”商标注册证、变更证明、续展证明。证明事项：福库电子株式会社在第11类“电饭煲”类商品上对“CUCKOO”“福库”商标享有注册商标专用权。

证据11：福库电饭煲类产品在中国大陆的销售合同、发票，商场柜台销售照片。证据12：福库电饭煲类产品在中国大陆的广告发布合同、发票。证据13：福库电饭煲等产品在中国大陆参加东北亚博览会照片。证据14：福库及“CUCKOO”“福库”品牌在中国大陆及韩国的获奖情况、荣誉证书、资质等。证据11—证据14证明事项：福库“CUCKOO”“福库”商标在“电饭煲”类产品上知名度和美誉度高，影响力大，附着于产品上的“一品石”美术作品在中国产生了较高知名度。

郑俭红、一品石公司对福库公司提交的第一组证据的内容真实性均不予认可。

经查，福库公司第一组证据的证据1-3公证相关的使领馆认证时间为2016年12月，证据5的公证时间为2016年10月，证据6的公证时间为2016年11月，证据7、证据8公证相关的使领馆认证时间为2017年4月。

福库公司第一组证据的证据9，亦即福库公司请求保护的涉案作品的《作品登记证书》上载明，作品名称为“一品石”，作品类别为美术作品，作者、著作权人为福库公司，创作完成时间为2006年4月20日，首次发表时间为2006年10月30日，登记日期为2016年4月14日。

福库公司第一组证据的证据11，相关证据的形成时间为2012年至2014

年，主要系对福库公司的福库商标品牌的宣传，未见与“一品石”美术作品直接相关之内容。

郑俭红、一品石公司主张福库公司请求保护的涉案美术作品不具有独创性，并就此提供了证据1《秋史精魂》作品的节选，认为福库公司的“一品石”是属于“秋史体”的书法表现形式，福库公司并没有进行任何的创作。在该证据的第7页，从右边数的第三列“口”，第8页从右边数的第四列的第三个字“一”，在证据的第20页的“石”，证据的第9页、第10页、第11页、第12页、第13页、第16页、第19页、第20页都能看出来福库公司的“一品石”三个字属于“秋史体”，足以说明福库公司主张的“一品石”美术作品与早已经进入公有领域的“秋史体”书法作品没有差别，不具有独创性，不能构成美术作品。

福库公司对郑俭红、一品石公司该项抗辩证据的真实性没有异议，确认其在本案中请求保护的“一品石”美术作品系借鉴早已进入公有领域的“秋史体”创作完成，认为该美术作品在笔画的粗细及弧度、运笔的方向及特点、“石”字一撇的延长及整体的结构布局上具备独创性。福库公司在庭审中还就此述称，“一品石”作品由设计公司独立创作完成，借鉴朝鲜王朝著名书法家金正喜独创的书法字体“秋史体”，采用汉字及古代书法相结合的设计，笔画端稳庄重，舒展雅致，风格俊爽，强劲与超时空的独特构造，系在“秋史体”的基础上进行了一些笔画的细微设计，福库公司第一组证据的证据2中有整个过程，有十几期稿，可以看出设计演变过程。

经查，福库公司所着重强调的“石”字一撇的延长这一特点，与郑俭红、一品石公司作为抗辩证据《秋史精魂》中多个“石”的书写特征并无区别。福库公司陈述的其他的字体书写特征，亦与《秋史精魂》中对应字体书写特征没有显著差异。福库公司亦未能明确说明其在本案中请求保护的“一品石”美术作品与早已进入公有领域的“秋史体”字体相比，具备独创性的具体体现。

二、福库公司指控郑俭红、一品石公司侵权的相关情况

福库公司指控郑俭红、一品石公司在其生产、销售的电饭煲、电子饭盒产品及包装、宣传广告上使用了福库公司“一品石”美术作品，侵害了涉案作品的署名权、复制权、发行权，并就该项指控主要提交了以下证据：

第三组证据，用以证明福库公司“一品石”美术作品最早于2007年在中国公开发表，郑俭红、一品石公司具有接触福库公司美术作品的可能性，并恶意抢注商标。

证据15：2007年4月15日广交会新闻报道的国家图书馆文献复制证明。

证据16：广交会参展证明。（证据16，606页，证明展位号是21.2c05-k，对应的照片上可以看到展位的号码和这个展位号是一样的。）证据17：福库电子株式会社“一品石”内胆电饭煲等产品参加广交会照片及照片生成时间截屏打印件。（展位号在607页右上角有显示，照片的右上角的墙上挂有照片显示“一品石”美术作品，当庭演示照片生成时间为2007年4月15日。）证据15、证据16的证明事项：福库电子株式会社参加2007年4月15日，19日举办的广交会，对“一品石”内胆电饭煲等产品进行宣传推广，郑俭红存在接触“一品石”美术作品的可能。

证据18：一品石公司工商档案。证明事项：郑俭红于福库电子株式会社参加“广交会”后几个月内即申请设立以“一品石”为字号的企业，恶意侵犯福库公司的在先权利。

证据19：第6671221号、第6175220号商标档案。证明事项：郑俭红于福库电子株式会社参加广交会后几个月到约一年后的时间内先后申请注册两个“一品石”商标，且商标标志与福库公司享有在先著作权的美术作品完全相同，其主观恶意明显。

证据20：第7124894号商标档案。证据21：一品石公司产品推广手册、参加展会照片。证明事项：郑俭红曾于2008年申请注册与韩国现代公司商标相近似的带有韩文的商标，后该商标被无效，其经营过程中使用该标志以及“‘现代’生活电器”作为宣传语，此进一步佐证其具有接触福库公司方美术作品的可能，以及其明显的主观恶意。

第四组证据，用以证明郑俭红、一品石公司侵权行为。

证据22：郑俭红、一品石公司产品及包装照片、宣传册、广告页。证明事项：郑俭红、一品石公司在其生产、销售的电饭煲、电子饭盒等产品及包装、宣传广告上使用福库公司“一品石”美术作品。

证据23：郑俭红、一品石公司参加展会照片。证明事项：郑俭红、一品石公司在展会中使用宣传福库公司“一品石”美术作品。

证据24：购销合同、出货单、交易记录。证明事项：郑俭红、一品石公司大量生产销售侵犯福库公司“一品石”美术作品著作权的侵权产品。

证据25：1630号、1631号网页公证书。证明事项：郑俭红、一品石公司在官网及购物网站中使用福库公司“一品石”美术作品进行宣传。

郑俭红、一品石公司对福库公司上述证据的质证意见如下：对于证据15以及证据16的真实性予以认可，证据15的新闻报道只是提到了福库电子株式会社推出了一款叫“黄金锅”的产品，并没有提到所谓的“一品石”相应的产品，不认可其与本案的关联性，不能实现福库公司的证明目的，该组证据最多只能证明福库电子株式会社参加了该届广交会，不能证明福库公司的“一品石”产品在该届广交会上出现。对证据 17 的真实性、关联性及合法性均不予以认可。福库公司证据第 607 页的照片与第 609 页的照片两者明显不同：1. 后者挂在墙上的“一品石”产品画册照片左上角带有一个突出的大面积圆形图案，而前者明显不具有这一特征。2. 第 607 页照片中，“一品石”下方的两行文字具有明显的空隙，而第 609 页照片中，“一品石”下方的两行字则不具有明显的行间距，说明证据 17 是福库公司自行改动设计的，不具有真实性。证据 17 并没有明确显示出来这是第 101 届广交会，也没有显示出来这是在 2007 年举办的广交会，仅凭福库公司单方面提供的展位号，并不能说明福库公司参加了 2007 年的广交会。对于福库公司证据 18、19、21—25 的真实性予以认可，但不能实现福库公司的证明目的，反而说明郑俭红、一品石公司是遵纪守法的企业，早在 2007 年就使用“一品石”字号进行合法经营，该品牌由郑俭红、一品石公司运营了较长时间，享有了较高的知名度及影响力，积累了相当的商誉。对证据 20 的真实性予以认可，对于其关联性均不予以认可，因为商标与本案无关。

经查，福库公司证据 15，媒体报道显示福库电子株式会社参加 2007 年广交会，其参展产品为“黄金锅”，福库公司证据 17 来源于福库公司且系数码文件，亦不能与证据 15 相互印证，故一审法院不予采信。

经查，福库公司证据 18—证据 19、证据 20—证据 25 的内容显示：一品石公司的企业名称于 2007 年 8 月 14 日取得《公司名称预先核准通知书》。第 6175220“一品石”商标（见本判决书附件）申请日期为 2007 年 7 月 20 日，申请人为郑俭红，专用期限为 2010 年 2 月 28 日至 2020 年 2 月 27 日，核定使用在第 11 类“热水器、电炊具、烹调器具”等商品上。第 6671221“一品石”商标（见本判决书附件）申请日期为 2008 年 4 月 21 日，申请人为郑俭红，专用期限为 2010 年 5 月 21 日至 2020 年 5 月 20 日，核定使用在第 11 类“热水器、电炊具、烹调器具”等商品上。郑俭红、一品石公司在其制造销售的电饭煲产品、电子饭盒产品的实物、外包装、宣传册上，在其参加的展会上，以及在郑俭红、一品石公司开设的阿里巴巴网络店铺和淘宝网络店铺中，均使用了被诉侵权的“一品石”标志。

郑俭红、一品石公司就福库公司关于接触可能性的主张，提供了以下抗辩证据：证据 2 是郑俭红的户口本首页和常住人口登记卡，证明郑俭红只有初中文化，并不通晓韩语，并不具有接触福库公司“一品石”的可能性。证据 3 是郑俭红的中国护照，郑俭红有两本中国护照，从这些护照的相关的出入境管理部门在上面的盖章可以看出，郑俭红在 2012 年之前从来没有去过韩国，不具有接触福库公司“一品石”的可能性。

福库公司对郑俭红、一品石公司上述证据抗辩不予认可。

福库公司在一审庭审中明确，其“一品石”电饭煲产品在中国国内正式上市的时间为2012年7月至8月间。

一审法院在与本案存在关联的（2016）粤03民初1174号案件中查明：2016年10月17日，原国家工商行政管理总局商标评审委员会（以下简称商标评审委员会）作出商评字［2016］第86205号《关于第6175220号“一品石”商标无效宣告请求裁定书》，认为福库公司的部分证据系自制证据，证明力较弱，部分参展证据系照片证据，未显示其形成时间或形成日期晚于争议商标申请日，部分媒体报道证据未显示其主张的“一品石”商标，部分广告宣传、获奖证据形成地为韩国而非中国大陆地区，故综合福库公司提交的全部证据，尚不足以证明在争议商标申请之前，其主张的“一品石”商标在热水器、电炊具、消毒设备等商品上已经在中国大陆地区为相关公众所广为知晓；福库公司提出无效宣告请求的时间为2015年12月30日，距争议商标核准注册之日2010年2月28日已超过五年时限，据此，裁定：争议商标予以维持。该裁定书还载明，福库公司申请无效宣告的主要理由为：福库公司系福库电子株式会社在青岛成立的全资外资子公司，“一品石”商标由福库公司在先使用，并已具有极高知名度，应当被认定为驰名商标，争议商标系对福库公司商标的摹仿和复制。争议商标系对福库公司在先使用并具有一定知名度的商标的恶意抢注。

三、比对相关情况

福库公司认为，将被诉侵权标志和其美术作品进行直观比对，即用福库公司证据第416页与郑俭红、一品石公司宣传册第660页进行直观比对，不能找到任何差异，比对结论为完全一致，可以推定郑俭红、一品石公司接触过福库公司美术作品。

郑俭红、一品石公司则认为，经比对福库公司主张的比对对象存在以下明显差异之处：1. 两者的“一”字是不一样的，郑俭红、一品石公司的“一”字下笔左上角是很尖的，该“一”字比较平滑，右上角结尾处有斜端截面，福库公司的“一”字毛刺比较多，下笔的力度、起点都是不一样的。福库公司左端的横截面是有毛刺的，而郑俭红、一品石公司的比较平滑，这都体现了创作的特点、运笔习惯都是不一样的。2. 对于“品”字，相差更多，福库公司的“品”都有一个特点，每个口的上面一横和下面一横相差都比较大，落笔转折处角度都比较锐利，福库公司的“品”字是类似于“秋史体”，而郑俭红、一品石公司的“品”字是类似于楷体，该“品”右下角的口字与福库公司右下角的口字不一样，郑俭红、一品石公司的下面一横有相当的距离，而福库公司的几乎没有下面的一横，说明作者下笔路径、特征都是不一样的。3. 关于“石”字，横的截面是不一样的，郑俭红、一品石公司的横有尖锐的往右下方突出，福库公司的没有。郑俭红、一品石公司的“石”截面也是比较平滑的，往右上方走，福库公司的“石”落笔是往右下方走的。福库公司的撇是先用力形成一个点，再往左下方撇，横截面不平整，有毛刺，郑俭红、一品石公司的截面比较平整。“石”字中的“口”也有差异，郑俭红、一品石公司的“口”在转折处截面平整，是楷体的“口”字，但是福库公司的“口”字就是“秋史体”，这是存在明显差异。郑俭红、一品石公司认为美术作品最基本的元素就是线条和颜色，对于颜色没有主张，对于线条来说，就是汉字的线条，没有过多创作空间，即使福库公司涉案作品有独创性，其独创性也比较低，在两者存在以上诸多差异的情形下，既不相同，也不构成实质性近似。

经查，一审法院认为，福库公司主张的其比对结论所涉两个载体不存在任何差异，与事实不符。郑俭红、一品石公司所指的两者差异之处属实。

四、郑俭红、一品石公司的抗辩相关情况

郑俭红、一品石公司除了主张福库公司请求保护的涉案作品不具备独创性、福库公司声称的接触可能性不成立之外，还主要提交了以下抗辩证据：涉案注册商标设计稿（其上加盖了先知广告有限公司的公章，载明设计人为李平，时间为2007年3月13日，类别为“LOGO”，文件交付日期为2007年3月19日，客户为郑俭红）及2007年3月21日收款收据（编号为6511586，其上加盖了先知广告公司公章，经手人为叶娟，载明收到郑俭红“一品石”LOGO设计费2000元），用以证明涉案注册商标标志系自行设计，并未抄袭福库公司“一品石”美术作品。

福库公司对郑俭红、一品石公司该项抗辩证据不予认可。

五、福库公司的索赔依据以及维权合理费用相关情况.

福库公司请求郑俭红、一品石公司赔偿经济损失及合理支出合计500万元。关于经济损失的计算依据，福库公司请求法院综合考虑涉案美术作品独创性程度和商业价值、郑俭红和一品石公司的主观恶意以及被诉侵权行为持续的时间和影响范围、侵权后果等因素予以酌定。关于合理开支，福库公司主要提交了证据26即律师费、公证费、差旅费发票，证明福库公司为制止郑俭红、一品石公司的侵权行为所支出的律师费20万元、公证费2960元、差旅费6020元，合计208980元。

一审法院认为，本案为著作权侵权纠纷。首先，处理本案纠纷必须判断福库公司请求保护的“一品石”标志是否具有独创性，能否构成美术作品。依照2013年修订的《中华人民共和国著作权法实施条例》（以下简称著作权法实施条例）第二条的规定，2010年修正的《中华人民共和国著作权法》（以下简称著作权法）所称作品，是指文学、艺术和科学领域内具有独创性并能以某种有形形式复制的智力成果。依照著作权法实施条例第四条的规定，美术作品，是指绘画、书法、雕塑等以线条、色彩或者其他方式构成的有审美意义的平面或者立体的造型艺术作品。福库公司主张其享有涉案美术作品著作权，依法对其请求保护的美术作品具备独创性负有举证责任。经查，福库公司在本案中明确表明，“一品石”美术作品系借鉴早已进入公有领域的“秋史体”创作完成。从现有证据来看，福库公司所称的对公有领域的“秋史体”进行二次创作所形成的“一品石”美术作品，其“一”字、“品”字、“石”字的线条与结构，与郑俭红、一品石公司抗辩证据《秋史精魂》中的“一”字、“品”字、“石”字的对应书写特征没有明显差异。福库公司亦未能明确说明其“一品石”美术作品区别于“秋史体”字体书写特征的具体体现内容以明确其具体独创性之所在，应对此承担相应的不利法律后果。即使承认其通过所谓的二次创作形成了一定程度上的独创性，显然其独创性也是极为有限的。经比对，福库公司请求保护的“一品石”美术作品与其诉诸本案的郑俭红、一品石公司“一品石”标志之间存在多处较为明显的差异。在假定福库公司“一品石”美术作品具备极为有限的独创性的前提下，两者之间存在的多处差异，亦不足以判定两者构成实质性近似。福库公司提起本案著作权侵权之诉，还应对郑俭红、一品石公司在完成被诉“一品石”标志之前存在接触福库公司“一品石”美术作品的可能性予以举证证实。但是，福库公司提交的现有证据之中，2007年广交会报道中出现的是“黄金锅”而非“一品石”，福库公司其余证据，或系其单方制作的数码文件，或系其在韩国境内形成的互联网宣传报道，难以确证该项待证事实。郑俭红、一品石公司就此亦提交了其委托第三方完成创作“一品石”标志的证据。从时间上看，可以确证的是，福库公司“一品石”内胆电饭煲产品系于2012年进入国内市场，其在本案中请求保护的作品登记时间为2016年，均远晚于郑俭红两商标申请注册的2007年和2010年。相比较之下，福库公司的证据既无法达到盖然性的证据标准，亦不能形成证据优势，无法证实郑俭红、一品石公司存在接触可能性，亦应对此承担相应的举证责任。

综上所述，无论是请求保护的作品具备独创性的待证事实，还是郑俭红、一品石公司存在接触可能性的待证事实，以及被诉侵权标志与请求保护的作品构成相同或实质性近似的待证事实，福库公司均未能完成其应尽之举证责任，应承担相应的不利法律后果。

综上，依照著作权法实施条例第二条、第四条第八项，《中华人民共和国民事诉讼法》[①] 第六十四条第一款规定，一审法院判决：驳回福库公司全部诉讼请求。一审案件受理费 46800 元，由福库公司负担。

福库公司不服一审判决，上诉请求：1. 撤销一审判决；2. 改判支持福库公司的全部诉讼请求。事实和理由：一、涉案“一品石”作品系由福库好希士株式会社 2006 年聘请设计公司设计的，该三个字并非汉语固有词汇，而是包含特定含义的臆造词，且字体系经过特殊设计，在笔画的粗细及弧度、运笔的方向及特点、“石”字一撇的延长及整体的结构布局等方面均体现了极高的独创性和美感，构成美术作品。一审判决认为“一品石”美术作品未区别于“秋史体”的书写特征，不具备独创性或独创性极为有限，属于认定事实和适用法律错误。二、被诉侵权标志在整体的笔画粗细及方向、运笔的特点、结构布局等方面与福库公司涉案美术作品均一致，郑俭红、一品石公司所述细微的毛刺等差异普通人很难对其加以辨别，两者已构成著作权法意义上的实质性相似。即便郑俭红、一品石公司所使用的第 6671221 号商标的“品”字与福库公司美术作品、第 6175220 号商标存在细微差异，三个字的整体结构仍沿袭前者，很难区分。一审判决认为本案被诉侵权标志与福库公司涉案美术作品之间存在多处差异，不构成实质性近似，属于认定事实和适用法律错误。三、福库公司已提交大量证据证明涉案美术作品在先公开发表的相关事实，一审判决罔顾上述众多证据所形成的证据链及可以证明的相关事实，仅仅基于福库公司产品进入中国的时间和作品登记时间晚于郑俭红涉案商标的申请时间，而认定福库公司证据不足以证明郑俭红具有接触福库公司作品的可能性，属于认定事实及适用法律错误。四、福库公司在一审庭审时以及庭审后补充提交第 27-35 号证据，这些证据可以对福库公司的涉案相关主张所依据的事实予以进一步补强，但一审法院对上述证据未予审查和考虑，存在认定事实不清、适用法律错漏，恳请二审法院对此依法予以查明和纠正。

二审法院对一审法院查明的事实予以确认。二审法院另查明，2017 年 5 月 4 日，商标评审委员会作出商评字［2017］第 49750 号《关于第 6671221 号“一品石”商标无效宣告请求裁定书》，认为福库公司提交的全部证据仅能证明，其“一品石”商标在电饭煲商品上已具有一定知名度，但尚不足以证明在争议商标申请之前，其主张是“一品石”商标在热水器、电炊具、消

① 此处指 2017 年《中华人民共和国民事诉讼法》，其已于 2021 年修改，本案下同。

毒设备等商品上已经在中国大陆地区为相关公众所广为知晓，成为商标法第十四条所指的驰名商标。同时，商标法第四十五条第一款规定，“已经注册的商标，违反本法第十三条第二款和第三款、第十五条、第十六条第一款、第三十条、第三十一条、第三十二条规定的，自商标注册之日起五年内，在先权利人或者利害关系人可以请求商标评审委员会宣告该注册商标无效。对恶意注册的，驰名商标所有人不受五年的时间限制”。由商标评审委员会审理查明的事实可知，福库公司提出无效宣告的时间为 2016 年 10 月 21 日，距争议商标核准注册之日 2010 年 5 月 21 日已超出五年时限，据此，裁定：争议商标予以维持。该裁定书还载明，福库公司的申请理由主要为：福库公司系韩国福库电子株式会社在青岛成立的全资外资子公司，“一品石”商标系福库公司在先创立并使用，已具有极高的知名度，是名副其实的驰名商标，争议商标的注册使用将会误导公众，淡化福库公司在先商标的驰名度；争议商标系对福库公司在先使用并具有一定知名度的商标的恶意抢注，同时亦损害了福库公司的在先著作权，其注册违反了诚实信用原则，易产生不良社会影响。

二审法院认为，本案系著作权权属、侵权纠纷。福库公司指控郑俭红、一品石公司在其生产、销售的电饭煲、电子饭盒产品及包装、宣传广告上使用的“一品石”标志侵害其在先享有的“一品石”美术作品著作权。对此二审法院认为，郑俭红分别于 2010 年 2 月 28 日、2010 年 5 月 21 日获得商标局核准注册的第 6175220 号、第 6671221 号“一品石”商标，经比对，郑俭红、一品石公司使用的被诉侵权标志与该两枚注册商标基本一致，即郑俭红、一品石公司系对其注册商标的规范使用。商标法第三十二条规定：“申请商标注册不得损害他人现有的在先权利，也不得以不正当手段抢先注册他人已经使用并有一定影响的商标。”第四十五条第一款规定：“已经注册的商标，违反本法第十三条第二款和第三款、第十五条、第十六条第一款、第三十条、第三十一条、第三十二条规定的，自商标注册之日起五年内，在先权利人或者利害关系人可以请求商标评审委员会宣告该注册商标无效。对恶意注册的，驰名商标所有人不受五年的时间限制。”经查，福库公司系于 2017 年 3 月 16 日才向一审法院提起本案诉讼，因此即使按照福库公司所主张的其对“一品石”美术作品享有在先著作权，但其提起本案诉讼时也已经超过了上述两个商标核准注册之日起算的五年时限，因此，二审法院对福库公司的诉讼请求不予支持。有鉴于此，对福库公司主张的“一品石”美术作品是否具有独创性，被诉侵权标志与该美术作品是否构成实质性相似，郑俭红、一品石公司是否有接触福库公司“一品石”美术作品的可能性等问题，已无必要再予以评论。

综上，依照《中华人民共和国民事诉讼法》第一百七十条第一款第一项，《最高人民法院关于适用〈中华人民共和国民事诉讼法〉的解释》① 第三百三十四条之规定，二审法院判决：驳回上诉，维持原判。二审案件受理费46800 元，由福库公司负担。

本院对一审、二审法院查明的事实予以确认。

在本案再审期间，郑俭红、一品石公司提交了第 6175220 号“一品石”商标的设计稿复印件，用以证明该商标标志系由郑俭红委托先知广告公司设计完成的。福库公司质证认为，该证据与郑俭红、一品石公司在一审期间提交的第 6671221 号“一品石”商标设计稿存在同样问题，既无委托设计合同约定权属，也没有任何证据显示其委托或沟通过程，更无创作底稿证明、设计说明等证明其创作思路、过程，不合常理，且该证据在再审法院开庭前一天才向法庭提交，不应予以采信，综上，福库公司对该证据的真实性、合法性、关联性均不予认可。

由于《法制日报》已更名为《法治日报》，因此，福库公司请求将其诉讼请求作相应的调整。

以上事实，有相关证据及当事人陈述在案作证。

本院再审认为，本案系福库公司提起的著作权权属、侵权纠纷，而二审法院仅依据商标法第四十五条第一款的规定，以福库公司起诉超出涉案商标核准注册五年时限为由，对福库公司的诉讼请求不予支持，适用法律存在明显错误，本院对此予以纠正。根据当事人的诉辩主张，本案争议焦点为：（一）福库公司主张的“一品石”标志是否构成美术作品；（二）如构成美术作品，郑俭红、一品石公司是否构成侵害了福库公司的著作权；（三）如构成侵权，如何确定民事责任。

（一）关于福库公司主张的“一品石”标志是否构成美术作品的问题

著作权法所称作品，是指文学、艺术和科学领域内具有独创性并能以一定形式表现的智力成果。具体到美术作品，则是指绘画、书法、雕塑等以线条、色彩或者其他方式构成的有审美意义的平面或者立体的造型艺术作品。对于已具有一定表现形式的书法文字造型而言，判断其是否构成美术作品，关键在于判断其是否具有独创性。书法艺术源远流长，书法作品的创作也大都是在前人已有成果的基础上通过融入作者的个性化表达而实现的，因此，不能仅因其使用了某种已进入公有领域的字体，就否定特定的书法文字造型构成美术作品。对于使用某种已有字体而完成的书法文字造型，只要是作者

① 已被《最高人民法院关于修改〈最高人民法院关于适用《中华人民共和国民事诉讼法》的解释〉的决定》（2022 年 4 月 1 日公布）修改，本案下同。

独立完成的并体现了作者通过选择、取舍、编排等方式实现的个性化表达，就能够满足著作权法对于作品独创性的要求，成为著作权法保护的美术作品。

本案中，福库公司确认其“一品石”书法文字造型借鉴了朝鲜王朝著名书法家金正喜创立的书法字体“秋史体”，但是，即使结合郑俭红、一品石公司在诉讼中提交的体现“秋史体”特点的《秋史精魂》作品节选，也可以发现，福库公司的“一品石”书法文字造型中的每一个字都与既有的“秋史体”文字存在或多或少的差别，“一品石”中的文字表达形式并非完全复制自既有作品，而且更为重要的是，以组合形式呈现的“一品石”书法文字造型并未在任何现有证据中出现，因此，即使源自已进入公有领域的“秋史体”，“一品石”书法文字造型也是个性化选择、取舍、编排的结果，属于作者的独创性表达，应当认定其构成著作权法意义上的美术作品。

虽然“一品石”美术作品在韩国发表，但著作权法第二条第二款规定：“外国人、无国籍人的作品根据其作者所属国或者经常居住地国同中国签订的协议或者共同参加的国际条约享有的著作权，受本法保护。”我国和韩国均系《保护文学艺术作品伯尔尼公约》等国际公约的成员国，韩国民事主体的著作权在我国亦应依法予以保护。根据在案证据，“一品石”美术作品的著作权最初由福库好希士株式会社通过委托创作的方式取得，后转让给福库电子株式会社；2012 年，又由福库电子株式会社转让给福库公司，福库公司提交的作品委托创作及转让合同、设计底稿、作品登记证书等证据，在无相反证据的情况下，可以证明福库公司是“一品石”美术作品的著作权人，其著作权应当依法予以保护。

（二）关于郑俭红、一品石公司是否构成侵害了福库公司的著作权的问题

本案中，郑俭红、一品石公司使用的“一品石”商标标志亦由书法文字造型构成，与福库公司“一品石”美术作品相比，二者不仅文字构成完全相同、外在表达极为近似，而且这些相似之处恰恰是“一品石”美术作品区别于已有“秋史体”书法作品的独特之处，也就是说，被控侵权标志使用的是“一品石”美术作品中排除了公有领域创作素材之后的独创性表达部分，二者已构成实质性相似。

“一品石”美术作品创作完成于 2006 年并于当年在韩国发表，郑俭红的“一品石”商标最早于 2007 年 7 月 20 日申请注册，郑俭红亦主张其“一品石”商标标志委托创作完成时间为 2007 年 3 月，因此，“一品石”美术作品的创作完成时间早于被控侵权标志的创作完成时间。

根据在案证据，向福库公司转让“一品石”美术作品著作权的福库电子株式会社，2007 年 4 月 15 日至 19 日参加了在广州举办的第 101 届广交会，

其曾对“一品石”内胆电饭煲等产品进行宣传推广。虽然郑俭红、一品石公司对被控侵权标志创作完成前郑俭红具有接触“一品石”美术作品的可能性加以否认，质疑福库公司相关证据的真实性并提交了反驳证据，用以证明郑俭红只有初中文化、并不通晓韩语，且在2012年之前从来没有去过韩国，不具有接触福库公司“一品石”的可能性。但是，根据著作权法第十条第一款第一项的规定，作品一经发表即被公之于众，著作权法上的接触可能性并不限于对国内作品的接触，对于在国外发表的作品，国内主体也具有接触的可能性。

同时，根据《最高人民法院关于民事诉讼证据的若干规定》第八十五条第二款的规定，人民法院应当运用逻辑推理和日常生活经验加以全面、客观地对证据加以审核认定。本案中，被控侵权标志与“一品石”美术作品相似程度极高，且“一品石”美术作品源自朝鲜王朝著名书法家金正喜创立的“秋史体”，而郑俭红、一品石公司一方面主张郑俭红只有初中文化、不通晓韩语且在2012年之前从来没有去过韩国，另一方面郑俭红却又能选择使用这种极具朝鲜半岛历史文化特点的字体作为其商标标志，其相关主张显然不具有说服力。同时，福库公司提交的第7124894号商标档案等证据能够证明，郑俭红曾于2008年申请注册过与韩国现代公司商标相近似且带有韩文的商标，因此，即使其本人未实际到过韩国，郑俭红也完全有可能接触到在韩国发表的“一品石”美术作品。综合本案全部案件事实，本院认定郑俭红在被控侵权标志创作完成前，具有对“一品石”美术作品的接触可能性。

郑俭红、一品石公司主张其所使用的被控侵权标志系郑俭红委托先知广告公司设计完成的，并就此提交了加盖先知广告公司印章的设计稿，但在缺乏其他证据予以佐证的情况下，作为孤证，该证据的真实性无法确认，故对郑俭红、一品石公司的该项抗辩主张，本院不予支持。

在被控侵权标志与“一品石”美术作品构成实质性相似且郑俭红在被控侵权标志创作完成前具有接触“一品石”美术作品可能性的情况下，郑俭红、一品石公司未经许可而使用被控侵权标志，已构成对福库公司就“一品石”美术作品享有的复制权、发行权，对福库公司该项诉讼主张，本院予以支持。但是，郑俭红将与“一品石”美术作品构成实质性相似的标志作为商标申请注册的行为，不属于作品署名行为；在案证据也尚不足以证明郑俭红、一品石公司对“一品石”美术作品实施了署名行为，因此，对福库公司有关郑俭红、一品石公司侵犯其作品署名权的主张，本院不予支持。

对于郑俭红、一品石公司提出的著作权与商标权保护范围不同，同一标志如已作为商标使用，就不宜再给予其著作权保护，而福库公司是将“一品石”美术作品作为商标使用的，因此不应再给予其著作权保护的答辩意见，本院认为，《最高人民法院关于审理注册商标、企业名称与在先权利冲突的民事纠纷案件若干问题的规定》第一条第一款规定：“原告以他人注册商标使用的文字、图形等侵犯其著作权、外观设计专利权、企业名称权等在先权利为由提起诉讼，符合民事诉讼法第一百一十九条规定的，人民法院应当受理。”因此，被控侵权标志是否已作为商标注册、郑俭红是否享有注册商标专用权，并不能成为其侵害他人著作权的合法抗辩事由。郑俭红、一品石公司的该项诉讼主张缺乏法律依据，本院不予支持。相应地，虽然郑俭红、一品石公司主张其并未使用过第 6175220 号“一品石”商标因而不存在侵权的可能，但是由于在著作权侵权案件中并不以被控侵权标志是否已作为商标注册为考量因素，因此，郑俭红、一品石公司具体使用的是哪一个商标标志，并不影响本案侵权行为的定性。

（三）关于民事责任的确定问题

根据 2010 年修正的著作权法第四十八条的规定，侵害他人著作权应当根据情况，承担停止侵害、消除影响、赔礼道歉、赔偿损失等民事责任。该法第四十九条规定：“侵犯著作权或者与著作权有关的权利的，侵权人应当按照权利人的实际损失给予赔偿；实际损失难以计算的，可以按照侵权人的违法所得给予赔偿。赔偿数额还应当包括权利人为制止侵权行为所支付的合理开支。权利人的实际损失或者侵权人的违法所得不能确定的，由人民法院根据侵权行为的情节，判决给予五十万元以下的赔偿。”

本案中，郑俭红、一品石公司侵害了福库公司对“一品石”美术作品享有的复制权、发行权，依法应当承担停止侵害、赔偿损失等民事责任。由于郑俭红、一品石公司将被控侵权标志作为商标标志使用，并未对福库公司“一品石”美术作品本身带来消极、负面影响，因此，对于福库公司消除影响等的诉讼请求，本院不予支持。关于赔偿数额，由于在案证据既无法证明福库公司因本案侵权行为所遭受的实际损失，也无法证明郑俭红、一品石公司本案侵权行为所获得的违法所得，因此，本院综合考虑侵权行为持续时间、侵权行为的地域范围等因素，尤其是郑俭红、一品石使用被控侵权标志申请注册商标后向福库公司提起商标侵权诉讼等情节，酌定郑俭红、一品石公司赔偿福库公司经济损失及合理开支共计五十万元。

综上所述，福库公司的相关诉讼请求合法有据，本院予以支持。依照 2010 年修正的《中华人民共和国著作权法》第四十八条、第四十九条，《中华人民共和国民事诉讼法》[①] 第二百零七条第一款、第一百七十条第一款第

---

① 此处指 2017 年《中华人民共和国民事诉讼法》，其已于 2021 年修改，本案下同。

二项之规定，判决如下：

一、撤销广东省高级人民法院（2020）粤民终741号民事判决和广东省深圳市中级人民法院（2017）粤03民初614号民事判决；

二、郑俭红、湛江市一品石电器有限公司立即停止侵害青岛福库电子有限公司“一品石”美术作品的行为；

三、郑俭红、湛江市一品石电器有限公司于本判决生效之日起十日内，赔偿青岛福库电子有限公司经济损失及合理开支合计五十万元；

四、驳回青岛福库电子有限公司的其他诉讼请求。

如果未按本判决指定的期间履行给付金钱义务，应当按照《中华人民共和国民事诉讼法》第二百五十三条规定，加倍支付迟延履行期间的债务利息。

一审、二审案件受理费各46800元，均由郑俭红、湛江市一品石电器有限公司负担。

本判决为终审判决。

审　判　长　秦元明
审　判　员　马秀荣
审　判　员　周　波
二〇二一年十二月十六日
法 官 助 理　耿慧茹
书　记　员　焦　媛

附件

“一品石”美术作品

第6175220号商标

第6671221号商标

30. 在后追认行为不能改变侵害著作权的认定

——再审申请人苏梦与被申请人荆门秀锦娱乐有限公司侵害著作权纠纷案①

中华人民共和国最高人民法院民事判决书（2021）最高法民再114号

再审申请人（一审原告、二审被上诉人）：苏梦，女，1973年2月1日出生，满族，住北京市海淀区黄亭子小区6号楼6层6号。

委托诉讼代理人：居永和，北京市大嘉律师事务所律师。

被申请人（一审被告、二审上诉人）：荆门秀锦娱乐有限公司。住所地：湖北省荆门市东宝区象山一路6号（华铭广场银泰城）8楼。

法定代表人：盛杰华，该公司总经理。

委托诉讼代理人：周亚平，中国音像著作权集体管理协会副理事长兼代理总干事。

再审申请人苏梦因与被申请人荆门秀锦娱乐有限公司（以下简称秀锦公司）侵害著作权纠纷一案，不服湖北省高级人民法院（以下简称二审法院）（2019）鄂知民终225号民事判决，向本院申请再审。本院于2020年11月16日作出（2020）最高法民申1014号民事裁定提审本案。本院依法组成合议庭，于2021年11月11日公开开庭审理了本案。苏梦的委托诉讼代理人居永和和秀锦公司的委托诉讼代理人周亚平到庭参加诉讼。本案现已审理终结。

苏梦申请再审称，1. 秀锦公司和中国音像著作权集体协会（以下简称音集协）签订的《著作权许可协议》（以下简称许可协议）只是部分有效，只能约束许可协议订立日期之后的使用行为，不能约束许可协议订立之前已经发生的行为，不能改变许可协议订立之前秀锦公司已经实施行为的侵权性质。2. 苏越作为词曲著作权人，是中国音乐著作权协会（以下简称音著协）的会员，不是音集协的会员。即便音著协在2018年11月5日签署的《合作备忘录》中"授权"音集协在2019年12月31日之前有权许可KTV经营者使用词曲著作权，但许可协议系音集协单独与秀锦公司订立，违反了《著作权集

① 本案在年度报告中的位置为第51页。

体管理条例》第三十九条第二款的强制性规定，秀锦公司所获得涉案歌曲的使用权许可无效，故请求提审改判本案。

秀锦公司辩称，1. 音集协有权代表音著协对外进行许可。秀锦公司已与音著协和音集协签订了许可协议，苏越是音著协会员，该许可协议对苏越具有法律效力，秀锦公司使用苏越音乐作品是合法使用。2. 许可协议明确写明了许可表演权和放映权，而不仅仅是付费。请求驳回苏梦的再审申请。

苏梦向湖北省荆门市中级人民法院（以下简称一审法院）起诉请求：1. 判令秀锦公司向音著协和音集协申请著作权使用许可，或判令秀锦公司停止使用涉案歌曲；2. 判令秀锦公司向苏梦支付赔偿金 15000 元。

一审法院认定事实如下：2016 年 10 月 28 日，由苏越申请，经中国版权保护中心审核，国家版权局向苏越颁发了《作品登记证书》，载明苏越系下列 28 部音乐作品的著作权人：《黄土高坡》《热血颂》《伤心是一种说不出的痛》《血染的风采》《对你的爱越深就越来越心痛》《出门在外》《谢谢你朋友》《不老的老师》《一生约定》《月满西楼》《等我唱完这支歌》《是否还需要一份安慰》《人生一世》《想你总是在雨季》《爱你和从前一样》《一个人的日子还好吗》《忘了我》《世纪清晨》《心甘情愿》《未来需要等待》《世界很小》《别无选择》《最爱》《牵挂》《再牵你的手》《红颜知己不是梦》《我在他乡》《守业更比创业难》。2017 年 10 月 10 日，由苏越申请，经中国版权保护中心审核，国家版权局向苏越颁发了《作品登记证书》，载明苏越系下列 5 部音乐作品的著作权人：《姐妹弟兄》《妈妈哪去了》《永远的朋友》《用最傻的方式爱你》《女人》。2018 年 11 月 27 日，苏梦因继承苏越的遗产向江苏省镇江市镇江公证处申请办理继承公证，该公证处于 2018 年 12 月 11 日出具（2018）镇镇证民内字第 3922 号公证书。该公证书记载：一、被继承人苏越于 2018 年 8 月 22 日在北京市死亡。二、被继承人苏越与前妻于 1987 年 10 月 10 日经北京市西城区人民法院调解离婚，苏越离婚后一直未再婚；苏越的父亲苏坚培、生母朱小兵均先于苏越死亡；苏越的继母是孟金茹；苏越生前无子女；苏越的祖父母、外祖父母均先于苏越死亡；苏越共有兄弟姐妹两人：苏梦、苏曼。三、申请人苏梦向该公证处申请继承下列财产中属于被继承人苏越的遗产有（含案涉 33 部音乐作品的著作权）：……以上音乐作品著作权人均为苏越，该著作权中的财产权利为苏越的个人财产，属其遗产。四、据被继承人苏越的上述继承人称，苏越生前无遗嘱，亦未与他人签订遗赠扶养协议。截至该公证书出具之日亦未有他人向该公证处提出异议。五、被继承人苏越第一顺序继承人孟金茹表示自愿放弃对苏越的上述遗产的继承权并承诺决不反悔……六、第二顺序继承人中，苏梦表示要求继承苏越的上述遗产；苏曼向该公证处申请办理了《放弃继承权声明书》公证，表示自愿放弃对苏越的上述遗产的继承权并承诺决不反悔。……苏越的上述遗产应由其父母、配偶、子女共同继承，因被继承人苏越的父亲、生母均先于其死亡，被继承人苏越离婚后未再婚且生前无子女，其第一顺序继承人孟金茹表示放弃继承苏越的上述遗产，故被继承人苏越的上述遗产应由其第二顺序继承人继承。又因被继承人苏越的祖父母、外祖父母均先于其死亡，苏曼表示放弃继承被继承人苏越的上述遗产，故被继承人苏越的上述遗产，应由其妹妹苏梦继承。

2018 年 10 月 15 日 14 时 45 分 56 秒，苏梦委托的取证人员通过第三方支付平台向秀锦公司支付 80 元，以普通消费者的身份进入秀锦公司的 B36 包厢，点播了涉案 33 首歌曲的 MV。上述歌曲的播放过程由苏梦委托的取证人员使用手机进行了录制，后制作成光盘一张。2018 年 12 月 18 日，苏梦与北京市大嘉律师事务所律师签订《委托协议》，就中国大陆行政区域内卡拉 OK 娱乐场所的侵权事宜达成协议。与本案相关的约定为：取证的律师费，按照每一个店家 500 元计算；诉讼的律师费，按照每一个 KTV 一个案件，每个案件 3000 元计算（含一审、二审和强制执行程序）。

一审法院另查明，2017 年 11 月 13 日，音著协出具《情况说明》，内容为："各级人民法院：就我会会员苏越在全国各地提起的维权诉讼，我会的意见是：依据苏越与我会签订的合同，合同对苏越的诉权没有限制，苏越有权提起诉讼，我会不持异议。"

一审法院认为，《最高人民法院关于审理著作权民事纠纷案件适用法律若干问题的解释》[①] 第七条规定："当事人提供的涉及著作权的底稿、原件、合法出版物、著作权登记证书、认证机构出具的证明、取得权利的合同等，可以作为证据。在作品或者制品上署名的自然人、法人或者其他组织视为著作权、与著作权有关权益的权利人，但有相反证明的除外"。本案中，苏越经国家版权局颁发《作品登记证书》，确认其系涉案 33 部音乐作品的著作权人，苏越依法享有包括作品表演权在内的著作权免受他人不法侵害的权利。苏越死亡后，其妹苏梦作为继承人合法继承了苏越涉案 33 部音乐作品著作权中的财产权利，并经江苏省镇江市镇江公证处确认，故苏梦依法取得了苏越享有著作权音乐作品的财产权利，并可以其自己名义进行维权诉讼。2010 年修正的《中华人民共和国著作权法》（以下简称著作权法）第十条第一款第

① 已被《最高人民法院关于修改〈最高人民法院关于审理侵犯专利权纠纷案件应用法律若干问题的解释（二）〉等十八件知识产权类司法解释的决定》（2020 年 12 月 29 日公布）修改，本案下同。

九项规定："表演权，即公开表演作品，以及用各种手段公开播送作品的表演的权利"。音乐作品的歌曲曲调、歌词内容虽然可通过录音录像制品或者以类似摄制电影的方法创作的作品加以表现，但词、曲本身亦具有不依赖其他介质或者表演方式可独立表现的著作权内容特点。在 KTV 的特定环境下，消费者在点唱时，通常将注意力更多集中于词、曲的内容。本案中，秀锦公司未经著作权人许可，以营利为目的，通过点唱设备为消费者提供了涉案 33 部音乐作品的唱歌服务并收取了费用。同时，秀锦公司提供的点唱服务系借助技术设备再现音乐作品，构成对涉案 33 部音乐作品的表演，侵害了涉案音乐作品的表演权，应承担立即停止使用涉案 33 部音乐作品及赔偿损失的民事责任。著作权法第四十九条规定："侵犯著作权或者与著作权有关的权利的，侵权人应当按照权利人的实际损失给予赔偿；实际损失难以计算的，可以按照侵权人的违法所得给予赔偿。赔偿数额还应当包括权利人为制止侵权行为所支付的合理开支。权利人的实际损失或者侵权人的违法所得不能确定的，由人民法院根据侵权行为的情节，判决给予五十万元以下的赔偿"。本案中，苏梦未能举证证明其因侵权所受损失及秀锦公司因侵权所获利益，一审法院综合考虑涉案 33 部音乐作品的类型、创作难易程度、知名度、维权成本及秀锦公司的侵权情节、方式、后果、经营规模等因素，酌定秀锦公司向苏梦赔偿损失 10000 元（含公证费、取证费、律师费等合理支出费用）。

一审法院判决：一、秀锦公司立即停止使用涉案 33 部音乐作品；二、秀锦公司向苏梦赔偿经济损失 10000 元（含为制止侵权所支出的合理费用）；三、驳回苏梦的其他诉讼请求。一审案件受理费 175 元，由苏梦负担 55 元，由秀锦公司负担 120 元。

秀锦公司不服一审判决提起上诉，请求：1. 撤销一审判决并依法改判；2. 本案一审、二审诉讼费用由苏梦负担。主要理由是：1. 一审判决认定事实错误。（1）苏梦主体不适格。苏越已与音著协签订了音乐著作权合同，将包含涉案音乐作品在内的作品表演权、广播权和录制发行权以信托的方式授权音著协进行集体管理。根据《著作权集体管理条例》第二十条的规定，苏越不得在合同约定期限内行使合同约定的由音著协行使的权利，苏梦作为苏越的继承人，亦不享有本案诉权。（2）2019 年 6 月 14 日秀锦公司与音著协、音集协签订著作权许可协议，支付了著作权许可使用费 50312.5 元（人民币，下同），协议约定音著协、音集协许可秀锦公司自 2018 年 5 月 28 日至 2019 年 12 月 31 日使用音著协、音集协管理的音像作品。根据《著作权集体管理条例》第二十六条的规定，苏梦维权代理人以消费者身份于 2018 年 10 月 15 日在秀锦公司点播涉案歌曲，处于秀锦公司被许可使用期内，故秀锦公司不构成侵权。2. 一审判决证据不足。本案取证过程以及取证结果并没有合法有效的公证证明，一审法院认可苏梦单方的证据影响对事实认定的正确性。3. 一审判决适用法律错误。一审法院依据《最高人民法院关于审理著作权民事纠纷案件适用法律若干问题的解释》第七条认定苏梦可以其自己名义进行维权诉讼属适用法律错误，其认定与《著作权集体管理条例》第二十条相矛盾。

苏梦二审辩称，1. 根据《中华人民共和国民事诉讼法》① 第一百一十九条第一项的规定，苏梦作为著作权人，无论其是否参加了著作权集体管理组织，都有权提起本案诉讼。2. 秀锦公司在 2019 年 6 月 14 日与音著协、音集协签订的许可协议不能许可该合同生效前秀锦公司已经实施的行为，不能改变在该许可协议生效前秀锦公司行为的非法性及侵权性质。3. 在秀锦公司未能提供反证的情况下，苏梦使用智能手机拍摄照片和视频的真实性无法被推翻，应当作为认定事实的证据。苏梦没有造假动机，且除了照片、视频、微信付款时间，还有收据、发票、电脑小票等证据可以相互印证。4. 苏梦同时起诉的其他案件的被告对苏梦所主张事实的承认，是对苏梦在本案中所主张事实真实性的证明，秀锦公司的行为违反了诚实信用原则。

本案二审期间，秀锦公司提交了三份证据：证据 1. 国家版权局 2006 年第 1 号公告，拟证明卡拉 OK 经营行业以包房为单位向音集协支付音乐作品、音乐电视作品版权使用费。2. FL-XK01-鄂-20190044 号许可协议及发票一张（发票号码：67281332），拟证明秀锦公司依据证据 1 的标准与集体管理组织订立了许可协议并支付了使用费。3. BGS-YW（3）-037 号《合作备忘录》，拟证明在音集协与卡拉 OK 经营场所签订的著作权许可协议中，音集协盖章即代表音集协和音著协。

二审法院认为，苏梦对证据 1 没有异议，对证据 2、3 的真实性无异议。故二审法院对证据 1 予以采信，对证据 2、3 的真实性予以确认。

二审经审理查明，一审法院认定的事实属实，二审法院依法予以确认。

二审另查明，1. 音集协与秀锦公司于 2019 年 6 月 14 日签订 FL-XK01-鄂-20190044 号许可协议，音集协许可秀锦公司使用其管理的音像作品，许可使用期间为 2018 年 5 月 28 日至 2019 年 12 月 31 日。2. 音集协和音著协于 2018 年 11 月 5 日签订 BGS-YW（3）-037 号《合作备忘录》，约定在筹建新的收费体系之前的过渡期间，为提高工作效率，许可协议中音集协盖章即代表音集协和音著协。

---

① 此处指 2017 年《中华人民共和国民事诉讼法》，其已于 2021 年修改，本案下同。

二审审理中，二审法院组织双方当事人对苏梦的取证照片和视频进行了现场勘验。苏梦在勘验过程中表示不再对音乐作品《牵挂》主张权利。

二审法院认为，本案二审争议焦点为：1. 苏梦是否有权以自己名义进行维权诉讼。2. 秀锦公司是否侵害了苏梦对涉案作品享有的表演权。对此，二审法院评判如下：

关于争议焦点一，《著作权集体管理条例》第二条规定："本条例所称著作权集体管理，是指著作权集体管理组织经权利人授权，集中行使权利人的有关权利并以自己的名义……进行涉及著作权或者与著作权有关的权利的诉讼、仲裁等。"第六条规定："除依照本条例规定设立的著作权集体管理组织外，任何组织和个人不得从事著作权集体管理活动。"二审法院认为，根据上述条例第二条规定，所谓著作权集体管理是指著作权集体管理组织根据授权对来自众多权利人的作品集中行使权利管理的行为。本案中，苏梦提起本案诉讼是基于其系涉案音乐作品的著作权人，该行为并非秀锦公司主张的著作权集体管理行为，不违反《著作权集体管理条例》第六条的规定。同时，《著作权集体管理条例》第二十条规定："权利人与著作权集体管理组织订立著作权集体管理合同后，不得在合同约定期限内自己行使或者许可他人行使合同约定的由著作权集体管理组织行使的权利。"根据该条规定，音乐作品的著作权人将著作权中的财产权利授权给音著协管理之后，其诉讼主体资格是否受到限制，取决于其与音著协订立的音乐著作权合同对诉权的约定。因本案音著协向苏越出具《情况说明》，明确表示双方所签音乐著作权合同对苏越的诉权没有限制，苏越有权提起诉讼。苏梦作为苏越的继承人，经继承获得了涉案音乐作品的著作财产权，有权提起本案诉讼。故苏梦是本案的适格原告。

关于争议焦点二，音集协与秀锦公司签订的许可协议，以及音著协与音集协签订的《合作备忘录》是合同当事人的真实意思表示，未违反法律、行政法规的强制性规定，亦未损害第三人的利益，应认定依法成立并有效。许可协议约定的许可使用期间为 2018 年 5 月 28 日至 2019 年 12 月 31 日，而本案取证时间为 2018 年 10 月 15 日，并未超出许可使用期间，因此，秀锦公司有权使用涉案作品，并不构成侵权。鉴于二审法院已认定秀锦公司不构成侵权，因此关于秀锦公司认为苏梦单方取证的证据不应予以采信的上诉理由，二审法院不予评判。秀锦公司的上诉请求部分成立，二审法院予以支持。

二审法院判决：一、撤销一审判决；二、驳回苏梦的全部诉讼请求。一审案件受理费人民币 175 元，由苏梦负担。二审案件受理费人民币 50 元，由苏梦负担。

本院经审理查明，一审、二审法院认定的事实属实，本院依法予以确认。

另查明，1. 音集协作为甲方与乙方音著协签订《合作备忘录》，就有关过渡期间的业务事项约定：在甲方与卡拉 OK 经营场所签订的著作权许可协议中，乙方授权甲方代为发放音乐词曲作品的表演权许可，在该许可合同中，由甲方盖章即代表甲乙双方两家协会，乙方暂不加盖印章；在过渡期间和未来新的发放许可收费体系下，甲乙双方的版权费结算模式沿用之前的六四分成的约定；本备忘录自 2018 年 11 月 5 日生效，有效期至 2019 年 12 月 31 日止。2. FL-XK01-鄂-20190044 号许可协议载明，甲方为音集协和音著协，乙方为秀锦公司。协议上盖有音集协和秀锦公司的印章，音著协未盖章。

本院认为，本案再审审理的焦点问题是：秀锦公司是否侵害了苏梦的著作权及其责任承担。

（一）关于音著协与音集协所签订的《合作备忘录》的效力问题

卡拉 OK 经营者通常需要使用音乐作品、录音制品、视听作品（本案发生时著作权法称之为电影作品和以类似摄制电影的方法创作的作品）、录像制品等，因此一般需经过著作权人或录音录像制品权利人的许可。为便于著作权人和有关权利人行使权利，同时便于卡拉 OK 经营者获得许可，音著协和音集协经过多年探索长期合作，形成了由音集协统一代为许可和收费，由音著协和音集协按一定比例分配收取费用的模式。此模式不仅不违反著作权法等法律法规的规定，而且有利于保护著作权人和相关权利人的利益，有利于使用者统一获得许可和付费，本院亦不持异议。音著协和音集协为解决筹建新收费体系过渡期中产生的相关问题，不仅签订《合作备忘录》，约定由音集协代为行使权利，而且在音集协与使用者实际签订的许可协议中，即使音著协没有在合同中盖章，也是以音集协、音著协的名义共同签订的。《合作备忘录》解决的仅仅是特定时期内代为发放许可的方式问题，并不存在集体管理权的让渡，也不存在集体管理组织超出业务范围管理权利人权利的问题。因此，该《合作备忘录》并不违反著作权法和《著作权集体管理条例》的相关规定，应当认定其合法有效，在双方约定的期限内音集协对外签订的许可协议的效力及于音著协。

（二）关于秀锦公司与音集协签订许可协议效力和期间的认定问题

如前所述，音著协与音集协签订的《合作备忘录》合法有效。本案中，许可协议是由音集协、音著协共同作为甲方与作为乙方的秀锦公司签订的，即使音著协没有在合同中盖章，但是根据《合作备忘录》的约定，该许可协议的效力也及于音著协，因此，秀锦公司与音集协签订的许可协议亦为合法有效。

依据著作权法的规定，作品许可使用期间可由订立合同的当事人自由协商确定，意即权利人许可使用的期间可能早于合同订立时间或者晚于合同订立时间，更常见的是与合同订立时间一致。只要许可期间是当事人真实意思表示，不违反法律、行政法规的强制性规定，不违背公序良俗，就应当认定为有效。许可使用期间早于订立合同时间的追认行为也属当事人自由处分权利的行为，实践中权利人对使用行为表示追认的情况也十分常见，但是权利人或利害关系人的追认与其他权利人的在先行为发生冲突，或者可能损害第三人利益时，追认期间的效力就需要区分情形予以认定。

本案中，许可协议订立于 2019 年 6 月 14 日，而载明的许可期间自 2018 年 5 月 28 日至 2019 年 12 月 31 日，起算时间早于许可协议订立时间。许可协议对使用行为的许可追认至 2018 年 5 月，苏梦对被诉侵权行为的取证时间为 2018 年 10 月，早于许可协议订立时间，晚于许可协议起算时间。因此，在苏梦就被诉侵权行为取证时，秀锦公司尚未取得音著协的许可。在苏梦与音著协均有权提起诉讼的情况下，音著协在后行使权利应当避免与苏梦行使诉权相冲突，否则会导致苏梦在原本能够获得胜诉的案件中面临败诉的风险。在苏梦不认可追认期间的情况下，许可协议对早于协议订立日之前期间的追认应当认定为无效，秀锦公司获得许可期间应自 2019 年 6 月 14 日起计算，据此，秀锦公司在此之前的使用行为构成对苏梦所有涉案作品著作权的侵害。

（三）关于秀锦公司的法律责任承担的问题

2019 年 6 月 14 日之后，秀锦公司使用涉案作品获得了音著协和音集协的许可，秀锦公司有权在许可期间使用涉案作品，故秀锦公司无需停止使用相关作品。

从苏梦的一审诉讼请求来看，苏梦提起本案诉讼的目的之一在于督促卡拉 OK 经营者主动履行著作权法项下的义务，积极与音著协和音集协达成许可协议，进而保障苏越作为会员的利益，与著作权法保护的目标和利益一致。在卡拉 OK 经营者使用音乐作品或视听作品被诉侵权的案件中，一般存在以下两种不同的情况：一是未获得权利人或者著作权集体管理组织的许可；二是获得了音集协或者音著协的许可，但被诉侵权作品权利人并非著作权集体管理组织的会员。本案与上述常见情形不同，秀锦公司在诉讼期间与音集协、音著协签订了许可协议，获得了其管理的海量作品的一揽子许可，有利于苏梦以及其他权利人获益，也有利于营建遵守著作权法和保护知识产权的公共秩序。因此秀锦公司所承担的侵权赔偿责任应当低于前述两种情形下应当承担的责任。本院综合考虑涉案音乐作品类型和数量、创作难易程度、知名度、维权成本、秀锦公司的侵权情节、方式、后果、经营规模和音著协与音集协的分配比例以及音乐作品词曲作者的获酬比例等因素，酌定秀锦公司向苏梦赔偿损失 6200 元（含公证费、取证费、律师费等合理支出费用）。

综上，二审判决事实认定和适用法律错误，本院予以纠正。苏梦的再审申请符合《中华人民共和国民事诉讼法》第二百条规定的情形，本院予以支持。依据 2010 年修正的《中华人民共和国著作权法》第四十八条第一项，《中华人民共和国民事诉讼法》第二百零七条第一款、第一百七十条第一款第二项之规定，判决如下：

一、撤销湖北省高级人民法院（2019）鄂知民终 225 号民事判决和湖北省荆州市中级人民法院（2019）鄂 08 民初 18 号民事判决；

二、本判决生效之日起十日内，荆门秀锦娱乐有限公司赔偿苏梦经济损失（含合理支出）6200 元。

如果未按本判决指定的期间履行给付金钱义务，应当依照《中华人民共和国民事诉讼法》第二百五十三条之规定，加倍支付迟延履行期间的债务利息。

一审案件受理费 175 元，二审案件受理费 50 元，由荆门秀锦娱乐有限公司负担。

本判决为终审判决。

审 判 长 秦元明
审 判 员 马秀荣
审 判 员 周 波
二〇二一年十二月二十八日
法官助理 曾 志
书 记 员 焦 媛

31. 作品奖金的权属认定

——再审申请人三亚赫迪文化发展有限公司、唐精蓉与被申请人董震著作权权属纠纷案[①]

中华人民共和国最高人民法院民事判决书（2021）最高法民再227号

再审申请人（一审被告、二审上诉人）：三亚赫迪文化发展有限公司。住所地：海南省三亚市吉阳区高新路99号海南省动漫产业基地公共技术服务平台A02栋。

法定代表人：唐精蓉，该公司董事长。

委托诉讼代理人：刘立伟，海南三和元律师事务所律师。

再审申请人（一审被告、二审上诉人）：唐精蓉。

被申请人（一审原告、二审被上诉人）：董震。

委托诉讼代理人：聂友峰，海南法格律师事务所律师。

委托诉讼代理人：潘语眉，海南法格律师事务所律师。

再审申请人三亚赫迪文化发展有限公司（以下简称赫迪公司）、再审申请人唐精蓉因与被申请人董震著作权权属纠纷一案，不服海南省高级人民法院（以下简称二审法院）（2019）琼民终241号民事判决，向本院申请再审。本院于2021年3月26日作出（2020）最高法民申6441号民事裁定提审本案。本院依法组成合议庭审理了本案。2021年9月16日，再审申请人赫迪公司的法定代表人唐精蓉及其委托诉讼代理人刘立伟，再审申请人唐精蓉，被申请人董震的委托诉讼代理人聂友峰、潘语眉到本院接受了询问。本案现已审理终结。

赫迪公司、唐精蓉申请再审称，1. 董震行为严重违法，一审、二审判决适用法律错误。作为权属认定依据的《协议书》系董震敲诈勒索、胁迫唐精蓉签署的，不应据此认定著作权归属。2. 一审、二审判决关于唐精蓉是代表赫迪公司签署《协议书》的认定，缺乏证据支持和法律依据。电影作品《锁里》著作权归属赫迪公司而非唐精蓉个人。请求撤销一审、二审判决，驳回

① 本案在年度报告中的位置为第53页。

董震的全部诉讼请求。

董震辩称，1. 双方签署的《协议书》不存在胁迫情形，合法有效。2. 唐精蓉向法院起诉撤销《协议书》的时间已超出法定的除斥期间，法院驳回其撤销《协议书》的诉讼请求具有事实和法律依据。3. 唐精蓉与董震签署《协议书》的行为应当认定为其代表赫迪公司所为的行为。综上，请求驳回赫迪公司、唐精蓉的再审申请。

董震向海南省三亚市中级人民法院（以下简称一审法院）起诉请求：1. 确认董震为电影《锁里》的著作权所有人；2. 赫迪公司将电影《锁里》获得的“五个一工程”奖金 10 万元支付给董震；3. 唐精蓉、赫迪公司承担本案的诉讼费用。

一审法院认定：董震与唐精蓉合作拍摄了电影《锁里》。2015 年 2 月 10 日，国家新闻出版广电总局电影局颁发电审故字［2014］第 610 号《电影片公映许可证》，载明：片名为《锁里》，出品单位为赫迪公司，摄制单位为赫迪公司，片长为 90 分钟，发行范围为国内外发行，影片排次号为 001106832014。

2017 年 10 月，电影《锁里》获得 2014—2016 年度海南省优秀精神产品（海南省“五个一工程”）优秀作品奖。在本案一审庭审过程中，董震陈述电影《锁里》因该奖而获得的奖金 10 万元已给付给赫迪公司，赫迪公司对该事实予以认可。电影《锁里》未进行著作权登记。

2017 年 3 月 24 日，董震与唐精蓉就合伙电影事宜签订《协议书》（NO：20170324），约定主要内容为：一、唐精蓉支付董震 50 万元，此笔款项为摄制组拍摄电影《锁里》和《请把你的窗户打开》时预算盈余（暂定盈余为 100 万，董震、唐精蓉各占 50 万），如果董震完全核实后发现余额超出，则由唐精蓉按核实后金额给付差额；反之，董震根据实际差额退回唐精蓉所付款项，该笔款项不计息。二、董震享有电影《锁里》100%股权等一切所有权，唐精蓉配合做好版权及其他所有权的转移手续。三、唐精蓉退还董震垫付的《阿婆的槟榔》后期制作进度款 54000 元以及 2000 元硬盘押金。四、双方补充、完善其他非合作部分的财务手续。五、唐精蓉将赫迪公司 30%的股份转移给董震，并到工商及相关部门登记备案。六、本协议经双方签字、盖章并完成一、二、三条财务手续后，董震交付唐精蓉电影《阿婆的槟榔》所有拍摄素材，唐精蓉出具收条，并保证不再向八零吧（北京）文化传播有限公司索要该素材。唐精蓉在该合同甲方处签字并摁手印，董震在该合同乙方处签字并摁手印。

另查明，赫迪公司登记为股东唐精蓉、林眉儿二人，其中唐精蓉出资比例为 88. 33%，林眉儿出资比例为 11. 67%，唐精蓉担任赫迪公司的法定代表人。

再查明，董震与唐精蓉、赫迪公司、第三人林眉儿合同纠纷一案，经审理后，海南省三亚市城郊人民法院作出了（2018）琼0271民初3414号民事判决，判决：1. 驳回董震的诉讼请求；2. 驳回唐精蓉的反诉请求。唐精蓉不服该判决，上诉至海南省三亚市中级人民法院即本案一审法院。该院经审理后，作出生效的（2018）琼02民终1803号民事判决书，认定唐精蓉于2018年5月14日起诉要求撤销《协议书》，已超过1年的除斥期间，不受法律保护，合同应当继续履行，驳回了唐精蓉的反诉请求。

一审法院认为，依据已发生法律效力的（2018）琼02民终1803号民事判决可知，唐精蓉诉请撤销涉案《协议书》，已超过1年的除斥期间，不受法律保护，合同应继续履行。因此，唐精蓉辩称涉案《协议书》系董震胁迫其签订的可撤销合同，没有法律依据，不予采纳。根据双方签订的《协议书》第二条约定，董震享有电影《锁里》100%著作权，故董震请求确认其为电影《锁里》的著作权人，有事实和法律依据，应予支持。由于董震已通过转让行为获得了电影《锁里》的著作权，其有权享有因电影《锁里》而产生的收益即10万元奖金，该10万元奖金已被赫迪公司所领取。因此，董震诉请唐精蓉、赫迪公司向其支付电影《锁里》获得的“五个一工程”奖金10万元，有事实和法律依据，应予支持。

综上，依照《中华人民共和国合同法》① 第八条、第六十条、2010年修正的《中华人民共和国著作权法》（以下简称著作权法）第十条，一审法院于2018年12月27日作出（2018）琼02民初56号民事判决（即本案一审判决），判决：一、董震为电影作品《锁里》的著作权人；二、赫迪公司应于判决生效之日起十日内将电影作品《锁里》的涉案奖金10万元支付给董震。一审案件受理费2300元，由赫迪公司负担。

赫迪公司上诉请求：1. 撤销一审判决；2. 驳回董震的诉讼请求；3. 一审、二审的诉讼费由董震承担。事实和理由：一、电影《锁里》的著作权人是赫迪公司和中共萧县县委宣传部。一审中董震的第一项诉讼请求是确认其为电影《锁里》的著作权人，而著作权法第十五条规定：电影作品和以类似摄制电影的方法创作的作品的著作权由制片者享有。根据国家新闻出版广电总局电影局颁发的《电影公映许可证》（电审故字［2014］第610号），电影《锁里》的出品单位是赫迪公司，摄制单位是赫迪公司和中共萧县县委宣传部。电影《锁里》的制片者只能是赫迪公司和中共萧县县委宣传部，著作权人也就是赫迪公司和中共萧县县委宣传部。二、著作权人的人身权不可转让，

① 已被《中华人民共和国民法典》废止，本案下同。

财产权的转让须经著作权人的同意。电影《锁里》的著作权人为赫迪公司和中共萧县县委宣传部，而非唐精蓉个人，故唐精蓉无权将该电影作品著作权中的财产性权利转让给董震。三、赫迪公司法定代表人唐精蓉与董震的约定只限于电影《锁里》的投入和收入分配。在唐精蓉与董震出资拍电影时，对电影的拍摄投入和收入分配进行了协商，即投入的资金赫迪公司和董震各一半，有了收入平均分配。因双方对对方都非常信任，并未形成书面合同，双方对该约定也始终认可。赫迪公司获得了2014—2016年海南省“五个一工程”奖10万元奖金，按约定赫迪公司应当向董震支付一半的奖金收入，但由于此前唐精蓉已经为董震向案外人乔伽誉支付了欠款25万元及6万元利息，故该款项没有给董震，一审判决将该10万元判给董震是错误的，请求二审法院依法纠正。

唐精蓉上诉请求：1. 撤销一审判决；2. 驳回董震的诉讼请求；3. 一审、二审的诉讼费由董震承担。事实和理由：第一，涉案《协议书》不是唐精蓉真实意思表示，而是受董震胁迫而签订，该事实已在（2018）琼0271民初3414号民事判决书中予以确认，虽因唐精蓉超过除斥期间起诉而导致该《协议书》未被撤销，但董震就该协议提起的诉讼请求不应得到支持。第二，电影《锁里》的著作权人是赫迪公司与中共萧县县委宣传部。唐精蓉作为个人，无权将电影《锁里》著作权转让给董震。第三，著作权中的人身权利不可转让。第四，唐精蓉与董震对于拍摄电影《锁里》的拍摄投入和收入分配进行了商定，即投入的资金赫迪公司和董震各占一半，收入亦平均分配，因当时双方彼此信任，未形成书面合同。电影《锁里》获得2014—2016年海南省“五个一工程”奖的10万元奖金，应当由唐精蓉支付给董震5万元，但因唐精蓉已经替董震支付给案外人乔伽誉欠款25万元及6万元利息，故该笔款项没有支付给董震。第五，拍摄电影《锁里》是赫迪公司的决定，不是唐精蓉与董震决定的，该电影的情节与结构也与以董震的曾祖父为原型创作的小说没有任何关系。唐精蓉在2013年以前没有和董震签订过任何相关委托协议，也没有收取董震任何费用。实际情况是董震听说唐精蓉经营的赫迪公司要拍摄电影，以用其曾祖父董正典为电影中人物名为条件，投入部分资金拍摄。唐精蓉接受了其条件后，才开始了之后的合作。而由于唐精蓉没有同意董震入股赫迪公司，董震才迫使唐精蓉签订涉案《协议书》。综上所述，请求二审法院纠正一审判决的错误。

董震辩称：第一，双方签署的《协议书》已由生效判决确认合法有效，该《协议书》对赫迪公司、唐精蓉有约束力，《协议书》明确体现电影《锁里》的著作权归董震，而该影片实际上是以董震的曾祖父的真实故事改编而来，该电影情节的内容、素材也是由董震传达给唐精蓉，双方在签署《协议书》时，因影片的合作利润已经分配完成，唐精蓉明确表示，该影片的著作权可以由董震持有，因为该影片对董震有特殊意义，而且该约定也符合《最高人民法院关于审理著作权民事纠纷案件适用法律若干问题的解释》[①] 第十四条的规定，“完成的自传体作品，当事人对著作权权属有约定的，依其约定。”因此该影片的著作权应当归董震。第二，赫迪公司和唐精蓉称影片的著作权人以及摄制单位是赫迪公司和中共萧县县委宣传部，与事实不符。根据电影的影片公映许可证显示，该影片的摄制单位是赫迪公司，不是中共萧县县委宣传部。电影《锁里》的投资人是唐精蓉和董震，双方在投资拍摄影片时，因唐精蓉名下的赫迪公司有电影公映和摄制的相应资质，而电影的公映和摄制，必须以公司名义进行，因此双方合意暂以赫迪公司名义申请影片的摄制和公映，但不表示电影的初始著作权就是赫迪公司所有，双方实际上是通过《协议书》的约定将该电影的初始著作权归属于董震。第三，因该影片的投资人是唐精蓉和董震，因此对影片著作权的归属，仅需通过其二人的合意，而双方签署的《协议书》有效，应当从其约定；退一步说，即便该影片的合意需要通过赫迪公司同意，唐精蓉作为赫迪公司的法定代表人以及实际控制人（唐精蓉持有赫迪公司88.33%的股份，其女儿林眉儿持有11.67%的股份），其代表赫迪公司签署该《协议书》也应当构成表见代理，该《协议书》的内容对赫迪公司有约束力。电影《锁里》在2017年10月所获得的“五个一工程”奖金10万元是在双方签署《协议书》之后获得的，因此时《锁里》的著作权全部归属董震，因此奖金也应当归董震所有。

二审期间，赫迪公司、唐精蓉围绕上诉请求提交以下新证据：剧本《锁里》授权书，拟证明赫迪公司获得剧本著作权人江流（原名姜书勤）授权。董震质证意见：对该证据的真实性认可，对合法性、关联性不认可，该证据产生于2014年，应在一审阶段提交，在二审阶段提交不属于新证据，对其合法性不认可。本案诉争的是电影《锁里》的著作权归属，且剧本《锁里》的著作权人是否属于江流，仅通过授权书也无法获知，拍摄电影《锁里》的资金均来源于董震和唐精蓉，赫迪公司并未提供任何资金，仅因为赫迪公司系唐精蓉名下公司，双方才经其办理拍摄和公映手续，该授权书无法证明电影《锁里》的著作权归属，与本案不存在关联性。

董震围绕上诉请求提交以下新证据：《三亚日报》2015年8月28日《另

---

① 已被《最高人民法院关于修改〈最高人民法院关于审理侵犯专利权纠纷案件应用法律若干问题的解释（二）〉等十八件知识产权类司法解释的决定》（2020年12月29日公布）修改，本案下同。

类抗战故事片锁里登陆央视》的新闻报道，拟证明董震、唐精蓉合作拍摄《锁里》影片期间，唐精蓉承诺董震作为赫迪公司合伙人，双方将赫迪公司作为电影《锁里》的出品单位，持有电影《锁里》的著作权，后双方签署《协议书》约定将电影《锁里》著作权转移给董震。赫迪公司、唐精蓉的质证意见为：对该证据的真实性、合法性、关联性不予认可，该证据不属于新证据，该证据没有出具相关证据的单位及其负责人签章，该证据内容与事实不完全相符，董震并非赫迪公司股东，该证据的新闻报告内容不能证明电影《锁里》的著作权归属。

二审法院认证意见：1. 剧本《锁里》的授权书足以证明赫迪公司拍摄电影《锁里》的过程，与本案存在一定关联性，对该证据的真实性、合法性、关联性予以认可。2.《三亚日报》2015 年 8 月 28 日《另类抗战故事片锁里登陆央视》的新闻报道，因无法确认该新闻报道的素材来源，对该证据不予采信。

当事人对一审认定的事实没有争议，二审法院对一审查明的事实予以确认。二审法院另查明，江流于 2014 年 3 月 16 日将剧本《锁里》授权给赫迪公司用于拍摄电影《锁里》。

二审法院认为，本案争议焦点为：1. 董震与唐精蓉签订的有关《锁里》的著作权协议是否合法有效；2. 电影《锁里》的著作权归谁所有；3. 董震是否有权主张 10 万元奖金。

（一）关于涉案《协议书》是否合法有效的问题。根据已发生法律效力的（2018）琼 02 民终 1803 号民事判决，唐精蓉有关涉案《协议书》的撤销权已于 2018 年 3 月 24 日消灭，唐精蓉于 2018 年 5 月 14 日才向海南省三亚市城郊人民法院起诉请求撤销该《协议书》，依法不受法律保护，不予支持，双方签订的《协议书》合法有效，唐精蓉应该按照《协议书》的约定履行义务。

（二）关于电影《锁里》的著作权归谁所有的问题。首先，根据国家新闻出版广电总局电影局颁发的电审故字［2014］第 610 号《电影片公映许可证》，该电影的出品单位和摄制单位均为赫迪公司，在没有相反证据的情况下，应认定电影《锁里》的著作权原为赫迪公司所有，唐精蓉、赫迪公司主张其与中共萧县县委宣传部共同享有该电影著作权没有事实依据，二审法院对该主张不予支持。其次，根据涉案《协议书》第二条约定："董震享有电影《锁里》100%股权等一切所有权，唐精蓉配合做好版权及其他所有权的转移手续"，唐精蓉应当将电影《锁里》著作权中财产权转让给董震，并配合办理相关手续。唐精蓉系赫迪公司的法定代表人，对赫迪公司的出资比例

88.33%，其女儿林眉儿出资比例11.67%，故唐精蓉同时也是赫迪公司的控股股东。唐精蓉在上诉状与庭审过程中均陈述，其与董震商量出资拍摄电影之初，系由其与董震二人协商并形成口头协议，约定赫迪公司和董震有关拍摄电影的投入资金和收入的分配比例，之后该口头协议得到履行，说明在唐精蓉与董震的整个合作过程唐精蓉均代表公司，故其与董震签订的《协议书》中有关赫迪公司的内容亦应当认定为公司行为，对该公司产生效力，唐精蓉有关其个人无权转让赫迪公司享有的电影《锁里》著作权的主张不能成立。第三，董震主张电影《锁里》系根据其曾祖父董正典为原型创作的自传体小说，但并未提供证据予以证明，同时亦无证据证明在拍摄电影《锁里》之前双方就已约定该电影的著作权归董震所有，因此不应适用《最高人民法院关于审理著作权民事纠纷案件适用法律若干问题的解释》第十四条的规定。第四，根据著作权法第十条之规定，著作权人可以全部或部分转让该条第五项至第十七项规定的权利，并依照约定或该法有关规定获得报酬。董震根据涉案《协议书》取得的著作权应当为该条款第五项至第十七项规定的财产权，而不包括发表权、署名权、修改权、保护作品完整权这四项人身权。一审判决第一判项中表述不当之处，应予以纠正。

（三）有关董震是否有权主张10万元奖金的问题。10万元奖金产生于涉案《协议书》签订之后，此时董震通过涉案《协议书》取得电影《锁里》著作权中的财产权，根据著作权法第十条之规定，董震有权依照约定或本法有关规定获得报酬，该奖金应归其所有，赫迪公司应将该10万元奖金支付给董震。唐精蓉提出应当按照双方口头约定对于该10万元奖金进行分配，但因涉案《协议书》中并无相应约定，二审法院不予支持。至于唐精蓉提出其为董震垫付拖欠案外人乔伽誉借款的问题，与本案不属同一法律关系，且在本案中难以查明相关事实明确是否应当冲抵，应另行处理。一审判决书对该10万元奖金的判决符合法律规定，二审法院予以维持。

综上，依照《中华人民共和国合同法》第八条、第六十条，《中华人民共和国著作权法》第二条、第十条，《中华人民共和国民事诉讼法》① 第一百七十条第一款第二项规定，二审法院于2019年7月10日作出（2019）琼民终241号民事判决（即本案二审判决），判决：一、维持一审判决第二项；二、变更一审判决第一项为：董震享有电影《锁里》著作权中的财产权；三、驳回董震的其他诉讼请求；四、驳回赫迪公司、唐精蓉的其他上诉请求。一审案件受理费2300元，由赫迪公司负担。二审案件受理费4600元，由赫

① 此处指2017年《中华人民共和国民事诉讼法》，其已于2021年修改，本案下同。

迪公司、唐精蓉各负担2300元。

对二审法院查明的事实，本院经审查予以确认。

本院再审认为，本案再审期间主要争议焦点为：1. 电影《锁里》著作权归属如何认定；2. 涉案奖金归属如何认定。

（一）关于电影《锁里》著作权归属认定问题

2010年修正的著作权法第十五条第一款规定："电影作品和以类似摄制电影的方法创作的作品的著作权由制片者享有，但编剧、导演、摄影、作词、作曲等作者享有署名权，并有权按照与制片者签订的合同获得报酬。"根据国家新闻出版广电总局电影局电审故字［2014］第610号《电影片公映许可证》，电影《锁里》的出品单位和摄制单位均为赫迪公司，在无相反证据的情况下，二审法院认定该电影著作权原为赫迪公司所有并无不当，本院对此予以确认。

2010年修正的著作权法第十条第三款规定："著作权人可以全部或者部分转让本条第一款第（五）项至第（十七）项规定的权利，并依照约定或者本法有关规定获得报酬。"根据已发生法律效力的（2018）琼02民终1803号民事判决，唐精蓉有关涉案《协议书》的撤销权已于2018年3月24日消灭，唐精蓉应该按照《协议书》的约定履行义务。唐精蓉系赫迪公司的法定代表人，在与董震的整个合作过程中，唐精蓉均代表赫迪公司，其与董震签订的《协议书》中有关赫迪公司的内容亦应当认定为公司行为，对赫迪公司产生效力，唐精蓉有关其个人无权转让赫迪公司享有的电影《锁里》著作权的主张不能成立。

经查，《协议书》对双方当事人间的债权、股权、著作权法律关系作出了明确约定，其中包括："董震享有电影《锁里》100%股权等一切所有权，唐精蓉配合做好版权及其他所有权的转移手续"。二审法院据此认定董震根据涉案《协议书》取得电影《锁里》的著作财产权并对一审判决第一项予以改判，合法有据，本院对此予以确认。

（二）关于涉案奖金归属认定问题

2010年修正的著作权法第十条第一款规定了著作权人享有的人身权和财产权，其中包括发表权、署名权、修改权、保护作品完整权、复制权、发行权、出租权、展览权、表演权、放映权、广播权、信息网络传播权、摄制权、改编权、翻译权、汇编权以及应当由著作权人享有的其他权利。著作权法虽然未对"应当由著作权人享有的其他权利"的具体内容作出明确，但是，著作权作为一种知识产权，在性质上是一项民事权利，其所体现的仍然是平等主体之间的自然人、法人和非法人组织之间的人身关系和财产关系。如果不是基于民事法律关系而产生的平等主体之间的权利义务，即使与作品有关，也不应认定为著作权法律关系。

虽然根据著作权法第十条第三款的规定，著作权人有权依照约定或者该法有关规定获得报酬，但是所谓报酬，应当理解为著作权人以外的主体使用作品时所应支付给著作权人的对价，主要体现为经济利益。著作权人有权获得报酬，并非是指其在著作权法第十条第一款规定的各项财产权之外另行享有的一项独立的民事权利，而是指著作权人可以依法获得其行使上述著作财产权或依照著作权法规定而产生的经济利益。著作权人所获得的报酬，实质上仍是其所享有的著作权法明确列举的著作财产权的体现，是著作财产权的收益。若非行使上述著作财产权或者不是基于著作权法的有关规定而取得的收益，则不应视为著作权人基于其著作权而获得的报酬，其权利归属当然也不能以著作权归属为依据而加以确定。实际上，此种收益的归属，应当根据其所据以产生的法律关系或者法律的特别规定而加以具体的确定。比如，当该收益是基于特定的行政法律关系而取得的，就应当以相应的行政行为为依据，确定该收益的权利归属。若行政行为是为奖励某一创作行为而给予特定主体以经济利益，则由于著作权法对作品著作权的归属和转让有相应的规定，就存在行政行为所赋予的经济利益并不必然由著作权人享有的情形。此时，应当以该行政行为所确定的奖励对象为依据确定该收益的权利归属，至于该奖励对象是否是或仍然是相关作品的著作权人则在所不问。再比如，在婚姻关系存续期间，虽然夫妻一方可以单独享有包括著作权在内的知识产权，其配偶因并非知识产权权利人而不能行使该权利，但相关法律明确规定，夫妻关系存续期间所获得的“知识产权的收益”归夫妻共同所有，此时就不能以著作权等知识产权的权利归属为依据确定该“知识产权的收益”的权利归属，而是应当以法律的特别规定为依据，确定“知识产权的收益”的权利归属。

综上，因作品而获得的收益的归属，与作品著作权的归属，并非同一法律关系。确定著作权人有权获得的报酬的权利归属，实际上是在确定不同于著作权的其他财产权比如物权或者债权的归属。

本案所涉奖金为海南省优秀精神产品奖（海南省“五个一工程”奖）的奖金，并非基于平等民事主体之间的权利义务关系而取得，不属于权利人行使著作权而获取的收益，著作权法亦未对因作品获得相关荣誉而取得的奖金等收益的归属作出规定，因此，不应根据涉案作品著作权归属而对作品所获奖金的所有权加以认定。根据在案证据，赫迪公司系该海南省优秀精神产品奖的获得者，相应的奖金亦应归属于赫迪公司。一审、二审法院基于电影

《锁里》的著作权归属而对该作品所获奖金的归属作出认定，适用法律错误，本院予以纠正。

综上，二审判决认定事实清楚，但法律适用存在错误，本院予以纠正。赫迪公司、唐精蓉的再审申请符合《中华人民共和国民事诉讼法》第二百条规定的情形，本院予以支持。依照2010年修正的《中华人民共和国著作权法》第十条第一款、第三款，第十五条第一款，《中华人民共和国民事诉讼法》第二百零七条第一款之规定，判决如下：

一、撤销海南省高级人民法院（2019）琼民终241号民事判决和海南省三亚市中级人民法院（2018）琼02民初56号民事判决；

二、确认董震享有电影《锁里》著作权中的财产权；

三、驳回董震的其他诉讼请求；

四、驳回三亚赫迪文化发展有限公司、唐精蓉的其他上诉请求。

一审案件受理费2300元，由董震负担500元，由三亚赫迪文化发展有限公司负担1800元。二审案件受理费4600元，由三亚赫迪文化发展有限公司、唐精蓉各负担2300元。

本判决为终审判决。

审 判 长 秦元明
审 判 员 马秀荣
审 判 员 周 波
二〇二一年九月二十六日
法官助理 耿慧茹
书 记 员 焦 媛

32. 著作权保留情况下的权属认定

——再审申请人河南草庐蜂业有限公司与被申请人汉华易美（天津）图像技术有限公司侵害作品信息网络传播权纠纷案①

中华人民共和国最高人民法院民事判决书（2021）最高法民再355号

再审申请人（一审被告、二审上诉人）：河南草庐蜂业有限公司，住所地：河南省方城新能源产业集聚区西园。

法定代表人：侯朝阳，该公司董事长。

委托诉讼代理人：侯一，该公司员工。

被申请人（一审原告、二审被上诉人）：汉华易美（天津）图像技术有限公司。住所地：天津市东丽区张贵庄铁路东安达集团院内1号楼二楼210室。

法定代表人：柴继军，该公司总经理。

委托诉讼代理人：张宏麟，该公司员工。

委托诉讼代理人：黄莹，该公司员工。

再审申请人河南草庐蜂业有限公司（简称河南草庐公司）因与被申请人汉华易美（天津）图像技术有限公司（简称汉华易美公司）侵害作品信息网络传播权纠纷一案，不服天津市高级人民法院（2020）津民终311号民事判决，向本院申请再审。本院于2021年11月12日作出（2021）最高法民申1063号民事裁定，提审本案。本院依法组成合议庭进行审理。2021年12月17日，被申请人汉华易美公司的委托诉讼代理人张宏麟、黄莹到庭接受了询问。本案现已审理终结。

河南草庐公司申请再审称，（一）二审法院认定的基本事实错误。二审法院以图片上的“gettyimages”水印、图片的属性信息和汉华易美公司单方面提供的首次发布时间声明认定著作权人，缺乏证据支撑。首先，水印“gettyimages©”，其右上角均有©的注册商标标志，不是表明创作者身份的作者署名。在每张涉案图片水印下方另有一个署名，涉案图片右侧详细信息

① 本案在年度报告中的位置为第54页。

中分别显示"Credit:"（归属于:）Dougal Waters、Paul Bradbury、sdominick和Image Source，表明此作品归属于图片上的署名人。其次，河南草庐公司二审提交了与Getty Images Inc.（以下简称Getty公司）询问回复的电子邮件的证据，邮件中详细询问图片详细信息中"Credit:"后面的名字是否是该图片摄影师的名字，Getty公司答复"Credit:"后面的名字是摄影师名字，并解释了Getty公司的运作机制，即摄影师把自己的作品投稿给Getty公司销售，每售出一份会支付给摄影师相应版税。通过进一步邮件询问摄影师是否保留他们的照片的版权，也得到肯定的回答："投稿摄影师保留图片的所有版权"。上述证据作为相反证据足以推翻汉华易美公司对著作权人的主张。再次，Getty公司网站投稿页面关于运作机制和版权归属的问题，也与上述邮件中确认的事实一致。故以上证据构成相反证明，汉华易美公司对于著作权归属应负有进一步举证责任，二审判决关于版权归属认定的基本事实缺乏证据证明，并依据错误的事实做出了不公正的判决。（二）二审法院对来源相同的证据做不同的认定，对相同证据采取不同的认定结果。河南草庐公司提交的getty-images网站刊登的涉案作品截图证据，与汉华易美公司提交的证据来源相同，目的是证明图片上除gettyimages水印外，另有摄影师署名。但二审法院认可gettyimages水印为作者署名，而对同样在照片上的摄影师署名不予支持，侵害了河南草庐公司的合法权益。（三）二审法院程序违法。二审法院未在审限内做出判决。综上，请求本院依法提审改判。

汉华易美公司辩称，（一）汉华易美公司依法经著作权人Getty公司授权，有权自2016年8月13日起，在中国境内对包含涉诉图像在内的图片享有展示、销售、许可他人使用之权利，且有权以自己的名义就第三方未经授权使用或涉嫌未经授权使用所有图像行为采取任何形式的法律行为。（二）涉案四张图片，其中两张图片VCG4188686826和VCG41115559440由摄影师与Getty公司签订供稿协议，由Getty公司作为代理人，以Getty公司的名义对外展示、销售、许可他人使用；另外两张图片VCG41137086432和VCG4156964600的著作权原由OJO Images Limited公司（以下简称OJO公司）所有，2012年12月4日Getty公司收购OJO公司后，相应地取得了这两张图片的著作权。（三）汉华易美公司已经依法完成对涉案图片享有著作权的举证责任，在二审庭审中，汉华易美公司补充提交了公证书及分销协议等证据，足以证明Getty公司的相关权属问题。（四）办理涉外证据的公证认证手续繁琐、成本高昂，要求汉华易美公司在诉讼中提交每一张图片权利来源的完整证据，将不合理地增加知识产权权利人的维权成本。一审、二审判决准确阐释了最高人民法院关于著作权司法保护的裁判理念，应当予以维持。综上，请求驳回河南草庐公司的再审请求。

汉华易美公司向一审法院起诉请求：1. 判令河南草庐公司立即停止实施侵害汉华易美公司信息网络传播权的行为；2. 请求判令河南草庐公司赔偿汉华易美公司经济损失及维权合理开支共计 40000 元。一审开庭审理后，汉华易美公司提交书面说明，申请撤回第一项诉讼请求。

一审法院认定事实：根据北京市方圆公证处（2016）京方圆内经证字第 20760、20761 号公证书载明，Getty 公司拥有附件 A GettyImages 品牌图像（包括 RM 特定使用范围版权创意图像、RF 免版权金使用版权创意图像、RR 限定用途类版权创意镜头三个品牌）的版权，图像展示在公司的 www. gettyimages. ca、www. gettyimages. com、www. gettyimages. co. uk 等网站。2016 年 8 月 13 日，Getty 公司签订授权确认书，授权汉华易美公司担任 Getty 公司在中国境内的唯一授权代表，明确授权其在中国境内展示、销售和许可他人使用附件 A 所列出品牌的所有图像作品，作品展示在 www. cvg. cn、www. vcg. com、www. gettyimages. cn、www. cfp. cn 等互联网站，并授权汉华易美公司在中国境内以自己的名义就第三方未经授权使用图像作品的行为采取法律行为，涵盖该日之前及之后在中国境内出现的对于 Getty 公司版权的侵犯。汉华易美公司（网址：www. cvg. cn、www. vcg. com）尤其有权就附件 A 所列出之品牌相关的图像的未经授权使用采取诉讼、收取索赔款等行为。

根据汉华易美公司提供的网页截屏显示，涉案图片授权方式为 RF 免版权金使用版权图片，品牌分别为 Photographer’s Choice、OJO Images、Photodisc，图片上有视觉中国及 gettyimages 标记字样的水印，版权所有：视觉中国。

汉华易美公司提供的涉案图片属性信息截屏显示，涉案图片属性信息包括尺寸、宽度、高度、水平分辨率、垂直分辨率、位深度等。其中涉案图片尺寸信息与涉案图片的网页截屏显示的尺寸信息相同。

2018 年 2 月 6 日，汉华易美公司申请时间戳认证的账号主体名称为“草庐蜂蜜”的微信公众号，内有 4 张涉案图片。经比对，该图片与汉华易美公司 Photographer’s Choice、OJO Images、Photodisc 品牌图片一致。

一审法院认为，双方当事人争议的焦点为，一是汉华易美公司是否享有涉案图片的著作权；二是河南草庐公司是否存在侵权行为；三是河南草庐公司是否承担赔偿经济损失及合理开支的民事责任。

关于争议焦点一，即汉华易美公司是否享有涉案图片著作权的问题。对著作权权属的认定，一般以作品上的署名等为初步证据，但有相反证据予以推翻的除外。本案中，涉案图片上标注 Getty 公司的英文名称“gettyimages”

及网站“视觉中国”字样，该署名构成证明Getty公司与汉华易美公司享有著作权权属的初步证据。《最高人民法院关于适用〈中华人民共和国民事诉讼法〉的解释》[①] 第九十条规定：“当事人对自己提出的诉讼请求所依据的事实或者反驳对方诉讼请求所依据的事实，应当提供证据加以证明，但法律另有规定的除外。在作出判决前，当事人未能提供证据或者证据不足以证明其事实主张的，由负有举证证明责任的当事人承担不利的后果。”河南草庐公司虽提交了三张涉案图片在域外网站的截图，但仅凭网页截图，不足以否定Getty公司对涉案图片享有著作权。汉华易美公司就另外一张涉案图片提交了Facebook对话截图，但是对话相对人身份难以确定，真实性无法确认，故一审法院对上述证据不予采信，对河南草庐公司据此提出的主张不予支持。

2016年8月13日，Getty公司确认汉华易美公司是其在中国的授权代表，《授权确认书》附件A列明了包括涉案图片品牌在内的品牌清单；Getty公司在《授权确认书》中明确授权汉华易美公司对涉案图片在内的图像享有包括展示、销售和许可他人使用等相关权利，即授权汉华易美公司享有涉案图片包括信息网络传播权在内的相关著作权。“视觉中国”网站上标注“视觉中国”是版权所有人，是基于“视觉中国”与汉华易美公司之间的关系而标注，不能以此否认汉华易美公司享有涉案图片的著作权。本案中，涉案图片标有“gettyimages”“视觉中国”水印。汉华易美公司提交了涉案图片的属性信息。据此可以认定涉案图片水印和属性信息，共同构成证明著作权权属的初步证据。在没有相反证据的情况下，可以认定汉华易美公司享有涉案图片的著作权。汉华易美公司提供了《授权确认书》、涉案图片上的水印、属性信息，已尽到初步的举证责任，在没有相反证据的情况下，应认定其为著作权人。汉华易美公司作为涉案图片的著作权人，有权以自己的名义提起本案诉讼。对河南草庐公司提出的汉华易美公司不具有诉讼主体资格的主张，一审法院不予支持。

关于争议焦点二，即河南草庐公司是否存在侵权行为的问题。本案中，汉华易美公司对河南草庐公司使用涉案图片取证是在登录联合信任时间戳服务中心的网页后，再登入河南草庐公司的微信公众号进行证据保全，整个取证过程及取证内容均由联合信任时间戳服务中心予以了认证，在没有证据足以推翻上述可信时间戳认证证书的情况下，一审法院对相关证据的真实性均予以确认。河南草庐公司未经汉华易美公司许可，通过信息网络向公众传播了涉案图片，侵害了汉华易美公司享有的涉案图片信息网络传播权。关于河

---

① 已被《最高人民法院关于修改〈最高人民法院关于适用《中华人民共和国民事诉讼法》的解释〉的决定》（2022年4月1日公布）修改，本案下同。

南草庐公司主张合理使用，从涉案图片具体使用方式及是否指明作者的情况看，事实和法律依据不足，一审法院不予支持。

关于争议焦点三，即河南草庐公司是否承担赔偿经济损失及合理开支的民事责任。河南草庐公司未经汉华易美公司许可，通过信息网络向公众传播其享有相关著作权的作品，应当承担停止侵害的民事责任。庭审结束后，汉华易美公司核实河南草庐公司已经删除涉案图片并撤回第一项诉讼请求，不违反法律规定，一审法院予以准许。在确定赔偿数额时，应当按照权利人的实际损失予以赔偿；实际损失难以计算的，应当按照侵权人的违法所得给予赔偿；当权利人的损失或者侵权人违法所得均不能确定时，权利人可以请求在法律规定的赔偿幅度内确定赔偿数额。赔偿数额还应当包括被侵权人为制止侵权行为所支付的合理开支。本案中，双方当事人均没有证据证明权利人的损失或者侵权人违法所得。根据上述法律规定，在权利人的实际损失或者侵权人违法所得均无法确定的情况下，汉华易美公司在法律规定的赔偿幅度内请求赔偿数额符合法律规定。一审法院综合考虑涉案图片的知名度、河南草庐公司经营规模、主观过错程度，使用涉案图片的方式、侵权持续的时间以及汉华易美公司为制止侵权所支出费用的必要性及合理程度等因素，酌定河南草庐公司支付汉华易美公司经济损失及为制止侵权而支出的合理费用共计 8000 元。

综上所述，依照 2010 年修正的《中华人民共和国著作权法》（以下简称 2010 年著作权法）第十一条第四款、第四十八条第一项、第四十九条，2002 年 10 月 15 日起施行的《最高人民法院关于审理著作权民事纠纷案件适用法律若干问题的解释》（以下简称著作权民事案件司法解释）第七条、第二十五条、第二十六条及《最高人民法院关于适用〈中华人民共和国民事诉讼法〉的解释》第九十条，一审法院判决：一、河南草庐公司于判决生效之日立即赔偿汉华易美公司经济损失及为制止侵权行为而支出的合理费用共计 8000 元；二、驳回汉华易美公司的其他诉讼请求。案件受理费 800 元，由汉华易美负担 320 元，河南草庐公司负担 480 元。

河南草庐公司不服一审判决，上诉请求：1. 撤销一审判决，驳回汉华易美公司一审全部诉讼请求；2. 诉讼费用全部由汉华易美公司承担。主要事实和理由：1. 汉华易美公司未取得涉案图片原始权利人的授权，涉案图片上显示了作者的署名，Getty 公司不是涉案图片著作权人。2. 汉华易美公司无著作权转让合同亦未获得授权，未提交 RAW 原始文件，无权主张涉案图片侵权赔偿。3. 汉华易美公司提交的授权书不是合法的域外证据。4. 涉案图片在第三方 Photosearch 公司网站也存在以水印方式标注著作权的情况。5. 河南草庐公司没有使用涉案图片进行商业行为，属于合理使用。6. 一审法院作出的侵权赔偿数额过高。

二审期间，当事人围绕上诉请求依法提交了证据。二审法院组织当事人进行了证据交换和质证。

河南草庐公司提交三组证据。第一组证据：GettyImages 网站投稿运作机制截图，GettyImages 网站投稿版权归属情况及“出售您的素材，成为 GettyImages 投稿人”截图。证明目的为：Getty 公司在网站上声明，Getty 公司将投稿人的创意授权给全球顾客，而投稿人则保有版权。基于投稿人保有版权，因此 Getty 公司对涉案图片不享有著作权。汉华易美公司质证意见为：网站截图真实性、关联性不认可，该证据亦不能达到其证明目的。即便图片摄影师保有版权，并不能否认 Getty 公司对涉案图片享有版权。第二组证据：Getty 公司客户服务联系页面网页截图、河南草庐公司与 Getty 公司的往来电子邮件截图。证明目的为：Getty 公司认可其图片详细信息中标注的“Credit:”后面显示的内容为该图片摄影师的名字。汉华易美公司质证意见为：网站截图真实性、关联性不认可，该证据亦不能达到其证明目的。即便图片摄影师保有版权，并不能否认 Getty 公司对涉案图片享有版权。第三组证据：更改图片像素的视频光盘。证明目的为：图片像素可以通过专业软件进行调整，且图片像素可以调大。汉华易美公司质证意见为：对该证据真实性、关联性、证明目的不认可，即便像素可以调大，但图片分辨率会降低。

汉华易美公司提交三份证据。证据一：北京市长安公证处（2019）京长安内经证字第 44843 号公证书。证明目的为：河南草庐公司使用的四张涉案图片的首次创建时间和在 Getty 公司网站的首次发布时间。河南草庐公司质证意见为：真实性不认可，公证书中记载的时间系 Getty 公司单方制作，缺乏客观性，且没有其他证据佐证该时间，该证据亦不能达到其证明目的。证据二：北京市方圆公证处（2011）京方圆内经证字第 14444 号公证书。证明目的为：Getty 公司通过分销协议，授予 Publitek，Inc. 和 Fotosearch，LLC 在其网站 www. fotosearch. com 进行非转让的权利。河南草庐公司质证意见为：真实性、关联性均不认可，该证据不能达到其证明目的。分销协议只能证明 Getty 公司与 Publitek 公司之间存在分销协议，无法证明 Getty 公司对涉案图片享有权属，涉案图片著作权属于摄影师。证据三：北京市方圆公证处（2014）京方圆内经证字第 03782 号公证书。证明目的为：Getty 公司通过分销协议，授予 Age Fotostoch Spain S. L. 在其网站 www. agefotostock. com 进行非转让的权利。河南草庐公司质证意见为：真实性、关联性均不认可，该证据不能达到其证明目的。分销协议只能证明 Getty 公司与 Age Fotostock Spain S. L. 之间存在分销协议，无法证明Getty公司对涉案图片享有权属，涉案图片著作权属于摄影师。

二审法院对河南草庐公司提交的证据认证如下：第一组证据系Getty公司网站截图，第二组证据为河南草庐公司与Getty公司的往来电子邮件截图，第三组证据系更改图片像素的视频光盘。上述三组证据均具有真实性、合法性，但不具有关联性，无法达到其证明目的，关于证据关联性的具体分析将在二审法院认为部分一并论述。

二审法院对汉华易美公司提交的证据认证如下：证据一系图片首次发布时间的公证书，公证书的相关内容经美国公证机构的公证，且该公证经过美国与中国的使领馆认证，公证机关对该文件的影印本与原本内容一致亦进行了公证，该证据具有真实性、合法性，对该证据二审法院依法予以采信。证据二系分销协议的公证书，该证据具有真实性，该分销协议经过了美国公证机构的公证，且该公证经过美国与中国的使领馆认证，公证机关对该文件的中文译文与英文原文内容一致亦进行了公证，该证据具有真实性、合法性，对该证据二审法院依法予以采信。证据三系分销协议的公证书，该证据具有真实性，该分销协议经过了爱尔兰共和国公证机关的公证，且该公证经过爱尔兰共和国与中国的使领馆认证，且公证机关对该文件的中文译文与英文原文内容一致也进行了公证，该证据具有真实性、合法性，对该证据二审法院依法予以采信。

在一审法院查明事实的基础上，二审法院根据在案证据及当事人的当庭陈述，进一步查明如下事实：

（一）关于Getty公司的授权情况

Getty公司拥有对Getty Images集团公司［包括Getty Images International、Getty Images（US）、Getty Images（Seattle）Inc.以及Getty Images（Canada）Inc.等］的终极拥有权。Getty公司享有对附件A中GettyImages品牌图像（包括RM特定使用范围版权创意图像、RF免版权金使用版权创意图像、RR限定用途类版权创意镜头三个品牌）的版权，图像展示在公司的www.gettyimages.ca、www.gettyimages.com、www.gettyimages.co.uk等网站。

2016年8月13日，Getty公司签订授权确认书，授权汉华易美公司担任Getty公司在中国境内的唯一授权代表，明确授权其在中国境内展示、销售和许可他人使用附件A所列出品牌的所有图像作品，作品展示在www.cvg.cn、www.vcg.com、www.gettyimages.cn、www.cfp.cn等网站，并授权汉华易美公司在中国境内以自己的名义就第三方未经授权使用图像作品的行为采取法律行为，该公证书涵盖了授权日之前在中国境内出现的对Getty公司的侵权行为。

上述内容经两份公证书进行确认，其中（2016）京方圆内经证字第20760号《公证书》的内容为，经过北京市方圆公证处证明，授权文件的复印件与该外文文件的原件相符。其中（2016）京方圆内经证字第20761号《公证书》的内容为，经过北京市方圆公证处证明，授权文件的复印件中的翻译件与外文原本内容相符。

（二）关于汉华易美公司提交的涉案图片权属的情况

根据汉华易美公司在一审期间提交 www. vcg. com 网站的截图，涉案四张图片在 www. vcg. com 网站上展示了同组同题材的其他连续拍摄画面，并展示了涉案图片的分辨率、像素等属性信息截图以说明汉华易美公司拥有涉案图片的最大像素格式数码文件和互联网端最大像素最高清晰度的数码文件。

根据汉华易美公司提交的北京市长安公证处（2019）京长安内经证字第44843号公证书，涉案图片在 Getty 公司网站的首次发布时间分别为：VCG41115559440 图片 2011 年 6 月 8 日、VCG41137086432 图片 2012 年 1 月 13 日、VCG4188686826 图片 2009 年 6 月 25 日、VCG4156964600 图片 2006 年 3 月 1 日。

根据河南草庐公司在一审提交的第三方网站 fotosearch、agefotostock、imagesource 的网站截图，3 张涉案图片除在 Getty 公司网站显示外，还分别在第三方网站 fotosearch、agefotostock、imagesource 进行展示，并分别标注了作者信息。

根据汉华易美公司提交的北京市方圆公证处（2011）京方圆内经证字第14444号公证书、（2011）京方圆内经证字第03782号公证书。2009 年 9 月 1 日 Getty 公司与 Publitek，Inc. 和 Fotosearch，LLC 签订的分销协议生效，通过该分销协议，Getty 公司赋予经销商非转让的权利，Publitek 公司可以在其网站 http：//www. fotosearch. com 进行图片的分销。2010 年 4 月 1 日 Getty 公司与 Age Fotostock Spain S. L. 签订的分销协议生效，通过该分销协议，Getty 公司赋予经销商非转让的权利，Age Fotostock Spain S. L. 可以在其网站 hppt：//www. agefotostock. com 进行图片的分销。

一审法院查明的事实无误，二审法院予以确认。

二审法院认为，本案的争议焦点是：第一，汉华易美公司是否对涉案图片享有著作权；第二，被诉侵权行为是否成立；第三，一审法院判决的赔偿数额是否适当。

一、关于汉华易美公司是否对涉案图片享有著作权问题

（一）关于美国 Getty 公司授权文件的问题

经过公证的授权文件显示 Getty 公司拥有对 Getty Images 集团公司［包括

Getty Images International、Getty Images（US）、Getty Images（Seattle）Inc. 以及 Getty Images（Canada）Inc. 等］的终极拥有权。Getty 公司的品牌图像展示在公司的 www. gettyimages. ca、www. gettyimages. com、www. gettyimages. co. uk 等网站。上述内容除有公证书证明之外，通过各个网站的域名及各个公司的名字，亦可看出 Getty Images 集团的各个公司之间具有关联关系。

关于授权文件的真实性问题。汉华易美公司的授权文件通过美国公证机关的公证，并经过了两国使领馆的认证，且汉华易美公司也提交了该授权文件经过公证的中文译本，该证据符合域外证据的证据形式和相应要求。

（二）关于涉案图片著作权权属的证明责任问题

著作权自作品创作完成即取得，不以国家行政机关的授权为要件。著作权民事案件司法解释第七条第二款规定："在作品或者制品上署名的自然人、法人或者其他组织视为著作权、与著作权有关权益的权利人，但有相反证明的除外。"标注水印为图片类作品的通常署名方式，鉴于其具有可自行操作、随意性大、可信度低的特点，因此不能仅以水印作为署名的初步证据。

本案中，汉华易美公司为证明其为涉案作品的著作权人提交了如下证据：涉案图片登载于 Getty 公司网站，涉案图片上标注有"gettyimages"水印，网站上亦刊登了权利声明；涉案图片在 Getty 公司相关网站的首次发布时间；涉案图片的分辨率、像素等属性信息证据，以佐证汉华易美公司拥有涉案图片的最大像素格式数码文件和互联网端最大像素最高清晰度的数码文件。在汉华易美公司提交的证据中，还包含了与涉案图片相关的连续拍摄的同组同题材其他画面，连续拍摄的同组同题材其他画面作为创作留痕证据，可以表明创作过程，亦可对 Getty 公司与图片作者之间具有授权关系进行证据补强。上述证据共同构成汉华易美公司作为著作权人的初步证据，在没有相反证据的情况下，可以认定汉华易美公司系涉案图片的著作权人。

图片侵权类案件具有一定的特殊性。一方面，摄影作品不同于文字作品、视听作品，摄影作品的创作具有作品数量大、创作批量化、创作周期短、创作效率高等特点，故其授权往往不会进行单一作品授权。另一方面，图片经营网站具有一定的特殊性。因图片的拍摄者与图片的需求方之间信息不对称情况明显，两者之间难以实现有效对接，导致授权成本较高，图片经营网站在图片的授权和使用之间发挥了桥梁作用。图片经营网站拥有海量图片，绝大多数图片系从数量众多且分散的摄影作者手中获得授权，考虑到行业规模和行业特点，在权利人提交了水印、权利声明、授权文件、同组同题材的其他连续拍摄画面、涉案图片的最大像素格式数码文件和互联网端最大像素最高清晰度的数码文件等证据的情况下，如再要求图片经营网站对每一张图片的完整授权链条进行举证，会不合理地增加权利人的举证难度和依法维权成本。因此，应综合考虑权利人的举证能力，合理分配权利人与被诉侵权人的举证责任。

关于图片著作权权属的举证责任。首先应由原告提供其为著作权人的初步证据，然后由被告举出相反证据，再由原告针对被告提出的相反证据进行再次举证。最终由人民法院结合双方举证质证情况，根据优势证据规则，依法认定原告是否享有著作权。

本案中，在汉华易美公司已经提交可以认定其系涉案图片著作权人的初步证据的情况下，二审法院对河南草庐公司是否提交了足以推翻初步证据的相反证据分析如下：

第一，关于第三方网站亦登载涉案图片的问题。本案中，河南草庐公司举证证明了部分涉案图片除在 Getty 公司网站显示外，还分别在第三方网站 photosearch、agefotostock、imagesource 进行展示，并分别标注了作者信息。但根据汉华易美公司进一步举证证明 Getty 公司与 Publitek，Inc. 和 Fotosearch，LLC 签订的分销协议以及 Getty 公司与 Age Fotostock Spain S. L. 签订的分销协议，Getty 公司赋予经销商非转让的权利，Publitek，Inc. 和 Fotosearch，LLC 及 Age Fotostock Spain S. L. 并未获得 Getty 公司转让的著作权，第三方网站 photosearch、agefotostock 上虽然展示了涉案图片，但并不能推翻 Getty 公司对涉案图片享有著作权。

汉华易美公司虽未提交其与第三方网站 Images Source 经营者之间的分销协议，但河南草庐公司提交的第三方网站 Images Source 的网页截图并不显示涉案图片的首次发布时间，河南草庐公司亦未提供证据证明第三方网站 Images Source 上涉案图片的发布时间早于 Getty 公司，故第三方网站 Images Source 的网站截图不构成相反证据。因此，河南草庐公司关于涉案图片的著作权人并非汉华易美公司的主张，二审法院不予支持。综合以上情况，同时结合前述汉华易美公司已经为证明其对涉案图片享有著作权提供了一系列证据的情况下，河南草庐公司仅凭第三方网站上登载涉案图片，尚不足以推翻关于汉华易美公司享有涉案相关图片著作权的认定。

第二，关于最大像素存在后期可调的问题。图片像素可以通过专业软件进行调整，但增大图片像素后，图片分辨率会相应降低。只有原始图片或者直接拷贝原始图片，才能同时具有最大像素和最高清晰度。河南草庐公司未提交比涉案图片像素更高、分辨率更大的图片。故河南草庐公司关于汉华易美公司并未拥有全网最大像素、最高分辨率的涉案图片主张，不能成立。

第三，关于涉案图片同时标注有摄影师署名的问题。涉案图片上除了标注有“gettyimages”水印外，在该水印下方还标注了摄影师的署名。河南草庐公司主张，在有明确摄影师的情况下，汉华易美公司不能提供该摄影师的授权证据，则无法认定汉华易美公司属于著作权人。对此二审法院认为，该主张仅是针对授权链条提出的质疑，不等同于提供了相反证据。尽管Getty公司网站上有摄影师仍保留有版权的表述，但是该表述并不能证明Getty公司对涉案图片不享有著作权。

第四，关于汉华易美公司提交的底片不是RAW原始文件的问题。RAW原始文件为将相机捕捉的光源信号转化为数字信息的原始数据，作为证明摄影作品创作过程的证据，可以证明摄影作品的作者。本案中，汉华易美公司并未主张其系涉案图片的作者，仅主张其通过授权获得了涉案作品的著作权，因此汉华易美公司无需就涉案作品的RAW原始文件进行举证。

综上，汉华易美公司提交的证据足以证明其对涉案图片享有著作权，且河南草庐公司未能提交足以推翻上述认定的相反证据。一审法院认定汉华易美公司对涉案图片享有著作权，并无不当。

二、被诉侵权行为是否成立

河南草庐公司认可其使用了涉案图片，但主张其系合理使用，不构成侵权行为。对此，二审法院认为，对于符合2010年著作权法第二十二条规定的十二种情形的，可以不经著作权人许可而使用其作品，不向其支付报酬。本案中，河南草庐公司在其微信公众号中使用涉案图片，虽未直接获得商业利益，但该行为不属于2010年著作权法第二十二条规定的合理使用的情形，故其不构成侵权行为的主张，不能成立。

三、一审法院判决的赔偿数额是否适当

根据2010年著作权法第四十九条规定：“侵犯著作权或者与著作权有关的权利的，侵权人应当按照权利人的实际损失给予赔偿；实际损失难以计算的，可以按照侵权人的违法所得给予赔偿。赔偿数额还应当包括权利人为制止侵权行为所支付的合理开支。权利人的实际损失或者侵权人的违法所得不能确定的，由人民法院根据侵权行为的情节，判决给予五十万元以下的赔偿。”本案中，双方当事人均没有提供证据证明权利人的损失以及侵权人违法所得。在权利人的实际损失或者侵权人违法所得均无法确定的情况下，一审法院综合考虑涉案图片的知名度、河南草庐公司的经营规模、主观过错程度，使用涉案图片的方式、侵权持续的时间以及汉华易美公司为制止侵权所支出费用的必要性及合理程度等因素，酌情确定河南草庐公司支付汉华易美公司经济损失及为制止侵权而支出的合理费用，并无不当。

综上，依照《中华人民共和国民事诉讼法》① 第一百七十条第一款第一项规定，二审法院判决：驳回上诉，维持原判。二审案件受理费50元，由河南草庐公司负担。

本院对一审、二审法院查明的事实予以确认。

本院经审理查明，涉案图片为汉华易美公司提交的以下四张照片（见本判决附件②）：

1. 编号为“VCG41115559440”的图片（以下简称图片1），该图片除标注“gettyimages ©”水印和图片编号外，还有“Dougal Waters”的水印；

2. 编号为“VCG41137086432”的图片（以下简称图片2），该图片除标注“gettyimages ©”水印和图片编号外，还有“Paul Bradbury ”的水印；

3. 编号为“VCG4156964600”的图片（以下简称图片3），该图片除标注“gettyimages ©”水印和图片编号外，还有“Image Source”的水印；

4. 编号为“VCG4188686826”的图片（以下简称图片4），该图片除标注“gettyimages ©”水印和图片编号外，还有“sdominick ”的水印。

上述图片中的水印均呈两行排列，其中“gettyimages ©”字体较大并位于第一行，“Dougal Waters”“Paul Bradbury”“Image Source”和“sdominick”字体较小并分别位于“gettyimages ©”之下的第二行。

在本案再审期间，汉华易美公司提供了两份Getty公司英文版的供稿协议，用以印证其图片1和图片4获得了摄影师的授权的答辩主张。汉华易美公司表示，因时间紧迫尚未办理公证认证手续。两份供稿协议中摄影师姓名栏等相关项目均被涂黑，无法识别。汉华易美公司另提交了（2019）京长安内经证字第44842号等多份公证书复印件，用以印证其Getty公司收购OJO Images Limited公司并相应取得该公司拥有的作品著作权的答辩主张。该公证书涉及的图片并非本案中涉及的照片。汉华易美公司明确表示，上述文件不作为证据提交，仅供法院参考。

以上事实，有相关证据及当事人陈述在案作证。

本院再审认为，本案再审期间的争议焦点为：汉华易美公司是否拥有涉案图片的著作权。

《中华人民共和国民事诉讼法》第六十四条第一款规定：“当事人对自己提出的主张，有责任提供证据。”本案中，汉华易美公司主张，其据以主张权利的四张图片均来自Getty公司的授权，汉华易美公司是通过与Getty公司的协议取得涉案图片的著作权的，因此，判断汉华易美公司是否对涉案四张

---

① 此处指2017年《中华人民共和国民事诉讼法》，其已于2021年修改，本案下同。

② 本书略。

图片享有权利，需以在案证据能否证明 Getty 公司是否享有相应的著作权。

2010 年著作权法第十一条规定："著作权属于作者，本法另有规定的除外。创作作品的公民是作者。由法人或者其他组织主持，代表法人或者其他组织意志创作，并由法人或者其他组织承担责任的作品，法人或者其他组织视为作者。如无相反证明，在作品上署名的公民、法人或者其他组织为作者。"著作权民事案件司法解释第七条规定："当事人提供的涉及著作权的底稿、原件、合法出版物、著作权登记证书、认证机构出具的证明、取得权利的合同等，可以作为证据。在作品或者制品上署名的自然人、法人或者其他组织视为著作权、与著作权有关权益的权利人，但有相反证明的除外。"

本案中，涉案图片除标注"gettyimages ©"水印外，还分别标注有"Dougal Waters""Paul Bradbury""Image Source"和"sdominick"的水印，而且"gettyimages"之后紧接注册商标标志"©"，因此，不能仅以此水印认定涉案图片的著作权属于 Getty 公司。汉华易美公司在一审、二审诉讼中提交了 Getty 公司出具的《授权确认书》、网站权利声明等证据，但《授权确认书》只能证明 Getty 公司向汉华易美公司进行授权的事实，并非 Getty 公司对涉案图片享有著作权的证据；权利声明属于单方陈述，在缺乏其他证据印证的情况下，不能仅以权利声明确定著作权归属；最大像素格式数码文件、互联网端最大像素最高清晰度数码文件、连续拍摄的同组同题材其他画面等证据，虽然能够反映出作品创作过程，但是，根据河南草庐公司在一审、二审期间提交的 Getty 公司回复邮件等反驳证据，Getty 公司确认相关图片系由摄影师将自己的作品投稿给 Getty 公司销售，Getty 公司以自己的名义对外销售后支付给摄影师相应版税，而投稿的摄影师仍然保留图片的著作权。虽然河南草庐公司提交的反驳证据，尚不足以完全否定汉华易美公司相关证据的真实性，但是，由于汉华易美公司与 Getty 公司之间存在业务上的联系，汉华易美公司也正是基于 Getty 公司的授权才提起本案诉讼，因此，汉华易美公司相较于河南草庐公司更有条件获取 Getty 公司取得涉案图片著作权的证据，如果河南草庐公司提交的反驳证据存在虚假内容，汉华易美公司也有条件加以举证反驳。但在本案审理过程中，汉华易美公司不仅并未通过举证否定河南草庐公司反驳证据的证明力，而且还在答辩意见及本院询问过程中，明确认可涉案图片 1 和图片 4 系由摄影师与 Getty 公司签订供稿协议，由 Getty 公司作为代理人，以 Getty 公司的名义对外展示、销售、许可他人使用；涉案图片 2 和图片 3，系 Getty 公司收购 OJO 公司后相应取得图片著作权。但是，即使汉华易美公司的上述陈述内容真实，代理关系的性质也决定了代理人与被代理人之间并不发生民事权利的移转，在图片摄影师仍然保留著作权的情况下，汉华易美公司关于Getty公司拥有涉案图片1和图片4的著作权的主张显然不能成立；而汉华易美公司也未能提供OJO公司享有涉案图片2和图片3著作权的证据，在此基础上，其关于Getty公司基于收购OJO公司而取得相关图片著作权的主张也就缺乏事实依据。综上，在河南草庐公司提交了相反证据的情况下，汉华易美公司提交的在案证据不能证明Getty公司拥有涉案图片的著作权。

综上，根据双方当事人提供的在案证据，本案无法认定Getty公司取得了涉案图片的著作权，相应地，汉华易美公司关于其享有涉案图片著作权的主张亦缺乏事实依据，其在本案中提出的相关诉讼请求不应予以支持。一审、二审法院在河南草庐公司已经提交反驳证据的情况下，未能全面、客观地审核全部在案证据，导致事实认定有误，本院对此予以纠正。

综上所述，河南草庐公司的再审理由成立，对其提出的提审改判的诉讼请求，本院予以支持。依照2010年修正的《中华人民共和国著作权法》第十一条、《最高人民法院关于审理著作权民事纠纷案件适用法律若干问题的解释》第七条，《中华人民共和国民事诉讼法》第六十四条第一款、第二百零七条第一款、第一百七十条第一款第二项之规定，判决如下：

一、撤销天津市高级人民法院（2020）津民终311号民事判决和天津市第三中级人民法院（2019）津03知民初73号民事判决；

二、驳回汉华易美（天津）图像技术有限公司的全部诉讼请求。

一审案件受理费800元，二审案件受理费50元，均由汉华易美（天津）图像技术有限公司负担。

本判决为终审判决。

审 判 长 秦元明
审 判 员 马秀荣
审 判 员 周 波
二〇二一年十二月二十日
法官助理 耿慧茹
书 记 员 焦 媛

33. 部分继承人不得违背约定单独提起诉讼

——再审申请人王海成、王平与被申请人中国音乐学院、胡廷江侵犯作品表演权纠纷案[①]

中华人民共和国最高人民法院民事裁定书（2021）最高法民申3068号

再审申请人（一审原告、二审上诉人）：王海成。

委托诉讼代理人：居永和，北京市大嘉律师事务所律师。

再审申请人（一审原告、二审上诉人）：王平。

委托诉讼代理人：居永和，北京市大嘉律师事务所律师。

被申请人（一审被告、二审被上诉人）：胡廷江。

被申请人（一审被告、二审被上诉人）：中国音乐学院。住所地：北京市朝阳区丝竹园安翔路一号。

法定代表人：王黎光，该院院长。

委托诉讼代理人：胡廷江，该学院教师。

被申请人（一审被告、二审被上诉人）：吴碧霞。

再审申请人王海成、王平因与被申请人胡廷江、中国音乐学院、吴碧霞侵犯作品表演权纠纷一案，不服广西壮族自治区高级人民法院（2021）桂民终552号民事裁定，向本院申请再审。本院依法组成合议庭进行审查。2021年9月24日，王海成、王平共同的委托诉讼代理人居永和，胡廷江到本院接受了询问。本案现已审查终结。

王海成、王平申请再审称，1. 既然法院认为王海燕是必须共同进行诉讼的当事人，一审法院就应当通知王海燕参加诉讼。通知王海燕参加诉讼，是一审法院的法定职责。即使王海成、王平提出反对，这也不是一审法院不履行法定职责的合法理由。2. 从法律义务来说，王海成、王平没有向一审法院提供王海燕联系方式的义务，法律从来没有规定诉讼当事人承担提供其他诉讼当事人的联系方式的义务，王海成、王平没有王海燕的联系方式，亦无资格和能力从澳大利亚获得王海燕是否死亡的合法有效的证明材料。而且，王

① 本案在年度报告中的位置为第56页。

海成、王平在向一审法院所提交的最高人民法院（2013）民申字第1198号民事裁定记载了王海燕在澳大利亚的住所。3. 如果在一审、二审法院阐明的理由之外，本案存在应当驳回起诉的其他法律依据，法院应当给予申请人发表辩论意见的机会。综上，依据《中华人民共和国民事诉讼法》① 第二百条第六项之规定，请求：撤销一审、二审裁定，指令一审法院再审本案。

胡廷江、中国音乐学院辩称，根据最高人民法院（2020）最高法民申6151号民事裁定，王海成曾为独揽继承权而伪造了一份放弃实体权利声明。后经最高人民法院调解，各方达成协议，约定王海成立即停止由其单方提起之诉，一切涉及王洛宾知识产权的诉讼行为应由王海燕、王海星、王海成兄弟三人共同作出实体决定，王海成试图继续单独进行诉讼并企图阻止追加王海燕为当事人，故一审、二审裁定正确。希望最高人民法院参照前判，驳回王海成、王平的再审申请。

本院审查查明，著名音乐家王洛宾先生于1996年3月14日去世，根据其遗嘱，其音乐作品的相关著作权由其子王海燕、王海星、王海成继承。

2012年，在王海成诉马鞍山市花山区童话量贩式歌厅著作权侵权纠纷案中，王海成向法院提交了以王海燕、王海星名义签署的《放弃实体权利声明》，内容为："王海成为维护先父王洛宾创作的音乐作品的版权以原告身份对侵权人提起的诉讼，我们一概不参加。在任何一件诉讼中，我们享有的实体权利都由王海成享有。我们放弃全部实体权利。"安徽省马鞍山市中级人民法院和安徽省高级人民法院分别作出（2012）马民三初字第20号和（2012）皖民三终字第71号民事判决，均在认定其他继承人放弃实体权利、王海成有权单独提起诉讼的基础上，支持了王海成的部分诉讼请求。

2013年6月7日，王海燕、王海星作为案外人向本院申请再审，请求本院对（2012）皖民三终字第71号案件进行再审。王海燕、王海星主张，其并未放弃对王洛宾音乐作品的相关权利，《放弃实体权利声明》系伪造。本院依法受理了该案，案号为（2013）民申字第1198号。在该案审理过程中，经本院调解，王海燕、王海星与王海成于2013年9月4日达成和解协议。该和解协议全文如下：

"甲方（再审申请人）：王海燕（王洛宾长子）、王海星（王洛宾次子）

乙方（再审被申请人）：王海成（王洛宾幼子）

鉴于：

1. 甲乙双方共三人共同作为已故音乐家王洛宾先生的继承人，就王洛宾

① 此处指2017年《中华人民共和国民事诉讼法》，其已于2021年修改，本案下同。

先生的遗产及知识产权享有平等的继承权；

2. 乙方代理律师居永和在过去若干年就王洛宾先生的知识产权的维权诉讼中伪造了甲方《放弃实体权利声明》，在对外商业维权中侵犯了甲方的继承权；

3. 甲方就与此相关的安徽省高级人民法院（2012）皖民三终字第00071号民事判决依法向最高人民法院提起再审申请；

4. 经过最高人民法院的多次调解，乙方认识到自身的过错，愿意向甲方致歉并采取实质性弥补措施，甲方愿意接受乙方道歉。

据此，为化解甲乙双方矛盾，维护并发扬王洛宾先生的音乐艺术，经最高人民法院调解，甲乙双方达成和解协议如下：

1. 乙方立即停止由其单方提起的涉及王洛宾先生知识产权的所有诉讼，已经提起的应当立即撤诉，无法撤诉的应当主动通知受理机关追加甲方作为共同诉讼人。

2. 本协议签署后10个工作日内，乙方就伪造《放弃实体权利声明》事宜向甲方公开道歉，公开道歉的媒体为《法制日报》、《中国律师》杂志、《新疆晨报》。

3. 乙方应负责在2013年12月31日前查明并向甲方提供所有乙方单方参与涉及王洛宾的已决诉讼清单，并附生效法律文书。

4. 乙方应负责在2013年12月31日前查明并向甲方提供伪造的《放弃实体权利声明》及其公证书。

5. 本协议签署后10个工作日内，乙方应公布诉讼相关账务明细并向甲方交付乙方单方参与涉及王洛宾的已决诉讼判决数额中应归属甲方的部分。

6. 本协议签署后，一切涉及王洛宾先生知识产权的诉讼行为，均应由甲乙双方三人共同做出实体决定；涉及王洛宾先生的一切法律事务均应委托王洛宾先生遗嘱执行人康存祥律师处理，但康存祥律师明确表示拒绝代理或甲乙双方一致同意委托其他人员代为处理的情形除外。应支付给康存祥律师的相关费用由甲乙双方会同康存祥律师另行约定。

7. 本协议签署后，乙方不得独自对外进行涉及王洛宾先生的商业授权，一切涉及王洛宾先生的商业活动均应经甲乙双方共同认可并授权；已经或正在发生的乙方单独授权的商业活动应当向甲方通报并征求甲方意见，收取费用的应将属于甲方的份额交付甲方。

8. 乙方单方开办的涉及王洛宾的纪念馆或相关实体产业，应征求甲方意见后冠以甲乙双方三人之名义。

9. 本协议签署后，冠以王洛宾先生音乐艺术的推广及商业化运营事宜，原则上应委托第三方专业机构进行，甲乙双方三人享受收益权、建议权及监督权，但不参与实质性工作。具体方案由甲乙双方会同音著协等相关机构另行商定。

10. 乙方违反本协议第1至5条之约定的，应当承担违约责任。

11. 本协议未尽事宜，甲乙双方应本着尊重王洛宾先生遗嘱及遗愿的原则下另行商定。

12. 本协议之内容不影响甲乙双方三人于1996年3月在康存祥律师见证下签署的《关于王洛宾遗产分配及对其合法权益进行保护的协议》之法律效力。本协议不以任何明示或暗示的方式表明本协议构成对《关于王洛宾遗产分配及对其合法权益进行保护的协议》之取代。

13. 本协议一式伍份，协议缔约双方三人各执壹份，最高人民法院存档壹份，交康存祥律师存档壹份。"

2013年11月18日，王海燕、王海星以"王海成已承认伪造《放弃实体权利声明》侵害了王海燕、王海星的合法权益的事实，且承诺立即停止正在发生或即将产生的涉及王洛宾先生知识产权的诉讼，就此事公开道歉并在一定期限内向王海燕、王海星提供已决诉讼清单、公布获得赔偿账目信息、退赔二审法院判决项下应属于王海燕、王海星的赔偿款等"为由，向本院递交撤诉申请，自愿撤回再审申请。本院于2013年11月28日作出（2013）民申字第1198号民事裁定，裁定准许王海燕、王海星撤回再审申请，该裁定已发生法律效力。

2016年，王海星去世。按照王海星的遗嘱，其女王平继承王海星享有的相关著作财产权。

在本案一审过程中，王海成、王平向一审法院明确表示，不同意追加王海燕为共同原告。

在本院审查期间，王海燕提交了法律意见书，其主要内容为：1. 一审、二审裁定适用法律正确，应当予以维持；2. 本案属于必要共同诉讼，王海成、王平无权单独提起诉讼。王海燕建议在符合《中华人民共和国民事诉讼法》关于诉权规定的前提下，尊重王洛宾遗愿以及各继承人自愿达成的协议方案，确定诉讼主体是否适格以及个案诉讼的有效性；对于三位继承人未能形成一致意见以及不符合王洛宾遗嘱方案的诉讼，一律驳回起诉或不予受理。王海成、王平在本院组织的询问程序中，对此发表了意见，仍然坚持其再审申请理由。

本院认为，民事主体的人身权利、财产权利以及其他合法权益受法律保护，任何组织或者个人不得侵犯。包括著作权在内的知识产权，是民事主体享有的重要民事权利，应当依法予以保护。著作权属于自然人的，自然人死亡后，著作权中的财产性权利在法律规定的保护期内，依法转移。本案中，王洛宾先生去世后，其著作权中的相关财产性权利按照王洛宾先生的遗嘱由王海燕、王海星、王海成依法继承。王海星去世后，其所继承的王洛宾先生著作权财产性权利的相应份额，则按照其遗嘱由王平依法继承。王海燕、王海成、王平各自享有的民事权利均应依法予以保护。

在保障民事主体合法权益的同时，《中华人民共和国民法典》第七条规定："民事主体从事民事活动，应当遵循诚信原则，秉持诚实，恪守承诺。"第一百三十一条规定："民事主体行使民事权利时，应当履行法律规定的和当事人约定的义务。"《中华人民共和国民事诉讼法》第十三条规定："民事诉讼应当遵循诚实信用原则。当事人有权在法律规定的范围内处分自己的民事权利和诉讼权利。"从上述法律规定可知，法律在充分保障民事主体和民事诉讼当事人各项权利的同时，不仅要求其在法律规定的范围内行使权利，而且也要求其信守承诺、履行其与他人约定的义务。在民事诉讼活动中，法律确认当事人有权处分自己的诉讼权利，这不仅意味着当事人可以合法处分其诉讼权利，而且也意味着当事人在诉讼活动中，必须受其先前处分诉讼权利行为的限制和约束。

本案中，虽然王海成、王平各自通过继承依法取得了相应民事权利，但是根据本院已查明的事实，王海燕、王海星、王海成在2013年即在本院的主持下，就相关权利的行使达成了和解协议。王海燕、王海星、王海成约定，该和解协议签署后，"一切涉及王洛宾先生知识产权的诉讼行为，均应由甲乙双方三人共同做出实体决定"。根据这一约定，在王海燕、王海星、王海成三人未形成共同的实体决定前，即在三人未协商一致的情况下，其中任何一人乃至两人，均无权实施"涉及王洛宾先生知识产权的诉讼行为"。尤其是考虑到，王海燕、王海星、王海成三人之所以签署和解协议，对其民事权利和诉讼权利的行使作出处分，是因为作为继承人之一的王海成曾在其他民事诉讼中，伪造王海燕、王海星放弃实体权利的声明，严重损害了王海燕、王海星的合法权益。因此，和解协议中所称的"涉及王洛宾先生知识产权的诉讼行为"，尤其应当包括作为原告提起的侵权诉讼。上述协议的约定，不仅是王海燕、王海星、王海成对其民事权利的处分，成为其行使相应民事权利时所负有的约定义务；而且也是王海燕、王海星、王海成对其诉讼权利的处分，成为其作为原告向他人提起侵权之诉的前提条件。如果不满足和解协议约定的条件，王海燕、王海星、王海成三人中的任何一人乃至两人，即不享有作为原告提起诉讼的权利，因此也就不符合《中华人民共和国民事诉讼法》第一百一十九条第一项规定的起诉条件。王平通过继承取得王海星所拥有的相关权利，该权利上所负担的义务并不因继承法律关系的发生而消灭。王平在行使该民事权利和诉讼权利时，也应当履行王海燕、王海星、王海成已达成的和解协议约定的义务。本案虽然是由王海成与王平共同提起的诉讼，但因其起诉仍未满足和解协议约定的行使权利的前提条件，因此，仍然不符合人民法院受理民事诉讼的条件。王海燕虽未作为当事人参加本案诉讼，但其在本案审查过程中提交了法律意见书，明确表示王海成、王平无权单独提起诉讼，认为在未与其形成一致意见的情况下，王海成、王平的起诉应当驳回或不予受理。王海燕的这一表态，也进一步印证了王海成、王平提起本案诉讼，明显违背王海燕的意志，违反了2013年各方达成的起诉条件的约定。一审、二审法院裁定驳回王海成、王平的起诉并无不当，本院经审查对此予以确认。

特别需要说明的是，王海成、王平明知有和解协议的存在，不仅背信弃义，在未取得王海燕同意的情况下提起本案诉讼，而且还在诉讼过程中向一审法院明确表示反对追加王海燕为原告参加诉讼，这种明显违背诚实信用原则的行为，不仅损害了王海燕的合法权利，而且也与《中华人民共和国民事诉讼法》第二条“保护当事人的合法权益，教育公民自觉遵守法律”的明文规定相违背。不仅如此，王海成、王平在再审申请理由中还明确提及本院（2013）民申字第1198号民事裁定，将本院为弥合王海燕、王海星、王海成兄弟三人嫌隙促成三人和解的努力和宽容，作为其谋取私利的论据，这绝不应得到法律的支持。

依照《中华人民共和国民事诉讼法》第二百零四条第一款，《最高人民法院关于适用〈中华人民共和国民事诉讼法〉的解释》[①] 第三百九十五条第二款规定，裁定如下：

驳回王海成、王平的再审申请。

审 判 长 秦元明
审 判 员 马秀荣
审 判 员 周 波
二〇二一年十二月九日
法官助理 耿慧茹
书 记 员 焦 媛

---

① 已被《最高人民法院关于修改〈最高人民法院关于适用《中华人民共和国民事诉讼法》的解释〉的决定》（2022年4月1日公布）修改，本案下同。

34. 共有著作权的正当行使

——上诉人娱美德有限公司、株式会社传奇 IP 与上诉人亚拓士软件有限公司、蓝沙信息技术（上海）有限公司侵害计算机软件著作权纠纷案[①]

中华人民共和国最高人民法院民事判决书（2020）最高法知民终 402 号

上诉人（原审原告）：娱美德有限公司（Wemade Co., Ltd.）。住所地：大韩民国京畿道城南市盆唐区大王板桥路 644 号路 49（三坪洞，韩国创业城商务设施 B 区娱美德大厦）。

代表人：张贤国（Hyun Guk Chang），该公司首席执行官。

委托诉讼代理人：陶鑫良，德恒上海律师事务所律师。

委托诉讼代理人：潘娟娟，德恒上海律师事务所律师。

上诉人（原审原告）：株式会社传奇 IP（ChuanQi IP Co., Ltd.）。住所地：大韩民国京畿道城南市盆唐区大王板桥路 644 号路 49，5 层（三坪洞，韩国创业城商务设施 B 区娱美德大厦）。

代表人：张贤国（Hyun Guk Chang），该公司首席执行官。

委托诉讼代理人：许春明，德恒上海律师事务所律师。

委托诉讼代理人：徐文柱，广东格方律师事务所律师。

上诉人（原审被告）：亚拓士软件有限公司（Actoz Soft Co., Ltd.）。住所地：大韩民国首尔特别市江南区德黑兰路 44 路 8，15 楼（驿三洞，Icon Yeocksam 大厦）。

代表人：郭海滨，该公司代表董事。

委托诉讼代理人：傅钢，上海市协力律师事务所律师。

委托诉讼代理人：郭杰，上海市协力律师事务所律师。

上诉人（原审被告）：蓝沙信息技术（上海）有限公司。住所地：中华人民共和国上海市闵行区东川路 555 号乙楼 5066 室。

法定代表人：谢斐，该公司董事长。

---

① 本案在年度报告中的位置为第 58 页。

委托诉讼代理人：游闽键，上海市协力律师事务所律师。

委托诉讼代理人：张玲娜，上海市协力律师事务所律师。

上诉人娱美德有限公司（以下简称娱美德公司）、株式会社传奇 IP（以下简称传奇 IP）与上诉人亚拓士软件有限公司（以下简称亚拓士公司）、蓝沙信息技术（上海）有限公司（以下简称蓝沙公司）侵害计算机软件著作权纠纷一案，各方当事人均不服中华人民共和国上海知识产权法院于 2019 年 12 月 20 日作出的（2017）沪 73 民初 617 号民事判决，向本院提起上诉。本院于 2020 年 4 月 27 日立案后，依法组成合议庭，并于 2021 年 2 月 7 日公开开庭审理了本案，各方当事人的委托诉讼代理人均到庭参加诉讼。本案现已审理终结。

娱美德公司、传奇 IP 共同提起上诉，请求：1. 撤销原审判决关于争议焦点五和六的相关认定；2. 改判支持娱美德公司、传奇 IP 的全部诉讼请求。事实和理由：（一）原审判决就《EXTENSION AGREEMENT》（以下简称《续展协议》）是否应认定无效的问题存在部分事实认定错误、适用法律不当。1. 关于恶意串通。原审判决没有对亚拓士公司和蓝沙公司是关联公司这一关键事实予以考虑。亚拓士公司拒绝与娱美德公司、传奇 IP 事先协商，直接和蓝沙公司签署《续展协议》，有着明显“恶意串通”表现，亚拓士公司和蓝沙公司明知蓝沙公司存在严重的违约行为和侵权行为，是为了回避解决才采取拒绝与娱美德公司、传奇 IP 协商而直接签约的恶意方式。原审法院将“恶意串通”局限在有无“损害涉案游戏软件使用及传播的恶意”上，不符合《中华人民共和国合同法》[①]（以下简称合同法）第五十二条第二项关于“损害国家、集体或者第三人利益”的规定。2. 关于法律法规强制性规定。亚拓士公司、蓝沙公司擅自签约行为违反了《中华人民共和国著作权法实施条例》（以下简称著作权法实施条例）第九条和《计算机软件保护条例》（以下简称软件保护条例）第十条的规定，根据合同法第五十二条第五项规定，《续展协议》应被认定为无效合同。上述两条例规定的“通过协商一致行使”实际是隐含着“应当”协商一致的强制性要求，可视为效力性强制性规定。（二）原审法院允许蓝沙公司继续运营《热血传奇》游戏缺乏法律依据。原审判决已经认定亚拓士公司、蓝沙公司签订《续展协议》构成侵权，则应当判令蓝沙公司立即停止运营侵权游戏。本案不涉及社会公共利益问题，也不会导致当事人之间的重大利益失衡。

亚拓士公司辩称：不同意娱美德公司、传奇 IP 的上诉意见，请求予以驳

---

① 已被《中华人民共和国民法典》废止，本案下同。

回。主要理由为：（一）娱美德公司、传奇 IP 关于请求认定《续展协议》无效的主张，不能成立。原审中，亚拓士公司提供了大量的证据，可以证明娱美德公司的利益并没有受损，而且获得了更高的分成，实际上共有著作权人是受益的，且韩国首尔高等法院于 2021 年 1 月 28 日作出的二审判决亦作出了不侵权认定。娱美德公司于 2017 年 6 月 27 日在韩国申请临时禁令，禁止亚拓士公司与蓝沙公司续约，并在中国进行大量宣传，造成游戏市场动荡。亚拓士公司一直与娱美德公司通过邮件进行沟通，一直没有得到回应，迫于蓝沙公司的压力以及市场的问题签订《续展协议》。亚拓士公司以最大的努力为共有著作权人争取利益，提高了授权费，获得了更高的分成。娱美德公司主张蓝沙公司与亚拓士公司是关联公司，因此存在串通，在客观和事实方面是不成立的。两公司均为上市公司，关联交易审查严格，仅仅因两者系关联公司就推定存在串通是不合理的。（二）关于责任承担问题，亚拓士公司不认可原审法院关于其构成侵权的认定，更不认可娱美德公司、传奇 IP 的意见。

蓝沙公司辩称：（一）本案纠纷应适用《软件许可协议》约定的仲裁条款，应由上海国际经济贸易仲裁委员会（上海国际仲裁中心）（以下简称 SHIAC）管辖。（二）传奇 IP 不是本案适格原告。（三）蓝沙公司有充分、合理的理由相信亚拓士公司有权与其签署《续展协议》，不存在主观恶意，且享有信赖利益。（四）娱美德公司阻碍《续展协议》签订系出于便于自身违法授权、掠夺中国《热血传奇》IP 价值的目的，没有商洽的诚意。（五）亚拓士公司进行了必要的商洽。《续展协议》合法有效，应当继续履行。

亚拓士公司上诉请求：撤销原审判决第一、二项，依法改判驳回娱美德公司、传奇 IP 的全部诉讼请求；娱美德公司、传奇 IP 承担本案一、二审的诉讼费用。事实和理由：（一）亚拓士公司没有违反 2004 年《和解笔录》，亚拓士公司依据该约定有权签订《续展协议》，未侵害娱美德公司的共有著作权人利益。原审法院关于“亚拓士公司违反约定侵害共有著作权”的认定错误。1. 2004 年《和解笔录》作为共有著作权人行使权利的约定，不同于且效力高于法律规定。从性质而言，2004 年《和解笔录》是亚拓士公司和娱美德公司就共有权行使协商的结果，故协议中的“更新原合同前事先协商”与法律规定的共有权行使前的“协商”不同。从协商对象而言，2004 年《和解笔录》是针对“原有交易对象”，而法律规定是针对“新的交易对象”。从协商内容而言，2004 年《和解笔录》是“更新权”的事前协商，与中国法律规定的“新交易”的协商不同。根据娱美德公司于 2017 年 9 月 8 日在韩国提起的诉讼，其也承认 2004 年《和解笔录》中更新权的含义是，“就行使共同著作权的方法，与著作权法第四十八条第一款项下的规定不同，娱美德公司与亚拓士公司之间在本案和解规定了是双方有权相互委托对方单独行使著作权的依据”。2. 2004 年《和解笔录》中的“事先协商”是为了更新合同而基于诚实信用原则进行协商的努力，并不是反映和符合娱美德公司单方意思表示的要求，不能阻碍亚拓士公司正当行使“更新权”，更不能变相替代“更新权”。3. 原审法院关于“亚拓士公司没有与娱美德公司就续展协议的签订进行协商”的认定错误。原审法院遗漏了《续展协议》签订的背景事实：在《软件许可协议》未到期前的 2016 年，娱美德公司擅自在中国对外授权《传奇 2》游戏的手游或页游，严重侵害亚拓士公司合法权益，且造成中国传奇游戏市场的混乱。原审法院没有考量本案协商的对象是履行了 17 年的原合同的格式化续展，不是对新的交易对象及新合同内容的签订。娱美德公司从 2017 年 1 月开始主动表达拒绝续展《软件许可协议》，说明其自始拒绝协商，而非亚拓士公司不予协商。原审法院遗漏了 2017 年 1—6 月亚拓士公司与娱美德公司协商的众多事实，仅选择摘取个别邮件，且割裂 2017 年 6 月 27—30 日娱美德公司突然单方向韩国法院提起续约禁令和公开报道的紧急情况以及娱美德公司不予回复禁令事宜直接导致《续展协议》签订的事实，片面地认定亚拓士公司没有进行协商错误。（二）即使不考虑《和解笔录》的约定，依据法律规定，亚拓士公司作为共有著作权人之一，有权行使除转让以外的权利，故有权续展《软件许可协议》。原审法院关于“亚拓士公司违反法律规定侵害共有著作权”的认定错误。1. 娱美德公司不同意亚拓士公司继续独占授权上海盛大网络发展有限公司（以下简称盛大公司）及其关联公司（以下简称盛大方）使用《传奇 2》，构成法律规定的“不能协商一致”的情形。2. 娱美德公司不存在法律规定的“正当理由”，故不能阻止亚拓士公司行使向盛大方继续授权独占许可使用的非转让权利。娱美德公司关于“盛大方在之前的《软件许可协议》协议履约过程中存在严重违约和不诚信行为”的“正当理由”不能成立。娱美德公司提出盛大方违约的“正当理由”可以归纳为两点：手游问题和未按约定支付许可分成费。如果《软件许可协议》协议不包含手游授权，仅是端游的续展，则手游问题与《软件许可协议》无关，如果娱美德公司认为盛大方授权手游构成侵权，可以另行提起手游侵权诉讼来维权，而不能禁止端游合同的续签。付费问题则与盛大方无关，亚拓士公司未支付分成费，原因是娱美德公司擅自将《传奇 2》游戏著作权转让给传奇 IP，并单方许可第三方使用手游，损害亚拓士公司共有著作权人利益，而该笔费用在诉前行为保全中，已由亚拓士公司支付给了娱美德公司，共有著作权人之间的内部分配问题也与《软件许可协议》续展无关。盛大方享有亚拓士公司的股权，不构成阻碍《软件许可协议》续展的正当理由。娱美德公司关于“续展协议不具有合理性”的“正当理由”不能成立。《软件许可协议》续展8年是因循旧例；约定的1100万美元是固定授权金，是对2008年续展协议约定的700万美元的增加；仲裁地改为中国上海、准据法改为中国法律不属于对合同权利义务的实质性变更，该变更本身不会损害著作权人的利益，娱美德公司没有提供任何证据证明该变更损害了其作为共有著作权人的利益。（三）依据2002年《补充协议》及后续授权文件，就盛大方该特定交易对象，娱美德公司已向第三人盛大方明确表明，其共有著作权人所有权利已经不可撤销地授权给了亚拓士公司。亚拓士公司有权以自己的名义续展涉案协议。原审法院对该事实存在漏审。1. 2002年，娱美德公司通过《补充协议》向盛大方明示将《传奇2》的共有著作权的一切权利不可撤销地授权亚拓士公司行使。该协议经2003年《修订协议》、2004年《和解笔录》确认有效；且经过韩国法院、新加坡国际商会国际仲裁院（以下简称ICC）的审理，仍然有效；2008年11月26日，亚拓士公司与盛大方签订《延期协议》（续展至2017年9月28日），该协议继续有效。2012年10月，娱美德公司与亚拓士公司共同发布的《申明》再次证明该协议一直有效。2. 2002年娱美德公司向盛大方作出的上述明示授权，是为了避免市场风险且促使盛大方投入成本在中国成功运营《热血传奇》游戏而获利，不能事后为获取更多的利益擅自变更该意思表示，否则不仅违背禁止反言的诚信原则，也严重破坏交易的稳定性，最终损害共有著作权人的利益。

娱美德公司辩称：本案系侵权之诉，法律依据是《中华人民共和国著作权法》①（以下简称著作权法）以及软件保护条例。不论是依据法律规定还是2004年《和解笔录》，亚拓士公司都没有与共有著作权人进行协商，因此构成侵权。亚拓士公司关于民事权利行使约定优先于法定的原则，不能成立。本案《续展协议》没有进行协商，亚拓士公司所述理由均不能成为拒绝协商的理由。相反，娱美德公司在2017年1月提出的交涉才是反对续约的正当理由，共有著作权人之间发生纷争系因蓝沙公司在此前合作中已存在诸多违约、侵权行为。原审法院不存在漏审，亚拓士公司关于其基于2002年《补充协议》拥有完整权利可以对《传奇2》游戏独立授权的观点不成立。请求驳回亚拓士公司的上诉请求。

传奇IP辩称：同意娱美德公司意见，同时补充如下意见：亚拓士公司关于协商的观点不成立。亚拓士公司行使共有著作权人权利，应当与娱美德公

① 此处指2010年《中华人民共和国著作权法》，其已于2020年修改，本案下同。

司协商一致。亚拓士公司强调续约没有造成对娱美德公司和传奇 IP 的损害，理由是按照续约产生分成，并且授权费增加了，但是否有损害不应以是否有分成或者收益为准，而是应当以是否违背了约定，或者权利人市场收益的减少或者未来市场收益的减少为准。亚拓士公司既违背了共有著作权人的意志又使市场收益减少，导致了共有著作权人利益受损。

蓝沙公司上诉请求同亚拓士公司。事实和理由：（一）原审法院对本案不享有管辖权。本案属于 2001 年《软件许可协议》项下的争端，不论是合同纠纷还是侵权纠纷，应适用约定仲裁条款。娱美德公司在 2018 年 1 月 3 日向 ICC 增加请求，要求确认 2001 年《软件许可协议》于 2017 年 9 月 28 日到期，该请求与其本案诉请二“判令蓝沙公司不可利用亚拓士公司的非法授权在 2017 年 9 月 28 日之后运营《热血传奇》PC 客户端网络游戏中文版”本质相同，娱美德公司以实际行为选择了约定仲裁，放弃了本案诉权。（二）原审判决遗漏对亚拓士公司享有行使共有著作权人一切权利的认定且对更新权认定错误，蓝沙公司与亚拓士公司签署《续展协议》不存在主观恶意。2004 年《和解笔录》中的“协商”有其特殊背景，娱美德公司通过 2002 年《补充协议》以及 2012 年《申明》，不可撤销地委托亚拓士公司行使作为“co-licensor”的一切权利，亚拓士公司享有的“一切权利”“更新权”等本身就是事先协商的结果，亚拓士公司在事先约定范围内行使权利，无需另行协商。《和解笔录》中的“协商”，应当理解为各自在签署协议时，应事先告知对方即将签约情况，若更新现有合同时合同条款发生巨大的变化，由此已超出各自现有合同中的决定权限、有可能影响对方现有合同的履行时，合同更新权持有方应当听取对方的意见、协商，寻求双方各自合作关系的平衡；若更新现有合同时，并不涉及合同重要条款变更，无需进行特别的协商，对方不得恶意阻碍他人正常行使合同的更新权。著作权法实施条例第九条关于“协商”的规定适用于共有著作权人之间无约定情形，不适用于本案。（三）原审法院关于协商事实过程的认定遗漏了蓝沙公司的回复等重要事实，认定亚拓士公司没有事先协商、蓝沙公司构成侵权错误。（四）2017 年 6 月 30 日进行续约因娱美德公司的单方宣传和禁令而具有紧迫性和必要性，且蓝沙公司支付了更高的合同对价，不具有任何恶意。娱美德公司在没有进行任何协商的情况下，恶意隐瞒事实，擅自发起针对续约的禁令，不仅严重侵害了亚拓士公司的合法权利，更导致市场恐慌。娱美德公司自始没有协商意图，无理由拒绝续约，其态度就是“拒绝协商”。（五）娱美德公司反对续约的理由与事实不符。蓝沙公司不存在超出授权范围授权第三方开发涉案游戏软件的手游和页游、未依约支付许可费等违约情形，此为娱美德公司单方主张。如蓝沙公司有上述情形，娱美德公司可通过侵权诉讼进行维权，该争议与本案无关。《软件许可协议》续约，不会影响娱美德公司自行行使权利。蓝沙公司与亚拓士公司属于平等主体，互相没有隶属关系，完全按照市场行情对《软件许可协议》的商业条款进行协商。即便在经济存在下滑的大背景下，双方最终的谈判结果较上一次的授权金增加了超过50%，不存在“合同的期待利益会减少或落空”。

娱美德公司辩称：蓝沙公司提出的上诉理由均不成立。主要理由为：1. 本案诉讼和ICC仲裁没有冲突，ICC仲裁解决的是《软件许可协议》是否终止，本案诉讼解决的是《续展协议》是否侵权以及侵权责任如何承担的问题，本案诉讼不会导致ICC仲裁超裁。2. 亚拓士公司续约应当进行协商，蓝沙公司所述善意信赖不成立。对相关法律文件和声明的解读得不出亚拓士公司可以单独行使权利的结论。3. 原审法院不存在漏审。因第三方拿出了蓝沙公司签发的授权书，娱美德公司得知蓝沙公司擅自授权，故督促亚拓士公司进行解决，亚拓士公司只拿出了一份邮件，主张询问过了蓝沙公司，其没有尽到共有著作权人义务。2016年娱美德公司和传奇IP向媒体进行说明，对蓝沙公司的授权只有《传奇2》游戏端游，娱美德公司可以对《传奇2》游戏手游进行授权。4. 蓝沙公司列举的邮件显示亚拓士公司就《续展协议》的签订没有与娱美德公司、传奇IP进行协商，亚拓士公司与蓝沙公司签订《续展协议》构成恶意串通。娱美德公司发出的邮件和声明都是为了纠正蓝沙公司的严重侵权和违约行为。在蓝沙公司停止侵权和违约行为的前提下，共有著作权人可以继续协商续约，是娱美德公司一贯的立场。

传奇IP辩称：同意娱美德公司的答辩意见。其补充意见为：蓝沙公司虽主张有理由相信亚拓士公司有权续约，但之前的历次续约都是经过事先的协商，本次续约抛开了事先的协商。蓝沙公司虽主张亚拓士有更新权，因此是否更新不需要进行协商，但蓝沙公司也确认如续约发生重大变化需事先协商，故协商不应当只是形式上的协商，而是实质协商。蓝沙公司实际承认了续约需要经过事先协商。蓝沙公司主张因情况紧急签订合同，反过来证明蓝沙公司有合理的理由相信亚拓士公司没有续约的权限，因为娱美德公司已经提起了禁令请求。

娱美德公司、传奇IP向原审法院提起诉讼，原审法院于2017年9月20日立案受理。娱美德公司、传奇IP请求判令：1. 确认亚拓士公司和蓝沙公司签订的《续展协议》侵害娱美德公司、传奇IP的著作权，并确认该《续展协议》无效；2. 蓝沙公司不可利用亚拓士公司的非法授权在2017年9月28日之后运营《热血传奇》PC客户端网络游戏中文版；3. 亚拓士公司和蓝沙公司共同赔偿娱美德公司、传奇 IP 为制止侵权行为支出的合理费用 100 万元（其中律师费 50 万元、公证费及证据翻译费 50 万元）；4. 亚拓士公司和蓝沙公司联合在《中国知识产权报》以及蓝沙公司官网（×××. com 以及×××. com）首页显著位置连续三十天刊登声明，以澄清事实消除影响，声明内容需事先征得娱美德公司、传奇 IP 的书面确认；5. 亚拓士公司和蓝沙公司共同承担本案所有诉讼费用、保全费用。主要事实和理由：2017 年 6 月 30 日，亚拓士公司在未经与娱美德公司协商的情况下，擅自与蓝沙公司签署《续展协议》。而由于蓝沙公司在履行《软件许可协议》过程中存在超出协议授权范围擅自非法授权第三方开发《传奇 2》手游、页游，从中牟利，未依约支付许可费用、恶意阻挠娱美德公司关于《传奇 2》手游、页游的正当授权活动等严重违约和不诚信行为，娱美德公司作为《传奇 2》的共有著作权人，在亚拓士公司与蓝沙公司签署《续展协议》前，已明确向亚拓士公司表示在蓝沙公司没有对上述行为予以纠正前，不同意与蓝沙公司更新《软件许可协议》，且反复通过公文等方式向亚拓士公司提出希望协商，但亚拓士公司未做出任何回应，也未与娱美德公司进行任何协商。亚拓士公司与蓝沙公司签署《续展协议》的行为，违反了著作权法第十三条以及著作权法实施条例第九条的规定，侵犯了娱美德公司作为共有著作权人的权利，《续展协议》的签署具有非法性，应该为无效合同，且亚拓士公司在明知蓝沙公司存在严重违约、非法授权等一系列行为，蓝沙公司也明知娱美德公司基于充分正当理由要求亚拓士公司不再与蓝沙公司续约的情况下，两公司仍恶意签署明显不合理的《续展协议》，属于合同法第五十二条第二项规定的“恶意串通，损害国家、集体或者第三人利益”的情形。

亚拓士公司原审辩称：传奇 IP 不是涉案作品的著作权人，也不是本案的适格原告，无权参加本案诉讼。娱美德公司将与盛大方的著作权授权的实体权利授予了亚拓士公司，亚拓士公司有权独立行使著作权，亚拓士公司没有任何违法行为，更无侵权行为。娱美德公司、传奇 IP 于 2017 年 9 月在韩国首尔中央地方法院提起了针对续约的诉讼，几天之后提起了本案诉讼，后又于 2018 年 1 月在新加坡的仲裁中提起了确认《软件许可协议》于 2017 年 9 月 28 日之后已经无效的诉请，这三个司法程序所针对的主体实质相同，所提的诉请也实质相同，属于一案多诉行为，娱美德公司、传奇 IP 是想通过诉讼来获取不正当的诉讼利益，扰乱市场。

蓝沙公司原审辩称：原审法院对本案无管辖权。蓝沙公司有充分的理由相信并认为亚拓士公司有以单方名义续约的权利，《续展协议》合法有效，签约过程及结果均合法有效。关于《续展协议》的有效性问题，SHIAC 已经于2018年1月23日作出了生效裁决，确认《续展协议》有效，依据一事不再理的司法原则，本案不应该再继续审理。若本案禁止蓝沙公司对《传奇2》的运营，将严重损害亚拓士公司、蓝沙公司以及中国地区玩家的合法利益，严重损害社会公共利益。

原审法院认定事实：

（一）各方当事人及《传奇2》游戏软件的基本情况

亚拓士公司成立于1996年10月21日，经营项目包括软件开发及销售业、软件复制、专业技术劳务、系统集成（SI）。2004年12月到2005年年初，盛大公司收购了亚拓士公司30%的股权，成为该公司股东。

娱美德公司原名娱美德娱乐有限公司，成立于2000年2月10日，娱美德公司成立时亚拓士公司系其股东之一，后退股。娱美德公司的经营项目包括系统软件开发及销售、数字内容的开发、制作、流通、销售相关事业等。2019年3月29日，娱美德公司变更为现名称。

传奇IP成立于2017年5月23日，系由娱美德公司根据韩国商法分立设立的公司，经营项目包括软件开发及销售业、因特网业务及系统开发、网络游戏业务等。按照《分立计划书》记载，与《传奇2》游戏软件有关的一切许可、劳动关系、合同关系、诉讼、知识产权等转移至传奇IP。

蓝沙公司成立于2009年6月1日，经营范围包括计算机软件的开发、设计、制作，销售自产产品等。

《传奇2》游戏软件于2000年9月1日创作完成，并于同年11月10日在韩国进行著作权登记，著作权人为娱美德公司和亚拓士公司。2003年8月18日，该游戏软件在中国完成著作权登记，中华人民共和国国家版权局出具的《计算机软件著作权登记证书》（编号：软著登字第013925号）记载：软件名称为Legend of Mir2（传奇）游戏软件［简称：Mir2游戏软件］V1.0，著作权人为娱美德公司和亚拓士公司，权利取得方式为原始取得，权利范围为全部权利，首次发表时间为2000年8月22日。韩国著作权委员会出具的《著作权权利变动登记证》记载，2017年7月17日，该游戏软件的原著作权人之一娱美德公司变更登记为传奇IP，变更登记事项为因法人分立，娱美德公司持有的份额全部转移给传奇IP。

（二）当事人签订的涉案相关协议等情况

2001年6月29日，亚拓士公司（授权方）与盛大公司（被授权方）以及上海浦东新区进出口公司（进口代理）签订《软件许可协议》，授权盛大公司在中国大陆地区和香港特别行政区独家运营《传奇2》游戏软件，授权内容为使用、推介、经销、营销、改编或修改和转换软件中文版本的独家、专营许可证。该游戏软件用下列介质提供：CD-ROM 标题和互联网（用客户机和服务器完成）。授权的有效期至少为从中国提供贝塔版服务开始的 2 年，除非任何一方在协议到期之前 60 日内给对方发出书面通知称不打算展延协议，协议有效期将自动延长 1 年。被授权方拥有不受限制的权利复制和经销软件的客户端。未经授权方事前书面同意，被授权方不得转让或以其他方式转移协议下其权利，也不得转移或转让软件，香港特别行政区代理除外。该协议同时约定，协议受新加坡法律管辖，并按照该法律解释。协议下的所有争端应当提交终局性和有约束力的仲裁。仲裁应当按照国际商会的仲裁规则在新加坡进行。

2002 年 7 月 14 日，娱美德公司（丙方）、亚拓士公司（甲方）与盛大公司（乙方）签订《补充协议》，约定：“甲乙双方同意接受丙方成为‘传奇’的 co-Licensor，丙方将委托甲方行使其作为 co-Licensor 的一切权利，此委托在原合同及本补充协议有效期内不可撤销。”

2003 年 8 月 19 日，亚拓士公司与盛大公司等签订《修订协议》，该协议第 1.1 条约定，《软件许可协议》的有效期限延长至 2005 年 9 月 28 日，除非依据本协议或其他相关协议被提前终止。只有在双方对“传奇”没有出现争端的情况下，上述授权有效期终止日期可在不对本协议或其他相关协议的任何条款和条件做任何改动的情况下延长到 2006 年 9 月 28 日。第 1.5 条（4）约定，被授权方尊重授权方对于“Mir Ⅱ”软件的知识产权。被授权方同意，在授权有效期内对“Mir Ⅱ”的补丁和/或升级版本的所有权和知识产权，不包括第 1.5 条（3）条款中所规定的技术解决方案，应当属于授权方，不管该等补丁和/或升级版本是授权方还是被授权方提供的。

上述协议履行过程中，娱美德公司与亚拓士公司及盛大公司产生纠纷。2004 年 4 月 29 日，娱美德公司与亚拓士公司在韩国首尔中央地方法院达成和解，《和解笔录》的第 3 条载明：基于盛大公司合同而发生的销售额由亚拓士公司和娱美德公司按 30∶70 的比例分别进行分配。第 7 条第 1 项载明：更新与盛大公司签署的原合同的权限由亚拓士公司保留，但更新上述合同时，应事前进行协商。

2005 年 9 月 22 日，亚拓士公司再次与盛大公司等签订《延期协议》，将《软件许可协议》的有效期限延长至 2008 年 9 月 28 日，并约定如果在从本协议日期到终止日期期间当事人之间对“Mir Ⅱ”授权无任何新争端，该终止日期应当在不给盛大公司增加任何费用的情况下自动延长到 2009 年 9 月 28 日。

2008 年 7 月 1 日，亚拓士公司与盛大公司及其关联公司盛趣信息技术

（上海）有限公司（以下简称盛趣公司）签订《转让协议》，盛大公司将上述协议的全部权利义务转让给盛趣公司。

2008 年 11 月 26 日，亚拓士公司与盛趣公司等签订《延期协议Ⅱ》，将《软件许可协议》的有效期限延长至 2015 年 9 月 28 日，并约定如果在从本协议日期到终止日期期间当事人之间对“Mir Ⅱ”授权无任何新争端，该终止日期应当在不给盛趣公司增加任何费用的情况下自动延长到 2017 年 9 月 28 日。

2009 年 10 月 1 日，亚拓士公司与盛趣公司、蓝沙公司等签订《软件许可协议的转让协议》，盛趣公司将协议的全部权利义务转让给蓝沙公司。

2012 年 12 月 17 日，盛大方向娱美德公司和亚拓士公司发送主题为“<盛大>Mir2 诉讼资料的请求件”的电子邮件，以“已在进行的 Mir2 诉讼案，现在转变为刑事案件，需要提交追加资料”为由，要求娱美德公司和亚拓士公司给予出具 Mir2 的版权为两公司共同拥有的申明再一次盖章的协助。之后，两公司向盛大方出具了盖章的《申明》，内容为：娱美德公司和亚拓士公司是 Legend of MirⅡ（传奇）游戏软件共同著作权人。娱美德公司于 2002 年 7 月 14 日，委托亚拓士公司行使其作为共同著作权人的一切权利。该委托在中国地区有效期间内（2002 年 7 月 14 日—2017 年 9 月 28 日）不可撤销，特此申明。

2015 年 3 月 10 日，娱美德公司与蓝沙公司签订《热血传奇手机游戏许可协议》，娱美德公司许可蓝沙公司开发一款名为《热血传奇》的手机游戏，该授权许可为不可转让、受限制可终止的、受限制可撤回的、受限制分许可的及排他性许可，授权期限为本协议生效日至首次发行日满 3 年，如果双方均未在终止期限到期之前 60 个营业日向另一方发出书面终止通知，本协议自动续展 2 年。

2016 年 1 月 27 日，娱美德公司与蓝沙公司签订《手机游戏开发和许可协议》，娱美德公司许可蓝沙公司开发一款名为《沙巴克传奇》的手机游戏，该授权许可为不可转让、受限制可终止的、受限制可撤回的、受限制分许可的及排他性许可，授权期限为本协议生效日至 2020 年 1 月 31 日，如果双方均未在终止期限到期之前 60 个营业日向另一方发出书面终止通知，本协议自动续展 2 年。

2017 年 6 月 30 日，亚拓士公司与蓝沙公司签订《续展协议》，将《软件许可协议》的有效期限延长至 2023 年 9 月 28 日，如果从本协议的生效日起至终止日，亚拓士公司与蓝沙公司之间无与《传奇 2》许可相关的纠纷，终止日期将自动续展至 2025 年 9 月 28 日，蓝沙公司无须为此支付任何额外费用。同时，该《续展协议》将《软件许可协议》中约定的准据法由新加坡法律改为中国法律，将争议解决方法由按照国际商会的仲裁规则在新加坡进行改为上海国际仲裁中心仲裁，授权对价增加为1100万美元。

本案审理中，娱美德公司与亚拓士公司确认2003年8月19日、2005年9月22日、2008年11月26日分别签订《修订协议》《延期协议》《延期协议Ⅱ》前，双方均进行了协商。

（三）《续展协议》的签订过程等情况

2017年1月2日，娱美德公司向亚拓士公司发函，明确表示鉴于蓝沙公司擅自超过《软件许可协议》的授权范围对外授权、收取许可费，存在严重违约和侵权行为，反对亚拓士公司与蓝沙公司续约，并称在蓝沙公司纠正全部侵权行为并赔偿一切损失前，娱美德公司不会与蓝沙公司签署任何合同或授权蓝沙公司，请亚拓士公司也不要与蓝沙公司续签协议或进行任何授权。

2017年1月18日，亚拓士公司回函，称蓝沙公司的行为是否违约或侵权，需要对事实加以确认且按照情况需要通过三方当事人之间的另行协商、达成协议或诉讼程序等确定，必要时当然会与娱美德公司进行诚实的协商程序。若娱美德公司有具体方案足以证明不续约是有利于双方的正确决定，请提供详细内容，若建议确实有价值，可以据此进行协商。

2017年1月19日，娱美德公司回函，再次表示反对续约，理由是蓝沙公司的违约及侵权行为，其中包括擅自对外授权和未将向侵权方收取的网络游戏使用费等费用向共有著作权人进行分配，娱美德公司认为蓝沙公司的行为侵犯了共有著作权人的正当权利，并获得了巨额的不当得利。亚拓士公司对此函件未予回复。

2017年5月13日的网络新闻显示，在5月10日娱美德公司1季度业绩发布电话会议中，张贤国（娱美德公司CEO）公布了将《传奇2》《传奇3》相关事业部门分拆成立为全新的独立法人的消息。另外，张贤国还表示娱美德公司与盛大方之间签订的2017年9月份到期的《传奇2》中国地区代理合同以及2017年10月份到期的《传奇3》运营合同均不会再续期。

2017年5月26日，娱美德公司再次向亚拓士公司发函，重申其反对亚拓士公司与蓝沙公司续约，表示对于蓝沙公司的侵权行为，娱美德公司决定积极开展维权，且已经在新加坡提起仲裁，随后也将陆续推动其他的法律程序，并询问亚拓士公司是否有意与其共同采取法律维权行动。同时，娱美德公司要求双方CEO会面沟通。

2017年5月29日，传奇IP向蓝沙公司发送不再续约的书面通知，同时将该通知转发给了亚拓士公司，并表示有必要与同为共有著作权人的亚拓士公司进行更多的探讨，恳请亚拓士公司安排双方 CEO 的会谈日程。

2017 年 5 月 31 日，传奇 IP 向蓝沙公司发送要求支付授权许可费的书面通知，称蓝沙公司就双方签订的《热血传奇手游许可协议》自 2016 年 5 月后，未能支付许可费，故要求蓝沙公司于 2017 年 6 月 30 日前支付过期未缴纳的全部许可费及利息。同时，娱美德公司将该通知转发给了亚拓士公司，并表示如果蓝沙公司无视公函坚决拒不履行合同，只能决定解除合同，届时有可能需要作为共有著作权人的亚拓士公司共同应对此事，为了及早做好准备，再次恳请亚拓士公司安排双方 CEO 的会面事宜。

2017 年 5 月 31 日，亚拓士公司回函，称其作为享有续约权限的主体，已经就续约和蓝沙公司开始了协商，且依照 2004 年《和解笔录》第 7 条第 1 项但书的规定，计划在必要的范围内和娱美德公司也进行事前的协商。

2017 年 6 月 1 日，娱美德公司回复亚拓士公司，希望亚拓士公司告知续约的合理理由，并明确表示如亚拓士公司不能提供续签合同的合理理由，娱美德公司拒绝续约。

2017 年 6 月 2 日，亚拓士公司向蓝沙公司发送主题为“关于确认与娱美德方面公文相关事实等事宜”的电子邮件，主要内容为：最近我司收到传奇 IP 的公文，主张贵司侵犯传奇 IP，因此反对延长《软件许可协议》的期限。在 2016 年 12 月份和 2017 年 1 月份，我司也收到了娱美德方面的内容，其主旨如下：贵司方面授权第三方开发、运营以 Mir2 为基础的游戏，侵犯了 Mir2 的著作权。对此，我司通过于 2017 年 2 月 28 日向贵司方面发送题为《传奇挂机的事宜》和《屠龙决战沙城、传奇天下等授权事宜》的公文以及口头方式多次向贵司要求确认贵司方面是否作出针对第三方的授权相关事实。关于上述要求，贵司向我司作出过口头说明，不过，在临近《软件许可协议》的更新时，娱美德方面再次通过所附公文提出相关问题，并且明确表明了其反对延长《软件许可协议》期限的立场。据此，我司希望贵司在收到我司的本公文之后 2 周以内，确认附件公文所载的娱美德方面主张内容是否属实，并且向我司提供有关贵司方面对该问题的立场的正式回复以及相关证明文件。同年 6 月 16 日，蓝沙公司回复：如附件发送盖章完的续约回函，请参阅。附件显示蓝沙公司针对娱美德公司公文中提出的问题进行了回应，明确表示不同意娱美德公司的意见。同年 6 月 22 日，亚拓士公司向娱美德公司发送主题为“对贵方反对续约公文的回复”的电子邮件，主要内容为：我司收到标题为“反对与盛大续约立场的再确认”的公文后，向盛大方面要求提供包括对此公文记载内容的真伪在内的立场陈述。最近我司收到回复公文，因此向贵司转达相关内容。我司认为，就贵方所提出的疑问，盛大方面作出了充分合理的意见陈述。对此，贵司如有不同意见，请告知我司。

2017 年 6 月 23 日，亚拓士公司通知娱美德公司，因娱美德公司单方面作出签署相关许可合同及授权的行为，且在韩国首尔中央地方法院还在对此进行相关诉讼，故停止向娱美德公司分配许可费。同时表示，亚拓士公司已和蓝沙公司进行了数次的口头协商，若协商的内容具体化到一定程度时，也将与娱美德公司协商合同续期条件。

2017 年 6 月 27 日，娱美德公司、传奇 IP 向韩国首尔中央地方法院申请临时禁令，禁止亚拓士公司与蓝沙公司续约。

2017 年 6 月 29 日，娱美德公司向亚拓士公司发函催讨授权许可费，要求支付 2016 年 10 月至 2017 年 4 月的授权许可费 667 万余美元。同日，娱美德公司发现亚拓士公司的代理律师正在与蓝沙公司协商续约，且双方已经在协商确定续约日期，故娱美德公司立即向亚拓士公司发函，要求亚拓士公司提供与蓝沙公司之间的邮件沟通内容和会议记录并当面协商。亚拓士公司未予回复。

2017 年 6 月 30 日，娱美德公司三次向亚拓士公司发送电子邮件，在坚持反对与蓝沙公司续约立场的同时，要求亚拓士公司告知与蓝沙公司协商的所有内容，并见面进行协商。同日 20：44，亚拓士公司回复表示由于娱美德公司、传奇 IP 向韩国首尔中央地方法院提出了针对续约的禁令，其认为娱美德公司、传奇 IP 完全没有与其进行协商的意思，故其就续约文件条款与娱美德公司、传奇 IP 进行协商是没有意义的，并向娱美德公司发送了《续展协议》文稿。同日 21：16，盛大公司官网发布了关于续约的新闻。2017 年 7 月 3 日，亚拓士公司将《续展协议》的签署文本发送给娱美德公司。

（四）其他事实

1. 2017 年 8 月 9 日，娱美德公司、传奇 IP 向原审法院提出诉前行为保全申请，请求责令亚拓士公司、蓝沙公司立即停止履行于 2017 年 6 月 30 日签订的《续展协议》。原审法院于 2017 年 8 月 16 日作出（2017）沪 73 行保 1 号民事裁定，裁定亚拓士公司、蓝沙公司立即停止履行《续展协议》。亚拓士公司、蓝沙公司分别向原审法院申请复议；同时，蓝沙公司申请以提供担保的方式解除上述行为保全措施。经原审法院与各方当事人多次进行沟通，亚拓士公司付清了蓝沙公司 2016 年 10 月至 2017 年 5 月 19 日之前需支付应由娱美德公司收取的授权许可费 744 万余美元（含法人税），并商定了 2017 年 5 月 19 日至 9 月 28 日的授权许可费以及 2017 年 9 月 28 日之后实际运营分成费的结算方式、支付时间。2017 年 9 月 22 日，娱美德公司、传奇 IP 同意蓝沙公司以提供担保的方式（担保金额为 1 亿元）解除上述行为保全措施。

同日，原审法院作出解除行为保全裁定。之后，亚拓士公司、蓝沙公司亦向原审法院提交了撤回复议申请，原审法院裁定予以准许。本案系基于上述诉前行为保全案件提起的诉讼案件。

2. 娱美德公司作为申请人于 2017 年 5 月 18 日向 ICC 以蓝沙公司和盛趣游戏有限公司为被申请人申请仲裁，请求限制两被申请人基于申请人的软件开发衍生版软件，限制两被申请人允许获许可的次级许可方基于申请人的软件开发衍生版本软件以及允许未经许可的次级被许可方使用、推广、营销、调整、修改或开发申请人的软件。该仲裁目前还在进行过程中。2018 年 1 月 3 日，娱美德公司向 ICC 申请变更请求，主张《软件许可协议》最迟于 2017 年 9 月 28 日到期，并且从同一日期起失效，要求两被申请人停止对《软件许可协议》第 1. 04 条项下的软件的一切使用，并返回本软件的所有版本等。

3. 娱美德公司、传奇 IP 于 2017 年向韩国首尔中央地方法院起诉亚拓士公司，请求确认亚拓士公司与蓝沙公司于 2017 年 6 月 30 日签订的《续展协议》无效，未经娱美德公司或传奇 IP 事先同意，亚拓士公司不得与蓝沙公司就《传奇 2》的使用以更新、延长、变更的方式使相关协议在 2017 年 9 月 28 日以后仍然维持效力，亦不得允许蓝沙公司等使用《传奇 2》。2019 年 10 月 10 日，韩国首尔中央地方法院作出一审判决，娱美德公司、传奇 IP 不服该判决，已提起上诉。

4. 娱美德公司、传奇 IP 主张的合理开支情况

娱美德公司、传奇 IP 在本案中主张合理开支共计 100 万元，其中律师费 50 万元、公证费及证据翻译费 50 万元。娱美德公司、传奇 IP 就上述费用未提交证据予以证明。

原审法院认为，本案娱美德公司、传奇 IP、亚拓士公司均系在韩国登记成立的企业，根据《最高人民法院关于适用〈中华人民共和国涉外民事关系法律适用法〉若干问题的解释（一）》第一条第一项规定，本案法律关系属于涉外民事关系。本案系娱美德公司、传奇 IP 以亚拓士公司、蓝沙公司签署《续展协议》的行为侵害其作为涉案游戏软件共有著作权人享有的权利为由，提起的侵权之诉，《中华人民共和国涉外民事关系法律适用法》第五十条规定，知识产权的侵权责任，适用被请求保护地法律，当事人也可以在侵权行为发生后协议选择适用法院地法律。本案被请求保护地及法院地均为中华人民共和国，因此，本案适用中华人民共和国法律。

著作权法第二条第二款规定，外国人、无国籍人的作品根据其作者所属国或者经常居住地国同中国签订的协议或者共同参加的国际条约享有的著作权，受该法保护。软件保护条例第五条第三款规定，外国人、无国籍人的软

件，依照其开发者所属国或者经常居住地国同中国签订的协议或者依照中国参加的国际条约享有的著作权，受该条例保护。涉案游戏软件的著作权人均为在韩国登记成立的企业，该游戏软件在中国也进行了著作权登记，中国与韩国均为《伯尔尼保护文学和艺术作品公约》的成员国，该公约第五条之1规定，就享受本公约保护的作品而论，作者在作品起源国以外的本同盟成员国中享受各该国法律现在给予和今后可能给予其国民的权利，以及本公约特别授予的权利。根据上述国际条约的规定，涉案游戏软件著作权人依法享有的著作权应受中国法律保护。

根据各方当事人的诉辩意见，本案的主要争议焦点在于：一是传奇IP是否系本案适格原告；二是亚拓士公司是否可以不与娱美德公司协商自行与蓝沙公司签订《续展协议》；三是《续展协议》签订前亚拓士公司是否与娱美德公司进行了协商；四是亚拓士公司、蓝沙公司签订《续展协议》的行为是否侵害了娱美德公司、传奇IP就涉案游戏软件享有的共有著作权；五是《续展协议》是否应认定无效；六是如果亚拓士公司、蓝沙公司的行为构成侵权，依法应承担的法律责任。

（一）传奇IP是否系本案适格原告

原审法院认为，传奇IP系由娱美德公司根据韩国相关法律规定分立设立的公司，《分立计划书》明确载明，与《传奇2》游戏软件有关的一切许可、劳动关系、合同关系、诉讼、知识产权等转移至传奇IP，故涉案游戏软件共有著作权人的变更并非基于著作权转让行为，而是传奇IP通过法人分立从娱美德公司承继了涉案游戏软件著作权，成为该软件的共有著作权人。其成立后，就涉案游戏软件也在韩国进行了著作权权利变动登记。因此，传奇IP系本案适格原告，亚拓士公司的相关辩称意见，原审法院不予采纳。

（二）亚拓士公司是否可以不与娱美德公司协商自行与蓝沙公司签订《续展协议》

娱美德公司、传奇IP认为，亚拓士公司签订《续展协议》之前应当与其进行协商。亚拓士公司、蓝沙公司认为，娱美德公司将与盛大方的著作权授权的实体权利授予了亚拓士公司，亚拓士公司有权独立行使著作权；2004年《和解笔录》中约定的亚拓士公司更新权的行使本身不需要进行协商，需要协商的是更新合同中的内容，且事先协商不能产生排除更新权的效力。

原审法院认为，著作权法第十三条规定，两人以上合作创作的作品，著作权由合作作者共同享有。没有参加创作的人，不能成为合作作者。合作作品可以分割使用的，作者对各自创作的部分可以单独享有著作权，但行使著作权时不得侵犯合作作品整体的著作权。著作权法实施条例第九条规定，合作作品不可以分割使用的，其著作权由各合作作者共同享有，通过协商一致行使；不能协商一致，又无正当理由的，任何一方不得阻止他方行使除转让以外的其他权利，但是所得收益应当合理分配给所有合作作者。软件保护条例第十条规定，合作开发的软件不能分割使用的，其著作权由各合作开发者共同享有，通过协商一致行使；不能协商一致，又无正当理由的，任何一方不得阻止他方行使除转让权以外的其他权利，但是所得收益应当合理分配给所有合作开发者。亚拓士公司与娱美德公司（现为传奇 IP）系涉案游戏软件的共有著作权人，且该软件属于不能分割使用的合作作品。娱美德公司与亚拓士公司于 2004 年签署的《和解笔录》约定，更新与盛大公司签署的原合同的权限由亚拓士公司保留，但更新上述合同时，应事前进行协商。该约定与上述行政法规的规定一致。因此，亚拓士公司与蓝沙公司签订《续展协议》前应与娱美德公司、传奇 IP 进行协商。亚拓士公司、蓝沙公司的相关辩称意见，原审法院不予采纳。

（三）《续展协议》签订前亚拓士公司是否与娱美德公司进行了协商

娱美德公司、传奇 IP 认为，亚拓士公司未与其进行协商即签订了《续展协议》。亚拓士公司、蓝沙公司认为，虽然亚拓士公司可以不经协商自行与蓝沙公司签订《续展协议》，但亚拓士公司在签订《续展协议》前多次向娱美德公司表示了愿意协商的意愿，也与娱美德公司进行了协商，但娱美德公司拒绝协商，导致不能协商一致，该情况下亚拓士公司仍有权与蓝沙公司签订《续展协议》。

原审法院认为，首先，著作权法实施条例第九条和软件保护条例第十条规定的“协商”以及 2004 年《和解笔录》中约定的“应事前进行协商”，均表明“协商”是不可分割使用的合作作品的共有著作权人行使共有著作权的前提，且该“协商”应为实质意义上的协商，需要双方共同商量以取得一致意见，协商的内容既包括是否与蓝沙公司续约的协商，也包括对所续签合同内容的协商。其次，亚拓士公司称其多次向娱美德公司表示了愿意协商的意愿，但根据原审法院查明的事实，亚拓士公司虽先后表示“必要时当然会与娱美德公司进行诚实的协商程序”“计划在必要的范围内和娱美德公司也进行事前的协商”“若协商的内容具体化到一定程度时，也将与娱美德公司协商合同续期条件”，但在娱美德公司多次发函要求与其协商的情况下，亚拓士公司一直未与其进行协商。再次，娱美德公司虽明确反对与蓝沙公司续约，并向韩国首尔中央地方法院申请禁令，但其主张蓝沙公司存在的超出《软件许可协议》授权范围授权第三方开发涉案游戏软件的手游、页游，未依约支付许可费用等违约情形，直接关系到涉案游戏共有著作权人自身的权利行使及其经济利益，而盛大公司又系持有亚拓士公司30%股权的股东，如果亚拓士公司在上述争议尚未解决的情况下仍与蓝沙公司续签协议，娱美德公司享有的共有著作权人的权利可能会被架空，其基于合同的期待利益也会减少或落空，故娱美德公司反对亚拓士公司、蓝沙公司续约的理由具有一定的正当性和合理性，且其在发现亚拓士公司与蓝沙公司准备续约后，及时与亚拓士公司联系要求见面协商，但亚拓士公司仍未与其进行协商，并直接与蓝沙公司签订了《续展协议》。综上，原审法院无法认定《续展协议》签订前亚拓士公司与娱美德公司进行了协商。

（四）亚拓士公司、蓝沙公司签订《续展协议》的行为是否侵害了娱美德公司就涉案游戏软件享有的共有著作权

原审法院认为，软件保护条例第二十四条第五项规定，未经软件著作权人许可，转让或者许可他人行使著作权人的软件著作权的，属于对软件著作权的侵权行为。本案中，根据前一项争议焦点中所述，《续展协议》签订前亚拓士公司未与娱美德公司进行协商，故亚拓士公司不得单独行使共有著作权人的权利，亚拓士公司与蓝沙公司签订《续展协议》的行为，违反了著作权法实施条例第九条、软件保护条例第十条的规定以及2004年《和解笔录》的约定，侵害了娱美德公司（现为传奇IP）就涉案游戏软件享有的共有著作权。

（五）《续展协议》是否应认定无效

娱美德公司、传奇IP主张《续展协议》无效的理由为：1. 亚拓士公司在未与娱美德公司协商的情况下，擅自与蓝沙公司签订《续展协议》，侵犯了其作为共有著作权人的权利，该协议的签署具有非法性，应该为无效合同；2. 亚拓士公司、蓝沙公司签订《续展协议》属于合同法第五十二条第二项规定的“恶意串通，损害国家、集体或者第三人利益”的情形。

关于娱美德公司、传奇IP主张的第一项理由，原审法院认为，亚拓士公司与蓝沙公司签订《续展协议》的行为，违反了著作权法实施条例第九条、软件保护条例第十条的规定，侵害了涉案游戏软件共有著作权人的权利，但根据合同法第五十二条第五项规定，只有违反法律、行政法规的强制性规定，才会导致合同无效。本案中，亚拓士公司虽然违反了上述行政法规的规定，但其违反的行政法规的规定并不属于导致合同无效的强制性规定，故不能因此认定《续展协议》无效，娱美德公司、传奇IP的相关主张，原审法院不予支持。

关于娱美德公司、传奇IP主张的第二项理由，原审法院认为，合同法五十二条第二项规定，“恶意串通，损害国家、集体或者第三人利益”的合同

无效。“恶意串通”，需要符合签订合同前双方事先存在通谋行为、双方均有损害他人合法权益的恶意、双方具有牟取非法利益的共同目的等构成要件。本案中，亚拓士公司虽在未与娱美德公司进行协商的情况下与蓝沙公司签订了《续展协议》，侵害了涉案游戏软件共有著作权人的权利，但其主观上并无损害涉案游戏软件使用及传播的恶意。蓝沙公司明确知晓 2004 年《和解笔录》的约定，也知道娱美德公司反对与其续约的意见，但鉴于娱美德公司与亚拓士公司对于涉案游戏软件共有著作权的行使确实存在较大争议，故蓝沙公司的行为虽存在过错，但尚不足以认定其与亚拓士公司“恶意串通”。因此，亚拓士公司、蓝沙公司签订的《续展协议》并不符合合同法第五十二条第二项规定的应认定合同无效的情形。娱美德公司、传奇 IP 的相关主张，原审法院亦不予支持。

（六）如果亚拓士公司、蓝沙公司的行为构成侵权，依法应承担的法律责任

原审法院认为，《中华人民共和国侵权责任法》[①] 第二条规定，侵害包括著作权在内的民事权益，应当承担侵权责任。第八条规定，二人以上共同实施侵权行为，造成他人损害的，应当承担连带责任。软件保护条例第二十四条规定，侵害软件著作权的，应当根据情况，承担停止侵害、赔偿损失等民事责任。本案中，如前所述，亚拓士公司与蓝沙公司签订《续展协议》的行为，侵害了娱美德公司（现为传奇 IP）就涉案游戏软件享有的共有著作权，故依法应当承担停止侵权、赔偿损失等民事责任。关于停止侵权的民事责任，亚拓士公司、蓝沙公司签订的《续展协议》虽不属于无效合同，但由于蓝沙公司并非善意的合同相对方，故二者基于侵权行为所签订的《续展协议》应当停止履行。但原审法院同时考虑到，客观上包括蓝沙公司在内的盛大方在中国已实际运营涉案游戏十八年之久，为该游戏的运营进行了大量投入，做出了贡献，也积累了较大的用户基础以及附加价值，从利益衡量等角度出发，在目前共有著作权人对该游戏软件共有著作权的行使尚未达成一致意见的情况下，该游戏软件由蓝沙公司运营比停止运营更有利于共有著作权人的共同利益。因此，蓝沙公司可以不停止涉案游戏软件 PC 客户端网络游戏中文版的运营，但就该游戏软件运营过程中产生的收益仍应当分配给共有著作权人。

关于娱美德公司、传奇 IP 要求消除影响的诉讼请求。因娱美德公司、传奇 IP 提交的现有证据不足以证明亚拓士公司、蓝沙公司的侵权行为给其造成了不良影响，故对娱美德公司、传奇 IP 的该项诉讼请求，原审法院不予支

---

① 已被《中华人民共和国民法典》废止，本案下同。

持。关于娱美德公司、传奇 IP 要求赔偿合理费用 100 万元的诉讼请求。娱美德公司、传奇 IP 虽未就此向原审法院提交相应证据，但娱美德公司、传奇 IP 实际委托三名律师参加了诉讼，本案案情相对复杂，需要收集的证据较多，对律师的能力要求较高，且当事人系国外当事人，协调沟通成本亦较高。而且本案除两次庭前会议、一次开庭外，也多次组织当事人进行调解，律师均到庭参加了上述诉讼活动。此外，律师还参与了本案诉讼之前娱美德公司、传奇 IP 申请的诉前行为保全程序及保全复议程序。综合上述因素，原审法院酌情确定亚拓士公司、蓝沙公司应赔偿娱美德公司、传奇 IP 的律师费。对于娱美德公司、传奇 IP 主张的公证费和翻译费，本案所涉证据较多，且其中大部分形成于国外，需要办理公证、认证手续，并翻译成中文；部分证据为往来电子邮件和网络上的新闻报道，需要通过公证取证的方式予以固定。因此，原审法院亦酌情确定亚拓士公司、蓝沙公司应赔偿娱美德公司、传奇 IP 的公证费和翻译费。

综上所述，原审法院经审判委员会讨论决定，依照《中华人民共和国涉外民事关系法律适用法》第四十八条、第五十条，《中华人民共和国合同法》第五十二条第二项、第五项，《中华人民共和国侵权责任法》第二条、第三条、第八条、第十五条第一款第一项、第六项、第二款，《中华人民共和国著作权法》第二条第二款、第十一条、第十三条第一款、第四十九条第一款，《中华人民共和国著作权法实施条例》第九条，《计算机软件保护条例》第五条第三款、第九条、第十条、第二十四条第一款第五项、第二十五条，《最高人民法院关于审理著作权民事纠纷案件适用法律若干问题的解释》第七条第一款、第二十六条之规定，判决：一、确认亚拓士公司和蓝沙公司签订的《续展协议》侵害了传奇 IP 就《传奇 2》游戏软件享有的共有著作权；二、亚拓士公司、蓝沙公司应于判决生效之日起十日内共同赔偿娱美德公司、传奇 IP 合理开支 300000 元；三、驳回娱美德公司、传奇 IP 的其余诉讼请求。亚拓士公司、蓝沙公司如果未按判决指定的期间履行给付金钱义务，应当依照《中华人民共和国民事诉讼法》[①] 第二百五十三条规定，加倍支付迟延履行期间的债务利息。案件受理费 13800 元，由娱美德公司、传奇 IP 共同负担 4830 元，亚拓士公司、蓝沙公司共同负担 8970 元；诉前行为保全申请费 800 元，由亚拓士公司、蓝沙公司共同负担。

本院二审期间，娱美德公司、传奇 IP 补充提交如下证据：

1. ICC 于 2020 年 6 月 24 日作出的第 22820/PTA/HTG 裁决书（关于法

---

① 此处指 2017 年《中华人民共和国民事诉讼法》，其已于 2021 年修改，本案下同。

律责任的部分裁决)。拟证明ICC仲裁裁决认定:(1)亚拓士公司没有履行协商义务,其和蓝沙公司签署续展协议构成共谋;(2)2002年7月14日《补充协议》鉴于条款约定的是“委托”关系,亚拓士公司对娱美德公司负有信义义务,2012年《申明》无法替代或解释《补充协议》,亚拓士公司并不拥有独立对外授权的权利;(3)亚拓士公司续约行为违反了信义义务,并认定违反信义义务的行为被认定无效不存在任何限定条件。ICC仲裁裁决内容如下(仅概括罗列与本案争议密切相关的裁决结论):“……(4)确认《软件许可协议》项下的许可期限最迟已于2017年9月28日到期,该《软件许可协议》自该日起效力终止。……(6)裁令蓝沙公司和盛趣游戏有限公司停止软件以及与软件相关的数据库的任何和全部使用。(7)裁令蓝沙公司和盛趣游戏有限公司停止通过任何主体使用、推广、发行、营销、改编、修改、开发或利用PC客户端游戏‘Mir2’的衍生版本(包括手游、页游或其他任何格式),或停止允许任何第三方进行上述行为。(8)裁令亚拓士公司、蓝沙公司和盛趣游戏有限公司不得寻求执行SHIAC裁决或依据SHIAC裁决向第三方(包括潜在被许可方)陈述或声称蓝沙公司或盛趣游戏有限公司依据2017年《续展协议》拥有‘Mir2’许可,或有权就‘Mir2’进行任何分许可。”

2.(2017)沪闸证经字第1653号公证书。拟证明亚拓士公司和蓝沙公司在签署《续展协议》后,恶意于2017年9月29日在多家第三方媒体、2017年9月30日在盛大游戏官网(×××.com)发布了《盛大游戏与亚拓士:娱美德非法授权无效,将严打传奇来了H5等侵权游戏》新闻,严重损害了娱美德公司的合法权益。

3.(2020)沪闸证经字第762号公证书;4.(2020)沪闸证经字第761号公证书。拟证明亚拓士公司、蓝沙公司在《软件许可协议》已经到期且无转授权权限的情况下,一直对外进行大量《传奇2》游戏非法授权,授权关系混乱,贬损了《传奇2》游戏价值并扰乱了《传奇2》游戏授权市场秩序,侵害了娱美德公司享有的《传奇2》游戏共有著作权。

经质证,亚拓士公司、蓝沙公司对上述证据的真实性没有异议,对证明目的不予认可。亚拓士公司具体质证意见为:证据1为域外仲裁裁决,只能用作参考不能用作本案证据。娱美德公司拒绝与盛大方进行续约,剥夺了亚拓士公司对2004年《和解笔录》享有的更新权权利,亚拓士公司进行了充分的沟通与协商,只是因娱美德公司在韩国提起禁令后,亚拓士公司为避免市场动荡,在情况紧迫的情势下,优化了续约条件进行续约,亚拓士公司没有协商一致的义务。证据2对续约进行的报道不存在诋毁问题。关于证据3

和4，蓝沙公司作为独占性的被授权方有权进行维权。蓝沙公司具体质证意见为：证据1是为了争夺管辖权，ICC认定的《和解笔录》相关内容超裁，违反了《承认及执行外国仲裁裁决公约》（纽约公约），与本案有关的事实应当重新举证而不应当以域外仲裁裁决证明。证据2与本案缺乏关联性。证据3和4关于其他平台发布的网络信息与蓝沙公司无关，且因该事实发生在本案起诉两年后，与本案无关。相关事实起因最初是娱美德公司与深圳市椰子互娱网络技术有限公司（以下简称椰子公司）合作，椰子公司了解到娱美德公司的授权有瑕疵，经联系蓝沙公司获得了授权。相关信息是蓝沙公司打击盗版的行为，而游戏市场混乱是娱美德公司引发的。

亚拓士公司补充提交如下证据：

1. 亚拓士公司向新加坡法院提起的撤裁起诉状及受理文书。拟证明娱美德公司、传奇IP二审证据1即ICC仲裁裁决的仲裁程序及实体裁决均不合法，亚拓士公司已经向新加坡法院提起撤裁诉讼并获得受理，ICC仲裁裁决不能作为本案证据予以采信。

2. （2017）沪73民初617号民事裁定书及（2018）沪民辖终7号民事裁定书。拟证明娱美德公司、传奇IP明确主张且两级法院均已经审理认定关于《续展协议》的效力认定涉及共有著作权人之间的争议，不适用仲裁条款，ICC没有管辖权，故ICC对《续展协议》效力作出的裁决超出了仲裁的范畴，不应予以承认和采纳。

3. 娱美德公司非法对外授权合同文本。拟证明娱美德公司、传奇IP明知“adapt”就是“改编”，在2001年签署的《软件许可协议》第2.01条中明确有“adapt”表述的情况下，其否认该条包含了独占性改编权的授权，缺乏诚信。

4. 韩国首尔高等法院于2021年1月28日作出的2019民二2049565号民事判决书。拟证明针对本案《续展协议》有效性及相关的问题，娱美德公司、传奇IP在韩国首尔中央地方法院发起诉讼，韩国首尔中央地方法院于2019年10月10日判决（案号：2017民一合562160）驳回娱美德公司、传奇IP的全部诉讼请求，后娱美德公司、传奇IP发起上诉，韩国首尔高等法院二审同样没有认可娱美德公司、传奇IP的任何主张，其关于《续展协议》无效的诉讼请求直接被裁定驳回。

5. 韩国法学专家《意见书》。拟证明《和解笔录》第7.1条约定的更新权下的商谈（韩文表述“협의”），与法定的著作权共有权行使中的协商（“합의”）内容和效力不同，其仅仅指当事人相互交流意见，而不要求当事人之间意思表示达成一致。

经质证，娱美德公司、传奇 IP 对上述证据 1 至 4 的真实性没有异议，对关联性和证明目的不予认可。娱美德公司具体质证意见为：关于证据 1，亚拓士公司只是提交了撤裁申请，ICC 仲裁裁决不论是在程序上还是实体认定上均无错误。证据 2 不能用以证明 ICC 对《续展协议》效力无管辖权。本案系侵权之诉而非违约之诉，二者救济并不冲突；娱美德公司、传奇 IP 在 ICC 申请仲裁是请求确认 2001 年 6 月 29 日《软件许可协议》在 2017 年 9 月 28 日到期，ICC 作为《软件许可协议》第 8.04 条约定的争议解决机构，当然对《软件许可协议》是否有效续展的争议有管辖权；娱美德公司、传奇 IP 已经就 ICC 仲裁裁决在上海市第一中级人民法院申请承认和执行。证据 3 涉及 2001 年《软件许可协议》授权范围是否包含独占改编权的问题，与本案端游协议无关。证据 4 尚未生效，对本案侵权之诉的认定亦无参考意义。对证据 5 认为系证人证言，因证人未出庭作证，对其真实性不予确认。传奇 IP 具体质证意见为：同意娱美德公司的质证意见。同时补充如下意见：关于证据 2，本案系侵权之诉而非针对协议效力的确认之诉，与韩国法院案件存在本质区别。关于证据 4，韩国法院二审判决没有生效，其并非认定协议有效而是认为没有必要认定《续展协议》无效。商谈不是闲聊而是为了达成一致意见，无论是否能够达成一致，均要有商谈过程。关于证据 5，本案核心问题是《续展协议》的签订是否经过协商的程序，而非协商达成一致的结果。

蓝沙公司补充提交如下证据：

1. 同亚拓士公司二审证据 2。拟证明娱美德公司、传奇 IP 在本案的管辖异议阶段认为，“亚拓士公司、蓝沙公司签署涉案《续展协议》是基于《和解笔录》而非《软件许可协议》，而《和解笔录》并无任何仲裁条款的约定，因此，《软件许可协议》的仲裁条款并不适用于亚拓士公司、蓝沙公司擅自签署涉案《续展协议》的行为。”因此，ICC 仲裁裁决对于《续展协议》的部分并没有管辖权，本案当事人也均不认可 ICC 对该部分享有管辖权，当事人对该部分既没有事先约定也没有事后合意，因此 ICC 关于该部分的认定超出仲裁权范围，属于违法内容。

2. 新加坡法院撤裁案件的传票。拟证明由于 ICC 仲裁裁决存在重大违法内容，蓝沙公司已经在新加坡法院申请撤销 ICC 仲裁裁决。

3. 江西省宜春市宜阳新区宣告联手椰子公司共同打击传奇私服、合法化传奇市场的网络信息。拟证明 2019 年 5 月，娱美德公司与椰子公司合作，椰子公司在江西省宜春市宜阳新区设立子公司，与政府共同打击《热血传奇》私服、合法化传奇市场，并配合经营一款经授权的 PC 客户端游戏。此后椰子公司了解到娱美德公司的授权并不完整、合法，故联系盛趣公司一起参与维护活动，盛趣公司为了打击私服、盗版，参与到该项目中。

经质证，娱美德公司、传奇 IP 对上述证据的真实性无异议，对关联性和证明目的不予认可。具体意见为：关于证据 1，蓝沙公司关于 ICC 仲裁裁决对《续展协议》争议属于超裁的主张不成立。关于证据 3，实际上，因为椰子公司的严重违约行为，传奇 IP 在 2019 年 9 月解除了与椰子公司的所有合作协议；而 2019 年 9 月 5 日蓝沙公司的母公司浙江世纪华通创业投资有限公司（以下简称世纪华通）与椰子公司合作在江西宜春设立多家合资公司经营所谓的“国民传奇产业园”、大肆宣扬只有其才是唯一传奇游戏“官方授权渠道”等，后来不到一年的时间里世纪华通的合作方从江西省国民传奇网络技术有限公司变更为江西传奇创盟科技发展有限公司、又变更为江西省传奇至尊网络科技有限公司，再变为自己独资设立的宜春心乐科技有限公司，最新又变更为浙江旭玩科技有限公司，擅自签发各种相互冲突和关系混乱的“著作权独占授权书”，其中江西省传奇至尊网络科技有限公司还涉嫌了刑事案件。蓝沙公司该等违法授权活动严重损害了《传奇 2》游戏著作权。

本院认证意见为：娱美德公司、传奇 IP 上述证据 1 即 ICC 仲裁裁决书为外国仲裁裁决，根据《中华人民共和国民事诉讼法》第二百八十三条关于对外国仲裁裁决的承认与执行的规定，该裁决书在中国尚未发生法律效力，因作为该份裁决书被申请人的亚拓士公司、蓝沙公司对裁决书持有异议，故该份证据不能用于证明本案争议事实；证据 2 至 4 均发生在《续展协议》签约之后，与本案无关，故本院对娱美德公司、传奇 IP 以上证据均不予采信。亚拓士公司上述证据 1、证据 2 的真实性本院予以确认；证据 3 与本案《续展协议》无关；证据 4 为韩国法院未生效判决；证据 5 证人未到庭，故本院对亚拓士公司以上证据 3 至 5 不予采信。蓝沙公司上述证据 1、证据 2 的真实性本院予以确认；证据 3 与本案无关，本院不予采信。

二审庭审后，亚拓士公司提交外国法查明申请，针对 2004 年《和解笔录》第 7.1 条理解以及亚拓士公司是否违反该条约定问题，主张适用韩国法律。

原审法院查明的事实基本属实，本院予以确认。

本院另查明：亚拓士公司分立出新设公司“新传奇有限公司”，该公司于 2020 年 12 月 7 日完成设立登记，后于 2020 年 12 月 22 日更名为“真传奇有限公司”。亚拓士公司主张该新设公司与娱美德公司新设公司传奇 IP 性质一致。娱美德公司、传奇 IP 对上述事实予以确认。二审中，亚拓士公司放弃对传奇 IP 诉讼主体不适格的主张。

本院认为，因本案当事人娱美德公司、传奇 IP、亚拓士公司均系在韩国登记成立的公司，本案法律关系具有涉外因素，属于涉外民事关系。根据《中华人民共和国涉外民事关系法律适用法》第四十八条、第五十条关于知识产权的归属和侵权责任适用被请求地法律的相关规定，本案应适用中华人民共和国法律。本案案由为侵害计算机软件著作权纠纷，因被诉侵权行为发生在2010年4月1日以后、2021年6月1日前，故本案应适用合同法和2010年修正的著作权法。本案二审争议焦点为：一是《续展协议》的效力认定；二是《续展协议》是否侵害了共有著作权人利益以及亚拓士公司、蓝沙公司应否承担相应的侵权责任；三是原审法院是否存在漏审等程序问题。

（一）关于《续展协议》的效力认定

本案中，娱美德公司、传奇 IP 主张《续展协议》无效，主要理由为：亚拓士公司未经与共有著作权人娱美德公司、传奇 IP 协商，与蓝沙公司恶意串通签订《续展协议》，违反了软件保护条例和著作权法实施条例的规定以及2004年《和解笔录》，损害了娱美德公司、传奇 IP 的共有著作权人利益。亚拓士公司、蓝沙公司则辩称，娱美德公司在2002年已向第三人盛大方明确表明，其共有著作权人所有权利已经不可撤销地授权给了亚拓士公司。亚拓士公司有权以自己的名义续展《软件许可协议》；亚拓士公司根据2004年《和解笔录》更新《软件许可协议》为正常商业行为，其与蓝沙公司不存在恶意串通；娱美德公司以直接行动主动且清楚地表达拒绝与亚拓士公司继续协商，而非亚拓士公司不予协商，娱美德公司上述行为不存在法律规定的“正当理由”；亚拓士公司不是与新的交易对象就新合同内容签订协议，不适用著作权法实施条例第九条和软件保护条例第十条的规定。

经审查，本院认为，根据娱美德公司、传奇 IP 提交的现有证据，尚不足以证明《续展协议》存在合同法第五十二条第二项和第五项规定的合同无效的情形。具体理由如下：

1. 关于《续展协议》是否符合恶意串通、损害第三人利益的情形。根据已查明的事实，亚拓士公司、盛大公司于2001年签订《软件许可协议》，娱美德公司、亚拓士公司通过2004年《和解笔录》确定两公司对该协议的获利分配比例以及由亚拓士公司行使对该协议的更新权（应事前进行协商），该协议已历经多次续展其履行期限延至2017年9月28日。其间，娱美德公司、亚拓士公司就该协议的更新产生过争议并历经韩国法院诉讼和 ICC 仲裁，但均未影响该协议继续履行。故，亚拓士公司、蓝沙公司对原有协议签订《续展协议》，娱美德公司、传奇 IP 系《续展协议》的共同受益方，难以认定亚拓士公司、蓝沙公司存在恶意串通，并致使娱美德公司、传奇 IP 利益受损。亚拓士公司、蓝沙公司虽为关联公司，但结合《软件许可协议》签订、履行、续展以及争议解决的历史，仅凭亚拓士公司、蓝沙公司为关联公司，尚不足以认定两公司签订《续展协议》存在恶意串通。虽然蓝沙公司知悉娱美德公司于 2017 年 1 月 2 日以蓝沙公司存在严重违约和侵权行为为由，要求亚拓士公司不要与蓝沙公司续签协议或进行任何授权以及娱美德公司、传奇 IP 于 2017 年 6 月 27 日向韩国法院申请临时禁令，禁止亚拓士公司与蓝沙公司续约，但是仅有上述事实并不足以认定亚拓士公司、蓝沙公司存在恶意串通。正如娱美德公司本案辩称所述，“娱美德公司发出的邮件和声明都是为了纠正蓝沙公司的严重侵权和违约行为。在蓝沙公司停止侵权和违约行为的前提下，共有著作权人可以继续协商续约”，故娱美德公司、传奇 IP 上述行为旨在制止其所谓蓝沙公司的侵权和违约行为而不是因《软件许可协议》的履行导致其利益受损。根据 2017 年 1—6 月娱美德公司（传奇 IP）、亚拓士公司之间的往来邮件，双方争议集中在蓝沙公司在涉案游戏 PC 端游之外对外授权、收取许可费是否超出《软件许可协议》授权范围，并不涉及《软件许可协议》关于涉案游戏 PC 端游的正常履行，故亚拓士公司、蓝沙公司签订《续展协议》，不会致使娱美德公司、传奇 IP 因《软件许可协议》的继续履行而利益受损。娱美德公司、传奇 IP 对上述争议可以另行采取其他救济方式。此外，关于分成费支付问题属于亚拓士公司、娱美德公司共有著作权人之间的内部争议，且亚拓士公司在本案诉讼前已经原审法院调解将分成费足额支付给了娱美德公司，该争议已解决。

2. 关于《续展协议》是否违反行政法规的效力性强制性规定。著作权法实施条例第九条规定：“合作作品不可以分割使用的，其著作权由各合作作者共同享有，通过协商一致行使；不能协商一致，又无正当理由的，任何一方不得阻止他方行使除转让以外的其他权利，但是所得收益应当合理分配给所有合作作者。”软件保护条例第十条规定：“合作开发的软件不能分割使用的，其著作权由各合作开发者共同享有，通过协商一致行使；不能协商一致，又无正当理由的，任何一方不得阻止他方行使除转让权以外的其他权利，但是所得收益应当合理分配给所有合作开发者。”上述两个条文是关于合作作品著作权归属和权利行使的规定。基于不可分割使用的合作作品所形成的著作权共有关系是著作权共有的一种类型，共有著作权人对于不可分割使用的共有作品著作权的行使，可以参照适用上述规定。根据上述规定，一般而言合作作品的著作权由合作作者通过协商一致行使，特殊情况下合作作者一方除非有正当理由，不得阻止他方行使除转让权以外的其他权利，但是所得收益应当合理分配给所有合作作者。故上述规定在保障合作作者合理收益的前提下允许合作作者单方行使除转让以外的其他权利。因此，著作权法实施条例第九条和软件保护条例第十条关于协商的规定并非效力性强制性规定。即使亚拓士公司存在违反上述规定的行为，亦不能就此认定亚拓士公司的单方许可行为无效。

综上，娱美德公司、传奇 IP 关于《续展协议》无效的主张缺乏事实和法律依据，不能成立，原审法院未予支持，并无不当，本院予以确认。

（二）关于《续展协议》是否侵害了共有著作权人利益以及亚拓士公司、蓝沙公司应否承担相应的侵权责任

娱美德公司、传奇 IP 在本案中主张，亚拓士公司未经与共有著作权人协商签署《续展协议》的行为侵害了共有著作权人的利益。故本案争议并非典型的著作权侵权纠纷，而是共有著作权人对共有著作权权利行使的争议。参照著作权法实施条例第九条、软件保护条例第十条的规定并结合 2004 年《和解笔录》，解决本案争议需要审查以下问题：《续展协议》是否经过共有著作权人协商；如未经过协商娱美德公司、传奇 IP 是否有正当理由阻止亚拓士公司行使权利；《续展协议》更新内容是否有损共有著作权人利益。

1. 关于《续展协议》是否经过共有著作权人协商。根据已查明的事实，2017 年 6 月 30 日，亚拓士公司向娱美德公司发送邮件，以娱美德公司向韩国法院提出禁令为由，认为与娱美德公司、传奇 IP 协商是没有意义的，并向娱美德公司发送了《续展协议》文稿。之后，亚拓士公司与蓝沙公司签署了《续展协议》。在此情形下，应认定《续展协议》未经共有著作权人协商，原审法院的相关认定正确，本院予以确认。

2. 关于娱美德公司、传奇 IP 是否有正当理由阻止亚拓士公司行使权利。本案可以确定的事实是，娱美德公司、亚拓士公司在《续展协议》签订前已就《传奇 2》游戏除 PC 端游之外的手游和页游等在中国大陆的市场运营产生争议，且娱美德公司首先提出亚拓士公司不要与蓝沙公司续约以及向韩国法院提出临时禁令申请。故《续展协议》实际已不具备协商的可能。在此情形下，应重点审查娱美德公司、传奇 IP 阻止亚拓士公司行使权利，理由是否正当，而非亚拓士公司是否违反了协商约定和行政法规规定。如前所述，娱美德公司、传奇 IP 阻止亚拓士公司行使更新权的主要事由涉及的是《传奇 2》游戏软件 PC 端游之外的手游、页游等市场运营问题，因娱美德公司、传奇 IP 主张《软件许可协议》授权范围仅限于《传奇 2》游戏软件 PC 端游，故其上述事由与《软件许可协议》的履行无关，其真正意图是通过阻止《续展协议》的签订以约束蓝沙公司对《传奇 2》游戏手游、页游等的市场运营行为，这一事由并不具有正当性。同时，考虑到 2004 年《和解笔录》已经确认由亚拓士公司对《软件许可协议》行使更新权，亚拓士公司行使更新权的

行为并无明显不正当性。

3. 关于《续展协议》更新内容是否有损共有著作权人利益。经审查，《续展协议》除延长履行期限外，主要更新内容涉及仲裁机构和准据法以及调整增加续期许可费。结合《软件许可协议》约定的合同履行地主要为中国大陆以及履约市场变化事实，上述更新内容并无明显不当之处。娱美德公司、传奇 IP 对上述更新内容虽持有异议，但并未提交证据证明上述更新内容对其利益造成实质损害，因而构成共有著作权人一方可以阻止他方单方许可他人使用作品的正当理由。

综上，本案证据不能证明亚拓士公司行使更新权与蓝沙公司签订《续展协议》损害了共有著作权人利益，娱美德公司、传奇 IP 主张蓝沙公司在 2017 年 9 月 28 日之后不得运营《热血传奇》PC 客户端网络游戏中文版依据不足，亚拓士公司、蓝沙公司无需承担停止侵权、赔偿损失、消除影响等侵权责任。原审法院认定亚拓士公司、蓝沙公司签订《续展协议》的行为侵害了娱美德公司、传奇 IP 就《传奇 2》游戏软件享有的共有著作权有误，本院依法予以纠正。

（三）关于原审法院是否存在漏审等程序问题

关于漏审问题，亚拓士公司、蓝沙公司上诉主张原审法院存在漏审事实，即亚拓士公司基于 2002 年《补充协议》和 2012 年《申明》，对《传奇 2》游戏软件有权以自己的名义签署《续展协议》，无需与娱美德公司进行协商。对此，本院认为，《补充协议》和《申明》均建立在 2001 年《软件许可协议》基础之上。因娱美德公司、亚拓士公司在 2004 年《和解笔录》中对 2001 年《软件许可协议》更新权的行使有明确约定（事前经协商）并且双方一直遵照执行，故原审法院对亚拓士公司无条件享有单方更新权事实未作认定，并无不当。亚拓士公司还主张原审法院认定《软件许可协议》在 2005 年 9 月 22 日经协商续展有误，以及遗漏了《续展协议》签订前发生的娱美德公司对亚拓士公司要求其确认禁令的邮件不予回复的背景事实。经审查，本院认为，《软件许可协议》在 2005 年 9 月 22 日续展存在协商过程，双方协商不一致导致诉讼，亚拓士公司所述未经协商与事实不符。原审法院对娱美德公司、亚拓士公司在 2017 年 1—6 月间往来邮件虽未作全部列举，但认定事实已可反映《续展协议》签订前双方争议的相关事实，对本案基本事实认定没有影响。综上，原审法院不存在漏审问题。

关于管辖权问题，蓝沙公司上诉主张原审法院对本案不享有管辖权。因本案已经管辖权异议程序，故蓝沙公司该项上诉理由不属于本案审查范畴。

此外，关于亚拓士公司二审提出的外国法查明申请，因其提出该申请是为解决《和解笔录》第 7 条关于“协商”韩文文意的理解，而本案《续展协议》未经共有著作权人协商是确定的事实，故本案无需再对《和解笔录》第 7 条约定中的“协商”韩文文意进行确认。本院对其申请不予支持。

综上所述，亚拓士公司、蓝沙公司的上诉请求成立，应予支持。娱美德公司、传奇 IP 的上诉请求不能成立，应予驳回。依照《中华人民共和国涉外民事关系法律适用法》第四十八条、第五十条，《中华人民共和国著作权法》第二条第二款，《中华人民共和国著作权法实施条例》第九条，《计算机软件保护条例》第十条，《中华人民共和国民事诉讼法》第一百七十条第一款第二项之规定，判决如下：

一、撤销中华人民共和国上海知识产权法院（2017）沪 73 民初 617 号民事判决；

二、驳回娱美德有限公司、株式会社传奇 IP 的全部诉讼请求。

一审案件受理费 13800 元，诉前行为保全申请费 800 元；二审案件受理费 13800 元，均由娱美德有限公司、株式会社传奇 IP 负担。

本判决为终审判决。

审　判　长　徐燕如
审　判　员　刘晓梅
审　判　员　詹靖康
二〇二一年十二月十七日
法官助理　毛　涵
书　记　员　翟雨晶

35. 计算机软件著作权侵权认定中的举证责任

——上诉人新思科技有限公司与上诉人武汉芯动科技有限公司侵害计算机软件著作权纠纷案①

中华人民共和国最高人民法院民事判决书（2020）最高法知民终1138号

上诉人（原审原告）：新思科技有限公司（Synopsys Inc）。住所地：美利坚合众国加利福尼亚州山景城东中区路690号。

代表人：瑞奇·伦克尔（Rick Runkel），该公司总法律顾问兼公司秘书。

委托诉讼代理人：冯斐斐，北京世宁律师事务所律师。

委托诉讼代理人：张显显，湖北瀛楚律师事务所律师。

上诉人（原审被告）：武汉芯动科技有限公司。住所地：中华人民共和国湖北省武汉市东湖新技术开发区金融港一路7号14幢1-5层1号。

法定代表人：敖济康，该公司执行董事兼总经理。

委托诉讼代理人：彭刚，湖北朴诺律师事务所律师。

委托诉讼代理人：李小娟，湖北朴诺律师事务所律师。

上诉人新思科技有限公司（以下简称新思公司）、武汉芯动科技有限公司（以下简称芯动公司）因侵害计算机软件著作权纠纷一案，不服中华人民共和国湖北省武汉市中级人民法院于2019年8月23日作出的（2016）鄂01民初5618号民事判决，向本院提起上诉。本院于2020年7月27日立案后，依法组成合议庭，并于2020年11月17日公开开庭审理了本案。新思公司的委托诉讼代理人冯斐斐、张显显及专家辅助人李楠，芯动公司的委托诉讼代理人彭刚、李小娟，均到庭参加诉讼。本案现已审理终结。

新思公司上诉请求：1. 撤销原审判决第二项，改判芯动公司赔偿新思公司经济损失人民币289.3万元；2. 撤销原审判决第三项，改判芯动公司赔偿新思公司为制止侵权行为所支付的合理费用人民币10万元。其主要事实和理由：一、一审证据充分证明芯动公司至少在47台电脑以及2台服务器上复制、安装并使用涉案软件，新思公司为此遭受的实际损失应当予以赔偿。

① 本案在年度报告中的位置为第60页。

二、综合考虑涉案软件的市场价值以及被诉侵权行为的性质、范围、持续时间及主观恶意等方面，一审判决的赔偿数额也明显远低于新思公司的实际损失，应当予以纠正。一审证据表明，涉案软件 Design Compiler 软件 3 年 TSL 许可的销售价为 75,224 美元（约为每年 25,075 美元）。同时，根据证据保全及勘验对比，芯动公司的办公地点至少有 6 台服务器和 47 台安装了非 Windows 系统的台式电脑，一审法院对 6 台服务器以及依照商定的比例（即 10%）抽查的 5 台台式电脑进行了勘验，发现 6 台服务器中的 2 台以及抽查的 5 台台式电脑中均安装了涉案软件。因此，依此比例计算，芯动公司至少在 47 台电脑和 2 台服务器上复制、安装并使用了涉案软件。因此，新思公司的实际损失应以涉案软件的许可使用费 25,075 美元/年（以 6.5 汇率折合人民币约 162,988 元）乘以涉案软件在芯动公司电脑及服务器上侵权复制数量至少为 49 件计算，即许可费（162,988 元）×侵权软件复制数量（49 件）= 7,986,412 元。仅以一年计算，该实际损失数额已远远超过一审判决所认定的数额。一审判决理应全额支持新思公司所主张的经济损失 289.3 万元。然而，一审判决酌定赔偿数额为人民币 100 万元，尚不到新思公司请求赔偿数额的二分之一，与新思公司遭受的实际损失更是相去甚远，依法应予改判。

芯动公司针对新思公司的上诉答辩称：芯动公司并不存在侵犯新思公司计算机软件著作权的行为，新思公司至今未正常运行过涉案软件，芯动公司亦不知晓如何运行涉案软件。关于赔偿，新思公司原审阶段仅出示了报价单，不足为信。

芯动公司上诉请求：撤销原审判决，依法改判驳回新思公司原审诉讼请求。主要事实和理由：一、一审法院程序严重违法。（一）诉前证据保全程序违法。1. 授权文件审查程序违法；2. 诉前证据保全申请条件不符合法定条件，属于违法进行的诉前证据保全；3. 诉前证据保全的具体保全过程违法；4. 诉前证据保全开示程序违法；5. 剥夺芯动公司诉前证据保全救济途径，严重违法。（二）一审审理程序违法。1. 新思公司 2016 年 9 月 1 日提供的授权手续存在瑕疵，代理人并未取得授权，无权代理新思公司进行诉讼；2. 新思公司 2018 年 3 月 29 日补充的授权手续存在瑕疵，无法证明代理律师取得新思公司的授权；3. 诉前证据保全取得程序违法，不能作为本案定案证据，依法应予排除；4. 计算机软件侵权属专门性问题，在双方对于侵权与否存在较大争议的情况下，芯动公司为查明事实多次申请鉴定，但一审法院均未回复；5. 芯动公司为查明事实多次申请对新思公司软件的源代码和正常运行结果的文件进行比对，但均未获支持；6. 一审承办法官参与了诉前证据保全的取证程序，在审判前参与案件存在先入为主，缺乏程序正义。二、一审法院事实认定错误。（一）本案涉及侵权软件的版本信息并未核实，新思公司提交的涉案软件权利证据存在瑕疵，无权主张权利；（二）新思公司提供的软件《报价单》为单方证据，既无《授权许可合同》也无支付凭证，不能认定涉案软件的市场价值；（三）没有任何文件和法律依据能确认 Peter Nash 和 Rick Runkel 有权代表新思公司签署涉及整个中国领域内的诉讼授权；（四）新思公司庭前证据勘验时，并没有实际运行，实际上是拒绝运行其正版软件；（五）一审法院遗漏重要的专家证言。三、芯动公司从未复制、安装、使用涉案软件，不构成侵权。（一）新思公司提供的诉前保全证据显示“错误：脚本不受支持”“致命错误：不能运行”“警告：站点信息不可用”；（二）新思公司并未提供涉案软件的源代码进行比对，无法证明二者实质性相似；（三）诉前证据保全不完整、不客观，不能证明芯动公司使用或安装涉案软件；（四）新思公司在证据勘验过程中，拒绝运行正版软件。四、关于经济损失赔偿部分，属于滥用自由裁量权。五、芯动公司是国家集成电路设计知识产权授权领域排名第一的支柱领军企业，承担多个国家战略重大专项，为多个国家战略机构提供集成电路保密技术的开发，涉及国家安全，因此芯动公司不会也不敢用竞争企业的设计软件进行开发。

新思公司针对芯动公司的上诉答辩称：一、新思公司提供了相辅相成、相互印证的完整证据链，充分证明芯动公司未经许可，复制、使用了涉案软件；二、新思公司授权手续合法，一审诉前证据保全、证据开示及审理程序完全符合法律规定，原审法院亦充分尊重芯动公司诉求。芯动公司就程序问题所提出的质疑均与事实不符，完全不能成立；三、新思公司认为一审判决认定侵权成立并判令停止侵权，相关事实认定清楚，适用法律正确，应予维持，但在经济损失和合理费用的认定方面存在错误。

新思公司向原审法院提起诉讼，原审法院于 2016 年 10 月 11 日立案受理，新思公司起诉请求：1. 请求判令芯动公司立即停止使用并删除软件 Design Compiler；2. 判令芯动公司赔偿新思公司经济损失人民币 289.3 万元；3. 判令芯动公司赔偿新思公司维权合理费用人民币 10 万元；4. 本案诉讼费由芯动公司承担。

芯动公司原审阶段答辩称：1. 新思公司未提供有效的软件权利证据，其诉讼代理人授权存在瑕疵，授权人并非新思公司对外公开确认的公司负责人；2. 诉前证据保全取得的截屏信息已经说明被控软件不能运行，新思公司拒绝演示其软件正常运行过程进行对比，并无证据证明新思公司正版软件安装后的文件与芯动公司处保全取得的文件一致；3. 芯动公司承担多个国家级系统项目研制，即使有免费软件，芯动公司也不可能使用，以免造成安全隐患。

因此请求法院驳回新思公司全部诉讼请求。

原审法院认定事实：

新思公司是一家依据美国特拉华州法律合法设立的公司，总部设在美国加利福尼亚州，主要为全球集成电路设计提供电子设计自动化（EDA）软件工具，研发完成了包含 Design Compiler 软件在内的多项电子设计自动化软件，并应用于芯片系统开发。自 2010 年以来，新思公司将其不断开发升级所完成的 Design Compiler \ 98.08 \ Suite Version F－2011.09 \ Suite Version G－2012.06 等多个版本软件，分别在美国版权局进行了作品登记，注册号分别为 TX0002616958 号、TX0004860903 号、TX0007648060 号和 TX0007648332 号，上述注册登记信息载明的著作权人均为新思公司，作品性质为职务作品。2014 年 10 月 5 日，新思公司及其北京公司曾向客户提供报价单，其中 Design Compiler Graphical 软件 3 年 TSL 许可的折扣价为 75,224 美元。

根据新思公司官网介绍，该公司管理团队中的总法律顾问为 Rick Runkel。2015 年 8 月 4 日，新思公司的法律总顾问助理 Peter Nash 签署授权书，授权萧秉国以新思公司名义提起诉讼、参与辩护、处理任意诉讼或司法、行政程序，包括但不限于：收集证据、证据保全和公证，采取针对任意个人或合法实体的必需的法律措施，制止或消除在中华人民共和国境内的有关知识产权和任意其他法律利益的侵权和违法行为，所授权利还包括授权给其他人或代表新思公司的利益针对授权事项采取的其他必需的律师权利。2016 年 8 月 30 日，新思公司出具授权委托书，授权张显显律师担任关联五案的诉讼代理人，在诉讼过程中还分别委托新思公司在北京、武汉子公司的李鹤、李昂、张梦杰、郭雯婷等员工作为诉讼代理人参加五案诉讼，萧秉国在上述授权委托书上均签名予以确认。2018 年 1 月 9 日，新思公司总法务官 Rick Runkel 经公证人员核实姓名和职责范围后再次签署授权委托书，确认在该授权书签署之前张显显律师代表新思公司参加与芯动公司相关的五案侵权诉讼活动已经获得新思公司授权，包括但不限于代为提起诉讼、申诉、代为申请证据保全；Peter Nash 于 2015 年 8 月 4 日出具给萧秉国的授权书，符合美国特拉华州法律规定及新思公司章程，Peter Nash 对萧秉国的授权是其履行职务的行为，并再次分别签署授权委托书，授权张显显、吴灿江两位律师作为新思公司在一审阶段的诉讼代理人。

本案起诉之前，经新思公司申请诉前证据保全，原审法院作出（2016）鄂 01 证保 6 号民事裁定书。2016 年 8 月 5 日，原审法院依据前述民事裁定书对位于湖北省武汉市东湖新技术开发区光谷大道 77 号光谷金融港 A2 栋 10 楼的芯动公司办公场所电脑采取命令探查、截屏复制等证据保全措施，对位于芯动公司办公场所内的6台服务器、72台电脑进行勘查，剔除其中安装Windows系统的25台台式电脑后，现场对ip地址为192.168.212.20、192.168.212.30、192.168.212.31、192.168.212.32、192.168.212.66、192.168.212.67（以下简称1、2、3、4、5、6号）服务器以及按照双方协商确认的10%比例随机抽取5台员工台式电脑（ip地址分别为192.168.212.117、192.168.212.134、192.168.212.148、192.168.212.175、192.168.212.179）（以下依次简称A、B、C、D、E电脑），输入相应查询命令进行探查，并将查询结果截屏保存至预先准备的空白移动硬盘中。其中，针对Design Compiler软件的探查内容包括：1. 通过输入“which dc_shell”命令，5、6号服务器和台式电脑反馈信息均为“/softs/synopsys/syn_vJ-2014.09-SP2/bin/dc_shell”；2. 再输入“dc_shell”命令，台式电脑和服务器反馈信息一般为“Fatal：Design Compiler is not enabled.（DCSH-1）”，仅A电脑的反馈信息为“Error：The script is not supported”，此外C\D\E电脑的反馈信息还附有“Warning：Site Information is not available…Have you run install_site?”询问内容；3. 再输入“ls-al”命令，反馈信息一般为“total ****”以及该路径下的文件夹内全部文件信息，其中，“total”数值为文件块，D电脑为2048，5号服务器和其他台式电脑均为2044，6号服务器为2000；文件创建、修改时间，A电脑为2015.5.14，5号服务器和其他台式电脑大部分为2014.11.26，6号服务器主要为2014.1.21；关于服务器“PATH”设置内容，显示有“syn_ HOME=/softs/synopsys/syn_vJ-2014.09-SP2”路径信息。证据保全过程中，芯动公司以涉及商业秘密为由拒绝复制上述被核查电脑硬盘的文件内容，上述电脑路径下的文件因而未能保存在取证硬盘中。上述取证过程结束后，双方亦在上述查询命令的截屏打印页上签字予以确认。

本案原审审理过程中，原审法院亦组织双方当事人各自提供相关软件文件进行比对鉴别。在勘验比对过程中，新思公司提供包含Design Compiler Version I-2013.12 SP1\J-2014.09-SP2软件在内的安装光盘，并说明涉案Design Compiler软件安装及运行时必须与License服务器端连接后获得许可才能正常使用，经拆封全新笔记本电脑安装该软件后，其软件运行界面能够分别显示“Copyright（C）1988-2013（或2014）Synopsys Inc”版权信息。再进行版本命令查询后，可以查询软件程序所在文件夹内二级目录以下包括子目录中的文件内容，在未连接License服务器端输入证据保全所使用的“which dc_shell”“dc_shell”“Is-al”等查询命令后，可以得到与证据保全相同的上述软件信息反馈结果以及相同排列顺序的文件目录结构。勘验过程中，芯动公司亦提交带有“-softs”文件夹的台式电脑进行演示对比，经过同样输入前述证据保全时的针对 Design Compiler 软件的“which dc_shell”“dc_shell”“Is-al”等查询命令后，可以得到与上述证据保全时相同的电脑反馈信息，再查询该“-softs”文件夹目录下的文件内容显示无具体文件内容。对于证据保全电脑以及勘验比对电脑中所涉及“softs/synopsys”文件夹的来源，芯动公司说明是复制客户电脑中环境变量及路径设置等信息用于软件测试运行环境所致，并非芯动公司复制安装涉案 Design Compiler 软件的结果。因芯动公司提供的勘验目录无文件内容，故勘验工作未进行代码比对。

新思公司为本案支付了律师费人民币 86,491 元，为包括本案在内的 5 案诉讼维权活动支付了公证费人民币 1,360 元，翻译费人民币 2,400 元，交通、住宿费人民币 35,163.7 元。

原审法院认为，本案一审争议焦点为：1. 新思公司行使诉权是否合法有效；2. 对于芯动公司经营场所使用电脑输入软件命令后取得探查结果能否证明芯动公司复制、使用新思公司主张的 Design Compiler 软件；3. 芯动公司是否应当承担停止侵权、赔偿损失的民事责任。

一、关于新思公司行使诉权是否合法有效的问题

新思公司作为美国公司在中国提起软件侵权之诉，其诉权行使是否合法有效，需根据涉案软件著作权人证明以及诉讼委托代理事项的相关证据予以确认。

关于涉案软件著作权人证明，新思公司提交了包括涉案 Design Compiler 软件在内的程序光盘，根据该软件运行安装后勘验信息显示，涉案软件通过版权署名方式指明新思公司为版权所有者，结合新思公司将 Design Compiler 软件的有关版本在美国版权局持续登记的状况，可以说明涉案 Design Compiler 软件系列版本均由新思公司开发完成，故新思公司是涉案 Design Compiler 软件的著作权人。依据我国与美国共同参加的《伯尔尼保护文学和艺术作品公约》，上述计算机软件作品应当依据《中华人民共和国著作权法》[①]（以下简称著作权法）和《计算机软件保护条例》（以下简称条例）的规定给予保护。

关于涉外诉讼代理，《中华人民共和国民事诉讼法》[②]（以下简称民事诉讼法）第二百六十三条规定：“外国人、无国籍人、外国企业和组织在人民法院起诉、应诉，需要委托律师代理诉讼的，必须委托中华人民共和国的律师。”第二百六十四条规定：“在中华人民共和国领域内没有住所的外国人、无国籍人、外国企业和组织委托中华人民共和国律师或者其他人代理诉讼，

① 此处指 2010 年《中华人民共和国著作权法》，其已于 2020 年修改，本案下同。

② 此处指 2017 年《中华人民共和国民事诉讼法》，其已于 2021 年修改，本案下同。

从中华人民共和国领域外寄交或者托交的授权委托书，应当经所在国公证机关证明，并经中华人民共和国驻该国使领馆认证，或者履行中华人民共和国与该所在国订立的有关条约中规定的证明手续后，才具有效力。”上述法律规定说明境外企业在人民法院起诉，必须办理合法有效的授权委托手续。本案中，新思公司针对委托代理诉讼事项提交了两份授权委托书，其中，一份是新思公司法律总顾问助理 Peter Nash 以公证方式签署授权书，授权该公司高级法律顾问萧秉国代表新思公司针对在中国境内有关知识产权的侵权违法行为采取包括起诉、收集证据、证据保全和公证等法律措施，该授权委托书同时明确了萧秉国具有转委托的代理权限；另一份是新思公司的总法律顾问 Rick Runkel 签署的授权书，确认了前述公证中 Peter Nash 授权萧秉国的行为属于职务行为，符合美国特拉华州法律规定以及新思公司章程。上述两份授权书均已办理公证认证手续，证据形式合法，且前后授权内容具有一致性，可以作为新思公司关于本案诉讼代理人授权的认定依据。而萧秉国接受该委托后亦签署授权委托书，再转授权中国律师代表新思公司参加包括本案在内的诉讼维权活动，并未超出新思公司的前述授权范围，也符合上述法律规定。虽然芯动公司根据新思公司网站所公开高管人员信息，质疑 Peter Nash 的员工身份，但并未否认新思公司总法律顾问 Rick Runkel 的身份，而 Rick Runkel 作为新思公司对外公布的负责法律事务高管，在其职责范围内签署授权委托书，属于代表新思公司的授权行为。故本案可以认定新思公司提交委托代理手续合法有效。

因此，新思公司可以作为涉案 Design Compiler 软件的著作权人委托中国律师，针对被诉侵权行为提起本案民事诉讼。

二、关于芯动公司经营场所使用电脑经输入软件命令后取得探查结果能否证明芯动公司复制、使用新思公司主张的 Design Compiler 软件的问题

根据条例第二条、第三条的规定，作为计算机软件保护对象包括计算机程序及其有关文档。同时，条例第二十四条规定，未经软件著作权人许可，复制或者部分复制著作权人的软件的，属于侵权行为。根据上述法律规定，构成计算机软件著作权侵权的前提是计算机软件的程序和文档存在相同或实质性相似。从计算机软件特点来说，计算机软件一般由设计者独立开发完成，基于操作系统的运行要求既会设置有关通用命令的程序架构，同时还会设置包括独立脚本运行在内实现软件功能的相关应用，以便实现软件的功能目的，其运行结果当中亦包括软件版本、版权归属和帮助文档等独有信息显示内容。因此，作为判断软件相同或实质性相似的依据，既包括两个软件的源代码、目标程序代码和文档的相同或相似，也包括软件运行命令后整体上的组织结

构、输出和输入形式等方面的相同或相似。对此，新思公司可以通过举证证明被控软件存在新思公司软件独有的或错误的信息内容，从而确认两者软件的相同或相似程度，芯动公司则需要对所查询软件的存在与否以及是否具有合法来源承担举证责任。

本案中，涉案软件安装在 Linux 计算机操作系统中，通过输入命令完成运行，运行所反馈信息可以确定计算机软件在电脑中的状态。针对被控电脑中的软件，新思公司在证据保全时通过输入探查命令来查询涉案软件的客观状态，其探查命令可分为两类，一类是“which、Is-al”等 Linux 系统通用命令，作为通用命令可以查询目录里符合条件的文件，并可输出文件信息至显示器。针对涉案 Design Compiler 软件，在使用“which”命令查找 Design Compiler 运行文件时，可以查询得到该文件的目录位置位于该计算机的“softs/synopsys/Syn_vJ-2014.09-SP2/bin”目录下；再通过“Is-al”命令，可以显示该文件夹目录下的文件状态，探查路径反馈的软件名称均指向新思公司所主张的“Design Compiler”软件特有名称及版本号，存在与新思公司软件相同结构的文件目录配置形态，该探查结果具有确定性，可以说明被控电脑安装有与新思公司“Design Compiler”软件同样名称的文件夹及文件目录。另一类命令是“dc_shell”自定义命令，其运行结果取决于计算机软件中对应该命令自行编制脚本文件的设置内容，证据保全时行该命令结果为“逻辑综合工具无法使用”或“站点信息不存在，你是否已安装站点”，亦是该脚本文件预先设置的反馈信息，说明被控软件不能进行运行，均属于 Design Compiler 软件相关出错信息反馈内容。另外，非 Linux 系统自带的软件运行一般需要在“PATH”中手动设置路径，而被控服务器中“PATH”环境变量中亦存在包含有新思公司软件版本名称的设置内容，说明被控电脑为运行涉案软件亦曾进行过主动设置。根据计算机软件设计的一般性原理，计算机软件名称、目录结构均是开发者进行软件编译设计后所展现的独立表现形式，从技术上讲其他软件名称、目录、文件名称与其完全相同的可能性几乎不存在。而上述探查结果获得的涉案软件的版本信息、目录结构、错误信息均与新思公司软件相同，设置路径方式亦是为了运行涉案软件，故新思科技对软件名称、文件目录的探查结果可以初步证明被控电脑存在复制、运行涉案 Design Compiler 软件的结果。

虽然在勘验过程中，芯动公司亦提供其称复制于被保全电脑中的软件目录用于进行比对，其勘验结果显示在对电脑中仅有文件目录的软件路径通过上述探查命令亦可以查询得到证据保全时相同反馈信息，说明被保全电脑存在缺少软件程序文件的可能性。但因芯动公司提供勘验电脑内容系在证据保全之后自行复制完成，存在事后进行修改设置可能，而对于其经营场所电脑中涉案软件的文件目录来源，芯动公司自述复制于客户电脑的事实，并无相关企事业单位予以有效确认，亦与芯动公司强调参与多个涉密项目不会使用涉案软件的主张自相矛盾，故芯动公司辩称仅在环境变量等运行环境下复制客户软件目录的说法缺乏合理性的判断依据。因此，芯动公司的上述证据不足以证明其抗辩理由，对此应承担举证不能的责任。

综上，新思公司提交的证据保全记录以及勘验比对结果可以证实被控电脑探查路径下的软件与新思公司 Design Compiler 软件之间存在软件名称、文件名称、目录结构、错误信息均相同，两者构成实质性相似，芯动公司仅复制环境变量及软件目录的说法缺乏合理性判断依据，故本案可以认定被控电脑复制了新思公司享有著作权的 Design Compiler 软件。

三、关于芯动公司是否应当承担停止侵权、赔偿损失的问题

著作权法第四十八条第（一）项规定，有“未经著作权人许可，复制、发行、表演、放映、广播、汇编、通过信息网络向公众传播其作品”的侵权行为的，应当根据情况，承担停止侵害、消除影响、赔礼道歉、赔偿损失等民事责任。条例第二十四条规定，除《中华人民共和国著作权法》、本条例或者其他法律、行政法规另有规定外，未经软件著作权人许可，有“复制或者部分复制著作权人的软件”的侵权行为的，应当根据情况，承担停止侵害、消除影响、赔礼道歉、赔偿损失等民事责任。根据上述法律规定，本案芯动公司经营场所的工作电脑中复制有新思公司软件并未得到新思公司许可，构成对新思公司软件著作权的侵害，作为经营主体的芯动公司未能提供合法来源，依法应当承担停止侵权、赔偿损失的民事责任。

关于损失赔偿，著作权法第四十九条规定，侵犯著作权或者与著作权有关权利的，侵权人应当按照权利人的实际损失给予赔偿；实际损失难以计算的，可以按照侵权人的违法所得给予赔偿；赔偿数额还应当包括权利人为制止侵权行为所支付的合理开支。权利人的实际损失或者侵权人的违法所得不能确定的，由人民法院根据侵权行为的情节，判决给予五十万元以下的赔偿。本案中，因新思公司并未提交涉案 Design Compiler 软件对应版本在中国境内授权许可的有效交易证据，芯动公司通过该软件获利情况亦缺乏证据证明，故本案可以适用法定赔偿方式确定经济赔偿数额。原审法院考量以下因素：1. 新思公司 Design Compiler 软件在集成电路设计方面的知名度较高，芯动公司亦从事研发、生产、销售集成电路核心芯片等经营事项，将与 Design Compiler 软件有关的目录、文档、路径设置在其经营场所电脑中与芯动公司经营使用行为存在关联，2. 涉案软件在抽查 Linux 系统电脑中所占的比例较高，

服务器、台式电脑中的安装时间存在差别，3. 参考涉案软件授权许可的相关折扣报价，可以确定其侵权损失明显超过法定最高限额，故本案酌定新思公司因被控复制软件行为所遭受的经济损失为人民币 100 万元，由芯动公司予以赔偿。

关于合理费用部分，《最高人民法院关于审理著作权民事纠纷案件适用法律若干问题的解释》[①] 第二十六条规定："著作权法第四十八条第一款规定的制止侵权行为所支付的合理开支，包括权利人或者委托代理人对侵权行为进行调查、取证的合理费用。人民法院根据当事人的诉讼请求和具体案情，可以将符合国家有关部门规定的律师费用计算在赔偿范围内"。本案审理中，新思公司已提交相应票据证明本案律师费为人民币 86491 元，为包括本案在内的 5 案维权诉讼活动支付了公证费人民币 1360 元，翻译费人民币 2400 元，交通、住宿费人民币 35163. 7 元，上述费用均已实际发生，发生时间与包括本案证据保全在内的 5 款软件诉讼维权活动能够相互对应，可以作为本案的合理维权费用的认定依据，经分摊计算后可以确定本案的合理费用为人民币 94276 元，依法应由芯动公司承担。

原审法院判决：一、芯动公司于判决生效之日立即停止侵权，删除与 Design Compiler 软件有关的电脑内容；二、芯动公司于判决生效之日起十日内赔偿新思公司经济损失人民币 100 万元；三、芯动公司于判决生效之日起十日内支付新思公司为制止侵权行为所支付的合理费用人民币 94276 元；四、驳回新思公司的其他诉讼请求。如果未按判决指定的期间履行给付金钱义务，应当依照《中华人民共和国民事诉讼法》第二百五十三条规定，加倍支付迟延履行期间的债务利息。一审案件受理费人民币 30744 元，由芯动公司负担。

新思公司二审期间向本院提交如下证据：证据 1. 2015 年 10 月《采购订单》；证据 2. 2016 年 6 月《采购订单》；证据 3. 上海芯桥公司声明、报价单、发票；证据 4. 2015 年 7 月《采购订单》；证据 5.《采购函补充条款》及报价单，上述证据均欲证明涉案软件的许可费情况；证据 6. 新思公司相关报道，欲证明新思公司致力于为中国发展贡献力量，得到中国政府的认可和支持；证据 7. 涉案软件知名度报道，欲证明涉案软件具有极高知名度和影响力，对中国芯片设计产业的发展作出了重要贡献。

芯动公司针对新思公司所提交证据的质证意见为：对证据 1、2、6、7 的

① 已被《最高人民法院关于修改〈最高人民法院关于审理侵犯专利权纠纷案件应用法律若干问题的解释（二）〉等十八件知识产权类司法解释的决定》（2020 年 12 月 29 日公布）修改，本案下同。

真实性予以认可，但不能达到证明目的。对证据3声明的真实性予以认可，证据3剩余内容真实性不认可，证据4、5的真实性不认可。

芯动公司二审期间向本院提交如下证据：涉案软件教学版操作视频，欲证明芯动公司未使用涉案软件。

新思公司针对芯动公司所提交证据的质证意见为：对芯动公司所提交的证据不予认可，不能达到其证明目的。

本院对双方二审期间提交证据的认证意见为：对新思公司提交的证据的真实性、合法性予以认定，关联性和证明力将结合全案事实予以综合认定。芯动公司提交的证据为网上下载免费版软件，新思公司对其三性均有异议，故本院对其所提交证据不予采信。

本院经审理查明，原审法院查明的事实基本属实，本院予以确认。

结合各方当事人的诉辩，本案二审的争议焦点为：一、新思公司授权是否合法、原审证据保全及案件审理程序是否符合法律规定；二、新思公司是否为涉案软件权利人，芯动公司是否存在侵权行为；三、原审判决赔偿数额是否合理。

一、关于新思公司授权是否合法及原审程序是否符合法律规定的问题

关于新思公司授权手续是否合法的问题。民事诉讼法第二百六十三条和第二百六十四条对于外国人、无国籍人、外国企业和组织委托律师在人民法院进行起诉或应诉，应当履行的具体手续予以明确规定。本案原审阶段，新思公司虽前后出具两份授权委托书，但该两份授权委托手续均经过公证和认证程序，符合民事诉讼法的相关规定，且后一份授权委托书明确表示对前一份授权委托书内容的确认。因此芯动公司关于新思公司诉讼授权不符合法律规定的上诉主张，于法无据，本院不予支持。

关于原审诉讼程序是否符合法律规定的问题。芯动公司认为原审法院在证据保全、证据开示和案件审理等方面均存在程序错误，故本院对此予以分别回应。

首先，芯动公司认为新思公司的诉前证据保全不符合民事诉讼法的规定，且未提供担保，原审法院存在程序错误。对此，本院认为，著作权法第五十一条第一款规定，为制止侵权行为，在证据可能灭失或者以后难以取得的情况下，著作权人或者与著作权有关的权利人可以在起诉前向人民法院申请保全证据。同时该条第三款规定，人民法院可以责令申请人提供担保，申请人不提供担保的，驳回申请。本案中，新思公司主张芯动公司未经许可，复制、安装、使用其享有著作权的软件，在涉嫌侵权证据由芯动公司掌握且新思公司难以取得的情况下，原审法院裁定准许新思公司的证据保全申请并无不当，

且根据该条规定，本案中对于证据保全是否需要新思公司提供担保属原审法院决定事项，不提供担保并不必然属于程序错误事项。因此，芯动公司的该项主张无法律依据，本院不予支持。此外，芯动公司主张原审法院证据开示存在错误，根据原审询问笔录记载，原审法院在询问阶段已明确告知各方当事人救济方式，并不存在违反法律规定的情形，故对该项主张，本院亦不予支持。

其次，芯动公司认为原审法院对于芯动公司要求鉴定、源代码比对、遗漏专家辅助人意见等方面的处理均存在错误。对此，本院认为，关于是否需要进行鉴定和源代码比对，原审法院可根据案件实际审理需要确定。同时，专家辅助人的作用主要是便于合议庭了解案件事实，其意见相当于诉讼参与人的意见陈述，有别于民事诉讼活动的证人证言。经查，本案原审庭审笔录中已对专家辅助人的发言进行了记录，判决书中亦有记载，不存在芯动公司所述遗漏的情况。因此，芯动公司关于原审审理程序存在错误的主张，本院不予支持。

关于芯动公司认为主审法官参与诉前保全过程，存在先入为主的意见。本院认为，著作权法对于诉前证据保全的具体实施人员并未作出限制性规定，且芯动公司亦未举证证明案件主审法官在案件审理全程存在法律禁止性行为，故本院对其该意见，不予采信。

二、关于新思公司是否为涉案软件权利人及芯动公司是否存在侵权行为的问题

关于新思公司是否为涉案软件权利人的问题。著作权法第二条第二款规定，外国人、无国籍人的作品根据其作者所属国或者经常居住地国同中国签订的协议或者共同参加的国际条约享有的著作权，受本法保护。本案中，新思公司为美国公司，其就涉案软件已依照美国法律规定进行登记，原审阶段亦提交涉案软件光盘，软件版权署名可以印证新思公司为涉案软件的版权所有人。同时，中国和美国均为《伯尔尼保护文学和艺术作品公约》的成员国。因此结合现有在案证据可以确定新思公司为涉案软件的权利人。

关于芯动公司是否存在侵权行为的问题。《最高人民法院关于适用〈中华人民共和国民事诉讼法〉的解释》[①] 第九十条规定，当事人对自己提出的诉讼请求所依据的事实或者反驳对方诉讼请求所依据的事实，应当提供证据加以证明，但法律另有规定的除外。在作出判决前，当事人未能提供证据或

① 已被《最高人民法院关于修改〈最高人民法院关于适用《中华人民共和国民事诉讼法》的解释〉的决定》（2022 年 4 月 1 日公布）修改，本案下同。

者证据不足以证明其事实主张的，由负有举证证明责任的当事人承担不利的后果。第一百零八条第一款和第二款分别规定对负有举证证明责任的当事人提供的证据，人民法院经审查并结合相关事实，确信待证事实的存在具有高度可能性的，应当认定该事实存在。对一方当事人为反驳负有举证证明责任的当事人所主张事实而提供的证据，人民法院经审查并结合相关事实，认为待证事实真伪不明的，应当认定该事实不存在。根据上述规定，当事人对其主张的事实以及反驳对方的事实均具有相应的举证责任，否则将承担不利的后果。而证明标准应当为结合在案证据以及可以确定的其他相关事实，能够令法院确信待证事实的存在具有高度可能性。

本案中，新思公司认为芯动公司未经其许可，复制、安装并使用了涉案软件，而芯动公司则予以否认，并在二审阶段提交了网上下载的涉案软件教学版予以佐证，并主张一审未对源代码进行比对，无法确定软件是否相同或实质相似。

对此，本院认为，根据条例第三条的规定，计算机软件程序包含源程序和目标程序，同一计算机程序的源程序和目标程序为同一作品。同时根据该条例第二十四条的规定，计算机软件程序或文档存在相同或实质性相似是判断是否构成侵权的基础。但应注意的是，对软件相同或实质相似既要尽力查明客观事实，同时也需充分考虑当事人的举证能力，根据个案具体情况进行区别处理，不能将源程序的比对作为确定软件相同或实质相似的唯一标准。如果权利人已经举证证明被诉侵权软件与主张权利的软件界面高度近似，或者被诉侵权软件存在相同的权利管理信息、设计缺陷、冗余设计等特有信息，可以认为权利人完成了初步举证责任，此时举证责任转移至被诉侵权人，应由其提供相反证据以证明其未实施侵权行为。

通常实践中认为计算机软件程序构成“实质性相似”的情形有如下情形：其一为文字成分的相似，即以程序代码中引用的百分比为依据进行判断，其二是非文字成分的相似，即强调以整体上的相似作为确认两个软件之间实质上相似的依据。所谓整体上的相似，指的是两个软件在程序的组织结构、处理流程、所采用的数据结构等方面实质相似。因此，新思公司在本案中既可以程序代码相同或实质相似来主张芯动公司侵犯其软件著作权，亦可以双方软件之间组织结构、数据结构、输入输出形式等方面相同或实质相似来主张芯动公司侵犯其软件著作权。

本案中，新思公司向原审法院申请诉前证据保全，并使用命令探查方式固定芯动公司相关计算机和服务器的使用状态。根据保全结果可知，芯动公司的电脑中存在与新思公司涉案计算机软件的名称、目录结构、错误信息等方面均相同的软件信息，显示芯动公司存在侵犯新思公司计算机软件著作权的可能。芯动公司虽否认其使用新思公司软件，但一审及本院二审期间均未能对命令探查中发现的计算机软件标注的著作权人为新思公司作合理解释。此外，芯动公司在二审庭审中认为其未使用涉案软件而是使用其他软件进行相关芯片设计，但并未提交其实际安装使用其他软件的确凿证据。同时，芯动公司一审及本院二审阶段虽主张其电脑中包含涉案软件的相关环境变量系根据上下游需要进行设置，但一直未提交相关证据予以佐证，故对其该辩解，本院不予采纳，同理亦无进行源代码比对的必要。另外，其二审阶段提交的涉案软件系网络公开教学版，不论该软件是否真实，其作用仅限于学习使用，都无法否定原审法院证据保全时芯动公司电脑中的涉案软件状态。同时，芯动公司亦未对招聘时对应聘人员熟悉使用新思公司涉案软件的技能要求予以合理解释，可进一步佐证芯动公司存在使用涉案软件的可能。因此结合现有在案证据和已查明事实，原审法院认定芯动公司存在侵害新思公司涉案软件著作权的行为，并无不当。

三、关于原审判决赔偿数额是否合理的问题

著作权法第四十九条规定，侵权人对于侵犯著作权行为的赔偿方式为实际损失、侵权获利。在二者均无法查清的情况下，则由人民法院在五十万元数额以下确定赔偿金额。同时赔偿金额中还应当包括合理费用。本案中，新思公司为证明其损失，原审及本院二审阶段均提交了涉案软件许可合同。对此，本院认为，新思公司作为涉案软件著作权人，通过许可使用方式来获得经济利益是正常的商业经营行为，其涉案软件的许可费可以作为计算其经济损失的基础，因此本案的赔偿金额可以通过因侵权所受实际损失予以确定。但本院同时注意到，新思公司涉案软件的许可费，会根据销售地域、销售时间以及销售对象、折扣率的不同而存在上下波动的情形，同时销售成本也会有所变化，若机械适用许可费计算经济损失亦有所不当，故本案可不完全按照软件许可费的账面价格计算侵权赔偿金额。原审法院综合考虑涉案软件的知名度、许可费情况确定100万元赔偿，难言不当。

综上，新思公司和芯动公司的上诉请求均不能成立，应予驳回。原审判决事实认定基本清楚，适用法律基本正确，可予维持。依照《中华人民共和国民事诉讼法》第一百七十条第一款第一项规定，判决如下：

驳回上诉，维持原判。

二审案件受理费36538元，由新思科技有限公司负担21889元，武汉芯动科技有限公司负担14649元。

本判决为终审判决。

审　判　长　徐卓斌
审　判　员　李自柱
审　判　员　雷艳珍
二〇二一年二月二十五日
法官助理　周　雷
书　记　员　郭云飞

36. 计算机软件附条件免费商业使用中的侵权认定与责任承担

——上诉人长沙米拓信息技术有限公司与上诉人河南省工程建设协会侵害计算机软件著作权纠纷案①

中华人民共和国最高人民法院民事判决书（2021）最高法知民终1547号

上诉人（原审原告）：长沙米拓信息技术有限公司。住所地：湖南省长沙市岳麓区洋湖街道和顺路269号绿景欣苑二期2栋1219号。

法定代表人：刘波，该公司执行董事。

委托诉讼代理人：杨海军，男，该公司职员。

上诉人（原审被告）：河南省工程建设协会。住所地：河南省郑州市纬二路23号。

法定代表人：张维，该协会会长。

委托诉讼代理人：田永峰，山东仟川律师事务所律师。

委托诉讼代理人：姚文娟，山东仟川律师事务所律师。

上诉人长沙米拓信息技术有限公司（以下简称米拓公司）与上诉人河南省工程建设协会（以下简称工程建设协会）因侵害计算机软件著作权纠纷一案，不服河南省郑州市中级人民法院（以下简称原审法院）于2021年5月27日作出的（2021）豫01知民初382号民事判决，向本院提起上诉。本院于2021年8月16日立案受理后，依法组成合议庭进行审理，于2021年9月14日召集双方当事人进行询问，上诉人米拓公司的委托诉讼代理人杨海军，上诉人工程建设协会的委托诉讼代理人田永峰、姚文娟参加诉讼。本案现已审理终结。

米拓公司上诉请求：撤销原审判决；改判工程建设协会立即停止侵害米拓公司的“米拓企业建站系统［简称：MetInfo］v7.0”（以下简称涉案建站软件）著作权的行为、赔偿米拓公司经济损失（含一审期间维权合理开支）6万元和二审期间维权合理开支1万元，并负担一审、二审诉讼费用。事实

① 本案在年度报告中的位置为第61页。

和理由：（一）原审法院关于工程建设协会侵害米拓公司著作权权项的认定存在错误。涉案《最终用户授权许可协议》明确约定了用户的权利及义务，用户只有在完全遵守该协议的情况下，才享有复制、下载、安装或以其他方式使用涉案建站软件的权利。工程建设协会并未遵守上述协议，其侵权行为超出了米拓公司的授权许可范围，侵害了米拓公司依法享有的署名权、复制权、修改权、保护作品完整权、获得报酬权等多项具体权利。（二）原审法院认定的赔偿金额过低。原审法院没有全面、综合考虑互联网软件行业背景、涉案作品类型及计算机软件研发升级成本、同类业务市场价格水平等因素。工程建设协会未经许可去除了涉案建站软件的版权标识和链接信息，直接影响米拓公司推广品牌和获得流量及客户的权益，给米拓公司的发展造成了巨大损失。根据米拓公司提交的同类业务单次建站合同及发票可知，米拓公司因此而遭受的实际损失至少超过 1.6 万元；如考虑收费用户首次合作后的持续消费，米拓公司遭受的实际损失至少超过 2.2 万元。工程建设协会收到米拓公司的告知函后并未立即停止侵权，至一审庭审期间对被诉侵权网站所用的计算机软件源代码进行了两次修改，且故意修改涉案建站软件源代码的特有标识，以期掩盖侵权事实并持续侵权。工程建设协会具有严重的侵权故意，且其侵权行为持续时间长，米拓公司请求其赔偿 7 万元损失具有充分依据。

针对米拓公司的上诉主张，工程建设协会答辩称：（一）工程建设协会没有侵害涉案建站软件著作权。米拓公司未举证证明其提供的源程序与其在国家版权局备案的涉案建站软件具有同一性，也未证明被诉侵权软件的源代码与涉案建站软件的源代码构成相同或实质相同。工程建设协会的被诉侵权网站系河南某位大学教师免费进行改版而来，工程建设协会对其是否下载使用涉案建站软件并不知情。涉案建站软件为可免费下载使用的软件，即使被诉侵权网站使用了涉案建站软件部分代码，也在米拓公司的许可范围内。米拓公司主张只有在遵守《最终用户授权许可协议》的情况下，才享有相关权利，但在其官网上点击“一键安装”按钮下载涉案建站软件时电脑页面并不弹出该协议。因米拓公司未对《最终用户授权许可协议》作出明显提示，该协议属于加重用户责任的格式合同，为无效合同。（二）工程建设协会不应承担赔偿责任。工程建设协会没有侵权故意，也未实施侵权行为。工程建设协会系非营利法人，工程建设协会会员均为河南省本地单位，与米拓公司网站没有直接关系，因此不会给米拓公司造成损失。米拓公司进行批量维权，其提供的证据在多个案件中反复使用，法院对其维权开支请求不应予以支持。

工程建设协会上诉请求：撤销原审判决，将本案发回重审；判令一审、二审诉讼费用由米拓公司负担。事实和理由：（一）原审判决认定事实不清。

工程建设协会的网站系由第三方建设，工程建设协会对网站开发建设中是否下载使用了涉案建站软件并不知情；工程建设协会亦未自认使用了涉案建站软件；米拓公司仅就其单方提供的部分源代码与取证的工程建设协会网站网页源代码比对，该比对方式缺乏合理性；原审法院未作源代码比对并据此查明相关事实。（二）原审法院适用法律错误。《最终用户授权许可协议》属于格式条款，米拓公司在该协议中强制用户保留网页链接，由此加重了用户责任。用户在米拓公司网站推荐的集成环境中运行其“一键部署安装”程序并不能看见该协议，米拓公司未作出必要提示，该协议应属无效合同。原审法院认定《最终用户授权许可协议》中约束和限制条款有效，适用法律错误。原审法院在其判决中明确认定了工程建设协会并未侵犯米拓公司计算机软件复制权而仅侵犯了其署名权，但在援引法律依据时却援引了《中华人民共和国著作权法》（2010 年修正）第十条第一款第五项、第四十八条第一项以及《计算机软件保护条例》第二十四条第一款第一项等与复制权有关的条款，而未援引该法律和行政法规中与署名权有关的条款。（三）原审法院存在违反法定程序的情形。原审法院卷宗中存有“数据库 hngjx”和“hngjx. sql-记事本”两份文件，原审法院未经质证却采纳该两份文件作为定案依据。

针对工程建设协会的上诉主张，米拓公司答辩称：（一）原审判决中关于工程建设协会主办的网站页面设计与涉案建站软件经比对一致的具体文字表述虽然欠妥，但认定事实正确。（二）原审法院认定赔偿金额中的维权开支，未超出法院合理裁量范围。工程建设协会未能理解《最终用户授权许可协议》存在的必要性和社会意义，从而将使用计算机软件的注意义务本末倒置，并以米拓公司未尽提示义务为由掩盖自身侵权的故意。综上所述，原审法院认定事实并无不当，也未违反法定程序。

米拓公司于 2021 年 3 月 8 日向原审法院提起诉讼，请求法院判决：（一）工程建设协会立即停止侵犯米拓公司软件著作权的行为；（二）工程建设协会赔偿米拓公司经济损失（含为制止工程建设协会侵权行为而支出的合理费用）6 万元；（三）工程建设协会在《中国知识产权报》、工程建设协会官方网站首页上发表为期一个月的声明向米拓公司公开赔礼道歉；（四）工程建设协会负担本案全部诉讼费用。事实和理由：米拓公司于 2009 年自主开发了“MetInfo 企业网站管理系统”，并取得国家版权局颁发的计算机软件著作权登记证书，备受用户好评。米拓公司依法享有该软件著作权并进行了大量的宣传推广，该软件已获得了极高的市场知名度和影响力，已有超过数十万客户下载使用该软件构建自己的企业官网；工程建设协会在所属域名（www. ……. com）对应的网站中，未经米拓公司商业授权许可，擅自复制、修改、使用涉案建站软件建设网站，没有按《最终用户授权许可协议》的要求保留版权标识（Powered by MetInfo）和米拓信息下属网站链接信息（www. metinfo. cn、www. mituo. cn）。工程建设协会的行为侵害了米拓公司依法享有的署名权、修改权、保护作品完整权、复制权、信息网络传播权、获得报酬权等多项权利，给米拓公司造成巨大经济损失。

工程建设协会辩称：米拓公司所提供的涉案建站软件是供公众免费下载的，该软件的开源代码也是免费使用的。工程建设协会网站的前端代码与涉案建站软件的后端代码是两个相互独立的代码，工程建设协会使用被诉侵权软件未构成侵权。工程建设协会是非营利社团法人，其使用被诉侵权软件亦不会给米拓公司造成损失。米拓公司恶意进行批量维权，造成负面社会影响。综上所述，工程建设协会请求法院驳回米拓公司的诉讼请求。

原审法院认定事实如下：

米拓公司提供的软著登字第4765819号《计算机软件著作权登记证书》载明：软件名称为米拓企业建站系统［简称：MetInfo］v7.0，著作权人为米拓公司，开发完成日期为2019年7月26日，首次发表日期为2019年8月3日，权利取得方式为原始取得，权利范围为全部权利，登记号为2019SR1345062，该证书落款日期为2019年12月11日。米拓公司还享有核准在第42类平面美术设计等服务上的第31472471A号“米拓”、第31498563号“米拓建站”注册商标的商标专用权。

2020年5月28日，米拓公司通过电子数据保全方式对被诉侵权网站“http：//www. ……. com”进行了证据固定，“百度取证”和北京国创鼎诚司法鉴定所联合签发了《电子数据保全证书》。被诉侵权网站显示，网站首页中央位置使用了工程建设协会的名称。该网站底部注明字样“主办单位：河南省工程建设协会版权所有，河南省工程建设协会网站”。工程建设协会认可其使用的被诉侵权网站系从米拓公司网站下载软件所建。

米拓公司网站“MetInfo米拓企业建站系统7.0.0全新安装”页面中《最终用户授权许可协议》部分内容记载：“本《米拓企业建站系统最终用户授权许可协议》是你（自然人、法人或其他组织）与长沙米拓信息技术有限公司之间有关复制、下载、安装、使用MetInfo的协议，同时本协议亦适用于任何有关MetInfo的后期更新和升级。一旦复制、下载、安装或以其他方式使用MetInfo，即表明你同意接受本协议各项条款的约束。如果你不同意本协议中的条款，请勿复制、下载、安装或其他方式使用MetInfo。许可你的权利：1. 你可以在完全遵守本协议的基础上，将MetInfo应用于各类网站，而不必支付软件版权授权费用。2. 你可以在协议规定的约束和限制范围内根据需要对 MetInfo 进行必要的修改和美化，以适应你的网站要求。3. 你拥有使用 MetInfo 构建的网站中的全部内容的所有权，并独立承担与内容相关的法律责任。约束和限制：（1）未经米拓信息（‘米拓信息’系米拓公司在该网站中的简称）官方许可，不得对 MetInfo 或与之关联的行业授权进行出租、出售、抵押或发放子许可证。（二）无论以任何用途、程度、方式（修改或美化），只要使用 MetInfo 的整体或任何部分，未获得版权标识修改许可，网站页面的版权标识（Powered by MetInfo）和米拓信息下属网站（www. metinfo. cn、www. mituo. cn）的链接都必须保留，小程序页面的版权标识（基于米拓企业建站系统）必须保留，而不能清除或修改，否则，将直接违反本协议并构成侵权。米拓信息对于非法去除版权标识和链接的网站或用户有权启用法律程序进行维权和索赔。有限担保和免责声明：（1）MetInfo 及所附带的文件是作为不提供任何明确的或隐含的赔偿或担保的形式提供的。（2）用户出于自愿而使用 MetInfo，你必须了解使用 MetInfo 的风险，在未购买产品技术服务之前，我们不承诺提供任何形式的技术支持、使用担保，也不承担任何因使用 MetInfo 而产生问题的相关责任。”

原审法院认为：

米拓公司提供了涉案建站软件的著作权登记证书，工程建设协会不能提供反证，据此原审法院可认定该软件著作权人为米拓公司。经比对，工程建设协会主办的网站页面设计与涉案建站软件一致，但未使用米拓公司标识。米拓公司当庭提供了二者源代码比对说明，证明二款软件源代码相同；工程建设协会虽然对此提出异议但没有提供相应证据予以证明。因此，根据本案证据，可以认定工程建设协会使用的被诉侵权软件与米拓公司享有著作权的涉案建站软件相同。

虽然工程建设协会是将涉案建站软件复制在其服务器中用于建设其单位网站，但其取得该软件的过程是在米拓公司同意下进行，工程建设协会对涉案建站软件使用行为并未超出米拓公司的授权范围，故未侵害米拓公司计算机软件复制权。但工程建设协会使用米拓公司涉案建站软件时未按协议保留米拓公司名称，侵害了米拓公司的署名权，故对米拓公司要求工程建设协会停止侵权、赔偿损失并赔礼道歉的诉讼请求，原审法院予以支持。

根据法律规定，可以从权利人实际损失、侵权人获益或法定赔偿等三种计算方式中，择一确定侵害著作权损失的赔偿数额。因工程建设协会仅是在使用米拓公司的免费软件中侵犯了米拓公司署名权，米拓公司提供的有关开发和推广软件成本的证据与米拓公司因侵权所受损失无直接关联，故不宜根据该证据确定赔偿数额。工程建设协会侵害的权利是免费版软件著作权，原审法院无法直接计算米拓公司的实际损失或工程建设协会的获益数额，但可以参照米拓公司同类收费版的软件产品价格，并考虑工程建设协会侵权行为的性质、使用软件的范围，确定赔偿数额。据此，原审法院确定工程建设协会侵权的赔偿数额为 6000 元。米拓公司对其主张的维权合理开支虽未提供证据予以证明，但客观上米拓公司委托律师出庭代理诉讼、搜集本案的相关证据，必然支出一定成本。根据律师工作量及本案证据情况，原审法院酌情确定本案中维权合理开支为 5000 元。

综上所述，原审法院依照《中华人民共和国著作权法》（2010 年修正）第九条、第十条第一款第五项、第十一条、第四十八条第一项、第四十九条第一款以及《计算机软件保护条例》第九条、第二十四条第一款第一项之规定，于 2021 年 5 月 27 日作出（2021）豫 01 知民初 382 号民事判决：一、河南省工程建设协会立即停止使用侵害长沙米拓信息技术有限公司署名权的米拓企业建站系统［简称：MetInfo］v7.0 的软件；二、河南省工程建设协会于该判决生效之日起十日内赔偿长沙米拓信息技术有限公司经济损失（含维权合理开支）11000 元；三、河南省工程建设协会于该判决生效后连续三十日在河南省工程建设协会主办的 http：//www.…….com 刊登声明、消除影响（内容需经原审法院审定）；四、驳回长沙米拓信息技术有限公司的其他诉讼请求。如果未按判决指定的期间履行给付金钱义务，应当依照《中华人民共和国民事诉讼法》[①] 第二百五十三条之规定，加倍支付迟延履行期间的债务利息。一审案件受理费 1300 元，由长沙米拓信息技术有限公司负担 600 元，河南省工程建设协会负担 700 元。

本院二审期间，工程建设协会、米拓公司均补充提供了新的证据。工程建设协会补充提供了《最终用户授权许可协议》以及两份公证书。米拓公司补充提供了以下 11 份证据：1. 河南省人民政府采购网站“网站建设招投标项目”网页截图；2. 被诉侵权网站网页截图；3. 米拓公司部分建站合同及发票；4. 侵权告知函的挂号信封面、物流查询运单截图；5. mui749 模板计算机软件著作权登记证书；6. mui749 模板保全证书及源程序；7. “未使用米拓平台证据.zip”电子数据；8. 被诉侵权网站电子持续侵权数据保全数据包；9. 被诉侵权网站提醒会员单位注意“侵权、抄袭”的电子数据保全数据包；10. 米拓公司职员的差旅费单据；11. 涉案建站软件及其模板软件相关的部分维权记录。

经质证，对于工程建设协会提供的上述证据，米拓公司认可其真实性、

---

① 此处指 2017 年《中华人民共和国民事诉讼法》，其已于 2021 年修改，本案下同。

合法性，但不认可其证明目的。对于米拓公司提供的上述证据，工程建设协会认为上述证据并非新的证据，认可其中证据1-5和证据10的真实性，不认可其证明目的；对其中证据6-9的真实性提出异议，同时否认证据11与本案的关联性。

本院经审核，工程建设协会提供的《最终用户授权许可协议》以及两份公证书与本案争议有关，米拓公司认可其真实性，本院予以采信。对于米拓公司提供的上述11份证据，工程建设协会对其中证据1-5和证据10的真实性无异议，本院予以采信；对于证据6、7、8，因工程建设协会在原审诉讼中答辩确认其使用了涉案建站软件，本院已无必要再对比该三份证据中电子数据以认定工程建设协会已认可的上述事实；证据9的内容不涉及涉案建站软件使用相关事项，与本案争议无关，本院不予采纳；结合米拓公司提起批量维权诉讼的客观情况（见下文），本院对证据11的真实性亦予以认可。

对于原审法院已经查明的基本事实，米拓公司无异议。工程建设协会对原审法院已经查明的基本事实提出以下异议：（一）原审法院关于工程建设协会认可被诉侵权软件系从米拓公司网站下载的事实认定错误；原审法院未审查米拓公司提交的软件源代码是否与其在国家版权局登记备案的涉案建站软件的源代码一致，认定工程建设协会下载使用涉案建站软件错误。（二）原审法院对“数据库hngjx”和“hngjx. sql-记事本”两份证据以及米拓公司提交的软件代码未进行质证。本院经审查，工程建设协会对原审法院已查明的事实提出的上述异议均不能成立。理由如下：（一）工程建设协会在原审中对米拓公司提供的涉案建站软件源代码真实性未提出异议，且因工程建设协会称其网站已删除致使本案已无比对源代码的可能性，故原审法院根据工程建设协会在原审中关于“米拓公司所提供免费下载的涉案软件正是工程建设协会合法取得涉案软件来源”的确认以及其删除网站的陈述，认定其下载使用涉案建站软件的事实并无不当。（二）米拓公司否认“数据库hngjx”和“hngjx. sql-记事本”两份材料系其在原审中提供的证据，原审法院在审理过程中并没有采纳该两份材料，工程建设协会关于原审法院不当采纳了该两份材料的主张与事实不符。对原审法院已经查明的其他事实，工程建设协会表示无异议，本院予以确认。

本院经审理查明，原审法院认定的基本事实有证据佐证，本院予以确认。

本院另查明：在原审庭审中，工程建设协会陈述：“这个不回避，我们确实使用原告的软件”“被告使用的软件是开源代码，我方在使用的过程中是否近似或相同不清楚，我们是找网络公司做的”。在米拓公司网站页面中，有“免费下载”和“建站套餐”等栏目，涉案建站软件为其“免费下载”

栏目中供用户免费下载使用的软件。在上述“建站套餐”栏目中有收费版软件供用户下载使用，米拓公司设置的“买断”商业套餐价格为6999元，用户支付该费用后可以下载软件并去除版权标识，米拓公司在该收费项目下还提供网站维护、故障处理等服务。网络用户在米拓公司网站点击“免费下载”栏目下载建站软件时，先下载米拓公司建站软件文件包，然后安装建站软件；当用户在其计算机中安装建站软件时，计算机中弹出界面显示《最终用户授权许可协议》，用户浏览该协议后点击“我已仔细阅读以上协议并同意安装”按钮即可在自己计算机终端（服务器）中安装建站软件，根据自身需求修改并填充内容建立用户自己的网站。截至2021年9月，米拓公司为维护涉案建站软件著作权已在全国法院提起批量维权诉讼，其中已由法院立案受理的案件达700余件，米拓公司称其正在或者将要起诉的案件还有约500件。

本院认为：本案为侵害计算机软件著作权纠纷。本案被诉侵害著作权的行为发生于《中华人民共和国著作权法》2020年11月11日第三次修正前和《中华人民共和国民法典》自2021年1月1日起施行前，本案应当适用2010年第二次修正的《中华人民共和国著作权法》、2013年第二次修订的《计算机软件保护条例》和当时施行的《中华人民共和国合同法》[①] 等有关法律和行政法规。根据双方当事人的诉辩主张，本案二审中的争议焦点为：工程建设协会侵害涉案建站软件著作权具体权项的认定、责任承担和原审法院审理程序的合法性问题。

（一）关于工程建设协会侵害涉案建站软件著作权具体权项的认定

米拓公司提供了涉案建站软件的著作权登记证书，而工程建设协会并未提供相反证据，原审法院根据《计算机软件保护条例》第七条关于软件登记机构发放的登记证明文件是登记事项的初步证明的规定，认定米拓公司系涉案建站软件的著作权人并无不当。在原审中，米拓公司提交了源代码比对说明，工程建设协会在庭审中亦已自认使用了涉案建站软件，在案证据能够初步证明工程建设协会在其被诉侵权网站建设中使用了涉案建站软件。工程建设协会虽主张其使用的软件后端代码不同于涉案建站软件的源代码，但并未提供有关证据，特别是工程建设协会辩称其已删除被诉侵权网站而无法提供源代码进行比对，工程建设协会应对此承担举证不能的不利后果。而且，工程建设协会在原审庭审中陈述被诉侵权网站系其委托某网络公司建设，而在二审程序中又陈述被诉侵权网站系河南某位大学教师免费改版而来，其关于

① 已被《中华人民共和国民法典》废止，本案下同。

被诉侵权网站建设来源的陈述明显前后矛盾，且其也未提供证据证明其委托他人建设网站的事实。在上述事实基础上，原审法院认定工程建设协会下载涉案建站软件建设被诉侵权网站的事实并无不当。工程建设协会关于在案证据不足以证明其使用涉案建站软件建设被诉侵权网站的主张不能成立，本院不予支持。

按照涉案建站软件的用户从米拓公司网站点击“免费下载”栏目下载安装建站软件的流程，用户在其计算机中安装建站软件时会看见计算机界面中弹出的《最终用户授权许可协议》，用户浏览该协议后点击“我已仔细阅读以上协议并同意安装”按钮即表示其同意该协议文本，用户与米拓公司由此达成以该协议文本为载体的合同。根据米拓公司于2020年5月28日保全工程建设协会网站的事实，工程建设协会下载涉案建站软件的时间应当在该日之前。依据当时施行的《中华人民共和国合同法》第三十九条第二款关于“格式条款是当事人为了重复使用而预先拟定，并在订立合同时未与对方协商的条款”的规定，涉案《最终用户授权许可协议》条款系米拓公司为推荐、许可不特定用户使用涉案建站软件而单方预先拟定并未与用户具体协商的条款，属于上述法定的格式条款。该协议的主要内容为米拓公司同意用户免费使用涉案建站软件，但要求用户在所建网站中保留米拓公司的版权标识和网站链接信息。米拓公司的该协议条款要求，属于其合法地行使《计算机软件保护条例》第八条规定的署名权等软件著作权，并不存在《中华人民共和国合同法》第四十条规定的“提供格式条款一方免除其责任、加重对方责任、排除对方主要权利”的格式条款无效情形，涉案《最终用户授权许可协议》合法有效。工程建设协会以涉案《最终用户授权许可协议》系格式条款为由，根据《中华人民共和国合同法》第四十条的规定主张该协议无效，没有事实依据，本院不予支持。

涉案《最终用户授权许可协议》载明，“你可以在完全遵守本协议的基础上，将MetInfo应用于各类网站，而不必支付软件版权授权费用。”对于该条款，是否应该解释为用户只有完全遵守该协议才能获得使用授权，否则应视为未经授权使用，构成侵犯复制权、修改权等权利，可以从两个层面进行分析认定。第一，从合同条款解释的层面分析认定。《中华人民共和国合同法》第一百二十五条第一款规定：“当事人对合同条款的理解有争议的，应当按照合同所使用的词句、合同的有关条款、合同的目的、交易习惯以及诚实信用原则，确定该条款的真实意思。”从米拓公司网站有“免费下载”和“建站套餐”等不同栏目供用户选择使用的情况看，米拓公司在“免费下载”和“建站套餐”两个栏目中均允许用户下载（复制）、修改其开发的建站软件，该两栏目项下的软件下载使用的主要区别在于：用户免费使用须保留版权标识和网站链接信息，而用户付费使用则可以去除版权标识和网站链接信息。据此，可以认定米拓公司单方制订涉案《最终用户授权许可协议》的主要目的有二：一是积极推荐广大用户使用其建站软件；二是强调保护其署名权（要求用户保留其版权标识和网站链接信息）。从上述条款用语所表达的核心意思看，该条款重点强调以用户完全遵守该协议作为“不必支付软件版权授权费用”的条件，而不是重点强调以用户完全遵守该协议作为下载使用软件的条件。可见，该条款蕴含着这样一种含义：米拓公司在依法有效终止免费使用许可之前，其允许该类用户免费使用，但要追究擅自去除版权标识和网站链接信息者的违约责任或者侵权责任；如果用户接受该协议后，在免费使用涉案建站软件时，去除米拓公司的版权标识和网站链接信息，应认定该用户违反该协议要求保留版权标识和网站链接信息的约定，但不能认定其完全违反了可以下载使用涉案建站软件的全部约定而自始就根本不能使用。唯有如此理解，才能兼顾米拓公司的上述两项主要合同目的以及用户对协议条款的通常理解与合理期待。第二，从侵权与违约竞合的层面进行分析认定。前已述及，用户从米拓公司网站点击“免费下载”栏目下载安装建站软件，并点击弹出的《最终用户授权许可协议》中“我已仔细阅读以上协议并同意安装”按钮，则其与米拓公司已经达成许可使用协议。根据该协议，用户在遵守协议的基础上，可以使用软件而无需支付软件使用费。协议签订后，如果用户不遵守协议，则构成违约。如果该违约行为也同时符合侵权行为的构成要件，著作权人有权选择追究侵权责任或者违约责任。综合上述分析，可以认定用户接受涉案《最终用户授权许可协议》后，可以免费下载复制涉案建站软件并进行必要修改，以建设适合自己需求的网站；如果用户在免费使用时去除米拓公司的版权标识和网站链接信息，仅仅违反了该协议中关于免费使用条件下须保留米拓公司的版权标识和网站链接信息的约定。上述用户下载复制涉案建站软件并进行必要修改的行为仍在米拓公司许可范围内，但去除米拓公司的版权标识和网站链接信息的行为则明显超出米拓公司的许可范围，该用户主要侵害了米拓公司的署名权，并未侵害米拓公司的复制权、修改权等其他权利。米拓公司主张用户违反上述协议中关于保留版权标识和网站链接信息的约定即侵害其全部软件著作权，工程建设协会侵犯了涉案著作权中的复制权、修改权、保护作品完整权、信息网络传播权、获得报酬权等署名权以外的其他著作权，缺乏事实依据，本院不予支持。工程建设协会在其所建网站中去除涉案建站软件中版权标识和网站链接信息，构成违约和侵权竞合，米拓公司依法选择请求工程建设协会承担侵权责任，本院予以支持。

（二）关于工程建设协会的责任承担

本案中，工程建设协会在其所建网站中去除涉案建站软件中版权标识和网站链接信息，损害了米拓公司的身份权益，同时也割裂了米拓公司与涉案建站软件之间的联系，对米拓公司广告效益等财产性权益产生影响。根据《计算机软件保护条例》第二十三条的规定，侵害计算机软件著作权的行为人，应当根据情况，承担停止侵害、消除影响、赔礼道歉、赔偿损失等民事责任。

工程建设协会应当停止侵害米拓公司署名权的行为，工程建设协会停止侵害的方式是其要么停止使用涉案建站软件，要么在其所建设网站程序中恢复米拓公司版权标识（Powered by MetInfo）和米拓公司下属网站链接信息（www. metinfo. cn、www. mituo. cn）。原审法院关于责令工程建设协会停止侵害行为的判决并无不当，本院予以支持。

关于涉案侵权的损害赔偿金额，应综合考虑涉案建站软件免费许可情况、商业许可的市场价格、侵权行为的性质、侵权持续期间、侵权人是否承认其侵权行为等诉讼诚信状况、权利人市场整体维权情况等因素合理确定。本案中，工程建设协会在原审中曾经承认其下载涉案建站软件，在二审中又予以否认且无合理理由和相应依据，有违诚实信用原则，本院相应增加其赔偿金额。综合本案情况，可以将米拓公司应获经济损失赔偿金、合理维权开支分别确定为 1 万元左右和 2 千元左右，原审法院将工程建设协会的赔偿总额（含维权合理开支）酌定为 11000 元基本适当，本院不再予以调整。

工程建设协会侵害米拓公司署名权，又不能披露并证明另有主体受其委托实际下载复制涉案建站软件为其建设网站，米拓公司请求工程建设协会公开赔礼道歉，原审法院可以依法予以合理支持。原审法院判决主文第三项表述为工程建设协会“刊登声明、消除影响”，该项文字表述欠妥，但其本意和实际效果仍是赔礼道歉，双方当事人在二审中对此也并未提出异议，本院在此予以指正，但对原审判决中上述判项的具体文字表述不再作出调整。

（三）关于原审法院审理程序的合法性

工程建设协会在二审中主张原审法院采纳米拓公司提供的材料“数据库 hngjx”和“hngjx. sql-记事本”认定事实，违反法定程序。经查，米拓公司一直否认上述两份材料系其作为证据向原审法院提供的文件，原审法院也并未依据上述两份证据认定事实。故工程建设协会关于原审法院存在程序违法情形的主张，缺乏事实依据，本院不予支持。

工程建设协会侵害了米拓公司的署名权，但未侵害其复制权，原审法院在作出判决时援引《中华人民共和国著作权法》（2010 年修正）第十条第一款第五项、第四十八条第一项以及《计算机软件保护条例》第二十四条第一款第一项等与复制权有关的条款，而未援引该法律和行政法规中与署名权有关的条款，确有不当，本院予以纠正。

根据《中华人民共和国民事诉讼法》第一百七十条第一款第三项、第四项的规定，原审判决认定基本事实不清或者严重违反法定程序的，第二审人民法院将案件发回原审人民法院重审；如果原审判决认定基本事实不清，第二审人民法院还可以在查清事实后予以改判。本案中，原审判决认定基本事实清楚且无严重违反法定程序的情形，工程建设协会上诉请求本院撤销原审判决、将本案发回原审法院重审，缺乏事实和法律依据，本院不予支持。

综上所述，米拓公司、工程建设协会的上诉请求均不能成立，应予以驳回；原审判决认定事实基本清楚，处理结果并无不当，应予维持。本院依照《中华人民共和国著作权法》（2010 年修正）第十条第二项、第四十九条，《计算机软件保护条例》第八条第一款第二项、第二十三条第四项，《中华人民共和国民事诉讼法》第一百七十条第一款第一项之规定，判决如下：

驳回上诉，维持原判。

二审案件受理费 1300 元，由长沙米拓信息技术有限公司负担 600 元，河南省工程建设协会负担 700 元。

本判决为终审判决。

审 判 长 余晓汉
审 判 员 詹靖康
审 判 员 雷艳珍
二〇二一年十一月十五日
法官助理 宾岳成
书 记 员 兴 源

四、不正当竞争案件审判

37. 未经许可继续使用原股东企业名称的行为构成不正当竞争

——再审申请人成都中铁二局腾昌装饰工程有限责任公司与被申请人中铁二局建设有限公司擅自使用他人企业名称纠纷案①

中华人民共和国最高人民法院民事裁定书（2021）最高法民申3888号

再审申请人（一审被告、二审被上诉人）：成都中铁二局腾昌装饰工程有限责任公司。住所地：四川省成都市金牛区茶店子西街36号1栋2单元25层2501号。

法定代表人：吴鹏，该公司执行董事。

委托诉讼代理人：王广震，北京市京师（重庆）律师事务所律师。

委托诉讼代理人：冯奕华，北京市京师（重庆）律师事务所律师。

被申请人（一审原告、二审上诉人）：中铁二局建设有限公司。住所地：四川省成都市金牛区通锦路16号。

法定代表人：汪海旺，该公司董事长。

再审申请人成都中铁二局腾昌装饰工程有限责任公司（以下简称腾昌公司）因与被申请人中铁二局建设有限公司（以下简称中铁二局）擅自使用他人企业名称纠纷一案，不服四川省高级人民法院（2021）川知民终30号民事判决，向本院申请再审。本院依法组成合议庭进行了审查，现已审查终结。

腾昌公司向本院申请再审称，（一）二审判决认定的腾昌公司违反诚实信用原则使用“中铁二局”字样、腾昌公司主观上具有攀附商誉的意图、损

① 本案在年度报告中的位置为第63页。

害了中铁二局的竞争利益等缺乏证据证明。（二）企业字号是否应当停止使用、变更与股东的构成没有任何关系。没有法律强制规定股东退出后，股东在公司期间注册登记的企业名称就必须变更。腾昌公司使用企业名称，不属于不正当竞争行为。主观上未违反诚实信用原则，客观上是基于复杂的历史原因，属于合理合法的沿用。二审判决有违基本民法原则，判决腾昌公司赔偿十万元无事实和法律依据。综上，请求本院依法改判。

本院认为，本案的主要焦点问题在于腾昌公司在其企业名称中使用“中铁二局”是否侵害了中铁二局的企业名称权并构成不正当竞争。

首先，中铁二局依法享有企业名称权。《中华人民共和国反不正当竞争法》第六条第二项规定，经营者不得实施下列混淆行为，引人误认为是他人商品或者与他人存在特定联系：（二）擅自使用他人有一定影响的企业名称（包括简称、字号等）、社会组织名称（包括简称等）、姓名（包括笔名、艺名、译名等）。《最高人民法院关于审理不正当竞争民事案件应用法律若干问题的解释》（2020 年修正）第六条第一款规定，企业登记主管机关依法登记注册的企业名称，以及在中国境内进行商业使用的外国（地区）企业名称，应当认定为反不正当竞争法第五条第（三）项规定的“企业名称”。具有一定的市场知名度、为相关公众所知悉的企业名称中的字号，可以认定为反不正当竞争法第五条第（三）项规定的“企业名称”。本案中，中铁二局系经国家工商行政管理部门依法登记的企业，自 1998 年起即在企业名称中使用“中铁二局”字样并沿用至今，中铁二局及旗下众多子公司在企业名称中冠以“中铁二局”字样。根据原审查明的事实，“中铁二局”获得大量资质及荣誉证书，该字号在所属行业中具有一定知名度，并为相关公众所知悉，原审法院认定属于《中华人民共和国反不正当竞争法》第六条第二项所规定的“有一定影响的企业名称（包括简称、字号等）”并无不当。

其次，关于腾昌公司使用“中铁二局”的正当性。腾昌公司主张企业字号是否应当停止使用、变更与股东的构成没有因果关系，认为其使用“中铁二局”系正当地基于历史原因的延续使用，本院认为，判定腾昌公司使用“中铁二局”是否侵害了中铁二局的企业名称权，要综合考虑腾昌公司有无使用的合法权利基础。在中铁二局下属子公司系腾昌公司的股东情况下，腾昌公司使用“中铁二局”没有违反诚实信用原则，属正当使用。但在 2015 年 11 月 23 日中铁二局下属子公司不再持有腾昌公司股份的情况下，腾昌公司与中铁二局则不再具有法律上的关联关系，不再具有继续使用中铁二局企业名称权的法律基础。考虑腾昌公司与中铁二局的业务范围的重合，以及中铁二局的知名度，容易使相关公众误认为腾昌公司与中铁二局存在一定联系。

在中铁二局明确两次发函要求变更企业名称的情况下，腾昌公司并未在合理期限内对企业名称进行变更，而是继续使用，客观上会造成市场混淆，损害中铁二局的合法权益，二审法院认定构成不正当竞争并无不当。

最后，关于赔偿责任的确定。《中华人民共和国反不正当竞争法》第十七条第一款规定，经营者违反本法规定，给他人造成损害的，应当依法承担民事责任；第十七条第四款规定，经营者违反本法第六条、第九条规定，权利人因被侵权所受到的实际损失、侵权人因侵权所获得的利益难以确定的，由人民法院根据侵权行为的情节判决给予权利人五百万元以下的赔偿。本案中，在中铁二局未举证证明其因侵权所受到的实际损失和腾昌公司因侵权所获得的利益的情况下，二审法院适用法定赔偿，综合考虑中铁二局的知名度、经营规模、盈利能力、发展情况和维权合理开支，以及腾昌公司的主观过错程度、侵权行为的持续时间、侵权后果等因素酌定腾昌公司赔偿中铁二局经济损失含合理开支共计100000元并无不当。

综上，腾昌公司的再审申请理由均不能成立。依照《中华人民共和国民事诉讼法》[①] 第二百零四条第一款，《最高人民法院关于适用〈中华人民共和国民事诉讼法〉的解释》[②] 第三百九十五条第二款规定，裁定如下：

驳回成都中铁二局腾昌装饰工程有限责任公司的再审申请。

审　判　长　毛立华
审　判　员　晏　景
审　判　员　李　丽
二〇二一年九月二十九日
法官助理　唐　弦
书　记　员　韩　阳

---

① 此处指2017年《中华人民共和国民事诉讼法》，其已于2021年修改，本案下同。

② 已被《最高人民法院关于修改〈最高人民法院关于适用《中华人民共和国民事诉讼法》的解释〉的决定》（2022年4月1日公布）修改，本案下同。

39. 约定保密期限届满后的保密义务

——上诉人石家庄泽兴氨基酸有限公司、河北大晓生物科技有限公司与被上诉人北京君德同创生物技术股份有限公司侵害技术秘密纠纷案①

中华人民共和国最高人民法院民事判决书（2020）最高法知民终621号

上诉人（原审被告）：石家庄泽兴氨基酸有限公司。住所地：河北省石家庄市栾城区富强西路38号。

法定代表人：闫明辉，该公司董事长。

委托诉讼代理人：王士坡，河北世纪联合律师事务所律师。

上诉人（原审被告）：河北大晓生物科技有限公司。住所地：河北省石家庄市裕华区槐安东路158号鑫科国际A座1811室。

法定代表人：李晓艳，该公司董事长。

委托诉讼代理人：董维芹，河北世纪联合律师事务所律师。

被上诉人（原审原告）：北京君德同创生物技术股份有限公司（原北京君德同创农牧科技股份有限公司）。住所地：北京市海淀区上地三街9号B座B601室。

法定代表人：杨立彬，该公司董事长。

委托诉讼代理人：张淑品，河北张淑品律师事务所律师。

上诉人石家庄泽兴氨基酸有限公司（以下简称泽兴公司）、河北大晓生物科技有限公司（以下简称大晓公司）因与被上诉人北京君德同创生物技术股份有限公司（以下简称君德同创公司）侵害技术秘密纠纷一案，不服河北省石家庄市中级人民法院于2019年7月3日作出的（2018）冀01民初936号民事判决，向本院提起上诉。本院于2020年5月20日立案后，依法组成合议庭，并于2021年4月9日、2021年7月8日、2021年11月3日询问当事人，泽兴公司的委托诉讼代理人王士坡，大晓公司的委托诉讼代理人董维芹，君德同创公司的委托诉讼代理人张淑品到庭参加询问。本案现已审理

① 本案在年度报告中的位置为第67页。

终结。

泽兴公司上诉请求：1. 撤销原审判决第一、二项，依法驳回君德同创公司的诉讼请求；2. 本案一、二审案件受理费由君德同创公司承担。事实与理由：（一）原审法院适用法律错误，判决结果有误。原审判决中并未认定泽兴公司有生产、销售侵害君德同创公司技术秘密产品的行为，不应判决泽兴公司赔偿。（二）大晓公司销售的被诉侵权产品并非泽兴公司生产，泽兴公司不应承担相应责任。（三）原审法院将 2012 年 6 月 1 日的《单氰氨法生产胍基乙酸》认定为商业秘密错误。该方法并非君德同创公司提供给泽兴公司，而是泽兴公司在生产工程中形成。（四）泽兴公司并未侵害君德同创公司技术秘密。泽兴公司没有通过非法手段获取君德同创公司的技术秘密，亦未违反《关于北京君德同创与石家庄泽兴氨基酸公司联合开发胍基乙酸项目的战略合作协议》（以下简称战略合作协议）、《委托加工协议》（以下简称加工协议）的约定。（五）战略合作协议、加工协议均约定，双方合作期限为三年，合作期内，泽兴公司不得向第三方出售胍基乙酸，出售需要君德同创公司的许可。合作期过后，泽兴公司可以生产并对外销售，原审法院判决泽兴公司停止侵权无事实和法律依据。

针对泽兴公司的上诉请求，君德同创公司辩称：原审中，君德同创公司提交的证据充分证明其与泽兴公司合作终止时间为 2015 年 2 月，而非 2013 年 6 月。君德同创公司原审提交的员工张文霞购买大晓公司胍基乙酸的视频资料充分证实大晓公司销售的是泽兴公司生产的胍基乙酸，并且是使用君德同创公司的技术。故泽兴公司上诉理由不能成立，请求维持原审判决。

针对泽兴公司的上诉请求，大晓公司述称：认可泽兴公司上诉请求以及相关事实和理由。

大晓公司上诉请求：1. 撤销原审判决第一、二项，依法驳回君德同创公司原审诉讼请求；2. 本案一、二审案件受理费由君德同创公司承担。事实与理由：（一）大晓公司系外贸公司，不具备生产条件，大晓公司销售的被诉侵权产品并非泽兴公司生产，君德同创公司亦未提交证据证明被诉侵权产品系泽兴公司生产。（二）销售侵害技术秘密制造的产品并不属于《中华人民共和国反不正当竞争法》（2017 年修订）（以下简称 2017 年修订的反不正当竞争法）规定的侵权行为，大晓公司不构成侵权。

针对大晓公司的上诉请求，君德同创公司辩称：大晓公司销售被诉侵权产品，亦应承担相应的责任，且君德同创公司原审提交的证据充分证明大晓公司销售的产品系泽兴公司生产，该被诉侵权产品使用了君德同创公司技术秘密。故大晓公司上诉请求不能成立，应当依法驳回上诉请求。

针对大晓公司的上诉请求，泽兴公司述称：认可大晓公司上诉请求以及相关事实和理由。

君德同创公司向原审法院提起诉讼，原审法院于2018年7月4日立案受理。君德同创公司起诉请求：1. 判令泽兴公司、大晓公司立即停止制造、销售、许可他人销售侵害君德同创公司知识产权和技术机密的饲料级胍基乙酸；2. 判令泽兴公司、大晓公司连带赔偿就侵权行为给君德同创公司造成的经济损失以及君德同创公司为制止侵权所支付的合理费用共计1067万元；3. 本案诉讼费用由泽兴公司、大晓公司承担。事实与理由：君德同创公司主营业务为饲料添加剂、大小比例预混料和教保料研发、生产、销售。2008年，君德同创公司开始研究胍基乙酸在饲料方面的应用价值。2009年，君德同创公司向农业农村部申报饲料添加剂胍基乙酸新产品。随后，君德同创公司原创性地发现胍基乙酸在动物营养上的作用机理和在饲料上的应用价值，还研发出生产胍基乙酸的工艺方法，其中包括盐酸胍-氯乙酸法以及甘氨酸-单氰胺法等工艺。为防止核心知识产权和技术机密的泄露，君德同创公司与公司内涉及此项知识产权和技术机密的员工分别签订了《保密协议》。君德同创公司与泽兴公司在2010年签订战略合作协议，泽兴公司在君德同创公司向农业农村部申请新饲料和新饲料添加剂时给予了支持。君德同创公司与泽兴公司在2010年8月1日签订了加工协议，约定君德同创公司独立占有生产胍基乙酸的有关知识产权（如专利、新产品等）。泽兴公司按照君德同创公司提供的生产工艺生产胍基乙酸，并负有保密义务。加工协议终止后，泽兴公司应当继续对君德同创公司知识产权和技术秘密负有保密义务。泽兴公司在2010年到2015年间受君德同创公司委托加工生产胍基乙酸，在此期间获得了君德同创公司相关胍基乙酸的生产工艺技术。2014年10月23日，中华人民共和国农业部[①]（以下简称农业部）发布第2167号公告，批准君德同创公司申请的胍基乙酸（商品名称为肌源）为新饲料添加剂，同时给予胍基乙酸新产品五年监测期。监测期间，农业部不再受理其他就该新饲料、饲料添加剂提出的生产申请。随后，君德同创公司在饲料添加剂胍基乙酸市场上取得了极大成功。泽兴公司曾于2015年底私自生产销售胍基乙酸，经君德同创公司举报到当地农业局后，受到行政机关警告处理，名义上停止生产和销售胍基乙酸产品。2016年下半年，君德同创公司陆续发现市场上出现大量仿制饲料添加剂胍基乙酸的产品，这些产品均来自大晓公司。大晓公司主要人员均系泽兴

---

① 根据《国务院机构改革方案》，相关组织机构职能、名称现已调整，以下不再提示。具体参见《国务院机构改革方案》，载中国人大网，http://www.npc.gov.cn/zgrdw/npc/xinwen/2018-03/18/content_2050371.htm，最后访问时间：2022年7月12日。

公司为君德同创公司生产胍基乙酸期间的工作人员。大晓公司在其官网宣传其生产的饲料级胍基乙酸，其销售人员在市场上销售时宣传其曾为君德同创公司加工商，并宣称生产工艺就是君德同创公司所研发。2016 年下半年，大晓公司开始大规模宣传和销售胍基乙酸。2017 年 4 月，大晓公司参加了 2017 年中国饲料工业展览会，大肆宣传并散发胍基乙酸样品。泽兴公司、大晓公司共同侵犯了君德同创公司相关胍基乙酸的知识产权和技术秘密，私自使用君德同创公司技术秘密生产胍基乙酸，并在市场上大肆宣传和销售。经君德同创公司统计，自 2016 年至今，造成损失上千万元。

泽兴公司原审辩称：（一）泽兴公司于 2005 年 11 月 15 日依法注册，自成立以来便开始自行研发并生产、销售胍基乙酸产品。2006 年至 2014 年期间，泽兴公司自行研发并不断更新数据、工艺参数等，研发的胍基乙酸产品通过河北师范大学分析测试中心检验，19 份检验报告足以证明泽兴公司的生产工艺是自行研发并持续更新的。君德同创公司曾多次购买泽兴公司的产品，泽兴公司起诉君德同创公司欠货款一案，现在北京市海淀区人民法院审理之中。（二）君德同创公司的技术秘密不成立，技术秘密的构成要件是不为公众所知和保密措施。目前在百度网上可随意搜索到胍基乙酸的生产工艺，是公众所知的。君德同创公司的专利技术与泽兴公司现有的生产技术根本不同，泽兴公司的生产技术是单氰氨法，君德同创公司的专利是盐酸胍法，君德同创公司所谓的侵害其技术秘密的事实不能成立。（三）泽兴公司与大晓公司之间无任何关系，君德同创公司起诉泽兴公司侵害其技术秘密并主张赔偿损失无事实依据和法律依据，应驳回君德同创公司的诉讼请求。

大晓公司原审辩称：大晓公司系 2015 年 12 月 24 日依法注册的贸易公司，无生产行为，主要负责销售业务，所销售的产品系从赵县广瑞生物制品有限公司（以下简称广瑞公司）购买。大晓公司在销售过程中进行适当的宣传，属于自己业务范围之内的事宜，属于正常行为。技术秘密的构成要件是不为公众所知和保密措施，目前在百度网上可随意搜索到胍基乙酸的生产工艺，是公众所知的，君德同创公司对自己的生产工艺并未采取保密措施，君德同创公司所谓的技术秘密不能成立。大晓公司与泽兴公司之间无任何关系，君德同创公司起诉大晓公司侵害其技术秘密并主张赔偿损失无事实和法律依据，应驳回君德同创公司的诉讼请求。

原审法院查明事实：君德同创公司原称北京君德同创农牧科技有限公司，成立于 2004 年 4 月 13 日，2010 年 6 月 8 日更名为北京君德同创农牧科技股份有限公司。其注册资本 2204.8236 万元，经营范围：普通货运；技术开发、技术转让、技术咨询、技术服务、技术培训；经济贸易咨询；销售化工产品、化肥、农药、农膜、饲料；货物进出口、技术进出口、代理进出口。

泽兴公司成立于2005年11月15日，法定代表人闫明辉，注册资本1000万元，经营范围：DL-丙氨酸、甘氨酸、甘氨酸副产品生产、销售；食品添加剂（氨基酸及其盐、琥珀酸二钠、胍基乙酸）生产、销售；饲料添加剂（氨基酸及其盐、琥珀酸二钠、胍基乙酸）生产、销售。

大晓公司成立于2017年8月30日，法定代表人李晓艳，注册资本300万元，经营范围：生物技术研发；化工产品、塑料制品的销售；自营和代理各类商品的进出口业务。

2008年9月28日，君德同创公司（甲方）与张德福（乙方）签订《保密协议书》，对商业秘密、技术信息、经营信息等术语的含义及保密责任、离职后的保密义务、违约责任进行了明确约定。乙方在甲方工作期间，必须遵守甲方制定的各种成文或不成文的保密规章、制度，履行与其工作岗位相应的保密职责。乙方如违反该协议，应当一次性向甲方支付100万元违约金并应当赔偿由此给甲方造成的损失。

2009年4月17日，杨立彬、张德福、石波共同发明的“胍基乙酸及其盐的合成方法”向国家知识产权局提出专利申请，专利号为ZL20091008×××× .8，2012年1月4日被授予发明专利权，专利权人为君德同创公司。君德同创公司未提供该专利的权利要求书，该专利文件的摘要称，胍基乙酸及其盐合成方法包括以下步骤：1）盐酸胍与碱性物质C发生中和反应，得到A溶液；2）氯乙酸与碱性溶液反应，得到B溶液；3）A溶液与B溶液反应，生成胍基乙酸盐。碱性物质C可为氢氧化钠或碳酸钠。氢氧化钠：盐酸胍：氯乙酸的优选质量比为200∶480∶460。碳酸钠：盐酸胍：氯乙酸的优选质量比为265∶480∶460。步骤3）的反应温度优选为40℃，反应保温时间不小于24小时。胍基乙酸合成时将步骤1）直接和氯乙酸反应即可。该研究使用的方法合成工艺简单，操作方便，该发明的化合物产品纯度可达98%以上。

君德同创公司（甲方）与泽兴公司（乙方）签订战略合作协议，约定甲方在中国大陆范围内唯一委托乙方生产胍基乙酸，所用原料由乙方自己制备或采购。甲方向乙方提供生产胍基乙酸的配套技术及委托加工产品的质量要求。甲方独立占有生产胍基乙酸的有关知识产权（如专利、新产品等），乙方不得以生产胍基乙酸为由申请各种知识产权。甲方自主经营有关该产品在国内外的销售，乙方不得私自索取甲方销售渠道和各种商业信息，否则造成的经济损失由乙方承担。乙方必须具备胍基乙酸的生产条件和生产资质，产品必须符合甲方提供的收货标准要求。乙方应配合甲方注册国家饲料添加剂新产品等过程中需要的相关文件证明、盖章等事项。乙方应严格控制胍基乙酸生产技术，防止相关技术外泄。如果乙方或乙方人员将相关技术外泄，造成甲方经济或技术（专利）损失，乙方应完全承担甲方损失。未经甲方许可，乙方不得将胍基乙酸出售给除甲方之外的任何第三方，如出现以上情况，给甲方造成的经济和形象损失由乙方承担。乙方严格按照甲方产品要求进行加工，产品接收标准如下：胍基乙酸含量≥96%，水分≤3.0%。粉碎细度要求加工后的产品95%以上通过60目筛（筛上物≤5%）。合作期内及双方合作结束后三年内，乙方必须对双方合作有关的销售数据、技术信息等进行保密，不得向任何人泄露任何相关资料。未经对方书面同意，甲、乙任何一方不得向第三方泄露本合同的任何内容。乙方若违反保密要求，自愿支付给甲方20万元的违约金，并赔偿因此给甲方造成的全部损失。乙方无权私自销售该合同涉及的加工产品，如乙方私自销售该合同签订的加工产品，甲方有权解除合同，乙方应当按私自销售产品总金额的30%支付违约金。乙方不得以任何方式与甲方客户直接联系，乙方若有此行为，甲方有权终止加工合同，由此造成甲方损失，甲方有权追究其违约法律责任。合同有效期三年，自2010年6月30日至2013年6月30日，双方协商同意，可以书面补充协议方式延长协议期限。

2010年8月1日，君德同创公司（甲方）与泽兴公司（乙方）签订加工协议。该加工协议的内容除产品质量要求部分内容外，其他内容均与双方签订的战略合作协议中的相应内容完全相同。该协议对产品质量要求约定为：乙方严格按照甲方产品要求进行加工。产品接收标准如下：胍基乙酸含量≥75%，水分≤3.0%，灰分≤23%。粉碎细度要求加工后的产品95%以上通过40目筛（筛上物≤5%）。

《中试生产总结和“三废”处理报告》记载，胍基乙酸产品自2008年11月20日至2009年1月16日在泽兴公司共进行了6个批次的中试生产试验，中试生产情况良好；化工生产过程无废渣、废气产生，生产过程中所产生的“母液”采用回收工艺进行回收利用，最终产生的废水经过厂内污水处理设施处理后排放，完全符合国家关于“三废”的排放标准。泽兴公司建于2005年，位于栾城县医药化工基地，主要生产甘氨酸及氯乙酸产品。君德同创公司与泽兴公司联合开发，泽兴公司在其院内建设生产1200吨胍基乙酸项目。泽兴公司委托河北省环境地质勘查院承担该项目的环境影响评价工作。河北省环境地质勘查院技术人员经过现场踏勘，收集有关资料，在对该项目进行充分调研的基础上，编制了该项目环境影响报告书报审版。2011年9月15日，泽兴公司在石家庄市组织召开了《年产1200吨胍基乙酸项目环境影响报告书》技术评估专家评审会。评价单位根据专家意见对报告书进行了修改，完成了报告报批版，由建设单位报石家庄市环境保护局进行审批。2011 年 10 月 12 日，栾城县环境保护局以栾环评字（2011）第 4 号文件作出《关于泽兴公司年产 1200 吨胍基乙酸项目环境影响报告书的审批意见》：1. 该项目建设符合规划要求，符合国家产业政策，符合栾城县土地利用总体规划。2. 该项目建成后，建设单位在认真落实环评报告书的各项污染防治措施后，从环保角度可行；污染物总量控制指标为 COD1. 89t/a、NH3N0. 2t/a。3. 同意试生产。2011 年 10 月 31 日，石家庄市环境保护局以石环保［2011］478 号文件出具《关于泽兴公司年产 1200 吨胍基乙酸项目环境影响报告书的批复》，同意泽兴公司按照环境影响报告书中所列建设项目的地点、性质、规模、环境保护措施进行项目建设。

2011 年 11 月 10 日，君德同创公司提出《新饲料和新饲料添加剂审定申请表》，该申请表记载的通用名称为胍基乙酸，产品类别为营养性添加剂，有效成分为胍基乙酸，含量≥96%，水分≤3. 0%，氯化钠≤1. 0%，灼烧残渣≤1. 0%，重金属（以 Pb 计）≤10mg/kg，砷≤1mg/kg。研制单位为君德同创公司，生产企业为泽兴公司。君德同创公司和泽兴公司均在该申请表上加盖了公章，北京市农业局畜牧管理处在该申请表上加盖了印章。

2012 年 4 月 18 日，君德同创公司出具编号为 No. JDTC20120418 的《饲料添加剂胍基乙酸稳定性试验报告书》记载，通过稳定性试验，可以看出胍基乙酸产品对高温、高湿和光照均不敏感，在温度 80℃、湿度 90%与光照度 4500Lx±500Lx 条件下分别放置 10 天，处理组与对照组比较无显著差异；配合料制粒试验显示，经过制粒的配合料中胍基乙酸含量与对照组比较无显著差异，胍基乙酸适用于制粒工艺；加速试验及试验表明，胍基乙酸的外观性状及含量变化均不显著。因此，胍基乙酸产品在储存时对环境要求不高，置于室内阴凉干燥处即可；而包装材料可以选用纸塑复合材料。由于此产品稳定性较好，故在符合要求的常规贮运条件下，将其保质期暂定为 24 个月。

农业部饲料效价与安全监督检验测试中心（北京）于 2012 年 12 月 20 日出具了 4 份关于胍基乙酸的试验结果报告书，该 4 份报告书记载的相同信息为：委托单位为君德同创公司，收样日期为 2012 年 4 月 18 日，试验动物（品种）为 AA 肉鸡/肉仔鸡，试验场所均为中国农业大学动物科技学院代谢室，开始试验日期为 2012 年 4 月 23 日（3 份）、2012 年 6 月 28 日（1 份），试验持续时间均为 42 天。（1）编号为 No. WP120006-1（A）的《胍基乙酸对肉仔鸡有效性评价》试验结果报告书记载，在其试验条件下，肉仔鸡 0~42 天日粮添加 600~1200mg/kg 胍基乙酸时，可降低肉仔鸡血浆部分游离氨基酸的含量，增强肉鸡血浆磷酸激酶活性，降低肉鸡胸肌重链肌凝蛋白含量，同时有效地改善肉鸡增重和饲料利用效率。综合考虑各项指标，肉仔鸡日粮中胍基乙酸的退件用量为 600～1200mg/kg。（2）编号为 No. WP120006-1（B）的《胍基乙酸对肉仔鸡生产性能影响评价》试验结果报告书记载，在其试验条件下，当肉仔鸡日粮中添加胍基乙酸量达 600mg/kg 时，可显著增加肉仔鸡各生长阶段的平均日增重，降低料肉比；且与对照组比较，其 21 天体重增加了 7.69%，42 天体重增加了 10.45%。因此日粮中添加 600mg/kg 胍基乙酸可有效改善肉仔鸡增重速度和饲料利用效率。（3）编号为 No. WP120006-2 的《胍基乙酸对肉仔鸡耐受性评价》试验结果报告书记载，在其试验条件下，肉仔鸡 0～42 天日粮添加 800～8000mg/kg 胍基乙酸时，对肉仔鸡的生产性能、血常规指标（白细胞计数、红细胞计数、血红蛋白、红细胞平均体积、血小板和红细胞比容）、血液生化指标（谷氨酸氨基转移酶、天门冬氨酸氨基转移酶、碱性磷酸酶、总蛋白、白蛋白、尿素氮、肌酐、血糖、总胆红素）、脏器指数（心脏、肝脏、脾脏和肾脏）、组织（胸肌、肾脏和肝脏）同型半胱氨酸含量和组织结构均无不良影响。（4）编号为 No. WP120006-3 的《胍基乙酸及其代谢产物在肉仔鸡组织中的残留评价》试验结果报告书记载，在其试验条件下，日粮中添加 600～1200mg/kg 胍基乙酸时，肉仔鸡 42 天血浆中未检出胍基乙酸，胸肌、肾脏中胍基乙酸均有检出，但处理间以及与对照组相比均没有显著差异，肝脏中胍基乙酸含量呈现先升高后降低的变化。肉仔鸡胸肌中胍基乙酸代谢产物肌酸含量处理间以及与对照组相比均无显著差异；随着日粮中胍基乙酸添加水平增加，血浆和肾脏中肌酸含量呈线性和二次变化；与对照组相比，胍基乙酸添加量为 600、1000 和 1200mg/kg 时，肝脏中肌酸显著降低，800mg/kg 的处理组与对照组没有显著差异。

2012 年 6 月，君德同创公司将名称为《单氰胺法生产胍基乙酸》的工艺技术提供给泽兴公司，其落款日期为 2012 年 6 月 1 日，其记载的内容为：（本部分涉及技术秘密不予公开）。

2013 年 7 月 25 日，君德同创公司出具《对他人的专利不构成侵权的声明》称，自 2008 年始，其公司联合有关研究机构开展对胍基乙酸的合成工艺的创新研究，拥有完全自主知识产权。2009 年其公司启动了胍基乙酸饲料添加剂新产品的申报准备，先后做了大量细致的工作，其公司申报的饲料添加剂新产品胍基乙酸对国内外其他机构的任何专利不构成侵权。

2014 年 10 月 23 日农业部第 2167 号公告称，根据《饲料和饲料添加剂管理条例》和《新饲料和新饲料添加剂管理办法》的规定，批准君德同创公司申请的胍基乙酸为新饲料添加剂，并准许在中华人民共和国境内生产、经营和使用，合法饲料和饲料添加剂新产品证书，同时发布产品标准、说明书和标签。产品标准、说明书和标签自发布之日起执行。该公告附件 1《饲料和饲料添加剂新产品目录（2014-03）》记载，证书编号为新饲证字（2014）04 号，申请单位为君德同创公司，通用名称和主要成分均为胍基乙酸，产品类别为氨基酸、氨基酸盐及其类似物，产品来源：以盐酸胍、氯乙酸、氢氧化钠等为主要原料，经化学合成制备。质量要求：外观和性状 白色或微黄色结晶性粉末；胍基乙酸% ≥98.0；水分% ≤1.5；灼烧残渣% ≤1.0；水溶性氯化物% ≤1.0；粒度% ≥98；铅（mg/kg）≤5；总砷（mg/kg）≤1。2014 年 10 月，农业部向君德同创公司颁发新饲证字（2014）04 号《新产品证书》，该证书记载的产品名称为胍基乙酸，产品类别为氨基酸、氨基酸盐及其类似物。

2015 年 2 月 9 日君德同创公司子公司固安君德同创生物工程有限公司（以下简称固安公司）向泽兴公司付款 5 万元，泽兴公司在其起诉固安公司及君德同创公司的诉状中确认了该事实。并称“2010 年 3 月，双方口头达成协议，君德同创公司购买泽兴公司的胍基乙酸。”

泽兴公司 2015 年 3 月 26 日制作了《单氰氨法生产胍基乙酸》，其记载的内容为：（本部分涉及技术秘密不予公开）。

2016 年 3 月 10 日，君德同创公司委托北京大成律师事务所向泽兴公司发出《关于停止生产、经营和使用胍基乙酸作为饲料添加剂的律师函》。该函称“发现贵公司已经将胍基乙酸作为饲料添加剂生产、经营、使用、宣传并销售给用户。……贵公司未经许可，在未取得胍基乙酸作为饲料和饲料添加剂新产品证书的情况下，在中华人民共和国境内生产、经营和使用胍基乙酸作为饲料添加剂，严重侵犯了委托人的合法权益，并给委托人造成了重大经济损失。……要求立即停止已经进行或试图进行的生产、经营和使用胍基乙酸作为饲料添加剂行为。”该函于 2016 年 3 月 11 日寄出，泽兴公司拒收。

君德同创公司自行打印的大晓公司网站的网页中，“新闻中心”栏目中标题为《河北大晓参加 2017 中国饲料工业展览会》和《河北大晓参加 2017 年泰国 VIV》的文中均记载，展会主推产品包括胍基乙酸。“产品中心”页面载有胍基乙酸产品图片及文字介绍，文字内容包括“胍基乙酸”“分子式：C3H7N3O2”“分子量：117.1066”“CAS：352-97-6”“外观：白色或为微黄色结晶性粉末或片状结晶”等。大晓公司胍基乙酸产品宣传资料记载，分子式：C3H7N3O2；CAS No. 352-97-6；主要成分：胍基乙酸（甘氨酸及其衍生物）；外观形状：白色粉末；作用机理：胍基乙酸是肌酸的前体物，含有高磷酸基团转移势能的磷酸肌酸在肌肉、神经组织中广泛存在，是动物肌肉组织中主要的能量供应物质。额外添加胍基乙酸，使机体产生大量的磷酸基团转移物质（磷酸肌酸），从而为肌肉、大脑、性腺等组织的高效工作提供原动力，促进能量源源不断地向肌肉组织中分配。产品功能：1. 改善动物体型；2. 促进畜禽鱼虾生长；3. 产品稳定，使用安全；4. 清除自由基，改善肉色。

2017 年 8 月 29 日，君德同创公司委托代理人张文霞向天津市静海公证处（以下简称静海公证处）申请保全证据公证。当日下午，公证员刘某和公证员助理韩淑颖会同张文霞、律师黄立斌一同前往位于天津市静海区××路西侧的“鹏顺物流”，申请人在该物流点中提取了两袋“添加剂”（规格 25 公斤/袋），并取得“石家庄康佳物流有限公司托运凭证”一张，编号：00031695。提取产品后，在刘某的监管下携带至静海公证处，并从其中一袋中取出一小部分，分了 10 个塑料小包装，并封存。其中八小袋和剩余部分由申请人保管，二小袋封存于静海公证处。公证员对该店门前及提取的产品进行拍照，经打印取得照片七张。2017 年 8 月 31 日，静海公证处出具（2017）津静海证经字第 238 号公证书，证明上述过程均在刘某和韩淑颖的现场监督下进行，与该公证书相粘连的提取产品凭证的复印件与原件相符，所附照片系对提取产品现场及所提产品拍照后打印取得。该公证书所附照片中的产品标签显示，主要成分 GAA。

2017 年 9 月 15 日，君德同创公司委托代理人张文霞向北京市长安公证处（以下简称长安公证处）申请保全证据。当日下午，在该公证处办公室内，在公证员孙某和公证员助理焦阳的监督下，张文霞在该公证处的计算机上，使用 IE 浏览器搜索并链接大晓公司网站（网址为×××. com），对相关页面及标题为“河北大晓参加 2017 中国饲料工业展览会”“饲料级”“胍基乙酸”“胍基乙酸制作流程是什么?”等文章及图片进行点击、浏览并拷屏打印。2017 年 9 月 21 日，长安公证处出具（2017）京长安内经证字第 36279 号公证书，记载了上述事实，并证明张文霞上述保全证据的行为经孙某和焦阳现场监督，该公证书所附文件共 37 页系保全现场操作过程中实时打印所得，文件内容与计算机显示内容相符。该公证书附页记载的内容与君德同创公司自行打印的大晓公司网站的网页中的相关内容相符。当日下午，在长安公证处办公室内，在孙某和焦阳监督下，张文霞在其携带的手机（品牌：honor，型号：Chel-LC20，手机号码：186××××0700）上进行了操作：开启手机，确认手机进入正常工作状态并连接至该公证处无线网络，浏览手机界面，点击“微信”图标，输入相应手机号及密码并点击“登录”，点击“我”，并点击“鹏程万里”；返回微信首页，点击“赵~胍肌乙酸 133××××9252”，点击右上角“个人信息图标”，点击“头像”，并查看大头像；返回

“聊天页面”，浏览相关聊天记录，查看“8月17日早上11：40”的3张图片、“8月17日中午12：39”的1张图片、“8月17日晚上19：29”的2张图片；点击聊天页面右上角“个人信息图标”，并点击“个人相册”，依次查看“8月24日”“7月25日”“7月6日”“6月21日”“4月18日”“4月14日”“3月28日”“3月16日”“3月9日”“2月15日”“12月23日”“12月16日”“12月12日”的图片及内容，浏览相关页面，对相关操作界面进行截屏。2017年9月21日，长安公证处出具京长安内经证字第36280号公证书，记载了上述事实，并证明张文霞上述保全证据的行为经孙某和焦阳现场监督，该公证书所附文件共105页系对保全现场操作过程截屏文件打印所得，文件内容与手机显示内容相符。该公证书所附文件显示，“赵˜胍肌乙酸133××××9252”微信号为“×××26”，其通过该微信账户销售胍基乙酸产品，销售合同的签订时间为2017年8月17日，该合同标题上方印有大晓公司名称及图标，下方盖有大晓公司公章；其通过微信向客户“李飞”发送的石家庄康嘉物流有限公司托运凭证显示，编号为00031695，日期为2017年8月17日，发货人韩顺心，收货人为“李飞”；其通过微信向客户“李飞”发送的“EMS”全球邮政快递单显示，寄件人为赵贺玲，单位名称为“大晓生物”，地址为石家庄鑫科广场。在“赵˜胍肌乙酸133××××9252”的“个人相册”中，2016年12月12日14：33转发的潘宝海等人于2016年12月5日在《中国畜牧杂志》上发表的标题为“胍基乙酸对育肥猪生长性能、酮体品质及肉品质的影响”的文章；2017年2月15日转发的微信公众号“大晓生物”于当日发布的标题为“新一代绿色添加剂胍基乙酸专业生产厂家”的文章，其内容为“大晓生物专业生产胍基乙酸厂家……泰国VIV展会3月15—18日，河北大晓展位：99号馆2623，欢迎大家莅临指导”，同时还包括农业部于2014年10月23日发布的批准君德同创公司申请的胍基乙酸为新饲料添加剂，并批准在中华人民共和国境内生产、经营和使用的第2185号公告；2017年3月9日16：48转发的微信公众号“大晓生物”于当日发布的标题为“出国倒计时啦……”的图片中，载有“泰国VIV展位：99号馆2623”“河北大晓生物科技有限公司，氨基酸产品专业生产厂家”“参展产品：胍基乙酸，蛋氨酸，赖盐，甘氨酸……”等内容；2017年3月16日21：07发布的标题为“泰国VIV展会进行中……”的图片中，显示有带有大晓公司标识及名称的展位及包装物上标有大晓公司名称的产品；2017年3月28日转发的“君德新闻”转发的潘宝海等在《中国畜牧杂志》中发表的标题为“胍基乙酸对育肥猪生长性能、酮体品质及肉品质的影响”的文章；2017年4月12日发布的文字为“2017年中国饲料工业展览会，4月15—19日在福州海峡国际会展中心举行，河北大晓生物在这里等你，展位：8E05，欢迎大家莅临指导，主要参展产品：胍基乙酸，甘氨酸……”；2017年4月14日13：27发布的标题为“18-19号中国饲料工业展览会在福州海峡国际会展中心举行，大晓生物赵贺玲在这里等你8E05……”的图片；2017年4月18日19：31发布的标题为“饲料工业展，明天最后一天……”的图片中，包括大晓公司参加“2017中国饲料工业展览会”的图片；2017年6月21日19：06发布的标题为“销售最大的收获……”的图片中，包括大晓公司的图标和农业部第2167号公告的图片；2017年7月6日11：06发布的标题为“有一种质量叫‘回头客’！……”的图片中，包括大晓公司参加展览会和农业部第2167号公告的图片；2017年7月25日10：34发布的标题为“市场乱价已成病态，……”的图片中，包括农业部第2167号公告及包装袋上印有大晓公司名称和“胍基乙酸”字样的产品。

大晓公司工作人员韩顺心、赵女士的销售洽谈视频中，韩顺心、赵女士称，“咱给他们（君德同创）做过代加工，品质和他们是一样的，就是没有这个号嘛”“原来我们属于给他们（君德同创）代加工，他们在我们这买货、卖货”“我们原来是给他们生产”“最近这几年与君德的这种合作终止，推广很努力，做得也很好，在市面上慢慢得到认同，做这产品也就慢慢多了。但多归多，实际上的厂家是泽兴和君德”等，同时表示“跟君德使用的方法是一样的”“跟君德的货是一样的”“跟君德的一样”“我们开票一般开甘氨酸、氨基酸之类”等。在大晓公司与天津爱康饲料有限公司签订的《销售合同》中，产品名称为胍基乙酸，大晓公司开具的发票中写明的货物为甘氨酸。大晓公司出具了对胍基乙酸（饲料级）的分析报告和固安公司出具的3份检验报告。大晓公司分析报告显示，外观：白色结晶粉末，分子式：C3H7N3O2，分子量：117.1，熔点：300℃，溶解度：微溶于水，生产：由甘氨酸和单氰胺合成。其分析报告中记载的产品名称为胍基乙酸，数量为5000kg，批号为20170811-01，生产日期和报告日期均为20170811，分析结果为：含量98.8，干燥失重0.2，甘氨酸0.7，烧灼残渣0.11，重金属≤10ppm。

2017年11月8日，谱尼测试集团股份有限公司出具编号为GLA7QGEX05660508的检测报告记载，样品名称为“GAA”，委托单位为固安公司，到样日期为2017年10月27日，生产日期或批号为2017.8.11，20170811-01，检测日期为2017.10.27-2017.11.08，备注的生产厂家为大晓公司，样品为胍基乙酸；检测结果：水分0.88%，粗灰分3.1%，水溶性氯化物（以NaCl计）0.25%，铅3.21mg/kg，总砷0.022mg/kg，三聚氰胺未检出（<2.0mg/kg），甘氨酸5.42%，细菌总数10CFU/g，沙门氏菌未检出，霉菌总数<10CFU/g。

2017年11月14日，君德同创公司组织了“某胍基乙酸产品的论证报告”，专家论证意见：1. 我们的论证依据是谱尼测试集团股份有限公司的编号GLA7QGEX05660508的《检测报告》；2. 从报告的检测结果来看，样品胍基乙酸中的三聚氰胺未检出，砷、重金属等杂质组分和卫生指标，达到了国家饲料级产品的标准。评审专家组意见：国际上就胍基乙酸用作饲料添加剂的加工工艺、产品组成和检测方法规范都较国内领先，国内在此领域一直处于空白，直到2009—2010年，才有君德同创公司开始研究胍基乙酸作为饲料添加剂的有效性、安全性和毒理性试验。君德同创公司经过长期试验和探索，通过其独家工艺稳定控制了产品中三聚氰胺等对动物体有害杂质含量，首创中国饲料添加剂胍基乙酸检测方法，该方法于2014年在农业部完成备案工作，并于2014年10月获得农业部颁发的新饲料添加剂证书【新饲证字（2014）04号】，填补了国内饲料级胍基乙酸的生产工艺、产品指标和检测规范的空白。本次检测报告中的胍基乙酸产品，其产品指标和国家规定的饲料添加剂的产品指标一致，达到了饲料级胍基乙酸产品的杂质品控要求。

泽兴公司提供的部分发票显示的商品名称为盐酸胍，2010年4月21日的发票显示的商品名称为胍基乙酸。

泽兴公司提供河北师范大学出具的19份《检验报告》，日期为2010年3月16日、2011年11月7日、2011年11月8日、2011年11月10日、2012年11月15日、2011年11月18日、2011年11月24日、2011年11月24日、2011年11月25日、2011年12月14日、2012年1月6日、2012年1月6日、2012年1月6日、2012年8月12日、2012年8月12日、2012年8月16日、2012年8月16日、2012年9月21日、2012年11月12日。其中第1份《检验报告》的送样单位为泽兴公司，其他18份《检验报告》的送样单位均为石家庄新泽兴化工有限公司。

泽兴公司提交3份发明专利文件：1. “胍基乙酸的化学合成方法”发明专利，申请日为2011年7月22日，其权利要求书记载，胍基乙酸的化学合成方法，包括：步骤一，在反应釜中加入异丙醇、甘氨酸和10%氢氧化钠溶液，室温下搅拌溶解，得到碱性混合溶液；步骤二，向碱性混合溶液滴加单氰胺溶液，然后在一定温度下搅拌回流一段时间，反应完毕后，减压浓缩，蒸出溶剂，得到胍基乙酸粗品；步骤三，在反应釜中投入对胍基苯甲酸粗品和水，升温并搅拌，然后进行抽滤、水洗、烘干，最后得到胍基乙酸。步骤一中甘氨酸和异丙醇和氢氧化钠质量比为1∶3∶0.02，室温下搅拌溶解后冷却至5℃以下得到碱性混合溶液，步骤二中甘氨酸和单氰胺摩尔比为1∶1，在5℃以下缓慢滴加50%单氰胺溶液，滴加完毕然后升温至75—80℃并搅拌回流2小时。步骤三中胍基乙酸粗品与水质量比为1∶1.5，升温至85—90℃后进行搅拌。2．“胍基乙酸的制备方法”发明专利，申请日为2007年12月21日，其权利要求书记载，一种胍基乙酸的制备方法，以甘酸和单氰胺为原料，以水为反应溶媒，在碳酸氢钠或碳酸钠的存在下反应制备而成；甘氨酸和单氰胺的摩尔配比为1∶0.5—1.5，甘氨酸与水的重量配比为1∶0.5—3，甘氨酸与碳酸氢钠或碳酸钠的重量配比为1∶0.02—0.3；反应的温度控制在100℃以内。3．“胍基乙酸的精制方法”发明专利，申请日为2007年12月21日，其权利要求书记载，一种胍基乙酸的精制方法，包括以下步骤：A．取一定量的胍基乙酸粗品分散于水中，配制成胍基乙酸浑浊液；B．取一定量的硫代硫酸钠溶解于水中，配制成硫代硫酸钠水溶液；C．将步骤B所得硫代硫酸钠水溶液滴加到步骤A所得胍基乙酸水浑浊液中，边滴加边搅拌边加热反应一段时间；D．将步骤C所得混合液冷却后过滤，收集固体物；E．将步骤D所得固体物干燥，得到精制的胍基乙酸产品。硫代硫酸钠的用量为胍基乙酸重量的10%—50%；胍基乙酸与水的重量配比为1∶0.5—5；步骤C中所述的加热反应的温度控制在100℃以内。

大晓公司提供2张银行交易回单，日期分别为2017年4月26日和2017年5月27日，付款人均为大晓公司，收款人均为广瑞公司，用途均为货款，均未记载货物的名称及数量等相关信息。

原审法院认为：（一）君德同创公司向泽兴公司提供的《单氰胺法生产胍基乙酸》记载的内容构成技术秘密。2017年修订的反不正当竞争法及相关司法解释规定，商业秘密是指不为公众所知悉、能为权利人带来经济利益、具有实用性并经权利人采取保密措施的技术信息和经营信息。有关信息具有现实的或者潜在的商业价值，能为权利人带来竞争优势的，应当认定为反不正当竞争法规定的“能为权利人带来经济利益、具有实用性”。权利人为防止信息泄漏所采取的与其商业价值等具体情况相适应的合理保护措施，应当认定为反不正当竞争法规定的“保密措施”。人民法院应当根据所涉信息载体的特性、权利人保密的意愿、保密措施的可识别程度、他人通过正当方式获得的难易程度等因素，认定权利人是否采取了保密措施。首先，在本案中，从君德同创公司提供的证据来看，君德同创公司在与泽兴公司签订的战略合作协议及加工协议中均约定，君德同创公司向泽兴公司提供生产胍基乙酸的配套技术，并提供委托加工产品的质量要求。君德同创公司在履行上述两个协议的过程中，向泽兴公司提供的是《单氰胺法生产胍基乙酸》，本案现有证据不能证明生产胍基乙酸的该项技术已为公众所知悉，且因君德同创公司通过与其员工签订保密协议、与泽兴公司在两个协议中设定保密条款，使得该项技术不为所属领域相关人员通过正当方式易于获得。另外，君德同创公司的“胍基乙酸及其盐的合成方法”因申请专利且被授予发明专利权而被公开，已不属于技术秘密。泽兴公司以其提供的关于胍基乙酸制作方法的三个发明专利为据，辩称胍基乙酸制作技术已被公开，但从该三个发明专利权利要求书记载的技术方案来看，与君德同创公司提供给泽兴公司的《单氰胺法生产胍基乙酸》记载的方法均不相同。因此，君德同创公司在本案中的技术秘密的载体及内容应当为其提供给泽兴公司的《单氰胺法生产胍基乙酸》中记载的内容。其次，君德同创公司向泽兴公司提供的《单氰胺法生产胍基乙酸》记载的技术信息，通过委托泽兴公司投入生产，其产品能够进入市场，对君德同创公司而言具有现实的商业价值。该技术秘密还能使得君德同创公司在饲料添加剂领域处于竞争优势地位。再次，君德同创公司对其提供给泽兴公司的《单氰胺法生产胍基乙酸》采取了保密措施。从君德同创公司提供的证据来看，其作为科技企业，在其经营活动中，通过与员工签订《保密协议书》的方式，对商业秘密、技术信息、经营信息等术语及保密责任、离职后的保密义务、违约责任进行了明确约定，属于对其经营活动中涉及的相关技术信息采取了保密措施。君德同创公司自 2010 年即开始研发胍基乙酸产品，且自 2010 年 6 月 30 日起即委托泽兴公司代为加工胍基乙酸产品，双方对此均无异议。在 2011—2012 年期间，君德同创公司向农业部报审胍基乙酸产品，相继通过了稳定性、有效性、耐受性及残留等试验，于 2014 年获得新产品证书。在君德同创公司与泽兴公司合作期间，君德同创公司产品处于研发试验阶段，其技术信息处于保密状态符合常理。君德同创公司为防止技术秘密外泄，在与泽兴公司签订的战略合作协议及加工协议中均约定了保密条款，亦属于对其经营活动中涉及的相关技术信息采取的保密措施。根据上述事实足以确认，君德同创公司提供给泽兴公司的《单氰胺法生产胍基乙酸》中记载的内容符合 2017 年修订的反不正当竞争法规定的技术秘密的法定条件。

（二）泽兴公司、大晓公司对君德同创公司涉案技术秘密构成侵害。2017 年修订的反不正当竞争法及相关司法解释规定，经营者不得违反保密义务或者违反权利人有关保守商业秘密的要求，披露、使用或者允许他人使用其所掌握的商业秘密。在本案中，泽兴公司接受君德同创公司的委托，使用君德同创公司提供的《单氰氨法生产胍基乙酸》技术，为其生产胍基乙酸产品，直接接触到君德同创公司在本案中的技术秘密。将泽兴公司 2015 年 3 月 26 日《单氰氨法生产胍基乙酸》的内容与君德同创公司 2012 年 6 月 1 日《单氰氨法生产胍基乙酸》的内容进行对比，前者涉及的重量、百分比、温度、时间等数值均处于后者相应技术参数范围内，前者的工艺操作中的五个步骤与后者的七个步骤相比，省去了后者中的步骤四、五，其他步骤除相应数值外完全相同，前者已为后者完全覆盖，两者构成实质性相同。泽兴公司违反协议约定，携与君德同创公司技术参数相同的胍基乙酸产品参加展览会；大晓公司销售与君德同创公司技术参数相同的胍基乙酸产品，并携该产品参加展览会，且在宣传和销售活动中声称其使用与君德同创公司相同的技术生产胍基乙酸产品。泽兴公司、大晓公司的行为均构成对君德同创公司涉案技术秘密的使用和披露，对君德同创公司涉案技术秘密构成侵害，依法应当承担停止侵害、赔偿经济损失及合理费用等民事责任。君德同创公司主张泽兴公司、大晓公司立即停止制造、销售、许可他人销售侵害君德同创公司技术秘密的饲料级胍基乙酸、连带赔偿君德同创公司的经济损失及君德同创公司为制止侵权行为所支付的合理费用，符合法律规定，除赔偿数额需依法酌情确定外，原审法院均予以支持。泽兴公司辩称君德同创公司生产胍基乙酸的生产工艺已为公众所知，大晓公司辩称其所销售的胍基乙酸产品购自广瑞公司，均缺乏事实依据，且与事实不符，原审法院对其抗辩理由均不予采信。

（三）关于赔偿数额的确定，2017 年修订的反不正当竞争法及相关司法解释规定，因不正当竞争行为受到损害的经营者的赔偿数额，按照其因被侵权所受到的实际损失确定；实际损失难以计算的，按照侵权人因侵权所获得的利益确定。经营者恶意实施侵害商业秘密行为，情节严重的，可以在按照上述方法确定数额的一倍以上五倍以下确定赔偿数额。赔偿数额还应当包括经营者为制止侵权行为所支付的合理开支。经营者违反 2017 年修订的反不正当竞争法第六条、第九条规定的，权利人因被侵权所受到的实际损失、侵权人因侵权所获得的利益难以确定的，由人民法院根据侵权行为的情节判决给予权利人五百万元以下的赔偿。在本案中，君德同创公司未提供相应证据证明其因泽兴公司、大晓公司侵害其技术秘密所受到的实际损失，也未提供相应证据证明泽兴公司、大晓公司因侵害其技术秘密所获得的利益，原审法院根据君德同创公司涉案技术秘密的行业地位及商业价值、泽兴公司、大晓公司的经营性质及规模、侵权行为的性质、情节及恶劣程度，依法酌情确定本案赔偿数额及合理费用共计 50 万元，由泽兴公司、大晓公司连带赔偿。

综上，原审法院依照 2017 年修订的反不正当竞争法第十六条、第十七条，《中华人民共和国民法总则》[①] 第一百七十九条第一款第一项、第八项、

---

① 已被《中华人民共和国民法典》废止，本案下同。

第二款、第三款之规定，判决：一、泽兴公司、大晓公司立即停止制造、销售侵害君德同创公司技术秘密的饲料级胍基乙酸产品；二、泽兴公司、大晓公司自原审判决生效之日起十日内共同赔偿君德同创公司经济损失及合理开支共计50万元；三、驳回君德同创公司的其他诉讼请求。如果泽兴公司、大晓公司未按判决指定的期间履行给付金钱义务，应当依照《中华人民共和国民事诉讼法》① 第二百五十三条之规定，加倍支付迟延履行期间的债务利息。原审案件受理费85820元，其中77020元由君德同创公司负担，另外8800元及财产保全费5000元，由泽兴公司、大晓公司共同负担。

二审中，泽兴公司为证明其主张，向本院提交1份证据：泽兴公司工商登记信息，拟证明泽兴公司2015年前经营范围不含生产饲料级胍基乙酸，其在履行与君德同创公司的合同期间没有生产饲料添加剂胍基乙酸的资质，也没有生产过饲料添加剂胍基乙酸。

君德同创公司的质证意见为：认可该证据的真实性、合法性，但不认可该证据的关联性及证明目的。泽兴公司提交的工商登记信息并非新证据。根据君德同创原审提交的证据，泽兴公司生产了饲料级胍基乙酸。

大晓公司质证意见为：认可该证据的真实性、合法性、关联性以及证明目的。

本院认证意见为：认可该证据的真实性、合法性，但该证据不能实现其证明目的，理由系根据君德同创公司诉请，本案需要查明的相关事实系泽兴公司是否实施了侵害相关技术秘密的行为，不能仅凭泽兴公司工商登记资料认定泽兴公司的实际经营行为。

大晓公司为证明其主张，向本院提交1份证据：大晓公司营业执照，拟证明大晓公司没有生产胍基乙酸的资质。

君德同创公司的质证意见为：认可该证据的真实性、合法性，但不认可该证据的关联性及证明目的。大晓公司提交的营业执照并非新证据。本案中君德同创公司诉请的是大晓公司实施了侵权行为。

泽兴公司的质证意见为：认可该证据的真实性、合法性、关联性以及证明目的。

本院认证意见为：认可该证据的真实性、合法性，但该证据不能实现其证明目的，理由系根据君德同创公司诉请，本案需要查明的相关事实系大晓公司是否实施了侵害相关技术秘密的行为，不能仅凭大晓公司营业执照认定大晓公司的实际经营行为。

---

① 此处指2017年《中华人民共和国民事诉讼法》，其已于2021年修改，本案下同。

原审法院查明事实基本属实，本院予以确认。

本院另查明，君德同创公司（甲方）与其员工张德福（乙方）签订《保密协议书》，其中第二条保密责任约定："2. 乙方在甲方工作期间，必须遵守甲方指定的各种成文或不成文的保密规章、制度，履行与其工作岗位相应的保密职责。甲方的保密规章、制度没有规定或者规定不明确之处，乙方亦应本着谨慎、诚实的态度，采取任何必要、合理的措施，维护其于任职期间知悉或者持有的任何属于甲方或者虽属于第三方但甲方承诺有保密义务的技术秘密或者商业秘密信息，以保持其机密性。3. 乙方在甲方工作期间，因工作需要接触到或使用甲方的商业秘密，应按照甲方规定的范围和程度使用，乙方不得将实物、资料等擅自带离工作岗位，未经甲方书面同意，不得随意进行复制、交流或转移含有甲方商业秘密的资料，不得在学术会议、产品订货会、技术鉴定会等会议或活动以及报纸、杂志、信息网络等媒介上披露甲方商业秘密。4. 除了履行职务的需要之外，乙方承诺，未经甲方同意，不得以泄漏、公布、发布、出版、传授、转让或者其他任何方式使任何第三方（包括按照保密制度的规定不得知悉该项保密的甲方的其他职员）知悉属于甲方或者虽然属于他人但甲方承诺有保密义务的技术秘密或其他商业秘密信息，也不得在履行职务之外使用这些秘密信息。5. 乙方承诺在任职期间，未经商业秘密拥有者的书面允许不得使用甲方已承担保密义务的第三方的商业秘密；更不得泄露此商业秘密。乙方承诺在任职期间，不得擅自使用任何属于他人的技术秘密或其他商业秘密，亦不得擅自实施可能侵犯他人知识产权的行为。若乙方因违反上述承诺而导致甲方遭受第三方的指控时，乙方应当承担甲方为此而支付的一切费用。甲方因此而承担赔偿责任的，有权向乙方追偿。上述费用和赔偿可以从乙方的工资报酬中扣除。6. 乙方因工作需要或其他原因调离原工作岗位或离职时，应将接触到的所有涉及甲方的商业秘密的文档、记录、笔记、数据、程序清单、提纲、模型、软磁盘及其他媒介形式的资料全部交回甲方，尤其对软件开发资料（包括源程序、文档、目标产品等）应作专项移交，如其保存在乙方所有的载体上的，乙方应在甲方监督下将该信息删除或载体销毁，甲方不承担相关费用。"

君德同创公司原审提交的《新饲料和新饲料添加剂审定申请表》载明联系人为张德福。农业部饲料效价与安全监督检验测试中心（北京）于 2012 年 12 月 20 日出具的 4 份关于胍基乙酸的试验结果报告书，送样人为张德福。

2011 年 10 月 12 日，栾城县环境保护局作出《关于泽兴公司年产 1200 吨胍基乙酸项目环境影响报告书的审批意见》［栾环评字（2011）第 4 号］载明："石家庄市泽兴氨基酸有限公司与北京君德同创农牧科技股份有限公司联合开发的年产1200吨胍基乙酸项目位于石家庄市栾城县医药化工基地内，总投资1200万元。”

2015年6月24日至2016年3月22日，泽兴公司网页信息、参加展销活动中对外宣传其生产、销售胍基乙酸。

大晓公司网站“关于我们”页面载明：“河北大晓生物科技有限公司是一家致力于饲料添加剂、食品添加剂、医药原料中间体等产品的研发和销售于一体的高新技术企业。”“我们的主要产品有甘氨酸，L-赖氨酸盐酸盐，胍基乙酸……等产品。”“公司技术力量雄厚，拥有一支高素质、资历深、吃苦耐劳的专业科研开发队伍，公司致力于技术进步，除自主开发新产品外，还可以根据客户需求，专业订制产品。”

本院还查明，关于君德同创公司与泽兴公司实际履行战略合作协议、加工协议的最后期限，君德同创公司表示2014年4月收到其委托泽兴公司生产的饲料级胍基乙酸，并提供了相关收据，泽兴公司亦认可2014年4月为君德同创公司生产了最后一批胍基乙酸产品，但主张其生产的系工业级胍基乙酸，但原审及二审中，泽兴公司均未提交君德同创公司委托泽兴公司生产工业级胍基乙酸的相关证据。

关于泽兴公司与大晓公司是否存在关联关系，二审审理中，君德同创公司陈述，大晓公司法定代表人李晓艳与泽兴公司法定代表人闫明辉之妻系亲姐妹关系，大晓公司法定代表人李晓艳与该公司股东闫晓栋系夫妻关系，大晓公司予以认可。

二审审理期间，君德同创公司、泽兴公司均认可，君德同创公司涉案技术秘密仍处于不为公众所知状态。双方亦认可泽兴公司起诉君德同创公司欠货款一案，泽兴公司已经撤回起诉。

大晓公司成立于2015年12月24日，法定代表人李晓艳，注册资本300万元，经营范围：生物技术研发；化工产品、塑料制品的销售；自营和代理各类商品的进出口业务。

本院认为，根据当事人的诉辩意见及在案事实，本案的二审争议焦点为：（一）君德同创公司所主张的“单氰胺法生产胍基乙酸”制备方法中步骤2-6是否构成技术秘密；（二）关于泽兴公司和大晓公司是否实施了侵害商业秘密的行为；（三）原审法院确定的责任承担及赔偿金额是否适当。

《中华人民共和国民法典》（以下简称民法典）已于2021年1月1日起实施，《中华人民共和国合同法》（以下简称合同法）同时废止。《中华人民共和国立法法》第九十三条规定：“法律、行政法规、地方性法规、自治条例和单行条例、规章不溯及既往，但为了更好地保护公民、法人和其他组织的权利和利益而作的特别规定除外。”该条确定了法不溯及既往基本法治原则。根据这一原则，法律施行后对其生效之前的行为一般不得溯及适用。《最高人民法院关于适用〈中华人民共和国民法典〉时间效力的若干规定》第一条第二款规定：“民法典施行前的法律事实引起的民事纠纷案件，适用当时的法律、司法解释的规定，但是法律、司法解释另有规定的除外。”反不正当竞争法分别于 2017 年修订、2019 年进行修正，并分别于 2018 年 1 月 1 日、2019 年 4 月 23 日起施行。《最高人民法院关于审理侵犯商业秘密民事案件适用法律若干问题的规定》（以下简称商业秘密司法解释）于 2020 年 9 月 12 日起施行，该司法解释第二十九条第二款规定：“本规定施行后，人民法院正在审理的一审、二审案件适用本规定；施行前已经作出生效裁判的案件，不适用本规定再审。”原审法院于 2018 年 7 月 4 日立案受理本案，且本案涉及的战略合作协议、加工协议订立、履行等相关法律事实发生于民法典施行前，故，本案应适用合同法、2017 年修订的反不正当竞争法及相关法律法规、商业秘密司法解释进行审理。

（一）关于君德同创公司所主张的“单氰胺法生产胍基乙酸”制备方法中步骤 2-6 是否构成技术秘密

2017 年修订的反不正当竞争法第九条第三款规定：“本法所称的商业秘密，是指不为公众所知悉，具有商业价值并经权利人采取相应保密措施的技术信息和经营信息”。该规定明确了构成技术秘密的必要条件，即不为公众所知悉、具有商业价值及权利人采取了保密措施。根据商业秘密司法解释第三条规定，不为公众所知悉，是指权利人请求保护的信息在被诉侵权行为发生时不为所属领域的相关人员普遍知悉和容易获得。第五条规定，采取了相应保密措施，是指权利人为防止商业秘密泄露，在被诉侵权行为发生以前所采取的合理保密措施；应当考量的因素包括：商业秘密及其载体的性质、商业秘密的商业价值、保密措施的可识别程度、保密措施与商业秘密的对应程度以及权利人的保密意愿等。第六条规定，可以在正常情况下足以防止商业秘密泄露的具体情形，包括：签订保密协议或者在合同中约定保密义务的；通过章程、培训、规章制度、书面告知等方式，对能够接触、获取商业秘密的员工、前员工、供应商、客户、来访者等提出保密要求等。第七条第一款规定，具有商业价值，一般是指权利人请求保护的信息因不为公众所知悉而具有现实的或者潜在的商业价值。

本案中，君德同创公司主张涉案技术信息的载体为其原审提交的证据 5“单氰胺法生产胍基乙酸”的制备方法，主张该制备方法中步骤 2-6 为本案要求保护的技术信息（以下简称涉案技术信息）。经本院审查，本院认为涉案技术信息构成商业秘密。具体理由如下：

第一，关于涉案技术信息是否不为公众所知悉。首先，涉案技术信息系君德同创公司交给泽兴公司使用的、采用单氰胺法制造胍基乙酸的具体工艺，包括备料、加热升温过程中滴加单氰胺的具体要求、反应时间及温度控制、除杂、降温过滤要求等。其次，涉案技术信息属于君德同创公司独立研发的胍基乙酸新饲料添加剂的生产工艺，原审时，君德同创公司提交的证据可以证明，君德同创公司于2011年11月10日提出胍基乙酸新饲料添加剂申请，于2014年10月23日获得农业部核发的饲料和饲料添加剂新产品证书，泽兴公司、大晓公司主张君德同创公司已经将涉案技术信息申请专利并获得授权，涉案技术信息已经处于所属领域的相关人员普遍知悉的状态，根据在案证据，君德同创公司取得专利权的技术方案涉及盐酸胍-氯乙酸法生产胍基乙酸，而涉案技术信息涉及甘氨酸-单氰胺法生产胍基乙酸，君德同创公司在申请和取得饲料和饲料添加剂新产品证书的过程中，将不同的胍基乙酸新饲料添加剂生产工艺分别采取专利和技术秘密方式予以保护，属于对技术成果保护的自主选择。泽兴公司、大晓公司提供的现有证据不能证明涉案技术信息，即甘氨酸-单氰胺法生产胍基乙酸工艺因申请专利权而公开。再次，由于胍基乙酸虽系通用名称，但是基于生产工艺的不同，故而生产获得的胍基乙酸在品质上存在差异，用途也受到不同限制，泽兴公司、大晓公司主张胍基乙酸生产工艺已在网络公开处于所属领域的相关人员容易获得的状态，但未提交任何证据予以证明，且泽兴公司二审审理期间亦认可，涉案技术秘密仍未公开披露。综上所述，涉案技术信息在被诉侵权行为发生时不为所属领域的相关人员普遍知悉和容易获得，应当认定涉案技术信息不为公众所知悉。

第二，关于涉案技术信息是否具有商业价值。如前所述，胍基乙酸并非新物质，如果生产纯度不高，多作为化工产品销售。君德同创公司通过不断改进胍基乙酸生产工艺，研发形成涉案技术信息，提高了胍基乙酸制品中胍基乙酸纯度，降低杂质、重金属含量，使得胍基乙酸符合饲料添加剂要求。显然，涉案技术信息能够生产出可以作为饲料添加剂的胍基乙酸，提升了君德同创公司市场竞争力，应当认定涉案信息具有商业价值。

第三，关于君德同创公司是否对涉案技术信息采取了相应的保密措施。首先，原审时，君德同创公司提供了该公司与可以接触到涉案技术信息的员工张德福签订的保密协议书，其中第二条明确了员工的保密责任，包括必须遵守公司制定的各种成文或不成文的保密规章、制度，履行与其工作岗位相应的保密职责；因工作需要接触到或使用公司的商业秘密，按照公司规定的范围和程度使用；不得以泄漏、公布、发布、出版、传授、转让或者其他任何方式使任何第三方（包括按照保密制度的规定不得知悉该项保密的公司的其他职员）知悉属于公司或者虽然属于他人但公司承诺有保密义务的技术信息或其他商业秘密信息；因工作需要或其他原因调离原工作岗位或离职时，应将接触到的所有涉及公司的商业秘密的文档、记录、笔记、数据、程序清单、提纲、模型、软磁盘及其他媒介形式的资料交回公司等内容。其次，战略合作协议、加工协议明确约定泽兴公司负有保密义务：（1）涉案技术信息载明的日期为2012年6月1日，君德同创公司与泽兴公司签订的战略合作协议、加工协议履行期限均为2010年6月30日至2013年6月30日，两份协议明确约定，合作期内及双方合作结束后三年内，泽兴公司必须对双方合作有关的销售数据、技术信息等进行保密，不得向任何人泄漏任何相关资料；（2）战略合作协议、加工协议还约定泽兴公司应严格控制胍基乙酸生产技术，防止相关技术外泄。如果泽兴公司或泽兴公司人员将相关技术外泄，造成君德同创公司经济或技术（专利）损失，泽兴公司应完全承担君德同创公司损失。显然，君德同创公司已经采取了与涉案技术信息价值相适应的保密措施。

综上，涉案技术信息系不为公众所知悉、具有商业价值并经权利人采取相应保密措施的技术信息，符合商业秘密的法定构成要件，应当认定属于反不正当竞争法保护的商业秘密。

（二）关于泽兴公司和大晓公司是否实施了侵害商业秘密的行为

2017年修订的反不正当竞争法第九条第一款规定：“经营者不得实施下列侵犯商业秘密的行为：（一）以盗窃、贿赂、欺诈、胁迫或者其他不正当手段获取权利人的商业秘密；（二）披露、使用或者允许他人使用以前项手段获取的权利人的商业秘密；（三）违反约定或者违反权利人有关保守商业秘密的要求，披露、使用或者允许他人使用其所掌握的商业秘密。”该条第二款规定：“第三人明知或者应知商业秘密权利人的员工、前员工或者其他单位、个人实施前款所列违法行为，仍获取、披露、使用或者允许他人使用该商业秘密的，视为侵犯商业秘密。”商业秘密司法解释第九条规定，被诉侵权人在生产经营活动中直接使用商业秘密，或者对商业秘密进行修改、改进后使用，或者根据商业秘密调整、优化、改进有关生产经营活动的，应当认定属于使用商业秘密。第十条第一款规定：“当事人根据法律规定或者合同约定所承担的保密义务，人民法院应当认定属于反不正当竞争法第九条第一款所称的保密义务。”第十三条规定，被诉侵权信息与商业秘密不存在实质性区别的，可以认定被诉侵权信息与商业秘密实质上相同。认定是否构成前款所称的实质上相同，可以考虑下列因素：（一）被诉侵权信息与商业秘密的异同程度；（二）所属领域的相关人员在被诉侵权行为发生时是否容易想到被诉侵权信息与商业秘密的区别；（三）被诉侵权信息与商业秘密的用途、使用方式、目的、效果等是否具有实质性差异；（四）公有领域中与商业秘密相关信息的情况；（五）需要考虑的其他因素。依据上述规定，认定被诉侵权行为人是否实施了侵害商业秘密的行为，首先需要认定被诉侵权技术信息是否与权利人要求保护的商业秘密实质相同，然后再认定被诉侵权行为是否实施了2017年修订的反不正当竞争法第九条所规定的侵害商业秘密的行为。

1. 关于被诉侵权信息与涉案技术秘密是否实质相同

原审时，君德同创公司提交了落款日期为2015年3月26日的单氰胺法生产胍基乙酸制备工艺（以下简称被诉侵权信息），证明泽兴公司使用了涉案技术秘密，原审时泽兴公司认可其使用该工艺生产被诉侵权产品，二审时，泽兴公司主张其使用君德同创公司发明专利ZL20091008××××.8“胍基乙酸及其盐的合成方法”生产被诉侵权产品，对此，本院分析如下：

将被诉侵权信息与涉案技术秘密相比对，被诉侵权信息中步骤2与涉案技术秘密中步骤2相比，各个成分的重量均在涉案技术秘密数值范围之内，应当认定两者不存在实质区别。被诉侵权信息中步骤3与涉案技术秘密中步骤3相比，（本部分涉及技术秘密，不予公开），显然被诉侵权信息中控制反应温度处于涉案技术秘密步骤3要求的温度范围内。而被诉侵权技术方案虽然缺少涉案技术秘密步骤4反应时间和温度控制、步骤5除杂，（本部分涉及技术秘密，不予公开），故被诉侵权信息步骤3、4与涉案技术秘密步骤3、4、5并无实质区别。被诉侵权信息步骤4与涉案技术秘密步骤6相比，（本部分涉及技术秘密，不予公开），应当认定两者无实质差异。被诉侵权信息步骤7与涉案技术秘密步骤7（本部分涉及技术秘密，不予公开），亦无实质区别。

综上，被诉侵权信息与涉案技术秘密不存在实质性区别，原审法院认定被诉侵权信息与涉案技术秘密实质上相同，并无不当。至于泽兴公司主张被诉侵权信息系其自行研发完成并提交相应的研发记录，但根据其所提供的研发记录无法形成被诉侵权信息完整的生产工艺，故对其该项主张不予认可。至于泽兴公司二审中主张其采用的是君德同创公司“胍基乙酸及其盐的合成方法”发明专利制备胍基乙酸，由于该发明专利系采用盐酸胍作为原料制造饲料级胍基乙酸，而被诉侵权信息和涉案技术秘密均系采用单氰胺作为原料制造饲料级胍基乙酸，故对其该项主张，本院亦不予支持。

2. 关于泽兴公司在战略合作协议、加工协议约定的保密期限内是否实施了侵害商业秘密的行为

依据 2017 年修订的反不正当竞争法第九条第一款第三项规定，违反约定或者违反权利人有关保守商业秘密的要求，披露、使用或者允许他人使用其所掌握的商业秘密的行为属于侵害商业秘密行为。合同法第三百四十三条规定："技术转让合同可以约定让与人和受让人实施专利或者使用技术秘密的范围，但不得限制技术竞争和技术发展。"第三百四十八条规定："技术秘密转让合同的受让人应当按照约定使用技术，支付使用费，承担保密义务。"《最高人民法院关于审理技术合同纠纷案件适用法律若干问题的解释》（法释〔2004〕20 号）第二十八条第一款规定："合同法第三百四十三条所称'实施专利或者使用技术秘密的范围'，包括实施专利或者使用技术秘密的期限、地域、方式以及接触技术秘密的人员等。"根据上述规定，技术秘密许可合同的双方当事人可以约定被许可人使用技术秘密的范围，包括使用期限、地域、方式以及接触技术秘密的人员等；还可以约定保密期限，被许可人应当按照约定使用技术秘密，承担保密义务。如果技术秘密许可合同约定了使用期限，期限届满，被许可人不得再使用相关技术秘密；如果技术秘密许可合同没有约定使用期限，仅约定了保密期限，那么保密期限内，被许可人应当按照合同约定使用相关技术秘密，保密期限届满，被许可人仍可以使用技术秘密；如果技术许可合同对使用期限、保密期限均没有约定或者约定不明确的，被许可人使用技术秘密不受期限限制。

本案中，如前所述，泽兴公司系基于战略合作协议、加工协议取得了君德同创公司的涉案技术秘密。关于泽兴公司使用涉案技术秘密的方式，战略合作协议、加工协议中均明确约定：泽兴公司应严格控制胍基乙酸生产技术，防止相关技术外泄，如果泽兴公司或泽兴公司人员将相关技术外泄，造成君德同创公司经济或技术（专利）损失，泽兴公司应完全承担君德同创公司损失；还约定未经君德同创公司许可，泽兴公司不得将胍基乙酸出售给除君德同创公司之外的任何第三方，如出现以上情况，给君德同创公司造成的经济和形象损失由泽兴公司承担。关于泽兴公司使用涉案技术秘密的期限，战略合作协议、加工协议中均没有明确约定，但约定了合同期限和保密期限，即合同有效期三年，自 2010 年 6 月 30 日至 2013 年 6 月 30 日，双方协商同意，可以书面补充协议方式延长协议期限；合作期内及双方合作结束后三年内，泽兴公司必须对双方合作有关的销售数据、技术信息等进行保密，不得向任何人泄漏任何相关资料。根据上述约定，应当认定战略合作协议、加工协议中约定的保密期限为合作期内及双方合作结束后三年内，在此期限内，泽兴

公司对于君德同创公司涉案技术秘密负有保密义务，未经泽兴公司许可不得使用涉案技术秘密。

关于双方合作期结束的时间，根据本院查明的事实，2014 年 6 月，君德同创公司委托泽兴公司生产最后一批饲料级胍基乙酸，故应当认定双方合作期限维系至 2014 年 6 月，故泽兴公司履行战略合作协议、加工协议约定的保密期限义务应当至 2017 年 6 月 30 日，在此期限内，泽兴公司未经君德同创公司许可，不得使用涉案技术秘密，否则，将构成 2017 年修订的反不正当竞争法第九条第一款第三项规定的因违法合同约定而侵害君德同创公司商业秘密。根据原审法院查明的事实，被诉侵权技术信息载明的时间为 2015 年 3 月 26 日，且根据 2016 年 3 月 10 日，君德同创公司委托北京大成律师事务所向泽兴公司发出《关于停止生产、经营和使用胍基乙酸作为饲料添加剂的律师函》记载，泽兴公司在双方合作结束后、2016 年 3 月前，实施了将胍基乙酸作为饲料添加剂销售给用户等行为，在泽兴公司没有提交相反证据的情况下，可以推定泽兴公司在战略合作协议、加工协议约定的保密期限内，未经君德同创公司的许可，使用了涉案技术秘密，构成侵害商业秘密。

3. 关于泽兴公司在战略合作协议、加工协议约定的保密期限届满后，是否可以许可他人使用、披露相关商业秘密

泽兴公司认为在战略合作协议、加工协议约定的保密期限届满后，泽兴公司不再负有任何保密义务，其可以自己使用、许可他人使用，甚至披露涉案技术秘密。君德同创公司认为，保密期限届满后，泽兴公司仅可以自己使用涉案技术秘密，但不可以许可他人使用，更不能对外披露涉案技术秘密。

对此，本院认为，由于技术许可合同首先遵循当事人意思自治原则，如果合同中明确约定保密期限届满后，被许可人可以许可他人使用、披露相关商业秘密，则被许可人实施上述行为不构成侵害商业秘密；如果技术许可合同并未明确约定保密期限届满后，被许可人可以许可他人使用、披露相关商业秘密，则需要根据双方签订合同的目的、双方的权利义务、合同对价、合同履行情况、商业惯例及诚信原则等，综合判断保密期限届满后，被许可人是否可以许可他人使用、披露相关商业秘密。具体分析如下：

首先，《中华人民共和国民法总则》第一百二十三条第一款规定："民事主体依法享有知识产权。"第二款规定，知识产权是权利人依法就下列客体享有的专有的权利：（五）商业秘密。显然，包括技术秘密在内的商业秘密是民事主体依法享有的知识产权，任何人未经许可不得披露、使用和允许他人使用权利人的商业秘密。区别于其他知识产权具有公开性、期限性、绝对排他性等特征，商业秘密自产生之日就自动取得，并具有相对排他性，即同

一商业秘密可能由多个权利主体占有；同时，商业秘密的保护期限具有不确定性，只要商业秘密不被泄露，就一直受法律保护。技术许可合同约定保密期间，仅代表双方当事人对该期间的保密义务进行了约定，该保密期间届满，虽然合同约定的保密义务终止，但被许可人仍需承担除自己使用以外的保密义务。

其次，法律规定的保密义务既包括侵权法意义上的、普遍的消极不作为义务，如2017年修订的反不正当竞争法第九条第一款规定，任何人未经许可都不得披露、使用和允许他人使用权利人的商业秘密；也包括基于诚实信用原则的合同前、合同中、合同后的保密义务。如合同法第四十三条规定："当事人在订立合同过程中知悉的商业秘密，无论合同是否成立，不得泄露或者不正当地使用。泄露或者不正当地使用该商业秘密给对方造成损失的，应当承担损害赔偿责任。"第九十二条规定："合同的权利义务终止后，当事人应当遵循诚实信用原则，根据交易习惯履行通知、协助、保密等义务。"《最高人民法院关于适用〈中华人民共和国合同法〉若干问题的解释（二）》[①] 第二十二条规定："当事人一方违反合同法第九十二条规定的义务，给对方当事人造成损失，对方当事人请求赔偿实际损失的，人民法院应当支持。"依据上述规定，对于当事人在订立合同过程中知悉的商业秘密，无论合同是否成立，都不得泄露或者不正当地使用，泄露或者不正当地使用该商业秘密给对方造成损失的，应当承担损害赔偿责任；合同终止后，当事人仍然有保密义务，未尽到保密义务的，应当向对方承担赔偿责任。

最后，按照技术许可合同的性质，被许可人仅是获得了使用相关商业秘密的权利，合同中约定有保密期限，也不应当解释为保密期限届满后，受让人和被许可人可以许可他人使用、甚至披露相关商业秘密。因披露商业秘密属于放弃商业秘密民事权利的行为，除非合同中有明确约定，否则该行权处分行为不能由非权利主体作出。如合同法第三百四十八条规定，技术秘密转让合同的受让人应当按照约定承担保密义务。第三百五十条规定："技术转让合同的受让人应当按照约定的范围和期限，对让与人提供的技术中尚未公开的秘密部分，承担保密义务。"因合同法未区分技术转让合同和技术许可合同，上述规定应当适用于技术许可合同。依据前述规定，技术许可合同中被许可人应当承担的保密义务至少包括：未经许可人同意，不得擅自许可第三人使用相关商业秘密；应当按照合同约定采取保密措施，不应故意或者过失泄露相关商业秘密；对许可人提供或者传授的技术和有关技术资料，应当

① 该司法解释已废止，本案下同。

按照合同约定的范围和期限承担保密义务；对超过合同约定范围和期限仍需保密的技术，应当遵循诚实信用的原则，履行合同保密的附随义务。

本案中，战略合作协议、加工协议均没有授权泽兴公司在合同约定的保密期限届满后可以许可他人使用、披露涉案技术秘密，且根据战略合作协议、加工协议对泽兴公司保密义务和保密期限的约定，泽兴公司未经君德同创公司许可，不得将胍基乙酸出售给除君德同创公司之外的任何第三方，显然，君德同创公司作为涉案技术秘密的权利人通过签订战略合作协议、加工协议，允许泽兴公司使用涉案技术秘密，旨在充分利用涉案技术秘密商业价值，与泽兴公司实现合作共赢。而泽兴公司提供的在案证据不能证明，战略合作协议、加工协议约定的保密期限届满后，君德同创公司具有允许泽兴公司许可他人使用、披露涉案技术秘密的任何意思表示；亦不能证明泽兴公司为了在保密期限届满后享有与君德同创公司同等的涉案技术秘密权利人权益，支付了相当于涉案技术秘密价值的合理对价。故，泽兴公司在战略合作协议、加工协议约定的保密期限届满后，即 2017 年 6 月 30 日以后，仅能自己使用涉案技术秘密，不能许可他人使用、披露涉案技术秘密。

4. 关于泽兴公司在战略合作协议、加工协议约定的保密期限届满前和届满后，是否与大晓公司共同实施了侵害商业秘密的行为

根据君德同创公司提供的证据，可以认定在战略合作协议、加工协议约定的保密期限届满前及届满后，泽兴公司与大晓公司共同使用了涉案技术秘密，具体分析如下：

首先，大晓公司在其网站宣称其系“一家致力于饲料添加剂、食品添加剂、医药原料中间体等产品的研发和销售于一体的高新技术企业”“主要产品有甘氨酸，L-赖氨酸盐酸盐，胍基乙酸……等产品”“公司致力于技术进步，除自主开发新产品外，还可以根据客户需求，专业订制产品”显然，大晓公司对外宣称的经营范围不仅包括胍基乙酸产品的销售，还包括相关研发和生产。因此，对于大晓公司原审和二审审理期间，宣称其仅参与了被诉侵权产品销售的主张，本院不予支持。

其次，根据君德同创公司原审时提交的长安公证处（2017）京长安内经证字第 36279 号、36280 号公证书记载，“赵~胍肌乙酸 133××××9252”微信号为“×××26”的微信账户记载的相关信息可以证明大晓公司生产、销售胍基乙酸产品的情况。第一，在“赵~胍肌乙酸 133××××9252”的微信“个人相册”中，2017 年 2 月 15 日转发的微信公众号“大晓生物”于当日发布的标题为“新一代绿色添加剂胍基乙酸专业生产厂家”的文章，其内容为“大晓生物专业生产胍基乙酸厂家”同时还包括农业部于 2014 年 10 月 23 日发布

的批准君德同创公司申请的胍基乙酸为新饲料添加剂，并批准在中华人民共和国境内生产、经营和使用的第2185号公告；第二，该微信账户还载明大晓公司携胍基乙酸产品参加了相关展会，如2017年3月9日16：48转发的微信公众号“大晓生物”于当日发布的标题为“出国倒计时啦”的图片中，载有“泰国VIV展位：99号馆2623”“河北大晓生物科技有限公司，氨基酸产品专业生产厂家”“参展产品：胍基乙酸，蛋氨酸，赖盐，甘氨酸”等内容；2017年3月16日21：07发布的标题为“泰国VIV展会进行中”的图片中，显示有带有大晓公司标识及名称的展位及包装物上标有大晓公司名称的产品。再如，2017年4月12日发布的文字为“2017年中国饲料工业展览会，4月15-19号在福州海峡国际会展中心举行，河北大晓生物在这里等你，展位：8E05，欢迎大家莅临指导，主要参展产品：胍基乙酸，甘氨酸”；2017年4月14日13：27发布的标题为“18-19号中国饲料工业展览会在福州海峡国际会展中心举行，大晓生物赵贺玲在这里等你8E05”的图片；2017年4月18日19：31发布的标题为“饲料工业展，明天最后一天”的图片中，包括大晓公司参加“2017中国饲料工业展览会”的图片。第三，该微信账户以大晓公司的名义对外销售胍基乙酸产品，微信账户载明了相关销售合同，销售合同的签订时间为2017年8月17日，合同标题上方印有大晓公司名称及图标，下方盖有大晓公司公章；该微信账户向客户“李飞”发送的“EMS”全球邮政快递单显示，寄件人为赵贺玲，单位名称为“大晓生物”，地址为石家庄鑫科广场。显然，根据大晓公司对外宣传情况，大晓公司在战略合作协议、加工协议约定的保密期限届满前，即2017年6月30日前，已经开始饲料级胍基乙酸产品生产经营活动，且对外宣传时使用了君德同创公司的相关信息。

再次，大晓公司销售胍基乙酸产品时宣称产品来自泽兴公司和君德同创公司。根据君德同创公司提供的大晓公司工作人员韩顺心、赵女士的销售洽谈视频，大晓公司销售人员对外宣称“咱给他们（君德同创）做过代加工，品质和他们是一样的，就是没有这个号嘛”“原来我们属于给他们（君德同创）代加工，他们在我们这买货、卖货”“我们原来就是给他们生产”“最近这几年与君德合作终止，推广很努力，做得也很好，在市面上慢慢得到认同，做着产品也就慢慢多了。但多归多，实际上的厂家是泽兴和君德”等。

从次，大晓公司不能证明被诉侵权产品合法来源。大晓公司虽主张其仅系销售商，同时否认被诉侵权产品来源于泽兴公司，并声称被诉侵权产品来源于广瑞公司，本院要求其提供广瑞公司具有生产饲料级胍基乙酸产品能力和资质，其未予提交。结合大晓公司实际销售的胍基乙酸产品达到饲料级要求，根据原审法院查明的事实，在大晓公司与天津爱康饲料有限公司签订的《销售合同》中，产品名称为胍基乙酸；大晓公司还出具了对胍基乙酸（饲料级）的分析报告和固安公司出具的3份检验报告；大晓公司分析报告显示，胍基乙酸各项指标符合饲料添加要求。

最后，泽兴公司虽主张其并未与大晓公司合作销售胍基乙酸产品，但根据二审审理期间君德同创公司的陈述和大晓公司的自认，泽兴公司与大晓公司法定代表人之间、股东之间具有亲属、姻亲等关系，应当认定泽兴公司、大晓公司之间具有关联关系，结合大晓公司未能提供其销售的被诉侵权产品的生产工艺及其研发主体，且泽兴公司知悉大晓公司在销售被诉侵权产品时对外宣称产品来自泽兴公司的情况下，并未采取任何措施维权，故应当推定大晓公司在生产经营活动中使用了君德同创公司的涉案技术秘密，且来源于泽兴公司。

综上，君德同创为证明泽兴公司与大晓公司共同实施了使用涉案技术秘密的行为已经尽力举证，在泽兴公司、大晓公司没有提供相反证据的情况下，应当认定泽兴公司未经君德同创公司许可，在战略合作协议、加工协议约定的保密期限内和保密期限届满后，均实施了许可大晓公司使用涉案技术秘密的行为，且大晓公司对于泽兴公司未经君德同创公司许可系明知，故，根据2017年修订的反不正当竞争法第九条第一款第三项规定，泽兴公司构成侵害君德同创公司商业秘密；根据2017年修订的反不正当竞争法第九条第二款规定："第三人明知或者应知商业秘密权利人的员工、前员工或者其他单位、个人实施前款所列违法行为，仍获取、披露、使用或者允许他人使用该商业秘密的，视为侵犯商业秘密。"大晓公司亦构成侵害君德同创公司商业秘密。原审法院认定泽兴公司、大晓公司对君德同创公司涉案技术秘密构成侵害并无不当，应予维持。但是，原审法院认定泽兴公司、大晓公司对涉案技术秘密具有披露行为，依据不足，本院依法予以纠正。

（三）原审法院确定的责任承担及赔偿金额是否适当

《中华人民共和国侵权责任法》[①] 第八条规定："二人以上共同实施侵权行为，造成他人损害的，应当承担连带责任。"第十五条规定，承担民事责任的方式主要有停止侵害、赔偿损失。2017年修订的反不正当竞争法第十七条规定："经营者违反本法规定，给他人造成损害的，应当依法承担民事责任。经营者的合法权益受到不正当竞争行为损害的，可以向人民法院提起诉讼。因不正当竞争行为受到损害的经营者的赔偿数额，按照其因被侵权所受

---

① 已被《中华人民共和国民法典》废止，本案下同。

到的实际损失确定；实际损失难以计算的，按照侵权人因侵权所获得的利益确定。赔偿数额还应当包括经营者为制止侵权行为所支付的合理开支。经营者违反本法第六条、第九条规定，权利人因被侵权所受到的实际损失、侵权人因侵权所获得的利益难以确定的，由人民法院根据侵权行为的情节判决给予权利人三百万元以下的赔偿。”商业秘密司法解释第二十条第二款规定：“人民法院依照反不正当竞争法第十七条第四款确定赔偿数额的，可以考虑商业秘密的性质、商业价值、研究开发成本、创新程度、能带来的竞争优势以及侵权人的主观过错、侵权行为的性质、情节、后果等因素。”

本案中，如前所述，泽兴公司违反保密约定，在战略合作协议、加工协议约定的保密期限内单独使用了涉案商业秘密，构成侵害君德同创公司商业秘密，应当承担相应的民事责任。在战略合作协议、加工协议约定的保密期限内和保密期限届满后，泽兴公司与大晓公司共同实施了侵害君德同创公司商业秘密行为，应当承担连带责任。原审法院判决泽兴公司、大晓公司停止侵权，并无不当，但是在确定泽兴公司、大晓公司的侵权责任时，没有根据技术许可合同的特点，保密期限的法律性质等严格区分泽兴公司作为被许可人应当承担的民事责任，和大晓公司作为第三人应当承担的民事责任，属于适用法律错误，本院依法予以纠正。且反不正当竞争法所规制的侵害商业秘密的行为并非指对相关产品的制造、销售行为，而是对所涉商业秘密的非法使用、许可使用、披露等行为，原审法院对此亦存在适用法律错误，本院亦依法予以纠正。

关于赔偿数额的确定，鉴于君德同创公司仅主张泽兴公司具有在战略合作协议、加工协议约定的保密期限内单独使用涉案技术秘密的侵权行为，对于赔偿数额仅主张因泽兴公司、大晓公司共同实施侵权行为造成的损失赔偿数额，且君德同创公司并未提交证据证明其因泽兴公司、大晓公司不正当竞争行为导致的实际损失，亦未有证据证明泽兴公司、大晓公司因实施不正当竞争行为所获利益，故本案应当根据涉案技术秘密的性质、商业价值、研究开发成本、创新程度、能为君德同创公司带来的竞争优势以及泽兴公司、大晓公司的主观过错、实施侵权行为的性质、情节、后果等因素，综合确定赔偿数额。因涉案技术秘密涉及胍基乙酸新饲料添加剂生产工艺，君德同创公司为研发该技术秘密必然投入了研发经费、人力物力等，获得新饲料添加剂证书后，该技术秘密必然会给君德同创公司带来商业利益，而泽兴公司、大晓公司在明知有战略合作协议、加工协议的情况下，仍然实施侵害商业秘密行为，虽然原审起诉时，因战略合作协议、加工协议约定的保密期限届满，泽兴公司可以将使用该技术秘密生产的产品自行投放市场，但是泽兴公司未经许可与大晓公司共同使用涉案技术秘密的行为，增强了泽兴公司市场竞争力，且将大晓公司使用该技术秘密生产的产品投放市场，必然侵蚀了君德同创公司应当获得的市场利益，综合上述因素等，原审法院判决泽兴公司、大晓公司连带赔偿君德同创公司 50 万元，应予维持。但原审判决中没有分别确定经济损失和合理开支的数额，而是将该两部分金额笼统酌定，该做法有欠严谨。鉴于君德同创公司没有提交证据证明其为本案支出的合理开支，故根据本案调查取证、侵权行为认定的难易程度等酌定本案合理开支为 5 万元。故在原审酌定的赔偿数额 50 万元中，5 万元可进一步酌定为君德同创公司为维权支付的合理费用。

综上，泽兴公司、大晓公司上诉请求不能成立，应予驳回。原审判决认定事实、适用法律均有不妥，应予纠正。依照《中华人民共和国民法总则》第一百二十三条，《中华人民共和国侵权责任法》第八条、第十五条，《中华人民共和国合同法》第四十三条、第三百四十三条、第三百四十八条、第三百五十条，《中华人民共和国反不正当竞争法》（2017 年修订）第九条、第十七条，《最高人民法院关于适用〈中华人民共和国合同法〉若干问题的解释（二）》第二十二条，《最高人民法院关于审理技术合同纠纷案件适用法律若干问题的解释》（法释〔2004〕20 号）第二十八条，《最高人民法院关于审理侵犯商业秘密民事案件适用法律若干问题的规定》第三条、第五条、第六条、第七条第一款、第二十条第二款、第二十九条第二款，《中华人民共和国民事诉讼法》第一百七十条第一款第二项之规定，判决如下：

一、维持河北省石家庄市中级人民法院（2018）冀 01 民初 936 号民事判决第二项；

二、撤销河北省石家庄市中级人民法院（2018）冀 01 民初 936 号民事判决第一、第三项；

三、石家庄泽兴氨基酸有限公司立即停止允许他人使用北京君德同创生物技术股份有限公司涉案技术秘密的行为直至涉案技术秘密为公众所知悉；

四、河北大晓生物科技有限公司立即停止使用北京君德同创生物技术股份有限公司涉案技术秘密的行为直至涉案技术秘密为公众所知悉；

五、驳回石家庄泽兴氨基酸有限公司其他上诉请求；

六、驳回河北大晓生物科技有限公司上诉请求；

七、驳回北京君德同创生物技术股份有限公司其他诉讼请求。

一审案件受理费 85820 元，77020 元由北京君德同创生物技术股份有限公司负担；8800 元及财产保全费 5000 元，由石家庄泽兴氨基酸有限公司、河北大晓生物科技有限公司共同负担。二审案件受理费 17600 元，由石家庄泽兴氨基酸有限公司、河北大晓生物科技有限公司各负担 8800 元。

本判决为终审判决。

审　判　长　原晓爽
审　判　员　孔立明
审　判　员　徐　飞
二〇二一年十二月十八日
法 官 助 理　郝小娟
书　记　员　汪　妮

40. 公司法定代表人或者实际控制人与公司共同侵权的认定

——上诉人嘉兴市中华化工有限责任公司、上海欣晨新技术有限公司与上诉人王龙集团有限公司、宁波王龙科技股份有限公司、喜孚狮王龙香料（宁波）有限公司、傅祥根、被上诉人王国军侵害技术秘密纠纷案①

中华人民共和国最高人民法院民事判决书（2020）最高法知民终1667号

上诉人（原审原告）：嘉兴市中华化工有限责任公司。住所地：浙江省嘉兴市南湖区大桥镇中华村。

法定代表人：朱贵法，该公司董事长。

委托诉讼代理人：孔繁文，北京允天律师事务所律师。

委托诉讼代理人：李红，上海瀚品律师事务所律师。

上诉人（原审原告）：上海欣晨新技术有限公司。住所地：上海市徐汇区中山西路1515号1幢607室。

法定代表人：陈敏恒，该公司执行董事兼总经理。

委托诉讼代理人：张秋林，北京允天律师事务所律师。

上诉人（原审被告）：王龙集团有限公司。住所地：浙江省余姚市小曹娥镇方家路。

法定代表人：周万根，该公司总经理。

委托诉讼代理人：毛爱东，浙江英普律师事务所律师。

委托诉讼代理人：王瀚，北京市环球律师事务所律师。

上诉人（原审被告）：宁波王龙科技股份有限公司。住所地：浙江省余姚经济开发区滨海新城朗海北路19号。

法定代表人：王国军，该公司董事长。

委托诉讼代理人：毛爱东，浙江英普律师事务所律师。

委托诉讼代理人：张永华，北京市环球律师事务所律师。

① 本案在年度报告中的位置为第69页。

上诉人（原审被告）：喜孚狮王龙香料（宁波）有限公司。住所地：浙江省余姚市小曹娥镇朗海北路19号。

法定代表人：周万根，该公司总经理。

委托诉讼代理人：毛爱东，浙江英普律师事务所律师。

委托诉讼代理人：卢楠，浙江英普律师事务所律师。

上诉人（原审被告）：傅祥根。

委托诉讼代理人：毛爱东，浙江英普律师事务所律师。

委托诉讼代理人：卢楠，浙江英普律师事务所律师。

被上诉人（原审被告）：王国军。

委托诉讼代理人：毛爱东，浙江英普律师事务所律师。

委托诉讼代理人：卢楠，浙江英普律师事务所律师。

上诉人嘉兴市中华化工有限责任公司（以下简称嘉兴中华化工公司）、上诉人上海欣晨新技术有限公司（以下简称上海欣晨公司）与上诉人王龙集团有限公司（以下简称王龙集团公司）、上诉人宁波王龙科技股份有限公司（以下简称王龙科技公司）、上诉人喜孚狮王龙香料（宁波）有限公司（以下简称喜孚狮王龙公司）、上诉人傅祥根、被上诉人王国军因侵害技术秘密纠纷一案，不服浙江省高级人民法院于2020年4月24日作出的（2018）浙民初25号民事判决，向本院提起上诉。本院于2020年10月19日立案后依法组成合议庭，于2020年11月24日就嘉兴中华化工公司与上海欣晨公司二审提交的新证据等问题举行庭前会议；于2020年12月15日就王龙集团公司、王龙科技公司、喜孚狮王龙公司、傅祥根与王国军二审提交的新证据等问题举行庭前会议；于2020年12月16日不公开开庭审理了本案。上诉人嘉兴中华化工公司的委托诉讼代理人孔繁文、李红，上诉人上海欣晨公司的委托诉讼代理人张秋林，上诉人王龙集团公司、王龙科技公司、喜孚狮王龙公司、傅祥根与被上诉人王国军的共同委托诉讼代理人毛爱东，上诉人王龙集团公司的委托诉讼代理人王瀚，上诉人王龙科技公司的委托诉讼代理人张永华，上诉人喜孚狮王龙公司、傅祥根与被上诉人王国军的共同委托诉讼代理人卢楠，上诉人王龙集团公司、王龙科技公司、喜孚狮王龙公司、傅祥根与被上诉人王国军共同委托的专家辅助人卢志明到庭参加了诉讼。本案现已审理终结。

嘉兴中华化工公司与上海欣晨公司上诉请求：（一）依法改判原审判决第一项，判令王龙集团公司、王龙科技公司、喜孚狮王龙公司、傅祥根、王国军停止以不正当手段获取、披露、使用、允许他人使用原审判决附件2（即本判决附件1）所示设备图和工艺流程图记载的技术秘密；（二）依法改判原审判决第二项，判令王龙集团公司、王龙科技公司、喜孚狮王龙公司、傅祥根、王国军赔偿经济损失175287031.92元，合理支出2483196元，合计177770227.92元；（三）判令王龙集团公司、王龙科技公司、喜孚狮王龙公司、傅祥根、王国军负担全部诉讼费用。事实与理由：（一）原审判决认为本案应适用2017年修正的《中华人民共和国反不正当竞争法》（以下简称2017年反不正当竞争法）属于法律适用错误。被诉侵权行为最早发生在2011年，直至原审判决作出时的2020年4月24日，被诉侵权行为仍在持续进行，故本案应适用2019年修正的《中华人民共和国反不正当竞争法》（以下简称2019年反不正当竞争法）。（二）原审判决认为嘉兴中华化工公司与上海欣晨公司没有在举证期限内申请现场勘验，因此仅根据现有证据认定涉案技术秘密的侵权使用情况，属于法律适用错误，进而导致事实认定不清。嘉兴中华化工公司与上海欣晨公司在原审诉讼过程中提出了现场勘验申请。原审判决仅因为嘉兴中华化工公司与上海欣晨公司没有在举证期限内申请现场勘验，就拒绝进行现场勘验，于法无据，并直接导致原审判决对涉案技术秘密侵权使用情况的事实认定不清。换言之，原审判决错误地认定了王龙集团公司、王龙科技公司、喜孚狮王龙公司、傅祥根、王国军仅使用了原审判决附件3所示的17张设备主图和5张工艺流程图。实际上，王龙集团公司、王龙科技公司、喜孚狮王龙公司、傅祥根、王国军非法获取的记载涉案技术秘密的全部图纸均已被非法使用。（三）原审判决认为王国军没有侵害涉案技术秘密，事实认定错误。王龙科技公司系专为侵害涉案技术秘密而设立，应在王龙科技公司之外另行追究其股东王国军的侵权连带责任。王龙科技公司与王龙集团公司共同实施了获取、披露、使用、允许他人使用涉案技术秘密的行为。因此，王国军也实施了获取、披露、使用、允许他人使用涉案技术秘密的行为，应一并追究其侵权责任。（四）原审判决采用法定赔偿方式确定赔偿数额仅为300万元，存在事实认定错误，并导致法律适用错误。二审庭审中，嘉兴中华化工公司与上海欣晨公司明确：由于二审诉讼产生了新的合理开支，第二项上诉请求中的合理开支有相应的增加，但是增加后其所主张赔偿总额仍为177770227.92元。

王龙集团公司、王龙科技公司、喜孚狮王龙公司、傅祥根及王国军辩称：（一）嘉兴中华化工公司与上海欣晨公司提起本案诉讼已超过诉讼时效并构成重复诉讼，上海欣晨公司无权提起本案诉讼。（二）涉案技术信息不构成技术秘密。（三）即便涉案技术信息构成技术秘密，王龙集团公司、王龙科技公司、喜孚狮王龙公司、傅祥根及王国军亦未实施侵害涉案技术秘密的行为，故不应承担相应的侵权责任。（四）王龙集团公司、王龙科技公司、喜孚狮王龙公司、傅祥根及王国军即便承担赔偿责任，原审法院确定的赔偿数额也过高。嘉兴中华化工公司与上海欣晨公司的上诉主张缺乏事实和法律依据，请求依法予以驳回。

王龙集团公司、王龙科技公司、喜孚狮王龙公司、傅祥根上诉请求：撤销原审判决第一项、第二项，改判驳回嘉兴中华化工公司与上海欣晨公司全部诉讼请求，并负担全部诉讼费用。事实与理由：（一）原审法院对本案关键事实认定错误。1. 原审法院关于傅祥根将存有嘉兴中华化工公司与上海欣晨公司技术资料的 U 盘交给冯××，再由冯××转交给王国军的事实认定错误。2. 嘉兴中华化工公司涉嫌对冯××进行贿赂，冯××存在虚假陈述的重大嫌疑，其在公安机关的陈述及在原审法院出庭作证的证言不应作为定案证据。（二）涉案技术秘密不成立。1. 嘉兴中华化工公司与上海欣晨公司没有对涉案技术秘密采取合理的保密措施。2. 涉案技术秘密属于公开的信息或比较容易获得的信息，不具备商业秘密的法定构成要件。（三）无论涉案技术秘密是否成立，王龙集团公司、王龙科技公司、喜孚狮王龙公司、傅祥根均未实施侵权行为。1. 傅祥根到王龙科技公司工作，并不为法律所禁止，其在工作中利用自己的劳动技能提供劳动是一种正常行为。2. 傅祥根不存在复制冯××提交的图纸电子版本的可能性。3. 嘉兴中华化工公司与上海欣晨公司提交的证据并不能证明王龙集团公司、王龙科技公司、喜孚狮王龙公司、傅祥根侵害了涉案技术秘密。(四) 上海欣晨公司不具备诉讼主体资格，且其不存在实际损失。(五) 嘉兴中华化工公司与上海欣晨公司的起诉已经超出诉讼时效。嘉兴中华化工公司自 2010 年就认为其包括涉案技术秘密载体的图纸等香兰素生产技术被窃取，并起诉冯××侵权，王龙集团公司作为该案第三人参加诉讼，但嘉兴中华化工公司随后撤诉。2015 年嘉兴中华化工公司再次起诉傅祥根、王国军、王龙科技公司、王龙集团公司侵害其商业秘密。这表明嘉兴中华化工公司自 2010 年就知道其商业秘密被侵害，故其提起本案诉讼已超出诉讼时效。不论上海欣晨公司是否具备诉讼主体资格，其在知道或应当知道被诉侵权行为发生后，从未主张权利，其提起本案诉讼亦超出诉讼时效。（六）嘉兴中华化工公司与上海欣晨公司的起诉构成重复起诉。（七）原审判决确定的赔偿数额明显偏高。嘉兴中华化工公司与上海欣晨公司主张涉案技术秘密即香兰素生产工艺的研发费用为 500 万元，案外人浙江嘉兴中华化工集团有限责任公司（以下简称嘉兴中华化工集团公司）支付了 200 万元，嘉兴中华化工公司仅支付了 300 万元，少于原审判决确定的 350 万元赔偿数额。同时，即便原审法院认定的侵权成立，嘉兴中华化工公司的实际损失也远少于其支付的研发费用。（八）王龙集团公司、王龙科技公司、喜孚狮王龙公司、傅祥根不存在以不正当手段获取涉案技术秘密的侵权行为。即使原审法院认定王龙集团公司、王龙科技公司、喜孚狮王龙公司、傅祥根实施了“以不正当手段获取”涉案技术秘密的行为，该“获取”行为也不可能是一个持续行为。傅祥根作为一个自然人，也不具备“使用”涉案技术秘密进行生产的可能，原审判决不具备可执行性。（九）原审判决对诉讼费用的分担比例不当。嘉兴中华化工公司与上海欣晨公司诉讼请求赔偿数额过高，其起诉并请求过高赔偿数额具有一定主观恶意，导致本案诉讼费用过高，故应由其负担大部分诉讼费用。

嘉兴中华化工公司与上海欣晨公司辩称：（一）涉案技术信息构成技术秘密，王龙集团公司、王龙科技公司、喜孚狮王龙公司、傅祥根及王国军实施了侵害涉案技术秘密的行为，给嘉兴中华化工公司与上海欣晨公司造成了重大经济损失，应依法承担相应的法律责任。（二）嘉兴中华化工公司与上海欣晨公司提起本案诉讼未超过诉讼时效，也不构成重复诉讼，上海欣晨公司具有提起本案诉讼的主体资格。（三）原审判决确定的赔偿数额较低。王龙集团公司、王龙科技公司、喜孚狮王龙公司、傅祥根的上诉主张依据不足，请求依法予以驳回。

王国军同意王龙集团公司、王龙科技公司、喜孚狮王龙公司、傅祥根的上诉主张。

嘉兴中华化工公司与上海欣晨公司于 2018 年 5 月 23 日向原审法院起诉，原审法院于 2018 年 5 月 25 日立案受理。嘉兴中华化工公司与上海欣晨公司起诉请求：（一）王龙集团公司、王龙科技公司、喜孚狮王龙公司、傅祥根、王国军立即停止一切侵害嘉兴中华化工公司与上海欣晨公司商业秘密的行为；（二）王龙集团公司、王龙科技公司、喜孚狮王龙公司、傅祥根、王国军赔偿嘉兴中华化工公司与上海欣晨公司经济损失，包括为调查、制止侵权行为所支付的合理费用共计 502000000 元；（三）本案诉讼费用由王龙集团公司、王龙科技公司、喜孚狮王龙公司、傅祥根、王国军负担。嘉兴中华化工公司与上海欣晨公司在原审庭审中明确：第一项诉讼请求所述的商业秘密指通过其香兰素生产设备图、工艺管道及仪表流程图直接体现的技术信息，王龙集团公司、王龙科技公司、喜孚狮王龙公司、傅祥根、王国军的侵权行为包括获取、披露、使用、允许他人使用涉案技术秘密的行为；第二项诉讼请求所述的赔偿数额包括侵权损害赔偿 499516804 元，嘉兴中华化工公司与上海欣晨公司为调查、制止侵权行为支付的合理费用 2483196 元，由王龙集团公司、王龙科技公司、王国军、傅祥根对以上损失额的 93%即 466860000 元承担连带赔偿责任，喜孚狮王龙公司对其中 7%即 35140000 元承担连带赔偿责任。

原审法院查明：

（一）关于嘉兴中华化工公司与上海欣晨公司的主体情况及涉案技术信息的研发过程

1. 嘉兴中华化工公司

嘉兴中华化工公司前身为嘉兴市中华化工总厂，该厂于1995年经浙江省嘉兴市秀城区人民政府批准组建成立嘉兴中华化工集团公司，嘉兴市中华化工总厂厂名继续保留。2003年2月19日，嘉兴市中华化工总厂改制后成立嘉兴中华化工公司，所有债权债务由嘉兴中华化工公司承继，其后嘉兴中华化工集团公司名称被注销。

嘉兴中华化工公司的注册资本5000万元，经营范围：年产邻氨基苯甲醚1万吨、氮气288万 m^3、氧气180万 m^3、氢气720万 m^3、邻硝基苯酚600吨、甲醇（回收）1万吨、乙醇（回收）8000吨、甲苯（回收）3.5万吨（凭有效许可证经营）；黄樟油、愈创木酚、氯化铵、食品添加剂、香兰素、乙基香兰素、5-醛基香兰素的生产（凭有效的生产许可证经营）；化工产品及化工原料的销售；乙醛酸、硫酸钠、氯化钠、香精的销售；市场投资与管理；道路货物运输；自有房屋租赁。

嘉兴中华化工公司系全球主要的香兰素制造商，具有较强的技术优势。2003年1月，嘉兴市中华化工总厂四分厂的“食品添加剂香兰素”经浙江省科学技术厅认定为高新技术产品。2008年、2011年嘉兴中华化工公司连续获得浙江省科学技术厅、财政厅联合颁发的“高新技术企业”证书。2010年，嘉兴中华化工公司被中国轻工业联合会评为“2009年度中国轻工业香料香精行业十强企业”第一名。2011年，嘉兴中华化工公司和上海欣晨公司的“香兰素清洁生产新技术及工程应用”项目获浙江省科学技术奖二等奖。同年，嘉兴中华化工公司的“香兰素生产绿色工艺”获“中国轻工业联合会科学技术进步一等奖”。2013年，嘉兴中华化工公司与上海欣晨公司作为完成单位的“香兰素分离技术及工程应用”通过中国轻工业联合会科学技术成果鉴定。

2. 上海欣晨公司

上海欣晨公司成立于1999年11月5日，注册资本100万元，经营范围：生物、化工专业领域内的技术服务、技术咨询、技术开发、技术转让及新产品的研制。

3. 涉案技术秘密的研发过程

2002年11月22日，嘉兴中华化工集团公司作为甲方与上海欣晨公司作为乙方签订《技术开发合同》《技术转让合同》及补充合同，主要内容包括：

乙方以交钥匙方式向甲方交付年产3000吨香兰素新工艺的工艺配方、操作规程、质量控制要求、原材料质量要求、生产装置的设计技术要求和参数等的技术资料；技术成果的归属由乙方所有；专利权归甲方共同申请并所有；项目中的技术资料由双方共有；工业化项目工程设计、设备非标设计由双方协商指定相当资质的设计单位进行正规系统设计，设计费由甲方支付。合同约定的研究开发经费及报酬500万元由嘉兴中华化工集团公司、嘉兴中华化工公司先后付清。

2005—2006年期间，嘉兴中华化工公司为其技改项目购买设备、工程安装支付了相关费用。

2006年9月26日，嘉兴中华化工公司与上海欣晨公司签订《技术转让合同》，嘉兴中华化工公司委托上海欣晨公司在已有研发成果基础上，设计采用乙醛酸法生产香兰素新工艺的生产线。该合同还约定：由上海欣晨公司在合同签订240天内向嘉兴中华化工公司交付可行性研究报告、工艺流程图、设备布置图、设备一览表、非标设备条件图、土建基础施工图，以及工艺、土建、仪表、电器、公用工程等全套工程设计文件；相关技术仅在甲方（嘉兴中华化工公司）用乙醛酸法生产甲基香兰素车间内使用；相关技术属双方共有。

2007年2月8日，浙江省嘉兴市南湖区经济贸易局批复同意嘉兴中华化工公司扩建年产10000t/a合成香料（乙醛酸法）新技术技改项目，项目建设期1年。同年6月19日，浙江省嘉兴市环境保护局批准嘉兴中华化工公司1万吨合成香料（乙醛酸法）新技术技改项目，新建甲基香兰素生产装置2套，乙基香兰素生产装置1套及配套设施，项目建成后产能达到甲基香兰素9000吨/年，乙基香兰素1000吨/年。同年10月，嘉兴中华化工公司委托通州市平潮压力容器制造有限公司制造香兰素生产所需非标设备共199种，合同约定两个月内交货。设备图由南通职大永泰特种设备设计有限公司根据嘉兴中华化工公司提供的条件图设计完成。华东理工大学工程设计研究院接受嘉兴中华化工公司与上海欣晨公司委托，设计完成项目所需工艺管道及仪表流程图。2007年12月，嘉兴中华化工公司新技术技改项目土建、安装工程竣工。嘉兴中华化工公司于2007年12月29日前向上海欣晨公司支付了技术转让款350万元。

2008年7月16日，嘉兴中华化工公司与上海欣晨公司签订《关于企业长期合作的特别合同》，约定：上海欣晨公司放弃对外一切经营业务，仅作为为嘉兴中华化工公司一家进行技术研发的企业，在合同规定的合作期间研发的所有技术成果知识产权归嘉兴中华化工公司所有，合同期十年；双方合作之前签署所有技术合同履行、结算与新的合作合同无关。

（二）关于嘉兴中华化工公司与上海欣晨公司主张的涉案技术秘密

嘉兴中华化工公司与上海欣晨公司主张其共同研发了乙醛酸法制备香兰素的新工艺，包括缩合、中和、氧化、脱羧等反应过程，还包括愈创木酚、甲苯、氧化铜和乙醇的循环利用过程。嘉兴中华化工公司与上海欣晨公司主张的技术秘密包括六个秘密点：1. 缩合塔的相关图纸，主要包括缩合塔总图以及部件图，还包括缩合液换热器、木酚配料釜、缩合釜、氧化中间釜。2. 氧化装置的相关图纸，主要包括氧化釜总图及部件图，还包括亚铜氧化釜、氧化液槽、氧化亚铜料斗、填料箱。3. 粗品香兰素分离工艺及设备，主要设备包括甲苯回收塔、甲苯蒸馏塔、脱甲苯塔、脱苯塔、苯脱净分层器、香兰素溶解槽/废水中和槽/甲醇回收溶解槽、脱苯塔再沸器、甲苯冷凝器、二结冷凝器、甲苯回收冷凝器、甲醇回收冷凝器、脱甲苯冷凝器。原审庭审中，嘉兴中华化工公司与上海欣晨公司明确放弃该秘密点中关于工艺部分的权利主张。4. 蒸馏装置的相关图纸，主要包括蒸馏装置总图及部件图，还包括甲醇塔、冷水槽/热水槽/洗涤水槽、香油萃取甲苯分层塔、水洗槽、头结过滤器/香油头结过滤器、蒸馏成品槽、蒸馏头子受器。5. 愈创木酚回收工艺及相应设备，包括设备甲苯回收塔、甲苯蒸馏塔、脱水塔再沸器、脱甲苯塔、木酚塔、脱低沸物塔、托苯塔、脱水塔、汽水分离器、苯脱净釜、木酚脱净釜、甲苯脱净槽、木酚脱净釜、甲苯脱净釜、木酚萃取分层塔、苯脱净分层器、木酚熔解釜、低沸物冷凝器、低沸塔再沸器、甲苯冷凝器、二结冷凝器/甲苯回收冷凝器/甲醇回收冷凝器、脱甲苯冷凝器。嘉兴中华化工公司与上海欣晨公司在诉讼中明确放弃本秘密点中关于工艺部分的权利主张。6. 香兰素合成车间工艺流程图，包括：缩合、木酚萃取、氧化、木酚回收工段（一）、木酚回收工段（二）、亚铜分离、亚铜氧化、脱羧、香兰素萃取、头结、头蒸、水冲、二蒸、二结及甲醇回收、香油头蒸、甲苯结晶、甲苯回收、香油二蒸、醇水结晶、甲醇回收、干燥包装、硫酸配置工段的工艺管道及仪表流程图。

上述技术秘密载体为：涉及58个非标设备的设备图287张（包括主图及部件图）、工艺管道及仪表流程图（第三版）25张。其中，设备图的技术内容包括：设备及零部件的尺寸、大小、形状、结构，零部件位置和连接关系，设备进出口位置、尺寸、设备型式，搅拌器型式和电功率，设备、零部件和连接件的材质、耐压、耐腐蚀性、耐高温性能、耐低温性能等技术信息。嘉兴中华化工公司与上海欣晨公司明确表示，设备图涉密信息范围仅限于其上直接记载的技术信息，不包含对应的工艺等其他技术信息。工艺管道及仪表流程图的技术内容包括：各设备之间的位置关系和连接关系，物料和介质连接关系，控制点位置、控制内容和控制方法，标注的反应条件，基于上述连接关系形成的物料、介质的流向、控制参数等技术信息。

（三）关于嘉兴中华化工公司与上海欣晨公司采取保密措施情况

自2003年起，嘉兴中华化工公司先后制定了文件控制程序、记录控制程序、食品安全、质量和环境管理手册、设备/设施管理程序等文件。1. 文件控制程序规定：将公司文件进行编号、按受控、非受控分类管理，凡与质量体系运行紧密相关的文件列为受控文件，香兰素作业指导书上标有“受控”字样；由文件管理员负责文件的发放、更改、回收及原件的存查管制工作；文件的发放、回收建立登记记录；文件领用人须妥善保管领取的文件，不得涂改或擅自更改，不得私自转让、外借，不得改变文件的原装订形式，不可私自复印；由企业管理部负责管理性文件、技术部负责工艺文件管理等事项。2. 记录控制程序规定：公司人员查阅记录时，须经保管部门主管同意；所有记录的原件一律不予外借。3. 设备/设施管理程序规定：设备动力部负责对生产、工艺设备、环境运行设备等的归口管理，建立设备档案；设备说明书、合格证、安装图及其他相关资料交设备部设备管理员归入设备档案。4. 食品安全、质量和环境管理手册规定：建立档案室和档案与信息化管理安全保密制度，设有专职档案管理人员。5. 各部门岗位职责规定：技术部负责公司产品技术文件的标准化审查工作和标准化资料的登记、备案、存放、查阅等事项。6. 职工手册规定：由安全员检查、督促员工遵守安全生产制度和操作规程，做好原始资料的登记和保管工作。嘉兴中华化工公司就其内部管理规定对员工进行了培训，傅祥根于2007年参加了管理体系培训、环境管理体系培训、宣传教育培训、贯标培训。

2010年3月25日，嘉兴中华化工公司制定《档案与信息化管理安全保密制度》，内容包括，对于公司纸质或电子形式存在的技术方案、操作规程、设备图纸、实验数据、操作记录等作为公司涉密信息，公司所有职工必须保守秘密；任何部门及个人不得私自查阅公司档案信息；公司工作人员发现公司秘密已经泄露或者可能泄露时，应当立即采取补救措施；公司与接触相关技术和操作规程的员工签订《保密协议》等。2010年4月起，嘉兴中华化工公司与员工陆续签订保密协议，对商业秘密的范围和员工的保密义务作了约定，傅祥根以打算辞职为由拒绝签订保密协议。

嘉兴中华化工公司与上海欣晨公司之间签订的《技术开发合同》《技术转让合同》《关于企业长期合作的特别合同》均有保密条款的约定。上海欣晨公司的法定代表人以及主要技术人员向嘉兴中华化工公司出具《承诺和保证书》，保证为嘉兴中华化工公司已开发的所有技术成果及其他知识产权不被泄露或披露给任何第三方。上海欣晨公司提交的《上海欣晨新技术有限公司管理条例》及其与员工的劳动合同中订有保密条款，明确公司商业、管理及技术资料为涉密信息。

（四）关于王龙集团公司、王龙科技公司、喜孚狮王龙公司、傅祥根、王国军的主体情况及被诉侵权行为

王龙集团公司成立于1995年6月8日，注册资本8000万元，经营范围为食品添加剂山梨酸钾的研发、生产，化工产品（除危险化学品）的制造、销售等，王国军任监事。

王龙科技公司成立于2009年10月21日，由王国军与王龙集团公司共同出资成立，其注册资本10180万元，经营范围包括食品添加剂山梨酸、山梨酸钾、香兰素、脱氢醋酸、脱氢醋酸钠的研发、生产，羧酸及其衍生物的研发、生产等，王国军任法定代表人。

宁波王龙香精香料有限公司成立于2017年2月24日，由王龙科技公司以实物方式出资8000万元成立，经营范围为实用香精香料（食品添加剂）的研发、生产等，主要产品为香兰素，王国军任法定代表人。

2017年6月22日，王龙科技公司将其所持有的宁波王龙香精香料有限公司51%的股权出售给凯美菱精细科学有限公司（Camlin Fine Sciences Limited，以下简称凯美菱科学公司）与喜孚狮欧洲股份公司，王龙科技公司以设备和专利等出资，占注册资本的49%，公司经营范围变更为香兰素的研发、生产、销售和交易等。2017年7月26日，宁波王龙香精香料有限公司企业名称变更为喜孚狮王龙公司。

傅祥根自1991年进入嘉兴中华化工公司工作，2008年起担任香兰素车间副主任，主要负责香兰素生产设备维修维护工作。

2010年春节前后，冯××与傅祥根、费××开始商议并寻求香兰素生产技术的交易机会。同年4月12日，三人前往王龙集团公司与王国军洽谈香兰素生产技术合作事宜，以嘉兴市智英工程技术咨询有限公司（以下简称嘉兴智英公司）作为甲方，王龙集团香兰素分厂作为乙方，签订《香兰素技术合作协议》，主要内容包括：第一条，甲方以其所持有国内外最新、最先进生产香兰素新工艺技术为该项目入股王龙集团香兰素分厂，甲方暂定为该项目技术价值500万元，8%作为香兰素产品的股份。第二条，甲方提供有关的技术资料，进行技术指导、传授技术诀窍，使该技术顺利转让给乙方。乙方掌握所有产品的工艺技术，包括产品工艺流程图、设备平面布置图、非标设备加工图、涉及香兰素项目的所有技术资料。第七条，甲方技术人员小组（四

人）应跟乙方联合筹建该项目各种事务及筹备销售业务渠道等，确保甲方帮助销售一年一千吨以上销量及各方面工作。落款处甲方由“嘉兴市智英工程技术咨询有限公司（筹）”签章，法定代表人处由冯××签字，乙方由“王龙集团”签章，保证人栏由冯××、傅祥根、费××签字。

2010年4月12日，王龙集团公司向嘉兴智英公司开具100万元银行汇票，冯××通过背书转让后支取100万元现金支票，从中支付给傅祥根40万元、费××24万元。随后，傅祥根交给冯××一个U盘，其中存有香兰素生产设备图200张、工艺管道及仪表流程图14张、主要设备清单等技术资料，冯××转交给了王国军。2010年4月15日，傅祥根向嘉兴中华化工公司提交辞职报告，同年5月傅祥根从嘉兴中华化工公司离职，随即与冯××、费××进入王龙科技公司香兰素车间工作。

2010年5月9日，王龙科技公司与案外人上海宝丰机械制造有限公司签订买卖合同，购买一批非标压力容器。同年6月4日，王龙科技公司与浙江杭特容器有限公司（以下简称杭特公司）签订买卖合同，购买一批非标设备。上述合同均约定供方按需方的工艺条件图设计图纸，经需方确认后按图施工。浙江省嘉兴市南湖区公安分局调取了王龙科技公司向杭特公司提供的设备图105张，其中部分设备图显示设计单位为南通职大永泰特种设备设计有限公司，部分图纸上有傅祥根、费××签字或“技术联系傅工01516859××××王龙”字样，傅祥根确认该移动电话号码系其所有。同期，王龙科技公司向其他厂家购买了离心机、干燥机等设备。以上合同均已实际履行完毕。

2011年3月15日，浙江省宁波市环境保护局批复同意王龙科技公司生产山梨酸（钾）、醋酐、双乙烯酮及醋酸衍生产品、香兰素建设项目环境影响报告书，批准香兰素年产量为5000吨。同年6月，王龙科技公司开始生产香兰素。2013年4月，浙江省宁波市科学技术局批复对王龙科技公司“乙醛酸法新工艺技术制备香兰素及产业化”科技项目给予经费支持，项目负责人包括王国军、傅祥根等三人，王龙科技公司在申报材料中自称傅祥根曾任嘉兴中华化工公司香兰素项目技术负责人之一，参与年产1万吨乙醛酸法合成香兰素连续化生产线设计及建设。2015年8月18日，浙江省宁波市环境保护局批准王龙科技公司新建2套共0.6万吨香兰素生产装置，香兰素的生产采用愈创木酚乙醛酸法。王龙科技公司向该局申报的《年产6万吨乙醛、4万吨丁烯醛、2万吨山梨酸钾、0.6万吨香兰素生产项目环境影响报告书》（以下简称2015年环境影响报告书）包含了碱化与缩合酸化单元、木酚萃取单元、氧化单元氧化工序、氧化单元亚铜回收工序、脱羧单元、香兰素萃取、分馏单元、香兰素结晶和乙醇回收单元、辅助工段9张工艺流程图。

喜孚狮王龙公司自成立时起持续使用王龙科技公司作为股权出资的香兰素生产设备生产香兰素。

（五）关于嘉兴中华化工公司与上海欣晨公司主张的侵权损害赔偿依据以及其为本案支出的费用情况

嘉兴中华化工公司提交的损害赔偿经济分析报告结论为：假定本案侵害商业秘密成立，经济量化分析表明，王龙集团公司、王龙科技公司、喜孚狮王龙公司、傅祥根、王国军侵害涉案技术秘密并进入香兰素市场，导致嘉兴中华化工公司遭受重大经济损失，包括但不限于本报告估算的7.9亿元的价格侵蚀影响。

嘉兴中华化工公司与上海欣晨公司为本案一审诉讼支付律师代理费200万元，为制作损害赔偿经济分析报告支付7万美元。

（六）其他相关事实

2010年6月14日，嘉兴中华化工公司向浙江省嘉兴市南湖区人民法院起诉冯××侵害其商业秘密，王龙集团公司为该案第三人。同年11月12日，嘉兴中华化工公司以“本案可能涉及刑事案件”为由撤回起诉。

2016年1月5日，嘉兴中华化工公司向浙江省嘉兴市南湖区人民法院起诉王龙科技公司、王国军、傅祥根侵害其商业秘密，指控以王国军为发明人、王龙科技公司为申请人的“一种香兰素的乙醛酸法生产工艺”发明专利申请侵害了嘉兴中华化工公司关于香兰素制造方法的商业秘密，其在该案中主张的秘密点为乙醛酸法制备香兰素生产工艺中的缩合技术、氧化技术、脱羧技术。浙江省嘉兴市南湖区人民法院经审理认定王龙科技公司、王国军、傅祥根构成对嘉兴中华化工公司商业秘密的侵害，于2016年11月3日作出（2016）浙0402民初45号民事判决，判令王龙科技公司、王国军、傅祥根停止侵害行为，共同赔偿嘉兴中华化工公司损失50万元。该案二审期间，冯××向浙江省嘉兴市南湖区公安分局大桥派出所反映情况，并提交了U盘和香兰素设备图、工艺管道和仪表流程图、香兰素技术合作协议、银行汇票等材料。浙江省嘉兴市中级人民法院认为有新证据显示案件涉及经济犯罪嫌疑，遂作出（2016）浙04民终2304号民事裁定，撤销该案一审判决，驳回嘉兴中华化工公司的起诉，将案件移送公安机关处理。2017年6月14日，浙江省嘉兴市南湖区公安分局作出嘉南公（大刑）立字［2017］11823号立案决定书，对嘉兴中华化工公司被侵害商业秘密案予以立案侦查。2020年1月7日，浙江省嘉兴市南湖区公安分局以“对犯罪嫌疑人未采取强制措施，自立案之日起二年内仍然不能移送审查起诉或者依法作其他处理”为由，决定撤销该案。

2017年12月5日，根据浙江省嘉兴市南湖区公安分局的委托，上海市科技咨询服务中心知识产权司法鉴定所出具了三份鉴定意见书:（一）［2017］沪科咨知鉴字第48-1号《知识产权司法鉴定意见书》，委托鉴定事项为嘉兴中华化工公司主张的技术秘密是否构成不为公众所知悉的技术信息，鉴定意见为嘉兴中华化工公司“香兰素制备工艺”中（1）香兰素缩合反应关键工艺、（3）氧化铜化学氧化回收工艺、（4）连续式缩合反应塔装置、（5）连续式氧化釜装置、（6）香兰素蒸馏装置、（7）香兰素生产设备技术图纸在2015年5月30日和2017年8月21日之前分别构成不为公众所知的技术信息；（2）氧化铜化学氧化工艺不构成不为公众所知的技术信息。上海市浦东科技信息中心出具的检索结论为，除查新点（2）氧化铜化学氧化工艺被公开外，其余查新点均未查到有相同文献报道。（二）［2017］沪科咨知鉴字第48-2号《知识产权司法鉴定意见书》，委托鉴定事项为王龙科技公司发明专利申请是否包含嘉兴中华化工公司技术秘密点，结论为王龙科技公司的发明专利申请部分披露了秘密点（1）香兰素缩合反应关键工艺中的部分技术，其他秘密点没有披露。（三）［2017］沪科咨知鉴字第48-3号《知识产权司法鉴定意见书》，委托鉴定事项为嘉兴中华化工公司香兰素新工艺生产设备图秘密点鉴定，以及冯××提供的图纸是否包含上述秘密点，结论为冯××提供的设备图纸“缩合塔7张”“蒸馏装置15张”“氧化釜12张”分别与嘉兴中华化工公司的对应图纸相同，包含了上述秘密点（4）（5）（6）（7）。

原审法院认为：本案应适用2017年反不正当竞争法。上海欣晨公司作为涉案技术信息的共有人，有权与嘉兴中华化工公司共同提起诉讼，系本案适格原告。本案未超过诉讼时效，亦未构成重复起诉。涉案技术信息系不为公众所知悉、具有商业价值并经权利人采取相应保密措施的技术信息，具备商业秘密的法定构成要件，构成商业秘密并应受法律保护。王龙集团公司、王龙科技公司、喜孚狮王龙公司、傅祥根获取的技术秘密包括185张设备图和15张工艺流程图（详见原审判决附件2，即本判决附件1），侵权使用的涉案技术秘密包括17个设备的设计图和5张工艺流程图（详见原审判决附件3，即本判决附件2）。

王龙集团公司、王龙科技公司、傅祥根以不正当手段获取涉案技术秘密，并披露、使用、允许他人使用该技术秘密的行为，喜孚狮王龙公司使用涉案技术秘密的行为，均侵害了涉案技术秘密，构成不正当竞争，王龙集团公司、王龙科技公司、喜孚狮王龙公司、傅祥根应当承担停止侵害、赔偿损失的民事责任。其中王龙集团公司、王龙科技公司、傅祥根基于共同实施的侵权行为，应当承担连带责任。喜孚狮王龙公司基于其实施的使用行为，承担部分连带责任。嘉兴中华化工公司与上海欣晨公司要求王龙集团公司、王龙科技公司、喜孚狮王龙公司、傅祥根停止侵害其技术秘密并赔偿损失的诉请于法有据。王国军的行为并未明显超出其法定代表人职务行为的范畴，嘉兴中华化工公司与上海欣晨公司关于王国军构成共同侵权并应承担侵权责任的主张依据不足。

关于赔偿数额，根据2017年反不正当竞争法第十七条第三款、第四款规定，综合考量涉案技术秘密的商业价值、侵权行为的性质、规模、持续时间及损害后果等因素，本案适用法定赔偿方式，酌情确定王龙集团公司、王龙科技公司、傅祥根连带赔偿嘉兴中华化工公司与上海欣晨公司经济损失300万元及维权费用50万元，喜孚狮王龙公司对上述经济损失及维权费用的7%承担连带赔偿责任。

原审法院判决：（一）王龙集团公司、王龙科技公司、喜孚狮王龙公司、傅祥根立即停止侵害涉案技术秘密的行为，即停止以不正当手段获取、披露、使用、允许他人使用涉案设备图和工艺管道及仪表流程图记载的技术秘密（详见原审判决附件2、3，即本判决附件1、2）；该停止侵害的时间持续到涉案技术秘密已为公众所知悉时止。（二）王龙集团公司、王龙科技公司、傅祥根自本判决生效之日起十日内连带赔偿嘉兴中华化工公司、上海欣晨公司经济损失300万元、合理维权费用50万元，共计350万元；喜孚狮王龙公司对其中7%即24.5万元承担连带赔偿责任。（三）驳回嘉兴中华化工公司、上海欣晨公司的其他诉讼请求。一审案件受理费2551800元，由嘉兴中华化工公司、上海欣晨公司负担1258109元；由王龙集团公司、王龙科技公司、傅祥根负担1293691元，喜孚狮王龙公司对其中90558元承担连带责任；鉴定人员出庭费用20000元（已由嘉兴中华化工公司垫付给鉴定机构），由王龙集团公司、王龙科技公司、喜孚狮王龙公司、傅祥根负担。

本院二审审理期间，嘉兴中华化工公司、上海欣晨公司为证明其因被诉侵权行为遭受的损失，王龙集团公司、王龙科技公司、喜孚狮王龙公司、傅祥根及王国军因侵权所获利益，以及嘉兴中华化工公司、上海欣晨公司为制止侵权支付的合理费用，提交了如下新证据：

证据1：2011—2017年嘉兴中华化工公司年度审计报告（节录）。

证据2：上海市张江公证处（2020）沪张江证经字第11504号、第11506号、第11507号、第11508号、第11509号、第11510号、第11511号公证书，系从原审证据87中随机抽取2011—2017年期间嘉兴中华化工公司香兰素产品每月两笔即每年24笔销售转账凭证及发票并计算出平均单价统计表后形成的公证书。为进一步补充证明原审证据87，嘉兴中华化工公司提交了证据 2-1，即嘉兴中华化工公司随机抽取的 2009—2010 年期间其香兰素产品每月两笔即每年 24 笔销售转账凭证及发票，以及由此计算得出的嘉兴中华化工公司 2009—2010 年期间香兰素产品销售平均单价统计表。为进一步补充证明证据 2-1，嘉兴中华化工公司提交了证据 2-2，对上述证据 2-1 的形成过程、原件与复印件的真实性等事项进行了公证，并形成了上海市张江公证处（2020）沪张江证经字第 12140 号公证书和第 12141 号公证书。

证据 3：上海市张江公证处（2020）沪张江证经字第 11497 号公证书。

证据 4：上海市张江公证处（2020）沪张江证经字第 11496 号公证书。

证据 5：北京市方圆公证处（2020）京方圆内经证字第 23023 号公证书。

证据 6：二审诉讼代理合同、代理费发票及转账凭证。

证据 7：嘉兴中华化工公司 2009—2017 年香兰素数量金额明细表、随机抽取的每月一笔转账凭证及其生产成本结算表、原材料分配表。为补充证明证据 7 中香兰素数量金额明细表的真实性，嘉兴中华化工公司提交了证据 7-1，对上述证据 7 的形成过程、原件与复印件的真实性等事项进行了公证，并形成了上海市张江公证处（2020）沪张江证经字第 12319 号公证书。

王龙集团公司、王龙科技公司、喜孚狮王龙公司、傅祥根与王国军在本院指定举证期限内并未提交新证据，故本院在举证期限届满后，于 2020 年 11 月 24 日举行庭前会议，组织各方当事人就嘉兴中华化工公司、上海欣晨公司二审提交的新证据进行质证。王龙集团公司、王龙科技公司、喜孚狮王龙公司、傅祥根与王国军对嘉兴中华化工公司、上海欣晨公司二审新提交证据发表的质证意见为：认可上述新证据的真实性和合法性，但是不认可其关联性，这些证据不能准确地反映嘉兴中华化工公司和上海欣晨公司主张的侵权损失。此外，王龙集团公司、王龙科技公司、喜孚狮王龙公司、傅祥根与王国军的委托诉讼代理人在本次庭前会议中明确表示其在二审程序中没有新证据提交。本院遂决定于 2020 年 12 月 16 日开庭审理本案并依法告知各方当事人。但是，在二审庭审前夕，王龙集团公司、王龙科技公司、喜孚狮王龙公司、傅祥根与王国军的委托诉讼代理人向本院提交了如下新证据：

证据 1：王龙集团公司获奖情况，用以证明王龙集团公司的研发实力。

证据 2：三份采购合同，用以证明根据合同约定王龙科技公司只需向杭特公司提供设备草图，设备生产工艺图由杭特公司设计。

证据 3：硕士论文《乙醛酸法香兰素新工艺技术研究》，用以证明香兰素乙醛酸法主干生产工艺和主要生产设备的布置连接关系在 2003 年已经为公众所知。

证据 4：化工设备图册、化工设备结构图册、管壳式换热器国家标准，用以证明早在 1974 年就已经大量存在与嘉兴中华化工公司香兰素生产线主要设备结构组成相同、尺寸和开口位置相似的设计，嘉兴中华化工公司的设备图纸不构成技术秘密。

证据 5：化工制图（华东化工学院、武汉化工学院），用以证明化工生产中设备的设计规范，只要提出基本要求，就可以画出相应的施工图，常见化工设备并不属于不为公众所知悉的内容。

证据 6：王龙科技公司 2014 年 9 月提交的《宁波王龙科技股份有限公司年产 6 万吨乙醛、4 万吨丁烯醛、2 万吨山梨酸钾、0.6 万吨香兰素生产项目环境影响报告书》（以下简称 2014 年环境影响报告书），用以证明王龙科技公司香兰素生产线主要工序和设备（木酚回收利用工序）与嘉兴中华化工公司不同。

本院将王龙集团公司、王龙科技公司、喜孚狮王龙公司、傅祥根与王国军二审提交的上述新证据转交给嘉兴中华化工公司、上海欣晨公司，并于 2020 年 12 月 15 日组织双方当事人就上述新证据进行质证。王龙集团公司、王龙科技公司、喜孚狮王龙公司、傅祥根与王国军的委托诉讼代理人明确表示，上述证据 4 中仅保留化工设备图册，其证明目的不变，并进一步补充提交了以下新证据，用以证明被诉香兰素制造技术与嘉兴中华化工公司主张的涉案技术秘密不同：

证据 7：浙江省余姚市公证处制作的（2020）浙余证民字第 2226 号、第 2227 号、第 2228 号公证书复印件。

证据 8：化工设备图册中部分图纸的复印件，以及嘉兴中华化工公司所主张设备与证据 8 的对比分析表。

证据 9：嘉兴中华化工公司建设项目环境影响报告表，编制日期 2019 年 9 月。

嘉兴中华化工公司和上海欣晨公司对上述证据的质证意见为：上述证据均不属于二审新证据，且明显超出举证期限，故不应被接受并考虑。具体来说，证据 1 因无原件无法核对真实性，且与香兰素的生产无关，故不认可其与本案的关联性；证据 2 存在原件与复印件不一致的情形，且原审法院调取的证据中共有五份合同，王龙集团公司、王龙科技公司、喜孚狮王龙公司、傅祥根与王国军仅提交了其中的三份合同，存在不完整提交合同证据的情形；证据 3 论文公开了使用改性片麻岩作为催化剂及利用空气作为氧化剂的催化氧化法，与涉案技术秘密采用硫酸铜化学氧化法的工艺不同；证据 4 存在原件与复印件不一致的情形，且无具体公开时间，所有图纸均与香兰素生产无关，同时其未完整公开涉案香兰素的生产工艺；证据 5 中武汉化工学院编制的“化工制图”无原件故不认可其真实性，认可华东化工学院编制的“化工制图”的真实性和公开性，同时上述“化工制图”中的所有设备图、流程图等均与香兰素生产无关，且王龙集团公司、王龙科技公司、喜孚狮王龙公司、傅祥根与王国军未提交上述“化工制图”中与涉案香兰素生产工艺的技术比对说明；证据6没有原件，且与公安机关调取的2015年环境影响报告书不一致，如证据6记载时间是2014年9月版，而公安机关调取的2015年环境影响报告书为2015年4月版，且两者在具体数据上也有差异，故不认可其真实性；证据7仅为复印件，且在二审庭审对其进行质证时仍未提供原件，同时该证据中的照片仅为设备外表，无法得知其准确的尺寸和内部结构，故无法将其与涉案香兰素生产工艺进行比对；证据8认可真实性，但无法确定其公开时间，且所有图纸均与香兰素生产无关，其未完整公开香兰素的生产设备及工艺；证据9认可真实性，但该环境影响报告表为2019年9月编制，其涉及的技术内容和设备与涉案香兰素生产工艺技术的相关性不大。

针对嘉兴中华化工公司、上海欣晨公司就上述证据4、5的质证意见，王龙集团公司、王龙科技公司、喜孚狮王龙公司、傅祥根与王国军的委托诉讼代理人称，上述证据4及证据5中华东化工学院编制的“化工制图”原件有不同来源，而其提交的复印件所依据的原件与其带到法庭的原件因来源不同，故其中的手写部分确有不同。

本院对各方当事人二审提交的新证据的认证意见为：（一）嘉兴中华化工公司、上海欣晨公司二审提交的七份新证据均在举证期限内提交，在一定程度上能够证明其因被诉侵害涉案技术秘密行为所遭受的损失，与本案争议焦点具有关联性，且其真实性、合法性亦得到各方当事人的认可，故本院予以采纳。（二）王龙集团公司、王龙科技公司、喜孚狮王龙公司、傅祥根与王国军均未在本院指定的举证期限内提交新证据，同时上述证据1无法核对真实性，且与香兰素的生产无关；证据2存在原件与复印件不一致的情形，且无法实现其证明目的；证据3公开的技术与涉案工艺不同；证据4与证据5中华东化工学院编制的“化工制图”虽然存在原件与复印件不一致的情形，但王龙集团公司、王龙科技公司、喜孚狮王龙公司、傅祥根、王国军的委托诉讼代理人的解释尚属合理，本院对其真实性予以确认，但证据4及证据5中华东化工学院编制的“化工制图”均与香兰素生产无关，同时证据5中武汉化工学院编制的“化工制图”无原件故不能确认其真实性；证据6没有原件，且与公安机关调取的2015年环境影响报告书不一致，故无法确认其真实性；证据7无法完整展示涉案香兰素生产工艺；证据8与香兰素生产无关；证据9因编制时间为2019年9月，与本案缺乏足够关联性。因此，本院对王龙集团公司、王龙科技公司、喜孚狮王龙公司、傅祥根与王国军二审提交的新证据均不予采信。

在本院庭审过程中，王龙集团公司、王龙科技公司、喜孚狮王龙公司、傅祥根与王国军的专家辅助人卢××到庭，就涉案香兰素生产技术及王龙集团公司、王龙科技公司、喜孚狮王龙公司、傅祥根与王国军二审提交的相关证据进行了说明，并接受了各方当事人及法庭的询问。

此外，嘉兴中华化工公司与上海欣晨公司提交的原审证据 78 为嘉兴中华化工公司 2008—2017 年产品销售毛利数据；原审证据 87 为嘉兴中华化工公司 2008—2017 年香兰素销售明细账，系为补强其原审证据 78 中的销售数量和销售单价，以证明原审证据 78 中销售数量的真实性；原审证据 89 为“关于中华化工等诉王龙集团等侵害商业秘密案的损害赔偿的经济分析报告”。上述证据均系用以证明嘉兴中华化工公司与上海欣晨公司因涉案技术秘密被侵害受到的损失或者王龙集团公司、王龙科技公司、喜孚狮王龙公司、傅祥根、王国军因侵害涉案技术秘密所获利益。为了进一步补强原审证据 87，嘉兴中华化工公司与上海欣晨公司二审提交了新证据 2、2-1、2-2，即 2009—2017 年期间嘉兴中华化工公司香兰素产品每月两笔销售转账凭证及其所附发票、平均单价统计表，进一步证明原审证据 78 中销售单价的真实性。为证明原审证据 78 中单位成本的真实性，嘉兴中华化工公司与上海欣晨公司二审提交了新证据 7 及 7-1，即嘉兴中华化工公司 2009—2017 年期间香兰素数量金额明细表、随机抽取的每月一笔转账凭证及其生产成本结算表、原材料分配表。原审法院经审查认为，原审证据 78、87 系单方制作证据，在缺少税务发票、审计报告等客观证据佐证的情况下，不足以确定其数据的真实性，但对于嘉兴中华化工公司的销售数量和销售单价具有一定参考作用，故对原审证据 78、87 予以认定；对原审证据 89 的形式真实性予以认定，但认为原审证据 89 不能实现其证明目的。对此，本院经审查认为，虽然原审证据 78、87 中包含有嘉兴中华化工公司自制的证据，但嘉兴中华化工公司与上海欣晨公司二审已经提交了新证据补充证明原审证据 78、87 的真实性，且该新证据具有真实性、合法性、关联性，该新证据可以采信。同时，考虑侵害技术秘密类案件中普遍存在的当事人举证能力有限的现实状况、嘉兴中华化工公司与上海欣晨公司的实际举证能力和具体举证情况、本案其他证据相互印证情况等因素，本院对上述原审证据 78、87 予以采纳，对原审证据 89 所记载的价格侵蚀情况，本院也将客观展示。

结合各方当事人在诉讼中提交的证据，本院查明如下事实：

根据嘉兴中华化工公司与上海欣晨公司原审证据 78 所采用的计算方法，

2011—2017 年期间，嘉兴中华化工公司香兰素抽样年平均销售单价分别为每吨 75224.35 元、75259.97 元、73691.83 元、65034.72 元、64978.64 元、59186.54 元、63782.05 元；嘉兴中华化工公司香兰素年销售单价分别为每吨 76028 元、73910 元、71156 元、66943 元、66490 元、60356 元、61314 元；嘉兴中华化工公司香兰素年营业收入分别为 831504715.56 元、756976728.24 元、613490128.38 元、927779249.21 元、850935687.19 元、744324516.36 元、748944703.02 元；嘉兴中华化工公司香兰素年营业利润分别为 110561595.74 元、41019632.69 元、72872000.61 元、91951372.50 元、85209268.01 元、193407889.68 元、83774612.19 元；嘉兴中华化工公司香兰素年营业利润率分别为 13.30%、5.42%、11.88%、9.91%、10.01%、25.98%、11.19%；嘉兴中华化工公司香兰素年销售利润率分别为：18.46%、16.21%、24.51%、13.28%、13.70%、13.77%、13.29%。

根据嘉兴中华化工公司与上海欣晨公司提交的二审证据 2、2-1、2-2、7、7-1 及原审证据 78、87、89，按照价格侵蚀的计算方法，2011—2017 年期间嘉兴中华化工公司与上海欣晨公司因王龙集团公司、王龙科技公司及喜孚狮王龙公司的被诉侵权行为对嘉兴中华化工公司香兰素产品的价格侵蚀导致的损害高达 790814699 元。

2019 年 1 月 30 日，嘉兴中华化工公司与上海欣晨公司向原审法院申请行为保全，请求责令：1. 王龙科技公司、喜孚狮王龙公司立即停止使用涉案技术秘密；2. 王龙集团公司、王龙科技公司、喜孚狮王龙公司、傅祥根、王国军不得向他人，尤其是不得向凯美菱科学公司披露涉案技术秘密；3. 王龙集团公司、王龙科技公司、喜孚狮王龙公司、傅祥根、王国军不得允许他人，尤其是不得允许凯美菱科学公司使用涉案技术秘密。2020 年 4 月 24 日，原审法院在作出原审判决的同时，一并作出（2018）浙民初 25 号之一民事裁定。该裁定记载：虽然原审判决已经责令王龙集团公司、王龙科技公司、喜孚狮王龙公司、傅祥根停止侵害涉案技术秘密的行为，但因原审判决尚未生效，不能立即发生制止侵权行为的效果，尚无法避免嘉兴中华化工公司、上海欣晨公司损失的扩大；本案不存在可能给社会公众利益造成损害的情形。综合考虑全案因素，本案存在责令王龙集团公司、王龙科技公司、喜孚狮王龙公司、傅祥根立即停止侵害行为的必要性。因此，原审法院裁定：（一）王龙科技公司、喜孚狮王龙公司立即停止使用涉案技术秘密生产香兰素的行为；（二）王龙集团公司、王龙科技公司、喜孚狮王龙公司、傅祥根不得向他人披露或者允许他人使用涉案技术秘密；（三）驳回嘉兴中华化工公司与上海欣晨公司的其他行为保全申请。涉案技术秘密具体范围见原审判决附件 2

（即本判决附件 1），以上行为保全措施效力维持至本案判决生效时止。本裁定立即开始执行。上述裁定作出后，各方当事人均未依法申请复议，该裁定为生效裁定。

嘉兴中华化工公司与上海欣晨公司的委托诉讼代理人在二审庭审中有如下陈述：（一）香兰素的市场需求量相对稳定，每年的全球需求量基本保持在两万吨左右。在王龙集团公司、王龙科技公司、喜孚狮王龙公司生产香兰素之前，全球两大香兰素生产商占据 90%左右的市场份额，其中嘉兴中华化工公司占据全球香兰素市场 60%左右的份额；法国一家生产商占据 30%左右的市场份额。（二）王龙集团公司、王龙科技公司、喜孚狮王龙公司生产香兰素之后，很快就占据了 10%左右的全球香兰素市场份额，嘉兴中华化工公司的市场份额则下降到 50%左右。王龙集团公司、王龙科技公司、喜孚狮王龙公司侵害涉案技术秘密生产的香兰素产品销售地域非常广，遍布美洲、欧洲、亚洲等全球主要市场，且其针对的消费群体、市场范围主要对标嘉兴中华化工公司的香兰素产品。由于王龙集团公司、王龙科技公司、喜孚狮王龙公司没有投入研发成本，故能面向全球市场低价销售香兰素，导致嘉兴中华化工公司的市场收入严重下滑。（三）在王龙集团公司、王龙科技公司的香兰素产品投放国际市场后，上述法国厂家曾在欧洲起诉嘉兴中华化工公司及王龙集团公司、王龙科技公司的香兰素生产设备侵害其专利权，嘉兴中华化工公司积极应诉，该法国厂商败诉。在该案中，该法国厂家提交的证据显示，王龙集团公司、王龙科技公司自认其香兰素生产设备与嘉兴中华化工公司的香兰素产品生产设备相同。（四）傅祥根到王龙集团公司工作后，短期内嘉兴中华化工公司多名与香兰素生产技术相关的员工也到王龙集团公司工作，帮助王龙集团公司、王龙科技公司实现了香兰素产品的量产。（五）嘉兴中华化工公司与上海欣晨公司于 2018 年 5 月提起本案原审诉讼，其在本案中主张的赔偿数额仅计算至 2017 年底，不包括被诉侵权行为 2018 年以来持续至今给其造成的损失。（六）嘉兴中华化工公司与上海欣晨公司在本案中未主张销毁记载有涉案技术秘密的相关载体，也未主张销毁相关模具等生产设备。（七）香兰素的化学合成方法主要包括亚硝基法和乙醛酸法，目前乙醛酸法系生产香兰素的主流方法。乙醛酸法生产香兰素的整个过程大体上可以分为两个阶段：合成（制备）阶段和后处理（精制）阶段。其中合成阶段最为重要，其所解决的是香兰素产品从无到有的问题，并在很大程度决定了后处理阶段香兰素产品的纯度高低。根据反应原理，乙醛酸法生产香兰素的合成阶段包括三个步骤：缩合、氧化和脱羧。涉案技术秘密是嘉兴中华化工公司与上海欣晨公司共同自主研发的乙醛酸法制备香兰素新工艺，创造性地采用了化学氧化法。相对于传统的“催化氧化法”，新工艺具有反应条件温和、反应终点更易控制、副反应少的优点，属于创新技术。王龙集团公司、王龙科技公司、喜孚狮王龙公司、傅祥根及王国军对嘉兴中华化工公司与上海欣晨公司的上述陈述当庭未明确表示反对或否认。

2011 年 3 月 15 日浙江省宁波市环境保护局批复同意王龙科技公司香兰素年产量为 5000 吨，2015 年 8 月 18 日该局又批准王龙科技公司新建 2 套共 6000 吨香兰素生产线。嘉兴中华化工公司与上海欣晨公司提交的原审证据 74 第 410 页表明，王龙集团公司、王龙科技公司曾自述其 2013 年的香兰素产量为 2000 吨。王龙集团公司、王龙科技公司、喜孚狮王龙公司、傅祥根与王国军的委托诉讼代理人于 2020 年 11 月 24 日接受本院询问及 2020 年 12 月 16 日二审庭审时均陈述，被诉侵权行为目前仍在继续实施中。嘉兴中华化工公司与上海欣晨公司二审提交的新证据 4 也表明，王龙集团公司、王龙科技公司、喜孚狮王龙公司 2018 年 4 月 1 日至 2019 年 3 月 1 日销售香兰素 2263 吨；新证据 5 表明王龙集团公司、王龙科技公司、喜孚狮王龙公司 2019 年生产香兰素 3185 吨，2020 年 1—9 月生产香兰素 1976 吨；新证据 3 表明喜孚狮王龙公司具有代表性的销售价格为每公斤 8.75 美元，即每吨 8750 美元，换算为人民币约为每吨 57619 元。

嘉兴中华化工公司与上海欣晨公司在二审庭审中计算损害赔偿数额时，主张按照嘉兴中华化工公司香兰素产品 2011—2017 年期间的营业利润计算王龙集团公司、王龙科技公司及喜孚狮王龙公司侵害涉案技术秘密的获利乘以 1.5 倍来确定赔偿数额，具体而言，王龙集团公司、王龙科技公司及喜孚狮王龙公司 2011—2017 年期间每年的香兰素产品按 2000 吨计算，乘以嘉兴中华化工公司同期香兰素产品的营业利润总额为 116804409.00 元，再乘以 1.5 倍得出损害赔偿总额 175206613.50 元。

本院另查明：宁波王龙香精香料有限公司成立于 2015 年 11 月 20 日；喜孚狮王龙公司的法定代表人于 2020 年 10 月 9 日由王国军变更为周万根。上述事实有喜孚狮王龙公司的企业信用信息公示报告予以证实。原审判决错误认定宁波王龙香精香料有限公司成立时间为 2017 年 2 月 24 日，本院予以纠正。

原审法院已查明的其他事实基本清楚，本院予以确认。

本院认为：根据当事人的诉辩主张并结合已查明事实，本案的争议焦点为：（一）本案应该如何适用法律；（二）上海欣晨公司是否有权提起本案诉讼；（三）本案诉讼请求是否已过诉讼时效；（四）本案是否构成重复起诉；（五）涉案技术信息是否构成技术秘密；（六）王龙集团公司、王龙科技公司、喜孚狮王龙公司、傅祥根及王国军（以下简称王龙集团公司等被诉侵权人）是否实施了侵害涉案技术秘密的行为；（七）原审法院确定损害赔偿责任、维权费用及诉讼费分担是否恰当。

（一）本案应该如何适用法律

法律以不溯及既往为原则，溯及既往为例外。本案中，在被诉侵害技术秘密的行为持续期间，2017 年反不正当竞争法于 2018 年 1 月 1 日起施行，2019 年反不正当竞争法于 2019 年 4 月 23 日起施行。原审法院于 2018 年 5 月立案受理本案原审诉讼，其审理的被诉侵权行为发生在 2019 年反不正当竞争法实施之前。虽然被诉侵害涉案技术秘密行为目前仍在继续实施中，即被诉侵权行为作为一个未间断的行为已经持续至 2019 年反不正当竞争法的实施期间，但鉴于嘉兴中华化工公司与上海欣晨公司仅针对 2019 年反不正当竞争法施行前的被诉侵权行为提起原审诉讼，特别是其主张的损害赔偿责任计算期间并不包括自 2018 年持续至今的被诉侵权行为，且适用 2017 年反不正当竞争法等当时有效的相关法律足以保护当事人的合法权益，故原审法院依据 2017 年反不正当竞争法审理本案并无不当。

因此，嘉兴中华化工公司与上海欣晨公司有关原审法院适用 2017 年反不正当竞争法构成法律适用错误及本案应适用 2019 年反不正当竞争法的上诉主张缺乏依据，本院不予支持。

（二）上海欣晨公司是否有权提起本案诉讼

商业秘密是一种受法律保护的民事权利。《中华人民共和国民事诉讼法》[①] 第五十二条规定："当事人一方或者双方为二人以上，其诉讼标的是共同的，或者诉讼标的是同一种类、人民法院认为可以合并审理并经当事人同意的，为共同诉讼。共同诉讼的一方当事人对诉讼标的有共同权利义务的，其中一人的诉讼行为经其他共同诉讼人承认，对其他共同诉讼人发生效力；对诉讼标的没有共同权利义务的，其中一人的诉讼行为对其他共同诉讼人不发生效力。"据此，如果数个民事主体共有民事权利，该共有民事权利被侵害时，该数个民事主体可以作为共同原告提起民事诉讼。

本案中，嘉兴中华化工公司与上海欣晨公司主张的技术秘密为乙醛酸法制备香兰素新工艺的生产设备图和工艺管道及仪表流程图。从嘉兴中华化工公司与上海欣晨公司 2006 年 9 月 26 日签订的《技术转让合同》的相关内容来看，嘉兴中华化工公司委托上海欣晨公司在前期香兰素生产新工艺研发的基础上进行工程设计，上海欣晨公司负责交付包括可行性研究报告、工艺流

---

① 此处指 2017 年《中华人民共和国民事诉讼法》，其已于 2021 年修改，本案下同。

程图、设备布置图、设备一览表、非标设备条件图等全套工程设计文件，项目中的技术资料由双方共有，技术成果后续改进工作由双方完成，后续改进成果属于双方。涉案设备图主要是根据合同约定的条件图来设计，故设备图的技术信息也属于合同项下的技术资料，其与工艺流程图均应由嘉兴中华化工公司和上海欣晨公司双方共有。虽然嘉兴中华化工公司与上海欣晨公司在2008年7月16日签订的《关于企业长期合作的特别合同》约定合作期间的知识产权成果归嘉兴中华化工公司所有，但指向的是该合同履行期间内研发的技术成果，与双方之前签署的技术合同履行、结算并无直接关联性，并不改变涉案技术秘密的权利归属。

因此，上海欣晨公司与嘉兴中华化工公司为涉案技术秘密的共同权利人，有权共同提起本案诉讼，原审法院认定上海欣晨公司系本案适格原告并无不当。王龙集团公司、王龙科技公司、喜孚狮王龙公司、傅祥根有关上海欣晨公司无权提起本案诉讼的上诉主张缺乏事实和法律依据，本院不予支持。

（三）本案诉讼请求是否已过诉讼时效

1. 关于停止侵害的诉讼请求

《中华人民共和国民法总则》[①]（以下简称民法总则）第一百九十六条规定："下列请求权不适用诉讼时效的规定：（一）请求停止侵害、排除妨碍、消除危险；（二）不动产物权和登记的动产物权的权利人请求返还财产；（三）请求支付抚养费、赡养费或者扶养费；（四）依法不适用诉讼时效的其他请求权。"可见，诉讼时效的适用对象通常是债权请求权，停止侵害、排除妨碍、消除危险、返还财产等绝对权请求权不适用诉讼时效。因此，本案嘉兴中华化工公司和上海欣晨公司关于停止侵害其商业秘密的诉讼请求不适用诉讼时效。

2. 关于侵权损害赔偿的诉讼请求

民法总则第一百八十八条规定："向人民法院请求保护民事权利的诉讼时效期间为三年。法律另有规定的，依照其规定。诉讼时效期间自权利人知道或者应当知道权利受到损害以及义务人之日起计算。法律另有规定的，依照其规定。但是自权利受到损害之日起超过二十年的，人民法院不予保护；有特殊情况的，人民法院可以根据权利人的申请决定延长。"一般而言，侵权损害赔偿请求权的诉讼时效应当自权利人知道或者应当知道其被侵害的权利范围、侵害人及侵害行为之时开始计算。

本案中，从查明的事实和嘉兴中华化工公司维权过程来看，香兰素生产

---

① 已被《中华人民共和国民法典》废止，本案下同。

技术内容较为复杂，包含诸多技术信息，嘉兴中华化工公司与上海欣晨公司对于其技术秘密受到侵害的范围、途径和具体侵权主体的认知实际上存在一个渐进的过程。虽然嘉兴中华化工公司曾于2010年提起诉讼，但该案的被告和所依据的事实均与本案不同，没有证据表明嘉兴中华化工公司当时知道或者应当知道涉案设备图、工艺流程图已经被非法获取、披露或者使用且本案各原审被告为该侵权行为的实施者。虽然嘉兴中华化工公司在该案中撤诉，但是其撤诉理由是“本案可能涉及刑事案件”，且浙江省嘉兴市南湖区公安分局大桥派出所随后对相关情况进行过调查，表明该撤诉行为并不意味着嘉兴中华化工公司对其商业秘密被侵害采取放任态度。同理，嘉兴中华化工公司2016年1月提起诉讼针对的被告与本案原审被告亦不相同，所涉及的技术秘密的具体内容及相关诉讼主张亦不相同。直到冯××于2016年12月向公安机关反映情况并提交图纸等证据后，嘉兴中华化工公司才基本掌握初步证据，明确其可能被侵害的技术秘密内容、可能的侵害人及侵害行为。因此，本案诉讼时效应当自冯××于2016年12月向公安机关反映情况并提交图纸等证据且嘉兴中华化工公司获悉此情况时开始起算。嘉兴中华化工公司提起本案诉讼时其损害赔偿请求权的诉讼时效期间尚未届满。退一步讲，即便嘉兴中华化工公司2016年1月提起的诉讼涉及其在本案中主张的部分技术秘密，针对该部分技术秘密的起诉也构成诉讼时效中断。事实上，嘉兴中华化工公司两次提起诉讼及公安机关的介入都表明，嘉兴中华化工公司的维权行动一直在持续，只是基于侵害技术秘密案件中普遍存在的确定和证明侵害人、侵害行为、被侵害的技术秘密范围较为困难，嘉兴中华化工公司与上海欣晨公司才无法准确针对王龙集团公司、王龙科技公司、喜孚狮王龙公司、傅祥根、王国军更早提起侵害涉案技术秘密的诉讼。

因此，王龙集团公司、王龙科技公司、喜孚狮王龙公司、傅祥根有关本案诉讼请求已过诉讼时效的上诉主张缺乏事实和法律依据，本院不予支持。

（四）本案是否构成重复起诉

《最高人民法院关于适用〈中华人民共和国民事诉讼法〉的解释》[①] 第二百四十七条规定：“当事人就已经提起诉讼的事项在诉讼过程中或者裁判生效后再次起诉，同时符合下列条件的，构成重复起诉：（一）后诉与前诉的当事人相同；（二）后诉与前诉的诉讼标的相同；（三）后诉与前诉的诉讼请求相同，或者后诉的诉讼请求实质上否定前诉裁判结果。当事人重复起诉的，裁定不予受理；已经受理的，裁定驳回起诉，但法律、司法解释另有规定的

① 已被《最高人民法院关于修改〈最高人民法院关于适用《中华人民共和国民事诉讼法》的解释〉的决定》（2022年4月1日公布）修改，本案下同。

除外。”本案中，嘉兴中华化工公司与上海欣晨公司提起原审诉讼并不构成重复诉讼。具体理由是：

第一，无论是嘉兴中华化工公司2010年6月14日起诉冯××侵害其商业秘密，还是嘉兴中华化工公司于2016年1月5日起诉王龙科技公司、王国军、傅祥根侵害其商业秘密，均因可能涉及刑事案件或经济犯罪嫌疑而未能成功保护其合法权益。

第二，上述两案与本案所涉及的技术秘密及当事人均有不同。本案所涉香兰素生产设备图、工艺管道及仪表流程图及其技术信息是否构成技术秘密，王龙集团公司、王龙科技公司、喜孚狮王龙公司、傅祥根、王国军等被诉侵权人是否侵害该技术秘密等问题，上述两案均未涉及，即本案与前案的权利基础、诉争范围均不相同。

第三，侵害商业秘密行为普遍存在发现难、举证难的现象，在权利人非因自身原因难以确定其技术秘密受侵害的情况下，通常难以在同一案件中一并提出所有权利主张。在无证据表明嘉兴中华化工公司与上海欣晨公司存在滥用诉权的情况下，其就不同时期发现的针对不同技术秘密点的侵权行为分别提起诉讼，并不构成重复起诉。

因此，王龙集团公司、王龙科技公司、喜孚狮王龙公司、傅祥根有关本案构成重复起诉的上诉主张缺乏事实和法律依据，本院不予支持。

（五）涉案技术信息是否构成技术秘密

2017年反不正当竞争法第九条第三款规定：“本法所称的商业秘密，是指不为公众所知悉、具有商业价值并经权利人采取相应保密措施的技术信息和经营信息。”“不为公众所知悉”是指有关信息不为其所属领域的相关人员普遍知悉和容易获得。一般说来，普遍知悉或者容易获得均不要求商业秘密已必然为某个具体的人所知悉或获得，只要该商业秘密处于所属领域相关人员想知悉就能知悉或者想获得就能获得的状态，或者所属领域相关人员不用付出过多劳动就能够知悉或者获得该商业秘密，就可以认定其为所属领域的相关人员普遍知悉或者容易获得。“具有商业价值”一般是指有关信息具有现实的或者潜在的商业价值，能为权利人带来竞争优势。商业秘密具有的商业价值并不限于其已经实际产生的价值，还包括其可能带来的价值。同时，商业秘密的价值既包括使用该商业秘密给其带来的价值增长，也包括使用该商业秘密为其避免的价值减损或者成本付出。“保密措施”一般是指权利人为防止信息泄露所采取的与其商业价值等具体情况相适应的合理保护措施，通常应当根据商业秘密及其载体的性质、商业秘密的商业价值、保密措施的可识别程度、保密措施与商业秘密的对应程度以及权利人的保密意愿等因素，认定权利人是否采取了相应保密措施。

本案中，嘉兴中华化工公司与上海欣晨公司涉案技术信息的载体为 287 张设备图和 25 张工艺管道及仪表流程图，本院经审查，认定上述 287 张设备图和 25 张工艺管道及仪表流程图均构成技术秘密。具体理由如下：

第一，嘉兴中华化工公司和上海欣晨公司的设备图（包括部件图）承载了具有特定结构、能够完成特定生产步骤的非标设备或者设备组合的参数信息，构成相对独立的技术单元，属于技术信息。工艺管道及仪表流程图记载了相关工序所需的设备及其位置和连接关系、物料和介质连接关系、控制点参数等信息，亦为相对独立的技术单元，同样属于技术信息。

第二，嘉兴中华化工公司和上海欣晨公司的设备图和工艺管道及仪表流程图属于不为公众所知悉的技术信息。首先，涉案技术信息是企业自行设计的非标设备及工艺流程参数信息，主要为计算机应用软件绘制、表达的工程图形信息，现有证据不能证明其已经在先公开。其次，对于不同香兰素生产企业而言，其使用的生产设备及连接方式、工艺流程的步骤和控制方法往往基于企业的规模、技术实力、实践经验等具有各自的特点。嘉兴中华化工公司的设备图、工艺管道及仪表流程图的尺寸、结构、材料信息是根据自身生产工艺对参数优选数值的有机组合，需要经过大量技术研发、检验筛选才能够获得。市场上并不存在标准化的成套香兰素工业化生产设备技术图纸以及工艺流程图，涉案技术信息无法从公开渠道获取，也无法通过观察香兰素产品直接获得。最后，根据［2017］沪科咨知鉴字第 48-1 号《知识产权司法鉴定意见书》的鉴定结论，涉案香兰素生产设备技术图纸在 2015 年 5 月 30 日和 2017 年 8 月 21 日之前分别构成不为公众所知的技术信息。当然，时至今日也没有证据证明上述涉案香兰素生产设备技术图纸已经被公开并为相关公众所普遍知悉。

第三，嘉兴中华化工公司和上海欣晨公司的涉案技术信息具有极高的商业价值。嘉兴中华化工公司系香兰素行业的龙头企业，其投入大量时间和成本研发的生产设备和工艺流程已经实际投入生产，提高了其香兰素产品的生产效率，并为企业形成市场优势、创造可观利润，从而为企业带来经济利益和竞争优势，故涉案技术信息明显具有极高的商业价值。

第四，嘉兴中华化工公司对涉案技术信息采取了相应的保密措施。嘉兴中华化工公司制定了文件控制程序、记录控制程序等管理性文件，对公司重要文件、设备进行管理；由专人对文件的发放、回收进行管理和控制，并规定通过培训等方式向员工公开，表明其具有保密意愿且采取了保密措施。具体到涉案技术信息，嘉兴中华化工公司与上海欣晨公司之间签订的技术开发合同约定有保密条款，嘉兴中华化工公司也制定了《档案与信息化管理安全保密制度》等管理规定，并对职工多次进行保密宣传、教育和培训。傅祥根在原审庭审中陈述涉案图纸有专门部门保管，其无法轻易获取。由于上述保密措施，涉案技术信息至今仍未被公开。可见，嘉兴中华化工公司的保密措施与涉案技术信息价值基本相适应，客观上起到了保密效果。

第五，上海欣晨公司对涉案技术信息采取了相应的保密措施。上海欣晨公司管理条例中有关于保密纪律的规定，其与员工的劳动合同中也订有保密条款。上海欣晨公司自 2008 年起仅为嘉兴中华化工公司一家提供技术服务，自身并不从事实际生产，没有证据表明其在经营中或者与第三方交易中披露过涉案技术秘密，其采取的措施合理且有效。

综上，涉案技术信息系不为公众所知悉、具有商业价值并经权利人采取相应保密措施的技术信息，符合技术秘密的法定构成要件，依法应受法律保护。王龙集团公司、王龙科技公司、喜孚狮王龙公司、傅祥根有关涉案技术信息不构成技术秘密的上诉主张缺乏事实和法律依据，本院不予支持。

（六）王龙集团公司等被诉侵权人是否实施了侵害涉案技术秘密的行为

2017 年反不正当竞争法第九条第一款规定：“经营者不得实施下列侵犯商业秘密的行为：（一）以盗窃、贿赂、欺诈、胁迫或者其他不正当手段获取权利人的商业秘密；（二）披露、使用或者允许他人使用以前项手段获取的权利人的商业秘密；（三）违反约定或者违反权利人有关保守商业秘密的要求，披露、使用或者允许他人使用其所掌握的商业秘密。”该条第二款规定：“第三人明知或者应知商业秘密权利人的员工、前员工或者其他单位、个人实施前款所列违法行为，仍获取、披露、使用或者允许他人使用该商业秘密的，视为侵犯商业秘密。”被诉侵权人在生产经营活动中直接使用商业秘密，对商业秘密进行修改或改进后使用，或者根据商业秘密调整、优化、改进有关生产经营活动的，一般应当认定为使用商业秘密。

1. 被诉侵权技术信息与涉案技术秘密相同

嘉兴中华化工公司与上海欣晨公司主张的技术秘密包括六个秘密点，涉及 58 个非标设备的设备图 287 张和工艺管道及仪表流程图 25 张。被诉侵权技术信息载体为王龙集团公司等被诉侵权人获取的 200 张设备图和 14 张工艺流程图，经比对其中有 184 张设备图与涉案技术秘密中设备图的结构型式、大小尺寸、设计参数、制造要求均相同，设备名称和编号、图纸编号、制图单位等也相同，共涉及 40 个非标设备；有 14 张工艺流程图与嘉兴中华化工公司的工艺管道及仪表流程图的设备位置和连接关系、物料和介质连接关系、控制内容和参数等均相同，其中部分图纸标注的图纸名称、项目名称、设计单位也相同。同时，王龙科技公司提供给杭特公司的脱甲苯冷凝器设备图、王龙科技公司环境影响报告书附 15 氧化单元氧化工艺流程图虽然未包含在冯××提交的图纸之内，但均属于涉案技术秘密的范围。鉴于王龙科技公司已在设备加工和环评申报中加以使用，可以确定王龙科技公司获取了该两份图纸。因此，原审法院认定王龙集团公司等被诉侵权人非法获取的技术秘密包括 185 张设备图和 15 张工艺流程图（详见本判决附件 1）并无不当，本院予以确认。

2. 涉案技术秘密的侵权使用情况

经原审法院比对，各方当事人确认王龙科技公司提供给杭特公司的设备图中有 37 张与涉案技术秘密的设备图相同，且包含在王龙集团公司等被诉侵权人非法获取的图纸范围内，共涉及 8 个非标设备。关于 2015 年环境影响报告书中的工艺流程图，其中附 15 氧化单元氧化工艺、附 16 氧化单元亚铜回收工序、附 17 脱羧单元工艺流程图分别与嘉兴中华化工公司的氧化工段、亚铜氧化工段、脱羧工段工艺管道及仪表流程图相同；附 20 香兰素结晶和乙醇回收单元工艺流程图与嘉兴中华化工公司的二结及甲醇回收工段流程图相比，仅缺少计量槽和过滤机，两者构成实质性相似；附 18 香兰素萃取流程图与嘉兴中华化工公司的香兰素萃取工段流程图相比，将原有 3 个萃取塔增加为 4 个，由于该两个工段均为多个设备组成的复杂工艺流程，在其他技术信息相同的情况下，减少个别辅助设备或仅增加一个萃取塔对整个工序的工艺流程不足以产生实质性影响，该两个工段工艺流程图与嘉兴中华化工公司的工艺管道及仪表流程图构成实质性相似；附 13 碱化与缩合酸化单元流程图与嘉兴中华化工公司的缩合工段工艺管道及仪表流程图相比，缺少多个缩合塔串联的技术信息；附 14 木酚萃取单元流程图与嘉兴中华化工公司的木酚萃取工段工艺管道及仪表流程图相比，缺少甲苯回收工艺流程信息；附 19 分馏单元流程图与嘉兴中华化工公司的头蒸工段工艺管道及仪表流程图相比，将原有 3 组蒸馏装置增加为 5 组；附 21 辅助工段流程图与嘉兴中华化工公司的硫酸配置工段工艺管道及仪表流程图具有一定差异。

本案中，涉案技术秘密的载体为 287 张设备图和 25 张工艺管道及仪表流程图，王龙集团公司等被诉侵权人非法获取了其中的 185 张设备图和 15 张工艺流程图。考虑到王龙集团公司等被诉侵权人获取涉案技术秘密图纸后完全可以做一些针对性的修改，故上述附 13、14、19、21 与涉案技术秘密中的对应技术信息虽然存在些许差异，但根据本案具体侵权情况，完全可以认定这些差异是因王龙集团公司等被诉侵权人在获取涉案技术秘密后进行规避性或者适应性修改所导致，故可以认定上述附 13、14、19、21 依然使用了涉案技术秘密。

原审法院在考虑本案具体情形后，认定王龙集团公司等被诉侵权人使用的技术秘密包括 17 个设备的设计图和 5 张工艺流程图（详见本判决附件 2），本院经审查对上述认定予以认可。在此基础上，本院进一步认定王龙集团公司等被诉侵权人实际使用了其已经获取的全部 185 张设备图和 15 张工艺流程图。具体理由是：

第一，香兰素生产设备和工艺流程通常具有配套性，其生产工艺及相关装置相对明确固定，王龙集团公司等被诉侵权人已经实际建成香兰素项目生产线并进行规模化生产，故其必然具备制造香兰素产品的完整工艺流程和相应装置设备。

第二，王龙集团公司等被诉侵权人拒不提供有效证据证明其对香兰素产品的完整工艺流程和相应装置设备进行了研发和试验，且其在极短时间内上马香兰素项目生产线并实际投产。王龙集团公司自傅祥根 2010 年 5 月到岗后即启动香兰素项目，随后又从嘉兴中华化工公司招聘了多名与香兰素生产技术有关的员工，到 2011 年 3 月浙江省宁波市环境保护局批准其香兰素年产量为 5000 吨，再到 2011 年 6 月王龙科技公司开始生产香兰素，王龙科技公司的香兰素生产线从启动到量产仅用了一年左右的时间。与之相比，嘉兴中华化工公司自 2002 年 11 月与上海欣晨公司签订《技术开发合同》等合同，到 2007 年 2 月经浙江省嘉兴市南湖区经济贸易局批复同意扩建年产 10000t/a 合成香料（乙醛酸法）新技术技改项目，涉案技术秘密从研发到建成生产线至少用了长达 4 年的时间。

第三，王龙集团公司等被诉侵权人未提交有效证据证明其对被诉技术方案及相关设备进行过小试和中试，且其又非法获取了涉案技术图纸，同时王龙科技公司的环境影响报告书及其在向杭特公司购买设备的过程中均已使用了其非法获取的设备图和工艺流程图。综合考虑技术秘密案件的特点及本案实际情况，同时结合王龙集团公司等被诉侵权人未提交有效相反证据的情况，可以认定王龙集团公司等被诉侵权人使用了其非法获取的全部技术秘密。

第四，虽然王龙集团公司、王龙科技公司的香兰素生产工艺流程和相应装置设备与涉案技术秘密在个别地方略有不同，但其未提交证据证明这种不同是基于其自身的技术研发或通过其他正当途径获得的技术成果所致。同时现有证据表明，王龙集团公司等被诉侵权人是在获取了涉案技术秘密后才开始组建工厂生产香兰素产品，即其完全可能在获得涉案技术秘密后对照该技术秘密对某些生产工艺或个别配件装置做规避性或者适应性修改。这种修改本身也是实际使用涉案技术秘密的方式之一。

综上，在原审法院认定王龙集团公司等被诉侵权人使用的涉案技术秘密包括 17 个设备的设计图和 5 张工艺流程图的基础上，本院根据现有证据进一步认定，王龙集团公司等被诉侵权人从嘉兴中华化工公司处非法获取的涉案技术秘密，即 185 张设备图和 15 张工艺流程图均已被实际使用。需要指出的是，在嘉兴中华化工公司与上海欣晨公司未在举证期限内申请现场勘验的情况下，原审法院未进行现场勘验并无不当，故嘉兴中华化工公司与上海欣晨公司有关原审法院未进行现场勘验导致事实认定错误的上诉主张不能成立，本院不予支持。但是，嘉兴中华化工公司与上海欣晨公司有关王龙集团公司等被诉侵权人使用了其从嘉兴中华化工公司处非法获取的 185 张设备图和 15 张工艺流程图的上诉主张具有事实和法律依据，本院予以支持。

3. 王龙集团公司等被诉侵权人侵害涉案技术秘密的行为情况

（1）关于傅祥根的被诉侵权行为

傅祥根长期在嘉兴中华化工公司工作，负责香兰素车间设备维修，能够接触到嘉兴中华化工公司的技术秘密。傅祥根与王龙集团公司签订《香兰素技术合作协议》，承诺提供香兰素新工艺技术及图纸，并收取了 40 万元，随后将存有嘉兴中华化工公司技术图纸的 U 盘经由冯××转交给王国军。傅祥根从嘉兴中华化工公司辞职后即加入王龙科技公司，负责香兰素生产线建设，王龙科技公司在短时间内完成香兰素生产线建设并进行工业化生产，全面使用了嘉兴中华化工公司和上海欣晨公司的设备图和工艺流程图。以上事实足以证明傅祥根实施了获取涉案技术秘密及披露给王龙集团公司、王龙科技公司并允许其使用涉案技术秘密的行为。

需要指出的是，虽然傅祥根拒绝与嘉兴中华化工公司签订保密协议，但其理应知晓嘉兴中华化工公司提出的技术秘密保密要求。而且，傅祥根拒签保密协议的理由是其打算辞职，而辞职并非员工拒签保密协议的正当理由。同时，结合傅祥根辞职后进入王龙科技公司香兰素车间工作的事实，可以认定傅祥根蓄意拒签保密协议。嘉兴中华化工公司制定了文件控制程序、记录控制程序等管理性文件，对公司重要文件、设备进行管理；由专人对文件的发放、回收进行管理和控制；制定《档案与信息化管理安全保密制度》，对员工保守商业秘密提出要求。傅祥根知晓或者理应了解并知悉上述管理制度。涉案技术秘密不同于员工在任职期间合法掌握的一般性知识和技能，无论是纸质还是电子版图纸所承载的技术秘密属于嘉兴中华化工公司的财产，未经嘉兴中华化工公司同意，傅祥根无权获取、披露、使用或者许可他人使用。傅祥根对此理应知晓，但其仍实施了被诉侵害涉案技术秘密的行为，具有明显的主观恶意。

原审判决认定傅祥根实施了以不正当手段获取、披露、允许他人使用涉案技术秘密的不正当竞争行为。同时，根据《中华人民共和国侵权责任法》[①]第九条第一款关于“教唆、帮助他人实施侵权行为的，应当与行为人承担连带责任”的规定，原审判决认定傅祥根利用涉案技术秘密为王龙科技公司、喜孚狮王龙公司生产香兰素提供帮助，亦构成使用涉案技术秘密的侵权行为。原审法院上述认定具有事实和法律依据，本院依法予以确认。王龙集团公司、王龙科技公司、喜孚狮王龙公司、傅祥根有关原审法院对傅祥根将存有嘉兴中华化工公司与上海欣晨公司技术资料的U盘交给冯××，再由冯××转交给王国军的事实认定错误的上诉主张，以及有关冯××在公安机关的陈述和在原审法院出庭作证的证言不应作为定案证据的上诉主张，均缺乏事实依据，本院不予支持。

（2）关于王龙集团公司、王龙科技公司的被诉侵权行为

王龙集团公司、王龙科技公司均系从事香兰素生产销售的企业，与嘉兴中华化工公司具有直接竞争关系，应当知悉傅祥根作为嘉兴中华化工公司员工对该公司香兰素生产设备图和工艺流程图并不享有合法权利。但是，王龙集团公司仍然通过签订《香兰素技术转让协议》，以向傅祥根、冯××等支付报酬的方式，直接获取嘉兴中华化工公司的涉案技术秘密，并披露给王龙科技公司使用。王龙科技公司雇用傅祥根并使用其非法获取的涉案技术秘密生产香兰素，之后又通过设备出资方式将涉案技术秘密披露给喜孚狮王龙公司并允许其继续使用涉案技术秘密。上述行为均侵害了嘉兴中华化工公司与上海欣晨公司的技术秘密。同时，王龙集团公司、王龙科技公司系关联企业，主观上具有共同侵权的意思联络，客观上各自分工并共同实施了获取、披露、使用、允许他人使用涉案技术秘密的行为，共同造成了侵害涉案技术秘密的损害后果，构成共同侵权。

（3）关于王国军的被诉侵权行为

如果特定法人是其法定代表人或者主要负责人专门为从事侵权而登记成立，客观上该法人的生产经营本身主要就是实施侵权行为，且该法定代表人或者主要负责人自身积极参与侵权行为实施，则该侵权行为既体现了法人的意志又体现了其法定代表人或者主要负责人的意志，该法人事实上成为其法定代表人或者主要负责人实施侵权行为的工具，此时可以认定该法定代表人或者主要负责人与法人共同实施了侵权行为，并应依法承担相应的法律责任。

---

① 已被《中华人民共和国民法典》废止，本案下同。

本案中，从查明的事实来看，王龙科技公司系其法定代表人王国军和王龙集团公司专门为侵权成立的企业。首先，从王龙科技公司的成立过程来看，王国军与王龙集团公司成立王龙科技公司主要目的在于生产香兰素。王龙科技公司成立于 2009 年 10 月 21 日，由王国军与王龙集团公司共同出资 10180 万元成立，王国军任法定代表人。王龙科技公司成立后即以香兰素项目为目标，一直寻求机会。经过一系列运作，王国军于 2010 年 4 月 12 日与前来王龙集团公司的冯××等人达成《香兰素技术合作协议》。傅祥根根据该协议获得 40 万元人民币的对价后立即将记载有涉案技术秘密的 U 盘提供给王国军，并随即向嘉兴中华化工公司提交辞职报告。仅一个月后，傅祥根从嘉兴中华化工公司离职并立即加入王龙科技公司香兰素车间工作。其次，从王龙科技公司香兰素项目生产线的筹建过程来看，王龙科技公司在傅祥根正式加盟后立即启动香兰素生产线的建设工作，大量定购香兰素生产线的各种设备，在此过程中王龙科技公司还从嘉兴中华化工公司挖走多名精通香兰素生产工艺的员工，这些员工的加入客观上为王龙科技公司香兰素生产线的顺利建成和投产起到了不可忽视的作用。王龙科技公司的香兰素生产线建设完成后随即向有关部门报检报备。2011 年 3 月 15 日浙江省宁波市环境保护局批复同意王龙科技公司香兰素建设项目环境影响报告书，批准香兰素年产量为 5000 吨，同年 6 月王龙科技公司开始生产香兰素。最后，从王龙科技公司成立以来的生产活动来看，虽然王龙科技公司营业执照上记载的经营范围不限于香兰素的生产，但现有证据表明其从成立开始的主要活动都是围绕香兰素开展的，包括香兰素生产线的建设、报检报备、投产及产品的市场投放。由此可见，从其成立过程、香兰素项目筹划过程、香兰素生产线建设过程及其成立以来的活动看，王龙科技公司是专门为实施涉案技术秘密生产香兰素而成立的公司，其成立后也主要从事香兰素产品的制售相关活动，实际上构成以侵权为业的侵权人。

王国军作为王龙科技公司的法定代表人，积极与冯××等人签订《香兰素技术合作协议》，用现金、股权等方式引诱冯××、傅祥根等人实施泄露涉案技术秘密的侵权行为，并亲自接受傅祥根通过冯××转交的记载有涉案技术秘密的 U 盘。随后，王龙科技公司正式启动了香兰素生产线的建设，在短期内即生产出香兰素产品并投放市场。在这一系列侵权行为实施过程中，王龙科技公司的法定代表人王国军自身积极参与本案被诉侵权行为，其实施的被诉侵权行为既体现了王龙科技公司的意志，也体现了王国军的个人意志。也就是说，王国军个人直接实施了被诉侵权行为，被诉侵权行为也体现了王国军的个人意志。同时，鉴于王国军专门为实施被诉侵权行为成立王龙科技公司，该公司已成为王国军实施被诉侵权行为的工具，且王国军与王龙集团公司、王龙科技公司、喜孚狮王龙公司、傅祥根存在密切的分工、协作等关系，可以认定王国军个人亦实施了被诉侵权行为，具体包括以不正当手段获取、披露、使用及允许他人使用涉案技术秘密，并与王龙集团公司、王龙科技公司、喜孚狮王龙公司、傅祥根构成共同侵权，依法应承担相应的法律责任。因此，原审法院认定王国军不构成共同侵权，存在认定事实及适用法律错误，本院予以纠正。

（4）关于喜孚狮王龙公司的被诉侵权行为

喜孚狮王龙公司的前身系宁波王龙香精香料有限公司。喜孚狮王龙公司确认其自成立起持续使用王龙科技公司作为技术出资的香兰素生产线。基于与王龙科技公司的关联关系，喜孚狮王龙公司应当知悉涉案技术秘密系王龙科技公司通过不正当手段获取，但仍继续使用涉案技术秘密，故其亦构成侵害涉案技术秘密。而且，喜孚狮王龙公司系王龙集团公司、王龙科技公司为侵权实施涉案技术秘密专门成立的公司，其成立及存在的目的就是实施涉案技术秘密生产香兰素产品，故喜孚狮王龙公司实际上亦构成以侵权为业的侵权人。

需要说明的是，王龙集团公司等被诉侵权人虽然在原审中主张其香兰素生产技术系自行研发，但是其并未提供任何证据证明该主张。王龙集团公司等被诉侵权人在本案二审过程中提交了硕士论文、化工设备图册、化工设备结构图册、化工制图等证据，拟证明其使用的涉案技术秘密系公知技术。但经审查，上述二审证据均未公开与涉案技术秘密完全相同的技术信息，既不能证明涉案技术秘密已经为公众所知悉，又不能证明被诉技术信息系本领域的公知技术信息。事实上，香兰素生产技术的研发过程需要付出巨大的时间、金钱和人力成本。如果王龙科技公司的技术系自行研发，其应当能够提供设计研发的技术人员、实验数据、设备图纸、费用支出等相关凭证。但是，王龙集团公司、王龙科技公司、喜孚狮王龙公司、傅祥根及王国军均未提交合法有效的相关证据。而且，非标设备和工艺流程通常由企业自行设计，不同企业之间的图纸内容完全相同的可能性极低。而在本案中，王龙科技公司使用的设备图和工艺流程图上的设备图示、名称、设备号码与嘉兴中华化工公司高度一致，甚至部分图纸标注的设计单位、特有编号完全相同，且其不能对此作出合理解释。因此，原审法院认定现有证据不能证明被诉技术信息系王龙科技公司等自行研发并无不当，本院予以确认。

综上，王龙集团公司、王龙科技公司、喜孚狮王龙公司、傅祥根及王国军实际实施了侵害涉案技术秘密的行为，依法应承担相应的法律责任。王龙集团公司、王龙科技公司、喜孚狮王龙公司、傅祥根有关其未实施侵害涉案技术秘密的上诉主张依据不足，本院不予支持。嘉兴中华化工公司与上海欣晨公司有关王国军与王龙集团公司、王龙科技公司、喜孚狮王龙公司、傅祥根共同实施了侵害涉案技术秘密的行为并应承担法律责任的上诉主张成立，本院予以支持。

（七）原审法院确定损害赔偿责任、维权费用及诉讼费分担是否恰当

2017 年反不正当竞争法第十七条规定："经营者违反本法规定，给他人造成损害的，应当依法承担民事责任。经营者的合法权益受到不正当竞争行为损害的，可以向人民法院提起诉讼。因不正当竞争行为受到损害的经营者的赔偿数额，按照其因被侵权所受到的实际损失确定；实际损失难以计算的，按照侵权人因侵权所获得的利益确定。赔偿数额还应当包括经营者为制止侵权行为所支付的合理开支。经营者违反本法第六条、第九条规定，权利人因被侵权所受到的实际损失、侵权人因侵权所获得的利益难以确定的，由人民法院根据侵权行为的情节判决给予权利人三百万元以下的赔偿。"《最高人民法院关于审理不正当竞争民事案件应用法律若干问题的解释》（2007 年施行）第十七条第一款规定："确定反不正当竞争法第十条规定的侵犯商业秘密行为的损害赔偿额，可以参照确定侵犯专利权的损害赔偿额的方法进行；确定反不正当竞争法第五条、第九条、第十四条规定的不正当竞争行为的损害赔偿额，可以参照确定侵犯注册商标专用权的损害赔偿额的方法进行。"《中华人民共和国专利法》（2008 年修正）第六十五条第一款规定："侵犯专利权的赔偿数额按照权利人因被侵权所受到的实际损失确定；实际损失难以确定的，可以按照侵权人因侵权所获得的利益确定。权利人的损失或者侵权人获得的利益难以确定的，参照该专利许可使用费的倍数合理确定。赔偿数额还应当包括权利人为制止侵权行为所支付的合理开支。"《最高人民法院关于审理专利纠纷案件适用法律问题的若干规定》（2015 年第二次修正）第二十条第二款规定："专利法第六十五条规定的侵权人因侵权所获得的利益可以根据该侵权产品在市场上销售的总数乘以每件侵权产品的合理利润所得之积计算。侵权人因侵权所获得的利益一般按照侵权人的营业利润计算，对于完全以侵权为业的侵权人，可以按照销售利润计算。"上述"侵权行为的情节"，一般可以考虑商业秘密的性质、商业价值、研究开发成本、创新程度、所带来的竞争优势以及侵权人的主观过错、侵权行为的性质、具体行为、后果等因素。对于侵害商业秘密行为，判决停止侵害的民事责任时，停止侵害的时间一般应当持续到该商业秘密已为公众所知悉时为止。对于侵害技术秘密案件的损害赔偿数额，可以综合考虑侵权行为的性质和情节等具体因素，并可

以按照营业利润或者销售利润计算。

1. 关于责任形式

王龙集团公司、王龙科技公司、傅祥根、王国军以不正当手段获取涉案技术秘密，并披露、使用、允许他人使用该技术秘密的行为，以及喜孚狮王龙公司使用前述技术秘密的行为，均侵害了涉案技术秘密，上述侵权人应当承担停止侵害、赔偿损失的民事责任。《中华人民共和国侵权责任法》第八条规定："二人以上共同实施侵权行为，造成他人损害的，应当承担连带责任。"据此，王龙集团公司、王龙科技公司、傅祥根、王国军基于共同实施的侵权行为，应当承担连带责任。喜孚狮王龙公司基于其实施的使用行为，承担部分连带责任。嘉兴中华化工公司与上海欣晨公司有关王龙集团公司、王龙科技公司、喜孚狮王龙公司、傅祥根及王国军停止侵害涉案技术秘密并赔偿损失的诉请于法有据，本院予以支持。王龙集团公司、王龙科技公司、喜孚狮王龙公司、傅祥根有关其不应承担侵权责任的上诉主张缺乏依据，本院不予支持。

涉案技术秘密包括六个秘密点，涉及58个非标设备的设备图287张和工艺管道及仪表流程图25张，而王龙集团公司、王龙科技公司、喜孚狮王龙公司、傅祥根及王国军非法获取的技术秘密包括185张设备图和15张工艺流程图。这就是说，王龙集团公司、王龙科技公司、喜孚狮王龙公司、傅祥根及王国军非法获取了嘉兴中华化工公司与上海欣晨公司主张的涉案技术秘密载体287张设备图和工艺管道及25张仪表流程图中的185张设备图和15张工艺流程图。为防止王龙集团公司、王龙科技公司、喜孚狮王龙公司、傅祥根进一步非法获取嘉兴中华化工公司与上海欣晨公司主张的涉案技术秘密，原审法院判决王龙集团公司、王龙科技公司、喜孚狮王龙公司、傅祥根立即停止以不正当手段获取嘉兴中华化工公司与上海欣晨公司的涉案技术秘密等立即停止侵害涉案技术秘密的行为，并无不当。但是，本院认定的王龙集团公司、王龙科技公司、喜孚狮王龙公司、傅祥根侵害的涉案技术秘密范围宽于原审判决认定的被侵害的技术秘密范围。同时，鉴于本院认定王国军亦构成共同侵权，故其亦应立即停止侵害涉案技术秘密的行为。因此，原审判决认定的停止侵害的责任方式虽无不当，但是该责任方式所针对的技术秘密内容和主体范围均过窄，原审判决相应判项显有不妥，本院依法予以纠正。王龙集团公司、王龙科技公司、喜孚狮王龙公司、傅祥根有关原审法院错误判决其立即停止以不正当手段获取涉案技术秘密等立即停止侵害涉案技术秘密的上诉主张缺乏依据，本院不予支持。

2. 关于赔偿数额

（1）嘉兴中华化工公司与上海欣晨公司主张的三种赔偿数额计算方式

①按营业利润计算

根据嘉兴中华化工公司与上海欣晨公司二审提交的证据所采用的计算方法，嘉兴中华化工公司香兰素2011—2017年期间抽样年平均销售单价与其原审证据78所用方法计算得出的香兰素年销售单价基本持平。如果用王龙集团公司、王龙科技公司及喜孚狮王龙公司生产和销售的香兰素产品数量乘以嘉兴中华化工公司同期香兰素产品销售价格及营业利润率，则嘉兴中华化工公司2011—2017年期间因王龙集团公司、王龙科技公司及喜孚狮王龙公司实际利用涉案技术秘密的获利分别为：20223448元、8011844元、16906665.60元、13268102.60元、13311298元、31360977.60元、13722073.20元，合计为116804409元。嘉兴中华化工公司与上海欣晨公司在二审庭审时主张以此为基数，乘以1.5倍为惩罚性赔偿，得出本案赔偿数额175206613.50元，再加上其为制止涉案侵权行为一审合理支出的2483196元及二审合理支出的1009020元，合计178698829.50元，而嘉兴中华化工公司与上海欣晨公司上诉仅主张177770227.92元为赔偿数额。

②按销售利润计算

根据嘉兴中华化工公司与上海欣晨公司原审证据78表明，2011—2017年期间嘉兴中华化工公司香兰素的销售利润率分别为：18.46%、16.21%、24.51%、13.28%、13.70%、13.77%、13.29%，如果用王龙集团公司、王龙科技公司及喜孚狮王龙公司同期生产和销售的香兰素产品总量乘以嘉兴中华化工公司同期香兰素产品的销售价格及销售利润率，则嘉兴中华化工公司与上海欣晨公司2011—2017年期间因王龙集团公司、王龙科技公司及喜孚狮王龙公司实际利用涉案技术秘密的获利分别为：28069537.60元、23961622元、34880671.20元、17780060.80元、18218260元、16622042.40元、16297261.20元，合计为155829455.20元。

③按价格侵蚀计算

根据嘉兴中华化工公司与上海欣晨公司提交的二审新证据2、2-1、2-2、7、7-1及原审证据78、87、89所采用的计算方法，2011—2017年期间因王龙集团公司、王龙科技公司及喜孚狮王龙公司的侵权及不正当竞争行为对嘉兴中华化工公司香兰素产品的价格侵蚀导致的损害高达790814699元。

（2）本案确定损害赔偿责任需要考虑的因素

王龙集团公司等被诉侵权人采用非法手段获取、披露、使用或许可他人使用涉案技术秘密，侵害了嘉兴中华化工公司与上海欣晨公司主张的涉案技术秘密，造成了严重损害后果，依法应当承担损害赔偿等法律责任。具体而言，在确定本案赔偿数额时，本院考虑如下因素：

第一，王龙集团公司等被诉侵权人非法获取涉案技术秘密的手段恶劣。王龙集团公司成立于1995年6月8日，是一家专业从事食品添加剂生产的化工企业，主要产品为山梨酸钾；王龙科技公司成立于2009年10月21日。王龙集团公司、王龙科技公司、王国军未实际进行乙醛酸法生产香兰素相关技术的研发工作，也未能通过合法受让等方式合法有效地取得相关技术，即其原本并未掌握相关技术。但是，其明知嘉兴中华化工公司掌握有关乙醛酸法生产香兰素的涉案技术秘密且为全球两大香兰素生产厂家之一，仍采取现金及股权收买等方式，策划、利诱掌握涉案技术秘密的嘉兴中华化工公司员工傅祥根到王龙集团公司工作，并在傅祥根到王龙集团公司工作后立即上马香兰素项目，其在定制香兰素生产设备时使用的图纸与嘉兴中华化工公司的相应图纸完全相同，甚至嘉兴中华化工公司特有的图纸标号也完全一致，故其非法获取涉案技术秘密的手段显属恶劣。同时，傅祥根为个人利益出卖涉案技术秘密，主观恶意极为明显。

第二，王龙集团公司等被诉侵权人非法获取及使用的涉案技术秘密数量较多。根据已经查明事实，涉案技术秘密包括了乙醛酸法生产香兰素的287张设备图和25张工艺流程图，王龙集团公司等被诉侵权人非法获取了其中185张设备图和15张工艺流程图，占64.10%。287张设备图中含有60张设备主图，而王龙集团公司等被诉侵权人非法获取了其中41张设备主图，占68.33%。更为关键的是，王龙集团公司等被诉侵权人非法获取了涉案技术秘密中最为重要的缩合和氧化步骤设备主图，并实际使用了其中最为关键的缩合、氧化和脱羧工段工艺流程图。可见，王龙集团公司等被诉侵权人不仅非法获取了大量记载有涉案技术秘密的图纸，还大量使用了其非法获取的涉案技术秘密，特别是实际使用了其非法获取的涉案技术秘密的关键技术。

第三，王龙集团公司、王龙科技公司、喜孚狮王龙公司明知其行为构成对涉案技术秘密的侵害，仍然持续、大量使用侵害涉案技术秘密的设备及工艺流程生产香兰素产品，故其显然具有侵害涉案技术秘密的恶意。从王龙集团公司、王龙科技公司、王国军自傅祥根处获取涉案技术秘密以及王龙科技公司、喜孚狮王龙公司使用涉案技术秘密的过程来看，由于其获取涉案技术秘密的手段恶劣，故其应当认识到其获取和使用涉案技术秘密行为的非法性。事实上，傅祥根2010年5月从嘉兴中华化工公司离职后，影响到更多员工离开嘉兴中华化工公司并加入王龙集团公司，帮助王龙集团公司、王龙科技公司筹建了被诉香兰素生产线。同时，嘉兴中华化工公司在意识到其技术秘密可能被侵害后，其采取的系列维权措施也逐渐指向王龙集团公司、王龙科技公司、喜孚狮王龙公司、傅祥根及王国军，但王龙集团公司、王龙科技公司及王国军毫无收敛，继续实施侵害涉案技术秘密的行为。特别是，在原审法院作出行为保全裁定，责令立即停止侵害涉案技术秘密后，王龙集团公司、王龙科技公司、喜孚狮王龙公司等依然无动于衷，继续实施侵害涉案技术秘密的行为，不仅表明其主观恶意极深，也显属对法律与司法权威的藐视。

第四，涉案技术秘密具有较高的商业价值。涉案技术秘密是嘉兴中华化工公司与上海欣晨公司共同自主研发的乙醛酸法制备香兰素新工艺，创造性地采用了化学氧化法。相对于传统的“催化氧化法”，上述新工艺具有反应条件温和、反应终点更易控制、副反应少的优点，属于创新技术。涉案技术秘密研发完成后，嘉兴中华化工公司于 2005 年完成了 3000 吨产能香兰素项目的投产，2007 年生产规模扩建到年产 1 万吨。可见，涉案技术秘密对嘉兴中华化工公司的香兰素生产贡献巨大。王龙集团公司、王龙科技公司在非法获取并实际使用涉案技术秘密后，才成功实现了以极低成本生产香兰素，且其香兰素生产线的设计年产量和实际年产量已达数千吨，产品遍销全球市场并已占据 10%左右的市场份额，并从中攫取了巨大的商业利益，其中涉案技术秘密的非法使用是其获取巨大商业利益的核心和关键。因此，无论对于嘉兴中华化工公司来说，还是对王龙集团公司、王龙科技公司、喜孚狮王龙公司来说，涉案技术秘密均是其香兰素产品占据全球市场份额并创造巨额利润的重要因素。

第五，喜孚狮王龙公司、王龙科技公司均系实际上以侵权为业的公司。自王龙科技公司实施侵害涉案技术秘密生产香兰素以来，嘉兴中华化工公司开始了持续的维权行为。2015 年 11 月 20 日，王龙科技公司以实物方式出资 8000 万元成立宁波王龙香精香料有限公司，主要生产香兰素。2017 年 6 月 22 日，王龙科技公司将其所持有的宁波王龙香精香料有限公司 51%股权出售给凯美菱科学公司、喜孚狮欧洲股份公司，王龙科技公司以设备和专利等出资占注册资本的 49%，宁波王龙香精香料有限公司的经营范围亦变更为香兰素的研发、生产、销售和交易等。随后宁波王龙香精香料有限公司于 2017 年 7 月 26 日更名为喜孚狮王龙公司。无论是名称变更前的宁波王龙香精香料有限公司，还是名称变更后的喜孚狮王龙公司，均系王龙集团公司、王龙科技公司为实施涉案技术秘密生产、销售香兰素而成立的实际上以侵权为业的公司。此外，如本院在认定王国军构成侵权时所述，王龙科技公司亦系实际上以侵权为业的侵权人。

第六，王龙集团公司等被诉侵权人侵害涉案技术秘密的行为对全球市场形成严重冲击。在王龙集团公司等被诉侵权人实施侵害涉案技术秘密行为前，全球市场上两大公司占据了90%左右的市场，香兰素价格也维持了一个相对稳定的水平。王龙集团公司、王龙科技公司等非法获取涉案技术秘密后，从2011年6月开始生产香兰素并持续至今，其侵害涉案技术秘密的香兰素生产设备具备年产5000吨以上的生产能力，其实际年生产香兰素至少在2000吨左右，可以满足全球10%的市场需求。同时，王龙集团公司、王龙科技公司、喜孚狮王龙公司对标嘉兴中华化工公司争夺客户和市场，以较低价格销售香兰素产品，对国际、国内的香兰素市场特别是嘉兴中华化工公司的原有市场形成了较大冲击。

第七，王龙集团公司等被诉侵权人拒绝提交侵权产品销售数量等证据，存在举证妨碍、不诚信诉讼等情节。原审法院在审理过程中，曾通知王龙集团公司、王龙科技公司、喜孚狮王龙公司、傅祥根、王国军提交侵权产品销售数量方面的证据，但其拒不提交相关证据。在本院二审过程中，王龙集团公司等被诉侵权人仍未提交相关证据。无论在原审诉讼还是在二审诉讼中，当法院要求王龙集团公司等被诉侵权人提交其定制生产香兰素产品专用设备的图纸时，其始终声称除了公安机关查获的部分图纸外，其并未向相关设备生产方提供图纸。作为一个年产数千吨香兰素的生产线，如果没有完整的图纸几乎不可能建成完整的生产线。特别是，考虑到涉案香兰素生产线还涉及大量非标设备及王龙科技公司香兰素生产线在短期内完成制造、安装、报检报备、试运行及正式运行投产的事实，王龙集团公司、王龙科技公司、喜孚狮王龙公司、傅祥根、王国军有关即便没有设备图纸仍可在短期内制造香兰素相关生产设备的主张，明显不合常理。同时，王龙集团公司、王龙科技公司、喜孚狮王龙公司、傅祥根、王国军虽还主张被诉香兰素生产工艺系其自行研发，但始终亦未提供任何有效证据证明该主张。因此，本院认定王龙集团公司、王龙科技公司、喜孚狮王龙公司、傅祥根及王国军在本案诉讼中存在举证妨碍及不诚信诉讼情节。

第八，王龙集团公司、王龙科技公司、喜孚狮王龙公司、傅祥根拒不执行原审法院的生效行为保全裁定。由于喜孚狮王龙公司已经通过非法手段掌握并实际实施了涉案技术秘密，为及时制止侵害涉案技术秘密的行为，原审法院在作出原审判决的同时，还裁定王龙集团公司、王龙科技公司、喜孚狮王龙公司、傅祥根立即停止涉案侵权行为。王龙集团公司、王龙科技公司、喜孚狮王龙公司、傅祥根在收到该裁定后既未依法申请复议，也未停止侵害涉案技术秘密行为，其在二审庭审时亦承认被诉侵权行为仍在持续。

（3）本案因当事人的诉讼请求等原因难以适用惩罚性赔偿

从本院查明事实来看，涉案侵权行为本可适用惩罚性赔偿，但因当事人的诉讼请求及新旧法律适用衔接的原因，本案不宜适用惩罚性赔偿。具体理由是：

第一，嘉兴中华化工公司与上海欣晨公司在原审及本案二审中所主张的损害赔偿数额仅计算至2017年底，并未包括自2018年以来仍在持续的被诉侵权行为给其造成的损失。

第二，在嘉兴中华化工公司与上海欣晨公司所主张计算损害赔偿数额的侵权行为期间之后，我国相关法律才明确规定符合特定条件的侵害技术秘密行为可以适用惩罚性赔偿。2019年反不正当竞争法明确规定侵害商业秘密案件可以主张惩罚性赔偿，该法于2019年4月23日起施行；《中华人民共和国民法典》明确规定侵害知识产权案件可以主张惩罚性赔偿，该法于2021年1月1日起施行。

基于上述事实和理由，本案不宜适用惩罚性损害赔偿。但需要指出的是，对于2018年以来仍在持续的侵害涉案技术秘密行为，嘉兴中华化工公司与上海欣晨公司可以依法另行寻求救济。

（4）关于本案赔偿数额的确定

本案中，嘉兴中华化工公司与上海欣晨公司主张根据涉案技术秘密被侵害给其造成的损失确定赔偿数额，并提供了三种计算方式分别计算赔偿数额，即按营业利润计算出赔偿数额为116804409元、按销售利润计算出赔偿数额为155829455.2元、按价格侵蚀计算出损害赔偿额为790814699元。其中，第一种计算方式和第二种计算方式采用的嘉兴中华化工公司原审证据78等证据真实可靠，计算出的赔偿数额均有一定合理性；第三种计算方式中相关数据和计算方法的准确性受制于多种因素，本院仅将其作为参考。根据本院查明的事实，王龙科技公司2011年获准投产的年产量为5000吨的香兰素，四年后即2015年再次申报并获准新建2套共6000吨香兰素生产装置；王龙集团公司、王龙科技公司曾自述其2013年的香兰素产量为2000吨；王龙集团公司、王龙科技公司、喜孚狮王龙公司2018年4月1日至2019年3月1日以及2019年香兰素产量均超过2000吨。基于上述情况，嘉兴中华化工公司与上海欣晨公司在本案中主张2011—2017年期间王龙集团公司、王龙科技公司及喜孚狮王龙公司实际利用涉案技术秘密每年生产和销售香兰素2000吨具有事实依据。本院亦据此认定王龙集团公司、王龙科技公司及喜孚狮王龙公司于2011—2017年期间实际利用涉案技术秘密每年生产和销售香兰素至少2000吨，并据此计算侵权损害赔偿额。同时，嘉兴中华化工公司与上海欣晨公司提供了其营业利润率、销售利润率和价格侵蚀的基础数据。在上述事实和数据的基础上，本案具备按照实际损失或者侵权获利计算赔偿数额的基本条件。原审法院以嘉兴中华化工公司与上海欣晨公司提交的证据不足以证明其因侵权行为受到的实际损失为由，以法定赔偿方式计算本案赔偿数额，认定事实和适用法律均有错误。

综合考虑前述本案确定损害赔偿责任需要考虑的八项因素，特别是王龙集团公司等被诉侵权人侵权恶意较深、侵权情节恶劣、在诉讼中存在妨碍举证和不诚信诉讼情节，以及王龙科技公司、喜孚狮王龙公司实际上系以侵权为业的公司等因素，本院依法决定按照香兰素产品的销售利润计算本案侵权损害赔偿数额。由于王龙集团公司、王龙科技公司及喜孚狮王龙公司在本案中拒不提交与侵权行为有关的账簿和资料，本院无法直接依据其实际销售香兰素产品的数据计算其销售利润。考虑到嘉兴中华化工公司香兰素产品的销售价格及销售利润率可以作为确定王龙集团公司、王龙科技公司及喜孚狮王龙公司香兰素产品相关销售价格和销售利润率的参考，为严厉惩处恶意侵害技术秘密的行为，充分保护技术秘密权利人的合法利益，本院决定以嘉兴中华化工公司香兰素产品 2011—2017 年期间的销售利润率来计算本案损害赔偿数额，即以 2011—2017 年期间王龙集团公司、王龙科技公司及喜孚狮王龙公司生产和销售的香兰素产量乘以嘉兴中华化工公司香兰素产品的销售价格及销售利润率计算赔偿数额。

按照上述方法计算，王龙集团公司、王龙科技公司及喜孚狮王龙公司 2011—2017 年期间因侵害涉案技术秘密获得的销售利润为 155829455.20 元。该销售利润数额虽高于按照嘉兴中华化工公司营业利润率计算得出的实际损失，但仍大幅低于嘉兴中华化工公司因被诉侵权行为造成价格侵蚀所导致的损失数额，且与本案各侵权人侵害涉案技术秘密的恶性程度、危害后果等具体情节相适应，具有合理性和适当性。

此外，原审法院认定嘉兴中华化工公司与上海欣晨公司为本案原审诉讼支付律师代理费 200 万元，为完成涉案损害赔偿经济分析报告支付 7 万美元，折算为人民币 483196 元，两项合计 2483196 元。嘉兴中华化工公司与上海欣晨公司有关其为制止侵害涉案技术秘密行为原审合理支出 2483196 元的主张具有事实依据，本院予以确认。嘉兴中华化工公司与上海欣晨公司二审主张其为本案支出了律师代理费 100 万元及公证费用 9020 元，合计 1009020 元，并提交了诉讼代理合同、转账凭证及发票等证据。经审查，上述 1009020 元确系嘉兴中华化工公司与上海欣晨公司为本案二审支出的费用，客观真实，且与本案诉讼标的额、案件复杂程度等相称，具有合理性，本院一并予以确认。

综合原审及二审情况，嘉兴中华化工公司与上海欣晨公司为本案支出的合理费用共计 3492216 元。将本院确定的损害赔偿数额 155829455. 20 元加上上述合理支出 3492216 元合计为 159321671. 2 元，尚未超出嘉兴中华化工公司与上海欣晨公司上诉主张的 177770227. 92 元赔偿总额，故本院确定本案损害赔偿总额为 159321671. 20 元。同时，鉴于喜孚狮王龙公司成立时间较晚，嘉兴中华化工公司与上海欣晨公司仅请求其在 7%的范围内承担损害赔偿责任具有一定合理性，本院对此予以支持。

基于上述事实和理由，王龙集团公司、王龙科技公司、喜孚狮王龙公司、傅祥根有关原审判决确定的赔偿金额明显偏高的上诉理由缺乏依据，本院不予支持。嘉兴中华化工公司与上海欣晨公司有关原审判决确定的赔偿数额不当的上诉理由具有事实和法律依据，本院予以支持并依法予以改判。

此外，《诉讼费用交纳办法》第二十九条规定："诉讼费用由败诉方负担，胜诉方自愿承担的除外。部分胜诉、部分败诉的，人民法院根据案件的具体情况决定当事人各自负担的诉讼费用数额。共同诉讼当事人败诉的，人民法院根据其对诉讼标的的利害关系，决定当事人各自负担的诉讼费用数额。"第三十条规定："第二审人民法院改变第一审人民法院作出的判决、裁定的，应当相应变更第一审人民法院对诉讼费用负担的决定。"据此，民事诉讼存在部分胜诉、部分败诉情形时，人民法院应根据案件情况适当调整案件诉讼费。本案中，嘉兴中华化工公司与上海欣晨公司在提起原审诉讼时，通过大量证据证明其因涉案技术秘密遭受了损失，例如其提交的二审新证据 2、2-1、2-2、7、7-1 及原审证据 78、87、89 表明，涉案侵权行为对嘉兴中华化工公司香兰素产品的价格侵蚀导致的损害高达 790814699 元，这表明嘉兴中华化工公司与上海欣晨公司提起原审诉讼时主张 502000000 元的赔偿数额具有一定依据，并不存在滥用诉权的情形。原审法院根据本案具体情况决定的案件受理费等诉讼费用的负担，具有事实和法律依据，王龙集团公司、王龙科技公司、喜孚狮王龙公司、傅祥根有关原审法院确定的诉讼费用负担不合理，以及嘉兴中华化工公司与上海欣晨公司原审索赔数额过高并具有主观恶意的主张，缺乏事实和法律依据，本院不予支持。但是，鉴于本院已对原审判决确定的赔偿数额予以改判，故本院亦对本案一、二审诉讼费用的负担依法予以调整。

还应说明的是：（一）关于王龙集团公司、王龙科技公司、喜孚狮王龙公司、傅祥根拒不履行原审法院生效行为保全裁定问题，原审法院可以另行依法予以处理。（二）本案被诉侵权行为已涉嫌侵犯商业秘密犯罪，本院将依法将相关线索移送公安机关处理。

综上，嘉兴中华化工公司与上海欣晨公司关于涉案技术秘密被实际使用的范围、王国军构成共同侵权人并应承担连带赔偿责任、原审判决确定的损害赔偿数额错误等部分上诉请求成立，应予支持；王龙集团公司等被诉侵权人的上诉请求不能成立，应予驳回。依照《中华人民共和国反不正当竞争法》（2017 年修正）第九条、第十七条，《最高人民法院关于审理不正当竞争民事案件应用法律若干问题的解释》第十七条（2007 年施行），《中华人民共和国民事诉讼法》第一百七十条第一款第二项之规定，判决如下：

一、撤销浙江省高级人民法院（2018）浙民初 25 号民事判决；

二、王龙集团有限公司、宁波王龙科技股份有限公司、喜孚狮王龙香料（宁波）有限公司、傅祥根、王国军立即停止侵害嘉兴市中华化工有限责任公司、上海欣晨新技术有限公司技术秘密的行为，即停止以不正当手段获取、披露、使用、允许他人使用涉案设备图和工艺管道及仪表流程图记载的技术秘密（详见本判决附件 1），该停止侵害的时间持续到涉案技术秘密为公众所知悉时止；

三、王龙集团有限公司、宁波王龙科技股份有限公司、傅祥根、王国军自本判决生效之日起十日内连带赔偿嘉兴市中华化工有限责任公司、上海欣晨新技术有限公司经济损失 155829455. 20 元，合理维权费用 3492216 元，共计 159321671. 20 元，喜孚狮王龙香料（宁波）有限公司对其中 7%即 11152516. 98 元承担连带赔偿责任；

四、驳回嘉兴市中华化工有限责任公司、上海欣晨新技术有限公司的其他诉讼请求；

五、驳回王龙集团有限公司、宁波王龙科技股份有限公司、喜孚狮王龙香料（宁波）有限公司、傅祥根的上诉请求。

如果未按本判决指定的期间履行给付金钱义务，应当依照《中华人民共和国民事诉讼法》第二百五十三条之规定，加倍支付迟延履行期间的债务利息。

一审案件受理费 2551800 元，由嘉兴市中华化工有限责任公司、上海欣晨新技术有限公司负担 551800 元；由王龙集团有限公司、宁波王龙科技股份有限公司、傅祥根、王国军负担 2000000 元，喜孚狮王龙香料（宁波）有限公司共同负担其中的 140000 元。

二审案件受理费 947951 元，由嘉兴市中华化工有限责任公司、上海欣晨新技术有限公司负担 47951 元；由王龙集团有限公司、宁波王龙科技股份有限公司、傅祥根、王国军负担 900000 元，喜孚狮王龙香料（宁波）有限公司共同负担其中的63000元。

鉴定人员出庭费用20000元（已由嘉兴市中华化工有限责任公司垫付给鉴定机构），由王龙集团有限公司、宁波王龙科技股份有限公司、喜孚狮王龙香料（宁波）有限公司、傅祥根、王国军负担。

本判决为终审判决。

审 判 长 朱 理
审 判 员 刘晓军
审 判 员 凌宗亮
二〇二一年二月十九日
法官助理 陈 律
书 记 员 刘志岩

附件（略）

五、植物新品种案件审判

41. 涉“信息匹配平台”销售种子行为的认定

——上诉人江苏亲耕田农业产业发展有限公司与被上诉人江苏省金地种业科技有限公司侵害植物新品种权纠纷案①

中华人民共和国最高人民法院民事判决书（2021）最高法知民终816号

上诉人（原审被告）：江苏亲耕田农业产业发展有限公司。住所地：江苏省宿迁市宿豫区宿沭路绿化地南侧。

法定代表人：石善华，该公司董事长。

委托诉讼代理人：吴体恩，男，该公司员工。

被上诉人（原审原告）：江苏省金地种业科技有限公司。住所地：江苏省淮安市淮阴区马头镇明远西路366号（企业孵化中心）。

法定代表人：黄在淮，该公司执行董事。

委托诉讼代理人：任文举，江苏舜点律师事务所律师。

委托诉讼代理人：杨菲，江苏舜点律师事务所律师。

上诉人江苏亲耕田农业产业发展有限公司（以下简称亲耕田公司）因与被上诉人江苏省金地种业科技有限公司（以下简称金地公司）侵害植物新品种权纠纷一案，不服江苏省南京市中级人民法院于2021年1月22日作出的（2020）苏01民初773号民事判决，向本院提起上诉。本院于2021年4月19日立案后，依法组成合议庭，并于2021年7月13日询问当事人，上诉人亲耕田公司的委托诉讼代理人吴体恩，被上诉人金地公司的委托诉讼代理人任文举和杨菲到庭参加诉讼。本案现已审理终结。

---

① 本案在年度报告中的位置为第71页。

亲耕田公司上诉请求：撤销原审判决，改判驳回金地公司的一审诉讼请求，一、二审案件受理费由金地公司承担。事实与理由：（一）涉案的交易行为不属于侵权行为。原审庭审中周某出庭证实涉案种子销售者是其本人，出售的稻种是其自留剩余的稻种，该交易符合法律规定，不属于侵权行为，因此亲耕田公司的涉案行为也不属于原审法院认定的协助侵权行为。（二）亲耕田公司没有恶意从事协助他人销售侵权种子的行为。亲耕田公司是从事农业服务的公司，主要为会员提供平价农业生产资料及农资信息匹配等服务。亲耕田公司为了解决农户自留稻种多寡不均的问题，应农户的要求免费向微信群内的农户转发自留稻种信息，并未从中获取任何利益，信息不仅向会员提供，还向非会员提供。即便个别农户存在故意种植并销售侵权稻种的行为，也不能因此认定亲耕田公司的行为就是专门从事协助违法销售的行为。（三）亲耕田公司的客户范围和营业额与本案无关，不属于适用惩罚性赔偿的情形。亲耕田公司的营业额及客户系靠长期良好经营的口碑积累而成，并非是发布白皮“金粳818”稻种而获得的。亲耕田公司发布农户自留“金粳818”稻种信息，是特殊时节应农户要求解决农户困难的偶然性行为，属于个例，亦未获取好处或利益。本案中的金地公司系基于取证目的大量进行了购买，并非真实的交易状态。

金地公司辩称：（一）亲耕田公司提供种子供需信息匹配，并促成种子交易的行为违反了相关的法律规定。（二）亲耕田公司在无新证据的情况下，对本案事实作出了与其原审庭审相矛盾的陈述。亲耕田公司在二审中主张其不仅向会员还向非会员提供在微信群内转发自留稻种信息的服务，该事实与其在原审中称“只是会员农户享受零差价采集服务，非会员农户无法享受该服务，亲耕田为会员农户提供种子富余与缺少的信息匹配是在保护消费者利益”存在矛盾。另外，亲耕田公司在二审中声称其发布农户自留“金粳818”稻种系偶然性个例，与其原审中其陈述拥有两百多个微信群、服务大户众多相互矛盾。（三）亲耕田公司通过侵权行为吸纳大量客户，谋取巨额利润。此外，亲耕田公司明知且故意从事了帮助他人销售侵权种子的行为。综上，原审判决事实清楚、适用法律正确，请求驳回亲耕田公司的全部上诉请求。

金地公司于2020年4月8日向原审法院提起诉讼，请求判令亲耕田公司：停止侵害金地公司“金粳818”植物新品种权的行为；赔偿金地公司经济损失以及为维权支出的合理费用，共计300万元；承担本案诉讼费用。事实与理由：“金粳818”是天津市水稻研究所选育的水稻新品种，已通过国家农作物品种审定委员会审定，品种权申请日为2014年12月12日，2018年11月8日被授予植物新品种权，品种权人为天津市水稻研究所，品种权号为

CNA20141476.3，该权利在保护期内。金地公司已获得“金粳818”植物新品种权的独占实施许可。金地公司经调查发现，亲耕田公司未经许可，以“种植服务”“订单农业对接会”，以及在微信群内发布“农业产业链信息匹配”等方式，对外销售白皮袋包装的“金粳818”稻种。截至2018年11月，亲耕田公司服务农业种植大户4600多户，辐射耕地面积近200万亩，会员超过100名，其在“京东”店铺销售额超过1.22亿元，侵权范围广，主观故意明显，严重损害了金地公司合法权益。因亲耕田公司销售的“金粳818”稻种采用白皮袋包装，无任何产品合格标识，也不向购买人出具任何合法票据，质量无法保障，给农业生产造成重大隐患，严重损害广大农民利益，严重扰乱种子市场秩序。亲耕田公司的行为构成恶意侵权，应适用惩罚性赔偿。

亲耕田公司原审辩称：（一）亲耕田公司从未销售过“金粳818”白皮袋包装的水稻种子，不存在侵害金地公司植物新品种权的事实。亲耕田公司从事农技服务，主要为种植大户提供平价农业生产资料及农业信息匹配等服务，从未销售过任何白皮袋包装种子。亲耕田公司只是向种子供需双方提供自留种子信息，由供需双方自行交易，亲耕田公司并不参与其中。涉案白皮袋包装的“金粳818”水稻种子交易过程与亲耕田公司无关。农户与亲耕田公司签订加盟协议成为会员，属于正常的经营范围，不涉及金地公司主张的侵权问题。从涉案证据看，亲耕田公司未参与种子的交接，相关交易人员信息、交易凭证与亲耕田公司无关。而且，亲耕田公司员工已明确告知种子购买方，亲耕田公司不生产种子，不收取种子货款，种子货款直接支付给卖家，如果出现种子质量问题，亲耕田公司会协助种子买方寻找卖家。（二）农户之间转让自留水稻种子并不违反法律规定，不属于侵犯植物新品种权的行为。根据《中华人民共和国种子法》[①]（以下简称种子法）第三十七条及《中华人民共和国植物新品种保护条例》（以下简称新品种条例）第十条规定，种植户自留的种子在市场上交易，不属于侵权行为。（三）亲耕田公司的客户范围、营业额与本案侵权纠纷无关，亲耕田公司的营业额及客户并非因推广白皮袋包装的“金粳818”水稻种子而获得。综上，请求驳回金地公司的诉讼请求。

原审法院认定事实：

（一）金地公司主张的植物新品种权

2014年12月12日，天津市水稻研究所提出“金粳818”水稻植物新品种权申请，2018年11月8日获得授权，品种权号为CNA20141476.3，品种权人为天津市水稻研究所。2015年1月19日，农业部国家农作物品种审定

① 此处指2015年《中华人民共和国种子法》，其已于2021年修改，本案下同。

委员会就该品种作出的审定证书（审定编号：国审稻 2014046）记载的审定意见为："该品种符合国家稻品种审定标准，通过审定。适宜河南沿黄、山东南部、江苏淮北、安徽沿淮及淮北地区种植。"

2017 年 10 月 1 日，天津市水稻研究所出具的《授权书》记载，"授权人天津市水稻研究所系'金粳 818'权利人（审定编号：国审稻 2014046），品种权申请号：20141476.3，现依法授权江苏省金地种业科技有限公司独占实施'金粳 818'，授权范围包括但不限于：一、江苏省金地种业科技有限公司以商业目的独占实施生产和销售'金粳 818'该授权品种的繁殖材料。二、江苏省金地种业科技有限公司以自己名义对未经许可，为商业目的生产或者销售该授权品种的繁殖材料的单位和个人提起民事诉讼……"。2019 年 9 月 12 日，天津市水稻研究所出具的《授权书》记载，"授权人天津市水稻研究所系'金粳 818'品种权人（品种权号 CNA20141476.3），现依法授权江苏省金地种业科技有限公司对'金粳 818'拥有独占实施许可权，授权范围包括但不限于：自行生产经营、以自己名义独立进行维权、诉讼、获得赔偿的权利等等。授权期限：自'金粳 818'植物新品种权申请之日起至'金粳 818'植物新品种权保护期终止之日止。"

（二）亲耕田公司及其被诉侵权行为

亲耕田公司成立于 2013 年 4 月 27 日，类型为有限责任公司，经营范围包括农业项目开发，农业技术开发和技术转让，农业观光旅游，果蔬采摘，企业营销策划，企业管理咨询服务，人力资源管理服务，人才信息咨询服务，商务咨询，财务咨询，文化教育信息咨询，健康保健咨询，会务服务，展览展示服务，货运代理服务，物流仓储（危险品除外），绿化养护，病虫害统防统治，植保技术开发，农机收割，耕种服务，农副产品、农机具、不再分装的包装种子、农药、肥料销售，自营和代理各类商品和技术进出口业务（但国家限定公司经营或禁止进出口的商品和技术除外）。

2019 年 5 月 26 日，江苏省南京市石城公证处（以下简称石城公证处）指派公证员陈某、公证员助理周某英，陪同江苏舜点律师事务所代理人宋健委托的一名农民，于 12 时 6 分左右来到江苏省宿迁市宿豫区农业大市场，门头有"宿迁供销亲耕田电子商务中心宿迁市亲耕田农业专业合作社宿迁市农民专业合作社联合会金丰公社农业服务有限公司"等字样的店铺。随后，上述人员一起进入该店铺，受托农民与店铺工作人员对签署加盟协议及购买种子事宜进行沟通：受托农民询问"金粳 818"价格是否为两元；店铺工作人员表示确认，并询问何时需要；受托农民表示过几天。随后，受托农民以"王涛"的名义签署了《亲耕田联合农场加盟协议》一式两份，并以 10 元/

亩/季向店铺工作人员交付470亩地的加盟服务费4700元，现场取得《亲耕田联合农场加盟协议》1份，收据1张。12时51分左右，上述人员离开店铺，公证人员使用该处手机对店铺外观门头、《亲耕田联合农场加盟协议》、收据进行拍照，共拍得照片5张。2019年6月13日，石城公证处就上述公证事项出具（2019）宁石证经内字第2651号公证书。亲耕田公司认可该公证书记载的店铺由亲耕田公司经营。

上述公证书所附《亲耕田联合农场加盟协议》记载，协议签订时间为2019年5月26日，甲方为亲耕田公司、乙方为“王涛”，甲方打造农业产业链综合服务平台，包括农资集采、基地服务（耕、种、收、打药、施肥、无人机植保等）、信用支持（农业保险、农业贷款）、订单农业、粮食银行等种植一站式服务，目前服务200多万亩耕地，辐射苏、鲁、豫、皖四省4600多名大户，年交易超过2亿元，为降低生产成本，增加经济收益，乙方加盟亲耕田联合农场享受农资集采零差价；协议主要约定，甲方相当于是乙方的农资采购部，甲方全球采购优质价廉的农资投入品，并按照集采价（出厂价）供应给乙方，甲方承诺为乙方节省农资投入品30—50元/亩/年；乙方实际耕地面积470亩加盟亲耕田联合农场，并享受农资零差价集采服务，并承担10元/亩/季服务费用（年服务费用20元/亩），合计费用4700元；合同有效期为2019年5月26日至2019年11月15日，足额缴纳服务费用之日起生效，次年提前一个月足额交款者，该协议继续有效。协议签订当日，“王涛”向亲耕田公司支付加盟服务费（一季）4700元，亲耕田公司向“王涛”出具收据1张（№3529195）。金地公司陈述，该“王涛”系金地公司化名的调查人员。

2019年6月2日，石城公证处指派公证员陈某、公证员助理周某英，陪同江苏舜点律师事务所代理人宋健委托的一名农民，来到江苏省宿迁市沭阳县农户仓库处。12时56分左右，一辆装载有种子的货车来到此处，受托农民与送货人员沟通，部分沟通内容为：受托农民询问送货人员所送货物是否为白皮袋包装的“金粳818”；送货人员予以确认；随后，受托农民安排人员将车上种子卸货，共计250包。期间，受托农民使用号码为“178××××0513”的手机拨打移动电话“153××××5518”进行沟通，表示对货物包装袋有些担心，希望将种子款项转给对方；对方表示其不收款，种子是其他人生产的，如果有问题会帮助寻找生产者。卸货完成后，受托农民将2万元交给送货司机，送货司机出具收条1张。随后，公证人员使用该处手机对购买的种子及现场取得的收条进行拍照，共拍得照片6张，并抽取其中的四袋种子（白色包装两袋、红色包装两袋）进行取样（从其中一袋白色包装中取样两小包）、封存，封存结束后，公证人员使用该处手机对封存后的种子进行拍照，共拍得照片 6 张，封存件及现场取得的收条交给申请人保管。2019 年 6 月 14 日，石城公证处就上述公证事项出具（2019）宁石证经内字第 2684 号公证书。公证书所附照片显示，前述种子部分包装袋上未标注任何信息，部分包装袋上有“北方特产”“松花江珍珠米”等字样；收条记载，“加泰农业送稻种（金粳 818）250 包×40 = 10000 斤×2 = 20000. 00 元”“老板：周某”“2019. 6. 2 139××××2389”等。

2019 年 5 月期间，金地公司调查人员与亲耕田公司相关人员通过微信进行了如下沟通交流：5 月 21 日，金地公司调查人员“闲田”询问：有无“金粳 818”及其价格？有一个朋友有六千斤该种子需求；亲耕田公司总经理吴体恩以微信账号“亲耕田吴体恩微信 186××××1870”回复，白袋子的 9108 只要 3 元，合法包装为 3. 8 元；“闲田”表示，白袋 9108 要一万斤，金粳 818 多少钱一斤？吴体恩回复，白袋 2 元每斤。5 月 25 日，金地公司调查人员“文华”发送信息称：上次联系时要“金粳 818”一万斤，另外朋友有一万斤 9108 的需求，下午正好去宿迁拜访；亲耕田公司总经理吴体恩通过微信“亲耕田打造种植一站式服务站”回复：其没有在公司，会让邹总来联系。“亲耕田打造种植一站式服务站”在微信中发送的“亲耕田农业产业信息匹配”记载：“请需方和供方提供资讯，亲耕田帮助匹配 180××××1168”“1. 淮安大户有 5000 斤南粳 2728；2. 宿迁大户剩余南粳 9108 六千斤；3. 徐州大户剩余 9108 稻种一万斤……8. 我单位有剩余的南粳 46，约 1200 斤有需要的请联系我，电话：138××××4016……10. 大户有四千斤金粳 818 稻种……您如有供货或需求请留言，姓名+电话+需求信息 186××××1870”。25 日晚，“文华”表示，希望明天签合同，询问种子到达时间；亲耕田公司员工“A 江苏亲耕田邹毓涛”回复，需要什么时候到；“文华”表示朋友的 9108 稍微急一些；“A 江苏亲耕田邹毓涛”回复可以。5 月 28 日，“文华”询问金粳 818 种源是否联系好；亲耕田公司员工“A 江苏亲耕田邹毓涛”回复，联系好了；“文华”表示等两天其收拾好了就可以发货了；“A 江苏亲耕田邹毓涛”回复，自己联系，了解清楚再发货，并提供电话号码“139××××2389 周某”；5 月 30 日，“文华”表示联系上了；“A 江苏亲耕田邹毓涛”回复收到。5 月 31 日，“亲耕田打造种植一站式服务站”在微信中向金地公司调查人员“四海”发送的农业产业信息匹配中仍然包括有四千斤“金粳 818”稻种等信息。亲耕田公司总经理吴体恩还在亲耕田公司运作的微信群中发送各类种源匹配信息，种源信息显示的种子数量通常在几千斤至一万斤，提供种子主体涉及淮安、宿迁、徐州、泰兴等地种植大户。金地公司主张，金地公司购买涉案 10000 斤被诉侵权种子的信息并未出现在相关微信群及微信聊天记录当中。

根据金地公司申请，原审法院依法提取品种权号为 CNA20141476.3 的“金粳 818”水稻种子样品，并委托农业农村部植物新品种测试（杭州）分中心对被诉侵权种子品种真实性进行鉴定。该中心于 2020 年 9 月 30 日出具的《检验报告》记载，待测样品名称为“金粳 818”，样品描述为“种子，包装完好”；对照样品名称为“金粳 818”，样品描述为“对照样品由委托单位提供”；检验依据为《水稻品种鉴定技术规程 SSR 分子标记法》（NY/T 1433-2014）；所用主要仪器设备为“离心机、普通 PCR 仪、测序仪（ABI3730XL）”；检验结果及结论为“比较位点数 48”“差异位点数 0”，结论为“极近品种或相同品种”。金地公司、亲耕田公司对该《检验报告》均不持异议。

原审庭审中金地公司认为，亲耕田公司参与了涉案“金粳 818”水稻种子的销售，侵害了金地公司享有的该品种植物新品种权。亲耕田公司认为，亲耕田公司给所有农户提供服务，只是会员农户享受零差价集采服务，非会员农户无法享受该服务；2020 年底，亲耕田拥有 200 多个群，近 10 万名种植大户，会员农户约为 3 万名，但 2019 年时会员农户仅有一两万名；农户自留种子很正常，有的富余、有的缺少，相互之间进行种子串换符合法律规定；亲耕田公司为会员农户提供种子富余与缺少的信息匹配是在保护消费者利益；亲耕田公司并不参与农户之间的种子销售；金地公司调查人员在亲耕田公司经营场所未发现侵权种子，涉案种子销售行为与亲耕田公司无关。

（三）金地公司主张赔偿的依据

2018 年 11 月 19 日，发布于亲耕田公司“亲耕田农产品”微信公众号的《祝贺亲耕田农资集采零差价平台加盟大户会员突破 100 名！每亩节省 50~100 元农资成本》的文章记载：截至 10 月 19 日亲耕田京东店合计交易 1.22 亿元，亲耕田公司唯一利润来源：加盟亲耕田连锁农场成为会员，收取的会员费用：10 元/亩/季；近期加盟亲耕田连锁农场的会员有 100 多个，以及对应的会员名称等信息；亲耕田服务全省大户 4000 多家，线上线下年交易 1.5 亿以上，加盟亲耕田连锁农场享受种子、肥料、农药零差价供应，每年每亩节省成本 50~100 元。亲耕田公司认可，在该文章中前述 100 多个会员登记的身份、地域与其实际的身份以及从事农业种植的地域一致。

金地公司提交的“金粳 818”种子购销发票 6 张（№06960670、№98109389、№25054775、№50223935、№90118590、№66752699）记载，2018 年、2019 年期间，金地公司从江苏省方强种子有限责任公司和江苏省大华林业集团有限公司临海分公司采购种子的价格分别为 3.8 元/公斤和 4 元/公斤，即 1.9 元/斤和 2 元/斤；金地公司向江苏省大华林业集团有限公司临海分公司、山东润农种业科技有限公司（2次）销售种子的价格分别为7元/公斤、12元/公斤、8元/公斤，即3.5元/斤、6元/斤、4元/斤；泗洪县聚禾种业有限公司销售种子的价格为14.66元/公斤，即7.33元/斤。金地公司主张，其销售“金粳818”种子的正常价格约为4元/斤，利润约为2.1元/斤，最低销售价格3.5元/斤。亲耕田公司主张，其系“金粳818”种子的合法代理商，正常进价3元/斤，再零差价销售给会员农户，该种子的一般市场售价为4~4.5元/斤。

（四）亲耕田公司主张不侵权的抗辩

亲耕田公司申请证人周某于2020年12月3日到庭，周某陈述，亲耕田公司介绍其销售了一批其种植后剩余的水稻种子，售价2元/斤，共计10000元，其支付了1200元车费，自己剩余8800元，亲耕田公司未参与该交易过程，亦未就该交易收取任何费用；其种植“金粳818”水稻300余亩，剩余该稻种12000余斤；其电话号码归属地为连云港市、“王涛”的电话号码归属地为宿迁市，其不认识“王涛”，与“王涛”仅以电话联系过一次；其曾是亲耕田公司会员，现在不再加盟亲耕田公司，亲耕田公司向其销售化肥等产品时的售价比会员会贵些，但比市场价会便宜些。金地公司认为，被诉侵权种子的种源、价格、数量都是由金地公司调查人员与亲耕田公司工作人员协商确定，亲耕田公司全程参与了该种子的销售；亲耕田公司主张其为会员农户提供信息匹配服务，而周某并非亲耕田公司会员，不是亲耕田公司提供信息匹配的服务对象；有人称周某销售侵权种子数量很大，周某与本案具有利害关系，其证言的真实性存疑；综上，请求对周某的证言不予采信。亲耕田公司认为，周某的信息系由亲耕田公司提供给涉案购买种子人员，亲耕田公司曾制止过购买种子人员，但是其执意购买便宜的种子，亲耕田公司无法干预他人自由，而且国家允许农户之间进行种子买卖；亲耕田公司未参与涉案“金粳818”水稻种子的销售、收款、发货、送货等环节，涉案种子系周某销售，该种子销售行为与亲耕田公司无关。

原审法院认为：

（一）亲耕田公司实施了侵害金地公司涉案植物新品种权的行为

本案中，金地公司经天津市水稻研究所授权，成为涉案“金粳818”水稻植物新品种独占实施许可合同的被许可人，亲耕田公司帮助他人实施了侵害该植物新品种权的行为。第一，金地公司系涉案植物新品种独占实施许可合同的被许可人，有权以自己名义提起本案诉讼。天津市水稻研究所系涉案“金粳818”水稻植物新品种权人，该品种于2014年12月12日提出植物新品种权申请，于2018年11月8日获得授权。2017年10月1日，天津市水稻研究所出具的《授权书》记载，“授权人天津市水稻研究所系‘金粳818’

权利人（审定编号：国审稻2014046），品种权申请号：20141476.3），现依法授权江苏省金地种业科技有限公司独占实施‘金粳818’，授权范围包括但不限于：一、江苏省金地种业科技有限公司以商业目的独占实施生产和销售‘金粳818’该授权品种的繁殖材料。二、江苏省金地种业科技有限公司以自己名义对未经许可，为商业目的生产或者销售该授权品种的繁殖材料的单位和个人提起民事诉讼……”。2019年9月12日，天津市水稻研究所出具的《授权书》记载，“授权人天津市水稻研究所系‘金粳818’品种权人（品种权号CNA20141476.3），现依法授权江苏省金地种业科技有限公司对‘金粳818’拥有独占实施许可权，授权范围包括但不限于：自行生产经营、以自己名义独立进行维权、诉讼、获得赔偿的权利等等。授权期限：自‘金粳818’植物新品种权申请之日起至‘金粳818’植物新品种权保护期终止之日止。”该两份《授权书》能够相互印证，证明金地公司系涉案“金粳818”植物新品种独占实施许可合同的被许可人，其有权针对侵害该品种权的行为以自己的名义提起诉讼。

第二，亲耕田公司对他人销售被诉侵权种子的行为实施了帮助。首先，被诉侵权种子的销售价格为2元/斤，明显高于商品粮的售价，且金地公司提交的（2019）宁石证经内字第2684号公证书所附收条记载了送货内容为稻种，能够证明被诉侵权种子系作为种子而非商品粮进行销售。其次，（2019）宁石证经内字第2684号公证书记载，金地公司购买种子人员曾要求将购买涉案种子款项支付给亲耕田公司，但亲耕田公司的工作人员明确表示，种子是由其他人生产的，应把款项直接交给销售者，其后由送货司机代收了款项，并出具收条；收条上记载老板为周某以及其联系方式等内容，结合亲耕田公司员工“A江苏亲耕田邹毓涛”于2019年5月28日与金地公司调查人员“文华”微信聊天时，告知“金粳818”种源联系人为周某及其联系方式，以及周某到庭作证承认被诉侵权种子系其销售等情况，能够证明被诉侵权种子来源于周某，周某销售了被诉侵权种子，但不足以证明被诉侵权种子系亲耕田公司直接销售。最后，亲耕田公司对周某销售被诉侵权种子的行为实施了帮助。根据金地公司提交的微信聊天记录，亲耕田公司总经理吴体恩“亲耕田吴体恩微信186××××1870”于2019年5月21日告知金地公司调查人员“闲田”“金粳818”白袋价格，亲耕田公司员工“A江苏亲耕田邹毓涛”于2019年5月28日告知金地公司调查人员“文华”“金粳818”种源联系人信息，结合亲耕田公司在微信聊天中发布种源信息，并在原审当庭陈述亲耕田公司为会员农户的种子供需关系提供信息匹配等情况来看，能够证明亲耕田公司为涉案种子交易的达成提供了积极有效的帮助。

第三，被诉侵权种子系使用涉案“金粳 818”植物新品种繁殖材料的种子。经原审法院委托司法鉴定，鉴定机构经鉴定得出的检验结果及结论为“比较位点数 48”“差异位点数 0”，结论为“极近品种或相同品种”，金地公司、亲耕田公司双方对该《检验报告》均不持异议，可以认定被诉侵权种子系授权植物新品种的繁殖材料。

第四，亲耕田公司提供种子供需信息匹配，并促成种子交易的行为违反了相关法律规定。根据种子法第三十七条规定，“农民个人自繁自用的常规种子有剩余的，可以在当地集贸市场上出售、串换，不需要办理种子生产经营许可证。”新品种条例第十条规定，“在下列情况下使用授权品种的，可以不经品种权人许可，不向其支付使用费，但是不得侵犯品种权人依照本条例享有的其他权利：（一）利用授权品种进行育种及其他科研活动；（二）农民自繁自用授权品种的繁殖材料。”亲耕田公司据此认为农户之间进行种子串换符合法律规定，为会员农户提供种子富余与缺少的信息匹配是在保护消费者利益。原审法院认为，根据《农作物种子生产经营许可管理办法》第二十一条第一款第一项、第二款规定，“有下列情形之一的，不需要办理种子生产经营许可证：（一）农民个人自繁自用常规种子有剩余，在当地集贸市场上出售、串换的……前款第一项所称农民，是指以家庭联产承包责任制的形式签订农村土地承包合同的农民；所称当地集贸市场，是指农民所在的乡（镇）区域。农民个人出售、串换的种子数量不应超过其家庭联产承包土地的年度用种量。违反本款规定出售、串换种子的，视为无证生产经营种子。”本案中，亲耕田公司帮助销售的种子，从销售主体、销售地域及销售数量上均不符合前述规定。首先，就销售主体而言，亲耕田公司与“王涛”签订的《亲耕田联合农场加盟协议》约定，“王涛”实际耕地面积 470 亩；周某到庭陈述其种植“金粳 818”的面积为 300 余亩；从金地公司提交的微信聊天记录等证据以及亲耕田公司的当庭陈述来看，亲耕田公司服务的均为种植大户，其种植面积远远超过以家庭联产承包责任制形式签订的农村土地承包合同约定的土地面积，故种植大户不应被认定为出售、串换剩余自繁自用常规种子的“农民”。其次，就销售地域而言，周某陈述，其电话归属于连云港市，“王涛”的电话归属于宿迁市，该二人的电话所属市级行政区划不同，相应的种子交易行为应已跨越了不同行政区域；从金地公司提交的微信聊天记录等证据来看，加盟亲耕田公司的农户来源于徐州、泗洪、泗阳、睢宁、沭阳、淮阴、淮安、洪泽、无锡等多个不同市县，亲耕田公司为这些农户提供种源信息匹配，导致种子的跨地域交易；前述跨地域种子交易行为均明显超出了“在当地集贸市场上出售、串换”的地域范围。最后，就种子销售数量而言，周某在本案中销售的“金粳 818”水稻种子达 10000 斤，数量巨大；亲耕田公司在微信中发布种源匹配信息时，相应的种子供需亦动辄几千斤，这些种子数量明显超出了一般“农民”家庭联产承包土地的年度用种量。

（二）亲耕田公司应当承担停止侵权、赔偿损失的民事责任

亲耕田公司帮助他人未经涉案“金粳 818”品种权人许可，销售被诉侵权种子的行为构成侵权，应当承担停止侵权并赔偿损失的民事责任，即应当立即停止帮助他人销售被诉侵权种子。

关于赔偿损失的数额，金地公司认为亲耕田公司系恶意侵权，主张适用惩罚性赔偿，即赔偿金地公司经济损失及合理费用共计 300 万元。原审法院认为，根据种子法第七十三条第三款、第四款规定，“侵犯植物新品种权的赔偿数额按照权利人因被侵权所受到的实际损失确定；实际损失难以确定的，可以按照侵权人因侵权所获得的利益确定。权利人的损失或者侵权人获得的利益难以确定的，可以参照该植物新品种权许可使用费的倍数合理确定。赔偿数额应当包括权利人为制止侵权行为所支付的合理开支。侵犯植物新品种权，情节严重的，可以在按照上述方法确定数额的一倍以上三倍以下确定赔偿数额。权利人的损失、侵权人获得的利益和植物新品种权许可使用费均难以确定的，人民法院可以根据植物新品种权的类型、侵权行为的性质和情节等因素，确定给予三百万元以下的赔偿。”根据《中华人民共和国民法典》第一千一百八十五条规定，“故意侵害他人知识产权，情节严重的，被侵权人有权请求相应的惩罚性赔偿。”本案中，金地公司未提供因亲耕田公司侵权所受损失，以及亲耕田公司的侵权获利，也未提供涉案植物新品种权的许可使用费，但亲耕田公司的侵权故意明显，情节严重，金地公司主张适用惩罚性赔偿，具有事实与法律依据，原审法院予以支持。据此，原审法院综合考虑以下因素对金地公司主张亲耕田公司赔偿 300 万元的诉讼请求予以全额支持：1. 金地公司享有的涉案植物新品种权的类型。金地公司系涉案“金粳 818”植物新品种独占实施许可合同的被许可人，金地公司提交的《授权书》记载的授权期限为“自‘金粳 818’植物新品种权申请之日起至‘金粳 818’植物新品种权保护期终止之日止。”该品种系水稻品种，适宜在河南沿黄、山东南部、江苏淮北、安徽沿淮及淮北地区种植，适宜种植范围广。2. 亲耕田公司侵权行为给金地公司造成的损失。本案中，亲耕田公司帮助周某销售侵权种子 10000 斤，单价 2 元/斤；金地公司主张，其销售“金粳 818”种子的正常价格约为 4 元/斤，利润约为 2. 1 元/斤，最低销售价格 3. 5 元/斤；亲耕田公司主张，其系“金粳 818”种子的合法代理商，正常进价 3 元/斤，该种子的一般市场售价为 4~4. 5 元/斤。亲耕田公司帮助他人销售价格明显低

于“金粳818”合法种子的侵权种子，易不当抢占合法种子的市场，给金地公司造成损失。3. 亲耕田公司侵权行为的性质、情节和后果。通过微信沟通信息可见，亲耕田公司在明知他人销售的是白皮袋包装的种子，仍然在对外发布供需信息，并提供信息匹配，其帮助他人销售侵权种子的故意明显。结合亲耕田公司微信公众号的文章记载，以及亲耕田公司与“王涛”签订的涉案《亲耕田联合农场加盟协议》记载，加盟亲耕田公司的农户数量众多，分布区域较广。亲耕田公司通过微信等方式发布种植大户种子供需匹配信息，影响范围广、情节严重；综上，可以按照正常赔偿数额的三倍确定赔偿数额。4. 金地公司支出的合理维权费用。金地公司就其合理费用主张虽未提交证据予以证明，但其实际组织人员进行了调查取证，申请并实施了证据保全公证，实际聘请律师到庭参加诉讼，故原审法院综合考虑本案调查取证及诉讼的难易程度、工作量等因素，酌情予以支持，在确定赔偿数额时一并予以计算。

综上所述，原审法院对金地公司主张亲耕田公司停止侵权、赔偿损失的诉讼请求均予以支持。依照《中华人民共和国民法典》第一千一百六十九条第一款、第一千一百八十五条，《中华人民共和国种子法》第二十八条、第七十三条第一款、第三款、第四款，《中华人民共和国植物新品种保护条例》第六条，《最高人民法院关于审理侵害植物新品种权纠纷案件具体应用法律问题的若干规定》第一条、第二条第一款、第三条，《中华人民共和国民事诉讼法》① 第一百四十二条规定，判决如下：一、江苏亲耕田农业产业发展有限公司自原审判决生效之日起立即停止侵害江苏省金地种业科技有限公司“金粳818”植物新品种独占实施权的行为；二、江苏亲耕田农业产业发展有限公司自原审判决生效之日起十五日内赔偿江苏省金地种业科技有限公司经济损失及为维权支出的合理费用共计300万元。如果未按原审判决指定的期间履行给付金钱义务，应当依照《中华人民共和国民事诉讼法》第二百五十三条规定，加倍支付迟延履行期间的债务利息。一审案件受理费30800元，由亲耕田公司负担。

二审中，双方当事人未提交新证据。

原审判决事实认定基本属实，本院予以确认。

二审另查明：

亲耕田公司在原审中确认，机插秧的水稻种子用量为每亩地12斤到15斤，直播为20斤到30斤，即10000斤水稻种子用于直播可以播种400—500亩；亲耕田公司不统计类似本案的交易数据信息。

---

① 此处指2017年《中华人民共和国民事诉讼法》，其已于2021年修改，本案下同。

二审庭审中，亲耕田公司当庭确认其并未取得种子生产经营许可证；并确认对于其平台发布的种子供需信息均不审查购销双方身份，也不审查销售种子来源和用途。

本院认为，综合查明的事实和双方的诉辩意见，本案二审的争议焦点问题是：（一）亲耕田公司的行为是否构成侵害“金粳 818”植物新品种权；（二）原审确定的赔偿金额是否合理。

（一）亲耕田公司的行为是否侵害涉案植物新品种权

亲耕田公司上诉主张涉案交易行为不属于侵权行为，原审法院关于亲耕田公司帮助侵权的认定存在错误，金地公司则认为亲耕田公司实施了直接侵权行为。经审查，亲耕田公司在涉案交易中实施了下列行为：通过微信发布种子供应信息；金地公司取证人员从亲耕田公司处得知有白皮包装的“金粳 818”出售，在金地公司取证人员签署《亲耕田联合农场加盟协议》并付款后，亲耕田公司将所谓“供方”信息提供给金地公司；金地公司按照亲耕田公司的安排取得被诉侵权种子，金地公司取证人员获得被诉侵权种子的交易过程中，种子的数量、价格、大致交货时间等均由亲耕田公司与其确认。本院认为，一般而言，买卖双方就标的物买卖条件的意思表示达成一致，销售合同依法成立，则构成法律意义上的销售行为。同时，参照《最高人民法院关于审理侵害植物新品种权纠纷案件具体应用法律问题的若干规定（二）》（以下简称品种权司法解释二）第四条的规定，以广告、展陈等方式作出销售授权品种繁殖材料的意思表示的，人民法院可以以销售行为认定处理。即销售合同成立前的广告、展陈等行为已足以认定为销售行为，销售者是否亲自实施标的物的交付和收款行为，不影响其销售行为性质的认定。亲耕田公司实施了发布被诉种子销售具体信息，与金地公司取证人员协商确定种子买卖的包装方式、价款和数量、履行期限等交易要素，其行为对于被诉侵权种子的交易不仅具有肇始意义，而且金地公司依据与亲耕田公司约定的交易条件，已产生据此取得被诉侵权种子所有权的确定预期，销售合同已经依法成立。可见，亲耕田公司系被诉侵权种子的交易组织者、决策者。后续交易履行过程中货物交付和收款的主体的变化，并不影响认定亲耕田公司的销售主体地位。故根据上述事实，可以认定亲耕田公司直接实施了被诉侵权种子的销售行为。原审法院认定亲耕田公司仅实施帮助销售行为不当，本院予以纠正。

亲耕田公司上诉主张根据种子法第三十七条及新品种条例第十条规定，本案属农民销售自留种，不构成侵权行为。对此本院认为，首先，本案被诉侵权行为不符合农民自繁自用的条件。品种权司法解释二第十二条规定：“农民在其家庭农村土地承包经营合同约定的土地范围内自繁自用授权品种的繁殖材料，权利人对此主张构成侵权的，人民法院不予支持。对前款规定以外的行为，被诉侵权人主张其行为属于种子法规定的农民自繁自用授权品种的繁殖材料的，人民法院应当综合考虑被诉侵权行为的目的、规模、是否营利等因素予以认定。”参照上述规定，根据审理查明的事实，本案系亲耕田公司实施销售行为，亲耕田公司并非与农村集体经济组织签订家庭农村土地承包经营合同的农民，不符合上述规定的农民自繁自用行为。其次，本案被诉侵权行为不符合农民自繁自用剩余种子合法出售、串换的条件。种子法第三十七条规定：“农民个人自繁自用的常规种子有剩余的，可以在当地集贸市场上出售、串换，不需要办理种子生产经营许可证”。前已述及，本案中亲耕田公司并非农民，不符合农民个人自繁自用条件。同时，本案被诉侵权种子通过亲耕田公司的商务电子平台组织交易，其交易场所并非法定的当地集贸市场。因此，亲耕田公司的行为不符合种子法第三十七条规定的条件。最后，本案所涉被诉侵权种子和亲耕田公司发布的其他种子销售信息达数千斤、数万斤，远超出农民家庭农村土地承包经营合同约定的土地范围所能剩余自留种的数量，上述因素足以证明亲耕田公司的交易目的是获取不正当的巨额经济利益。综上，亲耕田公司在所谓“为农民买卖自留种提供信息匹配”的经营模式下，以为“农民”“种粮大户”服务名义所实施的销售行为严重侵害了品种权人的合法权益，应当认定构成侵害植物新品种权的行为。亲耕田公司关于不构成侵权的上诉主张，无事实和法律依据，本院不予采纳。

（二）原审判决确定的赔偿金额是否合理

原审判决支持了金地公司适用惩罚性赔偿的诉讼请求，亲耕田公司上诉主张，本案不应适用惩罚性赔偿。对此本院认为，种子法第七十三条第三款规定：侵犯植物新品种权的赔偿数额按照权利人因被侵权所受到的实际损失确定；实际损失难以确定的，可以按照侵权人因侵权所获得的利益确定。权利人的损失或者侵权人获得的利益难以确定的，可以参照该植物新品种权许可使用费的倍数合理确定。赔偿数额应当包括权利人为制止侵权行为所支付的合理开支。侵犯植物新品种权，情节严重的，可以在按照上述方法确定数额的一倍以上三倍以下确定赔偿数额。基于上述规定，侵犯植物新品种权情节严重可适用惩罚性赔偿。而对于侵权情节严重的认定，人民法院应当综合考虑侵权人的主观恶意、侵权手段、次数，侵权行为的持续时间、地域范围、规模、后果，侵权人在诉讼中的行为等因素予以确定。本案中，首先，关于侵权人的主观恶意。亲耕田公司系种子农资专业经营者，从其总经理吴体恩的微信交流表述“白袋子的9108只要3元，合法包装为3.8元”来看，亲耕田公司明知未经许可销售授权品种繁殖材料的侵权性质。同时，亲耕田公司销售的被诉侵权种子部分包装未标注任何信息、部分包装标注“松花江珍珠米”商品粮名称，其试图掩盖侵权行为和逃避责任追究的意图明显，可见其具有侵权恶意。其次，关于侵权手段。根据审理查明的事实，亲耕田公司的经营模式实系通过信息网络途径组织买卖各方，以“农民”“种粮大户”等经营主体名义为掩护实施的侵权行为，其行为较为隐蔽。再次，关于侵权行为的规模与范围。亲耕田公司以种植大户为主要服务对象，种植大户在农民家庭联产承包合同之外的经营面积不属于农民自繁自用种子的免责范畴，需从品种权人处购入种子，故亲耕田公司的经营行为对品种权人造成巨大市场冲击。从亲耕田公司自己的宣传来看，其服务 200 多万亩耕地，辐射江苏、山东、河南、安徽的 4600 多大户，可认定为侵权范围广、规模大。最后，关于情节严重的法定情形。参照品种权司法解释二第十七条第一款第五项规定，违反种子法第七十七条第一款第一项，即未取得种子生产经营许可证生产经营种子的，可以认定为侵权行为情节严重。如前所述，本案中亲耕田公司的行为可认定为直接从事种子销售，而亲耕田公司当庭确认其并未取得种子生产经营许可证，又销售包装无标识的种子，足以认定亲耕田公司侵权情节严重。原审法院认定亲耕田公司侵权情节严重并对本案依法适用惩罚性赔偿，事实认定以及法律适用正确。

关于惩罚性赔偿金额的计算问题。在本案权利人实际损失数额无法查明，亲耕田公司亦未提供与侵权行为相关的账簿、资料的情况下，原审法院综合考虑涉案植物新品种权的类型、所查明的销售侵权种子的价格和规模、侵权行为的性质和后果等情节，确定亲耕田公司的侵权获利赔偿基数为 100 万元，在三倍以下适用惩罚性赔偿，确定判赔总额为 300 万元。对此本院认为，参照《最高人民法院关于审理侵害知识产权民事案件适用惩罚性赔偿的解释》第五条规定，人民法院确定惩罚性赔偿数额时，以原告实际损失数额、被告违法所得数额或者因侵权所获得的利益作为计算基数。人民法院依法责令被告提供其掌握的与侵权行为相关的账簿、资料，被告无正当理由拒不提供或者提供虚假账簿、资料的，人民法院可以参考原告的主张和证据确定惩罚性赔偿数额的计算基数。据此，亲耕田公司作为宣传营业额达亿元的企业，在原审诉讼中明确不留存相关种子交易记录，导致无法查明其实际侵权规模，应对此承担相应的不利后果，人民法院据此可依据亲耕田公司相关宣传资料合理推定其侵权获利，作为赔偿数额的计算基数。经查，《亲耕田联合农场加盟协议》记载亲耕田公司 2019 年服务 200 多万亩耕地，辐射苏、鲁、豫、皖四省 4600 多名大户，年交易超过 2 亿元；对于加盟会员其每季每亩收取 10 元服务费。在亲耕田公司微信中发布的“亲耕田农业产业信息匹配”信息中，可见的品种有“南粳 2728”“南粳 9108”“南粳 505”“武运粳 23”“南粳 46”“金粳 818”。根据上述查明的事实，从亲耕田公司的服务费收入口径计算：其服务的耕地面积 200 万亩，按收费标准 10 元每季每亩来算，计为 2000 万元；或按另一统计口径即其服务 4600 名大户，每户服务费收取本案服务费标准 4700 元计算，计为 2162 万元。考虑到亲耕田公司还经营农药、化肥等大项农资，前述服务费与种子相关部分按比例计三分之一为 600 万—700 万元。从种子销售利润口径计算：亲耕田公司服务的耕地面积 200 万亩，每亩最少用种子 12 斤，而每斤销售价格 2 元与商品粮价格 1.5 元的差价为 0.5 元，总利润计为 1200 万元。上述收入合计近 2000 万元。而本案证据显示亲耕田公司微信中提及销售水稻品种共 6 种，同时本院充分考虑到可能还涉及其他植物新品种，从宽计算“金粳 818”在亲耕田公司所售种子中的比例，仍可合理推定亲耕田公司就“金粳 818”的侵权获利达 100 万元以上。如前所述，综合考虑亲耕田公司的侵权恶意、手段、规模和范围等，尤其是亲耕田公司未取得种子生产经营许可证，以无标识、标签的包装销售授权品种，亲耕田公司属侵权情节严重。依照种子法第七十三条第三款前述规定，并参照品种权司法解释二第十七条第二款关于认定为侵权情节严重“存在前款第一项至第五项情形的，在依法适用惩罚性赔偿时可以按照计算基数的二倍以上确定惩罚性赔偿数额”的规定，对于亲耕田公司在依法适用惩罚性赔偿时可以按照计算基数的二倍以上确定惩罚性赔偿数额。故原审法院确定本案的惩罚性赔偿金额为 200 万元、判令亲耕田公司承担共 300 万元的赔偿责任于法有据，本院予以确认。

综上，亲耕田公司的上诉主张不能成立，本院不予支持。原审认定事实基本清楚，适用法律虽有不当，但实体处理正确，可予维持。依照《中华人民共和国种子法》第二十八条、第七十三条第一款、第三款，《中华人民共和国民事诉讼法》第一百七十条第一款第一项规定，判决如下：

驳回上诉，维持原判。

二审案件受理费 30800 元，由江苏亲耕田农业产业发展有限公司负担。

本判决为终审判决。

审 判 长　罗　霞
审 判 员　潘才敏
审 判 员　邓　卓
二〇二一年八月二十五日
法官助理　郑大地
书 记 员　李思倩

六、集成电路布图设计案件审判

42. 技术委托开发合同中开发方履约情况的认定

——上诉人泰凌微电子（上海）股份有限公司与被上诉人深圳市星火原光电科技有限公司集成电路委托开发合同纠纷案①

中华人民共和国最高人民法院民事判决书（2020）最高法知民终394号

上诉人（原审被告、反诉原告）：泰凌微电子（上海）股份有限公司［原泰凌微电子（上海）有限公司］。住所地：中国（上海）自由贸易试验区祖冲之路1500号3幢。

法定代表人：盛文军，该公司董事兼总经理。

委托诉讼代理人：金海鹏，男。

委托诉讼代理人：李梦圆，北京市中伦（上海）律师事务所律师。

被上诉人（原审原告、反诉被告）：深圳市星火原光电科技有限公司。住所地：广东省深圳市宝安区福海街道桥头社区金港科技园B栋厂房102。

法定代表人：吴风燎，该公司董事长。

委托诉讼代理人：赵昶，男。

委托诉讼代理人：谭经泉，北京京师（杭州）律师事务所律师。

上诉人泰凌微电子（上海）股份有限公司（以下简称泰凌公司）因与被上诉人深圳市星火原光电科技有限公司（以下简称星火原公司）集成电路委托开发合同纠纷（原审法院确定为集成电路布图设计创作合同纠纷）一案，不服上海知识产权法院于2019年7月31日作出的（2017）沪73民初551号民事判决，向本院提起上诉。本院于2020年4月23日立案后，依法组成合

① 本案在年度报告中的位置为第72页。

议庭，并于2020年8月21日公开开庭审理了本案，上诉人泰凌公司的委托诉讼代理人金海鹏、李梦圆，被上诉人星火原公司的委托诉讼代理人赵昶、谭经泉到庭参加诉讼。本案现已审理终结。

泰凌公司上诉请求：1. 依法撤销原审判决第二项、第三项内容，并驳回星火原公司全部诉讼请求；2. 依法撤销原审判决第五项内容，并支持泰凌公司的反诉请求；3. 本案一审（包括本诉和反诉）、二审诉讼费用由星火原公司承担。事实与理由：

（一）泰凌公司向星火原公司交付的芯片设计成果已经实质满足规格定义书的要求、星火原公司的芯片使用需求，并非毫无商业价值的阶段性成果。首先，原审判决关于LCD引脚功能问题描述、判断错误。星火原公司仅主张芯片设计在电阻模式下某些IO口受限。任何一方都未主张或认可“没有电容模式”这一瑕疵，且相关证据足以显示设计成果包含电容模式。其次，泰凌公司交付的设计成果不存在实质瑕疵。原审判决未对涉案设计成果是否实质偏离或构成实质瑕疵作任何判断，也未判断星火原公司的芯片使用需求、产品设计需求是否受影响。原审判决认定的问题（2）（3）（4）（5）均仅涉及性能优化层面，不会导致芯片或使用芯片的遥控器产品无法使用。第三，即便前述4种情形不进行金属层修改（Metal change），星火原公司在设计遥控器产品时也有合理、低成本的设计方法来规避，而不受不利影响。由此，泰凌公司交付的设计成果并非无任何商业价值的半成品。此外，规格定义书对于衡量合同交付是否合格有一定参考性，但其往往是实际工作开展前最为理想化、严格化的标准，若某些标准不影响芯片功能实现、产品功能实现，则硬性局限于规格定义书就无意义。本案不应对照规格定义书僵硬对比，而应从合同目的出发，结合设计成果是否影响芯片使用综合判断。

（二）泰凌公司不应就《专用集成电路产品委托开发设计合同》（以下简称涉案合同）未能继续履行承担主要责任。首先，泰凌公司2015年7月12日邮件意为其同意进行金属层修改和延期付款的前提是：星火原公司先“对当前的设计指标和参数进行确认，并确认完成修改后设计可以满足星火原要求”，包含联动设计不作修改之意；星火原公司承诺验证后立即支付拖欠费用和剩余费用。泰凌公司提出上述前置条件的合理性在于：星火原公司因泰凌公司采用IO联动设计就无理指责泰凌公司违约，且星火原公司始终强硬要求泰凌公司“一次性修改就解决所有问题”，故如不先就相关事宜书面明确，后续会产生更多纠纷。其次，由于星火原公司未同意前述前置条件，泰凌公司的要约也并不构成合同义务。原审判决认为泰凌公司管理层知晓工程师间的交流和意见，应已视为星火原公司作出了确认，该认定错误。双方工程师围绕实际操作事宜有频繁沟通，但仅限于指导和技术咨询服务，与金属层修改无关。星火原公司对于功耗的需求视为对涉案合同提出修改，应通过双方负责人修改合同。星火原公司负责人未提出过待机功耗规格参数，应不视为其作出了继续履行合同的确认。再次，泰凌公司已主动表达履约善意，若还要求其不得不面临至少两次金属层修改，既不公平也不符合商业逻辑。由于星火原公司宁愿高价购买第三方芯片也不肯积极确认修改方案，才导致合同搁置。

（三）原审判决关于返还合同款以及损失赔偿的认定有误。首先，泰凌公司交付的设计成果实质符合涉案合同和芯片使用需求，具有相应商业价值。根据涉案合同，星火原公司流片前应支付300万元款项，结合流片前后泰凌公司在合同下义务的大小，应认定已交付的设计成果对应合同价值为300万元。虽然泰凌公司曾提出星火原公司可延期支付35万元欠款，但并未放弃或豁免该部分债权。因此，原审判决认定泰凌公司应返还已支付合同款并驳回泰凌公司反诉请求存在错误。其次，泰凌公司不应就涉案合同未能继续履行承担责任，而星火原公司负有主动推动合同履行的义务，却直接采购第三方芯片，其所谓“预期利益损失”既不合理也不必然存在，泰凌公司不应承担赔偿责任。再次，原审判决计算预期利益损失方式存在错误。假设涉案合同正常履行，则星火原公司也应支付所有合同款441万元，但其实际仅支付265万元。此外，假设星火原公司继续履行合同，金属层修改后实现量产，仅需额外3—5个月，而非原审判决认定的一年。

星火原公司辩称：原审法院判决认定事实清楚，适用法律正确，请求维持原判。具体理由：

（一）泰凌公司交付的芯片是完全不能使用的废片。首先，在芯片设计前，泰凌公司与星火原公司工程师共同确定的规格定义书是要求芯片在设计出来并改进后交付到星火原公司，且应该与规格定义书完全一致，能够直接用在空调遥控器上。其次，原审判决关于LCD引脚功能改进的问题描述和判断正确，且得到了泰凌公司的自认。泰凌公司设计的芯片样品在电阻模式下三个IO口受阻，芯片有没有“电容模式”不是本案二审的争议焦点。再次，泰凌公司交付的芯片设计成果存在6个方面的问题，是有实质缺陷问题的废片。根据星火原公司原审时提交的（2017）深盐证字第2395号公证书（以下简称第2395号公证书）记载的泰凌公司工程师王波的邮件内容，泰凌公司自认的涉案芯片存在的问题是6个而不是4个，另外两个分别是芯片待机功耗过高、改进IO联动。复次，星火原公司绝不会把设计上有错误且还未修改和重新验证的电路用于产品的生产中。又次，泰凌公司没有按时交付合格的芯片设计成果，商业价值具有一定的时效性，星火原公司委托泰凌公司设计芯片时，就已与星火原公司大客户商讨，推动 COB 工艺向封装片工艺过渡的产业进程，如果芯片能如期投入使用，则自然过渡到本芯片上来。最后，泰凌公司交付的所谓“芯片设计成果”，只是印有泰凌公司标识的 350 片芯片样片。而芯片设计的交付产物，除样片外，还有设计文件、芯片测试文件等，泰凌公司从未将设计文件交付给星火原公司，且泰凌公司也从未向星火原公司提出，要求星火原公司自行找其他芯片设计商来进行后续优化的事宜并承担相关优化费用。

（二）泰凌公司应当对涉案合同未能继续履行承担主要责任。首先，泰凌公司收到星火原公司 2015 年 7 月 12 日和 2015 年 7 月 14 日邮件时并未提出中止履行合同，而是提出了对产品存在问题的修改方案，并表明自行承担相应的修改费用，待完成芯片验证后再由星火原公司支付剩余及所欠的合同款项；星火原公司亦回复邮件同意泰凌公司启动对部分问题的修改，并希望早日启动。泰凌公司在 2015 年 7 月 12 日的邮件中已经提出了相关的规格参数，且星火原公司明确同意泰凌公司对该问题进行金属层修改，无需星火原公司再行确定规格参数。其次，涉案研发芯片并不是发明创造，业内有广泛的参考，星火原公司只是为了从源头上节约成本，按通用要求定义了芯片的规格，并与泰凌公司共同确认为芯片的最终规格。再次，涉案的设计项目被卡在金属层修改阶段，泰凌公司是专业芯片设计公司，对做芯片的金属层修改更专业，更有义务推动设计项目的进程。最后，星火原公司十分重视项目的推进，2015 年 5 月 20 日，基于前期验证的问题，星火原公司高层组织会议讨论决策后，星火原公司多次与泰凌公司领导层面沟通，研发部负责人李振华分别于 2015 年 6 月 17 日、6 月 29 日、7 月 10 日以邮件的方式多次催促泰凌公司的工作并表示星火原公司的关切。实际上，泰凌公司并未对此作出正面回应。对于星火原公司来说，这是一个大项目，投入了大量的金钱、人力和时间，然而泰凌公司让星火原公司除了蒙受巨额损失之外，没有得到任何有价值的回报。

（三）星火原公司与泰凌公司订立涉案合同的目的，是获得合格芯片、降低成本，泰凌公司作为专业设计企业，消极履行合同给星火原公司造成的损失在泰凌公司可预见范围内。原审判决关于返还合同款以及损失赔偿的认定相对公平，且有利于泰凌公司。星火原公司委托泰凌公司设计芯片的初衷，是改良当时空调遥控器大量采用 COB 工艺的缺点、提高生产效率、降低硬件成本等。因为泰凌公司的根本违约导致不能交付芯片而使涉案合同不能继续履行，原审法院判决认定泰凌公司赔偿星火原公司的损失额时，将星火原公司委托其他公司进行设计研发需花费一年时间作为计算标准是合理的。虽然原审判决确定的损失只对星火原公司的实际损失的一部分进行了补偿，但仍然彰显了公平正义。

星火原公司向原审法院提起诉讼，原审法院于2017年8月17日立案受理。星火原公司起诉请求：1. 解除星火原公司与泰凌公司签订的涉案合同；2. 泰凌公司返还星火原公司产品开发费用2650000元；3. 泰凌公司赔偿星火原公司高价采购其它替代芯片损失5606990.09元。事实与理由：2014年6月9日，星火原公司与泰凌公司签订了涉案合同。按照涉案合同约定，泰凌公司应在2015年10月29日完成能够正常工作的芯片样品并进入芯片试产阶段；在2015年11月27日前流片完成所有未完的晶圆，并交付芯片。但时至2017年7月8日，泰凌公司的工作完全处于停滞状态，且经星火原公司催告，泰凌公司的金属层修改工作及后续研发再无任何进展，导致星火原公司错失设计产品的黄金期，并不得不向案外人高价采购替代芯片。泰凌公司的行为已经构成根本违约，其应返还星火原公司已支付的合同款项，并赔偿相应的损失。

泰凌公司针对星火原公司的诉讼主张原审辩称：1. 泰凌公司已经按约履行了涉案合同各阶段的义务，在相应阶段所交付的产品符合技术规格要求，也不存在逾期交付的情形。2. 星火原公司在履约过程中所提出的技术问题，并非合同约定范围之内所需解决的问题。3. 泰凌公司同意解决星火原公司所提出的技术问题，而修改方案的重要规格和参数必须由星火原公司予以建议和确认，但其并未给出确认意见。星火原公司未履行先合同义务，导致涉案项目停滞。4. 星火原公司要求泰凌公司一次性解决所有技术问题，若任一问题未解决则全额退还合同款项，这一要求违反合同约定，故泰凌公司未继续进行开发。5. 星火原公司向案外人采购芯片的成本与本案损失无直接关联，相应主张不应予以支持。

泰凌公司向原审法院提出反诉请求：星火原公司向泰凌公司支付应付而未付的合同款350000元及其利息（从2015年3月31日起，以年利率5.75%计算，暂计至2017年11月16日，共计53733.80元），前述共计403733.80元。事实与理由：根据涉案合同约定，在泰凌公司设计芯片流片前，星火原公司应分三次向泰凌公司支付300万元，每次100万元。2014年10月，星火原公司因现金流原因无法按时支付第三笔款项。为顺利推进项目，泰凌公司同意对该笔款项可分为65万元和35万元两期支付，且双方约定第二期35万元应于2014年11月30日前支付。经泰凌公司催收后，双方再次协商一致该笔款项支付期为2015年3月31日。但时至今日，在泰凌公司设计芯片早已流片的情况下，星火原公司仍拒绝支付上述35万元的合同款项。

星火原公司针对泰凌公司的反诉主张原审辩称：1. 双方在合同履行过程中已就有关35万元合同款项的支付期限协商一致，不存在逾期付款的情形。2. 在泰凌公司交付的阶段性产品存在重大瑕疵导致合同目的已无法实现的情况下，星火原公司有权拒绝支付相应的合同款项。

原审法院经审理查明：

（一）涉案合同的签订情况

2014年6月5日，星火原公司与泰凌公司签订了《技术开发合同》（以下简称涉案技术合同）。

2014年6月9日，星火原公司（甲方）与泰凌公司（乙方）签订涉案合同。涉案合同主要内容如下：1. 合同主旨：甲方委托乙方设计开发产品，乙方同意并接受委托。本合同为甲乙双方于2014年6月5日签订的《技术开发合同》（项目名称为“专用集成电路”）的补充合同，如本合同条款与上述《技术开发合同》条款有不一致的，以本合同为准。2. 产品：本合同提及的产品指按本合同附件规定的ASIC（专用集成电路），该产品的规格为3.1定义的“产品定义规格书”……3. 期限。产品开发阶段计划如下：

关键节点	时间	阶段成果	责任公司
1. 规格定义	合同签署后2周内	产品定义规格书，并由双方确认签署盖章	星火原，泰凌
2. 完成设计	规格定义完成后18周完成	EDA仿真结果等设计资料	泰凌
3. 流片	设计完成后9周完成流片	芯片流片提交证明	泰凌
4. 样片验证	流片完成后4周内完成样片验证	能够正常工作的芯片样品	泰凌
5. 金属层修改	样片验证如果发现问题，则需要额外的12周进行金属层修改工作	能够正常工作的芯片样品	泰凌
6. 芯片试产	样片验证没问题4周内，流片完成所有未完的晶圆	交付10万片芯片 交付封装	泰凌 泰凌，星火原
7. 星火原完成三千套生产	6周	量产遥控器	星火原，泰凌
8. 芯片量产	完成15万片芯片量产，并指导星火原生产	交付15万片芯片	泰凌

在项目执行过程中，甲方可随时检查乙方的进度和设计开发情况。芯片的目标生产成本，将在规格定义完成后确定……5. 付款方式：5.1 本合同项下的费用包括设计开发费和掩模、芯片生产费，合同金额总计 441 万元。其中包括设计开发费用 386 万元，以及掩模、芯片生产费 55 万元。5.2 合同双方在定义好产品规格后，甲方支付乙方现金 100 万元，并在第二个月支付承兑汇票 100 万元。乙方收到现金后开始产品设计。5.3 在乙方流片前，甲方支付乙方现金 100 万元。5.4 在甲方和乙方完成三千套遥控器生产，并得到甲方验收后，甲方支付乙方 100 万元承兑汇票。5.5 乙方收到 5.4 中提到的甲方的 100 万元承兑汇票后开始小批量产，乙方小批量产芯片累计达到 25 万片，并交付甲方后，甲方支付乙方尾款 41 万元承兑汇票。5.6 甲方可以根据设计或规格的改变，要求额外的金属层修改，每次金属层修改甲方需向乙方支付 6 万元设计费并承担实际金属层修改流片费用。若由乙方提出做金属层修改，则金属层修改费用由乙方承担……7. 验收：7.1 乙方提供样品或产品后，由甲方安排测试。7.2 如产品有需纠正的缺陷，甲方应以书面的方式通知乙方。7.3 乙方应在收到甲方书面通知后的 6 天内，提供产品纠正方案及错误分析报告。7.4 若乙方收到甲方提交的 7.3 所述的通知，应及时给予响应。7.5 乙方纠正产品缺陷后，甲方应接受纠正后的产品进入量产阶段。8. 交付：当甲方支付全部尾款后，乙方将向甲方交付设计以及相关资料，包括：8.1 设计芯片掩模；8.2CP 和 FT 测试的软件与相关材料；8.3 在甲方独立生产前 100 万片芯片过程中，乙方必须提供指导和帮助……13. 违约：任何一方无故违约，另一方可采取以下措施：终止全部或部分合同、向对方索赔……15. 合同终止：15.1 任何一方不得无故终止本合同，除非对方违反合同条款并无法改正其违约行为。15.2 如甲方在合同履行的过程中，决定永久性停止该项目，应在 15 日内书面通知乙方。并于乙方收到该通知后的三十日内向乙方支付因此而实际产生的技术开发费用，另外还包括已支付给加工厂的不可返还或撤回的费用。15.3 如一方违反合同条款并在另一方书面通知的 15 日内无法改正其违约行为，另一方可以书面通知对方终止本合同并要求赔偿。

（二）涉案合同的履行情况

1. 有关涉案合同款项支付的情况

2014 年 6 月 27 日，星火原公司向泰凌公司支付合同款 100 万元；2014 年 8 月，星火原公司以银行承兑汇票背书方式向泰凌公司支付合同款 100 万元；2014 年 12 月 16 日，星火原公司向泰凌公司支付合同款 65 万元。

2014 年 10 月 22 日，星火原公司工作人员赵昶发送邮件给泰凌公司法定代表人盛文军，主要内容如下：由于我公司湖北工厂本月开始投产，银行贷款还没下来，加上客户回款慢，能用现金有限，影响了第三期款的支付。上月底，我与王总也沟通过，希望 Telink 在此期款还没收到的情况下，不影响流片的进度。现在芯片的开发进度因为流片受到了较大拖延，对我公司此芯片的后续运作也有不小的影响。

2014 年 11 月 4 日，泰凌公司工作人员王波向星火原公司工作人员赵昶发送邮件，主要内容为：为了推进合作，加速项目进程，我们同意放宽第三次付款条件。可以分两笔支付，第一笔 65 万元现金（基本上是我们需要支付给晶圆厂的现金），第二笔 35 万元现金（本月底前支付）。不知上述付款方式是否可行，多谢支持。

2015 年 4 月 1 日，泰凌公司法定代表人盛文军发送邮件给星火原公司工作人员赵昶，主要内容如下：请问上次说的 3 月底前付完欠的第三笔现金付款一事如何处理？付款延误肯定也会影响我们这边芯片验证和金属层修改的时间。

2015 年 4 月 17 日，星火原公司工作人员赵昶发送邮件给泰凌公司法定代表人盛文军，主要内容如下：我给吴总提过几次款项的事了，也有两次拿着后续请款单去找老板，都被问及芯片的测试 BUG 有没有进展，而我又没有及时收到项目简报，对情况不能详细了解，所以单很难提交上去，希望盛总督促一下芯片的关键问题。

2015 年 4 月 27 日，泰凌公司法定代表人盛文军向星火原公司工作人员赵昶发送邮件，主要内容为：芯片漏电的问题我问了一下，从目前的测试结果来看，很可能跟晶圆厂的生产工艺有关，而不是我们芯片的设计，目前团队正在和晶圆厂一起分析找原因，但这个问题应该不影响目前的开发。关于付款的事，这笔款是芯片流片前就应该支付的，和芯片的 BUG 没有任何关系。

2. 有关涉案项目开发进展的情况

2014 年 6 月 20 日，星火原公司工作人员赵昶向泰凌公司工作人员郑明剑发送邮件，主要内容为：一直在期待您这边给到最后的规格定义来，尽可能将一些特殊的内容细化（或解释），非通用的尽量能解释到没有歧义。附件是我更新了的规格定义，红字部分请重点关注，如果不是问题，请变黑，如果有问题，请在附近的单元格填写。规格定义文件请郑总和贵司同仁仔细核对。

2014 年 6 月 25 日，泰凌公司工作人员郑明剑向星火原公司工作人员赵昶发送邮件，主要内容为：我们的 MCU core 都是一样的。规格已按我们讨论的更新。待定的是 VLCD 的电容稳压方式的管脚，需要您来确定。

2014 年 9 月 29 日，泰凌公司工作人员郑明剑向星火原公司工作人员赵昶发送邮件，主要内容为：附件是我们芯片 tapeout sign-off 的文档，datebase 已经好了。邮件附件为涉案产品的规格定义书（详见附件）。

2015 年 1 月 27 日，泰凌公司工作人员朱向阳向星火原公司工作人员赵昶发送邮件，主要内容为：根据目前反馈 3 月 7 日 Wafer out，3 月 25 日可以拿到封装的样片。

2015 年 3 月 24 日，星火原公司工作人员赵昶向泰凌公司工作人员朱向阳发送邮件，主要内容为：350pcs 样片已经收到，新封装片丝印倾向第二种方案……关于封装报价，请再多帮我了解到 QFN56 的价格。

2015 年 4 月起，星火原公司与泰凌公司就涉案产品开发中存在的问题通过电子邮件进行多次沟通。

2015 年 5 月 19 日，星火原公司工作人员赵昶向泰凌公司工作人员王波等发送邮件，主要内容为：我们细化分析了现在存在以下三个缺陷：1. LCD 模式下，2—3 个 Seg 不能用，且不能用作 IO/AD 等。具体问题描述如下：（1）电阻模式下，PD5-7/SEG21-23/AD3-5 被占用，不能作其他用途；（2）电容模式下，PD5-7 连接电容。（3）1.2M 电阻模式，5x19 显示屏全显昏暗。2. COM 和 SEG 的寄存器配置联动。具体问题描述如下：（1）com0-3/com4-7 联动；（2）seg1-2/3-6/7-14/15-17/16-22 联动；（3）联动的端口，一个设置成 SEG，其他就不能设置成 IO。3. 静态电流过大。（1）停止模式下，电流大于 160μA；（2）全功能遥控器休眠模式下，电流大于 260μA。

2015 年 5 月 20 日，泰凌公司工作人员金海鹏向星火原公司工作人员赵昶回复上述邮件，主要内容为：关于其中几项提到 Spec 不符，具体如何造成，由于我没有参与最初讨论，所以无法断言谁是责任方。就问题本身回复如下：关于问题 1，之前已经确认可以通过改版解决。但是改版结果就是只留下“增强电阻模式”，可以适用于两种 LCD。关于问题 2，这个无法通过改版解决，之前的讨论也已经确定这不是一个大问题，硬件设计可以克服。如果现在情况发生变化，请告知。关于问题 3，这个已经确定是良率问题，我们可以本周安排一些经 wafer 测试过的芯片给您确认。

2015 年 5 月 28 日，星火原公司工作人员赵昶向泰凌公司法定代表人盛文军等发送邮件，主要内容为：我司对该项目的要求如下：1. 立即启动金属层修改工作，初步解决问题 1（只保留内部电阻模式，把关联的 Seg/IO 等利用起来），以及彻底解决问题 3（功耗问题完全满足初期的规格要求），争取 7 月上旬出货符合要求的 MCU 占比客户意向需求 4KK 的 30%，即 1.2KK；

2. 在启动上述需求的同时同步启动更改芯片工作，彻底解决问题 1 和问题 2，待功能测试验证完成后，期望在今年 10 月中旬前开始供货完全符合设计需求的 MCU。2015 年 6 月 2 日，泰凌公司工作人员王波回复上述邮件，主要内容如下：1. 在 7 月上旬拿到 1.2KK 芯片是不能够完成的；2. 如果启动新的设计，最乐观的情况，10 月中下旬完成芯片验证，大批量需要到 12 月下旬。另外，在开发规格书中确实没有看到要求 GPIO 不能联动设置，以及对于电容模式管脚需要在电阻模式下用于 GPIO 的规定。所以目前的设计结果不能认为是我方的问题，只能是前期对于产品定义不够详细导致双方认知不同的原因。

2015 年 6 月 3 日，泰凌公司法定代表人盛文军向星火原公司工作人员李振华等发送邮件，主要内容为：泰凌公司一直严格按照当初合同规定的时间点进行设计，我们在规定的时间内完成了全部设计和流片准备，但因贵司不能按照合同规定付出流片前应付的一笔款项，使得流片时间耽误两个月之久，且最终流片时贵司实际只支付了那笔款项的 2/3，我们秉着良好合作精神及贵司承诺在流片后会很快支付余款的情况下执行了流片。从流片至今已有 6 个月的时间了，贵司尚未支付第二笔款项，实际上已经违反了合同。

2015 年 6 月 13 日，星火原公司工作人员李振华向泰凌公司工作人员王波等发送邮件，主要内容为：1. 金属层修改前请发出正式书面承诺书，承诺金属层修改后彻底解决问题一、三、四（LCD 稳压问题），并且保证这次改版后不再存在任何除联动问题外的功能、性能、品质等问题，以上任何一个问题未能解决，或者样品存在不符合规格的状况，该项目立马终止，贵司承诺我们验证出任何问题一周内退还已支付的费用，同时我们保留追究贵司对星火原公司造成的损失，以上承诺书双方签字盖章生效后，星火原公司给予 35 万元的费用；2. “联动问题”并非高科技，更不是发明，这个问题必须解决，当且仅当金属层修改成功并且联动问题彻底解决后，我们支付剩余费用。

2015 年 6 月至 2015 年 7 月间，泰凌公司工程师俞工多次与星火原公司进行邮件往来，邮件内容涉及芯片待机功耗、IR 传输距离、LCD 引脚功能改进等问题。其中，星火原公司工程师马工于 2015 年 6 月 17 日向泰凌公司工程师俞工发送邮件，主要内容如下：大致总结一下，目前发现有 5 个大的问题需要解决：1. LCD 功能的局限，电阻模式下 PD5-7 三个 IO 有限制；2. IO 关联设定问题；3. 待机功耗偏大；4. LDO 开启，VDD 降低时 LCD 显示变暗；5. IR 传输距离近。其又于 2015 年 7 月 6 日向泰凌公司工程师俞工发送邮件，主要内容为：需要说明的是：遥控器程序代码不会小于 8K，同时遥控器的 2Hz 在休眠时必须打开，如果休眠时关闭 2Hz 产品功能严重缺失，测试电流时不能关闭 2Hz 唤醒。之前给你小于 8K 代码，是方便你在 RAM 中运行程序。因此，实际产品的电流测试数据必须满足以下条件：（1）程序运行空间大于 8K；（2）休眠后 2Hz 不能关闭，必须 2Hz 唤醒功能；（3）休眠后 LCD 有部分图标点亮；（4）休眠 2Hz 唤醒后能运行 AD 检测功能。如果能满足以上 4 点要求，测试的电流小于等于 30μA，那么电流要求就完全符合实际产品需求。请参考以上要求，重新给出测试数据。如需我配合请告知。

2015 年 7 月 12 日，针对星火原公司在产品开发过程中提出的问题，泰凌公司工作人员王波向星火原公司发送邮件进行了统一回应，主要内容为：1. LCD 引脚功能改进，电阻模式下 PD5 - PD7 的 IO 使用需修改，目前 1/2bias 下 PD5 需悬空，1/3bias 下 PD5、PD6 需悬空，1/4bias 下 PD5、PD6、PD7 需悬空。解决方案：可以通过金属层修改，并且同时保留电阻和电容模式。2. 待机功耗降低。待机功耗目前双方的测试数值有较大的差距，主要相关的因素有：代码、芯片个体差异、测试的方法。解决方案：这个是一个比较重要的参数，而且目前余量不大。需要双方尽快测试核对出一个双方都认可的数值，以确保后续的金属层修改优化能够基于一个准确的当前情况。3. VDD 降低时，使能 DCDC LCD 显示不要变暗。解决方案：金属层修改可以实现。4. IR 传送距离加长。解决方案：通过金属层修改可以加长，但是带来的一个副作用是这个管脚不能作为普通的 GPIO 使用。我们的理解是 IR 管脚应该是一个遥控器必需的，应该不需要挪作 GPIO 用。5. LCD 电阻模式下 5com 采用 1. 2M 电阻屏幕全部点亮亮度稍微会比 460K 的屏幕暗，不过一个屏幕很难看出，需要两个屏幕一起看稍微有点区别，不过不明显。这个现象原因可能是屏的质量问题，但没有最终确认。我们的理解是这个目前不作为一个问题了。如果还是需要改进，那么需要双方工程师尽快追一下。因为这次的改动比较大，所以需要重新做 wafer，以前的几片 wafer 只能全部作废。在开始进行金属层修改的修改之前，我们需要星火原公司对当前的设计指标和参数进行确认，并且确认我们在完成上述修改之后，这个设计可以满足星火原公司要求。按照目前的日程，我们 7 月底送出新的设计，预计 10 月中旬能够拿到芯片，如果一切顺利，10 月底能够验证完成。在 11 月份会有 10 万片左右的芯片。应该在 12 月底能够有较大批量交付。必须提到的是，这个金属层修改将不会修改 IO 联动的部分。……我们当前可以启动修改工作并先承担相应发生的费用，包括人工费用，修改 Mask 的费用，以及 Pilot lot 的费用。但在完成芯片验证后，需要贵司尽快支付合同剩余的费用以及目前拖欠的费用。必须强调的是，在芯片研发过程中，第一次流片后再进行一次到两次的金属层修改是非常常见的情形，是研发中正常的现象。……对于修改联动一事，如果需要，我们可以在后续以新项目的形式双方协商解决。

2015 年 7 月 14 日，星火原公司工作人员赵昶向泰凌公司回复上述邮件，主要内容为：关于相关内容，感觉与前期的论证有所出入。我方发现的这些主要问题，金属层修改是必须要做的了，希望 Telink 不要一拖再拖，早点启动更改为盼。关于泰凌公司具体问题解决方案的回复如下：关于问题 1，需要金属层修改后验证，OK！关于问题 2，功耗方面，我们还觉得是个大问题。a. 我们的对比都是在同功能、不同芯片的遥控器上做的；b. TLSR8868 都能做到休眠电流只有 5μA，为什么 3530 却要大很多；c. 海信、日立、海尔的标准目前电流过大，过不了认定。关于问题 3，需要金属层修改后验证，OK！关于问题 4，a. IO 口 500mA 灌电流是初始的设定；b. IR 传送距离与此有直接关系，现在这个 IO 口的能力很低，能否实现是个大问题；c. 其它类似芯片本脚位是可以做 GPIO 的。关于问题 5，经过分析和测试此问题比较轻微，无需再改变。

2015 年 7 月 22 日，星火原公司工程师马工向泰凌公司工程师俞工发送邮件，主要内容为：俞工，使用您提供软件测试电流结果如下：

A	B	C	D	E	F	G
软体：508Test.bin(2015-7-22)						
硬体：XHY508-2V1.1						
工具：FLUKE 17B						
条件：POWER SUPPLY供电，LCD显示自动界面						
	3.3V	3V	2.8V	2.6V	2.5V	电压误差0.1V
样品1	26.7~37UA	25~35UA	24.5~34UA	50~54.5UA	50~60UA	
样品2	26.6~35.5UA	25.34.5UA	26.7~34.5UA	51~59UA	49~59UA	

供电电压在 2.8V 以上时测试结果和您测试结果（25.3—33μA）相差 2μA，这个应该是测量误差。低压低于 2.8V 时功耗就明显增大，这块您再测试一下，看看和我测试的是否相同。遥控器电池电压要求 2.4V 以上都可以使用，所以，低压时功耗增大这个是不能接受的。

2015 年 7 月 23 日，泰凌公司工程师俞工回复上述邮件，主要内容为：2.8V 以下电流的不正常也是由于上次你们反映 LDO 开启，VDD 降低时 LCD 显示变暗这个问题引起的，改 Metal 之后这个问题也会没有。

（三）其他事实

涉案合同履行过程中委托晶圆厂生产芯片的总成本约为 1.015 元。

2015 年 10 月至 2017 年 5 月，星火原公司陆续向案外人采购芯片的数量为 3608485 片，价格总计 8267916.36 元，采购价格在 1.7—3 元。其中 2015 年 10 月至 2016 年 10 月，共采购芯片 1635231 片，价格总计 3977268.6 元。

原审法院认为，本案的争议焦点问题为：（一）泰凌公司与星火原公司在履行合同过程中是否均存在违约行为；（二）涉案合同是否应予解除；

（三）若涉案合同解除，如何处理解除后果。评述如下：

（一）泰凌公司与星火原公司在履行合同过程中是否均存在违约行为

1. 泰凌公司提交的阶段性成果是否满足相应阶段开发需求的约定

本案中，星火原公司主张泰凌公司提交的阶段性成果存在以下 5 个问题：（1）芯片待机功耗过高。当电流在 2.8V 以上时，功耗与需求一致。但当电流在 2.8V 以下时，功耗则明显增大。（2）当 VDD 降低时，DCDC LCD 会变暗。（3）IR 传送距离过短。泰凌公司交付芯片的传送距离只有 5 米，而根据需求约定，当 IR IO drive current 达到 500mA 时，传送距离可达 8—10 米。（4）未能实现"6com×26Seg"规格要求。首先，开发规格需求约定 LCD；Config；6com×26Seg，要实现这一需求则意味着芯片不能设计 IO 联动，但泰凌公司却进行了 IO 联动设计。其次，泰凌公司已经自认因连线错误没有实现该规格要求。（5）关于 LCD 引脚功能改进问题。首先，目前仅有电阻模式，没有电容模式；其次，在电阻模式下，PD5-PD7 三个 L 口有限制，这三个 L 口在电阻模式不能使用。

泰凌公司对上述问题的辩称意见如下：关于问题（1），首先，星火原公司的测试是在 2 赫兹唤醒模式下进行的，并非在静态电流模式下进行的，而合同并未约定需要在 2 赫兹唤醒模式下进行测试。其次，测试结果的差异并不能代表芯片本身不合格，可能的原因还包括代码、芯片个体差异、测试方式等。关于问题（2），当电压降至 2.6V 时，确认屏幕会变暗，但变暗程度在可接受范围之内，并且可以通过金属层修改解决这一问题。关于问题（3），对于星火原公司关于当 IR IO drive current 达到 500mA 时，传送距离可达 8—10 米的意见，泰凌公司予以认可。阶段性成果的传送距离为 5 米，在一定程度上可以使用，后续也可以通过金属层修改加长。关于问题（4），涉案合同及规格定义书均未约定是否需要做 IO 联动，泰凌公司进行联动设计并不违反合同约定，也可以实现相应的规格要求。泰凌公司只是因连线错误导致未实现该规格要求，这与是否采用联动技术无关。关于问题（5），确认该问题存在，但可通过金属层修改进行修改。

对于泰凌公司上述辩称意见，星火原公司对于部分问题进一步认为：关于问题（1），规格定义书中约定"静态电流 15μA LCD on"，其中"on"代表需要在唤醒模式下进行测试。在 2 赫兹唤醒模式下进行测试已经降低了标准，通常应在 1 赫兹模式下进行测试。并且，空调遥控器必须保持 2 赫兹唤醒的模式开启，是本领域人员的公知常识。关于问题（2），规格定义书中约定"VLCD 稳压"，该约定即代表着屏幕不能因电压降低变暗。关于问题（4），IO 联动设计不符合行业规则，本领域中目前不会有联动设计。

本案中，星火原公司与泰凌公司均当庭表示不对阶段性成果委托司法鉴定，对于泰凌公司提交的阶段性成果是否满足相应阶段的开发需求，原审法院结合现有证据及当事人的陈述认定如下：关于问题（1），涉案合同及规格定义书中均未明确约定相关测试需在 2 赫兹唤醒模式下进行，规格定义书中约定的“15μA LCD on”应理解为对静态电流这一指标的测试条件，其只约定了 LCD 模块是打开的，但并未对 2 赫兹唤醒功能打开与否进行限定。在对测试环境没有明确约定的情况下，为了实现合同目的，双方应诚信地进行进一步的磋商。关于问题（2），涉案合同及规格定义书中对于 VLCD 稳压的电压范围没有约定，但规格定义书约定工作电压范围为 1. 8—3. 6V，根据本领域普通技术人员的理解，“VLCD 稳压”含义应当理解为在工作电压范围（1. 8—3. 6V）内，屏幕不应当变暗。基于上述“VLCD 稳压”含义的理解，在工作电压范围之内，无论电压值为多少，屏幕均不应当发生变暗的情形。因此，泰凌公司关于当电压至 2. 6V 时屏幕会变暗系在合理范围之内的意见，原审法院不予采纳。关于问题（3），涉案合同及规格定义书中虽未明确约定传输距离，但根据本领域技术人员的通常经验，当驱动电流达 500mA 时，IR 传输距离应当达到 8—10 米。对此，泰凌公司在庭审中也予以认可。此外，基于目前市场上一般的技术要求，空调遥控器普遍也具有 8—10 米的传输距离。关于问题（4），涉案合同及规格定义书中未作有关 IO 联动的约定，星火原公司未提供充分证据证明进行联动设计不能达到相应参数要求，也无证据显示本领域技术人员已普遍知晓涉案芯片不能采取联动设计，故星火原公司的相关意见，理由并不充分。但是，泰凌公司自认因连线错误导致未能实现该规格要求，原审法院认为无论基于何种原因，均不影响芯片相关规格未能实现的认定。关于问题（5），泰凌公司已经自认存在问题，原审法院对此予以确认。

综上，原审法院认定上述问题（2）（3）（4）（5）不符合开发需求的相应约定。

2. 泰凌公司的行为是否构成逾期履行违约

本案中，双方当事人确认涉案合同履行至“样片验证”阶段后停滞。星火原公司主张泰凌公司对于“流片”和“样片验证”的开发义务存在逾期履行，构成违约。原审法院认为，构成逾期履行违约，一是债务人在履行期届满未履行债务；二是债务人未履行该债务不具有正当事由。就泰凌公司的行为是否构成逾期履行违约，原审法院评述如下：

（1）涉案芯片相应开发各阶段期限的认定

根据涉案合同的约定，产品开发阶段的履行期限对应的时间点如下：规格定义——2014 年 6 月 23 日；完成设计——2014 年 10 月 27 日；流片——2014 年 12 月 29 日；样片验证——2015 年 1 月 26 日；金属层修改——2015 年 4 月 20 日；芯片试产——2015 年 5 月 18 日；完成 3000 套生产——2015 年 6 月 29 日。

关于产品实际开发期限的起算时间，星火原公司认为最晚应从星火原公司向泰凌公司支付第一笔合同款之日，即 2014 年 6 月 27 日开始起算，双方在此之前已就“规格定义”达成一致；泰凌公司则认为应从 2014 年 9 月 29 日起算，双方实际于该日确认规格定义书。原审法院认为，双方当事人并未提供有关书面签署产品规格定义书时间的证据，对于产品实际开发期限起算时间的认定，原审法院综合考虑下列因素：首先，2014 年 9 月 29 日，泰凌公司发送给星火原公司邮件的内容显示，邮件附件是芯片 tapeout sign-off 的文档，database 已经好了。在集成电路布图领域，“tapeout”一词通常是指完成设计，而进入设计的前提是规格定义已经确定。虽然该邮件附件的内容也包含有规格定义书，但显然规格定义书不可能于邮件发送之日才经双方确认。其次，2014 年 6 月 25 日，泰凌公司发送给星火原邮件的内容显示，规格已按我们讨论的更新，待定的是 VLCD 的电容稳压方式的管脚，需要您来确定。根据上述内容可以看出，此时规格定义已经基本完成，需要星火原公司确认的问题仅有 1 个。再次，根据涉案合同约定，在双方确认好产品规格后，星火原公司支付第一笔合同款项。星火原公司于 2014 年 6 月 27 日支付第一笔合同款项，基于常理，在产品规格定义未完成之前，星火原公司不会支付该笔款项。综合上述因素，产品规格定义的实际完成时间最晚应为 2014 年 6 月 27 日之前，故有关后续开发阶段的起算时间为 2014 年 6 月 27 日。

以 2014 年 6 月 27 日作为“规格定义”的完成时间，则“流片”工作应于 2015 年 1 月 2 日完成，“样片验证”阶段则应于 2015 年 1 月 30 日前完成。

（2）泰凌公司实际履行阶段性义务期限的认定

星火原公司认为，泰凌公司完成“流片”工作的时间为 2015 年 3 月 23 日，而“样片验证”阶段则至今未完成。泰凌公司认为，其将样片交付晶圆厂的时间是 2014 年年底至 2015 年 1 月初，2015 年 3 月 23 日是拿到样片的时间，而非“流片”完成时间，样片是在“流片”后进行的封装，实际完成“流片”的时间应为 2015 年 1—3 月间，但具体时间不详。原审法院认为，根据双方当事人一致确认，本案中的“流片”是指将芯片设计交由晶圆厂进行后续制作，最终形成芯片。首先，根据 2015 年 1 月 27 日邮件内容，泰凌公司表示“Wafer out”即流片完成据反馈为 3 月 7 日，封装样片则在 3 月 25 日；其次，根据 2015 年 3 月 24 日的邮件内容，星火原公司收到了芯片样片，并提出了有关封装方案的要求及报价；最后，根据 2015 年 6 月 3 日邮件内容，泰凌公司表示因星火原公司未支付相应款项，导致流片时间耽误了两个月之久。上述邮件清楚表明，2015 年 1 月 27 日，流片工作尚未完成；3 月 24 日，样片尚未进行封装。因此，泰凌公司关于 2015 年 3 月 23 日系样片封装后的时间缺乏依据，原审法院认为泰凌公司完成“流片”工作已经逾期。

（3）泰凌公司逾期履行是否具有正当的理由

泰凌公司认为，星火原公司应在“流片”前支付 100 万元的合同款项，但至今尚有 35 万元未支付，“流片”工作不构成逾期履行。根据 2014 年 11 月 4 日、2015 年 4 月 1 日的邮件内容，及泰凌公司在反诉状中的陈述，双方就该笔款项中 35 万元支付期限协商一致为 2015 年 3 月 31 日；2015 年 7 月 12 日，泰凌公司在邮件中确认由星火原公司在金属层修改结束后再行支付拖欠的费用。

原审法院认为，涉案合同约定，星火原公司应在“流片”前向泰凌公司支付第三笔合同款现金 100 万元。在合同履行过程中，虽然双方对“流片”前未支付的 35 万元的履行期限进行了协商变更，但星火原公司在“流片”工作开始前未能完全支付合同款，由此导致“流片”延迟，尚不足以认定泰凌公司构成逾期履行的违约。

综上，泰凌公司实际履行合同义务虽存在逾期，但该逾期行为具有正当理由，不构成违约。

3. 涉案合同未能继续履行原因的认定

涉案合同在履行至“样片验证”阶段后陷入停滞，未能继续进行开发。对此，星火原公司认为，其已催告泰凌公司尽快启动金属层修改，但泰凌公司未再继续启动相应的工作。泰凌公司则认为，首先，对于芯片设计开发中存在的问题，星火原公司曾要求泰凌公司一次性解决所有问题，若任一问题未解决则全额退款，这一要求违反合同约定。其次，泰凌公司同意解决星火原公司所提出的技术问题，但金属层修改方案的重要规格和参数必须由星火原公司予以建议和确认，而星火原公司并未给出确认意见。再次，星火原公司未按约足额支付合同款项，泰凌公司没有义务主动继续和星火原公司进行联系，提醒星火原公司对金属层修改的规格予以确认。最后，泰凌公司只能在所有技术争议得到确认后才能进行金属层修改，否则将产生更多的额外成本。

针对上述双方当事人的争议，原审法院分别评述如下：

（1）关于星火原公司要求泰凌公司一次性解决所有技术争议的问题。在 2015 年 6 月 13 日的邮件中，星火原公司确实要求泰凌公司在改版后不再存在除联动问题外的功能、性能问题。但根据后续 2015 年 7 月 12 日和 2015 年 7 月 14 日邮件的内容，泰凌公司在收到上述邮件后，并未以此提出中止履行合同，而是提出了对产品存在问题的修改方案，并表明自行承担相应的修改费用，待完成芯片验证后再由星火原公司支付剩余及所欠的合同款项；星火原公司亦回复邮件同意泰凌公司启动对部分问题的修改，并期望早日启动。纵观上述邮件，可以说明在合同履行过程中，星火原公司已经实际放弃了一次性修改所有问题的要求。因此，对于泰凌公司的上述相关辩称意见，原审法院不予采纳。

（2）关于泰凌公司与星火原公司就金属层修改的规格参数是否达成一致，如果未能达成一致，应为何方原因所致。第一，关于“LCD 引脚功能改进”问题。泰凌公司在 2015 年 7 月 12 日的邮件中已经提出了相关的规格参数，且星火原公司明确同意泰凌公司对该问题进行金属层修改，无需星火原公司再行确定规格参数。第二，关于“当 VDD 降低时，DCDC LCD 变暗”问题。如前所述，根据合同约定屏幕在工作电压范围内不能变暗，星火原公司明确同意泰凌公司对该问题进行金属层修改，该问题亦无需星火原公司再进行规格参数的确认。第三，关于“IR 传输距离问题”，星火原公司在 2015 年 7 月 14 日邮件中回复“a. IO 口 500mA 灌电流是初始设定；b. IR 传送距离与此有直接关系，现在这个 IO 口的能力很低，能否实现是个大问题；c. 其它类似芯片本脚位是可以做 GPIO 的。”原审法院认为，一方面，灌电流 500mA 是合同约定的参数，星火原公司在邮件中也再次强调了该参数，金属层修改的规格参数是确定的；另一方面，规格说明书中约定了“IR IO drive current 500mA；PIN10：PF4/REM”，其中“PF4”是 GPIO 名称，“REM”是灌电流功能引脚名称，“PF4/REM”的表述意味着该引脚既可以作为普通的 GPIO，也可以用于 IR 驱动。在原审庭审中，泰凌公司对此亦无异议。因此，关于“IR 传输距离问题”的金属层修改的规格参数是明确的，且泰凌公司提出会产生的副作用也与合同约定不符，故该问题已经满足金属层修改的条件。第四，关于“待机功耗”问题。泰凌公司确认，星火原公司的工程师在 2015 年 7 月 6 日的邮件中首次明确了有关该问题具体的要求和规格。泰凌公司认为该封邮件系星火原公司工程师发送给泰凌公司工程师的，在邮件中星火原公司首次提出了 2 赫兹唤醒模式的新要求，由于系规格书之外的要求，所以并不在泰凌公司 2015 年 7 月 12 日邮件中相关问题的修改建议范围之内，泰凌公司在该邮件中的建议是在已设计的刷新模式下继续降低功耗。对于该问题，星火原公司应主动通过负责人或管理层告知泰凌公司这一要求。泰凌公司工程师后续有关这一问题回复的邮件，并不代表公司同意对这一问题按照星火原公司的要求进行金属层修改。此外，星火原公司对这一问题的规格参数并不具体，例如AD检测功能内容，以及需要启动多少模块并不确定。

原审法院认为，首先，如前所述，涉案合同并未约定相关测试需在2赫兹唤醒模式下进行，星火原公司在2015年7月6日的邮件中所提出的修改方案与合同约定有所差异。其次，对于待机功耗问题金属层修改的规格参数，星火原公司的工程师已经明确向泰凌公司的工程师俞工提出，泰凌公司认为该规格参数应由星火原公司通过负责人或管理层进行告知。原审法院认为，从涉案合同实际履行过程来看，星火原公司一直与泰凌公司的工程师俞工就芯片存在的问题以及相关的测试、修改进行沟通。例如星火原公司工程师在2015年6月17日发送给泰凌公司工程师俞工的邮件中提出了芯片存在的5大问题，而泰凌公司王波在2015年7月12日的邮件中回应了这5个问题的解决建议。显然，星火原公司发送给俞工的邮件内容泰凌公司应当知晓，泰凌公司认为有关金属层修改规格参数需要由星火原公司负责人或管理层告知泰凌公司与合同实际履行不符，也缺乏合同依据。再次，对于星火原公司在2015年7月6日的邮件中所提出的修改方案，泰凌公司在2015年7月12日的邮件中未予明确答复。泰凌公司主张2015年7月12日的邮件对这一问题解决建议是在刷新模式下采取措施降低功耗，但该邮件中也未明确提及这一解决方案，只是表明需要双方尽快测试核对出一个双方都认可的数值，以确保后续金属层修改能够基于一个准确的当前情况。最后，泰凌公司未对星火原公司就“待机功耗”问题提出的金属层修改规格参数与合同约定有所差异进行答复，且泰凌公司认为其工程师俞工在2015年7月14日之后的邮件中就该问题所提出的解决建议，并不能代表公司意见。综上，虽然星火原公司对“待机功耗”问题提出金属层修改的需求与合同约定有所差异，但已提出了具体的金属层修改的规格参数，且泰凌公司的工程师俞工的后续邮件亦表明星火原公司的需求可以通过金属层修改实现。如果泰凌公司不同意星火原公司所提出金属层修改方案，亦应明确告知星火原公司或提出其他修改方案，但泰凌公司对此未予进一步答复。当然，在泰凌公司2015年7月12日邮件未就该问题明确答复的情况下，星火原公司如能在邮件中再次提及具体的金属层修改方案，则有助于双方合意的进一步达成。因此，“待机功耗”问题金属层修改的规格参数未能达成一致主要系泰凌公司原因所致。

（3）关于星火原公司未足额支付款项是否影响金属层修改进行的问题。原审法院认为，在2015年7月12日的邮件中，泰凌公司陈述其可以启动金属层修改工作并先承担相应发生的费用，在完成芯片验证后，由星火原公司再支付合同剩余及所拖欠的款项。泰凌公司上述在合同履行过程中的确认，应视为其已经放弃了合同的先履行抗辩权，星火原公司未足额支付款项并非金属层修改不能进行的原因，对于泰凌公司在原审庭审中的相关辩称意见，原审法院不予采纳。

（4）关于所有技术争议均需双方确认方能进行金属层修改的问题。

第一，关于技术可行性问题。星火原公司与泰凌公司在原审庭审中均确认进行金属层修改并不要求需要确认所有技术问题，在技术上可以先对确认一致的问题进行金属层修改。因此，对于原审法院认定双方当事人已经确认修改规格的上述四个问题，泰凌公司进行金属层修改在技术上并无障碍。

第二，关于金属层修改是否进行一次性修改所产生的成本问题。泰凌公司认为，金属层修改花费的成本包括人力成本和向第三方支付的费用。如果一次性修改所有技术问题，所需的第三方费用为220483.20元，而先解决“LCD引脚”和“VLCD稳压”问题，再解决“待机功耗”和“IR距离加长”问题，则需产生的第三方费用达388987.20元。在人力成本上，一次性修改所产生的人工费用为6.275万元/月，而两次修改所需产生的费用则达8.55万元/月。星火原公司则认为，泰凌公司的上述陈述缺乏客观性，且该笔费用应由泰凌公司自行承担。对此，原审法院认为，首先，对于有关两次金属层修改所产生费用具体的相差数额，泰凌公司并未提供充分的证据予以证明。但基于本领域人员的认知，两次金属层修改相较一次金属层修改在费用上会有一定程度的增加。其次，根据双方的往来邮件，星火原公司对于已经确认的技术问题，明确要求泰凌公司早日启动金属层修改。泰凌公司作为开发一方，在集成电路产品开发领域具有更强的专业优势，在合同履行过程中泰凌公司从未告知过星火原公司两次金属层修改会增加费用，以及具体会增加多少费用的问题，也未将该问题作为暂不进行金属层修改的条件。再次，在2015年7月12日的邮件中，泰凌公司陈述：“我们当前可以启动修改工作并承担相应发生的费用……第一次流片后再进行一次到两次的金属层修改是非常常见的情形，是研发中正常的现象……”而如前所述，本案中双方争议的技术问题中有四个问题已经具备金属层修改条件，仅剩余“待机功耗”问题的规格还需进一步确认。换言之，如果泰凌公司按照要求先就已确定的问题进行金属层修改，最多也只需要进行两次金属层修改，属于研发中的正常现象。

综上，星火原公司未按照合同约定足额支付阶段性的合同款项，但双方就该拖欠款项协商延期支付，后泰凌公司又同意该笔欠款至金属层修改工作完成后支付，故涉案合同未能继续履行的主要原因并非星火原公司未足额支付款项。本案中，双方争议技术问题中绝大多数已经具备进行金属层修改的条件，进行两次或两次以上的金属层修改确实会增加成本，但泰凌公司在合同履行过程中并未将该问题作为合同暂停履行的条件，即使对“待机功耗”问题的金属层修改条件尚未协商一致，在其余所有问题已经具备金属层修改条件的情况下，泰凌公司继续进行金属层修改工作也是可行和合理的。在此情况下，涉案合同未能继续履行应为泰凌公司所致。

（二）涉案合同是否应予解除

原审法院认为，涉案合同履行过程中，对双方已一致确认的其未达到合同约定标准的设计，泰凌公司未进行继续改进；对双方未一致确认标准部分，泰凌公司主动中断进一步磋商，泰凌公司的行为导致合同目的无法实现。故星火原公司在本案中主张泰凌公司的行为构成根本违约，要求解除涉案合同，原审法院予以支持。

（三）涉案合同解除后的处理

《中华人民共和国合同法》[①]（以下简称合同法）第九十七条规定，合同解除后，尚未履行的，终止履行；已经履行的，根据履行情况和合同性质，当事人可以要求恢复原状、采取其他补救措施，并有权要求赔偿损失。本案中，原审法院综合考量双方的违约程度、合同性质及履行情况，确定双方所应承担的违约责任。

关于星火原公司主张泰凌公司返还合同款项的诉请。原审法院认为，由于泰凌公司的根本违约导致涉案合同解除，其向星火原公司所交付的阶段性标的物并无价值，故泰凌公司应返还星火原公司已支付的合同款项。

关于星火原公司主张泰凌公司赔偿其损失的诉请。本案中，星火原公司主张损失计算的方式为其对外采购芯片的总金额（10103287.44 元），减去对外采购芯片总数（4508199 片）与自研芯片成本（0.99736 元）之积，上述结果为 5606990.085 元。原审法院认为，涉案合同虽然涉及少量的芯片交付的内容，但合同性质系开发设计合同，而非采购合同，星火原公司直接以所有采购替代芯片总价作为其损失计算的基础，缺乏合理性，原审法院不予采纳。就本案损失赔偿的确定，原审法院综合考虑下列因素：一是涉案合同履行后星火原公司可以获得利益的估算。本案星火原公司签订涉案合同目的在于，如果合同顺利履行完毕，其后续生产经营中有关芯片无需再行采购成品，可直接委托芯片加工厂进行生产，以此节约成本。本案中，双方当事人确认合同履行过程中委托晶圆厂生产芯片的价格约为 1.015 元，而星火原公司采购替代芯片的平均价格为 1.7—3 元，上述成本的差异虽不能完全作为星火原

① 已被《中华人民共和国民法典》废止，本案下同。

公司预期利益计算依据，但可以作为预期利益估算的参考因素。涉案合同的履行周期约为一年，如果顺利履行，则合同应于2015年7月履行完毕，即星火原公司可以在此时委托工厂生产芯片，并在后续的生产经营中使用。但涉案合同在2015年7月陷入履行停滞，星火原公司在合理的等待期后，其于2015年10月采购替代芯片系为了保障正常的生产经营，以减少更大的损失。但因此支出的费用，应由违约方承担。同时，因为涉案合同无法继续履行，假如星火原公司需要再行委托其他公司进行设计开发，则需再花费约一年的时间。因此，对于星火原公司2015年10月至2016年10月间采购替代芯片的金额，以及可能导致增加的成本，可以作为损失计算的重要考虑因素。二是泰凌公司承担损失赔偿的范围不应超过其订立合同时预见或者应当预见到因违反合同可能造成的损失。虽然泰凌公司的违约行为对星火原公司造成了较大损失，但仍应综合考虑涉案合同总价，以及泰凌公司对其违约可能造成对方损失的合理预见，酌情确定损失。三是考虑星火原公司对于金属层修改未进一步积极催告，以及当期合同款未足额支付的因素，可酌情降低赔偿数额。综合上述因素，原审法院酌情确定损失赔偿数额为120万元。

关于泰凌公司主张星火原公司支付拖欠款项的诉请。原审法院认为，双方最后确认该款项支付期限为金属层修改结束后，可以认为双方对该款项支付时间有了另行约定。而这一支付条件至今未成就，且泰凌公司已构成根本违约，故对于泰凌公司主张星火原公司支付拖欠款项的反诉诉请，原审法院不予支持。

原审法院依照《中华人民共和国合同法》第九十四条第四项、第九十七条、第一百一十三条第一款、第一百一十九条规定，判决如下：一、解除星火原公司与泰凌公司之间签订的《专用集成电路产品委托开发设计合同》；二、泰凌公司应于判决生效之日起十日内向星火原公司返还已支付合同款265万元；三、泰凌公司应于判决生效之日起十日内赔偿星火原公司损失120万元；四、驳回星火原公司其余本诉请求；五、驳回泰凌公司的反诉请求。如果未按判决指定的期间履行给付金钱义务，应当依照《中华人民共和国民事诉讼法》[①] 第二百五十三条规定，加倍支付迟延履行期间的债务利息。本诉案件受理费69598元，财产保全申请费5000元，合计74598元，由星火原公司负担39815元、泰凌公司负担34783元；反诉案件受理费3678元，由泰凌公司负担。

二审审理期间，泰凌公司、星火原公司均未提交新证据。

---

① 此处指2017年《中华人民共和国民事诉讼法》，其已于2021年修改，本案下同。

原审法院查明的事实基本属实，本院予以确认。

本院另查明，2021 年 1 月 5 日，泰凌公司将原企业名称“泰凌微电子（上海）有限公司”变更登记为现企业名称。

涉案技术合同第 1 条约定了标的技术内容、形式和要求，其中约定本项目通过 COMS 技术设计空调专用微处理器控制芯片。第 6 条约定履行的方式为：由泰凌公司按照星火原公司的设计要求进行研发，泰凌公司完成研发后将技术成果以磁盘、光盘、磁带、软件等数据载体形式交付星火原公司。

涉案合同第 4 条为知识产权侵权赔偿条款，约定：泰凌公司保证产品为自主研发，不存在拷贝、引用或修改第三方产品的行为（由泰凌公司控股公司、子公司、母公司、关联方、员工研发的产品，或泰凌公司拥有知识产权的产品除外）。第 10 条为知识产权条款，约定：泰凌公司同意本合同所述的产品名称、商标、版权及最终设计方案归星火原公司所有。10.1 除非经过星火原公司书面授权，泰凌公司不得将该产品设计方案泄露给第三方或私自进行分销或使用，否则泰凌公司承担相当于本合同金额 2 至 5 倍的违约责任赔偿给星火原公司。10.2 在第 4 条的前提下，因执行本合同，由双方共同开发设计而形成的芯片设计专利，归双方共同拥有。除此外由泰凌公司、星火原公司任一方独立开发的专利，归开发方所有。

2015 年 6 月 17 日，星火原公司工程师马工向泰凌公司工程师俞工发送邮件称目前发现的关于涉案芯片设计成果中关于 LCD 引脚功能改进问题为电阻模式下 PD5-7 三个 IO 有限制。

二审审理中，泰凌公司、星火原公司确认涉案规格定义书所约定的相关技术参数中，LCD 相关技术参数系星火原公司为实现涉案空调专用集成电路芯片量产而专门设定的特定技术参数，属于泰凌公司签订涉案技术合同、涉案合同前并不掌握的技术内容，需要泰凌公司专门研发实现；其余 MCU、Memory、Clock、Reset 等技术参数均属于常规技术参数或者泰凌公司在常规技术参数基础上做配套改进即可实现。

本院认为，根据双方诉辩意见及在案事实，本案二审争议焦点为：（一）泰凌公司交付的涉案芯片设计成果是否符合合同约定；（二）涉案合同未能继续履行的主要原因是否在泰凌公司；（三）涉案合同未能继续履行的责任承担。

《中华人民共和国民法典》（以下简称民法典）已于 2021 年 1 月 1 日起施行，合同法同时废止，根据《最高人民法院关于适用〈中华人民共和国民法典〉时间效力的若干规定》第一条第二款规定：“民法典施行前的法律事实引起的民事纠纷案件，适用当时的法律、司法解释的规定，但是法律、司法解释另有规定的除外”。因本案涉案合同签订、履行均发生于民法典施行前，本案应适用民法典施行前的合同法等相关法律、司法解释规定进行审理。

（一）关于泰凌公司交付的涉案芯片设计成果是否符合合同约定

合同法第八条第一款规定：“依法成立的合同，对当事人具有法律约束力。”第六十条第一款规定：“当事人应当按照约定全面履行自己的义务。”第三百三十二条规定：“委托开发合同的研究开发人应当按照约定制定和实施研究开发计划；合理使用研究开发经费；按期完成研究开发工作，交付研究开发成果，提供有关的技术资料和必要的技术指导，帮助委托人掌握研究开发成果。”本案中，星火原公司与泰凌公司签订的涉案技术合同、涉案合同系双方当事人真实意思表示，不违反法律法规的强制性规定，合法有效，故对于泰凌公司交付的涉案芯片成果是否符合合同约定，应当根据涉案技术合同和涉案合同的约定及履行情况予以审查。

1. 关于涉案技术合同、涉案合同的法律性质

原审法院将本案合同纠纷定性为集成电路布图设计创作合同纠纷。根据涉案技术合同、涉案合同的约定，星火原公司委托泰凌公司开发完成的技术成果应当是专用集成电路，而相关集成电路布图设计仅属于阶段技术成果，故涉案技术合同、涉案合同的法律性质应为集成电路委托开发合同。具体分析如下：

首先，集成电路与集成电路布图设计法律内涵并不相同。《集成电路布图设计保护条例》第二条第一款第一项、第二项分别给出了集成电路与集成电路布图设计的法律含义，即集成电路系指半导体集成电路，是以半导体材料为基片，将集成电路布图设计集成在基片之中或者基片之上，以执行某种电子功能的中间产品或者最终产品；集成电路布图设计是指集成电路中至少有一个是有源元件的两个以上元件和部分或者全部互连线路的三维配置，或者为制造集成电路而准备的上述三维配置。依据上述规定，法律概念中，集成电路系专指半导体集成电路，客体表现形式系指将集成电路布图设计集成在半导体材料基片之中或者基片之上，以执行某种电子功能的中间产品或者最终产品，其所承载的技术成果除集成电路布图设计外，同时也包括基片生产技术以及将集成电路集成在基片上的技术等，因而，半导体集成电路中包含的知识产权客体除了集成电路布图设计外，还包括因基片生产、电路集成等而获得的技术秘密或者专利权等。而集成电路布图设计的法律内涵系专指体现在集成电路中的三维配置或者为制造集成电路而准备的三维配置，其既不属于专利法保护的发明创造，亦不属于著作权法保护的作品，在我国系由《集成电路布图设计保护条例》进行专门保护的客体。

其次，在集成电路技术领域，集成电路、半导体集成电路与集成电路布图设计含义并不相同。集成电路是一种微型电子器件或部件，是采用一定的工艺，把一个电路中所需的晶体管、电阻、电容和电感等元件及布线互连一起，制作在一小块或几小块半导体晶片或介质基片上，然后封装在一个管壳内，成为具有所需电路功能的微型结构。集成电路按制作工艺可分为半导体集成电路和膜集成电路等，其中，半导体集成电路是指在一个半导体衬底上至少有一个电路块的半导体集成电路装置，是将晶体管、二极管等有源元件和电阻器，电容器等无源元件，按照一定的电路互联，集成在一块半导体单晶片上，从而完成特定的电路或者系统功能。而集成电路布图设计是确定用以制造集成电路的电子元件在一个传导材料中的几何图形排列和连接的布局，属于集成电路制造过程中设计阶段需要完成的布图设计。

第三，涉案技术合同第 1 条约定星火原公司委托泰凌公司开发的本项目系通过 CMOS（即互补金属氧化物半导体）技术设计空调专用微处理器控制芯片。第 6 条约定履行的方式为：由泰凌公司按照星火原公司的设计要求进行研发，泰凌公司完成研发后将技术成果以磁盘、光盘、磁带、软件等数据载体形式交付星火原公司。涉案合同作为涉案技术合同的补充合同，第 2 条约定，星火原公司委托泰凌公司开发的产品系指按涉案合同附件规定的 ASIC（专用集成电路），该产品的规格为 3.1 定义的“产品定义规格书”。第 3 条以表格形式详细约定了双方完成涉案合同的 8 个阶段，包含集成电路设计、制造、封装各个阶段。显然，泰凌公司委托星火原公司开发完成的系专用集成电路，具体为空调专用微处理器控制芯片，而不仅仅是相关集成电路布图设计，对此，泰凌公司、星火原公司在二审审理中均予以认可。

综上，原审法院将本案案由确定为“集成电路布图设计创作合同纠纷”有失准确，本院将案由确定为集成电路委托开发合同纠纷。

2. 关于泰凌公司交付的芯片设计成果是否能够实质满足星火原公司的芯片使用需求

根据涉案技术合同第 1 条，涉案合同第 2 条约定的合同目的及涉案合同第 4 条知识产权条款的约定，星火原公司委托泰凌公司开发完成的系泰凌公司拥有自主知识产权、能够实现量产的空调专用微处理器控制芯片。泰凌公司认为，其向星火原公司交付的芯片设计成果已经实质满足星火原公司的芯片使用需求。

对此，本院认为，由于在半导体集成电路领域，研发能够实现量产的芯片技术成果，需要经过集成电路设计、制造（包括硅片制造、晶圆制造）、封装测试等才能最终应用到终端产品中。按照芯片的生产分工，整个产业链的制造过程包括晶圆材料制造、集成电路制造、芯片封装测试三大步骤，其中晶圆材料制造主要指单晶硅、硅晶柱、硅片等芯片制造核心原材料的生产制造；集成电路制造主要指在硅片上制作电路与电子组件，是半导体全制程中所需技术最复杂且资金投入最多的制程。以本案所涉及的微处理器为例，其所需的工艺步骤可达数百道，加工所需的机械设备技术含量高价格昂贵，虽然详细的加工处理程序与产品种类和所使用的技术相关，但是基本处理步骤通常都是硅片先经过适当的清洗之后，进行氧化、沉积、显影、蚀刻及掺杂等反复的工艺步骤，完成硅片上电路的加工与制作形成晶圆（wafer），经过上述工艺后，进入芯片封装测试阶段，由于集成电路芯片并不是一个可以独立存在的元件个体，其必须经过与其它元件系统互连，才能发挥整体系统功能，集成电路封装作为半导体开发的最后一个阶段，不仅起着物理包裹、固定、密封、保护芯片和增强电热性能的作用，而且还是芯片内部世界与外部电路沟通的桥梁。因此，以交付能够实现量产的芯片为最终研发成果的集成电路委托开发合同，对于开发方是否交付最终研发成果的认定，要考量在半导体集成电路技术领域，研发能够实现量产的芯片技术成果，需要经过集成电路设计、制造（包括硅片制造、晶圆制造）、封装测试才能最终应用到终端产品中。因此，开发方应当完成集成电路设计、制造、封装测试各阶段研发任务，晶圆测试（Chip Probing）、封装测试（Final Test）均符合合同约定后，才能实现委托方芯片量产的合同目的，任何一个阶段的任务未能完成，均应当认定开发方未能交付符合合同目的芯片技术成果。

本案中，根据涉案合同第 3 条约定，涉案芯片技术成果的研发过程分为 8 个阶段，涵盖了涉案专用集成电路设计、制造、封装测试全过程。其中，第 1 至第 5 阶段主要包括产品定义规格书、EDA 仿真结果等设计资料、芯片流片、制作能够正常工作的芯片样品、金属层修改优化制作。从上述研发内容看，前 5 阶段研发任务涵盖了涉案空调遥控器专用集成电路设计、制造相关阶段研发任务。第 6 阶段，10 万片芯片试产封装，属于芯片封装测试及试产研发任务。第 7、8 阶段，3000 套量产遥控器的生产以及 15 万片芯片量产，属于芯片研发成功后进入量产阶段生产任务。如前所述，由于星火原公司委托泰凌公司开发完成的系能够实现量产的空调专用微处理器控制芯片，泰凌公司作为开发方，只有完成涉案专用集成电路设计、制造、封装测试所有阶段任务，即泰凌公司完成涉案合同第 1 至 6 阶段所有工作任务，交付能够实现量产的芯片及其相关技术资料后，才能认定泰凌公司交付了符合合同约定的芯片技术成果。

根据原审及二审查明的事实，泰凌公司作为开发方仅向星火原公司交付了涉案合同约定的第3阶段技术成果，即用于进行检测的流片。星火原公司经过检测提出存在的问题后，泰凌公司仅认可相关问题通过金属层修改可以解决，但是没有进一步提交金属层修改之后的样片，后双方成讼。显然，泰凌公司并未履行完成涉案合同约定的第5、6阶段工作任务，即涉案集成电路设计、封装测试阶段研发任务均未完成，星火原公司无法通过其提交的流片实现芯片量产，故应当认定泰凌公司未能交付符合合同约定的最终技术成果。泰凌公司认为，其交付的流片设计成果已经实质满足星火原公司的芯片使用需求，与涉案合同约定不符，亦不符合量产芯片研发的行业惯例，本院不予支持。

3. 关于泰凌公司交付的用于检测的流片是否已经实质满足涉案合同产品规格定义书的要求

泰凌公司主张其所交付的流片已经符合涉案合同3.1定义的“产品定义规格书”的要求，具有相应的商业价值，星火原公司可通过委托任何芯片设计商（不限于泰凌公司）进行并不复杂的金属层修改予以优化，最终完成芯片实现量产，因此，其应收取相应的研发费用。

对此，本院认为，对于泰凌公司是否完成阶段性研发任务的认定，要考量集成电路制造作为芯片研发过程中技术最复杂且资金投入最多的制程，包含了集成电路设计、样片制造主要研发任务，此阶段任务完成，晶圆测试合格，意味着主要的芯片制造流程结束，而之后的封装测试，属于可以独立于集成电路制造单独进行研发的技术阶段，封装测试亦属于芯片进入量产前的独立测试内容。因此，在以量产芯片为研发目的的集成电路委托开发合同中，如果开发方完成了集成电路设计、样片制造相关研发任务，开发方亦按照合同约定向委托方交付了相关技术资料。由于此时委托方已经具备了单独或者委托他人继续完成封装测试阶段研发任务的技术条件，如果开发方交付的阶段性技术成果已经实质满足产品规格定义书的要求，对于开发方具有商业价值，除非合同另有约定，委托方应当向开发方支付相应的研发费用。此外，由于专用集成电路研发内容中既包括常规技术参数要求，又包括委托方为解决专门技术问题而设定的特定技术参数要求，应当首先审查特定技术参数是否满足要求，如果特定技术参数未能达到产品规格定义书的要求，开发方通过后续改进仍然不能达到要求，意味着开发方没有完成主要研发任务，此时，可以直接认定开发方未能完成相关集成电路制造阶段研发任务；如果特定技术参数已经达到产品规格定义书的要求，仅是常规技术参数未能满足产品规格定义书要求，说明开发方已经具备完成主要研发任务的技术条件，那么应当根据未达标常规技术参数所占产品规格定义书技术参数的比例、通过金属层修改解决的难易程度等，综合判断开发方是否实质完成相关集成电路制造阶段研发任务。

本案中，二审审理期间，泰凌公司、星火原公司对于原审法院查明的涉案合同产品规格定义书均未提异议，且双方均认可在该规格定义书约定的相关技术参数中，LCD 相关技术参数系星火原公司为实现涉案空调专用集成电路芯片量产而专门设定的特定技术参数，故需要首先审查泰凌公司交付的流片是否实现该特定技术参数要求。根据原审法院查明的事实，星火原公司主张泰凌公司交付的流片经检测不符合规格定义书要求的主要体现在 5 个方面，其中属于 LCD 技术参数不达标且泰凌公司予以认可的有 3 个方面，包括：第 2 方面问题，当 VDD 降低时，DCDC LCD 会变暗，泰凌公司认可当电压降至 2.6V 时，LCD 屏幕会变暗，但主张变暗程度在可接受范围之内，且可以通过金属层修改解决；第 4 方面问题，LCD 引脚设置未能实现“6com×26Seg”规格要求，泰凌公司认可因连线错误导致未能实现该规格要求，但主张可以通过金属层修改解决；第 5 方面问题，LCD 引脚功能，在电阻模式下，PD5-PD7 三个 LO 有限制，这三个 LO 在电阻模式不能使用，泰凌公司确认该问题存在，亦主张可通过金属层修改进行修改。

显然，泰凌公司交付的流片未能满足涉案合同规格定义书约定的 LCD 特定技术参数要求。泰凌公司虽主张上述三方面问题均可以通过金属层修改解决，且流片经检测存在问题通过金属层修改解决亦是集成电路研发行业惯例，但是由于泰凌公司知悉流片存在上述问题后，并没有进行下一步金属层修改。至星火原公司提起本案诉讼前，泰凌公司仍未能提交证据证明上述 3 方面问题可以通过并不复杂的金属层修改予以解决。原审审理期间，泰凌公司、星火原公司均不同意对阶段性技术成果进行相关技术鉴定。由于泰凌公司提交的流片未能满足涉案合同规格定义书约定的 LCD 特定技术参数要求，而实现上述 LCD 特定技术参数要求是星火原公司委托研发涉案空调专用集成电路的主要目的，应当认定泰凌公司没有完成涉案合同的主要研发任务。泰凌公司主张其所交付的流片已经符合涉案合同 3.1 定义的“产品定义规格书”的要求，与在案事实不符，本院不予支持。

（二）关于涉案合同未能继续履行的主要原因是否在泰凌公司

如前所述，涉案合同履行至第 3、4 阶段后停滞，即泰凌公司交付流片，星火原公司经检测提出问题后，泰凌公司没有继续进行第 5 阶段金属层修改。泰凌公司称其没有继续履行合同的主要理由系星火原公司延迟支付流片前费用在先，且星火原公司没有对泰凌公司提出的设计指标和参数进行确认。

对此，本院具体分析如下：

1. 关于星火原公司延期支付第三期合同款项对于涉案合同继续履行的影响

首先，根据涉案合同约定，星火原公司应当在流片前支付第三期合同款。根据原审法院查明的事实，涉案合同第 5 条约定涉案合同项下的费用包括设计开发费和掩模、芯片生产费，合同金额总计 441 万元，其中设计开发费用 386 万元，星火原公司应当在流片前分三期支付 300 万元，其余设计开发费用在星火原公司和泰凌公司完成三千套遥控器生产，并得到星火原公司验收后，再行支付。显然，上述流片前支付大部分设计开发费用的约定，符合集成电路设计、制造系半导体全制程中所需技术最复杂且资金投入最多的制程，委托方应当先行支付大部分设计开发费用的研发特点和行业惯例。

其次，根据双方合同履行情况，双方对于第三期合同款的支付时间已经达成新的合意。根据原审法院查明的涉案合同履行情况，涉案合同于 2014 年 6 月 9 日签订后，星火原公司分别于 2014 年 6 月、8 月向泰凌公司支付 200 万元，而关于第三笔流片前应当支付的 100 万元，2014 年 10 月 22 日，星火原公司工作人员赵昶发送邮件给泰凌公司法定代表人盛文军，表示因星火原公司投产项目、银行贷款审批等自身原因影响了第三期款的支付，并表示希望该笔款项的延期支付不要影响流片进度。据此，可以认定星火原公司未能依据涉案合同约定支付第三笔流片前研发费用，此时泰凌公司可以依据涉案合同第 13 条违约条款、第 15.3 条合同终止相关条款约定，或者要求终止全部或部分合同、并向星火原公司索赔；或者书面通知星火原公司及时改正其违约行为，如果星火原公司在收到通知 15 日内仍然没有履行付款义务，泰凌公司可以书面通知星火原公司终止本合同并要求赔偿。而泰凌公司为了推进合作，加速项目进程，并没有依据涉案合同约定的上述违约或者终止合同条款主张权利，而是于 2014 年 11 月 4 日明确表示同意放宽第三笔付款条件，并表示可以分两笔支付，第一笔 65 万元（基本上是泰凌公司需要支付给晶圆厂的现金），第二笔 35 万元现金（本月底前支付），并询问星火原公司上述付款方式是否可行。自此，应当认定双方在合同履行过程中已经对于涉案合同约定的第三笔款项的支付时间和方式进行实质变更，且根据原审法院查明的事实，泰凌公司认可将前述第二笔 35 万元的支付时间进一步延长至金属层修改后。

第三，泰凌公司允许星火原公司将第三期款项中未支付的 35 万元延长至流片后、甚至金属层修改后支付，为星火原公司行使不安履行抗辩权提供了依据。根据原审法院查明的事实，2014 年 12 月 16 日，星火原公司向泰凌公司支付前述第三期款项中的第一笔 65 万元，泰凌公司没有提出异议。对于剩余 35 万元支付时间，根据双方邮件往来记录，泰凌公司希望在 2015 年 3 月底前完成支付，而该支付时间系在泰凌公司交付流片后，根据 2015 年 3 月 24 日，星火原公司工作人员赵昶向泰凌公司工作人员朱向阳发送邮件内容称“350pcs 样片已经收到”，可以认定星火原公司已经收到了泰凌公司交付的用于检测的样片。之后，2015 年 4 月 1 日，泰凌公司法定代表人盛文军发送邮件给星火原公司工作人员赵昶，对于剩余 35 万元款项进行催要，并表示付款延误会影响泰凌公司芯片验证和金属层修改。根据 2015 年 4 月 17 日星火原公司工作人员赵昶回复内容，泰凌公司交付的样片经检测存在问题系星火原公司未予支付剩余 35 万元的主要原因，之后星火原公司不断表示只有泰凌公司解决样片存在的问题后，才支付剩余 35 万元，应当视为行使不安履行抗辩权。合同法第六十八条第一款第四项规定：“应当先履行债务的当事人，有确切证据证明对方有下列情形之一的，可以中止履行：（四）有丧失或者可能丧失履行债务能力的其他情形。”依据上述规定，虽然根据涉案合同约定，星火原公司在流片前应当支付完第三期 100 万元所有款项，但在双方通过实际履行将第三期款中第二笔 35 万元支付时间延迟至样片交付检测后，并进一步延长至金属层修改后。如前所述，由于泰凌公司提交的样片未能实质满足涉案合同产品规格定义书的要求，星火原公司可以行使不安履行抗辩权，要求泰凌公司先行提交符合产品规格定义书的样片。因此，在星火原公司有权行使不安抗辩权的情况下，泰凌公司不能以星火原公司延期支付第三期合同款为由，拒绝履行涉案合同约定的金属层修改相关阶段义务。

2. 关于泰凌公司未进行金属层修改对涉案合同继续履行的影响

首先，根据涉案合同约定，泰凌公司收到星火原公司支付的流片前大部分费用后，应当提供符合产品规格定义书要求的样片。根据原审法院查明的事实，涉案合同第 3 条详细约定了产品开发阶段计划，第一阶段系星火原公司和泰凌公司共同确定产品规格定义，第 2 至 5 阶段系泰凌公司负责完成集成电路设计、流片、样片验证、金属层修改以提供能够正常工作的芯片样品，上述阶段任务完成才能进入后续第 6 阶段试产和封装。而根据涉案合同第 5 条约定，流片后剩余 86 万元研发费用系在第 6 阶段芯片试产、封装，第 7 阶段双方完成三千套遥控器生产，并得验收后，星火原公司才需支付。显然，涉案合同前述约定，符合半导体集成电路的研发特点，即星火原公司作为委托方应当在流片前支付大部分研发费用，而泰凌公司作为开发方在收到大部分研发费用后，应当按照合同约定进行相关集成电路设计、制造并提交符合合同约定的样片。

其次，根据双方合同履行情况，由于泰凌公司提供的样片未能实质满足规格定义书的要求，泰凌公司应当按照约定进行金属层修改。根据原审法院查明的双方邮件往来，至2015年7月，对于样片存在的问题通过金属层修改是否可以解决，双方主要分歧在于IR传送距离加长，管脚能否作为普通GPIO使用的问题。对此问题，首先需要判断星火原公司的主张是否超出规格定义书的要求。规格定义书Package相关内容明确约定，“IR IO drive current 500mA；PIN10：PF4/REM”，即灌电流500mA是合同约定的参数，“PF4/REM”表明该引脚既可以作为普通的GPIO，也可以用于IR驱动，关于规格定义书上述约定内容的解读，原审中泰凌公司没有提出异议，且二审中泰凌公司亦明确表示，关于IR传输距离问题，可以通过金属层修改解决。由此可以认定，对于星火原公司提出的样片存在问题，经过双方反复协商，已经具备了通过金属层修改予以解决的条件。虽然双方对于IR传输距离问题等相关问题解决方案没有达成一致意见，但是泰凌公司作为掌握集成电路研发技术的开发方，应当知道上述技术参数在双方共同确定的规格定义书内是有明确约定的，其应当按照规格定义书的要求进行金属层修改。原审庭审中，星火原公司、泰凌公司亦确认进行金属层修改并不需要双方确认所有技术问题，在技术上可以先对确认一致的问题进行金属层修改。且正如泰凌公司工程师所言，集成电路研发中，提交样片后进行一至两次金属层修改是行业惯例，而为满足规格定义书的要求进行金属层修改是开发方应当履行的义务。正因此，涉案合同中第5.6条专门约定，如果系因星火原公司根据设计或规格的改变，要求额外的金属层修改，每次金属层修改星火原公司需向泰凌公司支付6万元设计费并承担实际金属层修改流片费用；而若由泰凌公司提出做金属层修改，则金属层修改费用由泰凌公司承担。

第三，由于泰凌公司没有及时进行金属层修改，导致涉案合同未能继续履行。由于泰凌公司在已经具备通过金属层修改解决样片存在问题的条件下，未能及时进行金属层修改，导致双方履行至涉案合同约定的第4阶段停滞，星火原公司在等待至2015年10月后，因泰凌公司仍然没有提交符合规格定义书要求的样片，星火原公司开始向第三方购买芯片。泰凌公司作为开发方在已经收取星火原公司大部分研发费用后，明知其提交的样片实质不符合规格定义书要求，却未能按照合同的约定及星火原公司的要求，及时进行金属层修改，直至星火原公司提起本案诉讼，泰凌公司仍未能进行金属层修改，并提交符合规格定义书要求的样片，致使双方未能连续履行涉案合同。故，应当认定泰凌公司没有及时进行金属层修改系导致涉案合同无法继续履行的主要原因。

（三）关于涉案合同未能继续履行的责任承担

合同法第九十四条第四项规定，当事人一方迟延履行债务或者有其他违约行为致使不能实现合同目的，另一方当事人可以解除合同。第三百三十四条规定：“研究开发人违反约定造成研究开发工作停滞、延误或者失败的，应当承担违约责任。”依据上述规定，委托技术开发合同签订后，开发方应当按照合同约定实施研究开发工作，并按时交付符合合同约定的研发成果，如果开发方未按合同计划实施研究开发工作，委托人有权要求其实施研究开发计划并采取补救措施，研究开发人逾期仍不按照合同约定实施研究开发计划，致使委托人获得开发成果的合同目的无法实现，委托人有权解除合同，此时研究开发人应当返还研究开发经费，并赔偿因此给委托人造成的损失。

本案中，在双方停止履行涉案合同后，星火原公司诉请要求解除合同，并要求泰凌公司返还已经支付的产品开发费用并赔偿星火原公司高价采购其它替代芯片损失；泰凌公司提请反诉要求星火原公司支付第三期剩余款项及相应利息。

对此，本院认为，如前所述，由于泰凌公司作为开发方在交付的样片不符合规格定义书要求的情况下，没有及时按照开发计划及星火原公司的要求进行金属层修改，致使涉案合同未能继续履行，并最终导致星火原公司未能获得符合合同约定的空调专用集成电路。基于此，原审法院认定泰凌公司构成根本违约，并根据星火原公司诉请判令解除涉案合同，具有事实和法律依据，本院予以维持。

合同法第九十七条规定：“合同解除后，尚未履行的，终止履行；已经履行的，根据履行情况和合同性质，当事人可以要求恢复原状、采取其他补救措施，并有权要求赔偿损失。”第一百一十三条第一款规定：“当事人一方不履行合同义务或者履行合同义务不符合约定，给对方造成损失的，损失赔偿额应当相当于因违约所造成的损失，包括合同履行后可以获得的利益，但不得超过违反合同一方订立合同时预见到或者应当预见到的因违反合同可能造成的损失。”据此，在确定损失赔偿额时，应当首先确定损失的范围，包括直接损失和间接损失。直接损失，又称积极损失、现实损失，是指守约方现有财产的减损、灭失以及费用的支出，是一种现实的财产损失。间接损失，又称可得利益损失，是指一方当事人的违约行为，导致对方当事人本来可以获得的利益没有得到，即失去了原来可以预期取得的利益。认定可得利益，应当坚持客观确定性，即该利益的取得，不仅在主观上是可能的，在客观上也是确定的，只是因为违约行为的发生，才使得该利益未能取得。同时，违约方的赔偿范围不得超过违反合同一方订立合同时预见到或者应当预见到的因违反合同可能造成的损失，即合理预见原则，包括以下三个方面的要素：一是预见的主体为违反合同一方；二是预见的时间，为订立合同时，而不是违约行为发生之时或者发生之后；三是预见的内容，为订立合同时可预见到的违约的损失，预见不到的损失，不在赔偿范围之列。

根据上述规定，在集成电路委托开发合同中，因开发方根本违约造成委托方的直接损失和间接损失的计算，应当根据半导体集成电路研发特点、行业惯例，双方履行合同情况等予以确定。

如前所述，由于泰凌公司提交的流片未能满足涉案合同规格定义书约定的 LCD 特定技术参数要求，而实现上述 LCD 特定技术参数要求是星火原公司委托研发涉案空调专用集成电路的主要目的，因泰凌公司的违约行为致使星火原公司合同目的无法实现，星火原公司已经支出的研发费用，泰凌公司应当予以返还。原审法院判令泰凌公司返还星火原公司已支付的合同款项，并无不妥，应予维持。泰凌公司要求支付涉案合同第三笔剩余款项及其利息的主张，无事实和法律依据，原审法院予以驳回亦无不妥。

关于星火原公司的其他损失，星火原公司主张如果涉案合同履行完毕的可得利益损失，计算方式为其 2015 年 10 月至 2017 年 5 月对外采购芯片的总金额 10103287. 44 元，减去对外采购芯片总数 4508199 片与自研芯片成本 0. 99736 元之积，即主张 5606990. 085 元损失。对此，本院认为，确定泰凌公司的可得利益损失时可以综合考量如下因素：

首先，关于星火原公司可得利益损失计算的基本依据，由于星火原公司委托泰凌公司研发空调专用集成电路的目的系减少购买芯片的成本，双方当事人原审中均确认依据涉案合同委托晶圆厂生产芯片的价格约为 1. 015 元，而星火原公司采购替代芯片的平均价格为 1. 7—3 元。上述成本的差异可以作为预期利益估算的参考因素，即如果研发成功星火原公司每片芯片价格可以节省 0. 685—1. 985 元。

其次，关于可得利益计算的时间范围，由于涉案合同系委托开发合同，星火原公司在签订合同时收回研发成本的时间是重要考量因素。根据原审法院查明的事实，2015 年 10 月至 2016 年 10 月，星火原公司共采购芯片 1635231 片，与前述每片芯片可以节省的成本相乘，星火原公司在上述期间内多支出的购买芯片费用在 1120133. 24—3245933. 54 元。因涉案合同约定的研发费用为 386 万元，据此可以推定，如果涉案合同研发成功，星火原公司希望在 1 年以后收回研发成本。故，星火原公司可得利益损失应当扣除研发成本收回的时间，应当以 2016 年 11 月至 2017 年 5 月为时间范围计算星火原公司可得利益损失。根据原审法院查明的事实，在此期间内，星火原公司购买芯片数量为 3608485 片（2015 年 10 月至 2017 年 5 月总采购数）减去 1635231 片（2015 年 10 月至 2016 年 10 月采购数），约为 1973254 片，乘以前述每片节省 0. 685—1. 985 元，星火原公司可得利益损失在 1351678. 99—3916909. 19 元之间。考虑到泰凌公司承担损失赔偿的范围不应超过泰凌公司订立合同时预见或者应当预见到因违反合同可能造成的损失，根据双方合同履行情况，且星火原公司没有举证证明其购买芯片价格差异与涉案集成电路开发之间的关系，故可以依据前述较低价格损失推算星火原公司可得利益损失。

第三，关于计算可得利益损失时应当考虑的其他因素，由于星火原公司作为委托方对于流片前第三期费用没有依照合同约定按时支付，应当适当减除泰凌公司赔偿数额。

综上所述，涉案合同解除后，原审法院最终确定泰凌公司赔偿星火原公司 120 万元经济损失，并无明显不妥，本院予以维持。

综上，泰凌公司的上诉请求不能成立，应予驳回。原审判决认定事实清楚，裁判结果正确，应予维持。依照《中华人民共和国民事诉讼法》第一百七十条第一款第一项、《最高人民法院关于适用〈中华人民共和国民事诉讼法〉的解释》[①] 第三百三十四条之规定，判决如下：

驳回上诉，维持原判。

二审案件受理费 40829 元，由泰凌微电子（上海）股份有限公司负担。

本判决为终审判决。

审 判 长 朱 理
审 判 员 原晓爽
审 判 员 傅 蕾
二〇二一年十一月一日
书 记 员 汪 妮

① 已被《最高人民法院关于修改〈最高人民法院关于适用《中华人民共和国民事诉讼法》的解释〉的决定》（2022 年 4 月 1 日公布）修改，本案下同。

七、垄断案件审判

43. 药品专利侵权案件中对“药品专利反向支付协议”的反垄断审查

——上诉人阿斯利康有限公司与被上诉人江苏奥赛康药业有限公司侵害发明专利权纠纷案[①]

中华人民共和国最高人民法院民事裁定书（2021）最高法知民终388号

上诉人（原审原告）：阿斯利康有限公司（AstraZeneca AB）。住所地：瑞典王国索德塔尔杰市（Södertälje，the Kingdom of Sweden）。

代表人：马茨·皮特·贝里隆德（Mats Peter Berglund），该公司董事兼创新战略与外部联络副总裁。

委托诉讼代理人：李占科，北京市环球律师事务所律师。

委托诉讼代理人：毛依星，江苏致邦律师事务所律师。

被上诉人（原审被告）：江苏奥赛康药业有限公司。住所地：中华人民共和国江苏省南京江宁科学园科建路699号。

法定代表人：任彩霞，该公司执行董事。

委托诉讼代理人：吴从英，国浩律师（南京）事务所律师。

委托诉讼代理人：邱奎霖，国浩律师（南京）事务所律师。

上诉人阿斯利康有限公司（以下简称阿斯利康公司）因与被上诉人江苏奥赛康药业有限公司（以下简称奥赛康公司）侵害发明专利权纠纷一案，不服中华人民共和国江苏省南京市中级人民法院于2020年10月30日作出的（2019）苏01民初1090号民事判决，向本院提起上诉。本院于2021年3月

① 本案在年度报告中的位置为第75页。

10 日立案后，依法组成合议庭，并于 2021 年 9 月 15 日询问当事人，阿斯利康公司委托诉讼代理人毛依星、奥赛康公司委托诉讼代理人邱奎霖到庭参加诉讼。

阿斯利康公司上诉请求：撤销一审判决，依法改判支持阿斯利康公司的全部诉讼请求。事实与理由：（一）一审判决关于奥赛康公司为案外人布里斯托尔—迈尔斯斯奎布公司（Bristol-Myers Squibb Company，以下简称 BMS 公司）与案外人江苏威凯尔医药科技有限公司（以下简称 Vcare 公司）于 2012 年 1 月 4 日签订的《和解协议》（以下简称涉案《和解协议》）所称"Vcare 关联方"的认定有误。1. 涉案《和解协议》第 1.5 条明确限定"Vcare 关联方"应为制造商而非销售商，允许实施的行为是"申报注册、生产"而非销售、许诺销售。奥赛康公司的主体性质和所实施行为的性质，都不符合合同约定。2. Vcare 公司与奥赛康公司的合作协议签订于涉案《和解协议》之后，且约定的合作事项也超过了涉案《和解协议》范畴，该合作协议不构成认定奥赛康公司系"Vcare 关联方"的依据。（二）即便奥赛康公司构成"Vcare 关联方"，其也不具有销售、许诺销售被诉侵权产品的权利。1. 涉案《和解协议》第 1.5 条明确限定了"Vcare 关联方"的权利范围仅包括"申报注册、生产"。一审判决违反《中华人民共和国合同法》[①]（以下简称合同法）第一百二十五条规定的合同解释原则，通过扩大解释涉案《和解协议》第 2.3 条、第 4.1 条和第 4.2 条的约定，认定"Vcare 关联方"可以销售、许诺销售被诉侵权产品，属于适用法律错误。2. 一审判决关于"关联方只有制造指定产品的权利，而不享有相应的销售、许诺销售该产品的权利"及"不符合行业惯例，也使双方当事人的权利义务处于不对等状态"的认定，缺乏依据。3. 奥赛康公司违反了涉案《和解协议》第 1.5 条和第 3.2 条的约定。奥赛康公司的销售、许诺销售行为超出了涉案《和解协议》第 1.5 条约定的行为范畴。奥赛康公司在 2012 年至 2014 年期间已经从事研究、申报、注册、制造等行为，违反了涉案《和解协议》第 3.2 条关于"Vcare 关联方"仅在 2015 年 6 月 1 日后才能实施有关制造行为的约定。

奥赛康公司未提交答辩意见。

阿斯利康公司于 2019 年 4 月 23 日向一审法院起诉请求：1. 确认奥赛康公司研制、注册的沙格列汀片落入阿斯利康公司专利号为 01806315.2、名称为"基于环丙基稠合的吡咯烷二肽基肽酶Ⅳ抑制剂、它们的制备方法及用途"的发明专利（以下简称涉案专利）的专利权保护范围；2. 判令奥赛康公

---

① 已被《中华人民共和国民法典》废止，本案下同。

司立即停止侵害涉案专利权的行为，即立即停止制造、使用、销售、许诺销售侵权产品，并销毁库存侵权产品；3. 判令奥赛康公司在涉案专利有效期内（即2021年3月5日之前，含当日），不得实施侵害涉案专利权的行为，即在涉案专利有效期内，不得制造、使用、销售、许诺销售侵权产品；4. 判令奥赛康公司赔偿阿斯利康公司经济损失，包括阿斯利康公司为制止奥赛康公司侵权行为而支付的合理费用，共计人民币50万元；5. 判令奥赛康公司承担本案诉讼费用。

一审法院认定事实：

1. 阿斯利康公司享有的权利状况

涉案专利是专利号为01806315.2、名称为“基于环丙基稠合的吡咯烷二肽基肽酶Ⅳ抑制剂、它们的制备方法及用途”的发明专利。该专利由BMS公司于2001年3月5日在中国申请，并于2005年8月3日获得授权。BMS公司于2014年5月23日将该专利转让给阿斯利康公司，该专利在一审程序中处于有效状态。该专利包括13项权利要求，阿斯利康公司主张的保护范围是权利要求1、8、11、12、13。阿斯利康公司与BMS公司共同研发生产的沙格列汀片（中文商品名为“安立泽”）中的活性成分沙格列汀的化学结构式即为涉案专利权利要求8中的第7个化学结构式。该药物于2011年5月获得中华人民共和国国家药品监督管理局（以下简称国家药监局）批准后，在中国上市销售。该药物主要用于治疗Ⅱ型糖尿病。

2. 奥赛康公司的状况及其被诉侵权行为

奥赛康公司成立于2003年1月14日，企业名称原为江苏奥赛康药业股份有限公司，后于2018年12月变更为现名。该公司的经营范围为：药品生产（按许可证所列范围经营），新药的研发及相关技术咨询、服务、技术转让等。

奥赛康公司于2014年向国家药监局提交了沙格列汀片的生产申请，2017年奥赛康公司又按照新化学药品注册分类4类向国家药监局提交了两份沙格列汀片（包括2.5mg和5mg两种规格）的注册申请，该两份药品注册申请于2019年1月19日被国家药监局批准（药品批准文号：国药准字H20193008、国药准字H20193009），并取得《药品注册批件》（批件号：2019S00011、2019S00012）。其后，雪球、新浪、中国医药创新促进会等网站都登载了包含奥赛康公司获批的沙格列汀片是该品种在国内第一家获批上市的仿制药这一信息的文章。

2019年5月10日，财新网登载了一篇名为《中国药企回应阿斯利康两起专利诉讼被指不寻常》的文章。该文章记载，北京奥赛康药业股份有限公司董事会秘书在接受记者采访时称，沙格列汀片生产车间尚未通过 GMP（Good Manufacturing Practice）认证，通过之后将会按照正常生产计划生产销售，未来应该不会因为此次专利诉讼停止生产和销售。

2019 年 6 月 12 日，北京奥赛康药业股份有限公司发布公告称，其全资子公司即奥赛康公司已经收到江苏省药品监督管理局颁发的《药品 GMP 证书》，认证范围为片剂（501 车间），该车间拟主要生产沙格列汀片。

2019 年 7 月，上海市医药集中招标采购事务管理所、陕西省公共资源交易中心将奥赛康公司生产的沙格列汀片作为通过仿制药质量和疗效一致性评价的品种予以公布。

北京奥赛康药业股份有限公司在其发布的 2019 年半年度报告摘要中称，其研发的新产品两种规格的沙格列汀片上市即通过质量和疗效一致性评价，进入《上市药品目录集》，已全面启动全国的准入挂网申报工作，并在个别地区获准入资格。2019 年 8 月 15 日，该公司在回答投资者提问时称，目前沙格列汀片正处于上市初期市场准入阶段，截至目前已经有 9 个省份做好准入工作，产品已进入 19 家医院，临床正逐步使用。

阿斯利康公司、奥赛康公司均认可，被诉侵权药品落入了涉案专利权利要求 1、8、11、12、13 的保护范围。

3. 奥赛康公司的抗辩情况

Vcare 公司在向原中华人民共和国国家知识产权局专利复审委员会（以下简称原专利复审委员会）请求宣告涉案专利无效的过程中，与涉案专利的原权利人 BMS 公司先后于 2011 年 12 月 6 日、2012 年 1 月 4 日签订两份《和解协议》。双方在签订 2011 年 12 月 6 日《和解协议》过程中，曾经将该协议通过电子邮件抄送给阿斯利康公司的法律顾问沈建中。对此，阿斯利康公司陈述，虽然沈建中确实于 2011 年 8 月至 2017 年 1 月在阿斯利康公司工作，但阿斯利康公司对 2011 年 12 月 6 日的《和解协议》并不知晓。2012 年 1 月 4 日签订的《和解协议》第 8.14 条约定，本协议生效后，双方于 2011 年 12 月 6 日所签署的《和解协议》即行废止。

阿斯利康公司对 2012 年 1 月 4 日签订的《和解协议》（即涉案《和解协议》）没有异议，该协议主要内容如下：

关于相关名词的定义。该协议第 1.1 条约定，指定知识产权是指中国发明专利 ZL01806315.2 和相关专利；第 1.2 条约定，指定产品是指沙格列汀原料药和沙格列汀片 2.5mg 和 5mg；第 1.3 条约定指定用途是指治疗Ⅱ型糖尿病；第 1.5 条约定，Vcare 公司关联方是指且仅指基于 Vcare 公司的委托或指定，在中国申报注册、生产指定产品的制造商，并仅限于原料药制造商 1 家和制剂制造商 1 家，或原料药兼制剂制造商 1 家，其中前述原料药专门供应至制剂制造商。

关于双方的义务。该协议第 2.3 条约定，BMS 公司承诺对 Vcare 公司及 Vcare 公司关联方在本协议指定地域中按指定用途研究、申报注册、制造、销售、许诺销售或进口指定产品的行为，在本协议第 3.1 部分规定的“承诺期限”内不会主张任何权利或付诸任何法律程序；放弃追究 Vcare 公司及其关联方可能侵犯及侵犯指定知识产权的全部法律责任，该责任如停止侵权行为、赔偿等；第 2.3.1 条约定，BMS 公司放弃以任何方式阻止、妨碍 Vcare 公司和/或 Vcare 公司关联方向中国药品注册管理部门申报和注册指定产品的权利；第 2.3.2 条约定，BMS 公司放弃追究 Vcare 公司和/或 Vcare 公司关联方可能侵犯和已经侵犯指定知识产权的全部法律责任，包括停止侵权行为的责任、赔偿等责任（前述 2.3 部分的条文，“不追究承诺”）的权利；第 2.3.3 条约定，BMS 公司确认并将采取相应措施确保，对于 BMS 公司在本协议 2.3 条部分承诺的义务同样适用于涉案专利的所有人或权利继承者、受让者，即确保不会因为指定知识产权所有权和/或使用权的变化导致 Vcare 公司的签约目的无法实现或利益损失或面临该风险。

关于双方的特别约定。该协议第 3.1 条约定，不追究承诺的生效起始日期为 2016 年 1 月 1 日，终止日期为指定产品所对应的指定知识产权失效之日，该期间为承诺期限；第 3.2 条约定，Vcare 公司自本协议生效日起至本协议 3.1 部分中记载的起始日期，不得实际销售指定产品。但在此期间内可以进行研究、申报、注册以及商业推广和参加医药机构药品招投标活动。2016 年 1 月 1 日前 6 个月开始，对于 Vcare 公司或 Vcare 公司的关联方制造指定产品使 Vcare 公司或 Vcare 公司的关联方能够在本协议规定的承诺期限销售指定产品的行为，BMS 公司不会主张任何权利或付诸任何法律程序。

关于违约责任。该协议第 4.1 条约定，若 BMS 公司违反不追究承诺，妨害 Vcare 公司或 Vcare 公司关联方按照本协议的条款申报注册、生产、销售、许诺销售或进口指定产品，则应向 Vcare 公司支付规定的违约金一千万美元，造成的损失应当赔偿，并在不追究承诺的剩余期间，BMS 公司仍应继续履行该承诺；第 4.2 条约定，若 Vcare 公司或 Vcare 公司关联方在不追究承诺期间开始之前销售指定产品，则应向 BMS 公司支付规定的违约金一千万美元，并在不追究承诺期间开始之前，Vcare 公司仍应继续履行其在 2.2 和 3.2 部分中应承担的义务。

2012 年 6 月 12 日，奥赛康公司与 Vcare 公司签署了《“沙格列汀项目”合作框架协议》；2012 年 8 月 29 日，两公司签署了《合作协议书》《关于沙格列汀片2.5mg的合作协议》及《补充协议》。上述协议约定，双方进行项目合作的目的是在专利期内，奥赛康公司能在中国合法生产、销售沙格列汀片。其中，Vcare公司负责完成沙格列汀片（包括2.5mg和5mg两种规格）的技术开发工作并获得相应的报酬，奥赛康公司负责沙格列汀片的申报注册，并获得相关的《药品注册批件》。

4. 关联案件情况

本案立案后，Vcare公司以BMS公司和阿斯利康公司违反涉案《和解协议》为由将两公司诉至一审法院。一审法院于2019年6月10日立案受理，案号为（2019）苏01民初1651号。该案中，Vcare公司认为，阿斯利康公司起诉BMS公司的关联方奥赛康公司侵害涉案专利权的行为，违反了BMS公司和阿斯利康公司在涉案《和解协议》中作出的“不追究承诺”，违反了涉案《和解协议》，要求两公司向Vcare公司支付违约金及维权合理开支合计人民币6924.8万元。

一审法院认为：被诉侵权药品落入了涉案专利权利要求1、8、11、12、13的保护范围。根据《中华人民共和国专利法》①（以下简称专利法）第六十九条第五项的规定，奥赛康公司就涉案两种规格的沙格列汀片向国家药品监督管理部门申报并获得注册批件的过程中，制造、使用被诉侵权药品的行为不构成对涉案专利权的侵害。根据Vcare公司与BMS公司于2012年1月4日签订的《和解协议》，奥赛康公司作为该协议所称Vcare公司的关联方，在2016年1月1日后制造、销售、许诺销售涉案沙格列汀片的行为亦不构成对涉案专利权的侵害。一审法院依据合同法第五条、第六条、第六十条，专利法第十一条、第六十九条第五项之规定，判决：驳回原告阿斯利康有限公司的诉讼请求。案件受理费人民币8800元，由原告阿斯利康有限公司负担。

本院二审期间，阿斯利康公司于2021年4月16日提交了请求撤回上诉的申请，但该撤诉申请未载明申请撤回上诉的原因。经询问，阿斯利康公司、奥斯康公司均认可，其达成口头和解协议，主要内容是阿斯利康公司申请撤回本案上诉，同时奥赛康公司申请撤回（2019）苏01民初1651号案件起诉。

本院在一审法院查明事实的基础上，另查明：

1. 关于撤销无效宣告请求的合同约定及履行情况。2011年8月10日，Vcare公司向原专利复审委员会提交关于请求宣告涉案专利无效的申请（案件编号为：4W101061号），理由是涉案专利公开不充分。2011年12月6日，BMS公司和Vcare公司签订《和解协议》，约定“自本协议生效之日起5日

① 此处指2008年《中华人民共和国专利法》，其已于2020年修改，本案下同。

内，Vcare 应向中国国家知识产权局（SIPO）专利复审委员会提交撤销对中国专利 ZL01806315.2（专利复审案件编号为：4W101061）无效程序的请求书并向 BMS 提供一份该撤销请求书的副本。”Vcare 公司随即撤回了上述无效宣告请求。2012 年 1 月 4 日，BMS 公司和 Vcare 公司另行签订《和解协议》，即涉案《和解协议》，前述 2011 年 12 月 6 日签署的《和解协议》即行废止。涉案《和解协议》第 2.1 条约定，“自本协议生效日起 5 日内，Vcare 应向中国国家知识产权局专利复审委员会提交撤销对中国专利 ZL01806315.2（专利复审案件编号为：4W101061 号）无效程序的请求书并向 BMS 公司提供一份该撤销请求书的副本。【注：Vcare 此项义务已履行完毕】”

2. 关于合同保密的约定。涉案《和解协议》第 6.1 条约定，“本协议、条款清单及其中包含的条文以及相关讨论及协商内容应被视为保密信息。双方中的任何一方不得向任何第三方透露双方就上述专利进行讨论或协商的事实，双方亦不可透露该讨论或协商的任何条款、条件或结果。尽管有上述保密条款，BMS 和/或 Vcare 可告知国家知识产权局专利复审委员会甲乙双方已经讨论协商达成该协议。在 BMS 未遵守不追究承诺的情况下，Vcare 可为了实现本协议签约目的所需，向中国药品注册管理部门等直接相关单位披露本协议内容。”第 6.2 条约定，“BMS 和 Vcare 应对本协议保密。BMS 和 Vcare 双方均理解任何一方可能必须根据中华人民共和国或美利坚合众国的法律，向法院、税务机关、证券交易所或管理机构，或其他相关机构披露本协议。任何一方如若必须作出这类披露，则其须尽可能要求将披露的内容施以保密措施，并在当适用的法律允许时，通知另一方从而使另一方能够获得对该披露提出反对的机会，并尽可能缩小披露的程度。”

3. 关于关联案件撤诉的情况。2021 年 1 月 28 日，阿斯利康公司向中华人民共和国河南省郑州市中级人民法院申请撤回其于 2021 年 1 月 6 日针对奥赛康公司等提起的专利侵权之诉（该案与本案涉案专利相同）。2021 年 2 月 3 日，河南省郑州市中级人民法院作出（2021）豫 01 知民初 7 号裁定书，准许阿斯利康公司撤回起诉。2021 年 1 月 29 日，Vcare 公司向一审法院申请撤回其于 2019 年 6 月 10 日针对阿斯利康公司本案诉讼行为向 BMS 公司和阿斯利康公司提起的违约之诉。2021 年 2 月 1 日，一审法院作出（2019）苏 01 民初 1651 号民事裁定书，准许 Vcare 公司撤回该案起诉。

4. 关于双方当事人就涉案《和解协议》合理性所作解释。本院在审查阿斯利康公司提出的撤回上诉申请期间，曾就涉案《和解协议》签署背景和合理性问题专门询问本案双方当事人。对此，阿斯利康公司陈述：涉案《和解协议》为单务合同，不具合理性，BMS 公司关于不追究 Vcare 公司及其关联方2016年1月1日后实施涉案专利行为侵权责任的承诺，缺乏对价，合同双方权利义务并不对等，且缺乏合理的商业解释。奥赛康公司陈述：涉案《和解协议》具有合理性，其并非单务合同，BMS公司关于不追究Vcare公司及其关联方2016年1月1日后实施涉案专利行为侵权责任的对价是Vcare公司按照合同约定撤回专利权无效宣告请求。奥赛康公司认为，据此可以推测，涉案专利因Vcare公司的专利权无效宣告请求被宣告无效的可能性较大。

5. 涉案专利于2021年3月5日到期后终止。

本院认为：依照《中华人民共和国民事诉讼法》[①]（以下简称民事诉讼法）及其司法解释[②]的规定，当事人申请撤回起诉或者上诉的，人民法院应当依法审查。经审查未发现存在依法不应准许的情形的，可以裁定予以准许；未经审查的，不得径行准许。上述审查系合法性审查。当事人申请撤回起诉的，审查当事人行为的合法性即可；当事人申请撤回上诉的，不仅应当审查当事人行为的合法性，还应当审查一审裁判的正确性。其中，当事人行为的合法性主要是指，当事人是否实施了损害国家利益、社会公共利益、他人合法权益的行为。特定类型案件中的合法性审查，要结合案件特点，重点审查常见的涉嫌违法事由。

在涉及药品专利权利人和仿制药申请人的药品专利案件中，涉案作为当事人主张权利或和解依据或者作为法院裁判依据的有关协议或者合同，包括当事人申请撤回起诉或者上诉的和解协议，或者申请撤回上诉情形下作为一审裁判依据的合同，具有所谓的“药品专利反向支付协议”外观的，人民法院一般应当对有关协议或者合同是否违反《中华人民共和国反垄断法》[③]（以下简称反垄断法）进行一定程度的审查。因是否违反反垄断法的判断具有很强的专业性和高度的复杂性，对于非垄断案由案件中当事人申请撤回起诉或者上诉时垄断违法事由的审查，一般仅限于初步审查。

在当事人申请撤回起诉或者上诉的案件中，经初步审查，和解协议或者涉案合同未明显涉嫌违反反垄断法或者即使涉嫌违反反垄断法但无需作出进一步审查和处理的，如亦不存在其他依法不应予以准许的情形，则可以准许撤回起诉或者上诉；经初步审查，和解协议或者涉案合同涉嫌违反反垄断法的，应当视情依法作出相应处理，包括可以根据个案情况准许撤回起诉或者上诉，或者不准许撤回起诉或者上诉并继续审理，也可以在必要时向反垄断

① 此处指2017年《中华人民共和国民事诉讼法》，其已于2021年修改，本案下同。

② 已被《最高人民法院关于修改〈最高人民法院关于适用《中华人民共和国民事诉讼法》的解释〉的决定》（2022年4月1日公布）修改，本案下同。

③ 此处指2007年《中华人民共和国反垄断法》，其已于2022年修改，本案下同。

执法机构移送涉嫌违法线索。

所谓的“药品专利反向支付协议”，是药品专利权利人承诺给予仿制药申请人直接或者间接的利益补偿（包括减少仿制药申请人不利益等变相补偿），仿制药申请人承诺不挑战该药品相关专利权的有效性或者延迟进入该专利药品相关市场的协议。该类协议的安排一般较为特殊，也往往较为隐蔽，可能会产生排除、限制竞争的效果，有可能构成反垄断法规制的垄断协议。

对于以不挑战专利权有效性为目的的“药品专利反向支付协议”是否涉嫌构成反垄断法规制的垄断协议的判断，核心在于其是否涉嫌排除、限制相关市场的竞争。对此，一般可以通过比较签订并履行有关协议的实际情形和未签订、未履行有关协议的假定情形，重点考察在仿制药申请人未撤回其无效宣告请求的情况下，药品相关专利权因该无效宣告请求归于无效的可能性，进而以此为基础分析对于相关市场而言有关协议是否以及在多大程度上造成了竞争损害。其中，仿制药申请人如未撤回其无效宣告请求，专利权因之归于无效的可能性是首要问题。原则上，专利权利人为使仿制药申请人撤回无效宣告请求，无正当理由给予高额利益补偿的，可以作为认定专利权因仿制药申请人提出的无效宣告请求归于无效的可能性较大的一个重要考量因素，同时一般还要对假定仿制药申请人未撤回其无效宣告请求情况下相关审查结果进行预测判断。有关协议的竞争损害，一般应当主要考察其是否实质延长了专利权利人的市场独占时间、是否实质延缓或者排除了实际的和潜在的仿制药申请人的市场进入。如果专利权因该无效宣告请求归于无效的可能性较小，那么有关协议的签订和履行对于相关市场上专利权人的市场独占和仿制药申请人的市场进入一般不会产生实质影响，进而可以初步认定其对于相关市场具有排除、限制竞争效果的可能性较小，一般不会构成反垄断法所规制的垄断协议。如果专利权因该无效宣告请求归于无效的可能性较大，那么应当进一步考察有关协议的竞争损害：如果有关协议的签订和履行实质延长了专利权利人的市场独占时间，或者实质延缓、排除了实际的和潜在的仿制药申请人的市场进入，且缺乏正当理由，则一般可以认定该协议具有排除、限制相关市场竞争的可能性较大，其涉嫌构成反垄断法所规制的垄断协议。

本案中，涉案《和解协议》的主要内容是，Vcare 公司承诺不挑战涉案药品专利权的有效性、BMS 公司及继受专利权人（在本案中阿斯利康公司即为该继受专利权人）承诺不追究 Vcare 公司及其关联方（在本案中奥赛康公司即为该关联方）于 2016 年 1 月 1 日后实施涉案专利行为的侵权责任。该协议基本符合所谓的“药品专利反向支付协议”的外观。但是，考虑到涉案专利保护期已经届满，有关可能构成的垄断违法状态已不复存在，涉案药品相关市场的进入已不存在基于涉案专利权的障碍，本案已无进一步查明涉案《和解协议》是否确定涉嫌违反反垄断法的必要性和紧迫性；同时，作为涉案《和解协议》签署方当事人的BMS公司和Vcare公司并未参与本案诉讼，也缺乏涉案无效宣告请求审查程序中的相关证据，根据现有证据，本案尚难以认定BMS公司允许Vcare公司及其关联方提前进入涉案专利药品相关市场是否具有除撤回无效宣告请求之外的正当理由和涉案专利权因Vcare公司的无效宣告请求被宣告无效的可能性，相应也尚不具备进一步查明涉案《和解协议》是否确定涉嫌违反反垄断法的条件。因此，本院不再对此作进一步审查和处理。

经前述初步审查，目前难以得出涉案《和解协议》明显涉嫌违反反垄断法的结论，且无进一步审查之必要，本院也未发现本案存在其他可能损害国家利益、社会公共利益、他人合法权益的事由，一审判决虽因未对涉案《和解协议》作反垄断相关审查而有所欠缺，但其最终裁判结果仍属正确，故本案不存在《最高人民法院关于适用〈中华人民共和国民事诉讼法〉的解释》第三百三十七条所称不应准许撤回上诉的情形。

综上所述，阿斯利康公司在本案审理期间提出撤回上诉的请求，不违反法律规定，本院予以准许。依照《中华人民共和国民事诉讼法》第一百七十三条之规定，裁定如下：

准许阿斯利康有限公司撤回上诉。一审判决自本裁定书送达之日起发生法律效力。

二审案件受理费人民币8800元，减半收取人民币4400元，由上诉人阿斯利康有限公司负担。

本裁定为终审裁定。

审 判 长 郃中林
审 判 员 魏 磊
审 判 员 周 平
二〇二一年十二月十七日
法官助理 廖继博
法官助理 高 雪
书 记 员 刘志岩

44. 涉及垄断协议的合同效力的认定

——上诉人台州市路桥吉利机动车驾驶培训有限公司、台州市路桥区承融驾驶员培训有限公司与被上诉人台州市路桥区东港汽车驾驶培训学校等十三家驾培单位、原审第三人台州市路桥区浙东驾驶员培训服务有限公司横向垄断协议纠纷案[①]

中华人民共和国最高人民法院民事判决书（2021）最高法知民终1722号

上诉人（原审原告）：台州市路桥吉利机动车驾驶培训有限公司。住所地：浙江省台州市路桥区螺洋街道灵山西街588号。

法定代表人：蒋永初，该公司执行董事。

委托诉讼代理人：谢海华，浙江多联律师事务所律师。

委托诉讼代理人：王林江，浙江多联律师事务所律师。

上诉人（原审原告）：台州市路桥区承融驾驶员培训有限公司。住所地：浙江省台州市路桥区横街镇洋屿山村。

法定代表人：蒋永初，该公司执行董事。

委托诉讼代理人：谢海华，浙江多联律师事务所律师。

委托诉讼代理人：王林江，浙江多联律师事务所律师。

被上诉人（原审被告）：台州市路桥区东港汽车驾驶培训学校（个体工商户）。住所地：浙江省台州市路桥区金清镇农垦场（砖窑厂边）。

经营者：罗邦荣。

被上诉人（原审被告）：台州市路桥开鸿汽车驾驶培训有限公司。住所地：浙江省台州市路桥区金清镇黄琅（台州农垦场）。

法定代表人：陈甫富，该公司执行董事。

被上诉人（原审被告）：台州市路桥得胜汽车驾驶培训有限公司。住所地：浙江省台州市路桥区路南街道南吉利大道75号秀水铭苑G区39幢机场路180号。

法定代表人：陈甫富，该公司执行董事兼经理。

---

① 本案在年度报告中的位置为第78页。

被上诉人（原审被告）：台州市路桥机动车驾驶技术培训所（普通合伙）。住所地：浙江省台州市路桥区金清镇先锋村。

执行事务合伙人：梁灵芝。

被上诉人（原审被告）：台州市双庆汽车驾驶培训有限公司。住所地：浙江省台州市路桥区路桥街道龙头王村。

法定代表人：夏香云，该公司执行董事兼经理。

被上诉人（原审被告）：台州市路桥双菱汽车驾驶培训学校（普通合伙）。住所地：浙江省台州市路桥区路南街道西夏村。

执行事务合伙人：夏香云。

被上诉人（原审被告）：台州华田驾驶员培训学校有限公司。住所地：浙江省台州市路桥区金清镇塘上村。

法定代表人：罗邦荣，该公司执行董事兼经理。

被上诉人（原审被告）：台州市名盛汽车驾驶培训有限公司。住所地：浙江省台州市路桥区路南街道永福村。

法定代表人：陈甫富，该公司执行董事。

被上诉人（原审被告）：台州市路桥航宇驾驶员培训学校有限公司。住所地：浙江省台州市路桥区路北街道山马村。

法定代表人：余能，该公司执行董事。

被上诉人（原审被告）：台州市路桥东泰汽车驾驶培训有限公司。住所地：浙江省台州市路桥区金清镇黄琅（农垦场）。

法定代表人：罗邦荣，该公司执行董事兼经理。

被上诉人（原审被告）：台州市路桥中厚驾驶培训有限公司。住所地：浙江省台州市路桥区桐屿街道山羊居。

法定代表人：王友春，该公司执行董事兼经理。

被上诉人（原审被告）：台州市路桥洲际汽车驾驶技术培训有限公司。住所地：浙江省台州市路桥区峰江后黄村。

法定代表人：陈甫富，该公司执行董事兼经理。

被上诉人（原审被告）：台州市路桥金利驾驶员培训有限公司。住所地：浙江省台州市路桥区路北街道徐翁村。

法定代表人：王希琦，该公司执行董事兼经理。

以上十三家被上诉人共同的委托诉讼代理人：林煜轩，北京市中伦（上海）律师事务所律师。

以上十三家被上诉人共同的委托诉讼代理人：高洁，北京市中伦（上海）律师事务所律师。

原审第三人：台州市路桥区浙东驾驶员培训服务有限公司。住所地：浙江省台州市路桥区峰江街道泾山村峰江客运站。

法定代表人：罗邦荣，该公司执行董事。

委托诉讼代理人：林煜轩，北京市中伦（上海）律师事务所律师。

委托诉讼代理人：方建伟，北京市中伦（上海）律师事务所律师。

上诉人台州市路桥吉利机动车驾驶培训有限公司（以下简称吉利公司）、台州市路桥区承融驾驶员培训有限公司（以下简称承融公司）因与被上诉人台州市路桥区东港汽车驾驶培训学校（以下简称东港公司）、台州市路桥开鸿汽车驾驶培训有限公司、台州市路桥得胜汽车驾驶培训有限公司（以下简称得胜公司）、台州市路桥机动车驾驶技术培训所、台州市双庆汽车驾驶培训有限公司、台州市路桥双菱汽车驾驶培训学校、台州华田驾驶员培训学校有限公司、台州市名盛汽车驾驶培训有限公司、台州市路桥航宇驾驶员培训学校有限公司、台州市路桥东泰汽车驾驶培训有限公司、台州市路桥中厚驾驶培训有限公司、台州市路桥洲际汽车驾驶技术培训有限公司、台州市路桥金利驾驶员培训有限公司（该十三家被上诉人以下统称东港公司等十三家被诉驾培单位，东港公司等十三家被诉驾培单位和吉利公司、承融公司以下统称涉案十五家驾培单位）以及原审第三人台州市路桥区浙东驾驶员培训服务有限公司（以下简称浙东公司）横向垄断协议纠纷一案，不服浙江省宁波市中级人民法院（以下简称原审法院）于2020年12月31日作出的（2019）浙02知民初335号民事判决，向本院提起上诉。本院于2021年9月22日立案后，依法组成合议庭，于2021年11月16日召集各方当事人进行询问，上诉人吉利公司、承融公司的法定代表人蒋永初、委托诉讼代理人谢海华，被上诉人东港公司等十三家被诉驾培单位的委托诉讼代理人林煜轩、高洁，原审第三人浙东公司的委托诉讼代理人林煜轩、方建伟参加了诉讼。本案现已审理终结。

吉利公司、承融公司上诉请求：判决《路桥区驾校合作联营协议》（以下简称联营协议）中股本结构条款（第三条第2款）无效，东港公司等十三家被诉驾培单位提出的固定价格协议豁免理由不能成立；改判一审、二审诉讼费用均由东港公司等十三家被诉驾培单位负担。事实和理由：（一）联营协议中股本结构条款和统一收费价格条款相互结合，一同发挥着控制价格、统一收费的目的和作用。（二）东港公司等十三家被诉驾培单位固定价格收费不符合《中华人民共和国反垄断法》[1]（以下简称反垄断法）第十五条规定

---

[1] 此处指2007年《中华人民共和国反垄断法》，其已于2022年修改，本案下同。

的豁免情形。1. 东港公司等十三家被诉驾培单位没有提供证据证明固定价格中统一收取的650元（850元扣除办卡费的200元）提高了经营效率、增进了各驾驶培训学校（以下简称驾校或者驾培单位）之间的竞争。2. 浙东公司代收的650元费用实质上是对涉案十五家驾培单位经营利润的提前锁定，该十五家单位通过浙东公司返还650元费用而产生经营效益。

东港公司等十三家被诉驾培单位共同答辩称：（一）本案中联营公司（即浙东公司）并非为实施垄断而成立，而是出于整顿行业恶性竞争、驾培市场行业乱象、方便学员报名和提升经济效率之目的，在浙江省台州市路桥区当地交通主管部门的引导和要求下成立。该模式借鉴了浙江省台州市其他区县类似模式的成功实践，有利于实现安全第一、便民利民的目标。（二）联营协议中的股本结构条款不构成横向垄断协议，也未实际实施，不可能与其他条款相结合发挥控制价格的作用，且合同具有可分性，在废除其他条款并积极整改后，股本结构条款的有效性不受影响。（三）联营公司收取的650元不属于联营协议内容，吉利公司、承融公司关于650元不符合反垄断法规定的豁免情形的上诉请求超出本案审理范围，应予以驳回。（四）原审法院对联营公司收取的650元适用豁免并无不当。联营公司收费模式有利于发挥监管效应、提高服务质量、维护道路交通安全和公民生命健康安全，也有利于各驾培单位降低成本、增进效率、统一服务规格和标准、实现专业化分工、提高中小经营者效率。联营公司收取650元费用不会造成严重的排除和限制竞争后果，能够改善驾培行业本身存在的过度竞争现状，提升服务质量并将利益分享给消费者。（五）吉利公司、承融公司系为单方面撕毁联营协议而恶意提起本案诉讼。吉利公司、承融公司才是联营协议的主要推行者，其恶意诉讼及举报系为实现违约退出联营模式的不正当目的。综上所述，东港公司等十三家被诉驾培单位请求维持原审判决，驳回吉利公司、承融公司的上诉请求。

浙东公司述称：其同意东港公司等十三家被诉驾培单位的答辩意见。

吉利公司、承融公司于2019年9月10日向原审法院提起诉讼，请求法院判决：（一）确认联营协议及《路桥区驾校自律公约》（以下简称自律公约）无效；（二）诉讼费用由东港公司等十三家被诉驾培单位负担。事实和理由：涉案十五家驾培单位于2018年9月27日共同组建浙东公司，股东由台州市路桥区全区15家驾校（即涉案十五家驾培单位）组成，每家驾校各出资1000元，各占浙东公司6.66%的股份。全体驾校成员签署联营协议及自律公约，约定驾校统一收费。浙东公司成立后，打破了原有驾校各负盈亏、公平竞争的市场格局，培训学员按照自律公约缴纳驾校培训费，另外由浙东公司统一收取850元（含200元制卡费）。台州市路桥区全区经审批可从事驾驶培训服务的机构共15家，全体驾校成员进行横向的行业联合，排除、限制竞争，构成垄断经营。

东港公司等十三家被诉驾培单位在原审中共同辩称：（一）吉利公司、承融公司并非本案的适格原告。吉利公司、承融公司系在自愿平等基础上签署联营协议，该两公司是联营协议的主要推动者和实施者，也未因联营协议而遭受损失，其提起诉讼的目的是退出联营公司。（二）联营协议不具有排除和限制竞争的效果，不构成横向垄断协议。联营协议是在主管部门的推动和主导下签订的，各缔约方无排除和限制竞争的主观意图；本案相关市场为台州市驾驶培训服务市场，联营协议的缔约方仅为相关市场众多驾校的一部分，不具有排除和限制竞争的能力；联营协议项下所组建的联营公司是驾驶培训辅助类服务机构，事实上并没有排除和限制竞争的效果。（三）整体上，联营协议有利于降低成本、增进效率、提高中小经营者经营效率以及保护消费者利益，符合反垄断法第十五条规定的豁免情形。（四）吉利公司、承融公司所争议的部分条款与联营协议无关，该类条款不具有垄断性质，也并未在实践中严格实施。自律公约并不能成为本案的审理范围，确认其无效的诉请属于独立诉请，本案中对两份协议效力无法一并审理；吉利公司、承融公司关于联营协议的相关条款涉嫌固定价格、限制数量、分割市场的主张并不成立。吉利公司、承融公司仅对联营协议部分条款存在争议，其请求确认联营协议全部无效缺乏事实和法律依据，应予以驳回。

浙东公司在原审中述称：其支持东港公司等十三家被诉驾培单位的答辩主张。

原审法院经审理查明以下事实：

（一）关于联营协议及自律公约签订情况

涉案十五家驾培单位均系浙江省台州市路桥区的驾驶培训机构，该十五家单位于2018年9月27日共同签订联营协议。

联营协议第一条明确：为进一步规范台州市路桥区范围内的各驾校之间的有序发展、防止恶性竞争，协议各方一致同意由各驾校共同出资组建新的驾培服务管理公司（以下简称联营公司），并由该公司对路桥区范围内的驾培行业进行统一收费、管理及分配，参与合作的驾校各自原工商登记保持不变。

联营协议第二条约定了成立联营公司的经营目的和范围，主要内容包括：规范各驾校之间的有序发展、防止恶性竞争，本着加强互利互惠的原则，促进整个路桥区驾培服务行业共同发展。

联营协议第三条约定了注册资金与股本结构，主要内容包括：联营公司的注册资本为1.5万元，参与签订该协议的15家驾校各出资1000元；各股东还须向联营公司缴纳诚信保证金10万元。

联营协议第七条约定了联营公司的管理范围，主要内容包括：1. 联营公司统一办理学员的学员卡。对于统一制卡、科目一至科目四（统一到联营公司）、面签，各驾校收费标准统一；联营公司根据各驾校的收费回单制卡；收费价格由联营公司股东会讨论决定；由联营公司为学员提供报名、体检、银行缴费一站式服务。2. 参加该协议的各驾校原有名下车辆权属登记以签订该协议之日为准，该协议生效后，不得擅自变化；若因驾校发展确需增加或有必要减少登记车辆的，须由联营公司股东会讨论决定；原则上每家驾校在主管部门的允许下每年仅允许增一次，每次5辆或不超过原驾校车辆数的10%。3. 各驾校的教练员进出机制需双方新老校长一致同意，转进方在转进之前先与转出方协商教练在原驾校的人事关系是否全部理清。4. 对价格多少及分配形式，另外签订协议。

联营协议第八条约定了各方的权利与义务，主要内容包括：从签订该协议并取得新公司营业执照之日起，驾培方面的新项目，均由联营公司的股东（即15家驾校）一起承办。

联营协议第九条约定了违约责任，主要内容包括：任何一方不按照该协议的约定按时履行出资义务的，应由违约方向联营公司支付双倍出资额作为违约金；参加签订该协议的各驾校不得未通过联营公司擅自或变相降价招生，对台州市路桥区驾培行业造成不良冲击；如一旦发现有驾校私自进行上述违约操作，联营公司可按每私自招生一人罚2万元标准，对违规驾校进行处罚，1万元给举报人，1万元给受损失的驾校；为体现公平自由的原则，该次组建是自愿的，如有不愿意进入此次组建中的驾校，以后想重新加入，需付联营公司在前期投入的工费、场地费、设备费、办公费等（按每家驾校10万元计算），且2018年、2019年分别按每月百分之三、每月百分之五计算滞纳金，新驾校加盟费为15万元。

涉案十五家驾培单位在签订联营协议的同日，又根据台州市路桥区驾培行业费率保底实施办法内容，协商一致共同签订自律公约。该自律公约主要内容包括：1. 驾校学费收费4320元；2. 驾校返还教练员工资2520元；3. 驾校不得给教练员办理车辆维修、油卡、社保、旅游等；4. 对于一年二次的中国传统节日，给教练员的福利，不得超过500元，各驾校不得变相给教练员任何（其他）额外补贴与奖励；5. 各驾校的教练员进出需双方校长同意，转进方在转进之前先与转出方协商教练在原驾校的关系是否全部理清；6. 驾校校长及股东等工作人员不能因为亲朋好友报名等原因降价；7. 各驾校为维护学员利益，对教练员签订的承包协议内容需一致；8. 各教练员自买车辆，挂靠驾校，由挂靠驾校负全责，也必须遵守该自律公约；9. 各驾校交纳承诺诚信金 10 万元，自签字盖章后 3 日内汇入指定的（联营公司）账户；10. 各驾校都具有遵守自律公约与监督检查行业自律的义务和责任，对发现变相降价行为，具有向联营公司举报的权利和义务；11. 如有驾校违反以上承诺，一经查实，承诺诚信金不得返还；驾校被扣除诚信金后，需重新交纳诚信金；12. 鼓励对违反自律公约的驾校进行举报，举报一经查实，给予举报人奖励 1 万元；13. 联营公司在接到驾校变相降价的举报后，根据实事求是的原则，有认真调查取证的义务，经各方同意，在必要时可以委托第三方进行调查、取证、财务审计；14. 在取证难、证据存在分歧的情况下，召开联营公司全体会议，对事实与依据进行会议讨论表决，被举报的驾校有充分申辩的权利；15. 对驾校违反自律公约擅自降价的确认，经过充分申辩与质证，由参加会议全体驾校的三分之二投票表决决定。

涉案十五家驾培单位于 2018 年 9 月 27 日签订联营协议及自律公约之前，均是自主收费。各方共同组建浙东公司（即上述联营公司），该公司注册资金为 1.5 万元，股东由台州市路桥区全区 15 家驾校组成，每 1 家驾校成员各出资 1000 元，各占浙东公司 6.66%的股份。

2018 年 11 月起，涉案十五家驾培单位原先分散的辅助性服务如报名、体检、制卡、理论学习培训、模拟器学习培训等，均由浙东公司统一在同一现场（台州市峰江客运站浙东公司内）处理。从 2018 年 11 月至 2019 年 4 月期间，涉案十五家驾培单位在同一现场均设置挂牌收费台，各自向学员收取服务费 3670 元，存入各驾培单位自己的账户；学员还需为统一辅助性服务向浙东公司缴纳服务费 850 元（含制卡费 200 元），上述服务费合计 4320 元（不含制卡费 200 元）。另外，280 元科目一考试费由学员自行交入车辆管理所（以下简称车管所）账户。2019 年 4 月之后，涉案十五家驾培单位各自收费在 3670 元上下小幅度浮动。吉利公司、承融公司陈述浙东公司股东会当时曾讨论为了避免违规而约定各驾校以 3670 元为基准在上下 40 元区间内有规律地浮动收费。

2019 年 6 月 21 日，浙东公司作出《处理意见书》载明，对吉利公司、承融公司反映得胜公司违规聘用原由其他驾培单位聘用的三名教练违反联营协议一事，经调查后认为得胜公司对上述教练的聘用符合相关规定，浙东公司鼓励教练员在各驾校之间正常流动。此后，吉利公司、承融公司实际退出联营公司经营管理与服务，开始自主收费，仍基本延续原收费模式。

2019 年 12 月 27 日，浙东公司作出股东会决议：学员与驾培单位签订培训服务合同，相应培训服务价格由各驾培单位自主决定；教练员与驾培单位签订聘用合同或者教练车辆经营合同，相关报酬、保险、奖金、福利、补贴、奖励等由教练员与驾培单位自主协商。吉利公司、承融公司未参加该股东会决议。会后，东港公司等十三家被诉驾培单位恢复自主定价。

（二）相关机动车驾驶培训服务市场的竞争情况

浙江省台州市包括椒江、黄岩、路桥 3 个区，临海、温岭、玉环 3 个县级市和天台、仙居、三门 3 个县。在地理位置上，路桥与椒江、黄岩、温岭三个区县之间彼此紧邻（如本判决书附件台州市地图[①]所示）。

机动车的驾驶培训由交通主管部门对驾驶培训学校、驾驶培训班实行资格管理。提供驾驶培训服务的经营者需要具有有关机动车驾驶培训教练人员和教练车辆，并在当地运管、车管部门登记备案。在台州市路桥区，涉案十五家驾培单位是当地全部在册的提供驾驶培训服务的经营者。

据台州市道路交通管理局 2018 年 7 月 5 日发布的政务公开信息《台州市机动车驾驶员培训市场投资预警公告》显示，截至 2018 年 5 月 31 日，台州市共有驾培机构 125 家（不含摩托车驾驶员培训机构 1 家），其中市级 1 家、椒江区 19 家、路桥区 15 家、黄岩区 11 家、临海市 22 家、温岭市 17 家、玉环市 12 家、天台县 9 家、仙居县 13 家、三门县 6 家，数量居浙江省前列。台州市在册教练车 5908 辆，教练员 7589 名。

2020 年 10 月，吉利公司、承融公司提供数据反映当月台州全市驾校总数 119 家，具体包括路桥区 15 家、椒江区 17 家、黄岩区 11 家、温岭市 17 家；全市驾校教练车总数 5158 辆，具体包括路桥区 655 辆、椒江区 763 辆、黄岩区 491 辆、温岭市 867 辆。

据台州市道路交通管理局 2018 年 7 月 5 日发布的政务公开信息《台州市机动车驾驶员培训市场投资预警公告》显示，当地市场驾培机构产能过剩，按每辆在册教练车年培训率 60 人计算，实际在教教练车为 5000 多辆，教练车使用率为 87%。根据台州市 2012 年至 2017 年的学员报名情况来看，市场需求基本稳定，报名人数增速逐渐放缓，2018 年开始月报名量大幅下降。台州市青年人口、外来人口数量的减少导致驾培需求总量减少。据统计，台州市常住人口约 600 万人，其中 18 至 22 周岁不到 10%，台州市外来人口数量呈逐年递减趋势，2016 年为 185. 94 万人，2017 年为 180. 34 万人，随着外来人口流动性增强，外来人口红利丧失，驾驶学习人口刚性需求不足。

---

① 本书略。

就机动车驾驶培训服务市场而言，其服务的对象是通过当地车管所机动车考试而有机动车驾驶培训服务需求的消费者；根据有关规定，机动车驾驶培训并无对象地域限制。由于人口流动，台州市路桥区内相当一部分消费者是非路桥区户籍人口。

涉案十五家驾培单位从2018年11月至2020年1月期间接受的学员共计8183名。其中户籍所在地位于台州市路桥区的学员（即居民身份证号前6位为331004的居民）2251名，占该区总学员数量的27.496%。

机动车驾驶员培训大致流程如下：1. 体检：学员到具有驾驶员资格体检的医院自行体检，体检合格者可以报考驾驶员资格考试。2. 报名：选择驾校报名考试。报名材料包括身份证、居住证及体检报告。驾校代表学员到车管所注册。3. 缴费：与驾校签订合同后，缴费。缴费时，注意合同条款中收费的项目。4. 交通规则学习：学习科目一的理论知识，并参加上机模拟考试。5. 科目一：参加科目一考试。科目一考试采取计算机考试。6. 科目二：科目二包括倒桩考试和场地（五选五）考试。7. 科目三：路考，在自检模拟场地或者公路进行考试。8. 科目四理论考：路考通过后，参加安全文明驾驶常识理论考试。9. 领驾驶证：所有考试合格者，在科目三结束后2周之内，可以领取驾驶证。在上述流程中，消费者在一段时间内须多次到培训场所学习相关知识，接受实际操作培训。

原审法院认为：本案系横向垄断协议纠纷。根据各方诉辩主张，本案争议焦点依次为：吉利公司、承融公司是否具有诉讼主体资格；涉案十五家驾培单位是否已经达成并实施了横向垄断协议；涉案协议是否具有垄断协议豁免情形。

吉利公司、承融公司是联营协议及自律公约的签约方，也是对该两份合同产生争议的经营者，具有提起本案诉讼的诉权。反垄断法第十三条第一款规定了六种垄断协议。根据《最高人民法院关于审理因垄断行为引发的民事纠纷案件应用法律若干问题的规定》第七条的规定，被诉垄断行为属于反垄断法第十三条第一款第一项至第五项规定的垄断协议，被告应对该协议不具有排除、限制竞争的效果承担举证责任。据此，反垄断法第十三条第一款第一项至第五项规定的垄断协议，原则上应适用本身违法原则，可以直接认定该协议具有横向垄断协议属性。

本案中，联营协议、自律公约中的部分条款均有固定驾校收费价格的内容，如联营协议明确约定各驾校收费标准统一、收费价格由浙东公司股东会讨论决定，自律公约明确“驾校学费收费4320元”，并且联营协议和自律公约均约定各驾培单位不得擅自降价，还约定了违约罚款措施。上述固定驾驶培训服务价格内容的协议条款显属固定价格的横向垄断协议。驾校支付教练员的工资、福利属于提供驾驶培训的必要成本，联营协议、自律公约中部分条款对教练员工资和福利的固定属于通过横向协议固定商品或服务的成本。而成本与价格具有高度的正相关关系，固定商品或服务的成本会极大地影响同一市场横向经营者之间商品或服务的价格，结合上述固定驾驶培训服务价格的条款，两者相结合更加剧了反竞争效果。

联营协议以及自律公约中部分条款均限制了驾驶培训机构间的教练车辆及教练员流动。对驾驶培训机构而言，教练车辆及教练员是其必不可少的生产资料及劳动者，单位时间内教练车辆及教练员的劳动生产效率是有限的，而通过限制生产资料及劳动者的规模会直接产生限制商品的生产或者销售数量规模的效果，故限制教练车辆及教练员的流动，亦会产生限制驾驶培训服务数量规模的后果。本案中"限制驾驶培训机构间的教练车辆及教练员流动"的协议约定，属于反垄断法第十三条第一款第二项规定的限制产销量的横向垄断协议。

联营协议明确约定当地驾驶培训市场的未来新项目均由 15 家驾校（即涉案十五家驾培单位）一起承办。该约定指向的是与当时服务市场相关的未来新项目即未来市场，未来市场亦属于整体市场的一部分，当此约定生效后，会对当下市场竞争产生影响，降低现有市场内的相关竞争者及潜在竞争者对未来商品或服务市场需求的研发、投资等投入意愿，同样限制了该区域的竞争自由。上述约定属于反垄断法第十三条第一款第三项规定的分割市场的横向垄断协议。关于约定联营企业股东进出的其他条款并不具有明显分割市场的属性。

基于本身违法原则，对于反垄断法第十三条第一款第一项至第五项规定的垄断协议，可以直接认定该协议具有横向垄断协议属性，并不必然需要作合理性分析以评价其是否具有排除或限制竞争的效果；而且本案无损害赔偿的诉讼请求，无需对损害后果作定量分析。故在本案中，对经营者是否实际实施了相关横向垄断协议，仅作事实判断，以便于进一步评价其是否具有排除或限制竞争的效果，以及是否符合豁免情形。机动车驾驶员培训具有专业性，从需求替代角度，机动车驾驶培训服务对应的辅助消费者通过机动车驾驶法定考试，无其他可替代服务，除非消费者自学直考，故相关商品市场应确定为机动车驾驶培训服务市场。根据有关规定，机动车驾驶培训并无对象地域限制，但消费者会就近选择合适的机动车驾驶培训机构，从需求及供给替代两方面，相关地域市场可确定为以台州市路桥区为中心区域包括周边相邻椒江区、黄岩区、温岭市较近区域。本案相关市场应界定为，以台州市路桥区为中心区域包括周边相邻椒江区、黄岩区，温岭市较近区域的机动车驾驶培训服务市场。各方当事人均未在原审法院指定及延长的期限内完整提供指定月份数据，依据《最高人民法院关于民事诉讼证据的若干规定》第四十八条、《最高人民法院关于知识产权民事诉讼证据的若干规定》第二十五条的规定，结合本案证据，原审法院认定联营协议、自律公约中固定价格的协议在 2018 年 11 月之后在上述相关市场得到实施。

关于限制产销量的协议即限制驾驶培训机构间的教练车辆及教练员流动的约定，浙东公司 2019 年 6 月 21 日的《处理意见书》反映了得胜公司在联营协议之后有三位教练的聘用流动，并且浙东公司鼓励教练员在各驾校之间正常流动，据此可以认定关于限制教练员流动的约定并未履行，而限制教练车辆的约定实际得到履行，各方当事人教练车辆未发生变化。关于划分市场，因对象是未来市场，尚未有新项目出现，故没有直接实施。

关于固定价格横向垄断协议的豁免评价，涉案十五家驾培单位通过协议约定，原先分散的辅助性服务（如报名、体检、制卡、理论学习培训、模拟器学习培训等）均由联营公司（即浙东公司）统一在同一现场处理。此举确可提高服务质量、降低成本、增进效率以及统一服务产品规格、标准或者实行专业化分工，对应负责统一事务的浙东公司所收取的服务费 850 元（含制卡费 200 元）显然具有合理合法的理由，并能够使消费者分享由此产生的利益，故固定价格协议中的统一收费 4320 元中的浙东公司辅助性服务费用 850 元可依法豁免。固定价格协议中的统一收费 4320 元中的各驾培单位收取 3670 元，不能依法豁免。

关于限制产销量横向垄断协议的豁免评价，本案中限制驾驶培训机构间的教练车辆及教练员流动的约定，实质是限制劳动者及生产资料的规模，从而产生限制产销量的反竞争后果，虽然双方均属于中小经营者，但限制驾驶培训机构间的教练车辆及教练员流动并不会提高产品质量、降低成本、增进效率、统一产品规格或者标准，也不会提高中小经营者经营效率、增强中小经营者竞争力，相反限制劳动者及生产资料的规模变化会直接导致经营者囿于当时的经营状况，而不能灵活地根据市场信号作出相应调整，故不利于竞争，也不能够使消费者分享由此产生的利益。

关于分割市场横向垄断协议的豁免评价，联营协议明确约定当地驾驶培训市场的未来新项目由涉案十五家驾培单位一起承办。该约定属于笼统概括的约定，并不限于浙东公司统一提供辅助性服务，还包括其他具有竞争性的业务，亦不应依法豁免。

综上所述，原审法院依照《中华人民共和国反垄断法》第三条、第十二条、第十三条、第十五条，《最高人民法院关于审理因垄断行为引发的民事纠纷案件应用法律若干问题的规定》第一条、第七条，《中华人民共和国民事诉讼法》[①] 第六十四条第一款、《最高人民法院关于民事诉讼证据的若干规定》第四十八条、《最高人民法院关于知识产权民事诉讼证据的若干规定》第二十五条第一款之规定，于2020年12月31日作出（2019）浙02知民初335号民事判决：一、确认《路桥区驾校合作联营协议》及《路桥区驾校自律公约》涉案条款构成固定价格、限制商品产销量、分割市场的横向垄断协议，相关条款属无效；二、驳回台州市路桥吉利机动车驾驶培训有限公司、台州市路桥区承融驾驶员培训有限公司的其他诉讼请求。一审案件受理费80元，由台州市路桥区东港汽车驾驶培训学校、台州市路桥开鸿汽车驾驶培训有限公司、台州市路桥得胜汽车驾驶培训有限公司、台州市路桥机动车驾驶技术培训所、台州市双庆汽车驾驶培训有限公司、台州市路桥双菱汽车驾驶培训学校、台州华田驾驶员培训学校有限公司、台州市名盛汽车驾驶培训有限公司、台州市路桥航宇驾驶员培训学校有限公司、台州市路桥东泰汽车驾驶培训有限公司、台州市路桥中厚驾驶培训有限公司、台州市路桥洲际汽车驾驶技术培训有限公司、台州市路桥金利驾驶员培训有限公司共同负担。

本院二审审理期间，吉利公司、承融公司补充提供了以下5组证据：1. 浙东公司2019年2月15日第二次股东会决议、2019年6月21日第三次股东会决议；2. 标题为“路桥驾培行业费率保底实施”的打印文本（无签章）；3. 浙东公司2019年审计报告；4. 浙东公司办公现场照片；5. 自律公约部分条款。东港公司等十三家驾培单位补充提供了以下6组证据：1. 台州市路桥区道路运输管理局作出的路运罚决字（2017）第3310045117100069号处罚记录、投诉单；2. 浙东公司章程；3. 《机动车驾驶培训教学与考试大纲》；4. 《台州市公安局、台州市交通运输局关于加强驾驶员培训源头治理工作的通知》；5. 《机动车驾驶员培训机构资格条件》；6. 另案起诉状等。

经质证，对于吉利公司、承融公司提供的上述证据，东港公司等十三家被诉驾培单位、浙东公司认可其中证据1、3、4的真实性，不认可证据2、5的真实性，否认上述全部证据的证明目的。对于东港公司等十三家被诉驾培单位提供的上述证据，吉利公司、承融公司对其中证据1中的处罚记录和证据2、3、5、6的真实性没有异议，不认可其他证据的真实性，否认上述证据的证明目的。浙东公司认可东港公司等十三家被诉驾培单位提供的上述证据的证明力。

---

① 此处指2017年《中华人民共和国民事诉讼法》，其已于2021年修改，本案下同。

本院经审核，对各方当事人提供的上述证据的证明力认定如下：

1. 对于吉利公司、承融公司提供的证据

吉利公司、承融公司对其上述证据均未提供原件供核对，但结合东港公司、浙东公司的质证意见，本院可确认其中证据 1、3、4 的真实性，但证据 1 涉及摩托车培训项目，与本案缺乏关联性；证据 3 中未记载浙东公司统一收取每名学员 850 元服务费的内容，不能证明该笔收费的后续流向；证据 4 为浙东公司办公现场照片，照片反映的内容无法达到吉利公司、承融公司所称证明目的，该 3 份证据与本案缺乏关联性，本院不予采纳。证据 2 因没有任何人签章而来源不明，证据 5 与自律公约内容不符，本院对该 2 份证据不予采信。

2. 对于东港公司等十三家被诉驾培单位提供的证据

结合吉利公司、承融公司的质证意见，本院确认其中证据 1 中处罚记录和证据 2、3、5、6 的真实性并予以采信。证据 1 中除处罚记录之外的证据为东港公司等十三家被诉驾培单位自制的材料，缺乏其他证据佐证，本院不予采信。证据 4 系公开可查询的行政部门通知及媒体新闻报道，反映本案被诉垄断行为发生的社会背景，本院予以采信。

关于原审法院已经查明的基本事实，吉利公司、承融公司对原审判决认定的浙东公司在同一场所统一提供报名、体检、制卡、理论学习培训、模拟器学习培训服务以及 2019 年 12 月 27 日浙东公司作出股东会决议后东港公司等恢复自主定价、学员数量、浙东公司统一收取费用（每人 850 元）的用途等事实提出异议；东港公司等十三家驾培单位、浙东公司对原审判决认定的浙东公司股东由涉案十五家驾培单位组成、东港公司等十三家被诉驾培单位自 2019 年 6 月 21 日后仍基本延续原收费模式等事实提出异议。本院经审查，浙东公司章程记载该公司由 12 名自然人股东构成，在联营协议股本结构条款（第三条第 2 款）中记载的出资主体（股东）为涉案十五家驾培单位，该十五家单位的法定代表人或者经营管理人、实际控制人在浙东公司成立时均由前述 12 名自然人股东担任。上述其他争议事实均系原审法院对各方提供证据的客观叙述，原审法院就上述证据内容的叙述以及具体认定并无不当，本院予以确认。涉案十五家驾培单位和浙东公司对原审法院已经查明的其他事实无异议。

本院经审理查明，原审法院查明的基本事实有证据佐证，本院予以确认。

本院另查明：浙东公司章程的签署日期为 2018 年 9 月 20 日，同日浙东公司经浙江省台州市路桥区市场监督管理局登记成立。浙东公司章程第五条载明其经营范围为驾驶员培训、机动车维修。该章程第七条载明了公司注册资本及股东姓名（名称）、出资方式、出资额、出资时间等，一共由 12 名股东构成，其中股东王友春、陈甫富等 10 位股东各出资 1000 元，蒋永初出资

2000元，罗邦荣出资3000元。该章程第二十条载明：股东之间可以相互转让其部分或全部出资。该章程第二十一条规定了股东向股东以外的人转让股权的相关事宜。联营协议第三条第二款约定：参加该协议的主体为台州市路桥区范围内的既有十五家驾培单位（即涉案十五家驾培单位），每家驾培单位均以现金1000元出资，在新设公司（浙东公司）中占有6.66%的股份。

本院认为：本案为横向垄断协议纠纷。根据各方当事人的诉辩主张，本案二审中的争议焦点为：（一）浙东公司统一收取服务费的横向垄断协议能否依法予以豁免；（二）联营协议中股本结构条款（第三条第2款）是否应当认定无效。

（一）关于浙东公司统一收取服务费的横向垄断协议能否依法予以豁免

对于原审判决认定涉案十五家驾培单位签订联营协议及自律公约，构成反垄断法第十三条第一款第一项至第三项规定的固定价格、限制商品产销量、分割市场的横向垄断协议，涉案十五家驾培单位和浙东公司均无异议，本院不再进一步审理。根据各方当事人的争议焦点，本院重点审理浙东公司统一收取服务费（每人850元）是否可依法予以豁免的问题。

反垄断法第十五条规定："经营者能够证明所达成的协议属于下列情形之一的，不适用本法第十三条、第十四条的规定：（一）为改进技术、研究开发新产品的；（二）为提高产品质量、降低成本、增进效率，统一产品规格、标准或者实行专业化分工的；（三）为提高中小经营者经营效率，增强中小经营者竞争力的；（四）为实现节约能源、保护环境、救灾救助等社会公共利益的；（五）因经济不景气，为缓解销售量严重下降或者生产明显过剩的；（六）为保障对外贸易和对外经济合作中的正当利益的；（七）法律和国务院规定的其他情形。属于前款第一项至第五项情形，不适用本法第十三条、第十四条规定的，经营者还应当证明所达成的协议不会严重限制相关市场的竞争，并且能够使消费者分享由此产生的利益。"反垄断法对于垄断协议采取一般禁止和特殊豁免相结合的规制方式。根据反垄断法第十三条、第十五条的规定，在认定被诉垄断协议行为是否应当适用豁免时，首先应当界定被诉行为的具体内容，判断被诉行为是否属于反垄断法第十三条规定所禁止的行为，然后认定被诉行为实施主体提供的证据能否证明该行为存在反垄断法第十五条规定的豁免情形。在具体认定时，如果具有竞争关系的经营者达成固定价格协议、限制产量或者销量协议、划分市场协议等，落入反垄断法第十三条第一款规定的横向垄断协议范围，经营者欲以有关协议具有反垄断法第十五条第一款第一项至第五项规定情形为由主张豁免，则其应当举证证明三项重要事实：第一，有关协议具有上述五项法定情形之一；第二，有关协议为实现上述五项法定情形之一所必需，因而不会严重限制相关市场的竞争；第三，有关协议能够使消费者分享由此产生的利益。

对于上述三项重要事实，经营者应当提供充分证据证明相关协议具有上述五项法定情形之一项下所指积极的竞争效果或经济社会效果，且该效果是具体的、现实的，而不能仅仅依赖一般性推测或者抽象推定。具体就本案中东港公司等被诉十三家驾培单位所援引的反垄断法第十五条第一款第二项规定的豁免情形而言，首先，该经营者需要提供相关证据（例如达成固定价格等垄断协议之前与之后相关市场的服务质量、驾驶培训成本、驾驶培训效率情况等），以对比说明其通过统一服务规范、标准或者实现专业化分工等手段，切实达到提高服务质量、降低服务成本、增进效率的实际效果；其次，该经营者需要提供相关证据证明为实现提高产品质量、降低成本、增进效率所必需，且并未严重限制台州市路桥区为中心的机动车驾驶培训服务市场的竞争；最后，该经营者还需要提供相关证据（例如垄断协议达成之前与之后消费者交费标准、参加培训服务的成本以及便利程度等）证明消费者确实从中受益。就本案中东港公司等被诉十三家驾培单位所援引的反垄断法第十五条第一款第三项规定的豁免情形而言，该经营者需要提供证据证明其作为中小企业相对于某些大企业处于弱势，在竞争中处于不利地位，其签订垄断协议增强了中小企业的竞争力，提高了中小企业的经营效率；同时，该经营者也应当举证证明消费者从中受益的情况。

本案中，浙东公司统一向消费者（驾驶学员）收取的 850 元服务费中包括制卡费 200 元，余下 650 元对应的服务包括统一为驾驶学员提供报名、体检、理论学习培训以及模拟器学习培训等。在浙东公司成立前，上述费用均由涉案十五家驾培单位自行收取。浙东公司统一收取服务费的行为实质性地将上述服务价格予以固定，该部分服务费与涉案十五家驾培单位自行收取的费用共同构成本案中固定价格的横向垄断协议，根据其性质和一般市场规律，该类横向垄断协议一般具有排除、限制竞争的效果。东港公司等被诉十三家驾培单位依据反垄断法第十五条第一款第二项、第三项的规定提出豁免主张，如上所述，其应当提供证据具体证明该横向垄断协议所产生的积极效果，但其未提供证据证明在浙东公司成立前，涉案十五家驾培单位在学员报名、体检、理论学习等服务项目中收费的具体价格，未提供证据证明浙东公司成立后其统一提供服务的行为如何以及在何种程度上实际降低了成本并提高了服务质量、增进了效率，也没有提供证据证明浙东公司固定收取的 850 元费用相比此前各驾校在相关服务项目上自行收取的费用更为低廉。因此，根据东港公司等十三家被诉驾培单位提供的证据，尚不足以认定浙东公司针对统一提供的辅助性服务固定收取 850 元费用的行为构成反垄断法第十五条规定的豁免情形。事实上，如果东港公司等十三家被诉驾培单位继续通过浙东公司统一提供辅助性服务、固定收取部分费用，并维持联营协议中关于其他驾培单位后续加入浙东公司联营经营模式需交纳加盟费的机制，则东港公司等十三家被诉驾培单位实质性地削弱了该十三家被诉驾培单位之间的竞争以及其与未来潜在的相关市场进入者之间的竞争，继续维持排除、限制竞争的效果。原审法院在经营者没有提供真实、有效证据支持其豁免主张情况下，主要根据一般经验推定浙东公司统一提供服务将带来有利于降低成本、提高质量、增进效率以及减少消费者的交通成本和有利于提高中小经营者经营效率、增强中小经营者竞争力的效果，直接认定该项统一收费符合垄断协议豁免情形，不符合反垄断法第十五条关于经营者应当证明垄断协议豁免情形及条件的规定，适用法律有所不当，本院予以纠正。

（二）关于联营协议中股本结构条款（第三条第 2 款）是否应当认定无效

根据《中华人民共和国合同法》[①] 第五十二条第五项、《最高人民法院关于适用〈中华人民共和国合同法〉若干问题的解释（二）》[②] 第十四条的规定，合同违反法律、行政法规的效力性强制性规定的无效。反垄断法第一条明确其立法宗旨是预防和制止垄断行为，保护市场公平竞争，提高经济运行效率，维护消费者利益和社会公共利益。具体地讲，反垄断法的目的是预防和制止排除、限制竞争的行为，维护市场竞争机制，提高经济效率，从整体上提高产品质量和降低价格，为消费者提供价廉物美的商品或者服务，使消费者获得福利，维护社会公共利益。正是因为反垄断涉及国家整体经济运行效率和社会公共利益，故原则上应当将反垄断法关于禁止垄断行为的规定作为效力性强制性规定。为此，《最高人民法院关于审理因垄断行为引发的民事纠纷案件应用法律若干问题的规定》第十五条（2020 年修正）规定：“被诉合同内容、行业协会的章程等违反反垄断法或者其他法律、行政法规的强制性规定的，人民法院应当依法认定其无效。但是，该强制性规定不导致该民事法律行为无效的除外。”原审法院认定联营协议及自律公约中有关涉案十五家驾培单位固定收费 3670 元、限制 15 家驾培单位之间教练车辆及教练人员流动等条款属于法律禁止的横向垄断协议，并认定相关条款无效，符合法律规定，本院予以维持。如上所述，就浙东公司统一向消费者收取 850 元服务费，东港公司等被诉十三家驾培单位依据反垄断法第十五条第一款第二项、第三项的规定提出豁免主张不能成立，联营协议中的该项约定因违反反

① 已被《中华人民共和国民法典》废止，本案下同。

② 该司法解释已废止，本案下同。

垄断法第十三条第一款第一项关于禁止具有竞争关系的经营者达成固定价格垄断协议的规定，也应认定无效。

根据《中华人民共和国合同法》第五十六条的规定，合同部分无效，不影响其他部分效力的，其他部分仍然有效。该条法律规定意味着，如果合同内容可分且相互不影响的，合同部分无效不导致其他部分无效；如果合同无效部分会影响其他部分效力的，其他部分也应无效。合同内容可分一般是指将无效部分分离出来，还能够使一项可以有效的行为继续存在，且不与当事人的行为意图或者目的相悖。同时，判断合同或者合同条款是否因违反反垄断法而无效时，还应该考虑消除和降低垄断行为风险的需要，有利于实现反垄断法预防和制止垄断行为的立法目的。首先，综观涉案十五家驾培单位签订联营协议及自律公约的动因、目的、主要内容和实际履行等情况，联营协议第三条关于股本结构的条款并无独立有效的意义和价值。该十五家驾培单位本为处于激烈竞争中的经营者，其以“防止恶性竞争”等为由，共同协商设立联营公司固定价格、限制数量等，其行为的实质和目的主要在于合谋排除、限制竞争（即进行横向垄断）；而涉案十五家驾培单位在联营协议第三条中约定各自出资共同设立联营公司，是其实施上述横向垄断协议、实现市场垄断目的的主要手段。从浙东公司作为联营公司根据联营协议所承担的管理职能、设立后实际从事的业务看，其是涉案十五家驾培单位实施横向垄断协议的中枢和关键环节，除此之外，难以看出联营协议第三条关于注册资本与股本结构的约定在协议各方（即涉案十五家驾培单位）之间还有其他独立存在的意义和价值。其次，为预防和制止涉案垄断行为之目的，联营协议第三条关于股本结构的条款亦应认定无效。如果认定联营协议第三条仍然有效而继续约束各方，则实际上为被诉十三家驾培单位保留了信息沟通、协调一致行动的渠道，存在未来再次实施横向垄断协议的风险和可能，不利于预防和制止涉案垄断行为。故联营协议第三条是与联营协议及自律公约中有关横向垄断协议条款密不可分而无独立存在意义的条款。为消除有关经营者再次实施横向垄断协议的风险，联营协议第三条应当随同有关横向垄断协议条款一并认定无效。

联营协议及自律公约中有关横向垄断协议条款和联营协议第三条关于注册资本与股本结构的约定基本上构成联营协议及自律公约的主要内容乃至全部内容，认定上述条款均无效即相当于认定联营协议及自律公约全部无效。尽管吉利公司和承融公司在本案上诉中主要请求本院确认联营协议中股本结构条款（第三条第2款）无效，但其是在原审判决确认涉案横向垄断协议相关条款无效的基础上进一步提出上述上诉请求，该上诉请求得以确认的结果也相当于确认联营协议及自律公约全部无效；同时考虑到本案横向垄断协议及其相关条款效力的认定涉及以不特定消费者利益为代表的社会公共利益，且合同效力认定属于人民法院依职权审查处理的范畴而不必囿于当事人请求，故本院直接判决确认联营协议及自律公约全部无效。

综上所述，吉利公司、承融公司的上诉请求成立，应予支持；原审判决认定事实清楚，但适用法律部分不当，应相应予以纠正。本院依照《中华人民共和国民事诉讼法》第一百七十条第一款第二项之规定，判决如下：

一、撤销浙江省宁波市中级人民法院（2019）浙02知民初335号民事判决；

二、确认涉案《路桥区驾校合作联营协议》及《路桥区驾校自律公约》全部无效。

一审、二审案件受理费各80元（共计160元），由台州市路桥区东港汽车驾驶培训学校、台州市路桥开鸿汽车驾驶培训有限公司、台州市路桥得胜汽车驾驶培训有限公司、台州市路桥机动车驾驶技术培训所、台州市双庆汽车驾驶培训有限公司、台州市路桥双菱汽车驾驶培训学校、台州华田驾驶员培训学校有限公司、台州市名盛汽车驾驶培训有限公司、台州市路桥航宇驾驶员培训学校有限公司、台州市路桥东泰汽车驾驶培训有限公司、台州市路桥中厚驾驶培训有限公司、台州市路桥洲际汽车驾驶技术培训有限公司、台州市路桥金利驾驶员培训有限公司共同负担。

本判决为终审判决。

审 判 长　余晓汉
审 判 员　何 隽
审 判 员　薛 淼
二〇二一年十二月二十二日
法官助理　宾岳成
书 记 员　吴迪楠

图书在版编目（CIP）数据

最高人民法院知识产权审判案例指导：最高人民法院知识产权案件年度报告及案例全文．第14辑／最高人民法院民事审判第三庭编．—北京：中国法制出版社，2022.10

ISBN 978-7-5216-2845-6

Ⅰ．①最… Ⅱ．①最… Ⅲ．①知识产权-判例-中国 Ⅳ．①D923.405

中国版本图书馆CIP数据核字（2022）第160096号

策划编辑：李小草　王熹
责任编辑：赵律玮　　　封面设计：蒋怡　杨泽江

最高人民法院知识产权审判案例指导：最高人民法院知识产权案件年度报告及案例全文．第14辑

ZUIGAO RENMIN FAYUAN ZHISHI CHANQUAN SHENPAN ANLI ZHIDAO：ZUIGAO RENMIN FAYUAN ZHISHI CHANQUAN ANJIAN NIANDU BAOGAO JI ANLI QUANWEN. DI-14 JI

编者/最高人民法院民事审判第三庭
经销/新华书店
印刷/三河市国英印务有限公司
开本/730毫米×1030毫米　16开　　　印张/37.25　字数/584千
版次/2022年10月第1版　　　2022年10月第1次印刷

中国法制出版社出版
书号 ISBN 978-7-5216-2845-6　　　定价：135.00元

北京市西城区西便门西里甲16号西便门办公区
邮政编码：100053　　　传真：010-63141600
网址：http：//www.zgfzs.com　　　**编辑部电话：010-63141793**
市场营销部电话：010-63141612　　　**印务部电话：010-63141606**

（如有印装质量问题，请与本社印务部联系。）